精品课

EXCELLENT COURSE

高等院校精品课程系列教材

国际金融

理论与政策

汪洋 编著

机械工业出版社
CHINA MACHINE PRESS

图书在版编目（CIP）数据

国际金融：理论与政策 / 汪洋编著 . -- 北京：机械工业出版社，2021.8（2026.1 重印）
（高等院校精品课程系列教材）
ISBN 978-7-111-68785-6

I. ①国⋯ II. ①汪⋯ III. ①国际金融 – 高等学校 – 教材 IV. ① F831

中国版本图书馆 CIP 数据核字（2021）第 149467 号

本书以开放经济为背景，重点围绕国际收支及其失衡的调整和汇率水平的决定两大核心问题，系统阐述了弹性分析法、收入分析法、汇率决定理论、汇率干预、汇率制度选择、开放经济下政策选择和工具运用等内容。

本书适合经济学和国际贸易等专业的本科生、研究生作为教材使用，也适合对国际金融问题感兴趣、有研究倾向的金融学专业人士作为参考资料阅读。

出版发行：机械工业出版社（北京市西城区百万庄大街 22 号 邮政编码：100037）
责任编辑：王洪波 责任校对：殷 虹
印 刷：北京建宏印刷有限公司 版 次：2026 年 1 月第 1 版第 3 次印刷
开 本：185mm × 260mm 1/16 印 张：27.5
书 号：ISBN 978-7-111-68785-6 定 价：69.00 元

客服电话：（010）88361066 88379833 68326294

前言
PREFACE

自从1978年中国改革开放以来，中国的经济实力不断增长。1978年，中国国内生产总值(GDP)为3 679亿元人民币，占世界经济的比重为1.8%，居全球第11位。到2010年，中国GDP为412 119亿元人民币，超过日本成为世界第二大经济体。2018年，中国GDP超过90万亿元人民币，占世界经济的比重接近16%。2018年，中国人均国民总收入达到9 732美元，高于中等收入国家平均水平。对外贸易和投融资的发展是中国经济近四十年实现快速增长的重要因素。

2001年年底，中国加入世界贸易组织，此后中国的对外贸易呈现出快速发展的势头。按照国际收支统计口径，2004年中国货物进出口总额增至1万亿美元，超越日本成为全球第二大货物贸易国；2009年中国超越德国成为世界第一大货物出口国；2013年中国货物进出口总额为4.16万亿美元，超越美国(3.91万亿美元)成为世界第一大货物贸易大国，在全球市场份额超过11%，这是一百多年来发展中国家首次位列全球货物贸易之首。中国不仅是货物贸易的大国，也是服务贸易的大国。2018年中国服务贸易进出口总额7 594亿美元，同样位居全球前列。从贸易差额来看，中国既是货物贸易的顺差大国，又是服务贸易的逆差大国。从经常账户差额来看，中国经常账户顺差与GDP之比已由2007年的11.3%降至2018年的0.4%。与此同时，针对中国出口产品的贸易制裁和贸易战也越来越多。2018年3月以来，中美两国发生了严重的贸易争端，这不仅影响了中国的经济增长，而且威胁到世界经济的稳定。

此外，自加入世界贸易组织以来，中国实际利用外资规模不断扩大，连续多年位列发展中国家首位。外国来华直接投资规模从2001年的468.8亿美元，增加到2018年的2 035亿美元。伴随着中国经济实力的增强，中国对外直接投资的规模也不断扩大。2014年中国对外直接投资的规模与外国来华直接投资规模大体接近。2016年中国对外直接投资规模达到峰值，超过了2 000亿美元。2018年这一规模回落到965亿美元。

1994年人民币汇率并轨改革以来，中国经常账户的顺差保持了25年，截至2018年，经常账户顺差累计约3.40万亿美元。对于资本账户而言，在1994~2013年的20年内，除个别年份外，中国资本账户顺差累计1.67万亿美元。然而，2014~2016年，中国的资本账户连续三年出现逆差，累计超过 9 000 亿美元。2017 年和 2018 年两年资本账户恢复顺差。在 1994~2018 年，中国资本账户顺差累计 1.01 万亿美元。在双顺差结构的作用下，中国的外汇储备迅速增加。其中，2014 年上半年末，中国的外汇储备达到 3.99 万亿美元。之后外汇储备逐年下降，截至 2018 年年底，中国外汇储备规模为 3.07 万亿美元，占全球外汇储备规模的近 30%，超过排名第二的日本两倍以上。在过去的 25 年，中国的外汇储备增加了 3.27 万亿美元。不过，仍然值得探讨的问题是，中国还有近 1.14 万亿美元（即 3.40+1.01-3.27）不知所踪。

1996 年年底，中国人民币实现了经常账户下的可自由兑换。截至 2018 年年末，中国仍然没有完全放开资本账户的管制。为了应对 2008 年爆发的全球金融危机，2009 年以来中国人民银行大力推进人民币跨境贸易结算。截至 2018 年年末，中国人民银行先后与 33 个境外央行或货币当局签署双边本币互换协议，协议规模累计超过 3.31 万亿元人民币；在中国港澳台地区、新加坡、伦敦、法兰克福、首尔、巴黎、卢森堡等 20 个国家和地区建立了人民币清算安排。根据环球同业银行金融电讯协会（SWIFT）的统计数据，2018 年 1 月人民币在国际支付货币中的份额为 1.66%，为全球第五大支付货币。2015 年 11 月 30 日，国际货币基金组织（IMF）执董会经过审查，同意将人民币纳入特别提款权（SDR）的货币篮子，并宣布篮子调整于 2016 年 10 月 1 日生效。2018 年 3 月，以人民币计价结算的原油期货在上海期货交易所挂牌交易。这些都标志着人民币国际化进程步入了一个新的高度。根据 IMF 数据，2017 年年末官方外汇储备货币构成（COFER）报送国持有的人民币储备规模为 1 226 亿美元，较 2016 年年末增加 318.03 亿美元，增长 35%，占比为 1.22%，较 2016 年年末提升 0.15 个百分点。据《2019 年人民币国际化报告》公布的统计数据，人民币已连续八年为中国第二大国际收付货币、全球第五大支付货币、第三大贸易融资货币、第八大外汇交易货币、第六大储备货币。已有六十多个境外央行或货币当局将人民币纳入外汇储备。

中国是 1945 年 12 月 27 日 IMF 成立时的 45 个创始成员方之一。截至 2019 年 4 月 30 日，189 个 IMF 成员方中有 181 个已经完成份额缴款，占份额增加总额的 99% 以上，自此 IMF 的总份额达到 4 750 亿 SDR（约合 6 580 亿美元）。IMF 在推进全球货币合作、维护金融稳定、促进国际贸易、推动高水平就业和可持续经济增长、缓解全球贫困等方面都发挥了积极的作用。截至 2021 年 1 月末，中国政府在 IMF 的份额（Quota）为 304.829 亿 SDR（占比为 6.41%），持有 80.736 4 亿 SDR。

以上诸多事实表明，中国经济越来越深入地融入世界经济。随着中国对外开放不断推进、全球经济一体化进程加速和国际资本流动规模日益扩大，尤其是国际金融危机频发，中国经济学家越来越需要在理论上向世界各国解释，为何中国在经济起飞阶段的国际收支结构与众不同？中国的人民币汇率制度有何特征？人民币汇率水平又是如何确定的？人民币国际化进程中最大的障碍是什么？要解释诸如此类的问题，对国际金融基础理论的透彻掌握是基础。国际金融学主要研究哪些问题呢？一般来说，国际金融学主要探讨的是各国汇率制度的选择和汇率水平的确定、各国国际收支状况与宏观经济政策的相互关系以及整个国际货币体系的发展变化。与封闭经济相比，在开放经济下一国政府面临的约束条件更多，除了物价稳定、经济增长和充分就业之外，各国政府还必须努力实现国际收支平衡和本币的汇率稳定。因此，国际金融学主要以开放经济为背景，重点研究汇率水平的决定以及国际收支失衡的调整。除此之外，国际金融学还包括国际资本流动、国际金融危机、国际货币体系变迁等内容。如果说，货币银行学侧重在封闭经济条件下分析货币需求和供给以及通胀率和利率的决定，考察商品市场和货币市场的同时均衡，那么国际金融学则主要从开放经济角度分析汇率和国际收支变化对经济的影响，考察商品市场、货币市场以及外汇市场的同时均衡。

本书以开放经济为背景，重点围绕国际收支及其失衡的调整和汇率水平的决定两大核心问题，系统阐述了弹性分析法、收入分析法、汇率决定理论、汇率干预、汇率制度选择、开放经济下政策选择和工具运用等内容。全书分为基本概念、国际收支理论、汇率理论、开放经济下的宏观调控和国际货币体系演变五个部分。

第一部分是基本概念的详细介绍，包括国际收支、国际投资头寸和汇率三方面的内容。这一部分重点阐述了开放经济下的国民收入核算、储备资产账户下各项资产的特点、经济资产和金融资产的分类、国际投资头寸的影响因素、国际投资头寸与外债头寸的关系、资金流量分析、实际汇率的经济含义和有效汇率指数的权重计算等内容。

第二部分是国际收支理论部分，分别介绍了国际收支的弹性分析法、收入分析法和货币分析法。在弹性分析法中，区分了商品的汇率弹性和价格弹性，详细地推导了马歇尔-勒纳条件，对*J*曲线效应形成过程中的具体影响因素进行了介绍。在收入分析法下，对贸易乘数、劳尔森-梅茨勒效应进行了具体推导，并用较大篇幅介绍了比马歇尔-勒纳条件更为严格的哈伯格条件。在货币分析法下，重点对增长率形式下的货币供给和汇率之间的关系进行了证明。

第三部分是汇率理论部分。汇率水平的决定是汇率理论中的关键性问题。汇率理论发展的脉络表明，影响汇率水平的决定因素在不断增加，从实体经济层面到金融层面，需要考察的内容也在不断增加。本书在购买力平价理论中重点介绍了巴拉萨-萨缪尔森模型的经济含义，在利率平价理论中详细推导了有交易成本的利率平价、费雪效应和国际费雪效应，深入阐述了各种平价之间的关系。从外汇市场参与者的分类出发，介绍了外汇市场上远期汇率偏离根据利率平价所确定的远期汇率值的原因。本书利用资产负债表方法对不同的汇率干预模式进行了介绍。在这一部分，我们还比较详细地介绍了固定汇率制度的各种类型，如汇率目标区、货币局制度，并且对不同汇率制度下的铸币税问题进行了分析。

第四部分是开放经济下的宏观调控问题。对开放经济中价格水平固定条件下的蒙代尔-弗莱明模型予以了详细的推导，这是开放经济下宏观调控的基础性模型。什么是政策工具选择的"丁伯根原则"？为何要进行外汇管制？转换政策和增减政策的搭配和指派、财政政策和货币政策的搭配和指派，这些在开放经济下的调控问题本书都予以了详细的推导。

第五部分对国际货币体系演变进行了探讨。从金本位制的特点到布雷顿森林体系的局限性，再到欧元的问世，本书进行了较为详细的阐述。人类社会为何会最终放弃金本位？每一种货币体系下，内外部经济均衡是如何实现的？对此本书都有讨论。对于外汇的期权与期货等交易、汇率风险的管理、国际结算、国际金融市场、中国汇率制度的变化等内容，限于篇幅本书没有涉及，请参阅其他相关的教材和著作。

近年来，国内的国际金融学教材版本众多，主要的适用对象是本科生，比较流行的教材是复旦大学杨长江教授和姜波克教授在高等教育出版社出版的《国际金融学》，目前第五版已经问世。针对高年级本科生和研究生层次的国际金融学教材还相对较少。同时，国内各家出版社也引进和翻译了许多国际金融学方面的著名外版教材和著作。在国外，国际金融学方面的教材很少单独出版，比较有名的是基思·皮尔比姆(Keith Pilbeam)的《国际金融》，更多是融合在《国际经济学》当中，如保罗·克鲁格曼(Paul Krugman)的《国际经济学：理论与政策》。伴随着国际金融问题重要性的日益突出，国际金融学课程在国外往往又被称为国际宏观经济学（International Macroeconomics）、国际货币经济学（International Monetary Economics）或者国际货币与金融经济学（International Monetary and Financial Economics）。从研究的视角来看，国际经济学是以各国经济的相互联系以及国际商品市场、货币市场、外汇市场的平衡问题为研究对象的，其中有关国际金融的内容更多地研究国际经济中各国金融运行层面的相互影响问题。若研究的切入点是基于本国经济，同时将国际贸易和国际金融的影响纳入本国宏观经济分析，这就形成了“开放经济下的宏观经济学”。这些教材以国内翻译出版的《全球视角的宏观经济学》为代表，其研究的落脚点是寻找适当的国内宏观经济稳定政策，而不是研究国际经济关系本身。因此，樊纲（1997）在《全球视角的宏观经济学》的序言中写道：国际经济学是面向“国际”的经济学，而开放条件下的宏观经济学还是面向“国内”的经济学，只是加入了国际背景，或者说是具有“国际视角”的“国内”经济学。目前，国际上更多的是这两者的日渐融合，如国际金融与开放经济下的宏观经济学（International Finance and Open-Economy Macroeconomics）教材，不仅从国际视角探讨国际收支均衡和汇率决定问题，而且从国内视角出发，探讨本国在开放条件下的宏观经济政策组合和国际政策协调问题。

布雷顿森林体系崩溃之后，各国汇率水平的决定、汇率波动问题对经济的影响不断扩大，以汇率为主要研究对象的汇率经济学（Economics of Exchange Rates，或 Exchange Rate Economics）教材或专著不断涌现，也有直接以汇率与国际金融（Exchange Rates and International Finance）为主题的教材。上述这些教材与专著的翻译和出版极大地拓展了我们的视野和分析深度。

撰写一本符合国内金融学专业高年级本科生和低年级研究生的阅读习惯，并且有一定理论深度的国际金融教材，一直是我从教以来的梦想。在本书的撰写过程中，我努力从深度和广度两个方面对国际金融学的教学内容进行了拓展：一方面是对国际金融学领域内的若干关键术语（如国际投资头寸、有效汇率、第三国效应、铸币税）进行了详细的讨论和分析，另一方面对若干传统理论用数学模型进行了更加细致的介绍。当然，本书主要对理论模型进行了分析，对模型实证检验的介绍留待今后继续完善。在全书中，为了统一符号，做以下规定：$\widetilde{X}(t)$ 表示 $X(t)$ 在某一时间跨度内的变化额；$\dot{X}(t)$ 表示 $X(t)$ 在 t 时刻的变化，即 $\frac{\mathrm{d}X(t)}{\mathrm{d}t}$，经济含义类似于速度指标；$\frac{\dot{X}(t)}{X(t)}=\mathrm{dln}X(t)=\frac{X(t+1)-X(t)}{X(t)}$，表示 $X(t)$ 在 t 时刻的变化率（增长率），符号记为 $\widehat{X}(t)$。请注意，变化率的概念不等于速度的概念，两者的单位不同或者说公式的分母不同。为了避免语意上的混淆，本文将两国利息之差简称为“息差”，之所以避免采用“利差”，是因为在汉语语境中利差包括利率差、汇率差、价格差等多种含义。

本书的撰写和修订不仅参考了国内外大量国际金融学方面的教材和专著，而且根据《国际收支和国际投资头寸手册》（第六版）的要求对相关章节进行了更新，还融入了自己的研究成果和教学体会。本书难免存在错误与疏漏之处，恳请业内专家与读者批评指正。在本书的写作过程中，我的同事李海东教授、刘兴华博士、文艺博士，以及我的研究生党印、唐学敏、荣璟、戴超亮、罗杰、万鹏、吴凯縂、彭宝华、许乐、黄晖雅、邹玉莹、尹昱晖、刘腾华等人指出了书中的纰漏，在此对他们一并表示感谢！

简明目录

CONTENTS

目录
CONTENTS

第三部分　汇率理论

第一部分

PART1

基本概念

第 1 章
CHAPTER1

开放经济下的国民收入与国际收支

与封闭经济(Closed Economy)不同，开放经济(Open Economy)是货物和服务与生产要素(Production Factors)(如劳动力、资本、技术等)跨越国界流动的经济。在封闭经济下，一国的生产禀赋(Endowment)决定了其消费(生产多少产品，就消费多少产品)；在开放经济下，一国经济通过与世界其他国家进行贸易，其消费不再局限于其生产规模。用现代经济学的语言来表述，该国通过跨期贸易(Intertemporal Trade)实现平滑(Smooth)消费的目标。通俗地说，当一国产出在满足本国的消费之后还有剩余，该国可以让渡给他国。当一国遭遇意外出现了产出下降，该国通过借贷可以保持原有的消费规模。同样，在同一个时间段内，各国经济互相依存，互有贸易差额。因此，世界各国的进口总额理论上等于世界各国的出口总额。通过各种国际交易，各国经济与金融一体化程度不断扩大，各国之间的相互影响日益加深。本国经济既可能对他国经济造成影响(溢出效应)，他国经济在遭受本国经济冲击的影响之后又会对本国经济形成影响(反馈效应)，尤其是大国经济对小国经济更容易造成这种影响，过去所谓“美国经济一感冒，欧洲经济就打喷嚏”就是对这种现象的形象表述。更有甚者，全球经济会出现负增长。以 2008 年全球金融危机为例，当年全球 GDP 增长率降至 3%，2009 年进一步跌至-0.6%。这是第二次世界大战以来，世界经济运行非常罕见的现象。为此，各国纷纷采取刺激性的经济政策。此外，国际大宗商品(Primary Commodities)(如石油、有色金属、铁矿石、农产品等)的价格波动不仅影响大宗商品生产国的经济，还会显著影响大宗商品消费国的经济，进而对世界经济的贸易平衡产生冲击。同样，2018 年中美发生贸易争端，经过多轮的谈判，中美贸易战最终达成阶段性协议。其中，中国承诺在未来几年内将进口更多的美国商品。然而，由于中国不太可能在短期内大幅度地扩大进口规模，对美国商品采购的增加将意味着从世界其他地区进口的减少，这会产生巨大的贸易转移效应(Trade Diversion Effect)。例如，中国向美国购买更多的油籽产品(如大豆)将影响巴西、加拿大和阿根廷等国，向美国购买汽车将影响德国、日本和英国，向美国购买飞机将影响法国和德国，向美国购买机械设备将影响日本、德国和韩国。

上述特征表明，开放经济具有与封闭经济完全不同的运行特征。要充分理解和认识开放经济下的经济运行，需要先掌握开放经济下的国民收入核算(National Income Accounting)和国际收支核算(Balance of Payments Accounting)。

1.1 开放经济下的国民收入核算

开放经济下的国民收入是如何决定的？一国的国际收支与国民收入之间存在什么联系？要了解这些问题，首先需要了解封闭经济下的国民收入核算。

1.1.1 封闭经济下的国民收入恒等式

要理解开放经济的特征，先要理解封闭经济下的宏观经济运行。国内生产总值(Gross Domestic Product，GDP)是国民收入核算中最重要的宏观经济变量之一。GDP 是一个国家或地区在一定时期内(通常为一年)所生产的全部最终产品的市场价值总和，是反映一个国家或地区在一定时期内生产活动最终成果的指标。理解 GDP 需要注意以下几点。

第一，一个国家或地区在一定时期内(通常为一年)生产的成果——总产出(Output)，它可以笼统地称为产品(Products)，从外在形态上总产出可以分为两类：有形的货物(Goods)和无形的服务(Services)[⊖]。从产品的使用性质来看，总产出分为两类：中间产品(Intermediate Products)和最终产品(Final Products)。所谓中间产品(如原材料、燃料)，就是在一个生产过程中生产出来，然后在下一个生产过程中被完全消耗掉的产品，有的教材也称之为中间消耗(Intermediate Consumption，IC)，或者中间投入(Intermediate Input)。中间产品在生产过程中或被改变形态(如小麦被碾成面粉，随后再做成面包)，或被耗尽(如使用的电力)。中间产品属于本期一次性使用的货物与服务，反映的是用于生产过程中的价值转移，包括在总产出当中，不包括购置的固定资产，也不包括固定资产折旧。总产出扣除掉中间产品就是最终产品，也就是 GDP。将 GDP 的核算限制在最终产品，其目的是避免价值核算过程中的重复计算问题，这是 GDP 核算生产法(又称为“增加值法”)的主要思想。因此，GDP 是一个流量指标，是一个增加值概念。用公式表示就是：

$$\text{增加值} = \text{总产出} - \text{中间产品} = \sum \text{产量} \times \text{价格} - \text{中间产品}$$

$$GDP = Output - IC$$

GDP 核算的是市场价值，这是因为现实中不同种类的货物与服务的实物量不能加总，而其货币价值却可以加总。请注意，上述公式中的价格指的是现价。

第二，GDP 指标具有明显的生产属性，这意味着 GDP 指标具有以下三点特性：(1) 最终产品的生产必须是有人类参与的生产活动；(2) 最终产品与其通过何种交换方式获得无关；(3) 最终产品的统计与其是否被销售出去无关。最终产品的统计既然强调人类参与生产的属性，那么没有人类参与的纯自然界的生产就不属于 GDP 统计意义上的生产，也就不纳入 GDP 的统计。例如，野生果实与原始森林的自然生长、公海中鱼类数量的自然增长都没有体现人的因素，也就不纳入 GDP 统计；相反，人工养殖的鱼群数量增加则是 GDP 统计的对象。最终产品的统计与是否通过市场交换方式获得无关。最终产品既包括提供给其他单位使用的最终产品

⊖ 有的教材将“Goods”译为“商品”，将“Services”译为“劳务”，本书统一译为“货物”与“服务”。

(通过市场交易)，也包括给生产者自己使用的最终产品(不通过市场交易)，如企业自己制造生产用设备，农民生产供自己消费的粮食等。例外的情况是，发生在住户内部由家庭成员完成的家务活动不纳入 GDP 统计。例如，家庭主妇照顾自己的小孩、打扫卫生这样的活动就不纳入 GDP 统计。如果上述活动是雇人来做，就需要纳入 GDP 统计。在福利经济学看来，住户内部自给自足性质的生产性活动同样应该包括在 GDP 的统计当中。但是，国民收入核算(SNA 体系)不支持这一观点，因为将住户内部的这种生产性活动也纳入 GDP 统计，会影响政府的政策制定与执行。例如，如果认定家庭成员做家务也是生产活动，那么该家庭成员就属于就业者，社会上就不存在失业人群了。GDP 统计的是最终产品的价值，至于这些产品是否销售出去并不影响本期 GDP 规模，以前年度生产出来的产品在本期销售也不影响本期 GDP 规模。

第三，在封闭经济条件下，总产出除了被其他生产过程所消耗(中间产品)，最终产品的出路无非两条：要么在非生产过程中被消耗掉(最终消费)，要么被积累起来形成经济主体的非金融资产(固定资产和库存资产)，后者被称为资本形成总额。按部门划分，最终消费分为私人部门和政府部门的消费支出，前者是为了满足经济主体个人生活需要，后者是为了满足社会成员公共需要。经济主体为形成非金融资产而花费的支出是资本形成总额，通常称为投资。因此，GDP 可分解为私人部门的消费(C)、资本形成总额(I)和政府部门的消费(G)三个部分，这是 GDP 核算的支出法(Expenditure Approach)。用公式表示为：

$$GDP=C+I+G$$

这是宏观经济学中最重要的基本等式，又称为国民收入恒等式(National Income Identity)。

第四，私人部门的最终消费是出于非生产目的，生产过程中的中间消耗是出于生产目的，因此最终消费与中间消耗不同。私人部门的最终消费是为了满足私人部门的即期生活需要，不是为了增加其所持有的非金融资产，因此与资本形成相区别。私人部门的最终消费支出，既包括对货物的消费支出，又包括对教育、医疗等服务的消费支出。例如，在过去半个世纪的时间里，个人消费支出占美国 GDP 的比重大体为 60%～70%。具体来看，私人部门的消费支出包括以下内容：(1) 耐用消费品和非耐用消费品，如购买家电、家具、食品、衣着等方面的支出；(2) 各种消费性服务，如教育服务、医疗卫生服务、文化娱乐服务、金融保险服务等方面的服务类消费；(3) 住房服务，如维修住房、水电方面的支出，其中包括自有住房的虚拟租金(Imputed Rental)。某人如果通过租赁方式购买了住房服务，就需要向房东支付租金，这部分租赁支出是 GDP 的一部分。许多人住在自己拥有产权的住房里，尽管不需要支付租金，但是他们享受了与租户类似的住房服务。所谓虚拟租金，是指拥有房屋的房主“支付”给自己的“租金”，当然，事实上房主并不需要支付这笔租金，但是在统计 GDP 的时候，我们需要将这笔估算的租金纳入 GDP 的统计。

第五，政府部门的消费又称政府购买性支出，是指各级政府用于行政管理、科教文卫、国防、外交等方面的工资福利支出以及购买货物与服务的支出。政府部门包括中央政府、地方政府、组成各级政府的各个部委。按照有偿还是无偿，政府支出分为购买性支出和转移性支出两大类。购买性支出(Government Purchases)属于消耗性支出、有偿支出，反映了政府部门对最终产品的占用和消耗。转移性支出(Government Transfers)是政府部门向私人部门单方面、无偿性的支出，如政府在养老金、失业救济、社会抚恤等方面的支出，以体现政府在再分配过程中实现社会公平的目标。转移性支出虽然属于政府财政预算支出的范围，但是政府没有获得相应的回报；相反，政府在购买性支出过程中得到了劳务、货物与服务等，是基于等价交换的交易规则。此外，在有些国家，政府预算还包括经济建设费，这属于政府投资性支出，不属于政府购买性支出。

第六，资本形成总额(Gross Capital Formation)通常称为投资，是经济主体投资于非金融资产的支出，与金融投资(Financial Investment)(如购买股票、债券)的概念完全不同。资本形成总额包括固定资产投资总额(Gross Fixed Investment)和存货投资(Inventory Investment)，前者也称为固定资本形成总额(Gross Fixed Capital Formation)，后者也译作存货变动。[⊖]请注意固定资产与固定资产投资总额的差异。固定资产是经济主体通过生产活动形成的，使用年限在一年以上的资产，是存量指标。固定资产投资总额指经济主体在一定时期内获得的固定资产(如新厂房、机器设备，及住宅、公寓建筑)的价值总额，是构成 GDP 的流量指标。经济学家又将固定资产投资总额分为非住宅投资(Nonresidential Investment)和住宅投资(Residential Investment)两类。前者是公司购置的新厂房或者新机器，后者指人们购置的新住房或者公寓。存货是经济主体持有的原材料存货、在制品存货、制成品存货、政府物资储备等，是存量指标。存货投资则是构成 GDP 的流量指标，是指在一定时期内经济主体持有的原材料、半成品、产成品等价值的变化额。存货投资既可以是正值，也可以是负值，还可以为零。例如，在经济衰退期间，存货会下降，存货投资会出现负值的情况。用公式可以表示为：

$$\text{本期期末存货余额} = \text{上期期末存货余额} + \text{本期存货投资变化额}$$

固定资本消耗(Consumption of Fixed Capital)是指由于功能自然退化、正常淘汰或正常事故损坏导致经济主体拥有和使用的固定资产存量现期价值的下降，有时候也称为固定资产折旧。在国民收入核算中，我们不可以简单地将固定资本消耗等同于公司会计中的固定资产折旧(Depreciation)，因为前者根据固定资产的现值核算，而后者通常基于历史成本核算。固定资产投资总额减去固定资本消耗就是固定资本净额(Net Fixed Capital Formation)。

封闭经济下的 GDP 是生产过程所产生的增加值，也是该国生产要素获得的全部收入，收入要根据生产者的劳动要素和资本要素来进行分割，其中由于增加值包含了生产税部分，因此有一部分增加值要分配给政府(尽管政府并不代表生产要素的所有者)。区分为劳动者报酬、生产税净额、固定资本消耗和营业盈余四部分，这是 GDP 核算收入法(Income Approach)的内涵，其思想就是参与生产的各种要素都要获得相应的回报。劳动者报酬体现了劳动要素在生产中的所得，是雇员付出劳动后获得的工资和报酬(如各种奖金、福利、补贴，以及所在单位替劳动者缴纳的社保基金、住房公积金、离退休金等)。生产税净额(Taxes Less Subsidies on Production and Imports)体现了政府为生产活动提供国防、公共安全以及社会管理活动的回报，也就是生产税(Taxes on Production)减生产补贴的差额。生产税包括产品税和其他生产税两部分。前者是基于产品(货物与服务)的生产、销售、转移、出租或交付使用而发生的税收，如增值税、营业税和进口税等(但是不包括所得税)；后者则是针对生产过程中使用的土地、建筑、其他资产以及雇用的劳动力等生产要素发生的税收，如土地使用税、房产税、工薪税、固定资产使用税等。识别生产税的重要标志有两个：一是生产税在生产者营业利润形成之前，二是生产税可以通过加价的形式转嫁给消费者。生产补贴则是政府通过对生产者予以补贴，保证生产者以低于市场价出售其产品，进而实现政府的政策目标，包括农业生产补贴、政策性亏损补贴(如对企业的价格补贴和出口退税，但是不包括消费目的的补贴)。固定资本消耗是经济主体生产中使用的厂房和机器设备等固定资产在本期内磨损的价值，可以视为经济主体在前期进行

⊖ 资本形成总额实际上还包括第三个构成项——贵重物品(Valuables)。为了简化分析，这里存而不论。

的固定资产投资在本期获得的回报。营业盈余(Operating Surplus)指生产企业创造的增加值扣除劳动者报酬、生产税净额和固定资本消耗后的余额，反映增加值中分配给资本要素所有者的部分，其中既包括企业所有者出资获得的收入(利润)，也包括企业债权人出借资金获得的报酬(利息)。

第七，可支配收入是经济主体在收入初次分配中获得的原始收入经过收入再分配的收支调整后得到的可支配收入，包括劳动收入、财产收入、转移收入等，但是不包括处置资产负债得到的款项，也不包括资产负债存量价格变化带来的收益(后面两项收入不是来自生产过程)。财产收入(Property Income)是指资产所有者将其拥有的资产使用权让渡给其他单位使用而获得的回报。请注意，这里是资产使用权的让渡，而不是所有权的买卖。产生财产收入的资产包括金融资产和自然资源(非生产资产)，如土地和地下矿藏，可以获得相应的收入。金融资产可以获得利息收入、股权收入，非生产资产(如自然资源)可以获得租金收入(Rent)。生产资产(如建筑物和机器设备等)的出租获得的租赁收入(Rental)不属于财产收入，这被认为是所有者向承租方提供了营业租赁服务，作为生产活动予以核算，所有者收取的租赁收入作为服务产出处理，承租方支付的租赁费用作为中间消耗处理，不属于收入分配，也不包括在财产收入中。按照部门来划分，国民可支配收入就可以分解为私人部门的可支配收入(Private Disposable Income，PDI)和政府部门的可支配收入，后者又称政府净收入(Net Government Income，NGI)。私人部门的可支配收入等于其从经济活动中取得的收入加上从政府部门获得的转移支付，再减去支付给政府的税收，用公式表示就是：

$$PDI = GDP + TR + INT - T$$

其中，TR 是私人部门从政府得到的转移支付；INT 是政府的债务利息支出；T 是税收。

私人部门的可支配收入又可以分解为私人部门的消费和私人部门的储蓄(Private Saving)，即：

$$PDI = C + S_p$$

政府部门的可支配收入(NGI)等于政府的税收收入(T)减去政府对私人部门的转移支付——政府债务的利息支出(INT)和转移支付(TR)，用公式就可以表示为：

$$NGI = T - TR - INT$$

政府部门的转移支付(Transfer Payment)主要包括社会保障支出和财政补贴支出两方面。前者表现为政府部门为维持因残疾、自然灾害和意外事故等不可抗力因素丧失了劳动能力、没有收入来源的低收入和残疾人群的正常生活提供的各类支出，属于社会救济的范畴。此外还有政府向经济主体提供的养老保险、医疗保险等。后者是政府在收入再分配过程中，对企业和居民支付的各类补贴，如出口退税、企业的政策性亏损补贴等。政府部门的可支配收入可以分解为政府消费(G)和政府储蓄(S_g)，用公式表示就是：

$$NGI = S_g + G$$

政府储蓄(Government Saving)，在有的教材里也称为公共储蓄(Public Saving)，等于政府部门的可支配收入减去政府消费支出：

$$S_g = T - TR - INT - G$$

如果政府储蓄小于零，则称为政府超支(Dissaving)，又称负储蓄(Negative Saving)。如果政府支出当中还有政府投资支出，此时政府储蓄就与政府预算差额的概念有所差异了。政府预算差额等于政府部门的可支配收入减去政府消费和政府投资(I_g)，该差额如果小于零则称为政府预算赤字(Budget Deficit)，该差额如果大于零则称为政府预算盈余(Budget Surplus)。因此，完全有可能出现政府储蓄大于零，而政府预算出现赤字的情况。

根据凯恩斯国民收入理论，国民储蓄(National Saving)就是本国国民收入中未被用于消费(私人消费和政府消费)的部分；从部门的角度来看，国民储蓄等于私人部门的储蓄加上政府部门的储蓄。经过推导，可以得到封闭经济下储蓄等于投资($S=I$)的恒等式(见表1-1)：

$$
\begin{aligned}
S &= S_p + S_g \\
&= (GDP + TR + INT - T - C) + (T - TR - INT - G) \\
&= GDP - C - G \\
&= I
\end{aligned}
$$

表1-1 封闭经济条件下国民收入核算中储蓄的不同口径及公式

储蓄的度量指标	定义与公式
私人部门的储蓄	$S_p = GDP+TR+INT-T-C$
政府部门的储蓄	$S_g = T-TR-INT-G$
国民储蓄	$S=S_p+S_g=GDP-C-G$

1.1.2 开放经济下的国民收入恒等式

在开放经济条件下，一国(产品)总供给不仅包括本国生产的总产出(包括中间产品和最终产品)，还包括从国外进口的产品，用公式表示就是总供给$=Output+M$；一国(产品)总需求不仅包括对最终产品的需求(具体为消费需求、投资需求、政府购买需求、出口需求)，而且包括对中间产品的需求，用公式表示就是总需求$=C+I+G+X+IC$。用$X-M$表示净出口NX；总产出减去中间产品($Output-IC$)就是GDP，在产品总供求相等的情况下，就可以得到开放经济下的GDP恒等式：㊀

$$GDP = C + I + G + NX$$

变形后整理可得：

$$GDP - C - G = I + NX$$

$$S = I + NX$$

$$S_p + S_g = I + NX$$

该等式表明在开放经济下国民储蓄(私人部门的储蓄加上政府部门的储蓄)等于国内投资与本国对外贸易差额之和，即在一定时期内，假如一国国民储蓄小于国内投资，其缺口可以通过贸易逆差来填补。其经济含义可以做如下解释：本国投资消耗了100万美元的产品，本国的储蓄只能够提供90万美元的产品，此时需要进口10万美元的产品，相当于其他国家借给本国10万美元的产品，即本国贸易逆差意味着外国为本国提供了融资，本国是实物资本的输入国。反之，如果国民储蓄大于国内投资，则体现为贸易顺差。例如，本国投资只消耗了90万美元的产品，本国的储蓄可以提供100万美元的产品，本国出口10万美元的产品给其他国家，相当于本国借给其他国家10万美元的产品，即本国贸易顺差意味着本国为外国提供了融资，本

㊀ 外国产品和本国产品的计价货币是不同的，如果简单地扣减外币计价的进口额(M)，就如同从苹果(本国产品)中减去香蕉(外国产品)，是不可以相减的。为使得上述等式成立，必须将外国产品用本国产品来表示，即用进口额乘以实际汇率，将外国产品的价值量转化为以本国产品来表示的价值量。这里暂时假定国内外产品都是以本币计价。

国是实物资本的输出国。

同样，如果将 NX 视为 I_f，将国内投资 I 加上下标 d，上式可表示为：

$$S = I_d + I_f$$

其经济含义是，国内储蓄可以用于两方面，一是国内投资，二是国外投资。将上式继续变形，可以得到：

$$S_p = I + NX + (G + TR + INT - T)$$

这就把私人储蓄与国内投资、贸易差额和政府储蓄联系在一起了。等号右侧第三项定义为政府预算赤字，且假定政府预算赤字通过发行政府债券的形式来解决。那么，一国私人部门储蓄的投向可以有三个渠道：对国内私人部门的投资(I)；购买外国的金融资产(NX)；购买本国政府新发行的债券($G+TR+INT-T$)。上式继续变形后可以得到：

$$(I - S_p) + [G - (T - INT - TR)] + (X - M) = 0$$

等式左边的三项分别为私人部门、政府部门和国外部门的收支差额，其中，($T-INT-TR$)是净税收。该公式在有的教材中又被称为部门赤字恒等式(Sector Deficits Identity)，其经济含义是，私人部门、政府部门和国外部门三部门的差额加总之后必须等于零，某个部门的赤字需要用其他部门的盈余来平衡。

将上式进一步变形还可以得到：

$$NX = S_p - I + S_g = (S_p - I) + (T - G - INT - TR)$$

其经济含义是，本国的对外贸易收支差额取决于私人部门和公共部门的收支状况。假定私人部门的储蓄与投资差额较为稳定，那么本国的对外贸易差额就由政府部门的收支差额所决定。美国在 20 世纪 80 年代出现的贸易逆差，有经济学家就将其原因归结为政府部门的财政赤字，即所谓的“双赤字”问题。

需要强调的是，以上等式仅仅是国民收入核算中的会计恒等式(Accounting Identity)，只能够说明上述变量之间的数量联系，不能就因此说明各变量之间的因果关系(Causality)。第一，上述任一等式主要从事后(Ex post)的角度反映了经济中的恒等关系。简言之，从事后的角度来看，已经实现的投资加出口必然等于已经实现的储蓄加进口($I+X=S+M$)。然而，从事前(Ex ante)的角度来看，却未必如此。现在假设消费者的可支配总收入为 10 万亿美元，计划消费为 7 万亿美元，因此储蓄为 3 万亿美元。与此同时，企业的计划投资为 3.1 万亿美元，计划出口为 1 万亿美元，计划进口为 1.2 万亿美元。计划投资加上计划出口合计 4.1 万亿美元(总需求)，计划储蓄加上计划进口 4.2 万亿美元(总供给)，前者小于后者，于是企业的库存开始增加。未售出的产品(以及企业原材料、半成品)被记在存货投资项目下。在本例中，企业存货投资增加 0.1 万亿美元。此时，恒等式再次平衡。因此，无论出现何种情况，从事后的角度来看，恒等式永远成立。第二，从动态的角度来看，如果事前的投资与出口之和小于事前的储蓄与进口之和，那么整个经济将出现紧缩。这是因为，此时企业的非意愿存货投资增加，销售业绩和利润不断下降，在这种情况下，企业将减少生产规模，要么降价促销，要么停工减产、解雇工人，经济走向低迷，整个经济的供给和需求重新趋于一致。如果事前的投资与出口之和等于事前的储蓄与进口之和，这种理想状态就被视为宏观经济均衡；如果前者大于后者，那么经济将出现扩张。通常经济学家所说的宏观经济均衡的概念，不仅限于事后的恒等式成立，主要是从事前的角度来描述的。

❖专栏 1-1

如何推导净出口对经济增长的贡献度（贡献率）

一般来说，经济学家常常会提到经济增长的三大需求(三驾马车)分别是最终消费支出、资本形成总额和净出口，用公式可以表示为：

$$Y = C + I + NX$$

在新闻报道中，还经常会提及三大需求对经济增长的贡献度。那么，什么是三大需求对经济增长的贡献度呢？它又应该如何计算呢？所谓贡献度，是从边际的意义上来说的。将前述公式变形之后，可以得到：

$$\Delta Y = \Delta C + \Delta I + \Delta NX$$

最终消费支出对经济增长的贡献度就是计算 $\Delta C/\Delta Y$：

$$\frac{\Delta C}{\Delta Y} = \frac{\Delta C}{C}\frac{C}{Y}\frac{Y}{\Delta Y} = \frac{\frac{\Delta C}{C}\frac{C}{Y}}{\frac{\Delta Y}{Y}}$$

其余两大需求对经济增长的贡献度同理计算。

我们还可以通过以下公式变形更清晰地明白其含义：

$$\frac{\Delta Y}{Y} = \frac{\Delta C}{C}\frac{C}{Y} + \frac{\Delta I}{I}\frac{I}{Y} + \frac{\Delta NX}{NX}\frac{NX}{Y}$$

其中，等号左侧为经济增长率，右侧分别为消费、投资和净出口拉动经济增长的百分点。

假设左侧为 10%，右侧三项分别为消费、投资和净出口拉动经济增长了 7%、2%和 1%。

$$100\% = \frac{\frac{\Delta C}{C}\frac{C}{Y}}{\frac{\Delta Y}{Y}} + \frac{\frac{\Delta I}{I}\frac{I}{Y}}{\frac{\Delta Y}{Y}} + \frac{\frac{\Delta NX}{NX}\frac{NX}{Y}}{\frac{\Delta Y}{Y}}$$

最终消费支出对经济增长的贡献度就是等号右边第一项，其余类推。根据刚刚的例子，我们可以说，三大需求对经济增长的贡献度为 70%、20%和 10%，合计为 100%。

在封闭经济下，GDP 既是从生产角度出发衡量一国经济的新增产出，又是从收入角度出发衡量本国生产要素获得的全部收入(National Income)。在开放经济下，一国生产要素获得的总收入就不再等于本国的 GDP。当本国居民拥有的生产要素(如劳务、金融资源和自然资源)被非居民使用时，则获得相应的收入，如短期在国外工作的本国专家为外国公司提供咨询服务；本国居民使用非居民拥有的生产要素，本国则存在相应的支出，如外国工程师为本国进口机器设备提供安装调试服务。两者的差额为初次收入差额(Balance on Primary Income，BPI)，体现为本国生产要素的净收入，主要包括雇员报酬、投资收益和租金收入等项目。GDP 加上初次收入差额就是国民总收入(GNI)。GDP 是个生产概念，度量的是生产能力；GNI 不是一个增加值的概念，而是个收入概念，度量的是收入水平。国际组织在划分各国经济发展水平时，常常采用人均 GNI 为标准，而不是人均 GDP。要素净收入对资源型国家意义重大，如 2010 年以来，科威特从国外获得的要素净收入占其 GDP 的比重达到了 37%。为何科威特的要素净收入如此之高呢？科威特在发现石油后进行了大规模的开采，并决定将一部分石油收入用于购买海外资产以获取投资收益。当未来石油枯竭的时候，科威特政府就可以用投资收益来维持原有的消费。通过石油出口，科威特实现了大规模的货物贸易顺差，并持续地实现了净投资收益。二次收入差额(Balance on Secondary Income，BSI)是外国向本国无偿捐赠和提供的实际资源(相当于本国获得的收入)与本国向外国无偿捐赠和提供的实际资源(相当于本国的支出)的差额，也就是本国获得的净经常转移收入(Net Current Transfer)。例如，2008 年汶川地震爆发后，中国收到的来自国外捐赠的医疗和防护用品，就属于经常转移。国民可支配总收入(Gross National Disposable Income，GNDI)用公式可以表示为 $GNDI=GDP+BPI+BSI$，并最终用于消费和储蓄。换言之，国民可支配总收入包括两部分，一部分是本国生产要素获得的收入($GDP+BPI$)，一部分是净经常转移收入(BSI)。国民可支配总收入再扣减固定资本消耗就等于国民可支配净收入(Net National Disposable Income，NNDI)。

1.2　国际收支的基本含义及其特征

在开放经济下，国民收入核算的关键性概念之一就是国际收支。什么是国际收支(Balance of Payments)呢？通常来说，国际收支是在一定时期内居民与非居民之间的各项经济交易。国际收支平衡表则是按照复式记账法原则对一定时期内一国国际交易的系统记录。如何理解国际收支这个概念呢？这主要涉及两个方面：一是交易的主体，即必须是居民(Resident)与非居民(Nonresident)之间的交易；二是交易的对象，也就是界定哪些交易记入国际收支平衡表。

1.2.1　居民的时空属性

不同于法律意义上的公民概念，居民是个经济学概念。在国民经济核算中，居民也称常住机构单位。在国际收支统计当中，居民是指在一国的经济领土(Economic Territory)内具有一定经济利益中心(Center of Economic Interest)的经济单位，从事并打算继续从事(无期限或有期限)较大规模的经济活动和交易。居民不是按国籍或法律的标准，而是按经济的标准来界定的。这一术语必须从空间和时间两个维度来理解。

1. 居民的空间属性

从空间上看，居民位于一国的经济领土[㊀]之内。所谓经济领土是指一国政府或者国际组织有效实施经济管理的管辖区域。一般来说，在经济领土内，该国货物与服务、人员、资本可以自由流动。一国的经济领土不完全等同于一国的地理领土(Geographic Territory)，经济领土包括连同岛屿在内的领陆、领空、领水，以及位于国际水域但本国具有捕捞和海底开采管辖权的大陆架和专属经济区，加上本国在国外的领土飞地(Territorial Enclaves)，即驻外使领馆、新闻和移民机构(Immigration Offices)、科学考察站(Scientific Stations)、援外机构(Aid Agencies)、军事基地(Military Bases)以及具有外交豁免权的中央银行代表处(Central Bank Representative Offices With Diplomatic Status)等，又要减去国外在本国的领土飞地。国际组织的经济领土包括界限明确的飞地或该组织拥有或者租用的建筑物。因此，经济领土既有坐落何处的地理属性，

㊀ 《国际收支和国际投资头寸手册》(第六版)将经济领土的界定分为三种类型：一是由一个政府有效实施经济管理的地区；二是货币联盟和经济联盟；三是某个经济体、某个地区或者整个世界。经济领土发生变化分为四种情况：一是通过相互协议、法庭判决或者仲裁，某一地域的主权发生变化，由一国政府转移到另一国政府；二是通过强占的方式导致某一地区的地位发生变化；三是两块或者更多的经济领土合并；四是单一领土被拆分为两块或者更多的经济领土。

又有归谁管辖的法律属性。

2. 居民的时间属性

从时间上看，某一经济单位即使在本国经济领土上从事某种经济活动，仍然不足以作为它是居民的依据，它还必须在该经济领土范围内具有“经济利益中心”，即拥有相对固定的活动场所(如厂房、设施、住宅等)，并在当地长期(至少一年)从事某种经济活动。国际收支统计强调经济利益中心这个概念，目的是确保每个经济单位只能是某一国的居民，或者说是某一经济领土上的居民。

与居民相关的还有一个术语“Residence”，通常被译为“居民地位”或者“居民属性”，意思是对于本国而言，某个经济主体具有居民属性，这对于国际收支统计有着重要意义。例如，在中国学习的韩国留学生，属于中国的非居民，他在中国的学费、生活费支出，就是中国为非居民提供服务获得的收入；如果该留学生获得了中国政府奖学金，这就相当于中国政府对非居民的支出。

3. 居民的分类

一国的居民可以简单地分为两类。第一类是住户(Household)，由家庭和组成家庭的个人组成，他们共同居住并共用同一生活设施，共同享有收入和财富，共同消费某些货物与服务，其职能主要有两个：一是提供各种生产要素，二是消费货物与服务以满足自身的需要。在通常情况下，住户就等同于家庭，但是同一住户的成员不一定来自同一家庭，比如养老院的老人、监狱里的犯人、医院里的病人和修道院里的修女，也属于同一住户的成员。第二类是机构，包括以盈利为目标的公司(Corporations)和非营利性机构(Nonprofit Institutions)，后者如大学、各级政府和政府各部门。

对于住户而言，其居民属性以其住所所在地，而不是工作所在地来进行判断。凡在本国国内居住一年及一年以上的个人，除外国驻本国外交使节、联合国驻本国维和军事人员外，无论其国籍，均属本国居民。理解住户的居民属性，必须注意两点。第一，住户的居民属性取决于其住所所在地(以住所所在地为经济利益中心)，而不是工作所在地。住户成员的工作所在地和住所所在地不一致的，如住所在本国，每天或者经常(如每星期)跨过边境到邻国(Neighboring Country)工作的边境工人(Border Workers)就是本国的居民，邻国的非居民。第二，一个住户的所有成员必须是同一国家的居民。如果住户的一个或几个成员经常外出离开本国经济领土，又总是在一段时间后又回到住户中来，则该成员仍然是该国的居民。例如，对于在国外停留时间超过一年的本国留学生、病患者及其陪同家属，因为他们会返回本国，所以仍然被视为本国居民。季节性工人[㊀](Seasonal Workers)就是那些因工作的季节性需要在另外一个国家工作后又回到其家庭的工人，判定其居民属性的依据是其住所所在地国家，而不是工作所在地国家。船员、机组成员、石油钻井平台的工作人员、空间站的航天员，是船舶、飞机、石油钻井平台、空间站的总部所在地的居民。对于难民(Refugees)而言，如果其在避难国居留的时间满了一年，无论他们是否自愿，也无论他们未来的打算如何，这些难民就是避难国的居民。在统计实践当中，主要按照身份证、永久居留证、护照等有效证件上的国籍来识别其是否属于本国居民。例如，如果中国公民持有境外的永久居留证，理论上可以证明其在境外长期居住，他就属于中国的非居民。当然，也可以按照永久居留证上的中国国籍，视其为中国的居民。在现实中，这两种处理方法皆可。

㊀ 季节性工人，如农场工人或者建筑工人。例如，由于南美洲的季节刚好与意大利相反，因此对于冬天在本地找不到工作的意大利人来说，会选择去南美洲国家短期工作。

对于机构而言，其居民属性以其在哪个国家长期从事经济活动，而不是以机构的财产所有权来判断。以公司为例，其居民性质以其业务经营所在地作为判断的标准。例如，在中国注册的某外商独资企业 A 公司，它属于中国居民。中国的 A 公司在英国设立子公司 B，且 B 公司在伦敦有办公场地，并打算长期经营，那么 B 公司就不是中国的居民，而是英国的居民。A 公司与 B 公司之间的交易就属于国际收支交易。在美国注册的 C 公司，在中国设立其分支机构 D 公司，则 D 公司属于中国的居民。A 公司与 D 公司之间的交易属于中国居民之间的交易，不纳入中国的国际收支统计；但是 D 公司与 C 公司之间的交易则纳入中国的国际收支统计。在中国境外设立、在香港地区上市的红筹股公司是中国的非居民，在中国境内设立、在香港地区上市的 H 股公司则属于中国的居民。

使领馆、国际组织的居民属性以其所在的领土飞地归属为判断依据。外国驻本国使领馆是外国政府的领土飞地，受外国政府法律管辖。因此，外国驻本国使领馆是本国的非居民。国际组织的经济领土是由其具有管辖权的领土飞地组成的，一般不受制于所在领土国家的法律法规，所以国际组织不是任何国家或地区的居民，也可以认为是其自己经济领土上的居民。诸如国际货币基金组织、世界银行等国际组织机构，是任何国家的非居民。这一标准也适用于一国驻外新闻机构、移民机构、科学考察站、军事基地等。

使领馆、国际组织工作人员的居民属性又该如何判断呢？本国外交人员、本国赴外维和人员、驻外军事基地的军事人员、其他驻外行政人员以及随行家属，他们由本国派驻异国，在本国的领土飞地(在本国政府所辖的经济领土)工作，薪酬由本国政府发放，并且会定期轮换回到本国，所以上述派驻人员以及家属均属于本国的居民，驻在国的非居民。例如，中国的驻外使领馆和新闻机构的工作人员及其家属就是中国的居民。国际组织的工作人员(包括具有外交豁免权的人员以及军事人员等)的居民属性由其住所所在地来判断。根据这一原则，国际组织的工作人员不属于原派驻国的居民，而是其主要居所所在国的居民。例如，受雇于联合国总部的中国籍工作人员就属于美国的居民，而不是中国的居民。

4. 居民属性的认定对国际收支统计的意义

某个经济主体是否属于东道国的居民，该经济主体发生的各种经济事项是否该纳入东道国的国际收支统计，对于准确核算东道国的国际收支差额意义重大。下面通过几个例子来帮助读者加深对这一问题的认识。

经济事项 A　某住户从东道国的企业获得工资和奖金，如果该住户被认定为东道国的居民，这属于东道国内部居民与居民的交易，不纳入国际收支平衡表。如果该住户被认定为东道国的非居民，那么这就属于非居民从东道国企业获得的报酬，相当于东道国的支出，在国际收支平衡表初次收入账户的“借方”记录。

经济事项 B　某住户在东道国的个人支出，如果该住户被认定为东道国的居民，那么这就是东道国居民与居民的交易。如果该住户被认定为东道国的非居民，那么这就是非居民在东道国的支出，属于东道国的收入，记在东道国“旅行服务”账户的“贷方”。

经济事项 C　东道国的某住户向母国的亲属汇款，如果该住户被认定为东道国的居民，这属于居民与非居民之间的交易，记入东道国“二次收入”账户“经常转移”子账户的“借方”。如果该住户被认定为东道国的非居民，该经济事项就属于非居民与非居民之间的转移，与东道国无关。如果这笔汇款通过东道国的商业银行(机构居民)完成，在东道国国际收支平衡表的金融账户中会记录汇款的服务费。

经济事项 D 某住户在东道国持有存款或者向商业银行借款，如果该住户被认定为东道国的居民，那么这不属于国际收支平衡表和国际投资头寸表记录的内容。如果该住户被认定为东道国的非居民，那么这就属于非居民在东道国拥有金融债权或债务，需要纳入国际收支平衡表的金融账户统计。

经济事项 E 某住户在东道国拥有土地和房产，如果该住户被认定为东道国的居民，这属于东道国居民的资产，不纳入东道国国际投资头寸。如果被认定为东道国的非居民，其在东道国拥有土地和房产，相当于是东道国的对外负债，记录在国际收支平衡表“直接投资”账户的“负债方”。

经济事项 F 某住户在母国拥有土地和房产，如果该住户被认定为东道国的居民，那么这是东道国的海外资产，记录在国际收支平衡表“直接投资”账户的“资产方”。如果该住户被认定为东道国的非居民，那么这是非居民在母国拥有土地和房产，对于东道国而言，这是他国内部经济主体的资产，不记入东道国的国际投资头寸表。

1.2.2 流量的类型

如前所述，国际收支平衡表记录的是交易(Transactions)属性的流量，这种流量与支付(Payments)没有关系。根据《国际收支和国际投资头寸手册》(第六版)的规定，国际交易可以根据其是交换性的还是转移性的加以分类；还可以根据其是货币性的还是非货币性的加以分类。此外，某些交易还通过改变路线和分割进行重新安排，而另一些交易可通过推定以反映交易双方的经济关系。除此之外，还有其他流量，即由居民与非居民之间交易以外因素引起的资产或负债的数量、价值或分类变化。具体来说，国际收支平衡表记录的流量分为以下三类。

1. 交换和转移(Exchanges or Transfers)

交换和转移的差异是，交易是有偿的还是无偿的。交换指双方达成的交易属于“互惠”性质或有偿性质，即对于任何一方来说，在交付货物与服务、金融资产的同时，得到了等值的对应物。货物与服务的进出口、金融资产的购置或出售、雇员报酬和股息的收支等都属于交换。属于转移的交易就是过去常说的“单方面转移”，属于“非互惠”的交易或者说是无偿交易，例如个人或公司缴纳的各种税、债务减免、对慈善机构的捐赠、父母给孩子的压岁钱等。这些交易既可以是货币交易，也可以是非货币交易，如易货交易、公司以实物形式发放的补贴、向外国提供的捐赠物资(Transfer in Kind)。由于所有的交易都以货币表示，所以需要对非货币交易的价值规模进行测算或者估计。

2. 出于统计目的对交易的重新安排(Rearranging Transactions)

大部分国际交易是可以明确观测和记录的，但有些国际交易反映的经济关系并不明确，因此需要加以重新调整，以使国际收支账户能够反映经济的实际情况。改变路线(Rerouting)、分割(Partitioning)和推定(Imputation)是国际收支账户中采用的三类重新安排方式。

(1) 改变路线 在这种方式下，国际收支平衡表按照不同于所观测的发生渠道来记录一项交易。例如，机构甲与机构丙之间的直接交易可以理解为首先发生在机构甲与机构乙之间，然后发生在机构乙与机构丙之间的交易。例如，由本国居民雇主为非居民雇员直接向本国社保机构缴纳的社保基金 10 万美元，分作前后两项交易处理。第一项记录为由居民雇主向非居民雇员支付劳动报酬 10 万美元，第二项记录为由非居民雇员向本国社保机构支付社保缴款 10 万美元。再比如，彩票中奖者获得的奖金是来自彩票经营者还是来自其他彩票购买者呢？表面上来看，是彩票经营者向中奖者支付奖金，但是彩票经营者本身不会产生奖金，它只是一个组织者，奖金实际上来自其他购买了彩票但未中奖的人。因此，某人一旦中奖，其实质是彩票购买者之间的转移支付，应该记录在转移项目下。同理，非寿险(如火灾险)偿付表面上款项来自保险公司，但是非寿险保险的本质是投保人之间的风险分担，非寿险的偿付实质上来自其他投保人的保费，因此这属于转移。㊀

(2) 分割　在这种方式下，国际收支统计是将一笔国际交易分为两笔或两笔以上的不同交易。例如，进口货物按 FOB 价格(船上交货价)统计，如果本国贸易商采用的是 CIF 价格(成本、运费加保险费)，纳入国际收支统计时就需要进行价格调整，将 CIF 价格扣除从出口国边境至进口国边境发生的运费和保险费，调整出来的运费和保险费中，只有非居民承运的部分才纳入经常账户下的"服务"子账户中。

(3) 推定交易　推定交易是指在有关方没有单独确认相关交易的情况下，在账户中构建一个分录。这只有在特殊情况下才会产生。推定交易主要包括以下几类。①中国某外商直接投资企业(假定外资股东占比 70%，内资股东占比 30%)2019 年的留存收益为 1 000 万美元，这笔钱并没有支付给各位股东，如何处理这 1 000 万美元呢？内资股东应得的 300 万美元留存收益，不属于国际收支的记录范围。外资股东应得的 700 万美元留存收益没有汇回其母国，而是留在该企业，这可以视为外资股东(中国非居民)对该企业(中国居民)的再投资，纳入国际收支平衡表的统计。②不论是产险公司还是寿险公司，其技术准备金投资得到的收益该如何处理呢？技术准备金是保险公司和养老基金的负债，是保单持有人的资产。在国际收支统计中，这笔收益被视为应付给保单持有人的收入，然后由保单持有人将该资金再交给保险公司作为补充保费。从现金流的实际变化来看，该项收入留在保险公司的账户上，并没有经过保单持有人之手。假设 2019 年(非居民)投保人向本国某保险公司(本国居民)投保 1 000 亿美元，这 1 000 亿美元的投资收益在扣除赔付之后有 800 亿美元，应该属于(非居民)保单持有人(假定投保人就是保单持有人)的收益，但实际上由该保险公司保留。在国际收支统计当中，这 800 亿美元记入(非居民)投保人对该保险公司的(补充)保费当中。

3. 其他流量(Other Flows)

除了以上国际交易产生的流量之外，国际收支平衡表还需要统计其他流量。其他流量是指由居民与非居民之间交易以外因素引起的资产或负债的数量、价值或分类变化，具体分为以下两类。

第一类是金融资产和负债数量的其他变化，即新的资产或负债进入资产负债表的数量，既有的资产或负债退出资产负债表的数量，如债务减免(Debt Forgiveness，Debt Relief)和债权人单方面对债权的注销(也称为"坏账核销"，Write-offs of Bad Debts)，还有资产的重新分类，金块的货币化和非货币化，住户移民后导致居民地位发生变化带来的金融资产、负债的变化。住户甲从 A 国移民到 B 国，这改变了甲的居民地位，其既有的金融资产和负债则需要重新分类(Reclassification)，因为甲的移民行为没有发生涉及双方的"交换"，所以就不存在"交易"。但是，甲居民地位的变化导致其资产或负债重新归类为另一经济体所有。假如住户甲从 A 国移

㊀ 人寿保险(Life Insurance)是指投保人分期支付一系列款项，保单到期后可领取一次性付清款项。在国际收支的统计中，人寿保险保费的支付被视为投保人的金融投资，保险公司的赔付被视为投资的收益。因此，寿险的净保费不属于转移支付，不记入经常转移账户，而是记入金融账户。

民到B国，同时保留了其在A国的账户，这种变化在A国的国际投资头寸表中应记录为“重新分类”（而非交易）导致的对非居民负债的增加(货币与存款——其他存款性公司)。此外，住户甲的不动产仍然留在A国，甲居民地位的这种变化应记录为“重新分类”导致的A国的“直接投资(负债)”的增加。

第二类是资产或负债的重新定值(Revaluation)，这是由价格或者汇率的变动导致的。例如，一国对外债券投资100万欧元，该国国际收支平衡表的记账货币是美元，若当期没有发生交易(也就是没有债券数量的变化)，期末欧元对美元升值15%，那么这笔债券投资的美元价值增加15%。同样，如果本国对外投资的股权1 000万股在统计期间的股价上涨10%，那么这笔股权价值就增加10%。请注意，“重新分类”“重新定值”都和交易没有关系，但是“重新安排”与发生的交易有关。

本小节总结见表1-2。

表1-2 国际收支平衡表记录的各种流量

类型	具体子项	
交换和转移	交换	
	转移	
出于统计目的的对交易的重新安排	改变路线	
	分割	
	推定	
其他流量	金融资产和负债数量的其他变化	既有数量的退出，新数量的进入
		重新分类
	重新定值	

1.2.3 国际收支的其他特征

除了上述特征之外，在理解国际收支这一概念的过程中，还必须注意以下几点。

第一，“Balance of Payments”虽然约定俗成地译为“国际收支”，但是从英文的字面含义来看，并没有包括“国际”这个词，直译为“支付差额”更为准确。如前所述，国际收支平衡表记录的是国际交易，而不是各项国际收支。“Balance”是“差额”的意思，而不是“平衡”或者“余额”的意思。所以，“Trade Balance”应该译为“贸易差额”，而不是“贸易余额”。差额和余额的概念可以从时间上来区分。差额具有时间跨度的含义，即在某一个时间跨度内，“借方”发生额与“贷方”发生额的差额，是个流量概念。余额具有时点的含义，即在某个时间点的经济存量。显然，贸易差额是某个时间段内出口额与进口额的差额，译为“贸易余额”则没有此经济含义了。因此，不论是英文里的“Balance of Payments”还是中文里的“国际收支”，都存在以讹传讹的问题。同时，经常账户差额还是国民可支配总收入的组成项，因此不论是贸易差额、经常账户差额还是国际收支差额，都属于流量(Flow)的概念。与流量对应的概念是存量(Stocks)，但是在国际收支的统计中，存量使用“Positions”一词，汉语译为“头寸”，在下一章将讨论国际投资头寸的概念。

第二，国际收支平衡表记载的国际交易发生在一国居民与非居民之间。如果交易的双方均为本国居民，是否就不记录在本国国际收支平衡表中呢？一般来说，这种交易不记录其中。例外的情况是本国私人部门与官方部门之间转让境外金融资产，也就是本国货币当局干预外汇市场造成的国际储备的增加或减少需要记录其中。再如，中国工商银行伦敦分行(没有法人资格)与中国工商银行总行之间的交易，虽然属于法人内部的往来，但是需要纳入中、英两国的国际收支统计。相反，非居民与非居民交易本国居民发行的债券(如本国政府债券)，则不会记录在本国的国际收支平衡表中。

第三，国际收支统计包括合法与非法的经济交易。通常，非法交易如货物的走私进口，官方往往无法统计到其准确数据。但是，货物的走私交易会带来本国对外金融债权和债务的变化，这些对外金融债权与债务的变化往往以合法的形式出现，会记入国际收支平衡表。但是，只记录合法交易会使国际收支无法实现借贷双方的平衡。假设 A 国走私货物进口 1 000 万美元，这批货物没有经过海关查验，所以 A 国的国际收支平衡表经常账户的“借方”少记了 1 000 万美元。走私分子支付 1 000 万美元的货款之后，A 国的对外金融资产下降了 1 000 万美元，金融资产的下降记录在 A 国国际收支平衡表的金融账户里。假设 A 国当年只发生了这一笔走私交易，合法的交易只记录金融账户“资产方”减少的 1 000 万美元，这使国际收支无法实现借贷双方的平衡。因此设置“误差与遗漏净额”账户反映货物账户下走私进口的 1 000 万美元。如果这 1 000 万美元的走私货款完全采用外币现金交易，那么就不会记录在 A 国的国际收支平衡表中。

1.3　国际收支平衡表的记账规则

国际收支平衡表是反映一国对外经济交易的全部记录，为了准确记录这些交易，避免漏记和重复记录，国际货币基金组织(IMF)对国际收支平衡表的编制规定了一整套的记账规则。

1.3.1　复式记账法

根据《国际收支和国际投资头寸手册》(第六版)的规定，国际收支平衡表采用复式记账法(Double-Entry Accounting System)来记录各项国际经济交易，每笔交易的记录由借贷两个分录组成，因此借贷双方总额是相等的。复式记账的原则不仅体现在一国之内，而且还体现在贸易伙伴国之间。例如，甲国向乙国出口价值 100 万美元的商品，乙国既可以用本国银行存款向甲国支付货款(模式一)，也可以用甲国银行存款进行支付(模式二)。甲、乙两国的会计分录见表 1-3。

表 1-3　甲乙两国复式记账举例

模式一：乙国以乙国银行存款向甲国出口商支付货款				模式二：乙国以甲国银行存款向甲国出口商支付货款			
甲国		乙国		甲国		乙国	
借	海外存款(资产)	借	货物进口	借	海外存款(负债)	借	货物进口
贷	货物出口	贷	短期资本流入	贷	货物出口	贷	海外存款(资产)

对于货物的进出口，不论何种模式，均记录在甲国“货物”的“贷方”，乙国“货物”的“借方”。但是对于资金流的变化，两种模式在两国国际收支平衡表上的记录是不同的。

对于模式一，乙国以本国银行存款向甲国出口商支付货款。对于甲国而言，这意味着甲国在海外的银行存款增加，记录在甲国国际收支平衡表“金融账户”下“其他投资”子账户的“资产方”，表示其海外存款(资产)的增加。对乙国而言，这表示其对外负债增加，记录在乙国国际收支平衡表“金融账户”下的“负债方”，表示乙国的短期资本流入。

对于模式二，乙国以甲国银行存款向甲国出口商支付货款。这意味着甲国银行来自海外的存款(负债)减少，记录在国际收支平衡表“金融账户”的“负债方”，表示甲国的对外负债减少。对乙国而言，记录在乙国国际收支平衡表“金融账户”下“其他投资”子账户的“资产方”，表示乙国的海外存款(资产)减少。

1.3.2 交易时间和交易价格的确认

国际收支平衡表采用成交的实际市场价格记录各项交易，同时采用权责发生制(Accrual Basis Accounting)的原则确定交易的记录时间。许多国际交易的过程非常漫长。以货物贸易为例，通常要经历买卖双方签约、货物生产、过境、交割、一次或数次付款等阶段。在哪个环节记录该笔交易呢？是签约时间？交货时间？还是货物装运时间？抑或是海关结关时间？银行付款时间？国际收支统计采用权责发生制，即按照货物的经济所有权发生变化的时间或者债权债务发生的时间确认交易。这个原则涉及两个关键问题：一是经济所有权的变化，二是交易价格的确定。

1. 经济所有权的变化

《国际收支和国际投资头寸手册》(第六版)明确将“经济所有权”作为国际收支交易的唯一核心标准。所有权细分为法律所有者的“法定所有权”(Legal Ownership)和经济所有者的“经济所有权”(Economic Ownership)。法律所有者是指在法律上有权持续获得相关实体(包括货物与服务、自然资源、金融资产与负债)的经济利益的机构单位；经济所有权[⊖]是指由于承担了有关风险而有权享有相关实体在经济活动期间内运作带来的经济利益的机构单位。每个实体都具有法定所有者和经济所有者。在通常状态下，法定所有权的变更意味着经济所有权的变更。然而，在有些情况下，即使“法定所有权”未变，“经济所有权”也会发生变化。例如，如果一家银行在法律上拥有一架飞机，那么该银行就是这架飞机的法定所有者。该银行将这架飞机出租给一家航空公司使用，以获取约定的租赁收入。航空公司对这架飞机的飞行频次、飞行目的地以及机票价格等进行全权决策，则该航空公司被认为是这架飞机的经济所有者。也有“法定所有权”发生变化，而“经济所有权”却没有发生变化的情况。比如回购协议，对于融资方(提供证券获取资金)来说，与证券有关的风险和收益仍然属于融资方(即证券的原始持有者)，证券的经济所有权并没有因为回购交易而发生变化。在权责发生制下，经济所有权的变更是为货物、非生产非金融资产和金融资产交易确定记录时间的核心。

一般来说，国际货物贸易在货物的经济所有权发生转移时记录国际收支平衡表；服务贸易在服务完成时记录；海外收入流量在海外收入产生时记录，而不是在收入实际发生时记录(权责发生制的体现)；跨境金融交易在海外债权与股权形成时记录。在实践过程中，对外货物贸易统计主要以海关统计数据为准。通常，国际货物贸易的统计时间与海关统计一致，但是也有不一致的情况。对于需要数年才能完成的大型机械、船舶制造等，一般是随着工程进度情况分期改变其所有权归属。这类商品在海关统计中，于商品出入境时一次性记录。需要注意的是，不是所有进出海关关境的货物都意味着所有权的变化。以来料加工贸易(Processing with Imported Materials)为例，本国加工企业向国外某公司进口一批原材料代为加工，结束后这批货物再运往境外。虽然这批货物进出境均被海关记录(价值不同)，但是这批货物的(经济)所有权没有发生变化，所以不记入本国国际收支平衡表的“货物”账户，其货值差额记录在本国国际

⊖ 经济所有权是指既承担所有权风险又享有所有权收益。经济所有权的变化意味着相关标的物的风险与收益、权利与义务均发生了转移。所有权的收益通常包括资产的使用权、出租权及出售权。所有权的风险包括货物因损坏、盗窃引起的潜在损失和持有期间的无形损失，金融资产还面临交易对手方的违约风险。

收支平衡表的“服务”账户。

2. 交易价格的确定

确定了经济所有权变化的原则后，按照什么价格来确定这笔交易呢？国际收支平衡表通常采用交易时的市场价格计价。以货物的进出口为例，按 IMF 的规定，货物的出口和进口价值均是在统一的计价点(出口国的海关关境)，并统一按照离岸价(FOB)计价，这就是国际收支货物贸易的价格统计口径。如果实际成交价不是离岸价，那么就需要进行调整，这将在 1.3.4 节进行介绍。

专栏 1-2

海关特殊监管区域及其居民身份的认定

通常来说，许多国家的海关设置在国境上，因此一国的海关关境(Customs Frontiers)与国境(National Boundaries 或 National Frontiers)是一致的，但在某些情况下，两者也会存在差异。这主要涉及海关特殊监管区域和海关保税监管场所，它们是在国境以内、关境以外设立的由海关监管的特定区域。前者如保税区、出口加工区、保税物流园区、跨境工业区、保税港区、综合保税区等，后者包括海关批准的保税仓库、出口监管仓库和保税物流中心等，其差异主要体现为批准机构不同。以中国为例，前者是国务院批准设立，后者是海关批准设立。该区域有以下几个特征：第一，海关对进出该区域的货物实施监管；第二，进出该区域的货物称为保税货物(Bonded Goods)，它们经海关批准未办理纳税手续进境，在境内储存、加工、装配后复运出境；第三，在这些区域内关税暂缓缴纳，国境之外的人员、货物、资金自由进出这些区域。因此，设立了海关特殊监管区域的国家，其国境要大于关境，如中国。

在海关特殊监管区域内的企业，其居民身份如何确定呢？以中国为例，海关特殊监管区域设立在中国境内，在区域内注册成立的企业就是中国居民。该企业(居民)与境外企业(非居民)之间的货物贸易，属于国际收支范围的货物贸易；区域内企业(居民)与中国境内的区域外企业(居民)之间的货物贸易不属于国际收支范围的货物贸易。货物是否进出海关特殊监管区域不是判断其纳入国际收支统计的关键。判断的标准仍然是两条：一是交易者是否为居民与非居民之间的交易；二是货物的所有权是否发生变化。例如，中国居民买入非居民拥有的海关特殊监管区域内的货物，属于国际收支统计的货物贸易。居民向非居民卖出存放在海关特殊监管区域内的货物，也属于国际收支统计的货物贸易。

1.3.3　计价货币和汇率的选择

国际收支统计采用何种货币作为计价货币(Currency of Denomination)呢？所谓计价货币，是经济主体在合同中或者统计报表中采用的，据以确定价值流量和头寸价值的货币。在编制国际收支平衡表时，各国政府采用的计价货币可以是本币(Local Currency 或 Domestic Currency)，也可以是外币，如美元或者 SDR。选择本币作为计价货币可以使得本国国际收支分析和国民收入账户核算体系的其他报表相对应，有利于对本国的经济指标进行分析。然而，如果本国货币价值发生大幅度波动，如出现严重的通货膨胀或者恶性的货币贬值，采用本币计价会大大降低本国国际收支平衡表数据的准确性。采用美元或者 SDR 计价便于国际间相关数据的比较。例如，通过比较美国记录的对中国的出口额与中国记录的对美国的进口额，可以发现在中美两国之间是否存在商品走私或者其他统计口径的差异，从而不断提高统计质量。IMF 建议采用美元或者 SDR 作为各成员方国际收支的计价货币。

中国海关总署从 2014 年 1 月开始公布以人民币计价各项对外贸易统计数据。商务部从 2014 年 4 月开始公布以人民币计价的部分外商直接投资、对外直接投资和国际工程承包数据。国家外管局 2014 年 1 月开始不仅公布以美元计价的国际收支平衡表，还公布以人民币计价的国际收支平衡表。请注意，以人民币计价的国际收支平衡表的折算方法为，将当季以美元计价的国际收支平衡表，通过当季人民币对美元季平均汇率中间价折算。此外，计价货币还需要与结算货币有所区分。结算货币(Currency of Settlement)是指债权债务双方每次结清账务时所使用的货币。在国际经济交易中，采用不同于计价货币的结算货币只是意味着贸易双方每次结算都需要进行货币折算。

对于国际经济交易，不论采用何种货币计价，汇率的选择非常重要。货币折算的基本原则是以外币计价的流量按照交易发生时外汇市场上的中间汇率(买入汇率与卖出汇率的平均值)进行折算。对于采用复汇率(Dual Exchange Rate System)的国家，往往选择成交量最大的汇率。以外币计价的存量(即头寸)则按照资产负债表日收盘时的中间汇率进行折算。

1.3.4 不同统计口径的比较

为了便于比较，各国国际收支统计均按照《国际收支和国际投资头寸手册》(第六版)的口径要求进行统计。请注意，国际收支货物贸易的统计口径与海关商品贸易的统计口径存在差异。

1. 统计的价格标准不同

海关统计口径中进口货物按到岸价(Cost, Insurance, and Freight, CIF)统计，出口货物按离岸价(Free on Board, FOB)统计，到岸价比离岸价多了货物的运费、保险费和其他费用，国际收支统计口径则均按照出口货物的离岸价(FOB)进行统计。因此，国际收支统计从海关进口货值中扣减国际运费和保险费支出，并纳入服务贸易统计。一般来说，来自海关的进口数据是到岸价数据，采用 5% 的调整系数，将进口货物价格的 1% 调整为运输交易，4% 调整为保险交易。举例来说，某设备从经济体 A 出口至经济体 B。在经济体 A，该设备的生产成本为 10 万美元，需要花费 2 000 美元将其运至经济体 A 的关境，再花费 3 000 美元将其从经济体 A 的关境运至经济体 B 的关境，并缴纳 500 美元的关税，然后花费 1 000 美元从关境运至进口生产商(为了简单起见，这里没有考虑设备运输期间的保险费)。双方的 FOB 为 102 000 美元，CIF 为 105 000 美元。

2. 统计的原则不同

海关统计遵循联合国《国际货物贸易统计》(International Merchandise Trade Statistics, IMTS)手册的规定，以货物进出境为原则。国际收支统计遵循 IMF 的《国际收支和国际投资头寸手册》(第六版)，以货物所有权是否发生转移为原则。海关统计货物贸易的标准是货物是否进出国境。只要货物进入本国国境，就属于进口；只要货物离开本国国境，就属于出口。国际收支统计的货物贸易以货物的所有权发生变更为依据。通常，海关统计的绝大部分贸易额都属于国际收支统计的口径，但是部分交易仍然有差异。例如，离岸转手买卖、网络购物、查获走私等未纳入海关统计的项目，需要纳入国际收支统计。

需要特别关注以下几点。

（1）来料加工或出料加工贸易　来料加工贸易是指国内加工企业进口的原辅料由境外企业提供(但不需要支付款项)，按照境外企业的要求加工或者装配，制成品由境外企业负责销售，国内加工企业获得加工费。与来料加工贸易正好相反，出料加工贸易是指国内企业将原辅料等交由境外加工企业，要求其按要求加工或装配，制成品由国内企业负责销售，并向境外加工企业支付加工费。上述两种贸易方式涉及的货物所有权均未发生转移，因此不纳入国际收支的货物贸易统计，加工费纳入服务贸易统计。然而，上述两种贸易方式涉及的原辅料和制成品的进出口均需要纳入海关统计。

（2）进料加工贸易　与来料加工贸易不同，进料加工贸易是指国内加工企业付款进口原辅料，制成品由国内加工企业负责出口销售。此时，进料加工贸易涉及的原辅料和制成品所有权在居民与非居民之间发生了转移，因此，原辅料的进口和制成品的出口不仅纳入海关统计，而且纳入国际收支的货物贸易统计。

（3）离岸转手买卖　离岸转手买卖(Merchanting)是指货物所有权发生了转移但货物实际上没有进出一国国境(也不进出海关特殊监管区域等场所)，海关对此不予以统计，但是纳入国际收支统计范围。离岸转手买卖不同于海关特殊监管区域进出境的货物，两者的主要区别在于：离岸转手买卖的货物自始至终未进入一国关境；而海关特殊监管区域进出境物流货物进入一国关境。

通常所说的 GDP 支出法中的三驾马车之一——货物与服务净出口，其含义是国际收支口径的货物与服务的净出口差额，应该采用国家外汇管理局公布的货物与服务贸易差额，不可以采用中国海关公布的贸易差额。此外，在计算相关指标的增速时，还需要注意以下差异：货物与服务净出口增速是按不变价格计算的，即货物与服务出口剔除出口价格变动因素，货物与服务进口剔除进口价格变动因素；而海关公布的货物贸易差额增速是按当期价格计算的，即货物出口没有剔除出口价格变动因素，货物进口没有剔除进口价格变动因素。

1.4　国际收支平衡表的账户设置

编制国际收支平衡表的指导思想是将整个经济分为实体经济部分(Real Sector)和金融经济部分(Financial Sector)，前者主要反映使得本国货物与服务等实际资源发生了变化的居民与非居民之间的非金融交易(Nonfinancial Transactions)，后者主要反映使得本国海外金融资产和负债发生了变化的居民与非居民之间的金融交易(Financial Transactions)。因此，国际收支平衡表就划分为两大类账户(也译作“项目”)，一类是反映货物、服务、收入以及经常转移等实际资源变化的账户——经常账户(Current Account)和资本账户(Capital Account)；另一类是反映与之相对应的海外金融资产或负债变化的账户——金融账户(Financial Account)。

经常账户和资本账户分别设置了“借方”（Debit)和“贷方”（Credit)。经常账户的“贷方”是指本国居民为非居民提供的货物与服务，典型的如“出口”；资本账户的“贷方”是本国居民获得非居民提供的资本转移、处置非生产非金融资产获得的收入。经常账户的“借方”是指本国居民接受非居民的货物与服务，典型的如“进口”。资本账户的“借方”是指本国居民向非居民提供的资本转移、获取非生产非金融资产支出的金额。经常账户和资本账户在统计时采用“全值记录”（Gross Recording)原则。所谓全值记录，是指对于经常账户和资本账户的各个子账户，不仅有借方，而且有贷方；从差额的角度，我们关注贷方和借方的差额。以货物贸易为例，国际收支平衡表不仅记录出口额，而且记录进口额，分别在货物账户下的贷方和借方反映。贷方减去借方得到“货物贸易差额”，该差额反映了一国货物贸易的竞争力。

金融账户按职能设置了五个子账户，分为“非储备性质的金融账户”和“储备资产”两个类别(相当于金融账户分为私人部门和政府部门两大类账户)，每个子账户分别设置了“金融资产的净获得”(Net Acquisition of Financial Assets)方(简称“资产方”)和“金融负债的净产生”(Net Incurrence of Financial Liabilities)方(简称“负债方”)。这一变化主要是便于直接比较与国际投资头寸表中金融资产和负债存量的对应关系。按照《国际收支和国际投资头寸手册》(第六版)的规定，金融账户采用“净额记录”(Net Recording)原则。所谓净额记录，是指对于金融资产的净变化而言，是金融资产的获得减去金融资产的减少，而不是金融资产减去金融负债。如果这一净额为正数，表示本国海外资产净增加；如果这一净额为负数，表示本国海外资产净减少。“金融负债净变化”是指金融负债发生减去金融负债清偿的净额，而不是金融负债减去金融资产。如果该净额为正，表示本国对外负债增加；如果该净额为负，表示本国对外负债减少。

例如，在某一年度内，本国对外直接投资增加100亿美元，表示本国的海外资产增加，以正数记录在金融资产的净获得方，本国撤回对外直接投资20亿美元就是本国海外金融资产的处置，表示本国的海外资产减少，以负数记录在金融资产的净获得方，两者合计得到80亿美元，表示本国对外直接投资的净变化额，在金融资产的净获得方反映(这就是净额记录的概念)。本国吸收的外国直接投资增加230亿美元，表示本国对外金融负债的发生，以正数记录在金融负债的净产生方，外国撤回对本国的直接投资30亿美元表示本国对外金融负债的清偿，以负数记录在金融负债的净产生方，两者合计200亿美元，表示本国对外金融负债的净变化额增加了200亿美元，记录在金融负债的净产生方(同样是净额记录的概念)。在国际收支平衡表上，“直接投资”账户差额该如何计算呢？此时，用金融资产的净获得方(资产方)80亿美元减去金融负债的净产生方(负债方)200亿美元，差额为-120亿美元，这表示本国直接投资负债增加了120亿美元。

所以，在《国际收支手册》(第五版)当中，会计分录的“贷方”发生额记“正号”，会计分录的“借方”发生额记“负号”，差额由“贷方”与“借方”合计得到。在《国际收支和国际投资头寸手册》(第六版)中，不再沿用这一方法。相比较而言，《国际收支手册》(第五版)的正负号更多地具有人为规定的因素，而根据《国际收支和国际投资头寸手册》(第六版)的规定，会计分录的发生额不论是正号还是负号，都有相应的经济含义(见表1-4)。

表1-4 记账符号使用习惯的变化

	《国际收支和国际投资头寸手册》(第六版)	《国际收支手册》(第五版)
经常账户和资本账户	贷方和借方都以正号记录	贷方为正，借方为负
金融账户	资产和负债的增加记为正号，资产和负债的减少记为负号	资产增加、负债减少是借方，记为负号；资产减少、负债增加是贷方，记为正号
金融账户差额[净贷出(+)/净借出(-)]	等于资产变化减去负债变化	等于资产变化加上负债变化(贷方加借方)

按照复式记账法的原则，每一笔国际经济交易的“借方”(“资产方”)与“贷方”(“负债方”)发生额都记录在国际收支平衡表当中。从这个意义上来说，国际收支平衡表“借方”和“贷方”的发生额永远平衡。然而，为什么会出现贸易顺差(或者逆差)、国际收支顺差(或者

逆差)的说法呢？这是因为国际收支平衡表设置了若干账户(见表 1-5)，每个账户的“贷方”(“负债方”)发生额的加总减去“借方”(“资产方”)发生额的加总之后会产生差额。

表 1-5　国际收支平衡表

项目	贷方(1)	借方(2)	差额(1)-(2)
1. 经常账户			
1.1　货物与服务			
1.2　初次收入			
1.3　二次收入			
2. 资本账户			
2.1　非生产非金融资产的取得/处置			
2.2　资本转移			
净贷出(+)/净借入(-)(来自经常账户和资本账户)			
	金融资产的净获得(1)	金融负债的净产生(2)	差额(1)-(2)
3. 金融账户			
3.1　直接投资			
3.2　证券投资			
3.3　金融衍生工具			
3.4　其他投资			
3.5　储备资产			
净贷出(+)/净借入(-)(来自金融账户)			
4. 误差与遗漏净额			

经常账户和资本账户的差额等于“贷方”减去“借方”，其差额产生净贷出(差额为正，表示顺差)或者净借入(差额为负，表示逆差)，反映实体经济层面的非金融交易。顺差则表示实际资源的“净贷出”，相当于本国让渡了实际资源给世界其他国家。逆差则表示实际资源的“净借入”，相当于世界其他国家让渡了实际资源给本国。

金融账户反映的是金融交易，其差额由“金融资产的净获得”减去“金融负债的净产生”。如果差额为正数，表示金融账户的“净贷出”，其经济含义是当期本国的对外净金融资产增加(或者净金融负债减少)；如果差额为负数，表示金融账户的“净借入”，其经济含义是当期本国的对外净金融负债增加(对外净金融资产减少)。因此，从经常账户和资本账户差额中获得的“净贷出”(“净借入”)等于金融账户差额中获得的“净贷出”(“净借入”)。例如，在不考虑误差与遗漏净额账户的情况下，经常账户和资本账户的顺差额合计 200 亿美元，那么金融账户“净贷出”200 亿美元，其经济含义是本国经济在实体经济层面对外提供了 200 亿美元的货物与服务，就应该获得 200 亿美元的对外金融资产。从本国经济的角度来看，相当于用 200 亿美元的实物资产从国外换回了等值的金融资产。

1.4.1　经常账户

经常账户是记录一国国际经济交易导致实际资源发生变化的账户。经常账户的差额是核算一国在一定时期内是否有净储蓄(储蓄减投资)的重要指标。若经常账户出现顺差，体现为国内储蓄大于国内投资，本国对世界其他国家提供了实际资源，并形成对外资产；反之，若经常账户出现逆差，体现为国内储蓄小于国内投资，则意味着世界其他国家对本国提供了实际资源，本国形成对外负债。储蓄小于投资也被称为储蓄缺口，意味着国内储蓄不足以支持国内投资，形成投资约束，影响一国经济的发展。从账户设置来看，经常账户主要包括货物与服务、初次收入、二次收入三个子账户。

一般来说，一国经常账户差额的演变是国内经济发展水平和经济结构变化的反映。随着中国经济向高质量发展迈进，国内制造业转型升级不仅使得货物贸易顺差的规模下降，而且因为国内居民生活水平的提高，服务贸易近年来逆差大幅增加。历史上，美国、日本、韩国等国在经济发展过程中均出现过类似现象。经常账户差额占 GDP 的比重过大，往往被视为一国经济失衡的表现。例如，中国在 2007 年经常账户差额占 GDP 的比重达到历史峰值 10.1%，之后逐年下降，2018 年降至 0.4%，显然中国经济失衡的压力已经明显减轻(见表 1-6)。

表 1-6 中国国际收支差额及其占 GDP 的比重

	2005	2006	2007	2008	2009	2010	2011
经常账户差额(亿美元)	1 324	2 318	3 532	4 206	2 433	2 378	1 361
占 GDP 比重(%)	5.9	8.5	10.1	9.3	4.9	4.0	1.9
	2012	**2013**	**2014**	**2015**	**2016**	**2017**	**2018**
经常账户差额(亿美元)	2 154	1 482	2 360	3 042	2 022	1 649	491
占 GDP 比重(%)	2.5	1.5	2.3	2.7	1.8	1.3	0.4

资料来源：国家外汇管理局网站。

1. 货物与服务账户(Goods and Services Account)

货物与服务账户记录居民与非居民之间发生的货物贸易和服务贸易交易。该账户分为货物账户和服务账户。货物是有形的产品，而服务是无形的产品，如运输服务、维修服务、教育服务、医疗服务等。之所以分为这两类账户，是因为两者存在以下不同。第一，货物的生产与服务的生产特征完全不同。货物不仅可以存储，而且可以运输。服务却不能脱离生产而独立进行，并且当生产完成时，它们已经提供给了消费者，因此，服务无法存储。第二，货物的生产与销售是分离的，服务的生产和销售则是一体的。第三，货物可以区分独立的、可转让的经济所有权，而服务则不能。在现代社会中，服务生产占整个社会生产的比重越来越高。

货物贸易又称有形贸易(Visible Trade)，该账户的“借方”记录本国货物的进口额，不仅包括境外贸易商支付的进口货款，而且包括向境内海关特殊监管区域的交易对手支付的进口货款，还包括向离岸账户持有人、境外机构通过境内账户支付的进口货款。“贷方”记录本国货物的出口额，不仅包括从境外贸易商获得的出口货款，而且包括向境内海关特殊监管区域收回的出口货款，还包括从离岸账户持有人、境外机构通过境内账户收回的出口货款。准确理解上述概念的基础仍然是居民与非居民发生所有权变更的货物。至于货款的支付方式，既可以是本币支付，也可以是外币支付；既可以是通过居民的境内账户支付，也可以是通过非居民的境外账户，乃至离岸账户以及非居民在境内的账户等支付。

货物贸易差额大体反映了一国产品的国际竞争力，对经常账户乃至整个国际收支的状况起着决定性作用。考察货物贸易对一国经济影响的重要指标之一是贸易依存度，即一国进出口额占 GDP 的比重。改革开放以来，中国的贸易依存度逐年提高，2006 年一度超过 60%，此后逐年下降，到 2018 年，中国贸易依存度仍然超过 30%（见表 1-7）。

表 1-7　2000～2018 年中国的货物进出口及其占 GDP 的比重

年份	货物进口额（10 亿美元）	货物出口额（10 亿美元）	GDP（10 亿美元）	货物进口额占比（%）	货物出口额占比（%）
2000	224. 31	253. 09	1 211. 3	18. 52	20. 89
2001	243. 97	272. 06	1 339. 4	18. 22	20. 31
2002	295. 62	333. 00	1 470. 6	20. 10	22. 64
2003	412. 14	447. 96	1 660. 3	24. 82	26. 98
2004	556. 18	607. 36	1 955. 3	28. 44	31. 06
2005	648. 71	773. 34	2 286. 0	28. 38	33. 83
2006	782. 81	991. 73	2 752. 1	28. 44	36. 04
2007	950. 02	1 258. 06	3 552. 2	26. 74	35. 42
2008	1 149. 04	1 497. 87	4 598. 2	24. 99	32. 58
2009	1 042. 53	1 262. 66	5 110. 0	20. 40	24. 71
2010	1 433. 39	1 656. 41	6 100. 6	23. 50	27. 15
2011	1 826. 95	2 008. 85	7 572. 6	24. 13	26. 53
2012	1 943. 25	2 175. 09	8 560. 5	22. 70	25. 41
2013	2 120. 22	2 355. 59	9 607. 2	22. 07	24. 52
2014	2 241. 60	2 462. 90	10 482. 4	21. 38	23. 50
2015	2 002. 28	2 360. 15	11 064. 7	18. 10	21. 33
2016	1 942. 19	2 197. 92	11 191. 0	17. 35	19. 64
2017	2 212. 18	2 422. 91	12 237. 7	18. 08	19. 80
2018	2 022. 27	2 417. 44	13 606. 0	14. 86	17. 77

资料来源：货物进出口数据来源于国家外汇管理局网站；GDP 数据来源于世界银行网站。

货物账户只记录经济所有权发生了转移的货物(如一般贸易[㊀]、进料加工贸易)，所有权未发生转移的货物(如来料加工或出料加工贸易)不纳入货物贸易统计，而是纳入服务贸易统计。1978 年中国改革开放以来，尤其是 2001 年中国加入世贸组织以来，中国货物贸易总额迅速扩大，贸易伙伴覆盖全球，欧盟、美国、东盟、日本、其他金砖国家等均是中国的主要贸易伙伴。21 世纪以来，中国与新兴市场和发展中国家的贸易额持续扩大。东盟和非洲地区在中国出口市场中的占比接近 17%。2014～2018 年中国货物进出口总额在全球排名前两位。从货物贸易差额来看，中国 2001 年的货物贸易顺差不足 300 亿美元，2005 年超过 1 000 亿美元，2007 年超过 3 000 亿美元，2014 年超过 4 000 亿美元，2015 年达到历史峰值 5 762 亿美元，2017 年回落到 4 761 亿美元，2018 年降至 3 952 亿美元。在贸易产品的结构方面，中国的出口商品结构在 20 世纪 80 年代实现了由初级产品为主向工业制成品为主的转变。进入 21 世纪，高新技术产品在出口产品中的占比不断提高。到 2018 年，中国的机电产品出口额为 2. 42 万亿美元，

㊀ 按照贸易方式不同，国际贸易可以分为一般贸易和加工贸易两种方式。在一般贸易方式下，一个国家从外国进口商品的目的是满足国内最终消费或生产投入。在加工贸易（Processing Trade）方式中，进口的目的就是加工后出口，除了作为加工企业的对象以外，与国内消费或生产基本没有联系。

占全球市场的份额为17%以上；高新技术产品占中国出口的比重接近30%。在进口方面，工业制成品占比在21世纪以来逐年下降，但是占比仍然超过65%；初级产品的占比逐年上升，截至2018年年末该比率接近35%。在初级产品当中，石油的进口占了主导地位。近年来，中国石油消费的对外依存度超过了60%。石油进口占中国进口总额的10%以上。对比美国，自1971年以来，美国货物贸易账户持续逆差。2005～2018年，美国货物贸易逆差额保持在7 000亿～8 000亿美元。

货物账户主要统计以下三类：一般商品、非货币黄金(Nonmonetary Gold)以及离岸转手买卖所涉及的货物(见表1-8)。一般商品的交易是各国经贸往来的主要内容，其差额大小对货物账户差额起决定性作用。国内经济主体(不包括本国货币当局)与非居民之间交易的黄金记录在“货物账户”下的“非货币黄金”中。本国货币当局与居民或非居民之间交易的黄金记录在“金融账户”——“储备资产”——“货币黄金”(Monetary Gold)下。离岸转手买卖是指本国居民从国外某一经济体购买一批货物，随后向境外另一经济体转售该批货物。离岸转手买卖货物的所有权发生了变化，但是该货物始终未进出本国关境(包括海关特殊监管区域)。在货物账户下，涉及离岸转手买卖的账户称为“离岸转手买卖净出口”，该账户又分为两个子账户——“转手买卖下购买的货物”和“转手买卖下出售的货物”。需要注意的是，“转手买卖下购买的货物”不是记录在“借方”，而是以“负值”记录在“贷方”，这表明离岸转手买卖重点分析差额增加部分。

表1-8 货物账户的各个子项

	贷方	借方
货物账户		
1. 国际收支口径的一般商品		
其中：再出口		不适用
2. 离岸转手买卖净出口		不适用
转手买卖下购买的货物(贷方记负值)		不适用
转手买卖下出售的货物		不适用
3. 非货币黄金		

资料来源：《国际收支和国际投资头寸手册》(第六版)第260页。

再出口(Re-exports)是指本国居民从非居民处进口了一批货物，随后将这批货物再出口到另一经济体。确认再出口的关键有三点：一是货物经过了本国关境；二是货物形态没有发生实质性改变(如果货物形态发生了变化，海关编码就会出现变化)；三是货物所有权发生了变化。例如，中国某内地企业从越南进口一批旅行箱，且该企业买断了旅行箱的所有权，然后该企业将这批旅行箱在境内进行再包装之后出口加拿大，这就属于“再出口”。离岸转手买卖与再出口的差异是货物是否经过本国关境。不论是再出口，还是离岸转手买卖，货物的所有权都发生了改变，都需要纳入货物账户统计。

服务贸易又称无形贸易(Invisible Trade)，该账户记录的内容包括：对他人拥有的实物投入的制造服务；别处未涵盖的维护和维修服务；运输；旅行；建设；保险和养老金服务；金融服务；别处未涵盖的知识产权使用费；通信、计算机和信息服务；其他商业服务；个人、文化和娱乐服务；别处未提及的政府货物与服务等。“贷方”记录本国居民对非居民提供的服务，“借方”记录本国居民接受非居民提供的服务。2018年中国服务业占GDP比重已经达到了

52.2%，高于第二产业 11.5 个百分点，成为中国经济发展的第一大行业部门和经济增长主要的驱动力。服务贸易在国际贸易中的地位日益提高。2018 年，我国服务贸易收支总额 7 594 亿美元，连续五年位居全球第二。2001～2018 年，中国服务贸易进口从 393 亿美元增至 5 258 亿美元。自 2013 年起，中国成为全球第二大服务贸易进口国。中国的服务贸易逆差近年来迅速扩大，2011 年服务贸易逆差不足 500 亿美元，2013 年逆差超过 1 000 亿美元，2014 年逆差超过 2 000 亿美元，2018 年逆差达到历史峰值 2 922.5 亿美元(见表 1-9)。服务贸易的逆差主要来源于旅行、运输和知识产权使用费等项目。以旅行为例，伴随着中国国民收入水平的提高，中国民众旅行支出快速增长，呈现出与日本等国类似的增长模式。与之相对照的是，在服务贸易领域，美国处于长期顺差的状态。1971 年以来，美国服务贸易账户持续顺差，并且呈现出逐年扩大的趋势。2018 年美国服务贸易账户顺差超过了 2 692 亿美元，这显示出美国在服务贸易领域具有强大的竞争力。

表 1-9　2001～2018 年中美服务贸易账户差额对比　（单位：亿美元）

	2001	2002	2003	2004	2005	2006	2007	2008	2009
美国	608.6	562.9	477.5	548.8	685.6	755.7	1 158.2	1 237.7	1 259.2
中国	-1.0	-3.0	-39.8	-2.2	3.4	21.4	51.9	43.6	-153.5

	2010	2011	2012	2013	2014	2015	2016	2017	2018
美国	1 534.5	1 913.0	2 037.1	2 394.0	2 603.3	2 633.4	2 490.5	2 552.2	2 692.1
中国	-150.6	-468.0	-797.2	-1 236.0	-2 137.4	-2 183.2	-2 331.5	-2 654.2	-2 922.5

资料来源：美国数据来自美国商务部；中国数据来自中国国家外汇管理局。

服务账户中的各个子项归类主要取决于服务本身的类型，而非服务提供者所属的行业。如银行提供的养老基金服务记入“保险和养老金服务”子账户，而不是“金融服务”子账户；电信运营商向其 VIP 客户提供的俱乐部服务记入“个人、文化和娱乐服务”子账户，而不是“通信、计算机和信息服务”子账户。当然，也存在例外原则，即根据交易主体进行归项的原则。该原则适用于“旅行”“建设”等子账户。例如，旅行者在旅行期间消费的文化娱乐、通信服务及随身携带未超过海关限额的物品均记入“旅行”账户，而不是记入“个人、文化和娱乐服务”“通信、计算机和信息服务”以及“货物”账户等。本国的建筑商在境外承包建设的项目，从项目东道国(而非本国或第三国)采购的工程材料、图纸设计服务等均记入“建设”子账户，而非“一般商品”或者其他子账户。下面重点介绍服务贸易账户的几个子账户。

（1）“制造服务”　“制造服务”子账户记录的是提供加工制造服务的企业不拥有货物的所有权，仅收取货物所有方支付的加工服务报酬。由于货物所有权没发生变化，所以不存在商品买卖关系，典型的例子有炼油、产品加工组装、贴牌、打包等。在有些情况下，制造服务不会改变货物状况；在有些情况下，制造服务会改变货物状况(详见表 1-10)。下面分别予以介绍。

表 1-10　与本国制造服务相关的概念

	是否改变货物所有权	是否改变货物形态	货物是否经过本国的关境	纳入海关统计还是国际收支统计
进料加工	是	是	是	既纳入海关统计又纳入国际收支统计
制造服务（来料加工）	否	是	在海关特殊监管区域内加工就不经过本国关境，否则要经过本国关境	如果经过本国关境，原材料进口和制成品出口纳入海关统计，否则不纳入 加工费纳入制造服务账户统计

（续）

	是否改变货物所有权	是否改变货物形态	货物是否经过本国的关境	纳入海关统计还是国际收支统计
再出口	是	否	是	既纳入海关统计又纳入国际收支统计
转手买卖	是	否	否	不纳入海关统计，纳入国际收支统计

资料来源：国家外汇管理局国际收支司．诠释国际收支统计新标准[S]．北京：中国经济出版社，2015：99.

例如，中国居民A向经济体B的居民购书10万册，每册书的价格为10美元。中国居民A将购买的书发送至经济体C。经济体C的居民将书放入盒子，由中国居民A支付3美元。之后，中国居民A将书出口至经济体D的居民，价格为20美元。中国居民A将最终的盈利70万美元存放在E国的商业银行。由于货物状况没有发生改变，所以按照转手买卖进行处理（见表1-11）。

表1-11 不改变货物状态的制造服务在中国国际收支平衡表上的反映 （单位：万美元）

	贷方（1）	借方（2）	差额（1）-（2）
经常账户——货物——转手买卖货物（与B国）	-100		
经常账户——货物——转手买卖货物（与D国）	200		
经常账户——服务——制造服务（与C国）		30	
净贷出（+）/净借入（-）（来自经常账户和资本账户）			70
	金融资产的净获得（1）	**金融负债的净产生（2）**	**差额（1）-（2）**
金融账户——其他投资——货币与存款（与E国）	70		
净贷出（+）/净借入（-）（来自金融账户）			70

例如，中国居民A从B国购买原油10万桶，价格为每桶50美元（所有权发生了变化，由中国居民A持有）。中国居民A将石油运往C国委托某石油加工企业进行提炼加工（所有权没有发生变化），C国企业每桶收取18美元。中国居民A仍然拥有这批原油的所有权。中国居民A向D国销售石油提炼品（所有权发生了变化），价格为每桶80美元。中国居民A进口石油的500万美元、支付给C国的加工费180万美元和出口石油的800万美元记录在中国国际收支平衡表上（见表1-12），中国居民A获得120万美元的利润，全部存在美国纽约的花旗银行。

表1-12 改变货物状态的制造服务在中国国际收支平衡表上的反映 （单位：万美元）

	贷方（1）	借方（2）	差额（1）-（2）
经常账户——货物——一般货物（与B国）		500	
经常账户——货物——一般货物（与D国）	800		
经常账户——服务——制造服务（与C国）		180	
净贷出（+）/净借入（-）（来自经常账户和资本账户）			120

（续）

	金融资产的净获得(1)	金融负债的净产生(2)	差额(1)-(2)
金融账户——其他投资——货币与存款(资产)	120		
净贷出(+)/净借入(-)(来自金融账户)			120

（2）**“旅行服务”**　旅行是指旅客出于游览观光、休闲娱乐、探亲访友、健康医疗、短期教育(培训)、宗教朝拜，或公务、商务等目的，在惯常环境以外进行的，连续停留时间不超过 1 年，并且不是为了在所访问的地方获取报酬的经济活动。国际收支平衡表“旅行”账户记录的是本国居民为非居民在旅行活动中提供服务的收入以及本国居民在他国旅行时接受服务的支出。国际旅游业日益发达，居民的收入水平、地理、气候等因素对旅游业的影响非常关键。例如，富人总是爱去气候宜人的旅游胜地(北美的公众爱去加勒比海，北欧的公众喜欢去地中海)。在国际收支统计中，对游客的“旅行”统计都有哪些规定呢？根据 IMF 的定义，“旅行”包括非居民的旅行者在旅行地购买的货物和消费的服务。国际收支将旅行分为两类：一类是商务旅行(Business Travel)，一类是私人旅行(Personal Travel)。商务旅行包括：销售活动、市场考察、商业谈判等商务出行；政府雇员的出国访问、国际机构雇员的海外出行；边境工人、季节性工人和其他短期工人在其就业经济体的消费。请注意，在外国工作的本国边境工人、季节性工人和其他短期工人，属于本国居民，他们从国外获得的收入记录在“经常账户——初次收入——雇员报酬”的“贷方”。私人旅行包括基于非商务性质的出国，如度假、朝圣、探亲、求学和求医等。“旅行”账户的“借方”记录本国居民在访问其他国家期间在当地购买的货物与服务，“贷方”记录非居民在访问本国期间从本国购买的货物与服务。例如，本国赴海外学习的留学生(及陪读的亲属)和患者(包括陪同的患者亲属)都属于本国居民，他们在境外旅行或就医留学期间的吃穿用度、娱乐消费、学杂费生活费等，均记录在“经常账户——服务——旅行”账户的“借方”。这些费用，除了本人负担之外，还可以由第三方代为支付，如商务旅行费用可能是雇主支付的，学生的学费和生活费可能是由政府或者父母支付的，医疗卫生费用可能是由保险公司支付的。不论由谁支付，这些费用均属于旅行账户的统计范围。

在改革开放之后的很长一段时间内，中国都是外国游客主要的旅游目的国之一。2008 年以前，中国国际收支平衡表中“旅行”账户一直呈现顺差局面，并且基本上是服务贸易账户的第一大顺差项。然而，从 2009 年开始，中国的“旅行”账户转为逆差且规模不断扩大，这主要源于中国百姓日渐富裕，中国普通公众出国(出境)游、留学人数持续上升。从 2012 年开始，中国连续多年位居世界第一大出境旅游消费国，中国游客在国外的“爆买”表现为国际收支旅行服务账户较大规模的逆差。2018 年中国“服务贸易”逆差为 2 922.5 亿美元，其中“旅行”账户逆差 2 370 亿美元，这构成“服务”账户差额的主要来源。

（3）**“运输服务”**　“运输服务”是指将人和物体从甲地运往乙地的过程及相关辅助和附属服务，以及邮政和邮递服务。在“运输服务”子账户中，“贷方”记录居民向非居民提供的运输服务，“借方”记录居民接受非居民提供的运输服务。

例如，一大型日本旅游团乘坐中国国际航空公司国际航班从东京飞抵北京，在中国各地旅游 15 天，往返机票 10 万美元，在北京等地住宿费 15 万美元，在旅游景点参观和购物 5 万美元。日本旅行团用花旗银行的存款支付以上费用 30 万美元。日本旅行团的往返机票 10 万美元属于国际客运服务，记入中国国际收支平衡表“运输服务”的“贷方”，其他的消费支出共 20

万美元记入中国“旅行”子账户的“贷方”（见表1-13）。

表1-13 运输及旅行服务对中国国际收支平衡表的影响 （单位：万美元）

	贷方(1)	借方(2)	差额(1)-(2)
经常账户——服务——运输	10		
经常账户——服务——旅行	20		
净贷出(+)/净借入(-)(来自经常账户和资本账户)			30
	金融资产的净获得(1)	**金融负债的净产生(2)**	**差额(1)-(2)**
金融账户——其他投资——货币与存款(资产)	30		
净贷出(+)/净借入(-)(来自金融账户)			30

（4）“别处未涵盖的知识产权使用费”（Charges for the Use of Intellectual Property）

这是指居民与非居民之间经过批准使用对方的知识产权而发生的支出和收入。知识产权不仅包括专利权、商标权、著作权，而且包括商业秘密权、集成电路布图设计权、特许权等。涉及知识产权的产品包括研究与开发的成果、矿藏勘探和评估、计算机软件和数据库，以及书籍、录音、电影、有线电视、卫星电视(体育赛事的转播权也包括在内)、广播、翻译、绘画和雕塑作品等，其主要特征是知识产权产品的大部分价值都是依靠脑力劳动形成的。知识产权使用费指居民和非居民之间经许可使用无形的、非生产非金融资产和专有权以及经特许安排使用已问世的原作或原型的行为。贷方记录我国居民向非居民提供的知识产权相关服务，借方记录我国居民使用的非居民知识产权服务。

知识产权的生产分为两个阶段：第一个阶段是原作的生产，第二个阶段是原作拷贝的生产和使用。第一个阶段是创作者通过原创形成了原作本身，并通过著作权法、专利权法等法律确定其所有权。第二个阶段是原作的所有者可以直接对原作进行拷贝，拷贝的购买者得到使用许可证(License)；或者是原作的所有者向其他生产商颁发许可证，许可其复制和传播相关内容。许可证的持有人向所有者支付的款项可以称为费用、佣金或特许费(Fees，Commissions，or Royalties)。该账户的“贷方”记录本国居民允许非居民使用知识产权获得的收入，“借方”记录本国居民使用非居民知识产权的支出。

例如，中国外商投资企业A公司与其境外母公司签订技术使用许可合同，根据合同的规定，境内公司出售使用该技术生产的产品，需要支付给母公司相应的技术提成费100万美元，A公司用中国银行的美元存款予以支付。这笔100万美元技术提成费的性质就是知识产权使用费，记录在该账户下的“借方”（见表1-14）。

表1-14 知识产权使用费对中国国际收支平衡表的影响 （单位：万美元）

	贷方(1)	借方(2)	差额(1)-(2)
经常账户——服务——知识产权使用费		100	
净贷出(+)/净借入(-)(来自经常账户和资本账户)			-100
	金融资产的净获得(1)	**金融负债的净产生(2)**	**差额(1)-(2)**
金融账户——其他投资——货币与存款(负债)		100	
净贷出(+)/净借入(-)(来自金融账户)			-100

请注意，与知识产权相关的费用包括两类，一类是与知识产权使用权相关的使用费，一类是知识产权所有权的买断卖断收入，这两类费用都记录在经常账户的“服务”账户中。涉及使用权的费用，有的记入子账户“计算机服务”（计算机软件、视听原创作品临时使用权），有的记入子账户“别处未涵盖的知识产权使用费”。涉及知识产权所有权买断卖断收入则记入子账户“其他商业服务”㊀下的“研发服务”（如专利权、著作权、工业流程和设计的卖断）。㊁

（5）“别处未提及的政府货物与服务” “服务”账户中还有一个“别处未提及的政府货物与服务”子账户，含义是“包括大使馆、领事馆、军事机构、国防机构、援助机构等官方机构、国际组织及其工作人员和家属与所驻国之间的各项交易”。该子账户具体包括：给养、家具、公共设施、官方用车及车的运行和保养以及官方的招待活动发生的交易；外交官、领事馆工作人员与其家属在驻地经济体发生的个人开支；同提供联合军事活动和维和部队有关的交易，如联合国的维和部队与驻在国之间的交易等。

专栏 1-3

中国盗窃了美国的知识产权吗

在2018年的中美贸易战中，美方指责中方“盗窃知识产权”，美国彼得森国际经济研究所的专家尼古拉斯·拉迪在2018年发布的《中国：强制技术转移和盗窃?》报告中认为，中国知识产权保护状况不断改善，过去十年间中国使用外国技术支付的专利授权和使用费增长4倍，2017年为286亿美元，排名全球第四，其中为本国境内使用的外国技术支付费用的规模仅次于美国，排名全球第二。在中美贸易论战中，中国对美国支付知识产权使用费持续增加。国务院新闻办公室2018年9月24日发表的《关于中美经贸摩擦的事实与中方立场》白皮书指出，美国是中国第一大版权引进来源国，从2012年到2016年，中国自美国引进版权近2.8万项。中国对美国支付的知识产权使用费从2011年的34.6亿美元增加至2017年的72亿美元，6年时间翻了一番。其中2017年中国对美国支付知识产权使用费占中国对外该类支付总额的1/4。2017年中国进口美国影片31部，给美国带来近6.5亿美元的收入。

2. 初次收入账户（Primary Income Account）

初次收入是依据生产要素对生产的贡献所进行的分配，使得各生产要素所有者获得相应的收入。换言之，劳动者通过提供劳务获得劳动收入，资本要素所有者获得财产收入，自然资源的所有者出租自然资源获得租金收入，政府获得生产税净额。国民总收入（GNI）与国内生产总值（GDP）之间的差额等于本国从非居民处应收的初次收入减去应付给非居民的初次收入。请注意，国民总收入这个术语曾经被称为国民生产总值（GNP），现在标准的名称则是国民总收入。本国居民拥有的劳务、金融资源和自然资源被非居民使用时，则记入“初次收入”账户的“贷方”；本国居民使用非居民拥有的劳务、金融资源和自然资源时，则记入“初次收入”账户的“借方”，其差额就是“净初次收入”。如果该账户出现顺差（逆差），那么国民总收入大

㊀ 其他商业服务是指居民和非居民之间其他类型的服务，包括研发服务，专业和管理咨询服务，技术、贸易相关服务等。贷方记录我国居民向非居民提供的其他商业服务，借方记录我国居民接受非居民提供的其他商业服务。

㊁ 感兴趣的读者可以阅读《国际收支和国际投资头寸手册》（第六版）。

于(小于)国内生产总值。初次收入账户包括以下三个子账户。

（1）雇员报酬 雇员报酬(Compensation of Employees)是指当雇主与雇员为不同国家的居民时，双方因雇佣关系而产生的工资、薪金和福利收支。它是雇员以付出劳动为前提所获得的全部报酬，包括：①工资；②各种形式的奖金、津贴和其他劳务收入，以及雇主为雇员提供的实物福利，如免费的食品、住房服务、交通服务和运动娱乐服务等；③雇主代雇员向社保基金(如社会保险、私人保险或年金、退休金)缴纳的款项，这里先作为“雇员报酬”记录，然后再作为雇员向社保基金缴款记录在“二次收入”子账户下。该账户的“贷方”记录本国居民雇员从非居民雇主处获得的工资、薪金和福利及社保缴款等；“借方”记录本国居民雇主向非居民雇员支付的工资、薪金和福利及社保缴款等。上述报酬既可以以现金形式支付，也可以以实物形式支付。这里所说的雇员报酬是工作期限少于1年的工人的报酬，如边境工人、季节性工人和其他短期工人的报酬。

（2）投资收益 投资收益(Investment Income)是指居民与非居民之间因持有金融资产而获得的回报(如股息、债息等)。如果从股权和债权的角度分，投资收益可以分为各种形式的股本收入(红利、分支机构的利润)和债务收入(利息)。本国居民持有对非居民的金融资产股权(债权)获得的利润、股息、再投资收益和利息记录在“贷方”；非居民投资者持有对本国居民的金融资产(即本国的金融负债，包括股本负债和债务负债)获得的利润、股息、再投资收益和利息记录在“借方”。例如，中国政府持有国际储备的投资收益就记录在中国“投资收益”账户的“贷方”；外国在华直接投资企业因为股权投资而获得投资回报，则记录在中国“投资收益”账户的“借方”。根据国家外管局公布的2018年《中国国际收支报告》，2018年中国投资收益逆差为614亿美元。其中，对外投资收益收入为2 164亿美元，对外负债收益支出为2 760亿美元；二者年化收益率差异为-2.4个百分点。该报告还指出，2005～2018年中国对外金融资产年平均投资收益率为3.3%；同期中国对外负债年平均收益率为6%。1994年人民币汇率并轨改革以来，中国的投资收益子账户基本上处于逆差状态(2007年和2008年除外)。出现这一结构的主要原因是，中国对外金融资产中储备资产占比40%以上，对外负债中外国来华直接投资占比超过50%，而中国储备资产的首要目标是安全性，因此其收益率要显著低于外国来华直接投资的收益率。

请注意，金融资产投资获得的资本利得或损失(Capital Gain or Loss)不记录在“投资收益”账户下，而是在“金融账户”下。

（3）其他初次收入 其他初次收入(Other Primary Income)是指一国将自然资源让渡给另一国居民使用而获得的租金收入，以及对跨境产品和生产的征税和补贴。自然资源包括土地、矿产权、林业权、水资源、渔业权、大气空间和电磁光谱。这里的租金是指使用土地提炼矿藏和其他地下资产以及捕鱼、林业和放牧权而收到或支付的款项。“贷方”记录本国居民从非居民获得的租金收入，“借方”记录本国居民使用外国的自然资源支付的各种租金。

3 二次收入账户(Secondary Income Account)

受灾国接受其他国家捐赠的食品、药品、衣物，海外侨眷向国内家人支付的赡养款和赠送的礼物等，不论是实物形式还是现金形式，居民和非居民之间的这些往来(包括政府间的与非政府间的)称为经常转移，纳入“二次收入”账户的统计(见图1-1)。

	本国私人部门(支出)	本国政府部门(支出)	外国私人部门(支出)	外国政府部门(支出)
本国私人部门(收入)	赡养费、压岁钱、投保人向保险公司缴纳的非寿险保费、投保人应得的保险公司的非寿险索赔收入	本国政府部门向本国私人部门支付的离退休金、失业救济金等	个人转移收入，如本国私人部门收到的移民汇款、居民投保人应收非居民保险公司的非寿险索赔①	外国政府部门向本国私人部门(如在外国的季节性工人)提供的社会保险和社会救济②福利支出
本国政府部门(收入)	私人部门缴纳的所得税、遗产税和赠与税等，个人缴纳的交通罚没、财产罚没	中央政府对地方政府的转移支付以及地方政府之间的转移支付	非居民个人向本国社保基金缴纳的社会保障缴款	外国政府向本国政府提供的紧急医疗物资捐赠
外国私人部门(收入)	个人转移支出，非居民在本国参加博彩获得的中奖收入、居民保险公司应付非居民投保人的非寿险索赔	本国政府部门对非居民私人部门的社会救济福利支出	略	
外国政府部门(收入)	外国政府向本国居民(季节性工人)所得、财富等征收的经常性税收	本国政府对外提供的军事援助、粮食援助、对国际组织定期缴纳的会费		

图1-1 国内与国际的经常转移的例子

注：在浅色底纹方框中的交易，记录在本国国际收支平衡表中“经常转移”的“借方”。在深色底纹方框中的交易，记录在本国国际收支平衡表中“经常转移”的“贷方”。

① 非寿险索赔是指居民与非居民间因非寿险保险赔偿相关的收入和支出，如涉及居民性质的保险人和非居民性质的投保人(受益人)之间因为发生意外险、健康险、航空险、火灾保险、一般责任险以及信用保险等保险后的赔偿。

② 社会救济(Social Assistance)是指对于因残疾、自然灾害和意外事故等不可抗力因素无法工作，没有收入来源的低收入群体和残疾人群，政府部门为维持其正常生活提供的各类帮助，这是现代社会文明的底线。社会福利(Social Benefits)是指经济主体因疾病、意外伤害、产假等原因暂时没有工作但仍能获得相应的工资收入等，这是现代社会进步的表现。社会保险(Social Insurance)(也称为“社会保障”)包括养老保险、失业保险、医疗保险等，是雇主为雇员定期缴纳的费用，用于雇员在养老、失业、医疗等方面的支出。

转移收支是一种无偿交易，即一方向另一方提供了对价(如货物与服务或者资产)，但并没有从另一方得到任何补偿的交易。转移收支既可以采用现金形式，又可以采用实物形式。不论何种形式，都具有非互惠性质或者说无偿性质。一般来说，转移收支既可以发生在居民与居民之间，也可以发生在居民与非居民之间。以居民与居民之间的转移收支为例，这可以分为私人部门与政府部门之间的转移收支以及私人部门之间的转移收支。前者包括政府向私人部门征收的所得税(私人部门缴纳所得税与其享受公共服务之间没有必然的数量关系，因此这不是私人部门和政府部门之间的交换行为，而是两者之间的经常转移)，政府不定期征收的地产增值税、遗产税和赠与税，政府对居民支付的离退休金或养老金、失业救济金等，交通违章罚款及财产罚没，个人交纳党费团费等。后者即私人部门之间的转移支付包括企业对职工的辞退金、住房公积金以及保险索赔，私人部门之间的赠送、赡养、捐赠收入等。

在国际收支统计中，转移收支分为经常转移(Current Transfer)和资本转移(Capital Transfer)两大类，前者记录在经常账户中，后者记录在资本账户中。如果转移收支的交易涉及提供在未来很长一段时间内发挥作用的资本资产(Capital Asset)或者涉及金融资产，影响当事双方某一方的资产存量，或者以影响其资产存量为目的，就属于资本转移，否则就属于经常转移。经常转移影响交易双方的当期可支配收入和消费水平。经常转移一方面减少了捐赠方的收入和消费能力，另外一方面增加了接受方的收入和消费能力。经常转移会影响交易双方的国民可支配总收入，而资本转移不影响交易双方的国民可支配总收入。简言之，资本转移影响的是经济存量的规模，经常转移影响的是经济流量的规模。从交易对象上来分析，经常转移对应的是立即被消费或者转移完成之后即将被消费掉的实物资源，资本转移不直接涉及生产和消费过程。此外，经常转移具有收入再分配的性质，属于收入初次分配领域。经常转移分为两大类，即其他部门间的经常转移和涉及政府部门的经常转移。其他部门间的经常转移主要是个人转移。

（1）个人转移 个人转移(Personal Transfers)是指居民与非居民个人之间的所有现金和实物的经常转移，也包括居民与非居民之间与彩票或其他博彩相关的经常转移。个人转移的内涵要大于“工人汇款”（Workers' Remittances)，因此“工人汇款”作为补充项目列示。当然，也有专家将“Workers' Remittances”意译为“侨民汇款”或者“移民汇款”。移民汇款是指那些在国外停留时间超过1年的工人向母国的汇款，此时他们作为外国的居民。移民汇款属于居民与非居民之间的资金往来。在记录移民汇款时，需要注意移民是东道国的居民，母国的非居民。例如，如果C国国民甲移民到A国并受雇于A国的B公司(A国居民)，甲就是A国的居民(C国的非居民)，那么B公司支付给甲的工资则不在A国国际收支平衡表中反映(即A国居民与居民之间的交易)。国民甲向C国国内亲属的移民汇款则需要分别记录在A国和C国的国际收支平衡表中。

这里必须注意移民汇款与初次收入中“雇员报酬”的差异。如果工人在国外停留的时间不足1年，他们汇回母国的存款仅仅是其劳动收入，记录在经常账户下的“初次收入”子账户“雇员报酬”内，属于本国生产要素从国外获得的收入。移民汇款则是外国居民(往往是本国向外的移民，他从母国移民至另一国，并成为另一国的居民)向本国居民的汇款(或者反过来)，这笔收入的性质不局限于劳动收入。

一般来说，移民汇款与汇款接收国的经济发展存在显著的正相关关系，并且有助于缓解汇款接收国的信贷约束。对于那些过去几十年经历了内战、外敌入侵和难民危机的国家来说，移民汇款发挥了至关重要的稳定作用。在有的国家，移民汇款占GDP的比重超过10%，如洪都拉斯、牙买加、吉尔吉斯共和国、尼泊尔和汤加等国；在南部非洲等国，移民汇款占GDP的比重超过20%。这些汇款汇回母国之后，或者用于家庭食品消费、教育医疗，或者用于母国的经济发展等。根据2017年4月世界银行发布的《移民与发展简报》(Migration and Development Brief)，移民汇款仍然是发展中国家非常重要的外部资金来源，远远超过其他国家提供的官方发展援助，而且比私人债务和证券投资流入更加稳定。中国也曾经位列国际社会前五大移民汇款接收国之一。按照汇款接收对象国划分，移民汇款分为汇往发展中国家的移民汇款和汇往发达国家的移民汇款两类。2015年以来，这两类移民汇款均出现了下降，欧洲经济增长乏力、俄罗斯经济恶化、欧元及卢布贬值是移民汇款下降的主要原因。

（2）涉及政府部门的经常转移 这既包括政府与政府间的经常转移，也包括本国政府部门与非居民个人之间(外国政府部门与本国居民个人之间)的经常转移。从方向上来看，这分为本国获得的经常转移收入与本国付出的经常转移支出。涉及政府部门的经常转移主要是经常性的国际合作，包括政府间因自然灾害及战争等原因提供的食品、衣物和医疗品等紧急无偿援助；政府间的军事援助；各国政府对他国慈善组织、宗教机构或国际组织的捐赠(如2020年1月新冠肺炎疫情爆发后，中国政府在2020年3月对世界卫生组织捐赠2 000万美元)；成员国政府向国际组织每年或定期缴纳的会费，如中国政府向联合国每年缴纳的会费等(2019

年中国缴纳的会费仅次于美国，位列世界第二，占比12%），都纳入经常转移的“经常性国际合作”中。

例如，2016年非洲出现强厄尔尼诺现象后，发生了严重的干旱。中国政府向受灾国政府提供了1 000万美元的紧急粮食援助，同时提供了2 000万美元的现金援助(以花旗银行的存款支付)。在捐助国和受援国双方的国际收支平衡表中就必须记录上述交易(见表1-15)。

表1-15　中国对外实施援助对两国国际收支平衡表的影响　（单位：万美元）

	中国		受灾国	
	贷方	借方	贷方	借方
经常账户——货物	1 000			1 000
经常账户——二次收入		3 000	3 000	
	金融资产的净获得	金融负债的净产生	金融资产的净获得	金融负债的净产生
金融账户——货币与存款	−2 000		2 000	

以本国政府获得的经常转移收入为例，主要涉及以下几方面交易：①本国政府对非居民劳务所得、金融资产收益和金融资产交易的资本利得征收的税金，政府向非居民住户和企业征收的个人(企业)所得税、利息税等；②社会保障缴款(Social Contribution)，如非居民向本国政府缴纳的社保基金、医保基金等。以本国政府支出的经常转移支付为例，主要是社会保险福利(Social Insurance Benefits)和社会救济福利(Social Assistance Benefits)。社会保险福利是本国政府部门对非居民性质的住户部门(或者是外国政府部门对属于居民性质的住户部门)的转移支出，如本国政府对非居民个人发放(或者是外国政府部门对居民个人发放)的社保基金。社会救济福利是本国政府向非居民支付的各种困难补助、救济金和助学金等。请注意以下两点：①社会救济福利与社会保险福利的差异表现为私人部门获得社会救济福利不需要事先缴纳社会保障缴款，而社会保险福利则需要事先缴纳社会保障缴款(类似于国内私人部门缴纳的“五险一金”)；②本国私人部门不论是从本国政府部门还是外国政府部门获得社会救济福利，都增加了私人部门的可支配收入。但是，这与雇员报酬的性质不同。雇员报酬属于雇员与雇主之间的交换，因为雇员付出劳动，得到劳动报酬，属于收入的初次分配；如果雇员得到的某些收入与疾病、意外伤害、生育、公司裁员、丧失工作能力、意外死亡有关，就属于转移性质的社会救济福利，属于收入的再分配，因此记录在“二次收入”账户中。

从国民收入核算的角度来看，货物与服务账户、初次收入账户和二次收入账户的差额之和($NX+BPI+BSI$)被定义为经常账户差额(CAB)。在开放经济条件下，该差额是国民可支配总收入的构成项，即$GNDY=C+I+G+CAB$。在开放经济下，私人部门的消费、投资和政府部门的消费支出构成国内总支出，又称为国内吸收(Domestic Absorption)，用公式表示为$A=C+I+G$，那么开放经济下的国民收入恒等式又可以写为$GNDY=A+CAB$(见图1-2)。

因此，在开放经济下，一定时期内当国民可支配收入大于国内吸收时，经常账户出现顺差，一国可以增加对外金融资产(或者减少对外金融负债)。反之，当国民可支配收入小于其国内吸收时，经常账户出现逆差，一国将减少本国的对外金融资产(或者增加对外金融负债)。

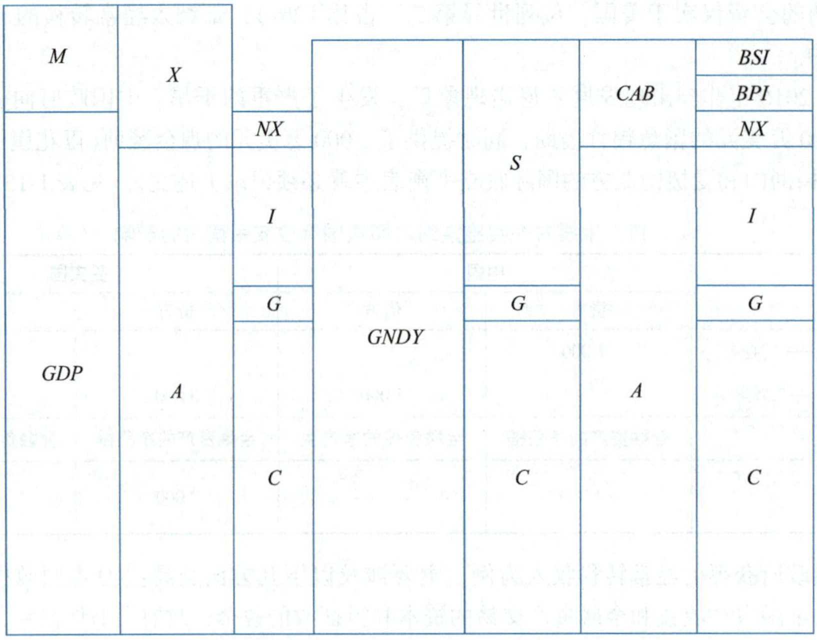

图 1-2 国民可支配总收入、国内吸收和经常账户差额的关系

1.4.2 资本账户

资本与金融账户分为资本账户和金融账户两个子账户。这里首先介绍资本账户。资本账户包括两个子账户：① 居民与非居民之间的资本转移(Capital Transfers)；② 居民与非居民之间的非生产非金融资产的取得/处置(Acquisition or Disposal of Nonproduced, Nonfinancial Assets)。资本账户记录的仍然属于实体经济层面的国际经济交易。因此，每个账户下面仍然分为"贷方"和"借方"两个子账户。该账户的"贷方"表示居民获得非居民提供的资本转移，以及处置非生产非金融资产获得的收入，"借方"表示居民向非居民提供的资本转移，以及取得非生产非金融资产的支出，"贷方"合计减去"借方"合计得到资本账户差额。例如，资本账户主要记录的是外交使领馆的土地出售或购买，租赁、可转让合同的买卖，以及个人或企业移居导致的移入国和移出国的债权债务变化。此外，本国对国际机构或非营利性机构的资本注入(Capital Contribution)也属于资本转移，前提是未形成注资者对这些机构的股权，如成员方对IMF份额的认缴。

一国的经常账户差额等于其净储蓄状况，一国的资本账户差额等于其资本转移净额与非生产非金融资产的净处置额之和，经常账户和资本账户记录的都是本国与世界其他国家的非金融交易，其差额如果为顺差，表示实际资源的净流出(正数)，在金融层面则表示为金融账户的"净贷出"，反映本国金融资产的增加(金融负债的减少)；如果经常账户和资本账户的差额合计为逆差，表示实际资源的净流入(负数)，在金融层面表示为金融账户的"净借入"，反映本国金融资产的减少(金融负债的增加)。经常账户差额、资本账户差额与金融账户差额的关系如下：

金融账户差额 = 经常账户差额 + 资本账户差额

1. 居民与非居民之间的资本转移

资本转移是资产(既不含现金也不含存货)的所有权在居民和非居民之间的转移，具体包括债务减免、异常大额非寿险索赔(Nonlife Insurance Claims)、投资捐赠(Investment Grants)等。资本转移强调转移的对象涉及固定资产，比如接受或者提供与固定资产相关的捐赠及无偿援助，如道路、桥梁、机场等。典型的例子还有非居民性质的住户或企业向本国非营利性组织(如大学)捐赠的大学生宿舍、图书馆和实验室等。此外，因为石油泄漏或药品副作用等因素导致重大损失而产生跨国的赔偿支付也属于资本转移。例如，中国某慈善机构向外国大学捐赠大型设备一台，价值 1 000 万美元，具体记录见表 1-16。

表 1-16　对外捐赠对国际收支平衡表的影响　（单位：万美元）

	贷方	借方
经常账户——货物与服务——货物	1 000	
资本账户——资本转移		1 000

所谓债务减免，就是某一国政府债权人正式与另一国的债务人实体达成协议，全部或部分减免债务，减免额则被视为债权人向债务人的资本转移。例如，新中国成立以来，中国政府先后七次对非洲实施债务减免，即无条件免除非洲重债穷国(Heavily Indebted Poor Country，HIPC)和最不发达国家对华到期政府无息贷款债务。资本转移账户的“借方”反映本国向外国支付的资本转移，而“贷方”反映本国从外国得到的资本转移。一般来说，资本转移的数额较大，且不经常发生。资本转移使交易一方或双方的资产存量发生相应变化，而不影响任何一方的储蓄。凡是不属于资本转移的，都纳入经常转移的范畴下。与债务减免相类似的还有债权人单方面注销坏账，这不属于资本转移。不过对于债权方而言，都意味着放弃债权。两者的差异体现为债务减免是债权债务双方协商的结果，是一种资本转移；而债权人单方面注销坏账是债权人出于被迫或者债务人无力偿还而采取的单方面行为，是债权人的资本损失(Capital Loss)。前者不仅反映在国际收支平衡表中，而且反映在国际投资头寸表中；后者不反映在国际收支平衡表中，但是反映在国际投资头寸表中。

下面我们给出债务减免的例子。2007 年中国政府向 A 国政府提供一笔价值 2 000 万美元的长期贷款(A 国政府在中国的银行存款增加)。2008 年，中国政府同意 A 国政府减免 400 万美元债务的请求。具体记录见表 1-17。

表 1-17　提供政府贷款和实施债务减免对国际收支平衡表的影响　（单位：万美元）

	2007 年		2008 年	
	贷方	借方	贷方	借方
资本账户——资本转移——债务减免				400
	金融资产的净获得	金融负债的净产生	金融资产的净获得	金融负债的净产生
金融账户——其他投资——贷款(资产)——政府	2 000		−400	
金融账户——其他投资——货币与存款(负债)		2 000		

2. 居民与非居民之间的非生产非金融资产的取得/处置

资本账户的另一个子账户是居民与非居民之间的非生产非金融资产转让。该账户的“借方”反映本国非生产非金融资产的获得(增加)，而“贷方”反映本国非生产非金融资产的处置(减少)。前者使得本国非生产非金融资产增加，而后者使得本国非生产非金融资产减少。

什么是非生产非金融资产呢？这里需要对经济资产(Economic Asset)的概念和分类加以介绍。经济资产有两个特征，一是经济所有者对其具有明确的所有权，二是未来从中获得经济收益的资源。这两个特征也是确定一项资产是否为经济资产的两个关键。例如，海洋中的鱼群无法确定所有者，因此不是经济资产。经济资产分为非金融资产(Nonfinancial Assets)和金融资产(Financial Assets)两大类。非金融资产主要是在实物交易过程中积累起来的。金融资产形成于金融交易过程，是建立在信用基础上的资产，并且金融资产与金融负债具有对称性(货币黄金与 SDR 除外)。非金融资产和金融资产的收益性也有差异。前者是所有者通过在生产过程中直接使用非金融资产创造利润而获益，后者是所有者通过分享其他单位的生产成果而获益。经济资产不包括无法有效确认所有权的大气等自然资源与环境，以及尚未发现或在现有条件下难以开发利用、短期内不能为其所有者带来任何经济利益的矿藏等。根据经济资产的两个特征，可以区分自然资源与自然资源资产的差异。自然资源是指可通过收获、开采或提取直接用于经济体系的生产、消费或积累，或者为开展经济活动提供空间的自然实体；自然资源资产是指纳入核算范围的具有稀缺性、有用性及产权明确的自然资源，包括土地资源、矿产资源、能源资源、林木资源和水资源等。

非金融资产又分为生产资产(Produced Assets)和非生产资产(Nonproduced Assets)两大类。从物质形态上划分，每一类资产又可以分为有形资产(Tangible Assets)和无形资产(Intangible Assets)。生产资产是生产过程的产出结果，是由以往产出累积形成的，也是生产得以进行的前提条件。生产资产涵盖以下三个子项：固定资产、存货和贵重物品。非生产非金融资产是指非因生产过程而产生的资产，又被称为不可再生的资产，即由生产过程以外的方式获得的资产，具体包括以下三个子项：自然资源；契约、租约和许可(Contracts, Leases and Licences)；营销资产(Marketing Assets)。这些资产的形成要么源于所有权控制，要么源于法律程序所形成的垄断，要么源于核算活动。其中后两类资产使得所有者拥有某种资源的排他性使用权并因此获益。从有形资产和无形资产来看，自然资源属于非生产非金融资产中的有形资产，契约、租约和许可以及营销资产属于无形资产。契约、租约和许可及营销资产与知识产权产品同属于无形资产，但是自然资源源于非生产过程，契约、租约和许可源于生产过程。契约、租约和许可的所有者因为拥有某种资源的排他性使用权而获益。商誉是指能够为企业经营带来超额利润的潜在经济价值。营销资产是指诸如品牌、报刊名称(Mastheads)、商标、公司标识和域名(Domain Names)等项目。关于经济资产分类的总结见表 1-18。

表 1-18 经济资产的分类

非金融资产	生产资产	固定资产	有形资产：住宅、其他建筑物和构筑物、机器设备、武器系统、培育的生物资源(Cultivated Biological Resources)
			无形资产：研究与开发(R&D)、矿藏勘探、计算机软件和数据库、娱乐、文学或艺术品原件
		存货	材料和供应品、在制品(Work-in-Progress)、制成品、转卖品
		贵重物品	贵金属、宝石、古董和其他艺术品
	非生产资产	自然资源	土地和地下资产、非培育的生物资源、水资源、渔业权、大气空间和无线电频谱(Radio Spectra)
		契约、租约和许可	适于销售的经营租赁、自然资源使用的许可、从事特定活动的许可、获得未来货物与服务的专有权
		商誉和营销资产	品牌、报刊名称、商标

（续）

金融资产	股权类工具	
	债权类工具	
	其他金融资产与负债	货币黄金
		金融衍生工具与雇员认股权

例如，土地属于非生产非金融资产，根据国际收支统计惯例，土地由本国居民持有，大多数的土地交易发生在居民之间，因此这些交易不记录在国际收支平衡表中。但是，本国在国外购买的用于建设驻外使领馆的土地，其相关交易则记录在资本账户的“非生产非金融资产的取得/处置”账户下。此外，如居民与非居民之间的品牌、商标、契约、租约和许可的所有权等的转让也记录在该账户下。

非生产非金融资产的买卖和非生产非金融资产所提供的服务记录在不同的账户下，前者的交易涉及所有权的变化，在资本账户下记录；后者的交易涉及使用权，在经常账户下的“服务”账户下反映。

下面是一个非生产非金融资产转让的例子。中国在 A 国购买一块土地以修建大使馆，土地的费用为 2 000 万美元，雇用 A 国的建筑公司修建馆舍的费用为 300 万美元，中国用在 B 国的银行存款支付以上费用，具体记录见表 1-19。

表 1-19　非生产非金融资产的买卖和建设服务对国际收支平衡表的影响

（单位：万美元）

	贷方(1)	借方(2)	差额(1)-(2)
经常账户——服务——建设		300	
资本账户——非生产非金融资产的取得/处置		2 000	
净贷出(+)/净借入(-)(来自经常账户和资本账户)			-2 300
	金融资产的净获得(1)	**金融负债的净产生(2)**	**差额(1)-(2)**
金融账户——其他投资——货币与存款(资产)	-2 300		
净贷出(+)/净借入(-)(来自金融账户)			-2 300

综上所述，理解经济资产的交换(Exchanges)需要注意以下几点。第一，在国际收支平衡表中，涉及相关资产所有权变化的国际经济交换，如生产资产的交换记录在经常账户内，金融资产的交换记录在金融账户内，非生产非金融资产的交换记录在资本账户内。第二，资产使用权和收益权的国际经济交易记录在经常账户内，但是属于不同的子账户。如生产资产产生的服务收入记录在“服务”子账户内；涉及金融资产带来的投资收益，如利息、股息和留存收益，记录在“经常账户——初次收入——投资收益”子账户内；涉及非生产非金融资产，如自然资源会产生租金收入，记录在“经常账户——初次收入——其他初次收入”子账户内，如商标使用会产生服务收入，记录在“经常账户——服务——别处未涵盖的知识产权使用费”子账户内。金融衍生产品和雇员认股权的国际交易不产生投资收益。除此之外，生产资产的转移(Transfers)有可能记录在经常账户，也有可能记录在资本账户。前者如粮食、医疗物资的援助，后者如固定资产的捐赠。金融资产的转移则记录在金融账户。

1.4.3 金融账户

金融账户是从金融经济(Financial Economy)层面记录一国对外金融资产和金融负债的变化，反映的是该国与世界其他地方双向求偿权(包括债权和股权)的产生和清偿。金融账户分为“金融资产的净获得”（简称“资产方”)和“金融负债的净产生”（简称“负债方”)两列，如果“资产方”减去“负债方”的差额为正，我们称之为“净贷出”（Net Lending)，表示考虑了金融资产的取得和处置以及负债的发生和偿还之后，本国在本期向世界其他地方提供了资金，新增了对外金融资产。如果差额为负，我们称之为“净借入”（Net Borrowing)，其经济含义就是世界其他地方在本期向本国提供了资金，本国新增了对外金融负债。㊀

如果将部门分为私人部门和政府部门，那么金融账户就分为“非储备性质的金融账户”和“储备资产”两大类子账户。其中，非储备性质的金融账户包括四个子账户，即直接投资、证券投资、金融衍生工具和其他投资。储备资产账户包括货币黄金、特别提款权、在 IMF 的储备头寸、外汇储备(中国台湾地区的教科书往往称之为“外汇存底”)和其他储备资产五个子账户。以上各项资产所产生的投资收益(债权利息和股权红利)反映在“初次收入”账户下“投资收益”子账户的“贷方”，各项负债(债务负债和股权负债)所产生的利息支出和红利支出反映在“初次收入”账户下“投资收益”子账户的“借方”。

1. 直接投资

直接投资(Direct Investment)是一国直接投资者(Direct Investor)通过投资对另一国直接投资企业(Direct Investment Enterprise)实施管理上的控制或重要影响(Control or a Significant Degree of Influence)，包括获得大于等于 10% 的普通股权(Ordinary Shares)或表决权(Voting Power)。形成直接投资的关键是对直接投资企业具有控制权。所谓控制权是指直接投资者能够决定直接投资企业的财务和经营政策，并据以从直接投资企业的经营活动中获取利益。IMF 规定，当某投资者在直接投资企业中占有 10% 及以上的普通股权或者表决权时，该投资就属于直接投资，反之就属于证券投资。

直接投资企业的类型包括：第一，如果直接投资者持有直接投资企业的股份 50% 以上，直接投资企业就是直接投资者的子公司(Subsidiary)，也可以是分支机构(Branch)；第二，如果持有的股份为 10%～50%，所投资企业就是投资者的联营公司(Associate)；第三，直接或间接接受同一个直接投资者控制或影响的企业，但是被控制或影响的企业之间都不能彼此相互控制或影响(彼此拥有的股权在 10% 以下)，这些企业被称为联属企业(Fellow Enterprises)。

根据《国际收支和国际投资头寸手册》(第六版)的规定，直接投资关系分为两类：一类是直接的直接投资关系，即直接投资者直接拥有直接投资企业的股权，且占有 10% 或以上的表决权；另一类是间接的直接投资关系，如直接投资者 A 拥有境外 B 公司 70% 的表决权，B 公司拥有第三国 C 公司 60% 的表决权，则投资者 A 与 C 公司之间存在间接的直接投资关系。“直接投资”账户按照资产的性质分为股权和债权两种，分别记录在“股权和投资基金份额”“债务工具”账户内。股权性质的直接投资又分为两类：一类是投资者购进东道国的直接投资企业的股

㊀ 请注意，这是根据《国际收支和国际投资头寸手册》(第六版)的编制规则给出的定义。《国际收支手册》(第五版)的定义中金融账户的“顺差”（“贷方”减去“借方”)等于《国际收支和国际投资头寸手册》(第六版)的定义中的“净借入”（“资产方”减去“负债方”)的含义，同理，第五版的定义中金融账户的“逆差”等于第六版的定义中“净贷出”的含义。

权，记录在“除收益再投资外的股权”账户内；另一类是收益再投资，是指投资者在直接投资企业获得的投资收益继续留存在该企业，这被视为投资者对该直接投资企业的再投资，记录在“收益再投资”账户内。“资产方”记录本国投资者在非居民的直接投资企业的收益继续投资于该企业，本国的对外资产增加。“负债方”记录外国投资者在本国的直接投资企业的收益继续投资于本国该企业，本国的对外负债增加。“债务工具”账户记录的是直接投资者对其直接投资企业发放的债权。请注意，该项目记录的是投资者对具有直接投资关系的企业进行的债权投资。“资产方”记录本国投资者对非居民的直接投资企业提供的债权，“负债方”记录外国投资者对本国的直接投资企业提供的债务融资。

此外，逆向投资值得关注。逆向投资(Reverse Investment)是指，直接投资企业将资金借给其直接或间接的直接投资者，或在该投资者中获得股权，前提是它在该直接投资者中不拥有10%及以上表决权的股权。如果直接投资者拥有的股权超过10%，那么每个企业既是另一方的直接投资者，又是另一方的直接投资企业。

例如，在第一年内，中国居民 A 公司投资美国 B 公司 3% 的股权，价值 3 000 万美元(用在美国花旗银行的存款支付)。在第二年，中国居民 A 公司扩大对 B 公司投资 9 000 万美元(仍然用在花旗银行的存款支付)，增资后中国居民 A 公司在 B 公司股权占比达到了 12%，假设到第二年年末，中国居民 A 公司既没有增加投资，也没有撤资。归属中国居民 A 公司的 B 公司价值没有发生变化。第三年，B 公司实施逆向投资，借款 5 000 万美元给中国 A 公司(在花旗银行的存款增加)。这三年，中国的国际账户变化见表 1-20 至表 1-23。

表 1-20　对外投资对国际收支平衡表的影响：第一年　(单位：万美元)

	金融资产的净获得	金融负债的净产生
金融账户——证券投资——股权	3 000	
金融账户——其他投资——货币与存款(资产)	-3 000	

表 1-21　对外投资对国际收支平衡表的影响：第二年　(单位：万美元)

	金融资产的净获得	金融负债的净产生
金融账户——直接投资——股权和投资基金份额	9 000	
金融账户——其他投资——货币与存款(资产)	-9 000	

表 1-22　对外投资对国际投资头寸表的影响：第二年　(单位：万美元)

	期初	本期交易	非交易因素	期末
金融账户——直接投资——股权和投资基金份额		9 000	3 000	12 000
金融账户——证券投资——股权	3 000		-3 000	0

表 1-23　对外投资对国际收支平衡表的影响：第三年　(单位：万美元)

	金融资产的净获得	金融负债的净产生
金融账户——直接投资——债务工具		5 000
金融账户——其他投资——货币与存款(资产)	5 000	

从经济意义上划分，“直接投资”账户具体又分为本国在国外的直接投资(“资产方”)和外国在本国的直接投资(“负债方”)两个子账户。例如，若直接投资账户为“资产方”300 亿美

元的差额，表示本国在国外的直接投资(资产)净增加300亿美元，实际含义是本期内本国在国外的直接投资新增加规模减去本国从国外撤资的直接投资规模后，净增加额为300亿美元。这就是金融账户的净额记录原则。同样，“负债方”的直接投资账户差额表示本国吸收的国外在本国直接投资的净增加，其含义是本期新吸收的国外在本国直接投资减去国外在本国直接投资的撤资额。

中国政府高度重视引进外商来华直接投资，其规模从1992年起连续27年居发展中国家首位。2001年中国加入世贸组织后，外国来华直接投资规模不断扩大。在中国，外国投资者除了可以以外汇、进口设备及其他物料、无形资产(如专利权、非专利技术、商标权、土地使用权)等方式出资外，还可以将外资企业的发展基金、储备基金(或资本公积金、盈余公积金)、未分配利润、应付股利、外方已登记外债本金及当期利息等项目转增本企业资本，作为外商直接投资的资金来源。在加大引进国外来华直接投资的同时，中国近年来加大了对外直接投资的规模。根据国际收支统计口径，2019年外国来华直接投资净流入(直接投资负债净增加)1 558亿美元，2019年中国对外直接投资资产净增加977亿美元，中国国际收支口径的直接投资净流入581亿美元(见表1-24)。

表1-24 2000～2019年中国直接投资账户基本数据 (单位：亿美元)

年份	2000	2001	2002	2003	2004	2005	2006	2007	2008	2009
直接投资	−375	−374	−468	−494	−601	−904	−1 001	−1 391	−1 148	−872
资产	9	69	25	0	20	137	239	172	567	439
负债	384	442	493	495	621	1 041	1 241	1 562	1 715	1 311
年份	2010	2011	2012	2013	2014	2015	2016	2017	2018	2019
直接投资	−1 857	−2 317	−1 763	−2 180	−1 450	−681	417	−278	−923	−581
资产	580	484	650	730	1 231	1 744	2 164	1 383	1 430	977
负债	2 437	2 801	2 412	2 909	2 681	2 425	1 747	1 661	2 354	1 558

注：1. 根据《国际收支和国际投资头寸手册》(第六版)的规定，“资产方”表示中国对外直接投资的净变化额。“负债方”表示外国来华直接投资的净变化额。“直接投资”差额的数据为“资产方”减去“负债方”，若结果为正，表示本国对外直接投资增加(资产增加)；若结果为负，表示外国来华直接投资增加(负债增加)。

2. 在国家外汇管理局公布的数据文件中，“资产方”用“负号”表示，“负债方”用“正号”表示，“直接投资”差额用“负债方”加上“资产方”的数据，若结果为正，则表示外国来华直接投资增加(负债增加)。

资料来源：中国国际收支平衡表时间序列(BPM6)，国家外汇管理局。

此外，在中国的国际收支统计口径下的直接投资与商务部统计口径下的直接投资，其主要差异在于，国际收支统计采用资产负债原则编制和列示，商务部统计采用方向原则编制和列示，两者对反向(逆向)投资和联属企业间投资的记录原则不同。除上述原则外，国际收支统计中的直接投资负债与商务部来华直接投资的差异还在于，直接投资负债包括了外商直接投资企业的未分配利润、已分配未汇出利润、盈余公积、股东贷款、金融机构吸收外资等内容。

值得关注的是，直接投资所获得的收益记录在经常账户“投资收益”子账户下。具体来看，其股本收入包括：已分配收入(红利和已分配的分支机构的利润)；用于再投资的收益和未分配的分支机构的利润。因此，如果本国吸引的外商直接投资规模(“负债方”)越大，将来经常账户“投资收益”子账户下的支出额(“借方”)就越大，这构成本国经常账户未来出现逆差的重要因素之一。对于外商直接投资企业用于再投资的收益部分，一方面记录在“初次收入”账户

“投资收益”子账户的“借方”，另一方面又记录在“直接投资”账户“收益再投资”子账户的“贷方”。

2. 证券投资

证券投资(Portfolio Investment)也可以从资产和负债两个角度进一步细分。前者是指居民对非居民政府的长期债券和非居民公司的股票、债券的净购买额；后者是指非居民对居民政府的长期债券和居民公司的股票、债券(负债)的净购买额。证券投资的对象包括股本证券(Equity Securities)和债务证券(Debt Securities)，分别记录在“股权和投资基金份额”和“债务证券”两个子账户。例如，居民在境外资本市场发行股票、居民申购(买入)境外投资基金份额、非居民卖出境内股票、非居民卖出境内中长期债券等交易，都在该账户下记录。

3. 金融衍生工具

根据《国际收支和国际投资头寸手册》(第六版)的规定，金融衍生工具(Financial Derivatives)账户除了记录金融衍生工具的交易之外，还包括雇员认股权(Employees Stock Options)的交易。金融衍生品账户按照各部门来设立子账户，如“中央银行”“存款性公司”“广义政府”“其他部门”。金融衍生工具是指与另一个特定的金融工具、指标和商品挂钩，通过这种挂钩，可以在金融市场上对特定金融风险本身进行交易的金融工具。不论是金融衍生工具还是雇员认股权，都属于具有相同特征的金融资产或负债，它们都是为了转移风险。其中雇员认股权是公司作为报酬向雇员提供的一种购买公司股权的期权。金融衍生工具包括两大类别——期权和远期型合约(涵盖了期货、远期合约、掉期、互换等)。这两者的差异如下：

第一，初始时，远期型合约通常没有先期付款，其合约价值从零值开始；而对于期权，合约的成本为期权费。

第二，在合约的有效期内，远期型合约的交易双方彼此互为债权(债务)人，并且可能会发生变化；而期权的买方一直是债权人，发售方则一直是债务人。

第三，到期时，对于远期型合约，买卖双方必须无条件交割；对于期权，期权的买方可以行使或者放弃权利。

认股权证(Warrants)是金融衍生期权的一种形式，所有权人有权利但是没有义务按照合约价格，在特定的时间内或特定日期，从权证发行人那里购买固定数量的资产。雇员认股权的定价方法与金融衍生工具类似，但是在目的、日期安排等方面有所不同。雇员认股权旨在鼓励雇员为提升公司的价值做贡献，而不是鼓励雇员之间相互交易(转换)风险。雇员认股权通常设定了授予日和行权日，按雇员工作年限或贡献程度分段授予股权。因此当雇员获得股票期权，从而可以不受约束地在金融市场上交易时，它就不再是雇员认股权，而成为普通的金融衍生产品。

4. 其他投资

其他投资(Other Investment)是一个剩余账户，它包括所有直接投资、证券投资或储备资产账户未包括的金融交易。其他投资主要包括七个子账户：① 其他股权；② 货币与存款；③ 贷款；④ 保险、养老金和标准化担保；⑤ 贸易信贷和预付款；⑥ 其他应收/应付款；⑦ 特别提款权分配。以“货币与存款”子账户为例，其“资产方”记录本国居民持有的外国现钞和存款的净变化额，“负债方”记录本国居民承担对外负债的本国现钞和存款的净变化额。下面重点介绍其中几个子账户。

“货币与存款”(Currency and Deposits)的“资产方”表示本国居民在境外的存款，“负债方”表示外国居民在境内的存款。“货币与存款”账户再按部门设立子账户，如“中央银行”“存款性公司”“广义政府”等。

“贸易信贷和预付款”（Trade Credits and Advances）是指居民与非居民之间在货物贸易过程中，由于资金支付时间与货物所有权发生转移的时间不一致而在买卖双方形成的债权与债务。该项目的资产包括两个方面：① 本国进口商的预付款；② 本国出口商提供给外国进口商的贸易信贷和出口应收款。该项目的负债也包括两个方面：① 外国进口商的预付款；② 外国出口商提供给本国进口商的贸易信贷和进口应付款。以上大致相当于国内贸易状态下企业之间的预付、应收、预收和应付账款。贸易信贷（Trade Credits）不同于与贸易有关的信贷（Trade-Related Credits），前者是进出口商之间的直接商业信用，后者是除直接商业信用外的其他与贸易有关的信贷，包括通过本国银行提供的融资（进出口押汇）、外国金融机构或出口信贷机构向买方提供的买方信贷、外国银行提供的海外代付、福费廷等。贸易信贷的业务涉及跨境的居民和非居民，贸易有关的信贷当事人则不一定涉及跨境，但是与跨境业务有关。例如，本国商业银行对本国出口商提供的押汇业务，外国商业银行对外国出口商提供的海外代付业务等。近年来，由于中美经济周期的不一致性，具有投机性质的贸易信贷行为放大了货物流与资金流的错配程度，投机性质的资本借道货款形式进行流动，对跨境收支产生较大顺周期（Pro Cyclical）影响。

“特别提款权分配”（SDR Allocations）作为金融账户的“其他投资”子项，是《国际收支和国际投资头寸手册》（第六版）新增的内容。IMF 分配特别提款权时，接收方应将其记录在“其他投资”的“负债方”，同时在储备资产账户下的“特别提款权”（“资产方”）账户下予以记录。例如，IMF 分配给中国价值 1 000 万美元的特别提款权，中国国际收支平衡表金融账户中的“其他投资”下的“特别提款权分配”（“负债方”）增加 1 000 万美元，与此同时，中国的金融账户中的“储备资产”下的“特别提款权”（“资产方”）增加 1 000 万美元。IMF 分配给中国这笔特别提款权，相当于中国的资产和负债同时增加 1 000 万美元，其净资产没有增加。具体记录见表 1-25。

表 1-25 通过分配获得一笔特别提款权在国际收支平衡表上的反映

（单位：万美元）

	金融资产的净获得	金融负债的净产生
金融账户——直接投资——特别提款权分配		1 000
金融账户——储备资产——特别提款权	1 000	

2014 年，中国政府的全口径外债统计按照 IMF 的“数据公布特殊标准”（SDDS）的分类标准，首次将“特别提款权分配”纳入外债统计。2018 年中国的“特别提款权分配”为 667 亿元人民币（等值 97 亿美元），这表示当年特别提款权增加相应规模。

5. 储备资产

储备资产（Reserve Assets）主要包括货币当局可以随时利用并控制的外部资产。一国持有外汇储备的目的包括：为国际收支失衡提供直接融资；通过干预外汇市场影响汇率；维护金融市场对本币和本国经济的信心；作为向外国借款的基础。国际储备资产的特征有两个，一是由货币当局“控制”（Control），二是“随时可利用”（Readily Available），一国的储备资产必须符合这两个条件。储备资产包括以下五项内容：货币黄金、特别提款权、在 IMF 的储备头寸、外汇储备（包括货币、存款和有价证券）和其他储备资产。其他储备资产主要包括金融衍生工具和其他债权。请注意，国际收支平衡表储备资产账户记录的是一国储备资产因为交易因素导致的变化额，而不是非储备资产的余额。此外，受汇率、价格等因素导致储备资产余额发生的变化部分不在国际收支平衡表中反映(中国政府从 2009 年开始采用这一统计原则)。若一国外汇储备增加，以正数记录在该账户的“资产方”；若一国外汇储备下降，以负数记录在该账户的“资产方”。2018 年年末，全球外汇储备超过 11 万亿美元，其中前十大外汇储备国家的储备额超过 7.5 万亿美元。排名第一的是中国的约 3.07 万亿美元，第二是日本的约 1.2 万亿美元。排名前十的国家或地区有八个主要集中在亚洲(见表 1-26)。

表 1-26　2018 年年末世界前十大外汇储备国家或地区　(单位：亿美元)

国家或地区	外汇储备规模	国家或地区	外汇储备规模
中国内地	30 727	韩国	3 933
日本	12 095	印度	3 698
瑞士	7 384	巴西	3 655
中国台湾	4 668	新加坡	2 853
中国香港	4 245	泰国	1 970

资料来源：国际货币基金组织。

以 2008 年为例，当年中国外汇储备增加 4 783 亿美元，同期经常账户顺差 4 206 亿美元(见表 1-27)。显然，当年不仅经常账户顺差全部转化为储备资产，而且还远超过经常账户的顺差额，这说明还有热钱流入中国。以 2018 年为例，当年中国外汇储备增加了 182 亿美元，同期经常账户顺差为 491 亿美元，这说明同期的经常账户顺差并没有全部转变为外汇储备。如果考察当年的货物贸易差额，2018 年中国的货物贸易顺差 3 952 亿美元，转化为储备资产的不足 200 亿美元，从另外一个侧面说明了国内经济主体对未来人民币汇率稳定性的担忧。

表 1-27　2000～2019 年中国国际收支平衡表储备资产账户变化额　(单位：亿美元)

年份	2000	2001	2002	2003	2004	2005	2006	2007	2008	2009
储备资产	105	473	755	1 061	1 901	2 506	2 848	4 607	4 795	4 003
货币黄金	0	0	0	0	0	0	0	0	0	49
特别提款权	−1	1	1	1	2	0	−2	1	0	111
在 IMF 的储备头寸	−4	7	11	1	−5	−19	−3	−2	12	23
外汇储备	109	466	742	1 060	1 904	2 526	2 853	4 609	4 783	3 821
其他储备资产	0	0	0	0	0	0	0	0	0	0
年份	2010	2011	2012	2013	2014	2015	2016	2017	2018	2019
储备资产	4 717	3 878	966	4 314	1 178	−3 429	−4 437	915	189	−193
货币黄金	0	0	0	0	0	0	0	0	0	0
特别提款权	1	−5	−5	−2	−1	3	−3	7	0	5
在 IMF 的储备头寸	21	34	16	11	10	−9	53	−22	7	0
外汇储备	4 696	3 848	987	4 327	1 188	−3 423	−4 487	930	182	−198
其他储备资产	0	0	0	0	0	0	0	0	0	0

注：根据《国际收支和国际投资头寸手册》(第六版)的规则，如果储备资产的差额为正，表示储备资产增加，如果为负，表示储备资产减少。

资料来源：中国国际收支平衡表时间序列(BPM6)，国家外汇管理局。

❖专栏 1-4

外汇储备投资的安全性

国际储备的投资仍然是安全性、流动性和盈利性的统一，其中安全性尤为重要。例如，在2009年和2010年的人大会议上，时任总理温家宝回答记者的提问时，都有相关的表述。2009年3月，美国《华尔街日报》记者提问："中国现在已经变成美国最大的债权国……有些人认为，美国巨额的债务会导致美元贬值，您是否担心中国在美国的投资呢?"温总理回答说，中国确实是美国最大的债权国，美国又是世界上最大的经济体，我们十分关注美国经济的发展……我们把巨额资金借给美国，当然关心我们资产的安全。说句老实话，我确实有些担心。因而我想通过你再次重申要求美国保持信用，信守承诺，保证中国资产的安全。众所周知，经过多年的改革和建设，我们积累了巨额的外汇，这显示了中国的经济实力。我们对外汇经营第一位的原则是防范风险，我们始终坚持外汇"安全、流动和保值"的原则，并且实行多元化的战略。2010年3月，路透社记者问温总理是否更担心中国在美国的资产安全。温总理回答道："我们有巨额的外汇储备……我们对外汇储备的要求首先是安全，其次是流动，然后是保值增值……美国作为国际货币的主要发行国，币值的不稳定引起我们很大的忧虑。我去年说过我担心，今年我还要说我担心，因为国家的金融资产不容得有一点的闪失。在这里，我还要强调另外一面，美国国债是以美国国家信誉做担保的，我希望美国以实际行动让投资者放心。这不仅对投资方有利，对美国也有利。"

2010年7月，美国两大房贷机构"房利美"和"房地美"(以下简称"两房")股票从纽约证券交易所退市，国内公众担心中国的外汇储备是否会因此受到损失。对此，国家外汇管理局在2010年7月通过《外汇管理政策热点问答》的形式进行了解释，2011年2月国家外汇管理局有关负责人接受了记者采访，专门就此事进行了说明。

"两房"是美国最大的两家住房抵押贷款机构——联邦国民抵押协会(简称"房利美"，Fannie Mae)和联邦住房贷款抵押公司(简称"房地美"，Freddie Mac)的简称。"两房"是由美国国会立法设立的政府支持机构(Government Sponsored Enterprises)，目的在于为住房抵押贷款市场持续提供稳定的支持，提高住房抵押贷款的可获得性。房利美和房地美分别于1970年和1989年在美国纽约证券交易所公开上市，房利美还在芝加哥股票交易所上市。房利美和房地美除优先股外，在市场上流通的普通股票分别约为11.4亿股和6.5亿股。"两房"是美国房地产市场的支柱，两家机构承保或者购买的房地产贷款约占美国居民房地产市场的50%，次贷危机以来达80%以上。"两房"不仅在美国房地产市场具有重要地位，而且对金融市场稳定至关重要。两家机构拥有和担保的资产规模约5.5万亿美元。在"两房"债券投资者中，70%以上是养老基金、共同基金、商业银行和保险公司等美国国内投资者，具有系统性的关键作用。在危机期间，美联储和财政部累计购买了超过1.4万亿美元的"两房"债券，约占"两房"拥有和担保资产总量的25%，成为"两房"债券的最大持有人。在2007年美国次贷危机发生前的10年间，"两房"股价长期稳定在50～70美元，并定期进行分红，因此受到投资者追捧。次贷危机爆发后，受美国房地产市场持续放缓的影响，"两房"出现巨额亏损，股价大幅下跌。随着危机恶化，2008年9月美国政府接管"两房"，其股价跌破1美元，此后较长时间内在1美元上下波动。

2010年5月中旬开始，房利美股价连续30个交易日平均收盘低于1美元，按纽约证券交易所规定，应选择退市或采取合并聚集(Reverse Split)等方式以使股价恢复至1美元以上。当时美国政府持有"两房"约80%的股份，是其最大股东，其余股东所持股票市值总计不到10

亿美元，“两房”实际上已不再按普通商业模式经营。在此情况下，作为“两房”监管部门的联邦住房金融管理局宣布“两房”股票于2010年7月7日退市。退市后“两房”股票将在场外市场继续交易。在“两房”股票退市后，美国政府已签署的对“两房”注资、为其补充资本金的法律合约不受影响，“两房”债券至今仍然保持AAA的最高信用评级。以房利美为例，2009年房利美发行普通机构债券705亿美元，是2007年发行规模的2.2倍。从投资者地域看，美国本土占比约73%；从投资者类型看，共同基金、保险、养老基金等机构投资者占比约63%，中央银行占比约19%。“两房”普通机构债券的收益稳定。以“两房”发行的普通机构债券为主要部分的美国普通机构债券市场指数，在危机最严重的2008年和2009年，累计收益率为10.7%，2010年以来收益率为3.9%。

当时，中国外汇储备持有的是“两房”债券，“两房”债券还本付息正常，没有出现过投资损失。2008～2010年，“两房”债券年均投资收益率在6%左右。中国的外汇储备从未投资“两房”股票，因此“两房”股价下跌和股票摘牌未给中国带来损失。

在国际收支平衡表中，储备资产账户有以下几点值得关注。

第一，由于IMF规定的记账规则不同，该账户的差额在各版本手册中的含义有所差别。根据《国际收支和国际投资头寸手册》(第六版)的规定，如果本国国际储备在某一年度增加，记录在该账户的“金融资产的净获得”方，以正数表示。如果本国国际储备在某一年度下降，则以负数表示。按照《国际收支手册》(第五版)的记账原则，如果本国国际储备在某一年度增加，记录在该账户的“借方”，以负数表示。如果本国国际储备在某一年度下降，记录在该账户的“贷方”，以正数表示。

第二，储备资产的流动性在于它可以以最低的成本、在最短的时间内进行买卖和换取外汇，并且其价值不会出现显著波动。需要注意的是，资产的流动性和可转让性不是一回事。有些资产(如银行存款和贷款)不一定具有可转让性，却具有流动性，因此也被列入储备资产。储备资产既包括不能够在金融市场上自由买卖的资产(如银行的活期存款)，又包括在二级市场上可以买卖的外国证券资产(股本证券和债务证券)(如30年期的美国政府长期债券)，但不包括没有二级市场的非上市证券。因为国际储备的投资更注重安全性，所以其投资收益率并不高。以中国为例，根据国家外汇管理局公布的资料，2005～2014年，我国外汇储备10年平均收益率为3.68%。外汇储备的收益记录在国际收支平衡表经常账户下“初次收入”的“投资收益”子账户的“贷方”。

第三，储备资产包括了货币黄金。黄金分为非货币黄金和货币黄金。非货币黄金包括金条、金粉和其他未加工或半加工形式的黄金，它不属于金融资产，被视为“货物”，其进出口的变化记录在国际收支平衡表的“货物”账户当中。货币黄金是指中央银行(还包括国际金融组织)拥有所有权并作为储备资产持有的黄金，它属于一国的金融资产，但不代表对另一机构的债权。货币黄金的变化记录在储备资产账户中。1976年IMF对《基金组织协定》进行了第二次修订，这标志着黄金在全球范围内不再发挥货币的职能，即黄金的非货币化。然而，这并不代表各成员方中央银行和IMF不再持有黄金。现实情况是，各成员方中央银行和IMF仍然持有相当数量的黄金。

第四，外汇储备是储备资产中占比最大的项目。中国的外汇储备在2014年6月末达到最高点，为3.99万亿美元，是世界各国中外汇储备最多的国家。截至2018年年末，中国外汇储备余额3.07万亿美元。外汇储备的增加来源于两个方面，一是经常账户的顺差，二是非储备性质的金融账户的顺差。经济学家通常将前者称为“挣来的外汇储备”(Earned Foreign Exchange Reserves)，将后者称为“借来的外汇储备”（Borrowed Foreign Exchange Reserves）。尽管中国外汇储备近年来世界排名第一，但是外汇储备规模和结构的问题日益引发学者的关注。关于外汇储备的规模，主要包括两个方面。一方面，是不是外汇储备越多就代表国家的经济实力越强呢？并非如此，以美国为例，美国的经济规模全球第一，但是其贸易赤字规模巨大且持续多年，外汇储备也并不多，仅有400多亿美元，占美国GDP的比重非常低。一国经济实力的大小主要表现为其GDP的规模、市场的容量和经济的稳定程度等。另一方面，外汇储备越多是否代表该国就越富有呢？并非如此。如前所述，国民收入核算可以分为私人部门和官方部门两类，外汇储备多仅仅代表官方部门持有的外汇资产多，私人部门持有的外汇资产并没有考虑。与此同时，即便是官方的外汇储备规模巨大，但是这还没有考虑官方的对外负债，因此只有当本国的外汇资产减去外汇负债后仍然规模巨大，才可以说该国政府富有。更为完整地考察一国财富，还需要考虑官方部门的对外负债和私人部门的对外金融净资产，相关的内容将在下一章介绍。外汇储备的币种结构同样值得关注。长期以来，美元在外汇储备中的占比为60%～70%，非美元货币占比为30%～40%。截至2014年年末，在中国外汇储备中，美元占比约为58%，非美元货币占比达42%，高于全球35%的平均水平。

第五，储备资产(除金块之外)必须是货币当局拥有的对非居民的债权。相反，货币当局对居民的外币债权(包括对居民银行的外币债权)不是储备资产。占比最大的储备资产是本国或本地区货币当局在外国金融机构(如外国中央银行、国际清算银行和外国商业银行)的存款，还有本国或本地区货币当局与IMF的存款协议，成员方根据该协议可随时支取以满足本国国际收支的融资需求。此外，由本国货币当局向非居民存款性公司提供的一经要求便可赎回的短期外币贷款也属于储备资产，但是长期贷款不能满足货币当局随时提用的标准，则不是储备资产。

第六，在IMF的储备头寸(Reserve Position in the IMF)包括两部分。第一部分是“储备档头寸”（Reserve Tranche Position)，这是成员方随时通知IMF需要提款便可以从IMF提取的外币(包括特别提款权)金额，是该成员方对IMF的流动性债权。这不仅包括来自成员方以外币认缴的份额，而且可以通过IMF在其与其他成员方的交易中使用该成员方的货币而得以扩大。例如，2010年1月末，成员国B在IMF的储备头寸就是B国以外币缴纳的份额(假定100亿SDR)。2010年2月，成员国A在使用IMF资金的过程中购买了成员国B的货币10亿SDR，IMF持有的B货币下降了相应规模，成员国B的储备档头寸增加了10亿SDR，这是因为成员国A可能会请成员国B以其货币兑换储备资产(美元或SDR)。因此，2010年2月末，成员国B在IMF的储备头寸为110亿SDR。第二部分是成员国向IMF提供的贷款(即成员方的资产)，体现在IMF普通资源账户(General Resources Account)的“负债方”，包括成员方根据总借款安排(GAB)和新借款安排(NAB)提供给IMF的借款，成员方可以随时收回。也有学者将“在IMF的储备头寸”称为“普通提款权”。

普通提款权和特别提款权的差异主要体现在以下几个方面。[⊖]

(1) 普通提款权的行使，需要成员方事先向IMF缴足份额。特别提款权的参与方，不必事先缴纳黄金或者任何货币。

(2) 普通提款权中只有黄金和硬通货部分可以计入国际储备，而特别提款权的参与方可以将其所获得的特别提款权全部计入国际储备。

(3) 普通提款权的动用需要附件条件。特别提款权在使用时，一般不用附加条件。

⊖ 王德迅，熊爱宗．国际货币基金组织[M]．2版．北京：社会科学文献出版社，2018.

(4) 普通提款权行使之后，提取的资金要在规定的期限内向 IMF 偿还。特别提款权账户的参与国，可以用掉所有的 SDR，无须偿还。

(5) 普通提款权只有成员方可以拥有，特别提款权除了成员方可以拥有之外，还允许其他官方实体持有。IMF 规定了 16 个指定持有者：非洲开发银行、非洲开发基金、阿拉伯货币基金、亚洲开发基金、中非国家银行、国际清算银行、西非国家中央银行、东非开发银行、东加勒比中央银行、欧洲中央银行、国际复兴开发银行、国际开发协会、伊斯兰开发银行、国际农业发展基金、拉美储备基金、北欧投资银行。

(6) 普通提款权针对所有成员方分配，即凡是按规定缴纳了份额的成员方都自动持有普通提款权；特别提款权只分配给参加特别提款权账户的成员，成员方可以选择参加，也可以选择不参加，还可以选择参加后退出。

第七，特别提款权属于一国的储备资产。特别提款权由 IMF 在 1969 年创设，目的是通过补充成员方官方储备以支持布雷顿森林体系下的固定汇率制度。特别提款权的价值最初确定为 0.888 671 克纯金，相当于当时的 1 美元。1973 年布雷顿森林体系崩溃后，特别提款权被重新确定为一篮子货币，几经变化之后，现在则是根据五种主要国际货币(欧元、日元、英镑和美元，2016 年 10 月 1 日之后增加了人民币)构成的篮子确定。特别提款权，顾名思义是一种“提款权”，即在一定条件下其持有人据此可以向 IMF 提取成员方发行的可自由兑换货币的权利。从某种意义上看，SDR 是 IMF 免费向成员方提供的获得储备货币的期权。换言之，SDR 不是一种货币，也不是持有人对 IMF 的债权。SDR 能够作为一种储备资产主要源于 IMF 各成员国同意持有和接受 SDR，并保证履行有关操作义务的各项承诺。IMF 网站每天刊登特别提款权的美元等值数额。它是根据伦敦市场每天中午的汇率报价，按五种篮子货币以美元计价的具体数额之和来计算的。IMF 还可以按成员方认缴份额(Quotas)的比例向其分配特别提款权。这相当于向每个成员方提供了一项无成本、无条件的国际储备资产，该资产既不获取利息，也不支付利息。截至某个时间点，如果某成员方的特别提款权持有额超过其获得的分配额，该方就从超出部分获取利息；相反，如果一方持有的特别提款权少于获得的分配额，该方就对不足部分支付利息。例如，截至 2021 年 1 月末，中国政府获得 IMF 的份额为 304.829 亿 SDR，持有 80.7364 亿 SDR。

第八，国际收支平衡表的储备资产账户只记录因为各种经济交易发生带来的国际储备额的变化，因汇率、价格等非交易因素引起的储备资产价值变动不通过国际收支平衡表反映，而是通过国际投资头寸表反映。中国人民银行公布的外汇储备余额的变化额不同于国家外汇管理局公布的国际收支相关数据，前者包括三方面因素的变化：一是各种国际经济交易引起的国际储备变化额；二是包含汇率、价格等非交易价值变动引起的储备变化；三是包括外汇储备的经营收益。我国从 2010 年开始对国际收支平衡表中外汇储备资产的数据按照上述规则进行了调整。国际收支平衡表中“储备资产”账户的变化额仅仅反映第一项内容。

第九，主权财富基金所持有的对外资产是否应该视为储备资产呢？这取决于主权财富基金的外汇资产能否随时供货币当局使用。根据 IMF 的规定，如果主权财富基金的对外资产是在中央银行或中央政府某个机构的账面上，并允许货币当局对主权财富基金的处理具有控制权，那么可以推断该资产为储备资产(当然必须符合储备资产的其他所有标准)。如果主权财富基金为具有独立法律地位的长期基金所持有，则不应将它们列入储备资产，原因在于此时主权财富基金不符合“随时可利用”的标准。中国政府利用外汇储备注资国有商业银行，如 2003 年成立汇金公司并向中国银行、中国建设银行分别注资 225 亿美元，2005 年向中国工商银行注资

150 亿美元，2007 年向国家开发银行注资 200 亿美元，2008 年向中国农业银行注资 190 亿美元（见表 1-28）。2015 年利用外汇储备分别对国家开发银行、中国进出口银行补充资本金 480 亿美元、450 亿美元。这些外汇均不再纳入外汇储备的统计。此外，中国外汇储备还在支持“走出去”等方面的资金运用，如对中投公司、中非发展基金、丝路基金、中拉产能合作投资基金、中拉合作基金等的注资。上述注资规模都从外汇储备的规模中扣除，不再纳入外汇储备的统计。

表 1-28 2003 年以来中国运用外汇储备注资的情况

时间	注资对象	金额(亿美元)	备注
2003 年 12 月	中国银行	225	通过中央汇金公司注资
2003 年 12 月	中国建设银行	225	通过中央汇金公司注资
2003 年 12 月	中国建银投资公司	25	通过中央汇金公司注资
2005 年 4 月	中国工商银行	150	通过中央汇金公司注资
2005 年 7 月	中国进出口银行	50	通过中央汇金公司注资
2007 年 9 月	中国投资有限公司	2 000	财政部通过向央行发行 15 500 亿元人民币特别国债注资
2007 年 10 月	中国再保险集团	40	通过中央汇金公司注资
2007 年 12 月	国家开发银行	200	通过中央汇金公司注资
2008 年 11 月	中国农业银行	190	通过中央汇金公司注资
2012 年 5 月	国新国际投资有限公司	99.999	通过博远投资注资
2014 年 12 月	丝路基金	首期注资 65 亿美元，届时总注资达 260 亿美元	通过梧桐树投资平台注资
2015 年 6 月	中拉产能合作投资基金	100	通过梧桐树投资平台注资
2015 年 7 月	金砖国家开发银行	首批注资 20 亿美元，届时总注资达 410 亿美元	通过梧桐树投资平台注资
2015 年 8 月	国家开发银行	480	通过梧桐树投资平台注资
2015 年 8 月	中国进出口银行	450	通过梧桐树投资平台注资
2015 年 11 月	中非产能合作投资基金	80	通过梧桐树投资平台注资
2015 年 12 月	亚洲基础设施投资银行	297.8	通过梧桐树投资平台注资

资料来源：作者根据网上资料整理。

第十，在不同的国家，管理外汇储备的政府机构并不相同。以美国为例，美国财政部每周公布美国国际储备的规模及其构成（外汇储备、特别提款权、在 IMF 的储备头寸和黄金）。美国的外汇储备构成包括两部分，一部分由财政部下属的外汇稳定基金（Exchange Stabilization Fund，ESF）持有，另外一部分由美联储公开市场操作账户（Federal Reserve System Open Market Account，SOMA）持有。外汇储备投资的形式包括外币标价的证券（按市场价值计算）和外币银行存款（按账面值计算）。截至 2019 年年末，美国的外汇储备为 415 亿美元（见表 1-29）。SOMA 的外汇资产不是美国政府的资产，也没有反映在任何美国政府的财务报表中。ESF 的资产由外汇储备和 SDR 两部分组成。美国在 IMF 的储备头寸和黄金（按照每盎司黄金 42.22 美元计算）不是 ESF 的资产，是财政部一般账户的资产。截至 2019 年年末，美国政府的国际储备接近 1 300 亿美元。

表 1-29　2016～2019 年美国政府的国际储备余额　（单位：百万美元）

资产	2016 年	2017 年	2018 年	2019 年
国际储备总额	117 332	123 313	125 798	129 479
黄金	11 041	11 041	11 041	11 041
特别提款权	48 883	51 864	50 803	50 749
在 IMF 头寸	18 385	17 633	22 016	26 153
外汇储备	39 023	42 775	41 938	41 536

资料来源：https://www.federalreserve.gov/data/intlsumm/current.htm.

专栏 1-5

外汇储备的规模及其投资收益

截至 2014 年一季度末，中国外汇储备余额为 3.95 万亿美元，居世界第一。这一规模占全世界外储总量的 1/3。国务院总理李克强在 2014 年 5 月份访问非洲期间提到："比较多的外汇储备已经是我们很大的负担，因为它要变成本国的基础货币，会影响通货膨胀。"此前，时任国家外汇管理局局长易纲也多次表示，外汇储备继续增加的边际成本超过边际收益。如何理解上述问题呢？

关于巨额的外汇储备，需要从两方面来理解。一方面，保持较大规模的外汇储备对中国的意义巨大。20 世纪 90 年代以来，世界爆发了 1997 年亚洲金融危机、2007 年美国次贷危机以及欧洲主权债务危机等多次危机，人民币汇率基本保持稳定，中国经济受到的影响较小，这其中巨额的外汇储备功不可没。另一方面，2007 年以来西方主要发达国家的中央银行实行了量化宽松货币政策，其货币出现了不小幅度的贬值，中国政府通过增加外汇储备的方式有效地阻隔了中国实体经济面临的外部冲击，为中国经济结构的调整和转型升级方面维持了良好外部条件，也争取了宝贵的时间窗口。

然而，巨额的外汇储备已经超出了中国外汇储备的合理需求，它同时反映了中国国际收支的失衡，并给中国经济带来一系列的挑战。

第一，增加了中国宏观经济调控的难度。恰如李克强总理所言，中国外汇储备规模过大，相应地增大了人民币的供给，形成了国内通货膨胀潜在压力。同时，中国人民银行为了对冲由此造成的流动性过剩，采取提高央行存款准备金率和发行央行票据的方式来对冲外汇储备的增加，使得中国货币政策面临的掣肘进一步加大。

第二，增加央行资产负债货币错配的风险。中国外汇储备占央行总资产的比重超过 80%，这使得中国人民银行资产负债的货币结构不匹配，增加了央行面临的汇率风险，同时由于对冲操作的成本较大，央行的财务负担在增加。

第三，加大了外汇储备的经营压力。相比巨额外汇储备，国际金融市场(如黄金市场)的容量较为有限，大规模投资于某一资产将引起该资产价格的较大波动，不利于国际金融市场的稳定；国际金融危机爆发频率的增加，容易引发中国外汇储备的资产安全问题，市场风险也非常大；还存在政治、外交冲突引发资产冻结等极端性的主权风险。

第四，外汇储备增加的主要来源之一是贸易顺差，出口导向的经济增长模式虽然带来了贸易顺差，也带来了资源、环境等其他成本的不断上升，比如有些原材料和劳动密集型产品的出口极易扩大污染，加剧了资源和环境压力。

外汇储备的收益如何理解呢？外汇储备的收益反映在经常账户下初次收入账户的子账户——投资收益账户的“贷方”。不过，该账户下“贷方”的发生额不仅反映了外汇储备的收益，而且反映了中国私人部门海外投资的收益。换言之，中国国际收支平衡表中经常账户初次收入账户下投资收益子账户不仅反映官方海外资产的投资收益，而且反映私人部门海外资产的投资收益。相应地，该子账户的“借方”则反映国外投资中国资产(直接投资和证券投资等)获得的收益。借贷双方的差额为负，并不能说明中国外汇储备的投资收益就为负。现阶段，中国政府公布的国际收支平衡表并没有单独公布外汇储备的收益规模。

资料来源：2016年《中国国际收支报告》。

在国际收支平衡表中，金融账户主要反映一国的对外金融资产和负债的变化情况。从另一个角度来看，该账户也表示为经常账户和资本账户差额是如何获得资金的。具体来说，资本流出流入体现为两个方面：一方面是居民对非居民求偿权(Claims)[⊖]的变化，另一方面是非居民对居民求偿权的变化。前者体现为本国对外资产的变化，后者体现为本国对外负债的变化。本国居民不仅包括政府、中央银行、商业银行等金融机构，还包括工商企业等。求偿权主要体现为各种金融工具，包括在中央银行存款、在商业银行存款、短期借款、透支、汇票等。表1-30是居民持有的较为典型的短期对外金融资产与金融负债项目。

表1-30 居民对外的短期金融资产与金融负债的实例

持有者	资产	负债
财政部	在外国中央银行的存款 本国政府持有的外国债券	外国持有的本国政府债券
中央银行	在外国中央银行的存款	外国中央银行在本国中央银行的存款 外国持有的本国中央银行钞票
商业银行	在外国银行的存款 持有的海外汇票 对国外账户提供的透支	外国人的存款 海外金融机构提供给本国商业银行的透支额
工商企业	海外应收账款 在外国银行的存款 持有的海外银行汇票	海外应付账款 从外国银行获得的贷款

例如，如果本国工商企业货物出口，根据复式记账法的原则，在经常账户记录“出口”增加的同时，还必须在资本与金融账户做相应的记录，或者是本国对外资产的增加(体现为本国企业在海外银行的存款增加)，或者是本国对外负债的下降(本国银行对非居民负债的下降)。如果是本国居民用“货币和存款”购买“外国政府债券”，那就是金融账户内部一项资产和另一项资产的交换。因此，从金融账户来看，本国对外资产的增加和对外负债的减少记“资产方”，反映为本国金融资本的流出规模；本国对外资产的减少和对外负债的增加记“负债方”，反映为外国金融资本的流入规模。需要注意的是，根据《国际收支和国际投资头寸手册》(第六版)的要求，对于金融账户及其各个子账户而言，“资产方”既可能出现正数(海外金融资产增加)，也可能出现负数(海外金融资产下降)。同样，“负债方”既可能出现正数(海外

⊖ “Claims”在有的地方还译作“债权”，有的地方译作“索赔”，如“Nonlife Insurance Claims”就译作“非人寿保险索赔”。

金融负债增加)，也可能出现负数(海外金融负债下降)。下面给出了一个金融账户差额计算的示意性的例子，以直接投资为例，本国对外直接投资下降 10 亿美元，来自海外对本国的直接投资增加 2 亿美元，因此，直接投资账户差额为-12 亿美元，表示本国海外直接投资资产净下降 12 亿美元。其余账户差额做类似分析。整个金融账户差额为 16 亿美元，表示本国海外资产增加 16 亿美元(见表 1-31)。

表 1-31 金融账户差额的计算 (单位：亿美元)

	金融资产的净获得(1)	金融负债的净产生(2)	差额(1)-(2)
3. 金融账户			
3.1 直接投资	-10	2	-12
3.2 证券投资	-8	-15	7
3.3 金融衍生工具	12	7	5
3.4 其他投资	16	-4	20
3.5 储备资产	-4		-4
净贷出(+)/净借入(-)(来自金融账户)			16

金融账户的差额称为“净贷出/净借入”（Net Lending/Net Borrowing）[⊖]。金融账户各个子账户的“资产方”记录本国对外国资产的变化(外国对本国的负债变化)，“负债方”记录本国对外国负债的变化(外国对本国的资产变化)，净差额(“资产方”减去“负债方”)表示该国是向世界其他国家提供了资金还是借入了资金。这一差额既可以从金融账户的“资产方”减去“负债方”的差额获得，也可以从经常账户和资本账户合计额的“贷方”减去“借方”的差额获得。如果经常账户和资本账户的“贷方”合计大于“借方”合计，金融账户则会出现“资产方”大于“负债方”的情况。从实体经济角度来看，表示该国向世界其他各国让渡了实际资源；从金融经济层面来看，表示一国对外金融资产的净增加或者说一国对外金融负债的净下降。反之，如果经常账户和资本账户的“贷方”合计小于“借方”合计，那么金融账户则会出现“资产方”小于“负债方”的情况。从实体经济角度来看，表示该国占用世界其他各国的实际资源；从金融经济层面来看，表示该国对外金融资产的净下降或者说该国对外金融负债的净增加(见表 1-32)。要得到一国的“净贷出/净借入”数额，可以通过金融账户的差额直接得到，也可以通过计算经常账户和资本账户的差额之和得到。

表 1-32 金融账户“资产方”和“负债方”以及“净贷出”“净借入”差额的经济含义

金融账户	
金融资产的净获得(1)	金融负债的净产生(2)
本国对外金融资产的增加(3)	本国对外金融负债的增加(5)
本国对外金融资产的减少(4)	本国对外金融负债的减少(6)
合计．本国资本的流出	合计：外国资本的流入

⊖ 有的教材将此译作“净贷款/净借款”，这里译作“净贷出/净借入”，主要是为了避免读者在理解过程中产生歧义。因为汉语中的贷款或借款无法区分借贷的方向。如“净贷款”究竟是本国净获得贷款还是本国向他国净提供了贷款呢？本书译作“净贷出/净借入”，如此就明确了借贷方向。净贷出就是本国向他国提供了净融资，净借入就是本国从他国获得了净融资。此外，“净贷出/净借入”还需要避免与经常账户的“借方”和“贷方”相混淆。

（续）

金融账户
(1)=(3)-(4)；(2)=(5)-(6) 净贷出[(1)-(2)为正数]：本国在海外资产的增加(对应本国实物资本的净流出) 净借入[(1)-(2)为负数]：本国对国外负债的增加(对应外国实物资本的净流入)

1.4.4 误差与遗漏净额账户

除了经常账户和资本与金融账户这两大类账户外，国际收支平衡表还设置了“误差与遗漏净额”(Net Errors and Omissions)账户。有的国家则采用“统计误差”(Statistical Discrepancy)账户来表示，如美国商务部经济统计局公布的国际经济交易平衡表(International Transactions)就是如此。

为什么要设置这一账户呢？从理论上讲，国际收支平衡表是按照复式记账法记录所有的对外经济交易，因此经常账户差额与资本账户的差额(“贷方”减“借方”)相加之后等于金融账户的差额(“资产方”减“负债方”)。但是，从各国统计实践来看，都无法实现这一点。例如，假定经常账户差额130亿美元，资本账户差额-20亿美元，金融账户差额为200亿美元，经常账户差额与资本账户差额的合计为110亿美元，并不等于金融账户的差额200亿美元。那么，统计当局就需要设置一个“误差与遗漏净额”账户，其差额为90亿美元，从而保持整个国际收支平衡表的完整性。

引起统计误差的原因有好多，大体可以分为以下几类。

第一，统计对象居民身份的确认问题。如果对某一经济主体居民身份的确认在不同国家出现差异，就会引起统计误差。一般来说，甲某在A、B两国经常性的往来，甲某属于A国居民还是B国居民，两国统计部门在认定过程中有可能存在差异，具体来说存在如表1-33所示的四种类型(其交易对象则包括三种类型，分别是甲某与A国居民交易、与B国居民交易和与C国居民交易)。那么这些交易会反映在哪些国家的国际收支平衡表呢？在第1种和第2种情况下，甲某身份的认定不存在问题。然而在第3种和第4种情况下，甲某的身份认定则存在问题，甲某不可能同时是两国的居民。因此，从单个国家来说，甲某身份认定的不确定性会带来统计误差。

表1-33 居民身份的认定对误差与遗漏净额账户的影响

序号	居民确认模式	甲某的交易对象		
		与A国其他居民的交易	与B国其他居民的交易	与C国(第三国)居民的交易
1	两国均确认甲某是A国居民	不记录在任何国家BOP	同时在A、B两国BOP记录	在A、C两国BOP记录
2	两国均确认甲某是B国居民	同时在A、B两国BOP记录	不记录在任何国家BOP	在B、C两国BOP记录
3	两国均确认甲某是本国居民	不记录在A国BOP，但记录在B国BOP	不记录在B国BOP，记录在A国BOP	在A、B和C国BOP记录
4	两国均确认甲某是对方国家居民	不记录在B国BOP，但记录在A国BOP	不记录在A国BOP，但记录在B国BOP	A、B两国都不记录，在C国BOP记录

第二，人为因素导致国际收支出现统计误差。例如，在本币面临升值压力的情况下，本国贸易商往往会高报出口额；在本币面临贬值压力的情况下，本国贸易商有可能高报进口额。如

果政府设置了较高的出口退税税率，本国贸易商可能高报出口额以骗取出口退税额。同样，走私的商品规模我们也无法通过海关统计得到相应的数据。为转移资金，不法分子会通过地下钱庄等渠道进行资金转移，违法的资金藏匿在合法的账户内，这会使得统计当局无法正确识别。

第三，现有统计技术和统计条件的约束。例如，统计资料来源不一致，有的资料来自海关总署，有的数据来自金融机构，等等。此外，受到数据的采集难度的限制，有的数据在现有条件下无法统计，如雇员认股权、境外投资房地产等。

上述各种因素造成了借贷双方的不平衡，因此就要人为设置一个账户来平衡“借方”（资产）和“贷方”（负债）的差额，这就是“误差与遗漏净额”账户。误差与遗漏净额是作为残差项推算的，用金融账户的“净贷出/净借入”，减去经常账户和资本账户的“净贷出/净借入”来推算。例如，如果根据经常账户和资本账户得到的“净贷出”为 29 万亿美元，从金融账户得到的“净贷出”为 31 万亿美元，那么误差与遗漏净额为+2 万亿美元。这一结果表明该国经济运行存在以下四种可能：(1) 经常账户和资本账户中的“贷方”额过低；(2) 经常账户和资本账户中的“借方”额过高；(3) 金融账户中“资产方”净增加值过高；(4) 金融账户中“负债方”净增加值过低。如果误差与遗漏净额为−2 万亿美元，存在的可能则与上述四种情况相反。

这里需要注意的问题是，虽然误差与遗漏净额账户最终表现为正数或者负数，但并不是说只有“借方”（“资产方”）或“贷方”（“负债方”）才有误差与遗漏，实际情况是“借方”（“资产方”）和“贷方”（“负债方”）都可能甚至同时存在误差与遗漏，但无法得到原始的数据，所以采用净差额来表示，这也是该账户称为“误差与遗漏净额”账户的原因。

一般而言，误差与遗漏净额账户差额的绝对值过大会影响国际收支统计的可信度。通常国际上认为，误差与遗漏净额规模占进出口贸易总值的±5% 以内是可以接受的。在正常情况下，国际收支平衡表中的误差与遗漏净额账户的差额一般呈现正负交替的随机分布状态，既可能出现正值，也可能出现负值。如果一国国际收支误差与遗漏净额账户差额持续出现正数，表明整个国际收支的“借方”（“资产方”）发生额被高估，“贷方”（“负债方”）发生额被低估。反之，如果误差与遗漏净额账户差额为负，则表明整个国际收支的“贷方”（“负债方”）发生额被高估，“借方”（“资产方”）发生额被低估。如果该账户差额变化剧烈，则可能表明相关的交易在时间确定上有问题。

通常来说，对于发展中国家和新兴转轨国家而言，误差与遗漏净额账户的差额出现负数往往表示本国出现了资本外逃（Capital Flights），出现正数往往表示本国出现了热钱（Hot Money）流入。为什么可以这样理解呢？更宽泛地来说，我们应该如何理解误差与遗漏净额账户的差额？我们将本国居民分为官方部门和私人部门，从本国对外金融经济层面来看，本国的对外资产可以分为三个部分：官方的储备资产（储备资产账户）；有账可查的私人部门的对外资产（非储备性质的金融账户的“资产方”）；无账可查的私人部门的对外资产（有的年份存在，表现为正数的误差与遗漏净额；有的年份不存在）。本国的对外负债可以分为两个部分：有账可查的私人部门的对外负债（非储备性质的金融账户的“负债方”）；无账可查的私人部门的对外负债（有的年份存在，表现为负数的误差与遗漏净额；有的年份不存在）。什么是有账可查的私人部门的对外资产呢？这部分的资产有两个形成途径：一是本国私人部门通过对外贸易顺差形成对外资产（实体经济层面的交易），二是本国私人部门通过对外融资形成对外资产（金融经济层面的交易）。什么是有账可查的私人部门的对外负债呢？这同样有两个形成途径：一是本国私人部门通过对外贸易逆差形成对外负债（实体经济层面的交易），二是本国私人部门通过对外融资形成对外负债（金融经济层面的交易）。

表1-34给出的是两种国际收支差额模式。

表 1-34 国际收支差额模式 （单位：亿美元）

项目	差额情形(1)	差额情形(2)
1. 经常账户	400	-500
2. 资本账户	0	0
3. 非储备性质的金融账户	200	-200
金融资产的净获得	900	800
金融负债的净产生	700	1 000
4. 储备资产	-50	60
5. 误差与遗漏净额	-250	360

情形1 本国当年经常账户顺差400亿美元，非储备性质的金融账户差额为200亿美元，储备资产账户差额为-50亿美元，金融账户差额合计为150亿美元。误差与遗漏净额账户差额为-250亿美元(即150-400)。

上述各账户又可以做如下理解。本国当年经常账户顺差400亿美元，本国私人部门当年对外融资增加700亿美元，本国官方部门外汇储备减持50亿美元，这三项("贷方"发生额)的合计为1 150亿美元。这种情况的经济含义是本国私人部门通过贸易方式赚到了400亿美元，同时对外借了700亿美元，官方部门还将50亿美元卖给了私人部门，因此私人部门持有的外汇资产总额应该是1 150亿美元，实际上反映在账面上仅有900亿美元，剩下的就是本该本国私人部门持有却没有统计在账面的250亿美元，即本国的资本外逃规模为250亿美元。

情形2 本国当年经常账户逆差500亿美元，非储备性质的金融账户差额为-200亿美元，储备账户差额为60亿美元，金融账户差额合计为-140亿美元。误差与遗漏账户差额为360亿美元(即-140+500)。

上述各账户又可以做如下理解。本国当年经常账户逆差500亿美元，同时当年本国私人部门对外资产增加800亿美元，本国官方部门增持60亿美元的外汇储备。以上三项均为"借方"发生额，合计为1 360亿美元。理论上对应的是，本国私人部门的负债合计额也应该为1 360亿美元。其中，当年本国私人部门对外金融负债增加1 000亿美元，这是有账可查的1 000亿美元。那么，无账可查的未反映在账面上的私人对外负债就应该增加360亿美元，即相当于流入的热钱规模是360亿美元。

1.4.5 各个账户差额的相互关系

以上分析了国际收支平衡表各个账户的具体内容。下面我们给出一个国际收支平衡表的示例(见表1-35)，结合具体数值予以分析。

表 1-35 国际收支平衡表(示例) （单位：亿美元）

项目	贷方	借方	差额
1. 经常账户	**615**	**590**	**25**
1.1 货物与服务	540	520	20
1.2 初次收入	60	50	10

（续）

项目	贷方	借方	差额
1.3　二次收入	15	20	-5
2. 资本账户	**3**	**6**	**-3**
2.1　非生产非金融资产的取得/处置	2	2	0
2.2　资本转移	1	4	-3
净贷出（+）/净借入（-）（来自经常账户和资本账户）			22
	金融资产的净获得	**金融负债的净产生**	**差额**
3. 金融账户	**66**	**47**	**19**
3.1　直接投资	8	11	-3
3.2　证券投资	18	14	4
3.3　金融衍生工具	3	0	3
3.4　其他投资	25	22	3
3.5　储备资产	12		12
净贷出（+）/净借入（-）（来自金融账户）			19
4. 误差与遗漏净额			-3

首先，经常账户出现了顺差。经常账户分为三个子账户，以“货物与服务”账户为例，出口额为540亿美元，进口额为520亿美元，该账户顺差20亿美元。这表示A国生产的货物与服务不仅满足了本国的需求，还提供给了其他国家。“初次收入”账户出现了顺差，表示A国部分生产要素流出了本国，其他国家在使用这些生产要素的时候，需要付给A国相应的工资、利息和租金（净额），其规模是10亿美元。“二次收入”账户出现了逆差5亿美元，相当于A国对外支付的经常转移要大于其获得的经常转移。就经常账户而言，该账户顺差25亿美元。

其次，资本账户出现了逆差。资本账户分为两个子账户，其中A国取得的非生产非金融资产和其处置的非生产非金融资产规模相同。就“资本转移”子账户而言，A国出现了3亿美元的逆差。对于A国的实体经济而言，涉及货物、服务、收入、实际资产（非金融资产）等项目，A国实现了22亿美元的顺差。相应地，A国就应该增加22亿美元的对外资产（或者对外负债下降22亿美元）。

再次，金融账户出现了19亿美元的金融净资产。将金融账户分为私人部门和官方部门，其中A国政府的官方储备增加了12亿美元。就私人部门而言，有四个子账户。以直接投资为例，金融资产的净获得为8亿美元，其含义是A国对外直接投资净增加了8亿美元（当年对外直接投资的增加额扣减撤回的直接投资额），A国获得的外国直接投资（相当于A国的资金来源）净增加了11亿美元，其含义是A国获得外国直接投资增加额减去其他国家从A国的撤资额之后，增加了11亿美元。因此，A国直接投资账户出现了3亿美元的逆差。其他子账户可以做类似的分析。在金融账户中，金融资产的净获得为66亿美元，金融负债的净产生为47亿美元，差额为19亿美元。其含义为官方部门和私人部门共增持国外金融资产66亿美元，私人部门增加对外金融负债47亿美元，A国增持国外金融资产（净贷出）的规模为19亿美元。

最后，误差与遗漏净额账户出现了3亿美元的逆差（资产减负债的净额）。这表示A国出现了无账可查的国外资产3亿美元，其含义是，A国实际资源出口了22亿美元，相应地本该增加金融资产 22 亿美元，但是有账可查的金融资产只是增加了 19 亿美元，因此无账可查的资本外逃有 3 亿美元。

综上所述，国际收支平衡表大体将某国对外的全部经济交易分为两大类：一类是和实际资源相关的经常账户和资本账户，另一类是和金融资源相关的金融账户。经常账户和资本账户的差额表明实体经济层面的净贷出/净借入，而金融账户反映净贷出或净借入的资金分配和筹措情况。金融账户又可以分为私人部门和政府部门两类，前者主要反映私人部门的金融交易，后者记录官方部门的金融交易。通常上述两类账户的差额无法实现一致，需要人为设置一个平衡账户，即误差与遗漏净额账户。该账户往往被视为反映了私人部门在实体经济层面和金融经济层面的未被统计到的国际交易。简而言之，国际收支平衡表的分类可以用表 1-36 来描述。

表 1-36 国际收支平衡表的子账户及其关系

<table>
<tr><th>经济层面</th><th>账户分类</th><th>子账户</th><th colspan="2">经济内容</th><th>经济部门</th></tr>
<tr><td rowspan="9">实体经济</td><td rowspan="7">经常账户</td><td rowspan="2">货物与服务</td><td colspan="2">货物(有形贸易)</td><td rowspan="13">主要反映私人部门交易(政府间的经常转移、投资收益下的储备资产收入、金融账户下的政府贷款等项目除外)</td></tr>
<tr><td colspan="2">服务(无形贸易)</td></tr>
<tr><td rowspan="3">初次收入</td><td colspan="2">雇员报酬</td></tr>
<tr><td colspan="2">投资收益</td></tr>
<tr><td colspan="2">其他初次收入</td></tr>
<tr><td rowspan="2">二次收入</td><td colspan="2">各级政府</td></tr>
<tr><td colspan="2">其他部门</td></tr>
<tr><td rowspan="7">资本与金融账户</td><td rowspan="2">资本账户</td><td colspan="2">资本转移</td></tr>
<tr><td colspan="2">非生产非金融资产的取得/处置</td></tr>
<tr><td rowspan="5">金融经济</td><td rowspan="5">金融账户</td><td rowspan="4">非储备性质的金融账户</td><td>直接投资</td></tr>
<tr><td>证券投资</td></tr>
<tr><td>金融衍生工具</td></tr>
<tr><td>其他投资</td></tr>
<tr><td colspan="2">储备资产</td><td>官方部门</td></tr>
<tr><td>金融经济
实体经济</td><td>误差与遗漏净额账户</td><td>误差与遗漏净额账户</td><td colspan="2">误差与遗漏净额</td><td>私人部门</td></tr>
</table>

❖专栏 1-6

自主性交易和调节性交易

经济学家还将国际交易分为自主性交易(Autonomous Transactions)和调节性交易(Accommodating Transactions)两种。所谓自主性交易是指一国私人部门自主地或自发地为获取商业利润等动机而进行的交易；调节性交易又称补偿性交易(Compensatory Transactions)，是指政府部门为调节或弥补自主性交易不平衡进行的交易。自主性交易的例子主要有基于利润目标的货物与服务的进出口、单方面转移、大部分的长期资本流动，以及以赚取高收益的短期资本流动，如投机性资本流动等。补偿性交易的例子主要有中央银行的黄金销售或者外汇卖出、外国政府给予的贷款或者经常转移。补偿性交易会使得一国的外汇储备发生变化。自主性交易所产生的外汇收支并不必然相抵，由此可能导致对外汇的超额需求或超额供给，引起汇率的变动。因此，经济学家又将自主性交易称为线上账户(Above-the-line Items)的交易。当线上账户的交易差额为零时就意味着国际收支实现了平衡，此时意味着外国储备的变化为零；当线上账户出现了盈余或赤字时就意味着国际收支出现了顺差或逆差。此时，一国货币当局或是必须允许汇率变动，使自主性交易收支自动趋向平衡；或是必须运用调节性交易，向国外借款或增减外汇储备来弥补自主性交易收支不平衡所造成的超额外汇供给或需求，以维持固定的汇率。此时又将调节性交易称为线下账户(Below-the-line Items)的交易。这就是说，在维持汇率固定的前提下，一国政府必须运用调节性交易(如动用官方储备或向外国政府、国际金融机构借款等)来弥补自主性交易的差额，因此国际收支失衡实际上指的是自主性交易不平衡。换而言之，如果政府采用完全的浮动汇率制度，理论上自主性交易的差额就可以为零，调节性交易的差额就不存在。自主性交易和调节性交易主要是从交易者的动机来进行区分。但是在实际生活中，很难从交易的类型和交易者身份去判别交易的动机。另外，同一笔交易从不同的角度分析，可以做不同的归类。例如，中央银行为弥补国际收支逆差，调高利率，结果大量外资涌入。就货币当局而言，这属于调节性交易，就投资者而言，这属于自主性交易。如果投资者属于本国居民，那么这笔交易既可以视为自主性交易，也可以视为调节性交易。

下面我们给出国家外汇管理局公布的以美元计价的2016年中国国际收支平衡表(见表1-37)。

表1-37 2016年中国国际收支平衡表 (单位：亿美元)

项目	行次	2016年	项目	行次	2016年
1. 经常账户	1	1 964	贷方	21	3
贷方	2	24 546	借方	22	-7
借方	3	-22 583	2.2 金融账户	23	267
1.A 货物与服务	4	2 499	资产	24	-2 174
贷方	5	21 979	负债	25	2 441
借方	6	-19 480	2.2.1 非储备性质的金融账户	26	-4 170
1.A.a 货物	7	4 941	2.2.1.1 直接投资	27	-466
贷方	8	19 895	资产	28	2 172
借方	9	-14 954	负债	29	1 706
1.A.b 服务	10	-2 442	2.2.1.2 证券投资	30	-622
贷方	11	2 084	资产	31	-1 034
借方	12	-4 526	负债	32	412
1.B 初次收入	13	-440	2.2.1.3 金融衍生工具	33	-47
贷方	14	2 258	资产	34	-69
借方	15	-2 698	负债	35	22
1.C 二次收入	16	-95	2.2.1.4 其他投资	36	-3 035
贷方	17	309	资产	37	-3 336
借方	18	-404	负债	38	301
2. 资本和金融账户	19	263	2.2.2 储备资产	39	4 437
2.1 资本账户	20	-3	3. 误差与遗漏净额	40	-2 227

注：1. 根据《国际收支和国际投资头寸手册》(第六版)编制，资本和金融账户中包含储备资产。
2. “贷方”和“负债方”按正值列示，“借方”和“资产方”按负值列示，差额等于“贷方”加上“借方”。本表除标注“贷方”和“借方”的项目外，其他项目均指差额。
3. 本表计数采用四舍五入原则。
4. 经常账户差额+资本与金融账户差额+误差与遗漏净额账户差额=0。

资料来源：国家外汇管理局。

1.5 国际收支平衡表编制举例

下面以中国为例来解释国际收支表的编制方法。

A 一家中国公司向美国出口纺织品，中国出口商在美国的银行存款增加 3 000 万美元。此后向外汇指定银行结汇，后者将其出售给中国中央银行。

借：资本与金融账户——金融账户——储备资产 30 000 000
贷：经常账户——货物与服务——货物出口 30 000 000

B 中国钢铁企业从巴西进口铁矿石 2 000 万美元，并用在海外银行的银行存款进行支付。中国在海外银行的银行存款下降，即中国在海外的资产减少。

借：经常账户——货物与服务——货物进口 20 000 000
贷：资本与金融账户——金融账户——其他投资——货币与存款(资产) 20 000 000

C 中国游客去澳大利亚旅游，支付 15 万美元食宿等费用。中国游客用在本国商业银行的外汇存款进行支付。中国从外国得到的服务记“借方”，中国的金融机构对外负债增加记“贷方”。

借：经常账户——货物与服务——服务——旅游 150 000
贷：资本与金融账户——金融账户——其他投资——货币与存款(负债) 150 000

D 一家中国公司购进一家法国公司 20% 的普通股，价值 150 万美元，用其在海外银行的美元存款支付。中国对外直接投资增加记“借方”，在海外金融资产的减少记“贷方”。

借：资本与金融账户——金融账户——直接投资——本国在外直接投资 1 500 000
贷：资本与金融账户——金融账户——其他投资——货币与存款(资产) 1 500 000

E 某跨国公司到中国进行直接投资，用其价值 120 万美元的设备入股。中国吸收外国直接投资记“贷方”，同时中国进口的设备(货物)增加记“借方”。

借：经常账户——货物与服务——货物进口 1 200 000
贷：资本与金融账户——金融账户——直接投资——外国来华投资 1 200 000

F 中国政府动用官方储备 40 万美元向印尼提供无偿援助，同时还提供相当于 60 万美元的食品药物援助。中国官方储备的减少记“贷方”，相当于 60 万美元的物品出口增加记“贷方”，中国政府对外国政府间的无偿援助记“借方”。

借：经常账户——经常转移——政府间转移 1 000 000
贷：资本与金融账户——金融账户——储备资产 400 000
经常账户——货物与服务——货物出口 600 000

G 中国某外商独资公司在中国投资获得利润 80 万美元，其中 60 万美元用于再投资，20 万美元用其在中国银行的美元存款汇回母国。该公司在中国的投资利润记录在初次收入账户下的投资收益子账户“借方”，利润的再投资部分记录在直接投资账户下的收益再投资子账户，利润汇出记录在其他投资子账户下。

借：经常账户——初次收入账户——投资收益——股本收入　800 000
　贷：资本与金融账户——金融账户——直接投资——收益再投资　600 000
　　　资本与金融账户——金融账户——其他投资——货币与存款(负债)　200 000

H　在上一年中国政府向 A 国政府提供一笔价值 100 万美元的长期贷款，同时向 B 国某企业提供价值 60 万美元的长期贷款。在本年度中国政府同意减免 A 国政府 50 万美元债务的请求。由于 B 国经济恶化，该国某企业宣布破产，中国政府决定注销这笔贷款。

在上一年，中国政府发放这两笔贷款的时候，会计分录如下：

借：资本与金融账户——金融账户——其他投资——贷款——政府贷款　1 600 000
　贷：资本与金融账户——金融账户——其他投资——货币与存款(负债)　1 600 000

本年度记录在中国国际收支平衡表中的业务只有减免 A 国政府的 50 万美元，注销 B 国某企业的 60 万美元不记录在中国国际收支平衡表中，而是记录在中国国际投资头寸表中。具体如下：

借：资本与金融账户——资本账户——资本转移——债务减免——政府部门　500 000
　贷：资本与金融账户——金融账户——其他投资——贷款——政府贷款　500 000

I　中国在 A 国购买一块土地以修建大使馆，土地的费用为 20 万美元，雇用 A 国的建筑公司修建馆舍的费用为 30 万美元，以上费用中国用在 A 国的银行存款进行支付。

借：经常账户——货物与服务——服务——建筑　300 000
　　资本与金融账户——资本账户——非生产非金融资产的取得/处置　200 000
　贷：资本与金融账户——金融账户——其他投资——货币与存款(资产)　500 000

J　中国某企业部分员工去 A 国参加 9 个月的短期培训，其间该企业部分员工在 A 国的日常开支是 50 万美元，用其在海外银行的存款支付；同时，A 国政府为该企业的培训员工提供了免费的食宿，价值 20 万美元。

借：经常账户——货物与服务——服务——旅行　700 000
　贷：经常账户——经常转移——政府间经常转移　200 000
　　　资本与金融账户——金融账户——其他投资——货币与存款(资产)　500 000

K　中国某住户收到海外家属汇款 10 万美元，海外家属用其在中国银行的外汇存款支付。

借：资本与金融账户——金融账户——其他投资——货币与存款(负债)　100 000
　贷：经常账户——二次收入——经常转移　100 000

请注意，上述业务中涉及金融账户变化的，这里仍然使用了“借方”或“贷方”，而没有使用“金融负债的净产生”和“金融资产的净获得”。实际上，金融账户的“贷方”对应了“金融负债的净产生”的增加和“金融资产的净获得”的减少，金融账户的“借方”对应了“金融资产的净获得”的增加和“金融负债的净产生”的减少。现将上述各笔交易的有关数据编制示例性的中国国际收支平衡表(见表 1-38)。

表 1-38 示例性的中国国际收支平衡表 （单位：万美元）

项目	贷方	借方	差额
货物与服务	3 060	2 235	825
货物	3 000(A)+60(F)	2 000(B)+120(E)	940
服务		15(C)+30(I)+70(J)	-115
初次收入		80(G)	-80
二次收入	20(J)+10(K)	100(F)	-70
经常账户合计	3 090	2 415	675
非生产非金融资产的取得/处置		20(I)	-20
资本转移		50(H)	-50
资本账户合计	0	70	-70
净贷出(+)/净借入(-)(来自经常账户和资本账户)			605
	金融资产的净获得	金融负债的净产生	差额
直接投资	150(D)	120(E)+60(G)	-30
证券投资			
金融衍生品			
其他投资	-2 000(B)-150(D)-50(H)-50(I)-50(J)	15(C)+20(G)-10(K)	-2 345
储备资产	3 000(A)-40(F)		2 960
金融账户合计	810	205	605
净贷出(+)/净借入(-)(来自金融账户)			
净错误和遗漏账户			

1.6 国际收支账户差额的分析

国际收支平衡表是对一国对外经济交易的系统记录，该表是按照复式记账法来记录的，“借方”（“资产方”）与“贷方”（“负债方”）的总额是平衡的，然而，为什么会有国际收支顺差(逆差)的说法呢？这是因为对于某个账户或某几个账户的加总而言，“借方”（“资产方”）与“贷方”（“负债方”）是不平衡的，其差额反映了一国经济运行的特征。

1.6.1 贸易账户差额（*NX*）和经常账户差额（*CAB*）

在开放经济下，一国国内生产总值(*GDP*)加上从国外获得净要素收入(即初次收入，*BPI*)等于一国生产要素获得的总收入；再加上二次收入(*BSI*)就等于一国的国民可支配总收入(*GNDY*)，国民可支配总收入可用于最终消费和储蓄，用公式可以表示为：

$$GNDY = GDP + BPI + BSI$$

$$GNDY = C + I + G + NX + BPI + BSI$$

$$GNDY = C + I + G + CAB$$

$$GNDY - C - G = I + CAB$$
$$S = I + CAB$$
$$CAB = S - I$$

前文曾经指出，贸易账户差额是指包括货物与服务在内的进出口差额，用 NX 来表示。如果当一国的吸收($A=C+I+G$)大于其产出($A>GDP$)时，该国所占用的资源就会多于其从国内生产所获得的资源。要实现这一点，该国必然从世界其他国家进口商品。换言之，如果一国的进口额大于其出口额，该国从国外获得了实际资源。

就国内既定量的总吸收来说，其可以分为对国内货物与服务的吸收(A_d)和对进口的吸收两部分(M)，即 $A=A_d+M$。与此同时，国内生产的全部货物与服务(GDP)要么在国内销售(A_d)，要么在国外销售(出口，X)，即 $GDP=A_d+X$。

一国贸易差额可以表示为 $NX=X-M$，用 $X=GDP-A_d$ 代入后，可得 $NX=GDP-A_d-M=GDP-A$。由于经常账户差额等于本国国民可支配收入与吸收的差额，所以有以下等式成立：

$$CAB = GNDY - A = GDP + BPI + BSI - A = NX + BPI + BSI$$

换言之，经常账户包括贸易账户、初次收入账户和二次收入账户，经常账户差额(CAB)就是由这三个账户的差额加总而成，分别用 NX、BPI 和 BSI 来表示。

将初次收入差额(BPI)简化为本国持有的国外净资产的利息支付($iNIIP_{-1}$)，那么经常账户差额可以表示为 $CAB=NX+iNIIP_{-1}+BSI$。在一般情况下，贸易差额构成了经常账户差额的主体，尤其是当净要素收入和净转移收入都很小时，经常账户差额几乎就等于贸易差额。如果向外支付的要素收入较大，就会出现经常账户逆差与贸易账户顺差并存的现象。

❖专栏 1-7

中美贸易差额、全球价值链与转口贸易

近二十年来，世界贸易的模式发生了显著的变化。过去，各国之间主要是产成品的贸易往来。伴随着跨国公司在国际生产和国际贸易中的地位日益突出，各国贸易模式发生了深刻的改变，目前中间品贸易占比日渐升高。以苹果手机 iPhone 6 生产为例，美国苹果公司主导苹果手机的设计，但是许多的零部件生产在世界各国完成，中国从这些国家进口苹果手机的零部件，在中国完成组装，将成品出口到美国。从增加值(或者说价值链)的角度看，中国企业实现的增加额仅占苹果手机价值的 2%左右。然而，根据现行的贸易统计规则，中国出口到美国的苹果手机的全部价值均记录在中国对美的出口额当中。如果以贸易增加值方法核算中美贸易额，中国对美贸易顺差将大幅下降。国际社会已经提出以“贸易增加值核算”方法分析各国参与国际分工的实际地位和收益。根据中国政府 2018 年《关于中美经贸摩擦的事实与中方立场》白皮书的测算，2016 年，据中国海关按照传统贸易总值的统计，中国对美顺差额为 2 507 亿美元；但若根据世界投入产出数据库，从贸易增加值角度核算，中国对美贸易顺差为 1 394 亿美元，较总值方法减少 44.4%。

此外，中美贸易差额还受转口贸易影响。目前，中美货物贸易数据均依据国际海关组织编制的分类标准——《商品名称及编码协调制度》，采用联合国统计司制定的《国际商品贸易统计：概念和定义(2010)》所规定的“总贸易制”统计，并按各自国情适当加以调整。中方货物贸易数据由中国海关总署统计并发布，美方货物贸易数据由美国商务部依照海关数据编制并发布。中美双方统计的货物贸易差额数据之间的差异主要来源于中方统计的对美国的货物出口数

据和美方统计的从中国的货物进口数据之间的差异，这一差异占到了双边货物贸易差额统计数据差异的76%。导致这一差异有多种因素，如计价方式、转口贸易、贸易加成、旅行项目中包含货物等。

从计价方式看，中国货物出口统计采用的是离岸价，美国货物进口统计采用的是船边交货价和到岸价两种价格，这会扩大美国货物进口与中国货物出口间的统计差异。从转口贸易和贸易加价看，中美货物进出口统计均包含了原产国(地区)和最终目的国(地区)信息，均将原产地作为进口统计的依据，把出口所指的目的地作为出口统计的依据。但在统计实践中，如果发生转口贸易，当中间商再次将货物出口到美国时，美国根据原产地规则将其统计为从中国境内的进口。转口贸易中会发生两种加价行为，这部分增加值或抬价没有被中国统计为对美国的货物出口，但被美国统计为从中国的货物进口，这是导致中美货物贸易统计差异的另一个重要因素。据中美商务部联合发布的《中美货物贸易统计差异研究》，这两个因素是中美货物贸易统计差异的主因。转口贸易中发生的上述两种加价行为，抬高了美国从中国进口货物的价值，扩大了统计差异，但这些增加的价值为中国境外的企业获得。

资料来源：许宪春，余航．理解中美贸易不平衡：统计视角[J]．经济学动态，2018(7)．

经常账户差额可以从几个方面来理解。第一，经常账户差额是国内储蓄与国内投资的差额($CAB=S-I$)，如果本国经常账户当年顺差，则表示该国当年让渡了本国的实际资源，说明此时该国就处于贷款人(Lender)的地位；反之，如果本国经常账户当年出现逆差，则表示该国当年占用了他国的实际资源，说明此时该国处于借款人(Borrower)的地位。第二，经常账户差额是国民可支配收入与国内吸收的差额($CAB=GNDY-A$)。第三，在不考虑净要素收入和净转移支付的情况下，经常账户差额是货物与服务进出口额之差($CAB=X-M$)。以上三个方面都是基于流量的角度来分析的。第四，经常账户差额是净国外资产的变化额($CAB=NIIP-NIIP_{-1}$)。这是从存量的角度来讨论的(在第2章还将进一步讨论)。第五，经常账户差额还可以从双方对比的角度来分析，2018年中美贸易争端中双方就有关差额存在不同的统计结果以及相关的看法。例如，根据中方统计，2017年中国对美国货物出口为4 298亿美元，货物进口为1 539亿美元，货物贸易顺差为2 759亿美元。根据美方统计，美国对中国的货物出口为1 304亿美元，货物进口为5 056亿美元，货物贸易逆差为3 752亿美元。美国统计的货物贸易逆差比中国统计的货物贸易顺差多出近1 000亿美元。为何会产生这种差异？读者可以进一步分析。

表1-39和表1-40给出了中美两国2000年以来经常账户差额及其占GDP的比重。可以发现，美国经常账户差额基本上是逆差，且占比最高的年份为2006年；中国2000年以来基本为顺差，占比最高的年份为2007年，占比接近10%。

表1-39 2000～2017 美国的经常账户差额及其占GDP的比重

年份	经常账户差额(10亿美元)	GDP(10亿美元)	经常账户差额占GDP的比重(%)	年份	经常账户差额(10亿美元)	GDP(10亿美元)	经常账户差额占GDP的比重(%)
2000	−403.45	10 252.3	−3.94	2006	−805.96	13 814.6	−5.83
2001	−389.69	10 581.8	−3.68	2007	−711.04	14 451.9	−4.92
2002	−450.80	10 936.4	−4.12	2008	−681.39	14 712.8	−4.63
2003	−518.74	11 458.2	−4.53	2009	−372.52	14 448.9	−2.58
2004	−631.59	12 213.7	−5.17	2010	−431.27	14 992.1	−2.88
2005	−745.23	13 036.6	−5.72	2011	−445.66	15 542.6	−2.87

（续）

年份	经常账户差额（10 亿美元）	GDP（10 亿美元）	经常账户差额占 GDP 的比重（%）	年份	经常账户差额（10 亿美元）	GDP（10 亿美元）	经常账户差额占 GDP 的比重（%）
2012	−426.83	16 197.0	−2.64	2015	−407.76	18 219.3	−2.24
2013	−348.80	16 784.9	−2.08	2016	−432.87	18 707.2	−2.31
2014	−365.20	17 521.7	−2.08	2017	−449.14	19 485.4	−2.31

资料来源：美国经济分析局。

表 1-40　2000～2017 中国的经常账户差额及其占 GDP 的比重

年份	经常账户差额（10 亿美元）	GDP（10 亿美元）	经常账户差额占 GDP 的比重（%）	年份	经常账户差额（10 亿美元）	GDP（10 亿美元）	经常账户差额占 GDP 的比重（%）
2000	20.43	1 211.3	1.69	2009	243.26	5 110.0	4.76
2001	17.41	1 339.4	1.30	2010	237.81	6 100.6	3.90
2002	35.42	1 470.6	2.41	2011	136.10	7 572.6	1.80
2003	43.05	1 660.3	2.59	2012	215.39	8 560.5	2.52
2004	68.94	1 955.3	3.53	2013	148.20	9 607.2	1.54
2005	132.38	2 286.0	5.79	2014	236.05	10 482.4	2.25
2006	231.84	2 752.1	8.42	2015	304.16	11 064.7	2.75
2007	353.18	3 552.2	9.94	2016	202.20	11 191.0	1.81
2008	420.57	4 598.2	9.15	2017	164.89	12 237.7	1.35

资料来源：经常账户差额数据来源于国家外汇管理局网站；GDP 数据来源于世界银行网站。

在经济政策的分析中，国际收支平衡的主要评判标准是经常账户差额占 GDP 的比重。根据国际收支危机爆发的历史经验，国际社会一般认为经常账户逆差是否超过 GDP 的 4%～5% 是非常关键的早期预警指标。如果此时金融账户发生资本流动方向的逆转或突然停滞，则发生本币贬值、债务危机的概率大大增加，进而有可能引发全面的金融经济危机。如 1994 年的墨西哥龙舌兰危机、1997 年在泰国首先爆发的东南亚金融危机和 2001 年的阿根廷货币局制度危机。2007 年 6 月 IMF 通过《对成员国汇率政策双边监督的决定》，要求成员国避免引发外部不稳定，包括过高的经常账户顺差。欧盟 2011 年 12 月出台了旨在提高经济财政一体化程度的“六项规则”，其中一项预警指标是经常账户逆差占 GDP 的比重不超过 4%，顺差占比不超过 6%。国际收支平衡的另一个评价标准是经常账户差额、不含储备资产的资本和金融账户差额之和构成的总差额，在不考虑误差与遗漏净额账户的情况下，该差额就是储备资产账户变化的相反数[根据《国际收支手册》(第五版)]。

1.6.2　资本与金融账户差额

用 *KAB* 来表示资本账户差额，用 *NFA* 表示金融账户差额，那么有以下公式成立：

$$CAB + KAB = NFA$$

其经济含义是如果不考虑误差与遗漏净额账户差额，那么经常账户差额与资本账户差额之和(来自实体经济层面的“净贷出或净借入”)等于金融账户差额(来自金融经济层面的“净贷出或净借入”)。经常账户和资本账户差额的合计表示实体经济净贷出(+)/净借入(−)(*NLB*)。如果两个账户合计差额为正数，表示净贷出(+)；如果为负数，表示净借入(−)。同样，如果金融账户差额为正数，表示本国对外金融资产增加，为净贷出；如果金融账户差额为负数，表示本国对外金融负债增加，为净借入。

如果进一步考虑误差与遗漏净额账户差额(*NEO*)，还可以得到以下公式：

$$NFA = CAB + KAB + NEO$$

其经济含义是经常账户差额、资本账户差额和误差与遗漏净额账户差额之和等于金融账户差额。

从实体经济与金融经济的层面出发，经常账户和资本账户的差额反映了本国实体经济的净贷出/净借入状况，体现为在一定时期内本国向国外提供的资源净额或者是来自国外的资源净额，用公式表示就是 $NLB=CAB+KAB$。例如，若本国经常账户和资本账户的顺差为 500 亿美元(净贷出)，表示本国的实物资源净输出 500 亿美元。从金融账户来看，这一差额反映了本国从世界其他地方获得资金还是向世界其他地方提供资金。根据前面的例子，本国金融账户的差额为 500 亿美元(净贷出)，体现为本国对外的金融资产增加了 500 亿美元。

例如，本国货物的进口可以通过非居民出口商向本国提供融资，进口的增长与资金的流入相匹配。此时，相对于本国的(实物)资产增加，本国的(金融)负债增加。当非居民出口商提供的融资到期时，本国的进口商要么减少国外资产(如进口商用国外存款还款，相当于归还了融资)，或者本国的进口商对非居民出口商的负债转换成本国商业银行对非居民出口商的负债(此时本国进口商用本国商业银行的存款归还非居民出口商的融资，但是整个国家对外负债仍然没有减少)。从整个过程来看，进口增加表示本国的(实物)资产增加，最终要么本国的(金融)资产减少，要么本国的(金融)负债增加。如果经常账户和资本账户的差额合计为顺差，这体现为金融层面本国对外净债权的增加。对本国来说，相当于实物资产的下降，金融资产的增加(金融负债的下降)。金融资产的增加既可以表现为货币当局持有储备资产的增加，又可以表现为本国私人部门对非居民的国外资产增加，或者是两者的综合。如果是金融负债的下降，主要表现为私人部门金融负债的下降。如果经常账户和资本账户的差额合计为逆差，则表明本国从世界其他地方净获得了实际资源，本国必须通过变现国外资产或者增加向非居民负债进行支付。这相当于本国实物资产的增加，金融资产的下降(金融负债的增加)。

如果要单独反映国际储备(*RT*)的影响因素，且不考虑误差与遗漏净额账户的差额，用 *NKF* 表示不包含储备资产在内的资本与金融账户的差额，则可以得到以下公式：

$$CAB = RT + NKF$$

其经济含义是国际储备的变化来源于两个影响因素：经常账户差额、不包含储备资产在内的资本与金融账户的差额。所谓中国国际收支出现了“双顺差”，即经常账户顺差和不包含储备资产在内的资本与金融账户顺差，后者在国内也通常被简称为资本账户顺差，这可以理解为中国私人部门在实体经济层面和金融经济层面的国际经济交易均出现了顺差，其结果是我国国际储备大幅度增加。

如果要考虑误差与遗漏净额账户的差额对国际储备的影响，可以得到以下公式：

$$CAB = NKF + NEO + RT$$

其经济含义是国际储备的变化来源于三个影响因素：经常账户差额、不包含储备资产在内的资本与金融账户的差额、误差与遗漏净额账户差额。请注意，各位读者在阅读中国国际收支平衡表的过程中，如果 *RT* 前面为负号，并非表示国际储备的减少，而是表示国际储备增加。这是因为中国的国际收支平衡表是按照《国际收支手册》(第五版)的平衡关系来编制的。

前述各种关系总结见图 1-3。

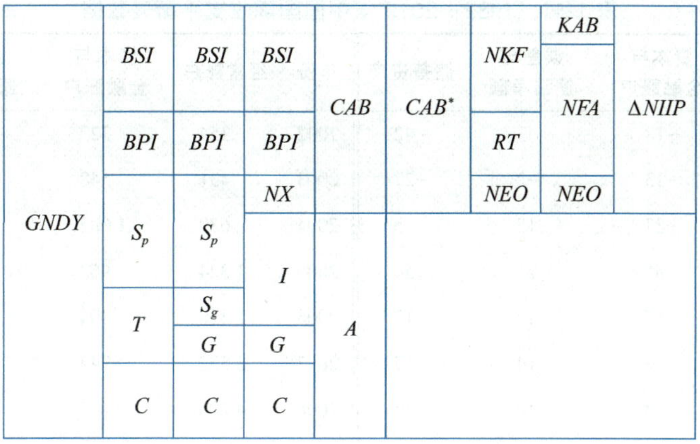

图 1-3　储蓄、投资和经常账户、资本与金融账户的关系

注：$S_g+S_p=S=NX+I$；$\Delta NIIP$ 为净国际投资头寸增加额；CAB^* 为外国经常账户差额，且是本国 CAB 的相反数。

1.6.3　国际收支差额与货币供给之间的关系

一国国际收支差额的变化必然影响本国的货币供给，那么国际收支的差额与货币供给数据之间的关系如何呢？

$$\Delta M = \Delta DC + \Delta NFA + \Delta OTR$$

本国存款性公司（主要是银行业金融机构，如中央银行、商业银行和储蓄银行等）资产负债表负债方的变化主要就是本国货币供应量的变化额，货币供应量的变化是哪些因素引起的呢？根据资产等于负债加上所有者权益的基本原理，影响货币供应量的主要因素包括三方面（从资产方来考虑）。

（1）本国国内信贷的变化额（ΔDC）。这主要包括存款性公司对国内私人部门（企业和个人）提供的各种融资，既包括各种形式的贷款，又包括各种形式的债券。

（2）本国存款性公司持有的国外净资产（ΔNFA）。这主要是指存款性公司对外债权与对外负债的差额。由于存款性公司不仅包括中央银行，还包括商业银行，如果忽略商业银行持有的净对外债权，那么本国中央银行持有的外汇储备变化额是该账户主要影响因素。

（3）其他影响因素（ΔOTR）。这主要包括存款性公司对其他金融机构（如保险公司、证券公司和投资基金等）提供的融资服务。

如表 1-41 所示，1982～2019 年，我国经常账户累计顺差 35 199 亿美元，资本与金融账户（不含储备资产账户）累计顺差 11 720 亿美元，误差与遗漏净额账户累计逆差 14 208 亿美元，储备资产账户累计增加 32 711 亿美元。请注意，这里的储备资产账户差额是不包括在资本与金融账户之中的，因此上述四项之和为零。在这三十多年中，中国基本上保持国际收支的“双顺差”——经常账户顺差和资本与金融账户顺差（个别年份除外），其结果是储备资产的增加，但是其增加规模低于双顺差之和，其间的差额大体体现为资本外逃，不过要强调的是这里是指累计差额，并不是说在这期间中国就不存在热钱内流，而很可能是热钱流入的规模要小于资本外逃的规模，因此整体上呈现出资本外逃的现象。

表 1-41 1982～2019 年中国国际收支平衡表数据 （单位：亿美元）

年份	经常账户	资本与金融账户	误差与遗漏净额	储备资产	年份	经常账户	资本与金融账户	误差与遗漏净额	储备资产
1982	57	−18	3	−42	2002	354	323	78	−755
1983	42	−13	−2	−27	2003	431	548	82	−1 061
1984	20	−37	12	5	2004	689	1 082	130	−1 901
1985	−114	85	−25	54	2005	1 324	953	229	−2 506
1986	−70	65	−12	17	2006	2 318	494	36	−2 848
1987	3	28	−14	−17	2007	3 532	942	133	−4 607
1988	−38	53	−10	−5	2008	4 206	401	188	−4 795
1989	−43	64	1	−22	2009	2 433	1984	−414	−4 003
1990	120	−28	−31	−61	2010	2 378	2 868	−529	−4 717
1991	133	46	−68	−111	2011	1 361	2 655	−138	−3 878
1992	64	−2	−83	21	2012	2 154	−317	−871	−966
1993	−119	235	−98	−18	2013	1 482	3 461	−629	−4 314
1994	77	326	−98	−305	2014	2 360	−513	−669	−1 178
1995	16	387	−178	−225	2015	3 042	−4 341	−2 130	3 429
1996	72	400	−155	−317	2016	2 022	−4 164	−2 295	4 437
1997	370	210	−223	−357	2017	1 951	1 094	−2 130	−915
1998	315	−64	−187	−64	2018	255	1 721	−1 787	−189
1999	211	52	−178	−85	2019	1 413	375	−1 981	193
2000	204	20	−119	−105	合计	35 199	11 720	−14 208	−32 711
2001	174	348	−49	−473					

注：1. 本表中的资本与金融账户差额是指不包括储备资产账户在内的差额。因此，任何一个年度的以上四个差额相加为零。上述勾稽关系仍然遵循《国际收支手册》(第五版)的规则。

2. 从 2010 年三季度开始，按照国际标准，将外商投资企业归属外方的未分配利润和已分配未汇出利润同时记入国际收支平衡表中经常账户投资收益子账户的“借方”和金融账户直接投资的“贷方”。2010 年各季度以及 2005～2009 年度数据也按此方法进行了追溯调整。

资料来源：国家外汇管理局网站。

中国改革开放已经三十多年，经常账户从 1994 年开始一直处于顺差状态，中国是否利用了外国资源？读者请自行分析。

❖专栏 1-8

全球经济失衡

2005 年 2 月 23 日，IMF 总裁罗德里戈·拉托在题为“纠正全球经济失衡——避免相互指责”的演讲中正式使用了全球经济失衡(Global Imbalance)一词。拉托在演讲中指出，全球经济失衡就是这样一种现象，一国拥有大量的贸易赤字，而与该国贸易赤字相对应的贸易盈余则集中在其他一些国家。他明确表示，当前全球经济失衡的主要表现是，美国经常账户赤字庞大、债务增长迅速，而日本、中国和亚洲其他主要新兴经济国家对美国拥有大量贸易盈余。

从全球各国来看，全球经济失衡的直接表现就是各国国际收支账户的不平衡。从各国经济内部来看，则在于各国国内储蓄与投资的不平衡。中国学者李扬认为，全球经济失衡问题虽然在近年来引起世人关注，但是作为经济全球化的伴生现象，自布雷顿森林体系建立之后就已经存在。美国作为唯一的超级大国，始终处于失衡的逆差一方；在失衡的顺差一方，先后有德国和日本，亚洲“四小龙”和“四小虎”，然后是中国和石油输出国渐次加入该行列。如此全球经济失衡是2008年金融危机的根源，但是最重要的根源在美国。在经济全球化的世界，如果说全球经济失衡，那么各国国内经济也一定是失衡的。要克服危机，使经济回归正常轨道，各国都需要致力于调整国内经济的发展方式和经济结构。由于发达国家在全球经济中占主导地位，它们必须承担最重要的主导责任。中国政府自20世纪末已经开始提出转变经济发展方式、调整国内经济结构、实施科学发展的战略目标，力求减少经济增长对外部需求和国内投资的过度依赖。这是实现全球经济“再平衡”的切实步骤。2008年全球金融危机爆发以来，中国政府不断减少经常账户差额。2014年我国经常账户收支实现顺差2 197亿美元，与GDP之比为2.1%，与2007年的高峰值10.1%相比，已经明显下降。

资料来源：李扬，张晓晶．失衡与再平衡——塑造全球治理新框架[M]．北京：中国社会科学出版社，2014.

1.7 本章小结

从国内经济核算的角度来看，一国经济的核算包括国内生产总值表、投入产出表、国际收支平衡表与国际投资头寸表、资金流量表和资产负债表的核算。本章涉及国内生产总值表和国际收支平衡表的核算，下一章涉及国际投资头寸表的核算。

国内生产总值(GDP)是一个国家或地区在一定时期内所生产的全部最终货物与服务的价值总和。一国的产出(Output)分为中间产品和最终产品两个部分。GDP统计的是最终产品，因此GDP是个与生产相关的概念。国民总收入(GNI)则是个收入概念，它从收入分配的角度衡量一个国家或地区的经济总量。在开放经济下，GDP与GNI的差异体现为生产要素的净收入。国民可支配总收入(GNDY)与GNI的差异体现为净经常转移。国民可支配总收入扣减固定资本消耗就是国民可支配净收入(NNDY)。国际金融学分析的对象为国民可支配收入。

居民是个经济学概念，经济领土(空间)和经济利益中心(时间)是理解这一概念的基础。每个经济单位都只能是一个国家的居民，或者说是一个经济领土上的居民。居民分为住户居民和机构居民两种类型。本国赴国外求学的留学生及其陪读人员和本国赴海外求医、朝圣、探亲的人员，不管在海外的时间多长，都属于本国居民。外国驻本国使领馆的外交人员及其家属，不管在本国的时间多长，都不属于本国居民。

国际收支平衡表记录的交易主要包括交换与转移两类，具体包括：货物与服务与金融资产的交换、货物与服务之间的交换、金融资产之间的交换、货物与服务的单方面转移、金融资产的单方面转移。所有的交易既可以采用现金形式，又可以采用实物形式。其中，交换属于交易双方彼此互惠的性质，转移属于单方面付出的无偿性质。转移可以分为经常转移和资本转移，前者在经常账户中核算，后者在资本账户中核算。资本转移影响交易双方的资产(存量)，经常转移影响交易双方的当期可支配收入和消费水平(流量)。除此之外，国际收支平衡表还反映金融资产和负债的其他变化，具体包括包括因撤销和注销(Cancellation and Write-offs)、重新分类(Reclassifications)以及由于实体改变其居民地位导致金融资产变化等因素引起的变化。

国际收支平衡表是采用复式记账法和权责发生制来记录一国对外经济与金融交易的汇总表。经常账户和资本账户，分别设置“借方”和“贷方”，反映和记录该国实体经济层面的国际交易(反映生产资产、非生产非金融资产的变化)，金融账户分别设置“金融资产的净获得”(简称“资产方”)和“金融负债的净产生”(简称“负债方”)，反映该国金融经济层面的国际交易(反映金融资产与负债的变化)。在《国际收支手册》(第五版)当中，会计分录的“贷方”发生额记“正号”，会计分录的“借方”发生额记“负号”，正负号更多地具有人为规定的因素，差额由“贷方”与“借方”合计得到。在《国际收支和国际投资头寸手册》(第六版)中，不再沿用这一方法，会计分录的发生额不论是正号还是负号，都有相应的经济含义。

经常账户包括货物与服务、初次收入和二次收入三个子账户，其差额是核算一国在一定时期内是否有净储蓄(储蓄减投资)的重要指标。若该差额大于零，表示在一定时期内国内储蓄大于国内投资，也表示本国对世界其他国家提供了实际资源，同时意味着实物资本的外流，并形成本国的对外金融资产。金融账户记录一国的国外资产和负债及所有权变化的全部交易，包括直接投资、证券投资、金融衍生工具及雇员认股权、其他投资、储备资产五个子账户。统计资料来源、记录时点不一致，居民身份认定不同，或者由于统计范围不全，或者由于人为因素(如走私)，都会造成国际收支统计过程中“借方”和“贷方”总额的不平衡，为了保证国际收支的平衡，人为设置了一个平衡账户——误差与遗漏净额账户。

经济资产是所有者可以行使所有权，并可在未来从中获得经济收益的资源。经济资产分为非金融资产和金融资产两大类。非金融资产又分为生产资产和非生产资产两大类。生产资产的交易记录在经常账户内，金融资产的交易记录在金融账户内，非生产非金融资产的交易记录在资本账户内。债务减免是政府债权人全部或部分减免另一国债务人的债务，减免额则被视为债权人向债务人的资本转移。债权人单方面注销坏账是债权人出于被迫或者债务人无力偿还而采取的单方面行为，是资本损失。前者不仅反映在国际收支平衡表中，而且反映在国际投资头寸表中；后者仅仅反映在国际投资头寸表中。储备资产包括货币黄金、特别提款权、在基金组织的储备头寸、外汇资产(包括货币、存款和有价证券)和其他债权。

如果经常账户和资本账户差额为“净贷出”(“贷方”减去“借方”的差额为正)，其经济含义是本国实体经济层面对外输出了实物资本，相应地获得了对外金融资产(金融账户的“资产方”减去“负债方”的差额为正，即“净贷出”，经济含义是本国持有对外金融资产增加，或对外金融负债下降)。如果经常账户和资本账户差额为“净借入”(“贷方”减去“借方”的差额为负)，其经济含义是本国实体经济层面从国外输入了实物资本，相应地增加了对外金融负债(金融账户的“资产方”减去“负债方”的差额为负，即“净借入”，经济含义是本国对外负债增加，或本国持有对外金融资产下降)。在不考虑“误差与遗漏净额”账户差额的前提下，从经常账户和资本账户差额中获得的“净贷出”或者“净借入”等于金融账户差额中获得的“净贷出”或者“净借入”。

第2章
CHAPTER2

国际投资头寸

一国在一定时期内的国际经济交易必然引起本国对外金融资产与金融负债的变化，与此同时，汇率的变化以及国内外资产价格(如股票价格、债券价格等)的变化也会使得本国对外金融资产与金融负债的价值发生变化，如何反映上述因素的影响呢？国际投资头寸表就是对某一时点该国的对外金融资产与负债存量的记录。净国际投资头寸就是一国的对外金融资产减去金融负债的差额。截至2018年年末，世界上净国际投资头寸为正的前三大国家分别为日本(30 813亿美元)、德国(23 649亿美元)和中国(21 301亿美元)。世界上净国际投资头寸为负的前三大国家分别是美国(−95 547亿美元)、西班牙(−10 661亿美元)和澳大利亚(−7 044亿美元)。虽然美国现在是全球净国际投资头寸负的规模最大的国家，却出现了一种非常奇怪的现象。美国加州大学伯克利分校经济学教授皮埃尔·奥利弗·古林查斯(Pierre-Olivier Gourinchas)在2015年接受IMF杂志《金融与发展》的采访时说道："美国几乎所有的外债都是以美元计价的，而大约70%的美国境外资产是以其他货币计价的。因此，美元汇率贬值10%，将使其境外资产增值，其规模大约为美国GDP的5.9%，这一部分增值额从世界其他国家转入美国。相比较而言，2004年美国货物与服务贸易赤字仅占美国GDP的5.3%。因此，其资本收益非常大。"为什么美国可以从汇率贬值中获益？本章将分析这些问题。

2.1 净国际投资头寸

所谓国际投资头寸(International Investment Position，IIP)，就是一国的对外金融资产与金融负债的存量。国际投资头寸表是显示某一时点上一国对外金融资产与金融负债价值的报表，包括一国居民对非居民的股权、债权及货币黄金等金融资产，以及一国居民对于非居民的金融负债。对外金融资产与对外金融负债的差额就是净国际投资头寸(Net International Investment

Position，NIIP)，若差额为正，该国或地区为净金融资产经济体(Net Creditor ㊀)(例见表 2-1)；若差额为负，该国或地区为净金融负债经济体(Net Debtor)(例见表 2-2)。在某一时间段内，若某一经济主体入不敷出，该经济主体要么动用其历年积蓄，要么向他人借款，这将影响其金融资产或负债的状况。对于一个国家来说也是如此。当一国国内吸收超过国民收入，必然形成经常账户的逆差，这就会导致该国对外金融资产减少，或者是对外金融负债增加。换言之，一国国民收入与支出差额(流量)的变化必然会导致对外资产负债(存量)的变化。

表 2-1 截至 2017 年年末的前十大净金融资产经济体 (单位：10 亿美元)

国家或地区	2012	2013	2014	2015	2016	2017
日本	3 458. 1	3 093. 3	3 012. 4	2 815. 0	2 879. 2	2 909. 1
德国	1 038. 7	1 344. 2	1 449. 3	1 591. 9	1 796. 6	2 310. 8
中国内地	1 866. 4	1 996. 0	1 602. 7	1 672. 8	1 950. 4	1 814. 1
中国香港	721. 5	758. 0	870. 2	1 003. 1	1 153. 8	1 394. 1
挪威	494. 6	641. 3	711. 0	698. 5	734. 2	885. 1
瑞士	837. 8	728. 9	668. 3	613. 8	770. 5	869. 1
新加坡	590. 6	605. 6	584. 9	622. 5	666. 7	804. 3
沙特阿拉伯	684. 8	763. 2	791. 6	689. 8	597. 3	557. 9
荷兰	262. 9	279. 3	391. 7	376. 4	468. 2	527. 4
加拿大	−328. 4	−12. 6	4. 5	268. 3	155. 5	344. 9

资料来源：IMF。

此外，国际投资头寸还是国家资产负债表的子集。净国际投资头寸加非金融资产的价值等于某一经济体的净值，也是国家资产负债表的平衡项目。

表 2-2 截至 2017 年年末前十大净金融负债经济体 (单位：10 亿美元)

国家或地区	2012	2013	2014	2015	2016	2017
美国	−4 518. 0	−5 368. 6	−6 945. 4	−7 461. 6	−8 181. 6	−7 725. 0
西班牙	−1 233. 6	−1 334. 5	−1 232. 7	−1 054. 7	−983. 3	−1 129. 1
澳大利亚	−864. 2	−752. 2	−721. 4	−703. 6	−706. 7	−771. 1
巴西	−794. 8	−723. 9	−705. 9	−374. 7	−583. 1	−668. 3
墨西哥	−563. 2	−617. 4	−602. 4	−601. 0	−530. 9	−553. 8
法国	−353. 3	−483. 4	−407. 6	−309. 4	−350. 2	−553. 5
爱尔兰	−318. 5	−327. 4	−380. 4	−556. 9	−519. 3	−526. 9
土耳其	−426. 5	−398. 2	−447. 0	−387. 7	−369. 4	−459. 4
印度	−301. 2	−323. 2	−361. 5	−368. 4	−367. 5	−427. 8
波兰	−343. 3	−377. 1	−338. 8	−286. 5	−270. 1	−347. 3

资料来源：IMF。

㊀ 有的教材将“Net Creditor”译为“净债权国”，将“Net Debtor”译为“净债务国”。这一译法在中文语境中不甚准确，容易引起混淆。

2.1.1　国际投资头寸表及其项目设置

国际收支平衡表类似于企业的财务状况变动表，反映一国国际经济交易的流量情况；而国际投资头寸类似于企业的资产负债表，反映特定时点上一国对世界其他国家或地区金融资产和负债的存量状况(见表 2-3)。这两张报表构成一国完整的国际账户体系。

表 2-3　国际投资头寸表

项目	年初头寸	交易	价格变化	汇率变化	其他调整	年末头寸
净头寸						
A. 资产						
直接投资						
证券投资						
金融衍生工具和雇员认股权						
其他投资						
储备资产						
B. 负债						
直接投资						
证券投资						
金融衍生工具和雇员认股权						
其他投资						

资料来源：IMF，《国际收支和国际投资头寸手册》(第六版)。

根据 IMF 的统计标准，国际投资头寸表主栏的项目按资产和负债设置。资产细分为本国对外直接投资、证券投资、金融衍生工具和雇员认股权、其他投资、储备资产五部分；负债细分为来自海外的直接投资、证券投资、金融衍生工具和雇员认股权、其他投资四部分。这些项目设置与国际收支平衡表的金融账户一致，净头寸是指对外金融资产减去对外金融负债的差额。国际投资头寸表的宾栏反映是何种因素导致国际投资头寸的变化，这些因素包括两类，一类是由交易因素导致的，一类是由非交易因素导致的，具体包括价格变化、汇率变化、其他调整等。

专栏 2-1

存量和流量之间的关系

在宏观经济学中，流量是指在某一时间跨度内具有经济含义的指标，如红旗牌汽车的年生产量、季度或年度的国内生产总值、年投资额等都属于流量。存量是指在某一时点具有经济含义的指标，如在 2015 年年末中国固定资产的规模。部分存量和流量指标存在很强的经济关联。

(1) 投资(流量)与资本存量。投资是在某一季度(年度)内的资本形成总额，具有流量性质。资本是在某一时点构成该国经济生产能力的建筑、厂房和机械设备等。投资的功能是维持或者提高一国资本存量。因此，两者之间的关系可以表述为 $K_t = K_{t-1} + I_t$。其经济含义就是上期期末的资本存量加上本期的投资额等于本期期末的资本存量。由于资本存在折旧(Depreciation)

的问题，以 DN_t 来表示，所以 I_t 称为总投资，I_t-DN_t 为净投资。上述公式可以改写为 $K_t=K_{t-1}+I_t-DN_t$。

（2）赤字（流量）与政府债务余额。在某一年度当中，如果政府收入大于支出，就有财政盈余（Fiscal Surplus）；反之，就有财政赤字（Fiscal Deficit）。当出现财政赤字，政府就需要通过发行债券来解决其资金缺口，那么其债务余额必然增加。我们以 DEF_t 表示本期财政赤字，用 D_t^g 表示本期政府债务余额，其关系可以表示为 $D_t^g=D_{t-1}^g+DEF_t$。

通常，一国的国际交易记录在国际收支平衡表中，这些交易导致的对外资产和负债的变化同样会在国际投资头寸表中反映。除此之外，非交易因素引起的变化也需要在国际投资头寸表中反映。例如，本国持有的国外股票价格上涨导致对外资产价值的变化，本币汇率升贬值变化导致的对外资产和负债价值的变化，都需要记录在国际投资头寸表中。另外，某些单方面的行为也需要在国际投资头寸表中反映。例如，若他国债务人陷入债务困境或者破产，则本国债权人就要进行坏账注销（Debt Write-offs）处理。本国中央银行向国内居民购买黄金，使得原来的非货币黄金转变为货币黄金，这个过程称为黄金的货币化。类似这些因素同样需要记录在国际投资头寸表中。某一时点国际投资头寸的计算公式是：

年末头寸 = 年初头寸 + 交易 + 价格变化 + 汇率变化 + 其他调整

如果暂时不考虑非交易因素，那么影响一国净头寸的规模就是交易因素，即某一时间跨度内经常账户差额的变化必然会带来净国际投资头寸的变化，简单地用公式表示就是：

$$CAB = NIIP - NIIP_{-1} = \Delta NIIP$$

其经济含义是如果当年本国经常账户顺差，当年末净国际投资头寸与上年末净国际投资头寸的差额就是经常账户顺差额。从更长的时间跨度来看，如果一国长期保持经常账户的顺差，必然会增加净国际投资头寸的规模；反之，持续的经常账户逆差，必然会降低净国际投资头寸的规模。

美国和中国的相应数据见表 2-4 和表 2-5。

表 2-4 1976～2018 年美国经常账户差额与净国际投资头寸 （单位：百万美元）

年份	经常账户差额	净国际投资头寸	年份	经常账户差额	净国际投资头寸
1976	4 294	80 539	1988	−121 153	21 479
1977	−14 335	98 585	1989	−99 487	−33 713
1978	−15 144	128 273	1990	−78 969	−149 523
1979	−283	232 250	1991	2 897	−243 314
1980	2 316	296 862	1992	−51 610	−432 129
1981	5 030	226 992	1993	−84 803	−121 772
1982	−5 539	238 366	1994	−121 613	−110 311
1983	−38 691	261 494	1995	−113 568	−277 567
1984	−94 341	140 140	1996	−124 764	−328 306
1985	−118 157	104 281	1997	−140 728	−788 225
1986	−147 175	109 232	1998	−215 061	−1 033 775
1987	−160 655	59 616	1999	−288 364	−1 002 268

（续）

年份	经常账户差额	净国际投资头寸	年份	经常账户差额	净国际投资头寸
2000	−403 450	−1 536 826	2010	−431 265	−2 511 792
2001	−389 690	−2 295 050	2011	−445 662	−4 455 362
2002	−450 797	−2 410 951	2012	−426 833	−4 518 012
2003	−518 744	−2 293 013	2013	−348 801	−5 368 646
2004	−631 591	−2 363 392	2014	−365 199	−6 945 415
2005	−745 234	−1 857 865	2015	−407 765	−7 461 578
2006	−805 964	−1 808 474	2016	−432 873	−8 181 591
2007	−711 034	−1 279 493	2017	−449 141	−7 725 002
2008	−681 389	−3 995 303	2018	−488 472	−9 717 135
2009	−372 521	−2 627 626			

注：从 2005 年开始，美国的净国际投资头寸当中开始包含除了国际储备之外的金融衍生品的数据。

资料来源：美国商务部经济统计局。

表 2-5　2004～2019 年中国国际投资头寸数据　（单位：亿美元）

	2004	2005	2006	2007	2008	2009	2010	2011
净头寸	2 764	4 077	6 402	11 881	14 938	14 905	16 880	16 884
资产	9 291	12 233	16 905	24 162	29 567	34 369	41 189	47 345
1. 直接投资	527	645	906	1 160	1 857	2 458	3 172	4 248
2. 证券投资	920	1 167	2 652	2 846	2 525	2 428	2 571	2 044
3. 衍生工具	—	—	—	—	—	—	—	—
4. 其他投资	1 658	2 164	2 539	4 683	5 523	4 952	6 304	8 495
5. 储备资产	6 186	8 257	10 808	15 473	19 662	24 532	29 142	32 558
负债	6 527	8 156	10 503	12 281	14 629	19 464	24 308	30 461
1. 直接投资	3 690	4 715	6 144	7 037	9 155	13 148	15 696	19 069
2. 证券投资	566	766	1 207	1 466	1 677	1 900	2 239	2 485
3. 衍生工具	—	—	—	—	—	—	—	—
4. 其他投资	2 271	2 675	3 152	3 778	3 796	4 416	6 373	8 907

	2012	2013	2014	2015	2016	2017	2018	2019
净头寸	18 665	19 960	16 028	15 965	18 005	21 007	21 461	21 240
资产	52 132	59 861	64 383	62 189	64 666	71 488	74 049	77 145
1. 直接投资	5 319	6 605	8 826	11 293	13 172	18 090	19 823	20 945
2. 证券投资	2 406	2 585	2 625	2 613	3 651	4 925	4 980	6 460
3. 衍生工具			—	36	52	59	62	67
4. 其他投资	10 527	11 867	13 938	14 185	16 811	16 055	17 505	17 443
5. 储备资产	33 879	38 804	38 993	34 061	30 978	32 359	31 680	32 229
负债	33 467	39 901	48 355	46 225	46 660	50 481	52 588	55 905
1. 直接投资	20 680	23 312	25 991	28 423	28 659	27 257	28 271	29 281

（续）

	2012	2013	2014	2015	2016	2017	2018	2019
2. 证券投资	3 361	3 865	7 962	8 105	8 086	10 994	10 964	13 646
3. 衍生工具	—	—	—	53	66	34	60	65
4. 其他投资	9 426	12 724	14 402	9 643	9 849	12 197	13 294	12 913

注：1. 国家外汇管理局在2006年首次公布年度中国国际投资头寸表，时间跨度从2004年开始。自2011年起，中国开始按季度公布中国国际投资头寸表。自2015年起，国家外汇管理局开始按照国际货币基金组织《国际收支和国际投资头寸手册》(第六版)编制和公布我国的国际投资头寸表，并启用《对外金融资产负债及交易统计制度》所采集的数据编制报表，同时全面采用市值法统计各项数据，替代以往个别项目历史流量累计的方法，由此，直接投资、货币和存款、证券投资等项目变化较大。例如，以往证券投资项下的股本负债是通过历年我国企业在境外上市筹资的金额累计获得，未能反映上市公司股价的变化；采用市值法统计后，2014年年末该项下的市值总额较已公布数据增长约3 000亿美元，这使得对外净资产出现较大下降。在公布的时间序列中，2014年以前(含2014年)的往期数据按第六版表式列示，但统计数据口径未进行追溯调整，因此，2015年第一季度末及之后的数据与往期数据不可比。

2. 本国对外直接投资项目中包括我国境内非金融部门对外直接投资存量和境内金融部门在境外设立分支机构所拨付的资本金和营运资金存量。外国来华直接投资包括我国非金融部门吸收来华直接投资存量和金融部门吸收境外直接投资存量(包括外资金融部门设立分支机构、中资金融部门吸收外资入股和合资金融部门中外方投资存量)。

资料来源：根据国家外汇管理局公布的中国国际投资头寸表汇总而成。

1982～2019年，我国经常账户累计顺差35 199亿美元，资本与金融账户(不含储备资产账户)累计顺差11 720亿美元，误差与遗漏净额账户累计逆差14 208亿美元，储备资产账户累计增加32 711亿美元。

截至2019年年末，中国持有的净国际投资头寸为21 240亿美元，与经常账户顺差额相差近13 959亿美元。上述现象反映中国经济出现了哪些问题？请读者自行分析。这里值得关注的是，储备资产仅仅是政府持有的对外金融资产，它是本国对外金融资产的项目之一。在某些情况下，一国外汇储备的余额会大于其净国际投资头寸额。中国就是如此。例如2011年年末，中国对外金融资产47 182亿美元，对外金融负债29 434亿美元，对外金融净资产17 747亿美元。与此同时，中国储备资产余额是32 558亿美元。为什么会出现这种情况？也请读者分析。

2.1.2 国际投资头寸与国际收支的关系

国际收支平衡表“金融账户”的交易影响国际投资头寸表净资产(净负债)变动。例如中国货物出口带来外汇储备的增加，国际收支平衡表中贷记“经常账户”的“货物出口”，借记“金融账户”的“外汇储备”，表示外汇储备增加，国际投资头寸表中“储备资产”余额相应增加。但是，不涉及金融账户的国际收支交易对国际投资头寸表没有影响，如中国接受境外的援助物资，国际收支平衡表借记“经常账户”的“货物进口”，贷记“经常账户”的“经常转移”，表示经常转移收入增加，国际投资头寸表中对此不予反映。国际收支平衡表“金融账户”的内部交易影响国际投资头寸表资产负债结构变化。如国内某企业在用外汇现金投资境外股票时，国际收支平衡表中贷记“金融账户”的“外汇存款”，表示外汇存款支出，借记“金融账户”的“证券投资”的“资产方”，表示在国外的证券资产增加，国际投资头寸表中记录“外汇存款”减少，对外“证券投资”增加，净资产不变。此外，金融资产与负债的非交易因素也会影响一国的国际投资头寸。例如，本国持有的股票，期末价格远高于购买时的价格，这将产生股票的持有损益。此外，由于国际储备资产包括美元、欧元、日元等不同币种，在编制国际投资头寸表时需要将其他币种的资产按期末汇率折算为美元，这种因汇率折算而形成的变化也属于非交易因素导致国际投资头寸的变动。

图 2-1 给出了国际收支与国际投资头寸相互关系的示意图。从纵向的方框来看，国际收支包含的三大账户均在其中。经常账户与资本账户反映一国在实体经济(包括非生产非金融资产)方面的交易形成的对外的净贷出/净借入。也就是说如果在某个时间跨度内整个国家处于净贷出状态，那么世界其他国家就处于净借入状态；反之，如果整个国家是净借入状态，那么世界其他国家就处于净贷出状态。金融账户反映一国因为国际交易带来的金融资产和负债净变化。其净贷出或净借入的结果与经常账户和资本账户差额之和相呼应。国际投资头寸的统计是从横向的方框来分析，期初的净国际投资头寸加上本期的交易和非交易因素的净变化(如国际收支的计价货币相对升值或贬值带来的国际储备资产的资本利得或损失等)等于期末的国际投资头寸余额。

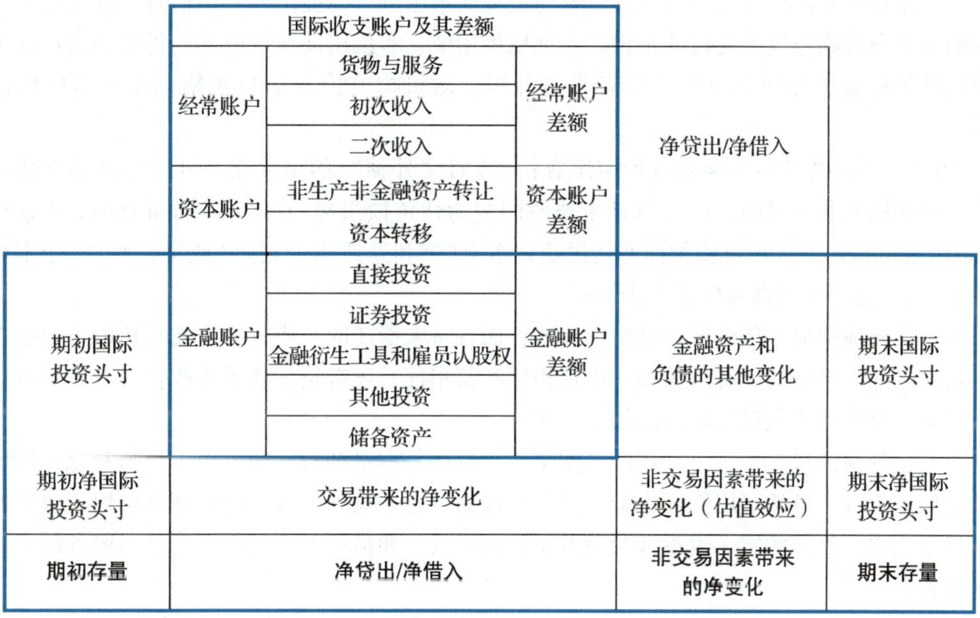

图 2-1　国际收支与国际投资头寸的相互关系

资料来源：IMF，《国际收支和国际投资头寸手册》(第六版)。

2.1.3　国际投资头寸与外债头寸

一国净国际投资头寸通常被用来分析截至某日为止相对世界其他国家而言该国作为储备资产持有的黄金与对外金融资产与负债(External Financial Assets and Liabilities)[㊀]的差额。对外金融资产包括债权工具(Debt Instruments)和股权(Shares and Other Equity)工具两大类；对外金融负债也包括债务工具和股权工具。

净外债头寸(Net External Debt Position)是指外债总额(Gross External Debt)减去债务工具形

㊀ 请注意，对外负债(External Liabilities)不同于外债(External Debt)。从汉语的角度来看，这两者的差异不大，但是在英语中，前者包括股本负债(Equity Liabilities)和债务负债(Debt Liabilities)，后者仅仅指债务负债。

式的对外资产(External Assets in the Form of Debt Instruments)，其中外债总额是指在任一时点上实际的(不是或有的)负债余额[⊖]，该负债要求债务人在未来偿付本金或利息，是一国居民对非居民未偿付的契约性负债余额(Outstanding Contractual Liabilities)。

外债有多种分类方法。按照币种划分，可以分为本币外债和外币外债。按照期限结构划分，有两种分类方法。一是按照签约期限划分，即合同期限在一年以上的外债为中长期外债，合同期限在一年或一年以下的外债为短期外债；二是按照剩余期限划分，即在签约期限划分的基础上，将未来一年内到期的中长期外债纳入到短期外债中。按照债务类型划分，外债可以分为外国政府贷款、国际金融组织贷款和国际商业贷款。其中，国际商业贷款是指境内机构向非居民举借的商业性信贷，包括向境外银行和其他金融机构借款，买方信贷、延期付款和其他形式的贸易融资，非居民外币存款等。一般来说，以贸易融资形式体现的外债包括企业间贸易信贷和银行贸易融资两大类。前者是指居民与非居民企业之间由于货物交易的买卖双方直接提供信贷而产生对外负债，即由于商品的资金支付时间与货物所有权发生转移的时间不同而形成的债务，具体包括外国出口商为出口其货物与服务向本国进口商提供的贸易信贷，以及外国进口商为购买本国货物与服务支付的预付款。远期信用证、非信用证项下的延期付款和出口项下的预收货款等都属于外债的范围。后者是指外国金融机构或出口信贷机构向本国居民提供的贷款。

IMF的《外债统计——编制者和使用者指南》对“外债”的定义是：外债总额是在任一时点上一国居民欠非居民的、已拨付且未偿清的契约性负债余额(Disbursed and Outstanding Contractual Liabilities)，该项负债须向非居民偿还本金(带利息或不带利息)或支付利息(带本金或不带本金)。这个术语强调以下几个特征。

第一，外债中的负债必须是已经存在的，而且是未偿还的。换言之，或有负债不包括在外债的定义之内。典型的或有负债如一次性担保和信用证，还有贷款项下待拨付的金额或者出口信贷承诺，这些均不包括在外债总额头寸当中。

第二，外债的定义不区分偿还的是本金、利息还是本息都有。如虽然不偿付利息，但无息贷款是债务工具；虽然不用偿还本金，但永久性债券也是债务工具。应计利息费用也包括在外债的口径当中。外债的定义也没涉及债务偿还的形式，如债务人也可以以货物与服务的形式来偿还债务。

第三，外债不包括对非居民的如下头寸：股票、股权资本和外国直接投资的收益再投资以及金融衍生工具。股权性的资产之所以被剔除，是因为不需要偿还本金或利息。同样，金融衍生品(如远期和期权)也不属于外债，因为不涉及需要偿还的本金，所有衍生工具都不产生利息。需要注意的是，养老基金和寿险公司对其非居民客户和投保人的债务负债也属于外债。

第四，外债与外债的币种没有关系，而是与债权债务双方的居民与非居民地位有关。外债既包括外币债券，也包括本币债券。在过去，中国政府强调外债是外币债券。伴随着人民币国际化的不断推进和统计规则的国际化，人民币债券也纳入外债的统计范畴。

在外债管理中，负债率、债务率和偿债率是几个非常重要的概念。负债率是指年末外债余

⊖ 或有对外负债是不计入外债头寸的，具体的例子有以下几类。第一，外国的进口商进口本国商品，向本国出口商签发商业承兑汇票。本国出口商将该汇票向外国商业银行申请贴现。贴现后会形成本国的或有负债。第二，本国企业或机构与外国企业或机构在案件诉讼、仲裁过程中，因为诉讼、仲裁尚未结束形成的或有负债。第三，本国企业为外国企业提供债务担保形成的或有负债。

额与当年国内生产总值的比率。目前，国际上比较公认的负债率安全线为 20%。债务率是指年末外债余额与当年国际收支统计口径的货物与服务贸易出口收入的比率。目前，国际上比较公认的债务率安全线为 100%。偿债率是指外债的本金和利息偿还金额与当年国际收支统计口径的货物与服务贸易出口收入的比率。目前，国际上比较公认的偿债率安全线为 20%。短期外债与外汇储备的比例是指剩余期限为短期的外债余额与货币当局掌握的外汇储备存量的比例。国际上比较公认的短期外债与外汇储备的比例的安全线为 100%。如表 2-6 所示为中国的相应指标。

表 2-6　中国外债管理主要指标

	2011	2018
负债率	9.52%	14.4%
债务率	33.31%	74.1%
偿债率	1.72%	5.5%

资料来源：国家统计局；国家外汇管理局。

注：2011 年的外债数据不含人民币外债；2018 年的外债数据包含人民币外债。

总而言之，净外债头寸仅考察对外金融资产与负债的债务工具方面，净国际投资头寸不仅反映了净债权与债务的变化，而且反映了股本（股本证券、直接投资以及收益再投资）的变化（见表 2-7）。

表 2-7　经常账户差额、净国际投资头寸和外债头寸的经济含义

		差额	
		+	−
流量角度	经常账户与资本账户的合计	本国让渡了实际资源（Lender）	本国占有了实际资源（Borrower）
存量角度	净国际投资头寸	本国拥有对外净金融资产（Net Creditor）	本国拥有对外净金融负债（Net Debtor）
	净外债头寸	本国拥有对外净负债	本国拥有对外净债权

专栏 2-2

中国政府的全口径外债

我国传统上将外债视为“境内机构对非居民承担的以外币表示的债务”，未包括人民币对外负债，在口径上较国际标准范围偏窄。近年来跨境人民币业务迅猛发展，以人民币计价的外债规模不断增加，为更全面反映我国外债总体规模，国家外汇管理局前期已经按照**数据公布特殊标准**（Special Data Dissemination Standard，SDDS）对我国外债重新进行了分类和统计，并在公布国际投资头寸表时公布了全口径外债总量数据。外币外债易受汇率波动的影响，在发生危机时可能加重债务人的偿债负担；而人民币外债不存在货币错配风险和汇率风险等，特别是没有外汇偿付风险，并不直接消耗外汇储备。从 2015 年起，国家外汇管理局按季对外公布我国全口径外债数据。将人民币外债纳入总体外债统计，仅是外债统计方法上的调整，不会增加实际的对外债务偿付金额。因此，外债数据口径的调整不会引起我国外债偿还责任的变化。截至 2015 年 3 月末，我国全口径外债余额为 102 768 亿元人民币（等值 16 732 亿美元），该规模的变

化主要是由外债统计口径调整引起的。其中，首次纳入统计范围的人民币外债余额为49 424亿元人民币（等值8 047亿美元），占全口径外债余额的48.1%。若按调整前口径（外币外债）计算，我国外债余额较2014年年末减少3%。从2015年3月末我国人民币外债的构成来看，主要是非居民存款和贸易融资类人民币外债，两者合计占比近60%。其中非居民存款主要是境外机构持有的人民币存放于我国境内银行产生的外债，这部分存款虽然在统计上属于外债范畴，但与我国境内机构从境外直接借用的狭义外债有较大区别，说明非居民持有人民币资产的意愿较强，有利于更好地推进人民币国际化。贸易融资类人民币外债基于进出口贸易背景，主要是境内金融机构为进出口企业提供的融资产品而产生的对外负债，这部分外债实质上是伴随我国跨境贸易中人民币结算占比增加而自然产生的。

资料来源："中国人民银行、国家外汇管理局有关负责人就我国全口径外债、外汇储备、黄金储备等情况答记者问"，2015年7月17日。

2.2 影响国际投资头寸变化的因素

确切地说，国际投资头寸表主要反映三方面的变化：一是在某个时间跨度内由经济交易带来的对外金融资产与负债头寸的变化；二是在某个时间跨度内由价格变化带来的头寸变化，这里的价格是广义的，即不仅包括资产与负债本身的价格，而且包括由汇率变化带来的价格变化；三是由其他因素带来的调整，如特别提款权分配/撤销（Allocation and Cancellation of SDRs）所引起的变化、黄金货币化/非货币化所引起的变化、债权人单方面取消债务等。本节主要分析后面两项因素。

2.2.1 国际投资头寸与价格、汇率变化的关系

除了当期交易因素会对国际投资头寸产生影响之外，金融资产（负债）的价格变化和汇率变化也会对该金融资产（负债）的价值产生影响，尤其是在证券市场和外汇市场动荡的情况下。极端地说，即便是某项对外金融资产或者负债在当期没有发生交易，如果其价格发生了变化，国际投资头寸表也需要反映这一变化。同样，如果某项对外金融资产或负债的市值没有发生变化，而计价的外币与本币的汇率发生变化，国际投资头寸表也需要反映这一变化。这就是国际投资头寸变化的估值效应。请注意，国际投资头寸表中的对外金融资产与负债都应该按期末的市场价格来计价。

对于直接投资项目而言，如果直接投资企业资产负债表是采用现期市场价值的原则来记账，就可以采用其账面价值来确定各种直接投资存量的价值。如果直接投资企业采用的是按历史成本（Historical Cost）计价的方法，那么就不再符合国际投资头寸表的编制要求。因此，编制部门在采集数据之后，应当用本期市场价值来进行调整。我国在国际投资头寸表的编制过程中，对外直接投资和在华直接投资项目采用企业自身资产负债表中的外方所有者权益（包括实收资本、资本公积、未分配利润、盈余公积和持有损益等）来计量头寸，主要通过外商投资企业年检和境外投资企业调查的渠道采集数据。对于证券投资项目而言，股本证券投资的负债（即他国持有本国股票）的统计是各国国际投资头寸统计面临的一个难题。对于本国而言，本国股票发行人（居民）非常明确，而持有人（非居民）经常发生变动，所以本国股票被他国持有的数据（负债方）较难统计。因此，目前我国在计量股本头寸时采用交易价值累计得到，未按

照期末价值进行市值重估。由于这种情况在世界各国普遍存在，IMF 在全球范围内开展了证券投资组合联合调查项目(Coordinated Portfolio Investment Survey，CPIS)，通过对各参与方持有其他各方证券的调查，来帮助成员方实现全球证券投资资产和负债数据的协调。2015 年年底国家外汇管理局致函 IMF，正式加入 CPIS。

下面我们通过一个相对简单的例子来说明国际投资头寸与价格、汇率变化的关系。在期初，本国持有美国国债 20 单位，每单位为 100 万美元，总价值为 2 000 万美元。在期末，本国持有 18 单位美国国债，由于其价格继续上涨，每单位上涨至 150 万美元，总价值折合 2 700 万美元。因此，按美元计价，本国持有的美国国债的变化额为 700 万美元。如果上述资产变化以本国货币计价，会涉及美元与本国货币之间的汇率。美元与本国货币的汇率在期初为单位美元等于 1.3 本币，在期末上升到单位美元 1.5 本币。重新以本国货币来计算本国持有的美国国债，我们可以得到，期初美国国债的总价值为 2 600 万本币，期末持有的 18 单位美国国债的总价值为 4 050 万本币。期末与期初之间的变化额为 1 450 万本币。在本期，本国政府出售了 2 单位的美国国债，每单位美国国债价值 130 万美元，总价值为 260 万美元。如果以本国货币计价，在交易发生时，美元与本国货币的汇率为 1.85 本币，因此本国政府出售的美国国债总价值为 481 万本币。以美元计价，本国政府持有的美国国债总的变化额包括两方面的影响，一是交易导致的变化，二是资产价格的变化，其合计为 960 万美元(即 700+260)。上述变化与美元和本币汇率的变化无关。如果以本国货币计价，包括汇率因素、资产价格因素、交易因素在内的总变化额为 1 931 万本币(即 1 450+481)。将交易因素和价格因素剔除，就可以得到汇率的影响因素。要分解各自的影响规模，这就涉及本期美元与本国货币的平均汇率，假设该平均汇率为 1.8，因此 960 万美元的变化额按 1.8 的汇率折合成本国货币的规模达到 1 728 万本币，剩下的变化规模为+203 万本币仅仅是汇率因素变化导致的。通过上述方式，我们大致可以分解价格因素和汇率因素对国际投资头寸的影响规模(见表 2-8)。

表 2-8 价格因素和汇率因素对国际投资头寸的影响规模

	存量			交易额	价值变化		
	期初余额	期末余额	变化额		变化总额	价格因素	汇率因素
以万美元计	2 000	2 700	+700	−260	+960	+960	
汇率	1.3	1.5		1.85		1.8	
以万本币计	2 600	4 050	+1 450	−481	+1 931	+1 728	+203

2.2.2 国际投资头寸与其他非交易因素的关系

影响国际投资头寸的因素还包括各项调整因素带来的变化，如特别提款权分配/撤销所引起的变化、黄金货币化/非货币化所引起的变化、债权人单方面取消债务、移民导致其居民地位发生改变等。

何谓黄金的货币化与非货币化？金块既可以是金融资产(记录在“储备资产”账户下的“货币黄金”，没有对应的负债)，也可以是货物(记录在“货物与服务”账户下的“非货币黄金”)，这取决于持有者和持有动机。货币黄金是由本国货币当局拥有，并作为储备资产持有。非货币黄金是金条、金粉和其他未加工或半加工形式的黄金。不论是黄金的货币化还是黄金的非货币化，都属于资产的重新分类。黄金的货币化就是黄金的持有者从非居民(或者是本国的居民)转为本国的货币当局。黄金的非货币化则是相反的过程。黄金的非货币化存在两种情况。

第一种情况是本国货币当局向他国货币当局或国际金融机构之外的非居民实体出售作为储备资产的金块。在交易之前发生金块的非货币化，一方面在本国“储备资产”账户下的“货币黄金”账户中记录，另一方面在“货物与服务”账户下的“非货币黄金”子账户记录。第二种情况是本国货币当局向本国居民出售作为储备资产的金块，这不属于国际交易，不记录在本国国际收支平衡表中，但是需要记录在本国的国际投资头寸表当中，本国“储备资产”账户下的“货币黄金”账户下降，本国居民持有的“非货币黄金”增加。

债权人单方面注销坏账(Write-offs of Bad Debts)并不包括在国际收支的交易中，但是这种债务取消将影响一国对外金融资产的余额，因此反映在国际投资头寸表当中。同样，项目的重新分类或调整也将影响国际投资头寸表。假设中国境内甲公司 2015 年花 700 万美元购买一外国公司 7% 的股权，这笔投资记录在国际收支平衡表和国际头头寸表的证券投资项目下。在 2016 年，中国的甲公司花 500 万美元再次购买了该外国公司 5% 的股权。第二笔投资使得其股本占比超过了 10% 的分界线，因此第一笔的投资额从证券投资项目转变为直接投资项目，国际投资头寸表需要记录项目的重新分类带来的变化。因此，2016 年中国国际收支平衡表的直接投资项目需要记录这笔 500 万美元的交易，同时，中国国际投资头寸表不仅需要记录这 500 万美元的直接投资，还需要将此前的 700 万美元的证券投资调整到直接投资项目下(见表 2-9)。

表 2-9 2016 年中国国际投资头寸表(部分) (单位：万美元)

资产	期初余额	本期交易	非交易变动	期末余额
直接投资	0	500	700	1 200
证券投资——股权	700	0	-700	0

下面给出了一个计算国际投资头寸的简单例子(见表 2-10)。

表 2-10 2010 年 12 月 31 日某国国际投资头寸的计算

项目	2009 年 12 月 31 日头寸余额	交易	价格变化	汇率变化	其他调整	2010 年 12 月 31 日头寸余额
资产						
本国对外的直接投资	1 200	+290	+95	+46	+35	1 666
证券投资	760	+450	+80	+90	+40	1 420
其他投资	1 500	-1 350	—	+246	+482	878
储备资产	1 235	+75	+48	+55	+42	1 455
合计	+4 695	-535	+223	+437	+599	+5 419
负债						
外国对本国的直接投资	3 560	-105	-45	-450	-20	2 940
证券投资	280	+36	+18	+23	+46	403
其他投资	1 430	+788	—	+25	+8	2 251
合计	+5 270	+719	-27	-402	+34	5 594
净国际投资头寸	-575	-1 254	+250	+839	+565	-175

2.3 基于国际投资头寸表的若干分析方法

如前所述，一国国际投资头寸表类似于资产负债表，这张表是基于整个国家而言，反映的主要项目是对外资产与对外负债及其差额。那么，这张表与该国内各个经济主体的资产负债表又是怎样的关系呢？

2.3.1 国际投资头寸与资产负债表的关系

通常，某一经济主体的资产负债表主要包括三项内容：资产、负债和所有者权益（又称净值）。在封闭经济下，资产可以分为非金融资产和金融资产两大类，金融资产分为对其他居民的股权和债权，负债即为对其他居民的负债，所有者权益即为其他居民持有的权益。该经济主体的资产负债表如表2-11所示。

表2-11 封闭条件下某经济主体的资产负债表

资产	负债及所有者权益
A1. 非金融资产（如土地、机器设备、耐用消费品、库存品）	**负债**
A11. 耐用消费品	L1. 对其他居民的负债
A12. 机器设备、库存品等	
A2. 金融资产	**所有者权益**
A21. 对其他居民的股权	E1. 其他居民持有的权益
A22. 对其他居民的债权	

在封闭经济下，一国的财富（Wealth）等于所有经济主体的净金融资产加上非金融资产（也就是实际资产）。净金融资产之和仍然等于全部金融资产减去全部的负债和所有者权益：

$$\Sigma NFA_i = \Sigma A21_i + \Sigma A22_i - \Sigma L1_i - \Sigma E1_i$$

由于国内居民之间的求偿权相互冲抵，即股权投资（$\Sigma A21$）等于股本负债（$\Sigma E1$），债权（$\Sigma A22$）等于债务（$\Sigma L1$），所有经济主体的净金融资产之和为零。㊀因此，封闭经济下一国的财富只来源于非金融资产的增加：

$$\Sigma W_i = \Sigma NFA_i + \Sigma A1_i = \Sigma A1_i$$

从某一时点来看，一国的财富等于截至某时点的非金融资产之和。如果考虑在某一时间跨度内本国财富（W）的变化，就是实际资产的增加，这来源于投资的增加，而在封闭经济下，投资的增加来源于储蓄的增加。这也从另一个侧面印证了封闭经济下的投资等于储蓄：

$$\Delta W = W - W_{-1} = \Delta A1 = I = S$$

在开放经济下，资产仍然分为非金融资产和金融资产两大类，金融资产又可以分为对居民和非居民的要求权两类。负债可以分为对居民和非居民的负债。同样，所有者权益也分为对居民和非居民的权益。因此，该经济主体的资产负债表如表2-12所示。

㊀ 请注意，这里的负债与会计学当中的资产负债表的负债含义不同。这里所指的净金融资产是一国所有经济主体全部债权资产和股权资产减去全部负债（债务负债和股本负债）的差额，是所有经济主体拥有的净资产；会计学中的资产负债表中的所有者权益是指投资者对公司净资产的所有权，是投资者在该机构单位拥有的资产净值。因此，从理论上来看，这里净金融资产额会小于会计学资产负债表核算中的所有者权益，其间的差异就是投资者股权或股本。

表 2-12 开放经济下某经济主体的资产负债表

资产	负债及所有者权益
$A1$. 非金融资产（如土地、机器设备、耐用消费品、库存品） 　$A11$. 耐用消费品 　$A12$. 机器设备、库存品等 $A2$. 金融资产 　$A21$. 对居民的股权 　$A22$. 对居民的债权 　$A23$. 对非居民的要求权、SDRs 和货币黄金	**负债** $L1$. 对居民的负债 $L2$. 对非居民的负债 **所有者权益** $E1$. 居民所有的权益 $E2$. 非居民所有的权益

如果将一国内所有经济主体的资产负债表合并为一张资产负债表，那么国内居民之间的求偿权相互冲抵，合并之后的资产负债表如表 2-13 所示。

表 2-13 开放经济下某国合并资产负债表

资产	负债及所有者权益
$A1$. 非金融资产（如土地、机器设备、耐用消费品、库存品）	**负债** $L2$. 对非居民的负债
$A23$. 金融资产（对非居民的要求权、SDRs 和货币黄金）	**所有者权益** $E2$. 非居民所有的权益

对一国而言，净金融资产之和仍然等于全部金融资产减去全部的负债和所有者权益：

$$\Sigma NFA_i = \Sigma A21_i + \Sigma A22_i + \Sigma A23_i - \Sigma L1_i - \Sigma L2_i - \Sigma E1_i - \Sigma E2_i$$

$$\Sigma NFA_i = \Sigma A23_i - \Sigma L2_i - \Sigma E2_i$$

由于国内金融资产与负债、所有者权益相互抵消，所以净金融资产之和只包括项目 $A23$、$L2$ 和 $E2$ 各项的和。上述三项均反映在某国国际投资头寸表中，$\Sigma A23_i - \Sigma L2_i - \Sigma E2_i$ 即为该国的净国际投资头寸。若该差额大于零，表示该国拥有净金融资产，否则为净金融负债。如果从流量的角度来看：

$$\Delta NFA = NIIP - NIIP_{-1} = CAB$$

这一净差额加上该国的实际资产 $\Sigma A1_i$ 就等于该国的财富。开放经济下一国财富是净金融资产和实际资产之和，它衡量了该国居民可以用于未来消费的资源的价值：

$$\Sigma W_i = \Sigma NFA_i + \Sigma A1_i$$

以上是从某一时点来进行的存量分析。如果考虑开放经济下在某一时间跨度内本国财富的变化，则其主要取决于以下因素：

$$\Delta W = W - W_{-1} = \Delta NFA + \Delta A1 = \Delta A23 - \Delta L2 - \Delta E2 + \Delta A1 = CAB + I = S$$

这表明，本国财富的增加来自两方面：一方面来自本国对外净金融资产的增加，另一方面来自国内资本的净增加。前者来自本国经常账户的顺差，后者来自国内投资（耐用消费品的投资+机器厂房设备的投资）。显然，本国财富的增加最终来自本国储蓄的增加。这也从流量的角度印证了开放经济下的储蓄等于投资与经常账户差额之和。

专栏 2-3

移民引发的金融资产和负债变化

从国际收支统计的角度来看，移民（Migrant）是指自原籍经济体迁至另一经济体，并成为其居民的个人。从方向上来看，移民分为两类，一类是本国向国外的移民（Emigrant），一类是外国向本国的移民(Immigrant)。所以，对于前者来说，他不再是本国的居民。对于后者来说，他则是本国居民。随着战争、大饥荒或者政治不稳定的发生，国际上会出现大规模的移民潮。例如，19 世纪 40 年代欧洲农业大歉收(爱尔兰大饥荒)加上经济危机引发欧洲民众大量移民美国。20 世纪 50 年代开始，欧洲成为移民的首选之地，如土耳其人选择移民德国、阿尔及利亚人选择移民法国。20 世纪前二十年，西班牙人向外移民；1986 年西班牙加入欧盟之后，日渐成为其他国家民众理想的移民之地。移民问题也日益成为国际社会关注的焦点之一。

以 X 国住户甲某为例，甲某从 X 国移民至 Y 国，此时甲某的居民地位发生了变化，成为了 Y 国居民，这就需要对甲某持有的金融资产以及承担的金融负债进行“重新分类”，分析对 X、Y 两国的国际投资头寸产生的影响。在《国际收支手册》(第五版)当中，移民的变化记录在“资本转移”账户下，《国际收支和国际投资头寸手册》(第六版)改为在“金融资产和负债的其他变化账户”中。因为甲某的移民行为不发生涉及 X 国与 Y 国既有的金融资产和负债的“交换”，没有发生两国的“交易”，所以甲某的全部金融资产和金融负债的变化属于流量记录中的“重新分类”，要在国际收支平衡表和国际投资头寸表中记录。移民的最终结果是增加(或者减少)本国的国际投资头寸。下面通过举例来说明。X 国居民甲某在移民 Y 国之前，其资产负债表见表 2-14。

表 2-14 X 国居民甲某的资产负债表(1) (单位：万美元)

资产		负债及净资产	
私人物品、汽车和珠宝	350(A)	**负债**	
在 A 国银行的存款	30(B)	在 A 国的消费信贷	40(H)
在 B 国银行的存款	60(C)	向 B 国银行的借款	200(I)
持有的 A 国国债	110(D)		
在 A 国的厂房	300(E)		
在 B 国的厂房	150(F)	总负债	240
持有 A 国某企业 3%的股权	70(G)	**净资产**	
总资产	1 070	净资产	830

如果将甲某的资产负债表重新调整，即资产按金融资产和非金融资产分类，金融资产(负债)按对居民和非居民要求分类，甲某在移民之前的资产负债表如下表所示。从净资产来看，A 国住户甲某的净资产为 830 万美元，对居民和非居民的净资产分别为 820 万和 10 万美元(见表 2-15)。

表 2-15 X 国居民甲某的资产负债表(2) (单位：万美元)

资产		负债及净资产	
*A*1. 非金融资产	650	**负债**	240
*A*11. 耐用消费品	350	*L*1. 对居民的负债	40
*A*12. 厂房与机器设备等	300	*L*2. 对非居民的负债	200
*A*2. 金融资产	420		
*A*21. 对居民的股权	70	**净资产**	830
*A*22. 对居民的债权	140	*E*1. 甲某对 X 国其他居民的净资产	820
*A*23. 对非居民的要求权	210	*E*2. 甲某对非居民的净金融资产	10
合计	1 070	合计	1 070

注：*E*1 为甲某在 X 国的净资产 820 万美元，这包括两部分，一是甲某对 X 国其他居民的净金融资产 170 万美元，二是甲某持有的非金融资产 650 万美元。

当甲某从X国移民至Y国，X国的国际收支平衡表记录见表2-16。

表2-16 X国国际收支平衡表 （单位：万美元）

	贷方	借方
经常账户——货物	350(A)	
	金融资产的净获得	金融负债的净产生
金融账户——其他投资——货币与存款(负债)		30(B)
金融账户——其他投资——货币与存款(资产)	-60(C)	
金融账户——证券投资——政府债券(负债)		110(D)
金融账户——直接投资——外商直接投资(负债)		300(E)
金融账户——直接投资——海外股权投资(资产)	-150(F)	
金融账户——证券投资——股权(负债)		70(G)
金融账户——其他投资——贷款(资产)	40(H)	
金融账户——其他投资——贷款(负债方)		-200(I)

A. 甲某移民到Y国，甲某在X国拥有的私人物品、汽车和珠宝350万美元(即200+100+50)将带入Y国，这对于X国来说，属于X国的出口，记录在“经常账户”下“货物”账户的“贷方”。

B. 甲某在X国银行的存款30万美元，甲某移民之后，属于X国对Y国的负债增加了30万美元，在X国的“金融账户”下“其他投资”账户的“货币与存款(负债)”的“负债方”记录。

C. 甲某在Y国银行的存款60万美元，甲某移民之前，是甲国的资产；甲某移民之后，相当于X国(甲某)在海外的资产下降60万美元，在“金融账户”下“其他投资”账户的“货币与存款(资产)”账户的“资产方”记录-60万美元。

D. 甲某持有的X国国债110万美元，甲某移民之后，属于X国对Y国的负债增加了110万美元，在X国“金融账户”下的“证券投资”账户的“政府债券(负债方)”记录。

E. 甲某在X国的厂房300万美元，甲某移民之后，相当于X国对Y国的“金融账户”下“来自外国的直接投资(负债方)”增加了300万美元。

F. 甲某在Y国的厂房150万美元，甲某移民之前，是甲国的海外直接投资；甲某移民之后，相当于X国(甲某)在海外的资产下降，在“金融账户”下“对外直接投资”账户的“海外直接投资(资产方)”记录-150万美元。

G. 甲某拥有X国某企业3%的股权，价值70万美元，甲某移民之后，属于X国的“金融账户”下“证券投资”账户下的“股权(负债方)”增加70万美元。

H. 甲某在X国的消费信贷40万美元，甲某移民之后，相当于X国对Y国的债权增加40万美元，记录在“金融账户”下的“其他投资”的“贷款(资产方)”。

I. 甲某向Y国银行的借款200万美元，甲某移民之后，相当于X国对Y国的负债下降200万美元，在“金融账户”下的“其他投资”的“贷款(负债方)”记录-200万美元。

J. 以上9笔业务结束后，X国经常账户“净贷出”350万美元，这要求X国金融账户也必须保持“净贷出”为350万美元。因此，金融账户的核算分为两类，一类是上述9笔业务导致的金融账户差额“净借入”-480万美元，另一类是推算出来的，即甲某的移民行为导致X国金融资产净下降830万美元(即甲某的净资产830万美元)。这830万美元属于国际收支平衡表“其他流量”下的“重新分类”，属于“金融资产和负债数量的其他变化”。因此，最终体现在X国的国际收支平衡表上，经常账户表现为“净贷出”350万美元，金融账户最终也表现为

"净贷出" 350 万美元(见表 2-17)。

表 2-17　甲某移民导致 X 国国际收支平衡表的变化　　(单位：万美元)

	贷方	借方
经常账户——货物	350(A)	
净贷出(+)/净借入(-)(来自经常账户和资本账户)	350	
	金融资产的净获得	**金融负债的净产生**
金融账户——直接投资	-150(F)	300(E)
金融账户——证券投资		110(D)+70(G)
金融账户——其他投资	-60(C)+40(H)	30(B)-200(I)
金融账户——金融资产和负债数量的其他变化	830	
净贷出(+)/净借入(-)(来自金融账户)	350	

2.3.2　资产负债表分析法

将一国资产负债表和国际投资头寸表结合在一起的分析方法被称为资产负债表分析法(Balance Sheet Approach)，这有助于对一国及国内各部门(政府部门、金融部门、公司部门、住户部门)的金融脆弱性(Vulnerability)进行分析。[㊀]

采用资产负债表分析法，政策管理部门可以对以下指标进行评估。

第一，期限错配(Maturity Mismatches)。通常是资产的期限很长，负债的期限很短。如果债权人拒绝债务展期(Roll Over Debt)，到期债务不能得到再融资，那么短期内到期的负债与流动资产之间的差额将导致违约现象的出现。同时，期限的错配还意味着债务人面临利率上升的风险。对于债权人来说，则面临再投资的风险，即债权人无法以上一次较高的利率再投资到期债权。

第二，货币错配(Currency Mismatches)。也就是融资货币与投资货币(即负债方和资产方的计价货币)不一致，在本外币汇率发生大幅度波动(尤其是本币贬值)的情况下，债务人可能面临损失。如果对外资产主要以外币标价，对外负债主要以本币标价，在本币贬值情况下就存在正向的财富效应(Wealth Effect)。

第三，融资结构问题(Financial Structure Problems)，也就是债务融资与股权融资的比例失调问题。债务融资的比例较高意味着财务杠杆较高，在债务人资产收益率发生大幅下降的情况下，如果没有股权资本作为缓冲，债务人很可能陷入破产的境地。2008 年国际金融危机爆发之后，许多国家开始降低资产负债率，这个过程又被称为去杠杆化。

第四，偿付问题(Solvency Problems)。未来收入现金流的资产现值不足以偿还包括或有负债在内的各项债务，就会出现偿付问题。也可以说，某一部门的净值出现负值时，偿付风险就会暴露出来。

㊀ 2012 年中国学者开始关注这一问题，先后有三个研究团队对此进行了深入研究。一是由德意志银行大中华区首席经济学家马骏博士牵头的以复旦大学为主的研究团队，二是由中国银行首席经济学家曹远征牵头的中国银行团队，三是由中国社科院副院长李扬教授牵头的中国社科院团队。前两个团队的主要研究成果发表于 2012 年 6 月 11 日的《财经》杂志，李扬教授的团队成果是 2012 年第 6 期和第 7 期《经济研究》的《中国主权资产负债表及其风险评估》。

第五，依赖性问题(Dependency Problems)。按伙伴经济体划分的国际投资头寸(以及按伙伴经济体划分的国际收支)有助于确认对另一经济体的过度依赖性以及潜在的脆弱性和传染效应(Contagion Effect，也译作“蔓延效应”)问题。所谓传染效应，就是一国发生金融危机(如国际收支危机、汇率危机)之后，与之经济关联度密切(如相互之间的贸易依存度非常高，经济发展模式类似)的国家也会发生类似的金融危机。

传统的分析方法基于对流量的关注(如经常账户差额和财政收支差额)，而资产负债表法则基于存量的角度，侧重于分析一国各部门资产负债表中的存量，如期末未偿还贷款余额等指标。资产负债表分析法尤其关注整个国家及其各部门对外资产(负债)的存量指标，如外汇储备余额、外债余额等指标。这些指标的恶化往往是国际收支危机(或者汇率危机)的前兆，或者反映了本国经济运行的态势。例如本章所提到的净国际投资头寸指标不仅反映了金融交易的流量变化，而且反映某一期间内的价值变化(价格因素和汇率因素)和其他调整，这些都影响该国对非居民的总债权和总负债的现值。就政府部门而言，政府期限错配问题就涉及政府的短期外债与短期外汇资产的配比是否合适，政府在短期内是否有足够的偿债资金。这些指标是分析一国短期内爆发债务危机的重要指标。所以说，资产负债表分析法为分析金融脆弱性提供了新的分析视角。

2.3.3 国际账户与经济发展阶段的关系

从国际范围来看，一国净国际投资头寸的变化主要取决于其经常账户的差额。一国拥有较大规模的净国际投资头寸，表示在较长一段时间内该国生产的货物与服务不仅仅满足了本国居民的需要，还出口到世界其他国家，从而形成了对外资产。在这个过程中，本币汇率、外币金融资产的价格变化等因素对净国际投资头寸起着强化或抵消的作用。从较长的时间跨度来看，是经常账户的差额在起作用。当一国经济开放之后，其如何从发展的幼稚期过渡到成熟状态？在较长的时间跨度内，一国经常账户与国际投资头寸会出现怎样的变化趋势？经济学家曾经将一国的经济发展阶段与其国际投资头寸和经常账户的关系归纳为如下大致六个阶段的变化(见表2-18)。

表 2-18 净金融头寸与经常账户差额关系的发展

阶段	净金融头寸	经常账户差额	贸易账户差额	初次收入账户差额
第一阶段：净金融负债国的幼稚期	负	逆差	逆差	逆差
第二阶段：净金融负债国的发展期	负	逆差	顺差	逆差
第三阶段：净金融负债国的成熟期	负	顺差	顺差	逆差
第四阶段：净金融资产国的幼稚期	正	顺差	顺差	顺差
第五阶段：净金融资产国的发展期	正	顺差	逆差	顺差
第六阶段：净金融资产国的成熟期	正	逆差	逆差	顺差

第一阶段：净金融负债国的幼稚期。在这一阶段，本国的投资收益率较高，但本国储蓄规模不足以支撑本国的投资，贸易账户出现逆差，并且不断扩大。同时初次收入账户也因为贸易账户的逆差，对外支付利息等投资收益。伴随着贸易逆差的扩大，本国净金融负债额逐渐上升。

第二阶段：净金融负债国的发展期。由于产品竞争力逐渐增强，本国贸易账户开始出现顺差，最初这一顺差规模还不足以抵消初次收入账户的逆差(即前一期对外负债所支付的利息)，本国净金融负债额上升至最大额。由于产品竞争力不断增强，贸易账户顺差开始大于初次收入账户差额，经常账户逐渐向顺差转变，本国净金融负债余额进入下降通道。

第三阶段：净金融负债国的成熟期。本国贸易账户差额持续大于初次收入账户差额，经常账户保持顺差的稳定状态，此时本国净金融负债余额逐渐下降至零的水平。在这一阶段，本国是成熟的净金融负债国(Mature Debtor Nation)。

第四阶段：净金融资产国的幼稚期。本国投资收益率下降，本国资本寻求在海外投资渠道，长期资本开始流出本国。本国仍然保持贸易顺差状态，初次收入账户开始获得海外投资的利息收入，经常账户整体上保持顺差，本国净金融资产不断累积。

第五阶段：净金融资产国的发展期。本国产品国际竞争力逐渐下降，贸易账户开始出现逆差，但是由于初次收入账户仍然保持顺差，经常账户顺差呈现出缓慢的下跌状态，并逐渐过渡到逆差状态，本国的净金融资产余额在升至最高点后逐渐下降。

第六阶段：净金融资产国的成熟期。本国产品国际竞争力持续减弱，初次收入账户顺差不足以抵消贸易账户逆差，经常账户出现较稳定的逆差，本国的净金融资产余额持续下降。在这一阶段，本国是成熟的净金融资产国(Mature Creditor Nation)。

有专家认为，一国经常账户差额和净国际投资头寸的变化会依次经历上述变化，并且将其称为一国国际收支的生命周期理论。在不同的阶段，该国的贸易账户差额、初次收入账户差额和经常账户差额以及净国际投资头寸都将出现不同的变化。显然，不是所有的国家都按部就班地按照上述模式发展。中国的经常账户差额和国际投资头寸状况就与上述过程显著不同。读者可以思考中国为什么会出现这种变化。

2.4 开放经济下的资金流量分析

经济运行通常包括两个方面：一个是实体经济运行层面，即与货物与服务相关的经济层面，包括商品的生产(投入产出)、交换(运输与买卖)和使用(消费与投资)；另一个层面是金融经济层面，即资金的运动层面，也就是与投融资相关的活动，包括收入的分配与再分配，以及资金的使用与融通过程。资金运动往往与货物与服务的运动相联系，如以现金交易形式出现的商品买卖或应收应付等形式出现的商品交易(债权债务的出现)；但有时候也呈现出独立运动的状态，如企业向银行的借款、居民用银行存款进行的股票投资等。因此，生产活动最终成果形成的原始收入构成了资金核算的起点，经过收入分配、再分配过程形成可支配收入，可支配收入扣除消费后形成储蓄，即构成了可以用于投资的资金。

例如，A 公司的资产负债表见表 2-19。

表 2-19 A 公司的资产负债表 (单位：亿美元)

2015 年 12 月 31 日				2016 年 12 月 31 日			
实物资产	60	负债	40	实物资产	63	负债	38
现金	2	所有者权益	50	现金	4	所有者权益	56
其他金融资产	28			其他金融资产	27		
合计	90	合计	90	合计	94	合计	94

可以得出，2016 年 A 公司资产负债表的变化见表 2-20。

表 2-20 2016 年 A 公司资产负债表的变化 （单位：亿美元）

资金的使用		资金的来源	
Δ 实物资产（投资）	+3	Δ 负债（借款或还债）	−2
Δ 现金	+2	Δ 所有者权益（储蓄增或减）	+6
Δ 其他金融资产（有价证券的购买与出售）	−1		
Δ 合计	+4	Δ 合计	+4

A 公司的实物资产在 2016 年增加了 3 亿美元，对应的金融资产和金融负债是如何变化的呢？从上表可知，金融资产同时增加了 1 亿美元（现金增加了 2 亿美元，其他金融资产下降了 1 亿美元），金融负债下降了 2 亿美元，所有者权益增加了 6 亿美元。对于 A 公司来说，所有者权益的增加视为储蓄，实物资产的增加视为投资，该部门的所有者权益增加额大于实物资产的增加额，因此 A 公司是储蓄盈余部门（Savings-Surplus Sector）。如果将 A 公司视为整个国内经济各部门的合计，相当于本国的储蓄大于投资，相当于本国经常账户和资本账户出现了顺差（净贷出状态），金融账户出现了逆差，表示对外净金融资产增加（或净金融负债下降）。反之，A 公司则属于储蓄赤字部门（Savings-Deficit Sector）。就整个国家而言，相当于本国的储蓄小于投资，相当于本国经常账户和资本账户出现了逆差（净借入状态），金融账户出现了顺差，表示对外净金融负债增加（净金融资产下降）。

在资金流量分析中，往往将某部门分为资金来源和资金运用两个方面。某部门的资金来源等于资金运用。相应地，整个国家的资金来源也等于资金运用。从实体经济层面来看，一国的总储蓄等于国民可支配收入减去最终消费。如前所述，如果总储蓄减去国内投资为正，该国就处于净贷出状态；反之，该国就处于净借入状态。与之相对应，如果一国处于净贷出状态，从金融层面来看，该国就处于净金融投资状态，表示该国在某一时间跨度内对外的净金融资产增加；如果一国处于净借入状态，在金融层面该国就处于净金融负债状态，表示该国在某一时间跨度内对外的净金融负债增加。

从整个社会来看，由于存在“资金来源=资金运用”，所以从增量关系来看，存在以下关系式：

$$\Delta\text{实物资产} + \Delta\text{金融资产} = \Delta\text{所有者权益} + \Delta\text{金融负债}$$

上述公式又表示为：

$$\text{投资} + \text{新增贷款} = \text{储蓄} + \text{新增借款}$$

因此，我们将等号左侧视为可贷资金的运用，等号右侧视为可贷资金的来源。由于各个部门的收支状况不同，住户部门往往是收大于支，企业部门则往往是支大于收，由此形成相互的资金借贷活动，资金流量（Flow of Funds）分析就是对各部门的资金运动进行描述。在开放经济状态下，资金运动更为复杂。将本国各部门视为一个整体，其收支差额合计就是本国当年的经常账户差额，也就是本国当年国际投资头寸的变化额。

在开放经济状态下，整个经济包括六个部门：家庭部门（又称“住户部门”）、厂商部门（又称“非金融企业”）、政府部门、商业银行部门、中央银行部门和外国部门。家庭部门、厂商部门合称为私人部门。政府部门包括一国中央政府、各级地方政府以及政府的所有部门和机构。商业银行部门包括商业银行、储蓄银行和中央银行之外的其他金融机构。中央银行部门指中央银行。商业银行部门和中央银行部门合称为整个银行体系。外国部门包括所有非居民。

开放经济体同时存在八个市场：货物与服务市场、国内基础货币市场、商业银行存款市场、本国政府债券市场、本国贷款市场、本国股票市场、外汇市场、外国证券市场。货物与服务市场包括由所有货物与服务交易(生产、交换和转移)构成的实际资源交换市场。该市场反映的是货物与服务流，那么其对应的其他市场反映的就是资金流。资金流的载体是金融工具。金融工具按国别划分，可以分为国内金融工具和国外金融工具两大类，国内金融工具又可以分为以下五种：中央银行负债、商业银行负债、本国政府债券、本国银行贷款、本国股票。对私人部门而言，所有国内金融资产包括以上五个方面。中央银行负债包括硬币、钞票和商业银行在中央银行的存款，商业银行负债主要是商业银行存款。本国居民在与外国居民发生经济交易时，还会发生外币金融资产的交易，这里将其划分为外汇银行存款(外国金融机构负债和外国中央银行负债)和外国证券(即外国政府债券、银行贷款和股票的合并)。按照融资方式的不同，可以分为直接融资和间接融资，反映直接融资的项目主要是债券和股票，反映间接融资的项目主要是商业银行贷款。在间接融资过程中，各部门的资金来源和运用的变化会使得商业银行的资产负债表余额发生变化，商业银行赚取的是息差。在直接融资过程中，商业银行只起到提供发行、销售服务的作用，收取的是手续费，更重要的是，各部门的资金来源和运用的变化不会使得商业银行资产负债表的余额发生变动，但是会导致其结构发生变化。

各个部门在相应的市场，或者作为需求者，或者作为供给者，相互发生经济交易，这既包括实体经济层面的交易，又包括金融经济层面的交易。表 2-21 中每列各项总和为零反映的是该列所表示部门的预算约束，即每一部门的收入和支出必然相等。在国民经济核算中，又称为垂直复式记账法(Vertical Double-Entry Bookkeeping)，其特点是每笔交易至少有一个“贷方”分录和一个“借方”分录。这就是传统的复式记账方法，从某国资产负债表来看，意味着资产等于负债加权益。每一行代表一个市场，每个市场的供给和需求必然相等，因此其差额为零，这又被称为水平复式记账法(Horizontal Double-Entry Bookkeeping)。其特点是如果单位 A 向单位 B 提供某种资源或者物品，那么单位 A 和单位 B 的账户都应记录同等金额的交易：单位 A 的账户中记付款，单位 B 的账户中记收款。例如，从全球来看，所有国家的出口应等于所有国家的进口。请注意，这里是从事后的角度来考察的，即事后的总供给必然等于事后的总需求。这同时也是一个恒等式的概念，但并不代表等式左右两侧存在因果关系。同时采用垂直和水平复式记账，则称为四式复式记账法(Quadruple-Entry Bookkeeping)。

表 2-21　实体经济与金融经济的资金流量矩阵

市场	私人部门		政府(g)	商业银行(b)	中央银行(c)	非居民(f)	合计
	家庭(p)	厂商(e)					
货物与服务	$I-S$		$G-T$	~	~	CAB	0
国内基础货币	ΔH_p	ΔH_e	~	ΔH_b	ΔH^c	~	0
商业银行存款	ΔD_p	ΔD_e	~	ΔD^b	—	ΔD_f	0
本国政府债券	ΔN_p	ΔN_e	ΔN^g	ΔN_b	ΔN_c	ΔN_f	0
国内贷款	ΔB_p	ΔB^e	~	ΔR_b	ΔB_c	ΔB_f	0
国内股票	ΔE_p	ΔE^e	~	ΔE_b	—	ΔE_f	0
外汇	ΔR_p	ΔR_e	~	ΔR_b	ΔR_c	ΔR^f	0
外国证券	ΔF_p	ΔF_e	~	ΔF_b	ΔF_c	ΔF^f	0
合计	0	0	0	0	0	0	0

注：(本外币)金融资产持有量是个存量概念，但是本表考察的是在一定时期内的流量变化，因此采用“Δ”符号来表示金融资产的变化额度。上标表示所标的部门为该资产的发行部门(即供给部门)，下标表示所标的部门为该资产的持有部门(即需求部门)。符号“～”表示这一项为空白，符号“—”表示这一项在逻辑关系上不存在。

2.4.1 各行的恒等式

如表2-9所示，第一行的恒等式为：

$$(I - S) + (G - T) + CAB = 0$$

其经济含义为私人部门对货物与服务的超额需求和政府部门对货物与服务的超额需求(财政赤字)必然通过贸易赤字来弥补。其中，家庭部门提供储蓄，厂商部门提供投资。第一行中第四列与第五列两项都为“～”，即假定银行和中央银行不参与货物与服务市场上的交易，只参与金融市场交易。

第二行的恒等式为：

$$\Delta H_p + \Delta H_b + \Delta H_e + \Delta H^c = 0$$

其中，H表示国内基础货币，它由中央银行发行(ΔH^c)，由家庭部门(ΔH_p)、厂商部门(ΔH_e)和商业银行部门(ΔH_b)分别持有，分别为家庭和厂商持有的现钞，以及商业银行部门持有的库存现金和存款准备金。该行第三列和第六列两项为“～”，即分别假定政府不持有或发行基础货币，外国部门也不持有本国基础货币。

第三行的恒等式为：

$$\Delta D_p + \Delta D_e + \Delta D_f + \Delta D^b = 0$$

其中，D表示本国商业银行存款，其含义为由本国商业银行部门发行的银行存款(ΔD^b)由家庭部门(ΔD_p)、厂商部门(ΔD_e)和外国部门(ΔD_f)持有；ΔD_f表示非居民的本币存款。该行第五列的“—”表明，中央银行不在银行部门持有存款。

第四行的恒等式为：

$$\Delta N_p + \Delta N^g + \Delta N_e + \Delta N_b + \Delta N_c + \Delta N_f = 0$$

其中，N表示国内政府证券。假定政府部门发行政府债券(ΔN^g)，该等式的含义为政府发行的国内债券的持有部门包括家庭部门(ΔN_p)、厂商部门(ΔN_e)、银行部门(ΔN_b)、中央银行(ΔN_c)和非居民部门(ΔN_f)。

第五行的恒等式为：

$$\Delta B_p + \Delta B^e + \Delta B_b + \Delta B_c + \Delta B_f = 0$$

其中，B表示国内贷款。其含义是厂商部门向其他部门的融资(即负债ΔB^e)，为厂商提供贷款的主要部门包括家庭部门(ΔB_p)、商业银行部门(ΔB_b)、中央银行(ΔB_c)和非居民部门(ΔB_f)。这里假定厂商之间不互相提供贷款。(实际上，厂商部门相互提供融资，为什么这里不做反映呢？因为这一行揭示的是厂商部门与其他部门之间的资金关系，所以厂商部门内部的资金往来在合并过程中相互抵消而不做反映。)

第六行的恒等式为：

$$\Delta E_p + \Delta E^e + \Delta E_b + \Delta E_f = 0$$

其中，E表示国内股票。其含义是厂商部门发行股票(ΔE^e)，持有的部门包括家庭部门(ΔE_p)、银行部门(ΔE_b)和非居民部门(ΔE_f)。这里假定厂商之间不互相持有股票，中央银行也不持有厂商发行的股票。

第七行的恒等式为：

$$\Delta R_p + \Delta R_e + \Delta R_b + \Delta R_c + \Delta R^f = 0$$

其中，R表示外汇(即外国银行存款，不仅包括商业银行存款，而且包括中央银行存款)。非居民部门（ΔR^f）发行外汇，家庭部门（ΔR_p）、厂商部门（ΔR_e）、商业银行部门（ΔR_b）和中央银行（ΔR_c）持有外汇。政府部门不持有外汇。

第八行的恒等式为：

$$\Delta F_p + \Delta F_e + \Delta F_b + \Delta F_c + \Delta F^f = 0$$

其中，F 表示外国证券。非居民部门（ΔF^f）发行外国证券，家庭部门（ΔF_p）、厂商部门（ΔF_e）、商业银行部门（ΔF_b）和中央银行（ΔF_c）持有外国证券。中央银行持有的外汇（ΔR_c）和外国证券（ΔF_c）构成了外汇储备。

2.4.2　各列的恒等式

如表 2-9 所示，第一列的恒等式为：

$$-S + \Delta H_p + \Delta D_p + \Delta N_p + \Delta B_p + \Delta E_p + \Delta R_p + \Delta F_p = 0$$

这是家庭部门对储蓄的使用。该式可以变形为 $S=\Delta H_p+\Delta D_p+\Delta N_p+\Delta B_p+\Delta E_p+\Delta R_p+\Delta F_p$，表明家庭部门储蓄的持有形式包括基础货币（$\Delta H_p$）、存款（$\Delta D_p$）、国内债券（$\Delta N_p$）、贷款（$\Delta B_p$）、国内股票（$\Delta E_p$）、外汇（$\Delta R_p$）和外国债券（$\Delta F_p$）。等式右侧表示某一时期私人部门持有的金融财富的增加量。

第二列的恒等式为：

$$I + \Delta H_e + \Delta D_e + \Delta N_e + \Delta B^e + \Delta E^e + \Delta R_e + \Delta F_e = 0$$

厂商部门在市场上通过发行股票与向其他部门贷款筹集资金（体现为厂商资产负债表的负债和权益项目），通过投资提供货物与服务（厂商资产负债表的实物资产），持有现金和银行存款、政府债券、外汇和外国债券（厂商资产负债表的金融资产）。这里没有考虑企业发行债券的情况，因为企业发行债券形成企业的负债，与这里的企业向其他部门贷款没有实质性差异。

第三列给出的是政府预算约束：

$$G - T + \Delta N^g = 0$$

其经济含义为如果政府预算出现赤字，政府将发行政府债券来进行融资。这里没有考虑政府独立发行货币的情况。

第四列是商业银行部门的资产负债表约束：

$$\Delta H_b + \Delta D^b + \Delta N_b + \Delta B_b + \Delta E_b + \Delta R_b + \Delta F_b = 0$$

其经济含义为不考虑商业银行部门的资本金，商业银行部门的资产增量等于负债增量。具体来看，负债方为商业银行部门发行的银行存款（ΔD^b），资产方为商业银行部门在中央银行的存款（即基础货币 ΔH_b）、商业银行部门持有的政府债券（ΔN_b）、向企业提供的贷款（ΔB_b）、股票（ΔE_b）以及其持有的外汇（ΔR_b）和外国证券（ΔF_b）。由于以上各项符号均为正，因此在理解过程中需要注意。在商业银行部门的资产负债表中，“贷方”项目符号通常记为正，“借方”项目符号通常记为负，由于借贷双方各自总和数量相同，但符号相反，因此有 Δ 资产+Δ 负债=0。

第五列是中央银行的资产负债约束：

$$\Delta H^c + \Delta N_c + \Delta B_c + \Delta R_c + \Delta F_c = 0$$

其经济含义为中央银行的资产等于负债。具体来看，中央银行负债方为其发行的基础货币（ΔH^c）。资产方包括两大部分：一是其持有的国内金融资产，包括政府债券（ΔN_c）、再贴现或再贷款（ΔB_c）；二是其持有外汇（ΔR_c）和外国债券（ΔF_c），这两者构成中央银行的外汇储备。假定中央银行不持有公司股票。如果将商业银行部门的资产负债表和中央银行的资产负债表合并，就可以构成整个银行体系的资产负债表。

$$(\Delta H_b+\Delta H^c)+\Delta D^b+(\Delta N_b+\Delta N_c)+(\Delta B_b+\Delta B_c)+\Delta E_b+(\Delta R_b+\Delta R_c)+(\Delta F_b+\Delta F_c)=0$$

对上式重新整理，其目的是希望得到外汇储备的影响因素：

$$(\Delta R_c+\Delta F_c)+(\Delta B_b+\Delta B_c)+\Delta E_b+(\Delta R_b+\Delta N_b+\Delta F_b+\Delta N_c)=-\Delta D^b-(\Delta H_b+\Delta H^c)$$

根据第二行 $\Delta H_p+\Delta H_b+\Delta H_e+\Delta H^c=0$ 和第三行 $\Delta D_p+\Delta D_e+\Delta D_f+\Delta D^b=0$，将中央银行持有的外汇和外国证券合计为外汇储备，即 $\Delta R=\Delta R_c+\Delta F_c$，将本国中央银行持有的政府证券、银行贷款和商业银行持有的政府证券、银行贷款和股票以及外币和外国证券之和定义为 $\Delta Q=\Delta E_b+\Delta B_b+\Delta R_b+\Delta N_b+\Delta F_b+\Delta N_c+\Delta B_c$，这可以近似地理解为本国银行体系持有的除了外汇储备之外的其他资产，将本国的货币供应量（增量）定义为本国居民持有的现钞（ΔH_p）、商业银行存款（ΔD_p）、本国厂商持有的现钞（ΔH_e）、商业银行存款（ΔD_e）和非居民持有的本国银行存款（ΔD_f），即 $\Delta M=\Delta D_p+\Delta D_e+\Delta D_f+\Delta H_p+\Delta H_e$，可以得到以下恒等式：$\Delta M+\Delta R+\Delta Q=0$，其经济含义就是整个银行体系的负债方为货币供应量（增量为 ΔM），资产方对应的是中央银行持有的外汇储备（ΔR）和整个银行体系持有的本外币资产（ΔQ）。

第六列是非居民部门的预算约束：

$$CAB+\Delta D_f+\Delta N_f+\Delta B_f+\Delta E_f+\Delta R^f+\Delta F^f=0$$

这是一国国际收支平衡表的约束条件。CAB 即为经常账户差额，ΔD_f 和 ΔN_f 以及 ΔB_f 和 ΔE_f 为本国对外负债的变化（也可以理解为外国对本国资产的变化），ΔF^f 和 ΔR^f 为本国对外资产的变化（同样可以理解为外国对本国负债的变化）。其经济含义为本国经常账户的差额必然带来本国对外金融资产与金融负债的净变化，经常账户顺差会带来本国对外净金融资产的增加；反之将会带来对外净金融资产的减少。

如果将第七行和第八行的恒等式代入上式，可以得到以下恒等式：

$$CAB+\{(\Delta D_f+\Delta B_f+\Delta N_f+\Delta E_f)-[(\Delta R_p+\Delta F_p)+(\Delta R_e+\Delta F_e)+(\Delta R_b+\Delta F_b)]\}=\Delta R_c+\Delta F_c$$

该等式进一步将本国对外金融资产与金融负债按照部门进行分类，其含义为本国经常账户的差额等于本国私人部门和银行部门对外净金融资产的变化额与中央银行外汇储备的变化额之和。

2.5 本章小结

经济流量是反映一定时期内某种经济活动发生规模的总量，经济存量反映在某一时点经济资源拥有的总量。国际投资头寸表与国际收支平衡表分别从存量和流量的角度反映一国对外经济交易。国际投资头寸表与国际收支平衡表合称国际账户（International Accounts）。经济流量与经济存量的关系如下：期初经济存量与本期经济流量之和形成期末经济存量。不少经济流量都有与其直接对应的经济存量，如期初储蓄存款余额加上本期储蓄存款增加额等于期末储蓄存款余额。但是，也有一些经济流量没有直接对应的经济存量，如进出口额、工资等。国际收支平衡表中记录的交易是引起国际投资头寸变化的主要原因，同时，汇率、资产价格的变化也会影响国际投资头寸的变化。另外，某些非交易因素引起的单方面行为（黄金的货币化以及债权人注销坏账）也会影响国际投资头寸。

某国居民对非居民的求偿权（股权和债权）以及货币黄金等金融资产减去该国居民对非居民的负债（含股权和债权）的差额就是净国际投资头寸。若差额为正，该国为净金融资产国；反之，差额为负，则该国为净金融负债国。请注意，前者不能称为债权国，后者也不能称为债务国。国际投资头寸不同于外债头寸，是比外债头寸更全面反映本国对外金融资产和负债的指标。净外债头寸仅仅是外债总额减去债务工具形式的对外资产。外债总额是在任一时点上一国居民欠非居民的、已拨付且未偿清的契约性负债余额，该项负债须向非居民偿还本金（带利息或不带利息）或支付利息（带本金或不带本金）。从流量角度来看，如果本国经常账户和资本账户差额的合计为正，表示本国让渡了实际资源，反之，表示本国占用了其他国家的实际资源。从存量的角度分析，净国际投资头寸为正，表示本国拥有对外净金融资产，反之，表示本国对外是净金融负债。对于净外债头寸而言，外债头寸为正，表示本国对外有净负债，反之，表示本国对外有净债权。

一国国际投资头寸表与一国资产负债表存在勾稽关系。一国的资产负债表由国内各个经济主体的资产负债表合并而成。在封闭经济下，一国各个经济主体的资产负债表合并后，彼此的金融资产与金融负债相互抵消，一国的财富就等于所有经济主体的非金融资产（即实物资产）之和。从时间跨度的变化值来看，一国财富的增加值等于这时段内的投资额（流量）。根据投资等于储蓄的原理，一国财富的增加最终来源于该国的储蓄。在开放经济下，国内经济主体由于存在对外的金融资产与金融负债，相互轧差之后，一国的财富就等于所有经济主体的非金融资产与对非居民的净金融资产之和。从时间跨度的变化值来看，非金融资产的变化额仍然等于国内投资；对非居民的净金融资产变化额等于该国经常账户差额（不考虑价格、汇率等的变化因素），这两者之和仍然来源于一国储蓄。这与第 1 章的储蓄等于投资与经常账户差额之和的结论相呼应。

在一国的不同发展阶段，该国的国际投资头寸与经常账户差额存在阶段性的周期变化。一般从幼稚的净金融负债国过渡到成熟的净金融负债国，然后是幼稚的净金融资产国，最后发展为成熟的净金融资产国。中国国际投资头寸的变化趋势与传统的模式不同，值得关注。

开放经济下的资金流量分析可以揭示货物流和资金流的变化。在开放经济下，整个经济可以分为家庭部门、厂商部门、政府部门、商业银行部门、中央银行部门和外国部门，开放经济体同时存在八个市场：货物与服务市场、国内基础货币市场、商业银行存款市场、本国政府债券市场、本国贷款市场、本国股票市场、外汇市场和外国证券市场。从各个市场来看，货物流的变化揭示国民收入恒等式，资金流的变化揭示各种金融工具的发行部门与持有部门之间的关系。从各个部门来看，这揭示了各个部门的资金来源与资金运用恒等的关系。

第3章
CHAPTER3

外汇与汇率

在开放经济下，本国居民与外国居民的交易往往涉及资金的收付和货币的兑换。货币兑换价格的变化不仅影响交易双方的资产与负债，而且对诸多宏观经济变量，如经济增长率、失业率、通胀率以及国际收支也将产生影响。1971年时任美国尼克松政府财政部长的约翰·康纳利(John Connally)曾对为美元贬值深感焦虑的欧洲各国财政部长们说过一句著名的话："美元是我们的货币，却是你们的问题。"为什么欧洲国家担心美元的贬值？不同的经济主体为什么需要外汇？短期内有哪些因素决定本币与外币的兑换比率？长期内汇率水平的走势受哪些因素的影响？汇率为什么会出现过度的波动？这种波动又将产生何种影响？与其他经济指标不同，汇率的波动性非常显著，并且呈现出非连续的跳跃性，在短期内汇率会呈现出漂移等特征，那么为什么汇率会有这些特征？这都是国际金融学近年来主要的研究领域。本章主要阐述外汇和汇率的基本概念，并对两个相对复杂的概念——实际汇率和有效汇率——进行较详细的介绍。

3.1 外汇与外汇市场

在现代社会，各主权国家大都有本国货币(National Currency)，一般不允许外国货币在本国交易和流通。在国际经济交易中，则会涉及大量的外币债权债务，这需要经济主体通过银行买卖外汇来实现。在国际交易中，涉及最多的往往是几种主要的国际货币，如美元、欧元、日元和英镑等。

3.1.1 外汇与外汇头寸

那么，什么是外汇(Foreign Exchanges)呢？简单地讲，外汇是指以外币标价的用于国际清算的各类支付手段，如外汇存款等。值得注意的是，并非所有的外国金融资产都是外汇，如外币标价的国债就不是外汇，而只有可随时用于国际清算的外国货币资产才属于外汇。根据外汇在使用过程中是否涉及货币发行国的批准，外汇还可以分为自由外汇和记账外汇(又称协定外汇或清算外汇)。自由外汇是指其持有者可以自主决定对外支付，无须货币发行国批准便可以随时动用的外汇。记账外汇是指在对外支付方面受到限制，未经货币发行国批准不能自由兑换成其他货币，也不能对第三国进行支付，两国政府通常会签署双边支付协定(Bilateral Payments Agreement)，在协定中对货币兑换和支付问题进行了详细的规定。本书讨论的主要是自由外汇。

读者还需要注意头寸(Positions)这个术语。简言之，头寸就是经济主体(政府、企业或个人)在某一时点持有的银行存款余额。若该余额为正，即为多头(Long Position)，又称为买超(Overbought Position)；若该余额为负，即为空头(Short Position)，又称为卖超(Oversold Position)。外汇头寸就是外汇存款余额。不论是外汇多头还是外汇空头，由于汇率的波动，这都会给经济主体带来风险，所以上述头寸又称为外汇的敞口头寸(Open Positions)。如果在某一日经济主体买入的某种外汇额恰好等于卖出的外汇额，外汇余额为零，则称为“轧平”或者“平仓”(Equilibrium Position；Square Position)，此时无论汇率如何变化，对经济主体都不产生影响。从期限上来看，头寸可以分为即期敞口头寸和远期敞口头寸。下面我们给出外国某商业银行在2016年5月9日的外汇交易(见表3-1)。

表3-1 某银行外汇买卖头寸表 (货币单位以万计)

欧元		汇率	美元	
买入	卖出		买入	卖出
100		1.2440		124.4
200		1.2440		248.8
	150	1.2460	186.9	
250		1.2440		311
	100	1.2460	124.6	

某外国银行在当日营业结束后，头寸表上出现了如下变化：欧元多头300万(即100+200+250−150−100)，美元空头372.7万(即186.9+124.6−124.4−248.8−311)，其平均汇率为EUR/USD=1.2423(372.7/300)。如果该银行以美元为本币，欧元为外币，那么300万欧元就是该银行的风险敞口。如果双边汇率在收盘时变化为EUR/USD=1.2200，那么该银行将出现亏损。下面给出一个稍微复杂的外汇头寸计算表(见表3-2)。

表3-2 某银行资金头寸计算表 (货币单位以万计)

期初头寸余额	美元	+20			
	欧元	−10			
本期交易	币种	买入	汇率	币种	卖出
	美元	15.66	1.5660	欧元	−10
	日元	2116	105.80	美元	−20
	欧元	20.348	2.0348	英镑	−10
本期头寸交易	美元	16.008(15.66−20+20.348)			
	日元	2116			
	英镑	−10			
	欧元	−10			

（续）

期末头寸余额	美元	+36.008(20+16.008)
	日元	+2116
	英镑	-10
	欧元	-20(-10-10)

在2018年5月15日交易结束时，某银行有20万美元的多头和10万欧元的空头。由于没有进行相应的交易锁定风险，所以上述头寸属于敞口头寸。5月16日，该银行做了三笔交易，以1欧元兑1.5660美元的价格卖出10万欧元，以1美元兑105.8日元的价格卖出20万美元，以1英镑兑2.0348美元的价格卖出10万英镑。当日交易终了，美元出现多头16.008万，日元多头2116万，英镑空头10万，欧元空头20万。

❖专栏3-1

银行结售汇、远期结售汇签约、银行代客结售汇及其与外汇储备和国际收支的关系

在我国外汇管理当中，银行结售汇综合头寸管理是一个重要概念。它是指外汇指定银行持有的因人民币与外币交易形成的外汇头寸，由对客户结售汇业务、自身结售汇业务和参与银行间外汇市场交易所形成。我国目前对银行结售汇综合头寸的管理实行法人统一核定头寸，并采取头寸限额管理，同时按权责发生制原则进行正负区间限额管理，即银行应将对客户结售汇业务、自身结售汇业务和参与银行间外汇市场交易在交易订立日(而不是资金实际收付日)计入头寸，并按周进行考核与监管。

银行结售汇是指外汇指定银行为客户及其自身办理的结汇和售汇业务，包括远期结售汇业务，不包括银行间外汇市场交易业务。银行结售汇统计时点为人民币与外汇兑换行为发生时。其中，结汇是指外汇所有者将外汇卖给外汇指定银行，售汇是指外汇指定银行将外汇卖给外汇使用者。结售汇差额是结汇与售汇的轧差数。银行结售汇形成的差额将通过银行在银行间外汇市场买卖平盘，是引起我国外汇储备变化的主要来源之一，但其不等于同期外汇储备的增减额。银行结售汇不按居民与非居民交易的原则进行统计，且其仅包括银行与客户及其自身之间发生的本外币买卖，即人民币和外汇的兑换交易，不同于国际收支交易的统计范围。远期结售汇签约是指银行与客户协商签订远期结汇(售汇)合同，约定将来办理结汇(售汇)的外汇币种、金额、汇率和期限；到期外汇收入(支出)发生时，即按照远期结汇(售汇)合同订明的币种、金额、汇率办理结汇(售汇)。远期结售汇业务使得企业可提前锁定未来结汇或售汇的汇率，从而有效规避人民币汇率变动的风险。银行一般会通过银行间外汇市场来对冲远期结售汇业务形成的风险敞口。比如，当银行签订的远期结汇大于远期售汇时，银行一般会将同等金额的外汇提前在银行间外汇市场卖出，反之亦然。因而远期结售汇也是影响我国外汇储备变化的一个因素。

银行代客涉外收付款是指境内非银行居民机构和个人(统称非银行部门)通过境内银行与非居民机构和个人之间发生的收付款，不包括现钞收付和银行自身涉外收付款。具体包括：非银行部门和非居民之间通过境内银行发生的跨境收付款(包括外汇和人民币)，以及非银行部门和非居民之间通过境内银行发生的境内收付款(暂不包括境内居民个人与境内非居民个人之间发生的人民币收付款)，统计时点为客户在境内银行办理涉外收付款时。其中，银行代客涉外收入是指非银行部门通过境内银行从非居民收入的款项，银行代客对外支出是指非银行部门

通过境内银行向非居民支付的款项。

银行代客涉外收付款是国际收支统计的组成部分，但其统计原则与国际收支采用的权责发生制原则不同，而是采用资金收付制原则，且其仅反映境内非银行部门与非居民之间的资金流动状况，不能反映实物交易和银行自身的涉外交易，统计范围小于国际收支统计。银行代客结售汇是指外汇指定银行为客户办理的结汇和售汇业务，反映了外汇指定银行为机构客户和个人客户办理的结汇、售汇规模。银行代客结售汇不包括外汇指定银行为自身办理的结售汇和银行间外汇市场交易数据。银行代客结售汇形成的差额将通过银行在银行间外汇市场买卖平盘，是引起我国外汇储备变化的主要原因之一，但引起外汇储备变化的因素还包括外汇指定银行为自身办理的结售汇和银行结售汇综合头寸变动等。银行代客结售汇数据与银行代客涉外收付款数据在统计数据范围和统计时点上均存在差异。银行代客涉外收付款是国际收支统计的组成部分，反映境内非银行部门与非居民之间的资金流动状况，统计时点为客户在境内银行办理涉外收付款时。银行代客结售汇不按居民与非居民交易的原则进行统计，凡在境内银行柜台发生的人民币与外币交易(外汇指定银行自身除外)，均纳入该统计，统计时点为人民币与外汇兑换行为发生时。

资料来源：国家外汇管理局。

3.1.2 可兑换货币、可自由使用货币、国际货币与避险货币

在国际交易中，有诸多术语，如“可自由兑换货币”“可自由使用货币”“国际货币”与“避险货币”等。下面我们逐一来介绍。

1. 可自由兑换货币

在不同的时期，货币可自由兑换(Convertibility)的概念是不同的。在金本位条件下，货币的可自由兑换是指银行发行的银行券(Bank Note)与黄金的兑换。在不可兑现的信用货币时代，货币的可自由兑换包括两重含义：一种含义是指某种货币与其他国家货币的自由兑换，这种含义更为常见；还有一种含义就是国内银行存款与现钞的兑现，也就是国内商业银行的负债与中央银行的负债之间的自由兑换，这往往发生在国内出现较严重的银行危机时期。在国际金融课程中，主要是前面一种含义。根据国际收支平衡表不同账户，货币可以分为“经常账户下的可自由兑换”和“资本账户下的可自由兑换”，还有“完全的可自由兑换”。“经常账户下的可自由兑换”是指货币当局允许经常账户下的交易实现本币与其他货币的自由兑换。“资本账户下的可自由兑换”是指在资本与金融账户下的交易实现了本外币的自由兑换。“完全的可自由兑换”是指货币当局不仅允许经常账户下的交易实现本币与其他货币的自由兑换，而且资本与金融账户下的交易也允许自由兑换，即货币当局取消全部的资本管制。以人民币为例，1996年12月中国政府放开了经常账户的可自由兑换，但是截至目前仍然保持对资本与金融账户下一定程度上的交易限制。

2. 可自由使用货币

此外，在IMF的各类文件中，还经常出现“可自由使用货币”(Freely Usable Currencies)这个术语。什么是“可自由使用货币”呢？这是IMF成员方货币入选SDR货币篮子的基础。采用可自由使用的标准是为了保证纳入SDR货币篮子的是最能代表世界贸易和金融体系中使用情况的货币，具体包括两个条件：(1)在国际交易支付中被“广泛使用”(Widely Used)，

具体是按“出口规模”计算，即某个国家或地区在考察期前5年中的货物与服务出口量居世界前列；(2) 在主要外汇市场上被“广泛交易”(Widely Traded)，具体用“在官方储备中的占比”“在国际银行负债中的占比”“在国际债务证券中的占比”“贸易融资中的比重”“在主要外汇市场交易量”等指标来衡量。在主要外汇市场上被“广泛交易”，就是为了确保当篮子货币并非某成员国际收支所需要的货币时，一国或地区能够以相对较低的成本将该篮子货币兑换成另一种货币(同时不会对外汇市场形成冲击)，从而间接地满足其国际收支需要。这客观上要求SDR的篮子货币所对应的外汇市场必须有足够的深度，同时至少在亚太市场、欧洲市场及北美市场市场中的两个外汇市场均有该货币的广泛交易。一国或地区货币成为SDR篮子货币之后，还要满足IMF和外国官方投资者(不论是私人投资者，还是官方投资者，如外国中央银行和储备资产管理者)在资产配置和风险管理上的需要，具体包括以下几方面：一是外国投资者可以投资该国债券市场，配置该国的政府债券等资产；二是外国投资者可以投资该国的金融衍生品市场，对冲与该币种相关的利率和汇率风险；三是外国投资者可以在外汇市场上交易该货币，满足其国际交易管理的需要；四是所有的交易应方便、透明，并由具有资质的金融机构提供代理；五是提供代表性利率(具有高度流动性的3个月期政府债券)，以满足SDR利率定价的需要；六是提供市场化的代表性汇率，以满足SDR汇率定价的需要；七是当事方需要提供开立账户、托管等业务，完善金融基础设施安排，以满足外国投资者资产管理的需要。

货币的“可自由使用”和“资本项目可兑换”是有关联但不完全相同的两个概念。资本项目可兑换既不是可自由使用的充分条件，也不是其必要条件。首先，可自由使用货币发行国仍可以保留对某些资本项目的限制。货币的“可自由使用”只要求满足“广泛使用”和“广泛交易”两个标准，与资本项目的开放与管制无关。一国货币成为可自由使用货币并不意味着对IMF资本项目中的7大项40小项的开放程度提出具体要求。其次，很多可兑换货币都不是可自由使用货币。但是，“可自由使用”标准隐含了对一定水平的资本项目可兑换的要求，资本项目可兑换也可以提高可自由使用程度。如果一国或地区政府存在的资本管制过多，势必会影响该国货币在国际上使用和交易的范围。如果某种货币被纳入SDR的篮子货币，同时该货币存在部分资本管制的话，则需要确保其他成员方使用该货币时，该货币发行方能够从本国储备中直接提供可自由使用的货币，或者他国持有者能够在不受损失的情况下自由交易该种货币。以人民币为例，如果人民币被IMF认定为可自由使用且存在资本管制的货币，那么当其他成员方将持有的人民币兑换成其他可自由兑换货币时，中国政府必须保证能够予以兑换，并确保交易的离岸与在岸市场价格是相对统一的。

3. 国际货币

什么是国际货币(International Currency)？IMF共有188个成员方，实现了经常账户下可自由兑换的货币达170多种，实现了资本与金融账户下可自由兑换的货币仅有数十种，国际货币的数额则不足10种。一般认为，1999年欧元问世之后主要的国际货币包括美元、欧元、英镑和日元，其中最主要的国际货币仍然是美元。根据货币的一般理论，货币在国内的职能主要体现在三方面：(1) 记账单位；(2) 交换媒介；(3) 价值储藏。国际货币的职能是国内货币职能的延伸，也就是主权货币在世界范围内发挥上述功能。表3-3总结了国际货币的职能。

表 3-3 国际货币的职能

职能	产生于	在私人部门的作用	在官方部门的作用
国际记账单位	信息成本	发票货币(Invoicing Currency)	钉住货币(Pegging Currency)
国际交易媒介	交易成本	基准货币(Vehicle Currency)	干预货币(Intervention Currency)
国际价值储藏	价值稳定	银行货币(Banking Currency)	储备货币(Reserve Currency)

资料来源：Micheal Melvin. International Money and Finance[M]. 7th Ed. New Jersey：Addison Wesley，2004.

国际记账单位的职能源于货币的信息成本。在国际市场上大宗初级商品，如原油、咖啡、橡胶等产品的品质差异相对较小，采用统一的货币标价使得价格信息传递较快。国际货币相对于其他货币具有更强的信息优势，因此私人部门将国际货币用作国际贸易合同中的发票货币。所谓发票货币(Invoicing Currency)，是指经济主体在合同中指定的、据以确定交易流量和头寸价值的货币。在官方部门中，国际货币成为其他货币钉住的对象。还需要指出的是，国际贸易中的发票货币也就是计价货币(Currency of Denomination，也可以翻译成“标价货币”)。一般来说，在国际贸易中的计价货币有三种选择：以出口国货币计价；以进口国货币计价；以第三方的基准货币(Vehicle Currency)计价。所谓基准货币，是指在国际交易中使用非常活跃、交易成本较低的货币。发达国家和发展中国家之间的贸易，一般采用发达国家的货币进行计价。发达国家之间的贸易，计价货币的选择与贸易品的种类有关。例如，在石油、农产品等同质性强的产品贸易中，以美元等第三国货币计价(Vehicle Currency Pricing，VCP)；在差异性较大的产品贸易中，以出口国的货币为计价货币，这也被称为“生产者货币定价”(Producer Currency Pricing，PCP)；次优选择是采用进口国的货币计价(Local Currency Pricing，LCP)。这是20世纪瑞典经济学家斯文·格拉斯曼(Sven Grassman)总结的国际贸易中计价货币的使用规律。例如，1992～1996年，美国出口品中美元的计价比例为98%；德、英、法、日四国的这一比例分别为76%、62%、52%、36%。从进口品来看，同期美国进口品的89%以美元计价，德、英、法、日四国的这一比例分别为53%、52%、48%、70%。这表明综合国力强的国家，其货币在进出口计价方面往往占优势。目前，在国际贸易和金融交易中计价货币的份额，美元在40%以上，欧元在30%左右，日元和英镑在8.5%左右，其他国家货币均在4%以内；在全球外汇储备中的份额，美元在60%以上，欧元在20%左右，日元约5.5%，其他国家货币均在4.5%以内。从2009年中国政府推动人民币跨境结算开始，人民币国际化进程已经走过了10年。然而，在国际贸易和金融交易中计价份额以及外汇储备的份额，人民币不足2%。

1969年SDR创立以后，已经有很多国际金融机构使用SDR作为记账单位，如国际清算银行、非洲开发银行、亚洲开发银行、西非国家经济共同体和伊斯兰开发银行等。IMF向各成员方提供以SDR标价的贷款。然而，计价货币并不等同于结算货币(Currency of Settlement)。例如，中国某上市公司所有的现金流都采用人民币来确定，其财务报表也采用人民币来报告，因此其计价货币是人民币。但是，该公司与外国进出口商的贸易往来采用美元结算，因此美元是对外贸易中的结算货币。这意味着该公司的对外贸易每次结算都需要进行货币折算。此外，在跨国公司财务管理中还有一个相关的专业术语是“Reporting Currency”，可以翻译为“报告货币”。例如，总部在德国的某跨国公司，在中国、日本、美国和欧洲等地均有业务，其在世界各地的子公司在东道国经营均以东道国货币开展业务。然而，该跨国公司总部必须采取某种货币来合并各子公司的财务报表，这种货币就被称为报告货币。

国际交易媒介的职能源于货币的交易成本。在外汇市场中，国际货币发挥基准货币的作用主要体现为，由甲货币通过某国际货币(尤其是美元)兑换乙货币，往往比甲货币直接兑换乙货币的成本要小，该国际货币就是其他货币买卖的中介或者桥梁。例如，人民币直接与泰铢兑换的成本就比人民币向美元兑换后再兑换为泰铢的成本要高。因此，美元就成为重要的搭桥货币(Bridge Currency)或者说是基准货币。在官方看来，干预本币与国际货币之间的汇率往往就可以达到干预本币汇率的作用。国际价值储藏的职能源于货币的价值稳定，这主要是指国际货币的通胀率相对较低。私人部门将国际货币作为银行业务中国际借贷的货币，官方部门将国际货币作为外汇储备币种选择的主要对象。

一种货币是不是国际货币很大程度上取决于其使用范围的大小，本质上取决于该货币发行国的经济实力与规模。例如，美国的GDP占全球GDP的近20%，与此同时，美元交易覆盖的国家范围也最广，拉丁美洲国家以及东亚国家的货币美元化程度较高，且许多大宗商品(如石油、大豆、小麦等)都是以美元报价的。相对而言，日元尽管一度在国际贸易中使用比例较高，但是很少有其他国家将日元作为本国的锚定货币。仅仅以一国货币是否在国外使用并不能判定该货币就是国际货币。例如，由于南非的经济规模及其在南部非洲的巨大影响力，南非的货币兰特除了在本国使用之外，1986年还在莱索托、斯威士兰获得法定货币的地位，1992年被纳米比亚作为其法定货币。尽管如此，兰特的国际化程度仍然不高。国际货币还具有网络外部性(Network Externality)的特征。所谓网络外部性，是指国际货币的职能和流通范围的拓展具有正反馈效应，即如果在交易中大量使用某种货币进行结算，那么其交易成本趋于降低，并对新使用者产生吸引力，从而进一步扩大其使用范围，放大并强化其网络效应。网络外部性的存在，还导致国际货币体系对某种关键货币的路径依赖，即便其经济实力有所下降，其货币仍然能够在较长时间内维持对其他货币的竞争优势，如20世纪的英镑，尽管第二次世界大战之后的英国经济实力明显下降，英镑目前仍然是世界上非常重要的国际货币之一。同理，作为国际货币的美元，具有显著的在位竞争优势(Incumbent Advantages)，这类似于路径依赖的惯性效应(Inertia Effect)。因此，国际货币的演变是一个缓慢的渐变过程。

4. 避险货币

伴随着全球金融危机的爆发，还有一个专业术语——避险货币(Safe Haven Currency)值得我们关注。所谓避险货币，也称为保值货币，指的是出现风险事件情况下(如某一经济体发生债务违约，某国出现政局动荡或者发生局部战争)，在短期内交易者纷纷买进(Bid Up)的某种或某几种货币。一般来说，美元、日元和瑞士法郎等货币在国际金融市场上被视为避险货币。对于瑞士法郎来说，因为瑞士是永久中立国，军费开支占GDP的比例为1%，属于世界最低水平，国内贫富差距小、犯罪率低，对外币值稳定(其央行经常出台政策打压本币升值势力)，长期以来一直被国际社会视为传统的避险货币。美国在全球的经济实力和国际金融地位决定了美元是典型的避险货币。例如，当欧洲经济陷入债务危机时，国际投资者会将资金从欧洲转移到美国，投资美元资产。尽管彼时美国的经济指标并不乐观，但是相对于欧洲来说则要好得多。在20世纪90年代日本经济泡沫破灭后，日本货币当局为了刺激经济，不断降低利率，并使之长时间保持在低水平，这是日元成为避险货币最直接的原因。IMF在2013年的研究表明：构成避险货币的三个要素分别是：低利率、庞大的海外净资产、金融市场流动性充足且有足够的市场深度。当世界其他地区出现投资机会的时候，套利交易者(Carry Trader)就会从日本借入巨额且廉价的日元资金，投资其他高息货币资产。对于外汇市场来说，套利交易的交易策略类似于股票市场上买入并持有(Buy and Hold)交易策略。一旦高息货币资产发生风险事件，高息货币出现大幅贬值的预期，此时套利交易者最好的策略就是进行平仓交易，卖掉高息货币资产，买入日元，进而形成在外汇市场上因为避险因素导致的日元买盘。一般来说，发生自然灾害对于各国往往产生负面影响，但是对于日本来说，每次日本发生自然灾害，如地震、海啸、核泄漏等事故，日元都是升值的，日资企业将资金从海外调回国内促成了日元在灾害期间出现升值。其他货币，甚至是作为国际货币的欧元都不具有避险功能，因为欧元区各国经济的差异性比较大，金融一体化程度还有待提高。

不少人常常将 IMF 分配的特别提款权视为国际货币之一，这种看法是错误的。IMF 认为，特别提款权不是货币，也不是对 IMF 的债权，而是对成员方的可自由兑换的货币的潜在求偿权。除了作为持有方政府的补充储备资产之外，特别提款权还是 IMF 和其他一些国际组织的记账单位。

3.1.3　外汇市场及其功能

简单地说，外汇市场（Foreign Exchange Market）是指从事外汇买卖的交易场所，或者说是各种不同货币相互之间进行交换的场所。在外汇市场上，实现外汇交易的机构有两类，一类是外汇交易商（Dealers），又称外汇做市商（Market Makers），另一类是外汇经纪商（Brokers），又称为外汇掮客。外汇做市商承担向外汇市场提供流动性的功能，其利润来源于买卖的差价；外汇经纪商的利润来源于外汇交易的佣金。

为什么会有外汇市场？众所周知，国际贸易的完成最后涉及资金的清算问题，假设每个国家均采用本国货币作为流通和计价货币的标准，同时又不允许外币流通，国际贸易的双方如何清偿债权债务关系呢？这里涉及在国际贸易中采用的币种问题。表 3-4 给出了在两国贸易中的形成外汇市场的四种情况。

表 3-4　本国外汇市场的形成

		进口采用的计价货币	
		外币	本币
出口采用的计价货币	外币	外汇供给方：本国出口商 外汇需求方：本国进口商	外汇供给方：本国出口商 外汇需求方．外国出口商
	本币	外汇供给方：外国进口商 外汇需求方：本国进口商	本国不存在外汇市场

1. 外汇市场的作用之一：货币兑换和清算

如果本国进出口均采用外币结算，那么本国出口商将构成外汇供给方，本国进口商将构成外汇需求方，从而形成外汇市场。如果本国出口仍然以外币结算，本国进口采用本币结算，外国出口商获得的是本币，而实际上需要的是外币，因此本国出口商与外国出口商分别构成外汇的供给方和需求方，由此形成外汇市场。如果本国出口采用本币结算，进口采用外币结算，那么本国进口商构成外汇的需求方，外汇的供给方是谁呢？对于外国进口商而言，他需要本币用于支付本国的出口产品，因此必须卖出外币从而构成外汇的供给方。如果本国进出口全部采用本币结算，本国则不存在外汇市场，但是在外国进出口商之间形成买卖本币的外汇市场。在这种情况下，本国货币往往是国际社会的关键货币。以上四种组合，有三种组合离不开对方国家的货币。完成货币兑换环节就是外汇市场诞生的最初作用。

2. 外汇市场的作用之二：为交易主体提供融资

当然，并不只有进出口商是外汇市场的交易者，伴随着外汇市场的不断发展，其他交易者也进入到外汇市场。通常，进入外汇市场的进出口商很少直接交易，而是通过其各自在本国的开户银行来完成上述操作。加之在国际贸易过程中，从商品的进出口到货款的结清往往有较长的一段时间，出口商往往会以付款凭证为抵押向其开户行申请贴现，提前获得本币资金，因此外汇市场在货币清算的基础上还为贸易商提供了融资。

3. 外汇市场的作用之三：风险管理

显然，并不只有进出口贸易才是产生外汇供求的唯一因素。例如，国内经济主体还可能希望持有外币债券来保持其资产(分散风险的作用)，或者在不同市场上外汇的价格出现差异，精明的外汇交易商通过低买高卖的方式赚取价差等，这些都会构成外汇市场的供求因素，因此外汇市场也是经济主体管理外汇风险的市场，相关的内容可以参考其他教材。显然，经过长期发展的外汇市场，其参与者不再局限于进出口商，中央银行、商业银行、外汇交易商和外汇自营商纷纷成为外汇市场的主体。

4. 外汇市场的供求与国际收支平衡表中的各项交易

国际收支平衡表中的各项交易与外汇市场中的供求并不相同。国际收支平衡表中涉及的外汇交易按照权责发生制，其涉及的范围更广，不仅包括居民和非居民之间涉及外汇给付的当期交易，还包括外汇的应收应付交易。在现实中，外汇市场中的供求交易，则不仅包括外汇给付的当期交易，还包括外汇的预收预付交易。假设日本某机床生产商在本年度向中国一家企业销售数控机床。这笔交易应该同时被记入两国本年的国际收支平衡表。如果日本生产商愿意接受人民币付款，那么中国就不会发生外汇交易，中国进口企业的银行账户中人民币存款额会下降，而日本出口企业的银行账户中人民币存款额会上升相同数量，这不会影响外汇市场的供求。同理，如果日本出口商给予中国企业 90 天期日元(或人民币)的贸易信贷，那么在外汇市场上也不会发生外汇的当期交易。此时，日本生产商的应收账款增加，而不是其日元(或人民币)的银行存款增加。简言之，本期外汇市场的供求包括涉及本期以外汇计价的交易，还包括涉及外汇计价的预收预付交易。然而，国际收支平衡表的交易只涉及居民与非居民之间的交易，而与交易涉及的币种没有关系。

5. 外汇市场的各类交易

国际清算银行(BIS)每三年就会公布外汇市场上成交量调查数据。一般来说，美元、欧元、日元和英镑是外汇交易占比最大的四个币种，尤其以美元为甚，因为美元既是世界各国主要的储备货币，也是重要的搭桥货币。在双边货币外汇交易中，最常见的是美元兑换欧元的交易，其次是美元与日元、美元与英镑的双边外汇交易。2016 年 9 月 BIS 公布的数据显示，全球外汇日均交易量由 2013 年 4 月的 5.4 万亿美元下降到 2016 年 4 月的 5.1 万亿美元，这是 2001 年以来该数据首次出现下降(见表 3-5)。外汇交易的类型包括即期外汇交易、直接的远期外汇交易(Outright Forwards)、外汇掉期(Foreign Exchange Swaps)、货币互换(Currency Swaps)和期权与其他产品(Options and Other Products)。BIS 认为该变动的主要原因是 2013 年日本央行采取的超宽松货币政策。其中，现汇日均交易量出现了 2001 年以来的首次下滑，即期外汇交易平均每天的成交量由 2013 年 4 月的近 2.0 万亿美元下降至 2016 年 4 月的 1.7 万亿美元左右。但是，掉期交易平均每天的成交量在 2016 年 4 月上涨至 2.4 万亿美元，这与外汇掉期交易中日元交易量增加有关。此次调查数据显示，截至2016年4月，人民币占全球外汇市场的份额增加到4%，位列全球第8位，并取代墨西哥比索成为全球外汇市场交易量最大的新兴市场货币。与人民币相关各种外汇交易的日均成交量由2013年的1 200亿美元上升至2016年的2 020亿美元。BIS认为这主要归因于人民币与美元之间的交易量不断提升，数据显示人民币相关的外汇交易额的95%左右是与美元的交易。2013年至2016年期间，美元与人民币成交量排名由第9位升至第6位。这意味着人民币在全球外汇市场的重要程度显著提升。根据BIS的调查，中国外汇市场交易量占全球外汇市场交易量的比重由2004年的0.02%上升至2016年的1.1%。

表3-5 全球外汇日均交易量 （单位：10亿美元）

	2001	2004	2007	2010	2013	2016
外汇交易总额	1 239	1 934	3 324	3 973	5 357	5 067
即期外汇交易	386	631	1 005	1 489	2 047	1 652
直接的远期外汇交易	130	209	362	475	679	700
外汇掉期	656	954	1 714	1 759	2 240	2 378
货币互换	7	21	31	43	54	82
期权与其他产品	60	119	212	207	337	254

资料来源：Triennial Central Bank Survey，BIS，2016.

6. 外汇交易系统：持续连接结算系统

持续连接结算（Continuous Linked Settlement，CLS）系统是世界上第一个多币种的实时结算系统，涉及的货币包括美元、英镑、加元、日元、欧元、澳大利亚元、韩元、丹麦克朗、港元、新加坡元、新西兰元、墨西哥比索、以色列谢克尔、挪威克朗、南非兰特、瑞典克朗和瑞士法郎等17种货币。该系统于2002年9月9日正式启动。伦敦是CLS的业务处理所在地，由于CLS系统可以在欧洲、北美和亚洲实现不同时区的不间断清算，且参与CLS清算的各币种必须拥有自己的实时全额结算系统（Real Time Gross Settlement，RTGS），CLS系统最大限度地降低了全球外汇交易的市场风险。CLS系统具有以下主要特征。

第一，连接各清算币种所在国的RTGS系统，采用净额清算同步收付机制。所谓同步收付（Payment Versus Payment，PVP）机制，就是可使交易双方在交付卖出货币时，同时收到买入的货币，确保收付两讫以降低外汇交易中的赫斯塔特风险。为清算17种货币，CLS银行须在各清算币种所在国的央行开立清算账户（Settlement Accounts），并加入17国央行的RTGS系统，以进行不同币种的收付。此外，为降低流动性需求，CLS采用多边净额同步收付机制（Multilateral Netting Payment Versus Payment），多边净额让CLS仅就清算会员的净应付或净应收头寸进行交割，相较于RTGS系统，这可以大幅降低参加者流动性规模及成本。

第二，采用欧、美、亚三个主要时区重叠的时间进行交易。为达成同步收付，CLS系统要求参与清算的各家央行，通过提早或延后RTGS系统营运时间的方式，实现欧、美、亚三个主要时区5个小时重叠的作业时间。CLS系统的营运以中欧时间（Central European Time，CET）为准，交割当日的清算时间为中欧时间7:00至12:00，相当于美国东部时间01:00至06:00，日本时间15:00至20:00。通过不同时区作业时间的重叠，以供CLS利用此时段办理不同币种的收付。在确认收付款的过程中，交易双方采用先确认后交收机制。

3.1.4 中国的外汇市场及人民币汇率中间价报价机制

以中国的外汇市场为例，从1994年外汇市场成立以来，经过二十余年的发展，银行间外汇市场已形成境内外各类机构并存、以境内银行为主的格局。截至2018年年末，参与机构总计673家，其中非银行金融机构(企业集团财务公司)84家、非金融企业2家、境外金融机构93家。对外开放方面，境外央行类机构、人民币购售业务境外参加行、境外人民币业务清算行这三类境外机构可参与银行间外汇市场；银行间债券市场境外机构投资者可参与境内外汇衍生品市场。对内开放方面，简化市场准入，支持非银行金融机构(证券公司、基金公司、企业集团财务公司等)进入外汇市场(潘功胜，2019)。

目前，中国境内外汇市场按交易主体的不同可以分为银行间外汇市场和银行柜台外汇市场(Over the Counter，OTC)。银行间外汇市场是指境内金融机构(包括银行、非银行金融机构和外资金融机构)之间通过中国外汇交易中心进行人民币与外币之间交易的市场。按交易品种不同，该市场可分为即期外汇市场和外汇衍生品市场。银行间即期外汇市场是指在成交后第二个营业日交割的外汇市场，是外汇市场中最传统、最基本的交易形式；银行间外汇衍生品市场则包括外汇远期市场、外汇掉期市场、货币互换市场和外汇期权市场。中国2005年开办人民币外汇远期交易，2006年推出人民币外汇掉期交易，2007年推出人民币外汇货币掉期交易，2011年推出人民币外汇期权交易，可交易的货币扩大至27种(发达国家货币和新兴市场国家货币)，并形成了人民币兑非美元货币的直接报价和交易机制。

中国的银行间外汇市场有两个重要特征。第一，交易的实需原则。与当年日本外汇市场的交易类似，中国银行间外汇市场的任何外汇交易必须具备真实贸易业务背景。商业银行需要按照“了解业务、了解客户、尽职审查”的展业三原则对相关凭证和商业单据进行审核。第二，交易主体有限。中国的银行间外汇市场是一个封闭的、以商业银行为主要参与者[⊖]、各家商业银行进行结售汇头寸轧差与平衡的市场，并且中国人民银行是整个市场最后的平盘者。在这种特殊的外汇市场结构下，人民币汇率的形成机制基本上取决于贸易差额。当中国出现贸易顺差，结汇规模大于售汇规模时，要保持人民币汇率稳定，中国人民银行将买下其中的全部差额。反之，当中国出现贸易逆差，结汇规模小于售汇规模时，由中国人民银行弥补其中的外汇缺口。中国外汇市场的上述微观结构在保障货币当局实现外汇市场的供求平衡时，也抑制了外汇市场的价格发现功能。由于缺乏偏好风险的投机者，中国的外汇市场很容易出现单边市场格局。

2005年7月21日，中国人民银行实施人民币汇率改革，正式宣布开始实行以市场供求为基础、参考一篮子货币进行调节、有管理的浮动汇率制度。中国人民银行授权中国外汇交易中心于每个工作日9:15对外公布当日人民币兑美元、欧元、日元等货币的汇率中间价。此后，按照主动性、可控性、渐进性原则，结合内外部环境变化，不断完善汇率形成机制。2007年5月21日，中国银行间市场人民币对美元汇率的日波幅从±0.3%扩大到±0.5%；2012年4月，银行间市场人民币对美元的单日浮幅又进一步扩大至±1%；2014年3月，继续扩大至±2%，在客户市场上，当日美元最高现汇卖出价与最低现汇买入价之差不得超过当日汇率中间价的幅度由±2%扩大至±3%。

⊖ 2015年，为推动中国外汇市场对外开放，境外央行类机构(包括境外央行和货币当局、国际金融组织以及主权财富基金)、境外清算行和人民币购售业务的境外参加行三类机构也被允许加入银行间外汇市场。

2015年8月，中国人民银行改革了人民币汇率报价机制。自2015年8月11日起，做市商在每日银行间外汇市场开盘前，参考上日银行间外汇市场收盘汇率，综合考虑外汇供求情况以及国际主要货币汇率变化向中国外汇交易中心提供中间价报价。自2016年2月开始，初步形成“收盘汇率+一篮子货币汇率变化”的人民币对美元汇率中间价形成机制。该机制如下：假设上一日人民币兑美元汇率中间价为6.5000元，收盘汇率为6.4950元，当日一篮子货币汇率变化指示人民币对美元双边汇率需升值100个点差，则做市商的中间价报价为6.4850元，较上一日中间价升值150个点差，其中50个点差反映市场供求变化，100个点差反映一篮子货币汇率变化。这样，人民币兑美元汇率中间价变化就既反映了一篮子货币汇率变化，又反映了市场供求状况，以市场供求为基础、参考一篮子货币进行调节的特征更加清晰。2017年5月26日，中国政府在人民币汇率的中间价报价当中，加入了“逆周期因子”。2018年1月9日，中国人民银行暂停实施逆周期因子策略；8月24日，中国人民银行宣布重新实施逆周期因子策略。因此，人民币汇率的中间价报价公式可以表示为：

$$\text{中间价}_t = \text{收盘汇率}_{t-1} + \text{稳定一篮子货币人民币汇率调整幅度}_{t-1} + \text{逆周期因子}$$

其中，“收盘汇率”是指上一交易日北京时间16:30银行间外汇市场的人民币对美元收盘汇率，主要反映外汇市场供求状况。稳定一篮子货币人民币汇率调整幅度$_{t-1}$，是指保持人民币对一篮子货币汇率基本稳定所要求的人民币对美元双边汇率的调整幅度。具体是指，让一篮子货币从上一日北京时间16:30收盘后至第二天7:30基本维持稳定，一共15个小时(从2017年2月20日开始，由过去维持篮子货币24小时基本稳定改为维持15个小时基本稳定)。在稳定一篮子货币人民币汇率调整幅度$_{t-1}$的价格变动中，做市商在报价时既会考虑中国外汇交易中心(CFETS)货币篮子，也会参考BIS和SDR货币篮子，以剔除篮子货币汇率变化中的噪音，在国际市场波动加大时，能起一定的过滤作用。计算逆周期因子时，可先从上一日收盘汇率较中间价的波幅中剔除篮子货币变动的影响，由此得到主要反映市场供求的汇率变化，再通过逆周期系数调整得到“逆周期因子”。稳定9个小时篮子货币人民币汇率调整幅度：让一篮子货币从上一日7:30至16:30基本维持稳定，一共9个小时，所要求的人民币对美元双边汇率的调整幅度。在这种特殊的中间价形成机制下，收盘汇率容易受到篮子货币的影响，导致第二天的中间价定价出现超调，一旦出现单边的美元指数走势，中国的外汇市场容易产生羊群效应。逆周期因子主要用于对冲收盘汇率的影响。㊀

❖专栏3-2

人民币汇率形成机制改革的几个关键节点

1994年1月1日，中国对外汇管理体制启动了市场化改革，决定实行以市场供求为基础的、单一的、有管理的浮动汇率制度，并决定同时实行银行结售汇制度，由此形成了银行结售汇市场与银行间外汇市场的双层结构。此次改革最大的亮点是实现了人民币官方汇率与外汇调剂价格并轨。

2005年7月21日，中国启动了新一轮人民币汇率形成机制改革。在主动性、可控性、渐进性原则的指导下，中国开始实行以市场供求为基础、参考一篮子货币进行调节、有管理的浮

㊀ 中国人民银行货币政策分析小组．中国货币政策执行报告，2016(1)：19.
余永定，肖立晟．“完成811汇改”：人民币汇率形成机制改革方向分析[J]．国际经济评论，2017(1).

动汇率制度。人民币汇率不再钉住单一美元，而是参考一篮子货币，以市场供求关系为重要依据，形成有管理的浮动汇率，实现人民币汇率在合理均衡水平上基本稳定的目标。

2008年9月，全球金融危机爆发，为应对危机带来的不利冲击，中国人民银行收窄了人民币汇率的波动幅度，在其他国家货币对美元大幅贬值的情况下，人民币对美元汇率保持了基本稳定，为防止国际金融危机蔓延发挥了重要作用，也为亚洲乃至全球经济复苏做出了巨大贡献。

2010年6月19日，中国人民银行宣布进一步推进人民币汇率形成机制改革，增强人民币汇率弹性。随后，中国人民银行于2012年4月16日将银行间即期外汇市场人民币对美元交易价浮动区间由5‰扩大至1%，2014年3月17日又进一步扩大至2%。在2003年以来的这段时间内，人民币存在单边持续调整压力，中国人民银行不得不进行常态化干预，由此累积了巨额的外汇储备，高峰时接近4万亿美元。

2015年8月11日，中国人民银行宣布进一步完善人民币汇率市场化形成机制。一方面在中间价形成机制上充分体现市场供求对汇率形成的决定性作用，提高中间价的市场化程度；另一方面则顺应市场的力量对人民币汇率适当调整，使汇率向合理均衡水平回归。2016年2月，明确了人民币兑美元汇率中间价形成机制，即“收盘汇率+一篮子货币汇率变化”，提高了汇率机制的规则性、透明度和市场化水平。2015年12月，中国外汇交易中心开始发布人民币汇率指数。

2019年以来，中美贸易摩擦加剧，受美国对中国加征关税等因素影响，人民币对美元汇率在市场力量的推动下贬值一度突破1美元兑7.0元。2020年年初，中美签署第一阶段贸易协定，市场乐观情绪一度推动人民币对美元汇率升值至1美元兑6.90元附近，5月国际形势变化又推动人民币汇率小幅贬值。近来随着中国率先有效控制疫情，经济增长表现出强劲韧性。截至2020年8月末，人民币对美元汇率又升至1美元兑6.95元附近。

3.2 汇率

什么是双边汇率(Bilateral Exchange Rate)呢？简言之，双边汇率就是用一种货币来表示另一种货币的价格，也可以认为是两种货币的兑换比率。汇率的表示有两种方法，既可以用甲国货币表示乙国货币的价格，也可以用乙国货币表示甲国货币的价格。这其中的差异在于何种货币作为计价的标准。人们为什么这么关注汇率呢？这主要是因为汇率的变化对公司与个人的财务影响巨大，对一国经济运行冲击不小。例如，2007年至2010年期间，美元贬值给欧洲空客公司造成了30亿欧元的损失，因为空客公司的大部分成本是以欧元计价，但收入全部以美元计价。也因为如此，汇率变化的消息往往是各新闻媒体的头版头条。

3.2.1 汇率的表示法

通常汇率的标价方法有两种。一种为价格表示法(Price Quotation)，又称直接标价法(Direct Quotation)或者应付标价法(Giving Quotation)，是指每单位外国货币的本国货币数量，即以本国货币的数量变化表示外国货币价格的方法。2007年12月28日中国银行间外汇市场1美元兑7.3046元人民币，这一报价就是采用直接标价法。在这一表示法下，外国货币的数额固定不变，本国货币的数额如果上升，则意味着外币升值，本币贬值。反之，本国货币的数额如果下降，则意味着外币贬值，本币升值。目前，大多数国家(包括中国)采用直接标价法。另一种为数量表示法(Quantity Quotation)，又称间接标价法(Indirect Quotation)或者应收标价法(Receiving Quotation)，是指每单位本国货币的外国货币数量，即以外国货币的数量变化表示本国货币价格的方法。现在美元(USD)、英镑(GBP)、欧元(EUR)、澳大利亚元(AUD)、新西兰元(NZD)、南非兰特(ZAR)等货币均采用间接标价法。美元一般采用间接标价法，但是美元与上述传统采用间接标价法的货币(如英镑、欧元、澳大利亚元等货币)则采用直接标价法。读者会发现，第二种标价只是第一种标价的倒数。尽管采取哪一种标价方法取决于国际惯例，但是数值的增减在两种标价法下的经济含义却是相反的。数值的上升在直接标价法下的含义是本币贬值，但是在间接标价法下的含义是本币升值。通常将在各种标价法下数值固定不变的货币称为基础货币(Base Currency)或者基准货币(Vehicle Currency)，在英文文献当中也称为“Reference Currency”“Quoted Currency”“Underlying Currency”“Fixed Currency”。将数量不断变化的货币称为标价货币(Quotating Currency)，在英文文献当中也称为“Terms Currency”“Counter Currency”。

除了上述两种标价法，国际金融市场还有采用美元标价法(US Dollar Quotation)的惯例。第二次世界大战后，由于美元在世界经济中占主导地位，为便于国际市场的外汇交易，西方各国大银行的报价多以美元为基准货币来表示各国货币的价格。非美元货币之间的汇率则是通过各自对美元的汇率套算得出。不过，由于历史习惯的原因，欧元、英镑、爱尔兰镑、澳大利亚元、新西兰元和特别提款权则采用“单位镑”标价法，即以1英镑、1爱尔兰镑等于多少外币的标价法。单位镑表示法和英镑历史上货币进位制度有关，英国本位货币英镑及其辅币先令和便士之间最初不是采用十进位制，而是1英镑(金币)等于20先令(银币)，1先令等于12便士(铜币)，这使得英镑与其他货币的汇率计算相对复杂。1971年2月英国采用了十进位的货币进位制，辅币单位改为新便士(New Penny)，1英镑等于100新便士。因此在历史上英国采用单位镑标价法从数学上来看更为容易。

汇率表示方法有以下两种：一种是以两种货币的国际标准代码来表示，如GBP/USD = 1.347 8；另一种是用货币符号来表示，如\$/£ = 1.347 8，其含义均表示为1英镑等于1.347 8美元。请注意，国际标准代码法斜杠前面的货币是基准货币，斜杠后面的货币是标价货币；货币符号法斜杠前面的货币是标价货币，斜杠后面的货币是基准货币。常用的货币国际标准代码有美元(USD)、欧元(EUR)、日元(JPY)、英镑(GBP)、澳元(AUD)、瑞士法郎(CHF)、港币(HKD)、新加坡元(SGD)、加拿大元(CAD)、人民币(CNY)等。GBP/USD = 1.347 8表示1英镑等于1.347 8美元。在国际银行同业的报价当中，汇率取5位有效数字，精确到小数点后第4位。如GBP/USD的汇价由1.347 8变为1.349 8，就说英镑兑美元的汇率上升了20个“点差”(Pips)。对于日元来说，由于日元面值较小，因此日元汇率通常精确到小数点后第2位，如USD/JPY的汇价由113.97变为113.67，就说美元兑日元的汇率下降了30个点差。另外，还请注意另外一个术语——基点(Basic Point)。所谓基点就是万分之一，1个百分点就是100个基点。在利率的调整当中，经常用到“基点”这个术语。例如国债利率由5.25%上升到5.35%，通常表示为利率上升了10个基点。简言之，汇率的变化用点差来表示，利率的变化用基点来表示。

在外汇业务中，汇率的种类非常多。如果按外汇买卖交割的时间划分，可以分为即期汇率(Spot Rate)和远期汇率(Forward Rate)两大类，远期汇率的期限分别由1个月、2个月、3个月和6个月与1年等交易的期限品种。如果从报价行的角度来划分，可以分为银行买入价(Buying

Rate；Bid Rate)和银行卖出价(Selling Rate；Offer Rate)。银行买入价是指报价行买入基准货币的价格；银行卖出价是指报价行卖出基准货币的价格。银行的卖出价必须大于银行的买入价，否则银行将出现亏损。例如，在外汇市场的报价为 GBP/USD=1.623 2/1.636 2，说明银行买入 1 英镑，将付出 1.623 2 美元，同时银行卖出 1 英镑将收取 1.636 2 美元。1.623 2 和 1.636 2 分别为银行买入和卖出基准货币(此处为英镑)的价格。根据这个报价，银行买卖美元的报价是多少呢？实际上，银行买卖美元价格就是银行买卖英镑的价格的倒数。因此，银行买入 1 美元将付出 0.611 1 英镑(1÷1.636 2)，银行卖出 1 美元将收入 0.616 0 英镑(1÷1.623 2)。按银行营业时间不同，可分为开盘汇率(Opening Rate)和收盘汇率(Closing Rate)。开盘汇率是指报价行在营业日开始营业时进行首批外汇买卖的汇率，亦称开盘价。收盘汇率是指报价行在营业结束时外汇买卖的汇率，亦称收盘价。如果从交易的对象来看，则可以分为现钞价和现汇价。银行买入现钞的价格往往低于买入现汇的价格(买入现钞后，商业银行要承担持有外币现钞的利息损失，商业银行需要清点、运输、保存外币现钞，这些都构成银行的成本)，但是银行卖出现钞的价格等于其卖出现汇的价格。报价行报出的买入价与卖出价之间的差价就是经营外汇买卖银行的收益，两者的差价一般在1‰~5‰之间。此外，还有一个中间汇率(Middle Rate)，即银行买入价与卖出价的算术平均数，即中间汇率=(买入汇率+卖出汇率)/2。国际货币基金组织公布的各国汇率标价中，均采用中间汇率。按外汇管理的宽严程度不同，可分为官方汇率(Official Rate)和市场汇率(Market Rate)。在外汇管制较严格的国家，外汇的非法市场由此发展起来，以满足交易者的需求，形成所谓的黑市市场(Black Market)。在有些国家，还存在平行市场(Parallel Market)，即作为正规外汇市场的替代，政府默认其存在的市场。黑市市场和平行市场的汇率往往会大幅度偏离官方汇率。

从 2014 年 7 月开始，中国人民银行规定，外汇指定银行对客户的现汇、现钞挂牌买卖价没有限制，根据市场供求自主定价。2015 年年末，人民币加入 SDR 货币篮子之后，以中国外汇交易中心每天下午 4 点(北京时间)公布的人民币对美元参考汇率作为代表性汇率，因为这个时点市场流动性非常强，该汇率能够代表在交易日实际发生的交易水平，同时这个时点也比较接近确定 SDR 的美元价值而采集汇率的伦敦中午时间。

3.2.2 汇率变化率和远期汇率的计算

在外汇交易中，汇率的报价令人眼花缭乱。如何从众多的汇率报价中获得盈利的机会呢？这就必然涉及外汇的计算。这里我们介绍两方面的内容。

1. 汇率的变化率

假定在期初 EUR/USD 的汇率为 1.365 7，期末 EUR/USD 的汇率为 1.154 8，显然欧元相对于美元贬值了，问题的关键是欧元的贬值幅度是多少？美元的升值幅度又是多少？这两者是否相同？在计算汇率变化时，需要注意什么细节？在计算某种货币的升贬值变化幅度时，首先必须确定该货币处于基准货币的地位，也就是必须将所计算的货币置于等号的左边。

$$\text{欧元的变化率}=\frac{(1.1548-1.3657)}{1.3657}=-15.44\%$$

欧元的变化率为-15.44%，其经济含义是欧元的贬值幅度为 15.44%。那么，欧元的贬值幅度是否等于美元的升值幅度呢？

$$\text{美元的变化率} = \frac{\left(\dfrac{1}{1.1548} - \dfrac{1}{1.3657}\right)}{\dfrac{1}{1.3657}} = \frac{1.3657 - 1.1548}{1.1548} = 18.26\%$$

美元的变化率为18.26%，其经济含义是美元的升值幅度为18.26%。以上计算结果表明，美元的升值幅度并不等于欧元的贬值幅度。在两个公式中，分子的绝对值相同，分母却不同，一个是期初的汇率，一个是期末的汇率。当然，在汇率变化幅度很小的时候，美元的升值幅度就几乎等于欧元的贬值幅度。

此外，许多论文和教材经常将"货币贬值"与"汇率贬值"两个表述混用或者交替使用。严格来说，只有货币"升值"或者"贬值"的说法才不会引起歧义，而"汇率升值"或者"汇率贬值"的说法常常会引起歧义。众所周知，汇率是A与B两种货币的比率，如1单位A货币等于2单位B货币。若汇率变为1单位A货币等于3单位B货币，这意味着A货币升值，B货币贬值。同理，若汇率变为1单位A货币等于1.5单位B货币，这意味着B货币升值，A货币贬值。汇率由2变化为3，不能简单地表述为汇率升值，必须明确表述为A货币升值，B货币贬值。如果表述为汇率上升，也仅仅表示汇率数值变大，在涉及升值或者贬值的概念时，也必须明确是何种货币升值，何种货币贬值。在本书中，除非予以明确表述，通常将本币置于标价货币的地位，外币置于基准货币的地位(即直接标价法)。汇率的上升表示本币贬值，汇率的下降表示本币升值。

2. 远期汇率的计算

银行对远期汇率的报价有两种方式。第一种是直接报价(Outright Rate)，即银行直接将各种不同交割期限的期汇的买入价和卖出价表示出来。这与现汇的报价方式相同，日本、瑞士等国银行采取这种报价方法。

第二种是用远期差价(Forward Margin)报价，或称掉期率(Swap Rate)报价，即银行在报出即期外汇汇率基础上再报出应加或减的远期差价(远期差价用点差表示)。点差有升水、贴水和平价三种：升水(at Premium)表示基准货币远期的价格比即期的价格高；贴水(at Discount)表示基准货币远期的价格比即期的价格低；平价(at Par)表示基准货币远期的价格等于即期的价格。在直接标价法下，外汇的远期汇价等于即期汇率加上升水或减去贴水；在间接标价法下，外汇的远期汇价等于即期汇率减去升水或加上贴水。

例 即期外汇汇率为EUR/USD=1.2340/60，3个月的远期差价为20/30。请问3个月后的远期外汇汇率是多少？

根据远期差价计算远期汇率有一个规则：远期差价前小后大往上加；远期差价前大后小往下减。因此，3个月后的远期外汇汇率为EUR/USD=1.2360/90。

如果3个月的远期差价为40/30，那么3个月后的远期外汇汇率为EUR/USD=1.2300/30。

检验远期外汇汇率正确与否的一个重要方法就是，远期汇率差价要大于即期汇率差价。相对于银行来说，远期交割意味着风险增加，为补偿这一期限风险，银行就扩大了远期外汇汇率的差价。

上面仅仅介绍了在已知远期差价的基础上如何计算远期汇率的方法。那么，报价行给出的远期差价又是如何得到的呢？这个内容我们将在后面的章节予以分析。

专栏 3-3

什么是“镑亏”

19 世纪末 20 世纪初以来，国际银价不断下跌。清政府因为甲午战争失败于 1895 年签订《中日马关条约》，1900 年庚子事变后，被迫签订《辛丑条约》，对外有巨额的赔款。所谓“镑亏”，一般指晚清以来中国在对外支付外债和赔款过程中，因为英镑汇价上涨导致的汇兑损失。因为当时中国使用白银作为流通和支付手段，西方大部分资本主义国家采用了金本位，中国对外汇价习惯以英镑汇价为标准。英镑汇价上涨，中国就必须支付更多的白银，由此造成的汇兑损失称为“镑亏”，反之，则称为“镑余”。例如，1874 年 5 月，日本派兵进攻台湾地区，清政府立即任命福建船政大臣沈葆桢为钦差大臣，赴台全权处理。当年 7 月，沈葆桢为了筹措“购置铁甲船、洋枪、炮药、军械及防台一切经费”，向汇丰银行借入 200 万两的“福建台防借款”，这是汇丰银行经手的第一笔清政府借款，其条件就是“借银还金”，即汇丰银行以英镑借出，清政府必须以银两折英镑归还。此后，中国的外债多为这种“借银还金”。从 19 世纪 70 年代以来，世界范围内的银价一直下跌。这是中国出现镑亏的国际背景。

1901 年 9 月 7 日，清政府与西方八国签订了《辛丑条约》，这又被称为“九七国耻”。该条约的第六款写明：“按照西历本年五月二十九日，即中历四月十二日上谕，大清国大皇帝允定，付诸国偿款海关银四百五十兆两。”这也就是现在通常所说的 4.5 亿两白银。不过，这仅仅是偿付的本金，由于赔款长达 39 年，该条约进一步规定了赔款的具体币种、时间和利息。该条款第一项明确写道：“此四百五十兆系照海关银两，照市价易为金款……此四百五十兆，按年息四厘正，本由中国分三十九年按后附之表各章清还。本息用金付给，或按应还日期之市价易金付给。”20 世纪初，世界主要资本主义国家都已采用金本位。当时，世界银价相对黄金价格迅速下跌，幅度近 20%。由于各国坚持按“应还日期之市价易金付给”，帝国主义列强又迫使清政府从 1905 年以后将赔款折算成 1901 年时的金价进行支付，并要清政府加付 1905 年前所谓“镑亏”800 万两（约合 120 万英镑）给各国。为了支付该款项，清政府不得不向汇丰银行举借外债（即 1905 年“镑亏借款”）来进行支付。所谓“镑亏”，按照现代经济学的语言来表述，就是本币贬值后偿付同样数量的外债需要支付的本币增加了。此外，西方外资银行往往在中国市场上操纵银两汇价，每当中国获得外国借款之日，压低英镑汇价，外资银行则支付更少的白银；每当中国政府还款之日，提高英镑汇价，使得中国政府支付更多的白银。这种窘境也迫使中国政府考虑如何改革货币本位制度。

当然，也有中国官员关注到镑亏问题并加以规避。如 1877 年，左宗棠受命到西北平叛，收复新疆伊犁。胡雪岩为他谋划引进外国银行的贷款 500 万两。汇丰银行开出的条件，依然是“借银还金”，年息一分（年利率 10%）。胡雪岩却以汇率风险不可测为理由，改从愿意“借银还银”的德国银行借款，利息是年息一分二厘五毫（年利率为 12.5%），虽然利率更高，但是避免了汇兑损失。

3.2.3 市场汇率

外汇市场上通过外汇供给和需求形成的汇率称为市场汇率。外汇市场的参与者众多，从起源来看，首先是国际贸易因素导致的外汇供求。

首先分析外汇需求。本国消费者消费进口品，其消费决策取决于消费品的本币价格，因此有 $P_{MDC}=SP_{MFC}$，其中 P_{MDC} 和 P_{MFC} 分别是以本币(Domestic Currency，DC)和外币(Foreign Currency，FC)表示的进口品价格。进口品的需求函数可以简单地表示为 $m=a_0-a_1P_{MDC}$；如果将本国进口品的需求表示为外币价格的函数，那么进口品需求函数可以表示为 $m=a_0-a_1SP_{MFC}$。当本币贬值时，进口需求曲线的斜率将向左旋转(见图 3-1a)，进口品的供给和需求曲线的交点构成了本国的外汇需求曲线(见图 3-1b)，不过此时纵坐标为汇率(S)，横坐标为外汇数量(Q_{FC})。外汇需求函数如果用公式来表示，则可以表示为 $Q_{FC}=a_0P_{MFC}-a_1SP^2_{MFC}$。汇率变化对外汇需求有何影响呢？通过对外汇需求函数求偏导得到$\frac{\partial Q_{FC}}{\partial S}=-a_1P^2_{MFC}$，其含义就是本币贬值($S$ 增大)，外汇需求下降。

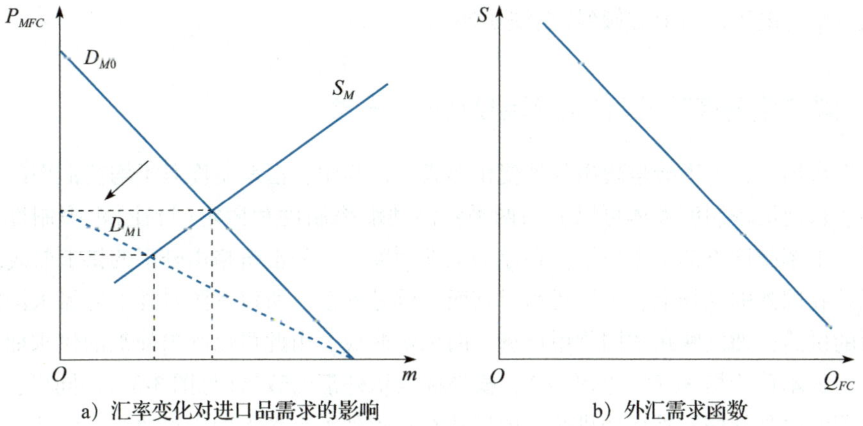

图 3-1　外汇需求分析

其次分析外汇供给。同样，本国出口品的本外币价格的关系为 $P_{XFC}=\frac{P_{XDC}}{S}$，其中 P_{XFC} 和 P_{XDC} 分别是本国出口品的外币价格和本币价格。因此，出口品的供给函数可以表示为 $x=b_0+b_1P_{XDC}$。如果表示为以外币标价的函数，那么就是 $x=b_0+b_1SP_{XFC}$。如果本币贬值，出口品的供给曲线将向右旋转。图 3-2a 给出了横坐标为出口量 x、纵坐标为外币价格 P_{XFC} 的出口品市场供求曲线。本币贬值会刺激外国需求，但由此导致的外汇供给是否扩大并不确定，这取决于出口品供给曲线 S_{X1} 与需求曲线 D_X 的交点与原点构成的矩形面积是否有所扩大。

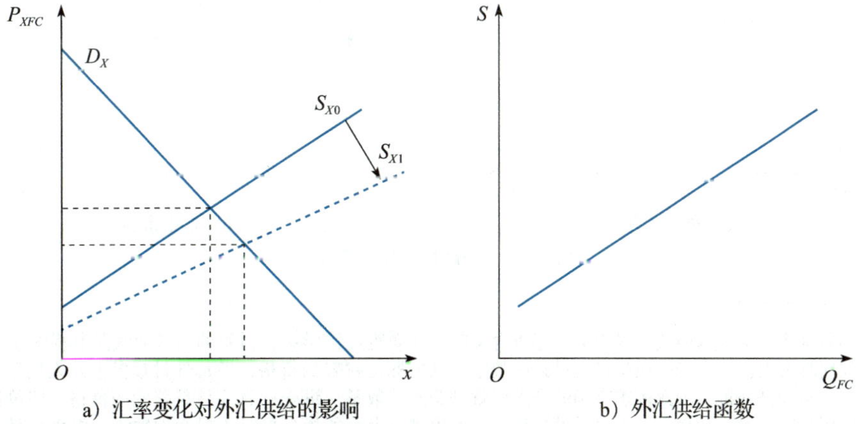

图 3-2　外汇供给分析

在最糟糕的情况下，如果外国对本国出口品的需求缺乏弹性(需求曲线为垂线)，外汇供给有可能缩小。如果暂不考虑本国出口供给的弹性问题，那么本国出口品的销量最终取决于外国对出口品的需求。换而言之，本国外汇供给完全取决于外国对本国出口品的需求。如果外国对本国出口品的需求函数为 $x=b'_0-b'_1P_{XFC}$，那么外汇供给函数可以表示为 $Q_{FC}=b'_0P_{XFC}-b'_1P^2_{XFC}$。如果以本币价格来表示，即为 $Q_{FC}=b'_0\dfrac{P_{XDC}}{S}-b'_1\dfrac{P^2_{XDC}}{S^2}$。汇率变化对外汇供给的影响可以通过求偏导得到，即 $\dfrac{\partial Q_{FC}}{\partial S}=-\dfrac{b'_0P_{XDC}}{S^2}+\dfrac{2b'_1P^2_{XDC}}{S^3}$。该式既可能大于零，也可能小于零。在一般情况下，经济学家通常认为该等式大于零。因此，如果以纵坐标为汇率 S，横坐标为外汇数量 Q_{FC}，外汇供给曲线在一般情况下向右上方倾斜(见图 3-2b)。

3.2.4 浮动汇率制、钉住汇率制及政府干预

在外汇市场上，汇率会呈现出各种变化形式。这其中，汇率制度对于均衡汇率的决定起着重要作用。目前汇率制度大体可以分为两类：浮动汇率制度和固定(钉住)汇率制度。下面首先分析浮动汇率制度下的汇率决定。在浮动汇率制度下，外汇价格由外汇的供求曲线决定。

如果站在国外的立场上，本国货币对其而言就是外汇，所以本国对外汇的需求同时就是本国对本币的供给，即反映在本国货币市场上的供给曲线，由此可以画出外汇的供求曲线，纵坐标表示外汇的本币价格 S(直接标价法)，横坐标表示外汇的数量(见图 3-3a)。同样，外国对本币的需求同时也是外国对外币的供给，即反映在本国外汇市场上的供给曲线，由此可以画出本币的供求曲线，横坐标为本币的数量 Q_{DC}，纵坐标为本币的外汇价格(E，也就是间接标价法下的汇率 $E=1/S$)(见图 3-3b)。外国对本币的需求曲线 D_{DC} 就是外国对外汇的供给曲线 S_{FC}，本国对本币的供给曲线 S_{DC} 就是本国对外汇的需求曲线 D_{FC}。外汇市场上的均衡汇率就是本币市场上均衡汇率的倒数。[⊖]

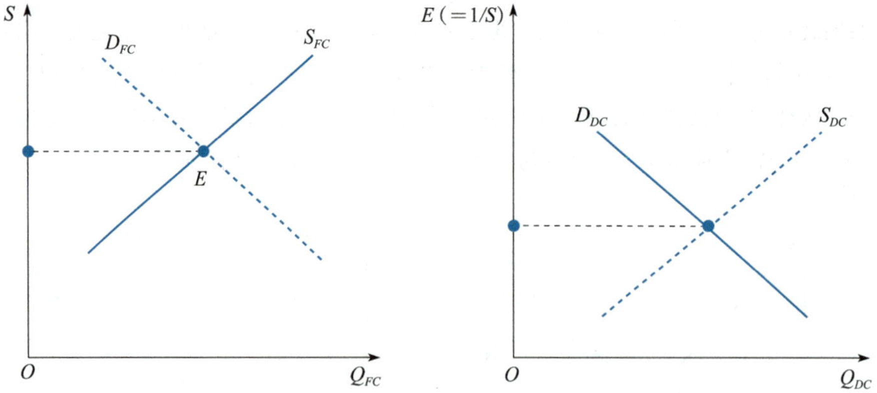

a) 外汇市场　　b) 本币市场

图 3-3 均衡汇率水平的确定

⊖ 如何确定外汇供求曲线横纵坐标的经济含义呢？在微观经济学中，衬衫的供求曲线及其横纵坐标的含义该如何理解呢？该市场的横坐标是衬衫的数量，纵坐标是衬衫的价格，即每件衬衫多少元人民币。对中国而言，美元是外汇，美元供求市场的横坐标就是美元的数量，纵坐标就应该是美元的价格，即单位美元的人民币数量。对美国而言，人民币是外汇，人民币供求市场的横坐标是人民币的数量，纵坐标是人民币的价格，即单位人民币的美元数量。

将以上两个图形结合在一起，我们可以发现，外汇市场的均衡实际上也意味着本币市场的均衡。为了更清楚地揭示上述两个市场的变化，现假定本币为人民币，外币为美元，给出人民币和美元市场均衡的比较静态分析。假定最初 \$1 = ¥6，两个市场均处于均衡状态。假定国内市场对美国产品的需求增加(源于国内的需求冲击)，这将导致中国对美元的需求增加，$D_{\$}$ 曲线向右移动。假设从1 000 万美元增加至1 100 万美元，同时在美国的人民币市场上，人民币的供给随之增加，假设从6 000 万人民币增加至7 150 万人民币。那么汇率从最初的 \$1 = ¥6 变化为 \$1 = ¥6.5。反映在图 3-4a 中是美元的汇率从 6 上涨至 6.5，在图 3-4b 中人民币的汇率从0.167 下降至 0.154。此时，如果汇率的大幅度变化有悖于中国政府的汇率稳定政策目标，中国人民银行可以卖出美元，同时买进人民币。中国人民银行干预外汇市场的程度取决于外汇储备的规模(在特殊情况下，还可以向 IMF 或其他国家甚至美国政府借入美元)。如果中国政府希望双边汇率完全保持不变，中国人民银行卖出的美元数量为 $Q_{\$}^{*}-1\ 000$ 万，买入的人民币数量为 $Q_{¥}^{*}-6\ 000$ 万。此外，美国政府也可以采取干预措施来干预汇率，即美联储抛售美元，买进人民币。或者是中美两国政府同时进行干预。如果不采取汇率干预措施，中国政府还可以采取汇兑管制(Exchange Controls)或者进口管制(Import Controls)的办法，前者限制中国居民购买美元，后者限制中国居民购买进口产品。如此，中国政府可以避免外汇储备枯竭的不利局面以及汇率失衡程度加剧带来的其他负面影响。

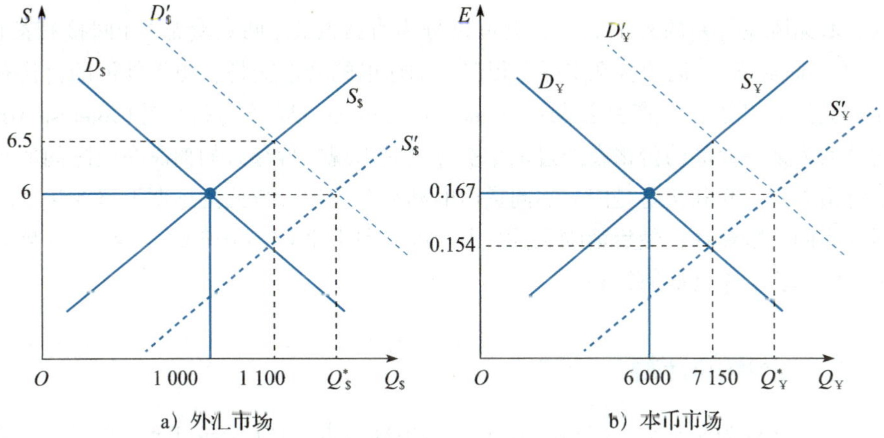

图 3-4　外汇干预条件下的外汇市场与本币市场的表现

请注意“Depreciation”和“Devaluation”以及“Appreciation”和“Revaluation”的差异。通常，“Depreciation”和“Appreciation”运用在浮动汇率制度下，而“Devaluation”和“Revaluation”运用在固定汇率制度下，在翻译成汉语时分别译为“法定贬值”和“法定升值”。

中央银行干预外汇市场，必然影响其资产负债表。本币存在贬值压力的情况下，中央银行卖出外汇储备，必然导致本国基础货币减少。反之，本币存在升值压力的情况下，中央银行买入外汇储备，本国基础货币必然增加。为了使得本国基础货币规模不受外汇干预的影响，中央银行往往会采取冲销(Sterilization)的政策。以本币存在贬值压力为例，为了弥补本国基础货币的下降，中央银行此时会增加购买本国政府债券，其结果是负债方的基础货币保持不变，资产方的结构发生变化，外汇储备减少，政府债券增加(见表 3-6)。

表 3-6 中央银行采用卖出政府债券方式对冲外汇储备的增加对中央银行资产负债表的影响

资产		负债	
外汇储备	−	基础货币	−
政府债券	+		+

请读者思考在中央银行干预外汇市场的两种情况下，商业银行资产负债表会出现怎样的变化情况。

在有汇率波动上下限的钉住汇率制度下，本国中央银行的外汇干预又有何不同呢？如图 3-5 所示，假定政府确定了本币汇率波动的上下限，即 S_U 和 S_L。当外汇需求曲线从 D_1 移动到 D_2，政府允许的汇率上升至 S_U，外汇干预的缺口为 AB 所对应的外汇数量。这一规模要小于汇率完全固定下的外汇干预数量(Q_1Q_2)。

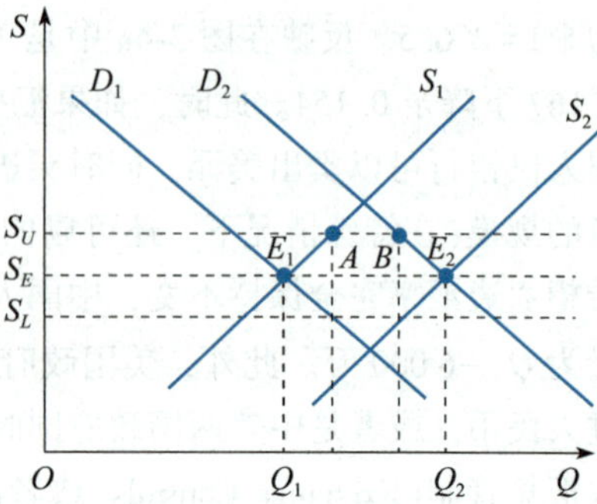

图 3-5 外汇干预与汇率变化

3.3 套汇交易

套汇交易(Foreign Exchange Arbitrage)是指交易方利用同一时刻不同外汇市场的汇率差异进行谋利以获取无风险价差的外汇交易。它可以分为直接套汇(两点套汇)和间接套汇(三点套汇)两种。“Arbitrage”一词的含义实际上很广，如这里的套汇交易，源于外汇的价格在不同市场的差异。类似的术语还有商品套购(Commodity Arbitrage)以及套利交易(Interest Arbitrage)。商品套购是因为某一商品的价格在经过汇率折算之后出现差价导致的商品在国际间的买卖，最后消除了价格差异。套利交易是因为不同货币的利率差异超过彼此的远期汇率变化率所导致的资金在国际间的跨国流动，最后消除上述差异(将在利率平价部分介绍)。在学习套汇交易之前，必须了解套算汇率是如何得到的。

3.3.1 套算汇率的计算

套算汇率，又称为交叉汇率(Cross Rate)，是根据基本汇率(Basic Rate)套算出来的。基本汇率是指一国货币与关键货币的比率。关键货币(Key Currency)是指在国际经济交易中使用最多，在外汇储备中所占比重最大，可以自由兑换，国际上普遍接受的货币。目前，美元是世界上最主要的关键货币，因此一般把本国货币对美元的汇率作为基本汇率。

非关键货币之间的交易往往要通过套算汇率来获得。套算汇率的规则是：如果在两个报价当中，某种货币在一个报价中作为标价货币，在另一个报价当中却作为计价货币，此时采用同边相乘的方法；如果在两个报价当中，某种货币同时作为计价货币或者同时作为标价货币，此时采用交叉相除的方法。

例 已知 EUR/USD = 1.292 0/60，USD/JPY = 107.50/70，求 EUR/JPY 的报价。

根据上面的原则，应该采用同边相乘的方法。

1.292 0/60

↓　↓

107.50/70

首先，要算出欧元兑日元的买入价。根据第一个报价，银行买入 1 欧元，将付出 1.292 0 美元，对于第二个报价，银行买入 1 美元，将付出 107.5 日元，因此银行买入 1 欧元，将付出 138.89 日元(即 1.292 0×107.50)。其次，要算出欧元兑日元的卖出价。对于第一个报价，银行卖出 1 欧元，将得到 1.296 0 美元；对于第二个报价，银行卖出 1 美元，将得到 107.70 日元，因此银行卖出 1 欧元，将得到 139.58 日元(即 1.296 0×107.70)。

例　已知 USD/HKD=7.782 0/40，USD/CAD=1.211 0/30，求 CAD/HKD 的报价。

7.782 0/40

╳

1.211 0/30

根据上面的原则，应该采用交叉相除的方法。首先，求出买入 1 加元应该付出多少港币。根据第二个报价，银行买入 1 加元将付出 0.824 4 美元(即 1÷1.213 0)，根据第一个报价，银行买入 1 美元将付出 7.782 0 港币，因此银行买入 1 加元将付出 6.415 5 港币(即 7.782 0÷1.213 0)。其次，求出卖出 1 加元应该得到多少港币。根据第二个报价，银行卖出 1 加元将得到 0.825 8 美元(即 1÷1.211 0)，根据第一个报价，银行卖出 1 美元，将得到 7.784 0 港币，因此银行卖出 1 加元将得到 6.427 7 港币。综上所述，求 CAD/HKD 的报价时，根据已知的报价必须将含加元的报价作为分母，而含港币的报价作为分子。

3.3.2　直接套汇

直接套汇(Direct Arbitrage；Two-Point Arbitrage；Geographic Arbitrage)是指交易方利用两个外汇市场的汇率差异进行套取差价的外汇交易。

例　假设某日纽约外汇市场即期汇率为 EUR/USD=1.233 0/50，伦敦外汇市场即期汇率为 EUR/USD=1.236 0/80。若不考虑其他交易费用，纽约某银行进行 100 万欧元的套汇交易可以获得多少收入？如果伦敦外汇市场的即期汇率为 EUR/USD=1.234 0/60，交易者能够从中获利吗？

交易方可以在纽约外汇市场上以 1 欧元等于 1.235 0 美元的价格买入欧元，然后在伦敦外汇市场上以 1 欧元等于 1.236 0 美元的价格卖出欧元。显然，交易者每 1 欧元可以从中获利 0.001 美元，100 万欧元就可以获利 0.1 万美元。如果伦敦外汇市场的即期汇率为 EUR/USD=1.234 0/60，交易者无法从中获利。因为交易方在纽约外汇市场上以 1 欧元等于 1.235 0 美元的价格买入欧元，在伦敦外汇市场上却以 1 欧元等于 1.234 0 美元的价格卖出欧元，这一操作是亏损的，此时不存在套汇交易。图 3-6 和图 3-7 分别给出了存在套利交易与不存在套利交易情况下的外汇报价情况。

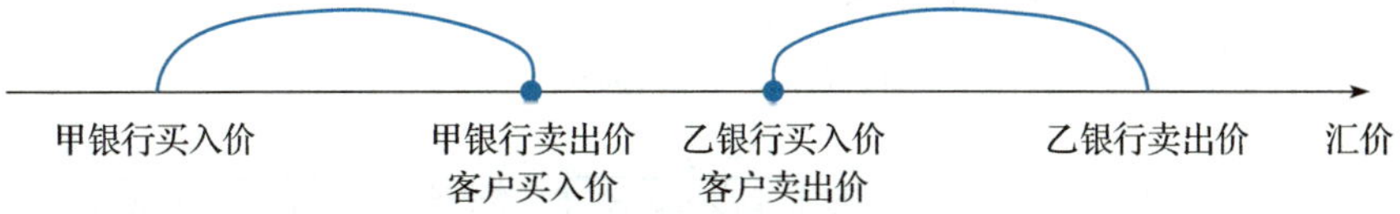

图 3-6　存在套利交易下的两个市场的汇率报价

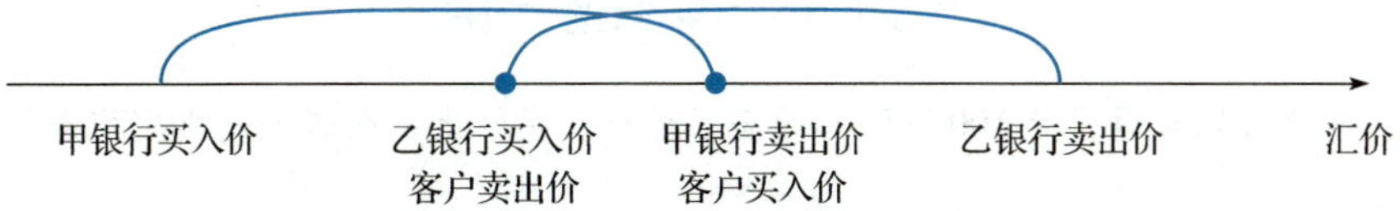

图 3-7　不存在套利交易下的两个市场的汇率报价

3.3.3 间接套汇

间接套汇(Indirect Arbitrage；Triangle Arbitrage)是交易方利用三个外汇市场的汇率差异进行套取差价的外汇交易。

例 若香港外汇市场即期汇率 USD/HKD = 7.750 0/800，纽约外汇市场 EUR/USD = 1.234 0/60，伦敦外汇市场 EUR/HKD = 9.822 0/40。如果不考虑其他费用，若某一交易方以 100 万美元进行套汇，可以获得多少利润？如果是 100 万港币或者 100 万欧元，其盈利又是多少呢？

解题思路一 先将三个市场的汇价通过套算汇率的计算化转成两个报价，然后利用两点套汇的思路分析套利的操作路径。

利用同边相乘的方法将香港和纽约外汇市场的汇率折算成 EUR/HKD = 9.563 5/9.616 1，该套算汇率与伦敦外汇市场的汇价 EUR/HKD = 9.822 0/40 相比，交易者存在套利的机会。涉及的汇价包括伦敦外汇市场欧元兑港币的 9.822 0、套算汇率价格 9.616 1(即香港外汇市场美元兑港币的 7.780 0 乘以纽约外市场上的欧元兑美元的 1.236 0)。交易者首先利用 100 万美元以 1.236 0 的价格在纽约外汇市场买入 80.9 万欧元，然后在伦敦外汇市场以 9.822 0 的价格卖出欧元买入港币，在香港外汇市场上以 7.780 0 的价格卖出港币，最后得到 102.1 万美元(见图 3-8)。交易者的利润为 2.1 万美元。

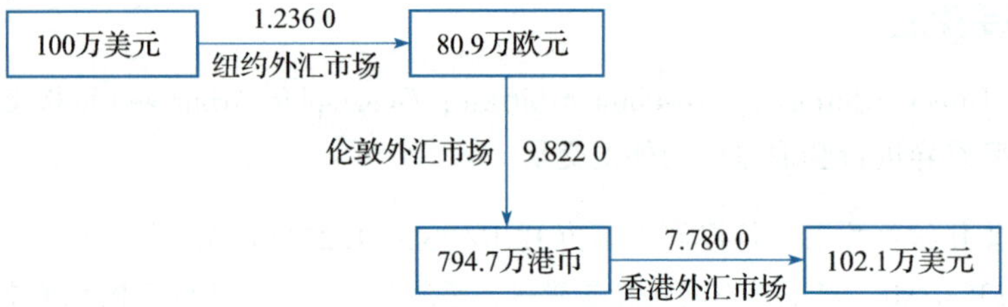

图 3-8 100 万美元的套汇过程

按照上述思路，交易者利用 100 万港币进行套利交易，结果又如何呢？显然，交易者要从中获利，涉及的交易价格也必然是香港外汇市场美元兑港币的 7.780 0，纽约外汇市场上的欧元兑美元的 1.236 0，伦敦外汇市场欧元兑港币的 9.822 0。套利的路径是从香港外汇市场卖出港币，买入美元，然后在纽约外汇市场卖出美元，买入欧元，最后到伦敦外汇市场卖出欧元，买入港币，从中获利(见图 3-9)。

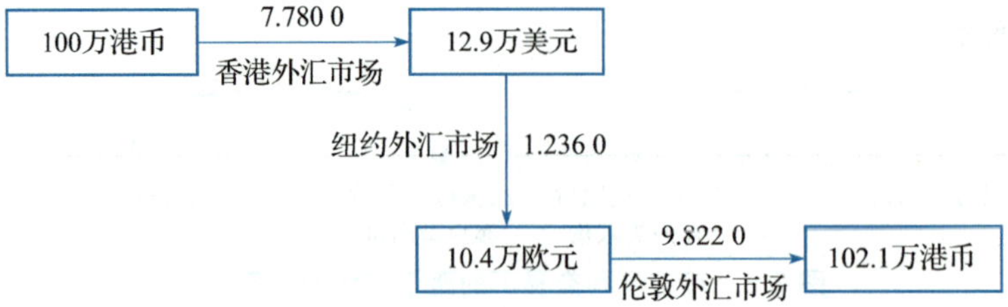

图 3-9 100 万港币的套汇过程

同理，读者可以自行推导 100 万欧元的套汇过程。实际上，在这一过程中均涉及三个相同的汇价。

解题思路二 利用连乘法计算，如果结果小于 1，则套利的方向是错误的，应该从另一个方向进行套利。

以本题为例，以 100 万美元出发，交易者可以在香港外汇市场上首先进行交易，也可以在纽约外汇市场上首先进行交易。如果从香港外汇市场出发，用 100 万美元以 7.75 的汇价换得港币，然后在伦敦外汇市场上以 9.824 0 的汇价换得欧元，最后在纽约外汇市场上以 1.234 0 的汇价换回美元，此时换回 97.4 万美元，比初始状态的 100 万美元要少，说明套利的方向是错误的（$7.75\times\frac{1}{9.8240}\times1.2340=0.974$）。接下来交易者必须从另外一个方向出发进行套利（$9.822\times\frac{1}{1.236}\times\frac{1}{7.78}=1.021$），这里不加赘述。

3.3.4　多点套汇

从两点套汇、三点套汇可以进一步推导多点套汇的约束条件。假定 n 个国家 n 种货币，其汇率的各种形式如表 3-7 所示，其中 $S_{ii}=S_{jj}=\cdots=1$。前面的两点套汇中，均衡条件就意味着 $S_{ij}\cdot S_{ji}=1(i,\ j=1,\ 2,\ \cdots,\ n)$。对于三点套汇，均衡条件就意味着 $S_{m,n}\cdot S_{n,l}\cdot S_{l,m}=1(m,\ n,\ l=1,\ 2,\ \cdots,\ n)$。对于多点套汇，均衡条件就意味着 $S_{m,n}\cdot S_{n,l}\cdot S_{l,o}\cdots S_{u,v}\cdot S_{v,m}=1(m,\ n,\ l,\ o,\ \cdots,\ u,\ v=1,\ 2,\ \cdots,\ n)$。如果存在套利机会，那么 $S_{m,n}\cdot S_{n,l}\cdot S_{l,o}\cdots S_{u,v}\cdot S_{v,m}\neq1$。

表 3-7　多点套汇下的汇率矩阵

		货币					
		1	2	3	…	$n-1$	n
货币	1	S_{11}	S_{12}	S_{13}		$S_{1,n-1}$	S_{1n}
	2	S_{21}	S_{22}	S_{23}		$S_{2,n-1}$	S_{2n}
	3	S_{31}	S_{32}	S_{33}		$S_{3,n-1}$	S_{3n}
	…						
	$n-1$	$S_{n-1,1}$	$S_{n-1,2}$	$S_{n-1,3}$		$S_{n-1,n-1}$	$S_{n-1,n}$
	n	S_{n1}	S_{n2}	S_{n3}		$S_{n,n-1}$	$S_{n,n}$

在这里，我们没有考虑外汇交易过程中的“赫斯塔特风险”（Horctatt Risk），即跨币种清算风险（Cross-Currency Settlement Risk）。1974 年 6 月 26 日，德国在科隆的赫斯塔特银行（Bankhaus Herstatt），由于其业务达不到监管要求，德国银行监管部门吊销了其执照，并责令其在德国银行间支付系统关闭（当地时间下午 3 点）前进行清算。与该银行有外汇交易的其他银行已经不可撤销地在当天向其支付了西德马克，并等待晚些时候从该银行在美国的代理行收取美元。当地时间下午 4 点半，赫斯塔特银行业务终止，由于时差的关系，此时还只是美国纽约上午 10 点半，赫斯塔特银行在纽约的代理行停止向其交易对手方支付美元，这导致其交易对手方无法获得相应的美元。此后，金融界将这种风险称为赫斯塔特风险。

3.4　实际汇率

以上介绍的各种汇率均是名义汇率（Nominal Exchange Rate）。在国际金融领域，还有两个非常重要的概念就是实际汇率（Real Exchange Rate）与有效汇率（Effective Exchange Rate）。所谓实际汇率，又称真实汇率，是指名义汇率经过价格调整后的汇率。通常，实际汇率有多种表示方法。

3.4.1 实际汇率与名义汇率

假设中国一件衬衫600元人民币，美国同等品质、型号和规格的一件衬衫80美元，如果外汇市场上的汇率为6人民币/美元，那么中美衬衫的兑换比率为：

$$Q=\frac{\frac{6\text{人民币}}{1\text{美元}}\times\frac{80\text{美元}}{\text{每件衬衫}}}{\frac{600\text{人民币}}{\text{每件衬衫}}}=0.8$$

Q的值为0.8，其含义就是美国1件衬衫相当于中国0.8件衬衫。换句话说，用80美元在美国可以买1件衬衫，按照汇率换算为480人民币，只能在中国买0.8件衬衫。显然，与$Q=1$相比，Q的值越小，中国衬衫的价格竞争优势就越小；Q的值越大，中国衬衫的价格竞争优势就越大。因此，实际汇率的公式可以表示为：

$$\text{实际汇率}=\text{名义汇率}_{(B/A)}\times\text{价格}^{A}/\text{价格}^{B}$$

其中，名义汇率$_{(B/A)}$为每单位A货币值多少单位B货币；价格^{A}为以A货币表示的A国商品的单价；价格^{B}为以B货币表示的B国商品的单价。

以上公式还可以变换为：

$$\text{实际汇率}=\text{名义汇率}_{(A/B)}\times\text{价格}^{B}/\text{价格}^{A}$$

其中，名义汇率$_{(A/B)}$为每单位B货币值多少单位A货币；价格^{A}为以A货币表示的A国商品的单价；价格^{B}为以B货币表示的B国商品的单价。

重新计算以上例子的实际汇率，可以得到：

$$Q=\frac{\frac{0.1667\text{美元}}{1\text{人民币}}\times\frac{600\text{人民币}}{\text{每件衬衫}}}{\frac{80\text{美元}}{\text{每件衬衫}}}=1.25$$

此时，Q的值为1.25，与第一种方法的计算结果0.8互为倒数。

影响实际汇率的大小有三个因素，分别为名义汇率和两国商品的单价。下面我们通过对比以上三个因素发生各种变化来分析实际汇率的变化趋势。

假定美元与人民币的名义汇率为1美元兑7.5元人民币。在中国每件衬衫为600元人民币，在美国每件衬衫为80美元。此时，实际汇率为1，即：

$$Q=\frac{\frac{7.5\text{人民币}}{1\text{美元}}\times\frac{80\text{美元}}{\text{每件衬衫}}}{\frac{600\text{人民币}}{\text{每件衬衫}}}=1$$

(1) 若人民币发生贬值，名义汇率为1美元兑8元人民币，衬衫在中国和美国的价格保持不变，则：

$$Q=\frac{\frac{8\text{人民币}}{1\text{美元}}\times\frac{80\text{美元}}{\text{每件衬衫}}}{\frac{600\text{人民币}}{\text{每件衬衫}}}=1.07$$

实际汇率从 1 变化为 1.07，表明实际汇率贬值 7%。其经济含义为中国衬衫的竞争力增强了，这是通过人民币名义汇率贬值实现的。所以，通过本币贬值可以提高本国产品的价格竞争力，扭转本国国际收支逆差的局面。

（2）人民币发生贬值，名义汇率为 1 美元兑 8 元人民币，在中国衬衫的价格上涨为每件衬衫 640 元人民币，则：

$$Q=\frac{\dfrac{8\text{人民币}}{1\text{美元}}\times\dfrac{80\text{美元}}{\text{每件衬衫}}}{\dfrac{640\text{人民币}}{\text{每件衬衫}}}=1$$

实际汇率结果没有发生变化，仍然为 1。其经济含义为虽然人民币名义汇率贬值，中国衬衫的价格也上涨了相同幅度。显然，中国衬衫价格的上涨抵消了人民币名义汇率贬值带来的竞争优势。

（3）名义汇率仍然为 1 美元兑 7.5 元人民币，在美国衬衫价格上涨为每件衬衫 100 美元，则：

$$Q=\frac{\dfrac{7.5\text{人民币}}{1\text{美元}}\times\dfrac{100\text{美元}}{\text{每件衬衫}}}{\dfrac{600\text{人民币}}{\text{每件衬衫}}}=1.25$$

实际汇率从 1 变化为 1.25。其经济含义为美国衬衫价格的上涨使得中国的衬衫价格竞争力增强了。

假定 S 是直接标价法下的名义汇率，以 Q 表示实际汇率，则：

$$Q=S\frac{P_f}{P_d}$$

其中，P_f 和 P_d 分别代表外国和本国商品的物价水平。不论何种因素导致，如果 Q 变大，其经济含义为本币代表的实际购买力下降，本币实际贬值，外币实际升值。反之，如果 Q 变小，表示外币实际贬值，本币实际升值。当然，如果改为间接标价法 $E(E=1/S)$，实际汇率 Q 则可以表示为（见图 3-10）：

$$Q=\frac{EP_d}{P_f}$$

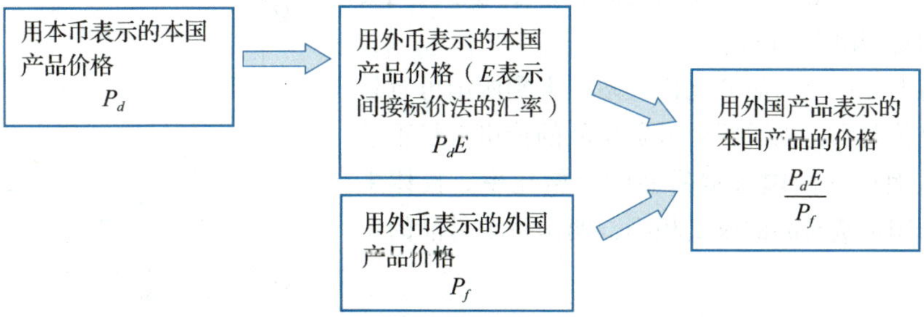

图 3-10 实际汇率的含义

如果一价定理（Law of One Price）成立，那么 $SP_f=P_d$，实际汇率 $Q=1$。这意味着在某个时点上，两国商品的价格竞争力相同。因此，名义汇率表示在某个时点上两国货币的兑换比率，实际汇率则表示在某个时点上两国商品的兑换比率。

实际汇率是一个没有单位的量，即“无量纲量”，这意味着它没有货币单位（即实际汇率既不是以本币表示，也不是以外币表示）。如果实际汇率等于1，那么这两个国家的贸易品篮子的平均价格是相同的，通常也不会存在国际套利机会，即购买力平价成立。不论是按照公式 $Q=S\dfrac{P_f}{P_d}$，还是按照公式 $Q=\dfrac{EP_d}{P_f}$，如果实际汇率大于1，则经汇率调整后，分子位置国家的贸易品篮子的价格高于分母国家，意味着分子位置国家的贸易品在国际市场失去竞争力，这是分子国家价格水平、分母国家价格水平以及名义汇率三者共同作用的结果。

如果将实际汇率视为名义汇率的函数，以横坐标表示名义汇率 S（直接标价法），纵坐标表示实际汇率 Q，S 和 Q 越大分别表示本币名义贬值和本币的实际购买力贬值。实际汇率就是一条过原点的直线，P_f/P_d 表示斜率（此处 P_f 与 P_d 均为物价指数，与前面的分析有变化，见图3-11），其中过原点的45°的直线就是名义汇率等于实际汇率的曲线，该曲线斜率为1（$P_f/P_d=1$）。当 P_f/P_d 不变，本币名义汇率由 S_1 上升到 S_2，本币的实际汇率则由 Q_1 上升到 Q_2。换句话说，在国内外价格水平不变的情况下，本币的名义贬值就会带来实际贬值。

当 S 固定在 S_1 的水平，斜率 P_f/P_d 由 P_{f1}/P_{d1} 增加到 P_{f2}/P_{d1}，即外国物价水平上涨，本国物价水平保持不变，此时实际汇率则由 Q_1 上升到 Q_2，表示本币实际汇率 Q 贬值，实际汇率曲线向纵坐标方向移动，表示本国商品竞争力增强（见图3-12）。相反，如果本国物价水平上涨，外国物价水平保持不变，那么本币实际汇率 Q 出现升值，实际汇率曲线向横坐标方向移动，表示本国商品竞争力下降。

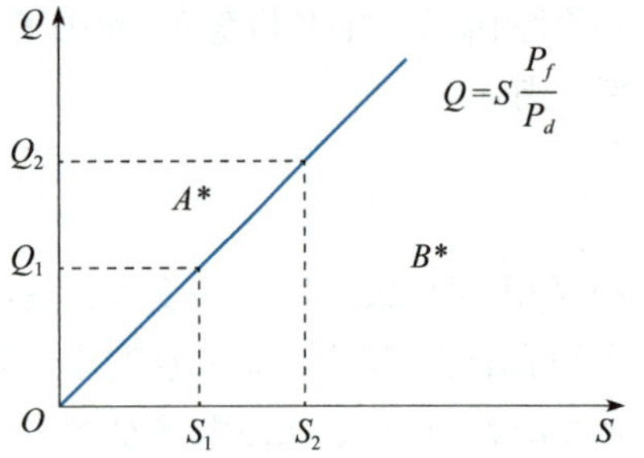

图3-11 名义汇率与实际汇率的关系图

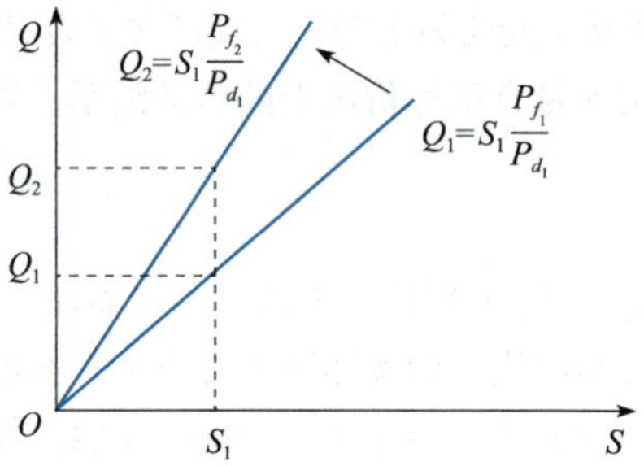

图3-12 国内外物价水平发生变化对实际汇率的影响

如果两国货币的实际汇率保持不变，即实际汇率保持在 Q_1 的水平，当斜率 P_f/P_d 渐次发生变化，双边名义汇率也必须出现调整，才能够实现实际汇率的固定（见图3-13）。

如果将上述单个商品的比价关系扩大到两国可贸易品之间的比价关系，则需要对可贸易品的价格按权重进行加总，从而得到两国可贸易品的价格比率。具体来看，假定两国可贸易品的权重相同，两国可贸易品的实际汇率为：

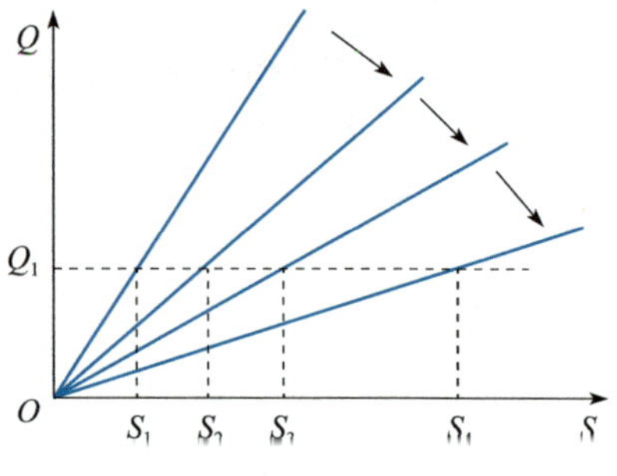

图3-13 国内外物价水平发生变化对名义汇率的影响

$$Q=\frac{S\sum_{i=1}^{m}\alpha_i P_{f_i}}{\sum_{i=1}^{m}\alpha_i P_{d_i}}$$

如果说名义汇率反映的是两国货币之间的比价，实际汇率反映的则是两国货物与服务的比率关系。相比较而言，实际汇率比名义汇率能更准确地反映一国货物与服务在国际市场上的竞争力，这是因为实际汇率不仅反映了双边名义汇率变化对其竞争力的影响，而且反映了两国货物与服务自身价格变化对其竞争力的影响。名义汇率贬值(S的值增大)和外国价格水平相对上升(P_f/P_d的值增大)，都会使得实际汇率贬值(Q的值增大)，导致本国货物与服务在国际市场上的竞争力上升。

3.4.2 实际汇率与贸易条件

贸易条件(Terms of Trade，TOT)是国际贸易学中一个重要的术语，是反映一国经济福利变化的重要指标。贸易条件具体是指一国出口商品价格与进口商品价格的比值，其经济含义为一单位的出口品可以换回多少单位的进口品。公式通常表示为：

$$TOT=\frac{P_{XDC}}{SP_{MFC}}$$

其中，P_{XDC}表示本国出口品的价格，P_{MFC}表示外国进口品的价格，S代表直接标价法下的汇率。TOT的值变大，表示本国的贸易条件改善，因为同样数量的本国商品换回的外国商品增加；反之，表示本国的贸易条件恶化。

假定世界由本国与外国组成，本国生产商品A，并向外国出口该商品；外国生产商品B，并向本国出口该商品。假定商品A的价格为100本国货币单位，商品B的价格单位为100外国货币单位，两国货币的比价为1∶1，在基期本国的贸易条件为1或者100%。在目标期本国A商品的价格上涨到130本国货币单位，且两国货币的比价和外国B商品的价格保持不变，此时本国的贸易条件从100%上升至130%，即本国出口商品价格相对于进口商品价格上升了30%，本国的贸易条件改善意味着同样的本国商品换回了更多的外国商品。这同时也表明外国的贸易条件从100%恶化到77%(即100÷130)。所以，一国的贸易条件还是另一国贸易条件的倒数。从公式的表现形式来看，实际汇率与贸易条件非常类似，但是这两者考察的重点有所差异。实际汇率通常假定国内外商品价格保持不变，重点考察名义汇率变化对两国货币实际购买力的影响；贸易条件通常假定名义汇率保持不变，重点考察国内外商品价格发生变化对贸易条件的影响。以实际汇率$Q=S\frac{P_f}{P_d}$为例，如果Q的值变大，其含义是本国货币实际贬值，这将刺激对外贸易，有利于本国商品的出口。但是从贸易条件的角度来看，其含义是本国贸易条件恶化，本国国民福利下降。

3.4.3 实际汇率指数及其分解

为了比较不同时点的实际汇率，我们需要计算实际汇率的变化率。对更长时间跨度的实际汇率进行分析，必须建立类似物价指数的实际汇率指数。如何计算实际汇率的变化率及其指数呢？

为了清晰地给出其经济含义，先给出若干定义：$S_{(B/A)}$代表名义双边汇率，即1单位A货币可以兑换S单位的B货币，即A货币是基准货币，B货币是标价货币；t代表目标期，0代表基期；$S_{0(B/A)}$和$Q_{0(B/A)}$代表基期时刻的名义双边汇率和实际双边汇率；$S_{t(B/A)}$和$Q_{t(B/A)}$代表目标期时刻的名义双边汇率和实际双边汇率。P_{A0}和P_{B0}是基期时刻A国和B国货币的物价水平；P_{At}和P_{Bt}是目标期时刻A国和B国货币的物价水平。实际汇率的变化率计算公式如下：

$$\widehat{Q}_t=\frac{Q_{t(B/A)}}{Q_{0(B/A)}}-1=\frac{\dfrac{S_tP_{At}}{P_{Bt}}}{\dfrac{S_0P_{A0}}{P_{B0}}}-1=\frac{(1+\widehat{S}_t)(1+\widehat{P}_{At})}{(1+\widehat{P}_{Bt})}-1\approx\widehat{S}_t+\widehat{P}_{At}-\widehat{P}_{Bt}$$

其中，$\frac{S_t}{S_0}=1+\widehat{S}_t$；$\frac{P_{At}}{P_{A0}}=1+\widehat{P}_{At}$；$\frac{P_{Bt}}{P_{B0}}=1+\widehat{P}_{Bt}$。(基准货币)实际汇率变化率($\widehat{S}_t$)的含义就是基准货币币值的变化率(物价变化率加上名义汇率变化率)减去标价货币币值的物价变化率。

以上公式有以下两点需要注意。

第一，在计算过程中，必须区分是计算标价货币还是基准货币的实际汇率变化率。以上公式是针对基准货币的实际汇率变化率而言的。

第二，在计算变化率的时候，采用的是加减法(此时要求$\widehat{S}_t$、$\widehat{P}_{At}$、$\widehat{P}_{Bt}$的值都很小，否则公式不成立)。如果以指数形式来表示，就应该采用乘除法。

下面通过一个具体的例子来说明人民币实际汇率指数计算(见表 3-8)，这里的双边名义汇率和物价均以指数形式表示，基期均为 100。

表 3-8 人民币实际汇率指数计算

期数	名义汇率	人民币名义汇率指数	人民币物价指数	美元物价指数	人民币实际汇率指数
1	¥8.279 6/$1	100	100	100	100.00
2	¥8.027 1/$1	103	103	105	101.03
3	¥7.351 8/$1	113	107	112	107.96
4	¥7.001 5/$1	118	110	117	110.94
5	¥6.832 8/$1	121	126	124	122.95

在第 1 期，名义汇率 USD/CNY 为 8.279 6，基准货币是美元(USD)，标价货币是人民币(CNY)，我们希望得到的是人民币名义汇率变化率和实际汇率变化率，因此必须求出间接标价法下的人民币兑美元的汇率，并以此作为基期汇价。从第 2 期开始，USD/CNY 的汇价发生变化，人民币的名义汇率指数是多少呢？根据前面的介绍，第 2 期人民币名义汇率指数为 103 ($\frac{8.2796}{8.0271}=103\%$)，由于人民币物价变化率为 3%，美元物价变化率为 5%，因此人民币在第 2 期的实际有效汇率变化率为 103×103÷105=101.03。在第 3 期，USD/CNY 的汇价达到 7.351 8，人民币名义汇率的指数达到$\frac{8.2796}{7.3518}=113\%$。此时人民币物价指数上涨 7%，但是美元物价出现了 12% 的上涨。此时人民币的实际有效汇率指数为 113×107÷112=107.96。余下的部分读者可以自己计算。当然，如果采用加减法进行计算，不考虑误差，结果基本相同。但是，如果汇率变化率非常大，加减法是不适合的，这会引起很大的误差。请看下面欧元实际汇率指数计算的例子(见表 3-9)。

表 3-9 欧元实际汇率指数计算

时期	名义汇率	欧元名义汇率指数	欧元价格指数	美元价格指数	欧元实际汇率指数
1	$2.0/€1	100	100	100	100.0
2	$2.2/€1	110	110	105	115.2

（续）

时期	名义汇率	欧元名义汇率指数	欧元价格指数	美元价格指数	欧元实际汇率指数
3	\$2.4/€1	120	120	115	125.2
4	\$1.8/€1	90	130	117	100.0
5	\$1.6/€1	80	140	120	93.3

以第4、5期为例，用乘除法计算的欧元实际汇率指数不等于用加减法计算的汇率指数。原因在于第4期欧元的名义汇率指数出现反转，因此，在实际汇率指数的计算当中，最终以乘除法为准。

经济学家对实际汇率进行了另一种形式的分解，也可以得到实际汇率变化率的公式。对 $Q=\frac{SP_f}{P_d}$ 两侧取对数后，对时间求导：

$$\frac{\mathrm{d}\ln Q}{\mathrm{d}t}=\frac{\mathrm{d}\ln S}{\mathrm{d}t}+\frac{\mathrm{d}\ln P_f}{\mathrm{d}t}-\frac{\mathrm{d}\ln P_d}{\mathrm{d}t}$$

$$\frac{1}{Q}\frac{\mathrm{d}Q}{\mathrm{d}t}=\frac{1}{S}\frac{\mathrm{d}S}{\mathrm{d}t}+\frac{1}{P_f}\frac{\mathrm{d}P_f}{\mathrm{d}t}-\frac{1}{P_d}\frac{\mathrm{d}P_d}{\mathrm{d}t}$$

$$\widehat{Q}=\widehat{S}+\widehat{P}_f-\widehat{P}_d$$

其经济含义与此前的公式一致。如果本国（外国）商品由可贸易品和不可贸易品构成［柯布-道格拉斯函数形式，$P=(P^N)^{\alpha}(P^T)^{1-\alpha}$］，其实际汇率分解如下：

$$\frac{1}{Q}\frac{\mathrm{d}Q}{\mathrm{d}t}=\frac{1}{S}\frac{\mathrm{d}S}{\mathrm{d}t}+\frac{1}{(P_f^N)^{\alpha_f}(P_f^T)^{1-\alpha_f}}\frac{\mathrm{d}(P_f^N)^{\alpha_f}(P_f^T)^{1-\alpha_f}}{\mathrm{d}t}-\frac{1}{(P_d^N)^{\alpha_d}(P_d^T)^{1-\alpha_d}}\frac{\mathrm{d}(P_d^N)^{\alpha_d}(P_d^T)^{1-\alpha_d}}{\mathrm{d}t}$$

$$\frac{1}{Q}\frac{\mathrm{d}Q}{\mathrm{d}t}=\frac{1}{S}\frac{\mathrm{d}S}{\mathrm{d}t}+\frac{1}{(P_f^N)^{\alpha_f}}\frac{\mathrm{d}(P_f^N)^{\alpha_f}}{\mathrm{d}t}+\frac{1}{(P_f^T)^{1-\alpha_f}}\frac{\mathrm{d}(P_f^T)^{1-\alpha_f}}{\mathrm{d}t}-\frac{1}{(P_d^N)^{\alpha_d}}\frac{\mathrm{d}(P_d^N)^{\alpha_d}}{\mathrm{d}t}-\frac{1}{(P_d^T)^{1-\alpha_d}}\frac{\mathrm{d}(P_d^T)^{1-\alpha_d}}{\mathrm{d}t}$$

$$\widehat{Q}=\widehat{S}+[(1-\alpha_f)\widehat{P}_f^T+\alpha_f\widehat{P}_f^N]-[(1-\alpha_d)\widehat{P}_d^T+\alpha_d\widehat{P}_d^N]$$

$$\widehat{Q}=\widehat{S}+\widehat{P}_f^T-\widehat{P}_d^T+\alpha_f(\widehat{P}_f^N-\widehat{P}_f^T)-\alpha_d(\widehat{P}_d^N-\widehat{P}_d^T)$$

其中，上标字母 T 和 N 分别表示可贸易品和不可贸易品。希腊字母 α 代表不可贸易品占总体价格指数的比重。实际汇率可以分解为两部分：第一部分为上式的前三项，反映可贸易品在国内外的价格差异，即 $\widehat{S}+\widehat{P}_f^T-\widehat{P}_d^T$，也可以认为是偏离“一价定律”的因素；第二部分反映的是两国不可贸易品和可贸易品相对价格的差异。如果外国经济环境没有显著变化，即 $\alpha_f(\widehat{P}_f^N-\widehat{P}_f^T)$ 为零，那么第二部分主要反映国内相对价格的变化，在有的文献中称为内部实际汇率。实际汇率还可以做如下分解：

$$\widehat{Q}=\widehat{S}+\widehat{P}_f-\widehat{P}_d=(\widehat{S}+\widehat{P}_f^T-\widehat{P}_d^T)+[(\widehat{P}_d^T-\widehat{P}_d)-(\widehat{P}_f^T-\widehat{P}_f)]$$

其中，第一项表示对一价定律的偏离，第二项表示相对价格变化。如此分解最大的好处是研究者只需要获得总价格指数和可贸易品价格指数，无须不可贸易品价格指数，大大提高了数据的可得性和精确度。

3.5　有效汇率

通常所说的汇率，主要是指名义双边汇率，事实上一国与其他许多国家存在经济交易，因而就存在若干种名义双边汇率。通常情况下，本国货币对一些国家的货币升值，而对另外一些国家的货币贬值，那么如何考察本国货币对外的整体升贬值态势呢？这就要将本币与其他国家的双边汇率按照某一种指标（如进出口贸易额）进行加权平均，最后得到的汇率指数就是有效汇率。因此，有时候有效汇率（Effective Exchange Rates）也被称为贸易权重指数（Trade-Weighted Index，TWI）。在本质上，有效汇率是一种指数，类似于股票指数、物价指数。例如，美元指数（US Dollar Index，USDX），也就是美元有效汇率指数，是反映美元与国际外汇市场其他主要货币相对比价的指标，它是按照一定的权重计算美元对一揽子货币的双边汇率的几何加权平均数。它衡量的是美元对货币篮子整体的价值变化程度，同时间接反映美国的出口竞争力和进口成本的变动情况。美联储对外公布的美元名义和实际有效汇率，按不同货币篮子分别有三个指数，即包含所有贸易伙伴货币的广义指数（The Broad Index）、仅包含主要货币的主要货币指数（The Major Currencies Index）以及其他重要贸易伙伴指数（Other Important Trading Partners Index），以反映美元对不同贸易伙伴群体的竞争力。BIS 公布的美元指数以 2010 年为基准年，若美元指数上升表示美元相对于货币篮子整体升值，美国的出口竞争力减弱，进口成本下降；反之，则表示美元相对于货币篮子整体贬值，美国出口竞争力增加，进口成本上升。根据一揽子货币的数量不同，BIS 将美元指数分为广义美元指数与主要货币美元指数。广义美元指数的货币篮子由 26 种货币构成，主要货币美元指数的货币篮子由 7 种货币构成，即欧元、加拿大元、日元、英镑、瑞士法郎、澳元以及瑞士克朗。另外，按照是否剔除篮子货币的通胀率，美元指数又可以分为名义美元指数和实际美元指数，名义美元指数在计算时采用的是名义汇率，而实际美元指数采用的则是实际汇率。名义美元指数与实际美元指数之间的差额通常反映了美元与篮子货币之间的通胀率差异。

3.5.1 名义有效汇率

所谓某种货币的有效汇率，就是指某种货币相对于其他多种货币双边汇率的加权平均数，其计算公式如下：

$$NEER_t = \sum_{i=1}^{n} W_i \frac{S_{it}}{S_{i0}}$$

或者

$$NEER_t = \prod_{i=1}^{n} \left(\frac{S_{it}}{S_{i0}}\right)^{W_i}$$

其中，S_{it} 代表 t 年某国货币对 i 国的名义汇率（间接标价法下的汇率）；S_{i0} 代表基期某国货币对 i 国的名义汇率，S 采取间接标价法，有效汇率指数升高，表示本币对外价值整体上升；W_i 表示 i 国的权重，各国权重之和为 1。名义有效汇率的计算既可以采用算术平均法，也可以采用几何平均法。⊖

这里有两个问题。第一，具体应该包括多少种其他货币呢？在理论上，与本国有贸易往来的国家的所有货币均需要纳入计算。在实践中，由于某些双边汇率缺失或者与某些小国双边汇率的数据缺乏可靠性，在计算有效汇率时通常选择主要贸易伙伴国的货币，如占本国对外贸易

⊖ 几何平均法的计算公式是 $x = \left(\prod_{i=1}^{n} x_i^{W_i}\right)^{1/\sum_{i=1}^{n} W_i}$。

总额 90% 的各种货币均要考虑在内。将全部的其他国家货币都考虑在内的计算量非常大，为提高效率，统计部门往往选择有代表性的贸易伙伴国的货币计算。例如美联储 20 世纪 80 年代在计算美元有效汇率时只将十国集团和瑞士的货币包括在内。第二，权重如何确定？按照性质划分，可以分为以流量指标为代表的权重或以存量指标为代表的权重。以流量指标为代表的权重，最常见的就是贸易权重，这又可以分为双边贸易权重和多边贸易权重。除此之外，还可以采用资本账户差额为权重。关于以存量指标为代表的权重，这部分内容已经超出了本书的范围，有兴趣的读者可以参考其他专著。下面重点讲解贸易权重以及第三国效应。

1. 双边贸易权重(Bilateral Trade Weight)

如果参考双边贸易额，那么权重的公式为以某国进出口总额占本国进出口总额的比例为权重，即：

$$W_i = \frac{X_i + M_i}{\sum_{i=1}^{n}(X_i + M_i)}$$

其中，X_i 和 M_i 为 i 国对本国的出口额和进口额。

2. 多边贸易权重(Multilatcral Trade Weight)

如果采用多边贸易权重，那么计算公式为：

$$W_i = \frac{X_i + M_i}{\sum_{i=1}^{n}(X_i + M_i)}$$

其中，X_i 和 M_i 为 i 国所有的出口额和进口额，分母表示贸易伙伴国所有的进出口总额(不含本国的进出口额)。

假设存在如表 3-10 所示数据。

表 3-10　四个国家之间的贸易状况　（单位：亿）

		出口				
		A	B	C	D	合计
进口	A		100	150	180	430
	B	170		70	90	330
	C	190	110		50	350
	D	200	60	80		340
	合计	560	270	300	320	1 450

例如，A 国从 B 国进口 100 亿，A 国向 B 国出口 170 亿。如果计算双边贸易权重，那么 B 国的权重为 27% $\left(即\frac{170+100}{560+430}\right)$，C 国的权重为 34% $\left(即\frac{150+190}{560+430}\right)$，D 国的权重为 38% $\left(即\frac{200+180}{560+430}\right)$。如果采用多边贸易权重，那么 B 国的权重为 31% $\left(即\frac{270+330}{270+300+320+330+350+340}\right)$，其中，分子为 B 国的进口与出口总额，分母为 B、C 和 D 三国的进出口总和。C 国和 D 国的权重以此类推，分别为 34% 和 35%。

这两种权重设计有何差异呢？为什么有时候需要采用双边权重，有时候采用多边权重？假定本国与 A 国的贸易规模很大，与 B 国(关键货币国)没有贸易往来。在多边贸易权重的计算中，A 国和 B 国的权重都必须计算。在双边贸易权重中，只会计算 A 国的权重，不会计算 B 国的权重。然而，这并不意味着本国与A国的汇率变化对双边的贸易额乃至本国国民收入产生的影响要必然大于本国与B国汇率变化带来的影响，因为本币对B国货币的汇率变化的重要性取决于B国在国际贸易中的地位，而不是本国与B国之间的贸易规模。因此，双边权重更加注重本国与权重国(与本国有贸易往来)之间贸易的密切程度；多边权重更加注重权重国(不一定与本国有贸易往来)对外贸易的开放程度。

3. 第三国效应

在计算贸易伙伴权重时，经济学家还考虑了第三国效应。在计算第二国的贸易权重时，不仅考虑两国双边贸易因素，还有必要考虑本国与第二国的商品在第三国的竞争关系。具体来说，本国与第二国的竞争关系体现在三个市场上：第一个为本国市场，即本国商品和第二国商品在本国市场中体现的竞争关系，通常用本国从第二国直接进口额与本国总进口额的比率表示；第二个为第二国所在的市场，即本国商品与第二国的商品在第二国市场上的竞争关系，通常用本国向第二国直接出口额与本国的总出口额的比率表示；第三个为除本国和第二国之外其他国家的市场(第三国市场)，即本国商品与第二国的商品在第三国市场上的竞争关系，此种竞争关系通常被称为第三国效应。如果有效汇率篮子内的货币数量有 N 个(不包括本币)，在计算第 j 国货币权重时，考虑第三国效应需要计算 $N-1$ 个国家。

假设中国的主要贸易伙伴国有美国、日本、欧元区和印度四个国家(地区)，在计算人民币有效汇率时就需要分别考虑美元、日元、欧元和印度卢比的权重。其中，美元权重的第三国效应是指美国出口到日本、欧元区和印度的产品与中国出口到这三个地区的产品的竞争关系。同样，日元权重的第三国效应是指日本出口到美国、欧元区和印度的产品与中国出口到这三个地区的产品的竞争关系。

3.5.2 实际有效汇率

为了能更综合反映本国与其贸易伙伴国货物与服务的国际竞争力比价，IMF等机构还编制了主要发达国家或地区货币的实际有效汇率指数(Real Effective Exchange Rate，REER)。该指数通常被认为是度量货币国际竞争力水平的重要指标。简单来看，实际有效汇率是一种加权计算的实际汇率指数，是名义有效汇率剔出本国与贸易伙伴国的通货膨胀率(或者其他指标，如单位劳动成本)之后的汇率指数。计算公式如下：

$$REER = \sum_{i=1}^{n} W_i Q_i$$

或者

$$REER = \prod_{i=1}^{n} Q_i^{W_i}$$

其中，W_i 表示 i 国对某国的贸易权重，各国权重之和为1；Q_i 代表某国货币对 i 国的实际汇率指数；W_i 可以表示为双边贸易权重，也可以是多边贸易权重。同样，实际有效汇率的计算既可以采用算术平均法，也可以采用几何平均法。

实际有效汇率区别于名义有效汇率的重要之处就是增加了影响货币竞争力的各国价格因素。采用什么指标来反映通货膨胀因素呢？通常，反映通货膨胀走势的指标有消费者物价指数(CPI)、批发物价指数(WPI)及出口品价格指数(Export Price Index)。CPI包括了非贸易品(如房屋成本、抵押贷款利息支出和服务支出等)，这就限制了其作为实际有效汇率缩减因子的作用。WPI的不足之处是它所覆盖的商品范围更小，且各国WPI所涵盖的商品差异性较大。出口品价格指数只包括当前的可贸易品和服务，不包括潜在的可贸易品和服务，如进口替代品和出口替代品都可能成为可贸易品。单位劳动成本(Unit Labor Cost)也可以作为缩减因子来构造实际有效汇率，这是因为劳动成本构成了生产成本的主体，反映了本国生产成本的基本走势。IMF目前公布的各国或各地区实际有效汇率指数就是采用了上述计算方法。

专栏3-4

为什么金融学中偏好采用几何平均数

不少国家在计算有效汇率时采用几何平均数，这是为什么呢？下面的例子体现了算术平均数和几何平均数的差异(见表3-11)。

表3-11 算术平均数和几何平均数的差异

权重	0.3	0.2	0.5
有效篮子内各货币的汇率指数	105%	92%	110%
算术平均		104.90%	
几何平均		104.67%	

以美元有效汇率的计算为例，只有当美元对有效货币篮子内的货币出现相同幅度的升值率(或贬值率)时，算术平均数和几何平均数的计算结果才相同，否则前者的计算结果将系统性地加大美元汇率指数。这可以用詹森不等式来解释。

若$f(x)$为$[a, b]$上的凹函数，则对于任意$x \in [a, b]$，$\lambda_i > 0$，$i = 1, 2, 3, \cdots, N$，且$\sum_{i=1}^{N} \lambda_i = 1$，有：

$$f\left(\sum_{i=1}^{N} \lambda_i x_i\right) \geqslant \sum_{i=1}^{N} \lambda_i f(x_i)$$

当且仅当$x_1 = x_2 = x_3 = \cdots = x_n$时，等号成立。若令$f(x) = \ln(x)$，可以推出：

$$\sum_{i=1}^{N} \lambda_i x_i \geqslant \prod_{i=1}^{N} x_i^{\lambda_i}$$

当$\lambda_i = W_i$；$x_i = Q_i$时，可以得到：

$$\sum_{i=1}^{n} W_i Q_i \geqslant \prod_{i=1}^{n} Q_i^{W_i}$$

当且仅当$Q_1 = Q_2 = Q_3 = \cdots = Q_N$时，等号成立。也就是说，当且仅当本国货币对货币篮子中各国货币升值或贬值相同比例时，二者计算结果相等。但是，此种情况在现实中很少出现。

世界上大多数国家在计算有效汇率时倾向于采取几何平均法，原因在于在几何平均法下，不论本国货币对货币篮子中的各国货币升值或贬值的幅度如何，其对有效汇率指数的影响是固定的；在算术平均法下，本国货币对货币篮子中的各国货币升值或贬值，其对有效汇率指数的影响是变化的，具体分析如下。

在算术平均法下有效汇率计算公式为：

$$REER = \sum_{i=1}^{n} W_i Q_i$$

现在只考虑货币篮子中Q_1汇率的变化，对其他货币的双边汇率保持不变。则：

$$REER = W_1Q_1 + W_2\overline{Q}_2 + \cdots + W_N\overline{Q}_N$$

令 $W_2\overline{Q}_2+\cdots+W_N\overline{Q}_N=A$（$A$ 为常数），则有：

$$REER = W_1Q_1 + A$$

$REER$ 对 Q_1 的弹性为：

$$\varepsilon_{REER,\ Q_1} = \frac{\dfrac{\mathrm{d}REER}{REER}}{\dfrac{\mathrm{d}Q_1}{Q_1}} = \frac{\mathrm{d}REER}{\mathrm{d}Q_1}\frac{Q_1}{REER} = \frac{W_1Q_1}{W_1Q_1 + A} = \frac{1}{1 + \dfrac{A}{W_1Q_1}}$$

可见在算术平均法下，ε_{REER,Q_1} 是随着 Q_1 水平变化而变化的。换而言之，在不同的 Q_1 水平下，其对有效汇率变化率的影响不是固定的，是随着本国货币与该货币双边汇率变化而变化的。

在几何平均法下，有效汇率计算的公式为：

$$REER = \prod_{i=1}^{n} Q_i^{W_i}$$

同样只考虑货币篮子中 Q_1 汇率的变化，其他货币汇率保持不变。则：

$$REER = Q_1^{W_1} \times Q_2^{W_2} \times \cdots \times Q_N^{W_N}$$

令 $Q_2^{W_2}\times\cdots\times Q_N^{W_N}=B$（$B$ 为常数），则有：

$$REER = Q_1^{W_1} \times B$$

$REER$ 对 Q_1 的弹性为：$\varepsilon_{REER,Q_1}=W_1$。也就是说不论 Q_1 升值（贬值）到哪个水平，$REER$ 对 Q_1 的弹性是固定的，就是该货币的权重 W_1。

专栏 3-5

SDR 及其定值和 SDR 利率水平的确定

SDR 由 IMF 于 1969 年创造，以支持布雷顿森林体系，当时国际主要储备资产黄金和美元的供给数量不足以支撑全球经济和贸易的发展，因此 SDR 作为一种新型国际储备资产应运而生。特别提款权既非货币也不是对 IMF 的债权，而是对 IMF 成员方的可自由使用货币的潜在求偿权，同时 SDR 也是 IMF 和其他一些国际组织的记账单位。

SDR 如何定值 1969 年 SDR 最初以黄金定值，其价值等于 0.888 671 克黄金（即 1 盎司黄金兑 35 美元的倒数），与美元的含金量相等（1SDR = 1 美元）。1971 年 8 月 15 日，美国肯尼迪政府单方面终止了 1 盎司黄金兑 35 美元的官方价格。黄金的美元价格迅速上升，由于美元的贬值，IMF 将 1SDR 调整为 1.085 71 美元。布雷顿森林体系崩溃以后，其价值上升到 1.206 35 美元。为保证 SDR 作为储备货币的稳定购买力，IMF 决定以篮子货币作为 SDR 的定值基础，并于 1974 年决定选择当时全世界出口份额最大的 16 个国家的货币构成货币篮子。为简化实际计算，在 1981 年 IMF 将篮子货币确定为美元、马克、法国法郎、日元、英镑 5 种。1999 年欧元问世，IMF 在 2000 年重新调整篮子货币为美元、欧元、日元、英镑 4 种。2016 年 10 月 1 日，IMF 将人民币纳入 SDR 货币篮子。IMF 每 5 年调整一次篮子内各种货币的权重。在各篮子货币的权重确定之后，根据 SDR 修订生效日前 3 个月的平均市场汇率计算得到篮子中各货币的数量，该数量在未来的 5 年内保持不变，直到 5 年后根据新的经济指标重新进行修正。这是 SDR 定值中重要的一环。SDR 以美元表示的价值是每日确定并在 IMF 网站上登载，它是根据伦敦市场每天中午汇率报价，按5种篮子货币以美元计价的具体数额之和来计算的。

下面以2016年9月26日为例来说明SDR中各货币数量的计算(见表3-12)。

表3-12 SDR中各货币数量的计算

(1) 篮子货币	(2) 各篮子货币的权重	(3) 基期篮子货币对美元的比价(2016年9月26日之前3个月的平均汇率)	(4) 2016年9月26日的转换汇率	(5) 单位SDR中篮子货币的数量	(6)=(4)×(5) 各篮子货币在2016年9月26日的等值美元
美元	41.73	1	1	0.582 57	0.582 570
欧元	30.93	1.115 72	1.124 4	0.387 03	0.435 177
人民币	10.92	0.149 839	0.149 689	1.017 5	0.152 309
日元	8.33	0.009 763 07	0.009 960 16	11.912	0.118 645
英镑	8.09	1.316 25	1.292 6	0.085 807	0.110 914
					SDR1 = US $1.399 62

(1) 篮子货币：组成SDR的货币篮子，每5年由IMF确定一次。

(2) 各篮子货币的权重：由货币篮子修订生效日开始的5年内，平均每年年末世界各国以官方储备形式持有的该货币的价值大小，以及在货币篮子修订生效日开始的5年内，该货币发行国平均对外出口货物与服务价值的大小共同决定。

(3) 基期篮子货币对美元的比价：转换日前3个月的伦敦市场午间汇率的平均值(计算日不含双休日但包括其他假期)。

(4) 转换日的转换汇率：官方转换日一般为货币篮子正式变更的前一天。

(5) 单位SDR中篮子货币的数量：由IMF规定的以下计算方法得出。

$$C_i = \left(\frac{W_i}{BEX_i}\right)\frac{USD/SDR}{\sum_{i=1}^{5}\frac{W_i}{BEX_i}TEX_i}$$

其中，i表示第i种篮子货币(表3-12第1列数据)；C表示没有四舍五入的单位SDR中篮子货币的数量；W表示各篮子货币的权重(表3-12第2列数据)；BEX表示基期篮子货币对美元的比价(表3-12第3列数据)；TEX表示转换日各篮子货币的汇率(表3-12中各篮子货币用间接标价法表示，日元和人民币均采取直接标价法表示)(表3-12第4列数据)；USD/SDR表示转换日当日美元对特别提款权(调整前)的价值比例(保留六位有效数字)。

由第4列和C对应相乘求和即可得未四舍五入的第5列的计算值

$$\sum_{i=1}^{5} RCC_i \times TEX_i(\text{保留六位有效数字}) \neq USD/SDR_{actual}$$

根据IMF的要求，第5列的最终结果一般要保留到五位有效数字，当计算出的USD/SDR与转换日的实际值不同时(如上式RCC表示，已经四舍五入到五位有效数字的C，或者经调整过程后，有效数字超过五位并统一四舍五入到六位的C。IMF规定，首先将SDR美元价值的计算结果保留到五位，然后判断计算值和真实值是否相等，不相等继续下述调整；相等再看有效数字位数，如果满足五位有效数字，则取该计算结果，超过五位有效数字，则保留到六位有效数字再看计算值与真实值是否相等，直至满足至少小于等于六位有效数字且计算值与真实值相等为止)，要做出如下调整：

$$Adjustment = USD/SDR_{actual} - \sum_{i=1}^{5} RCC_i \times TEX_i\text{(保留六位有效数字)}$$

$RCC_{USD}+Adjustment$ 即为调整后的 *USD/SDR*(也就是以美元表示的 SDR 价值)，第 5 列为最终调整后入表的单位 *SDR* 中篮子货币的数量。

(6) 各篮子货币在转换日的等值美元：第 4 列乘上对应第 5 列即可，最后 *SDR* 以美元表示的价值即为第 6 列之和。

SDR 的利率如何确定 SDR 利率是计算 IMF 常规(非优惠)贷款向借款成员方收取利息和向提供资金成员方支付利息的基础。对成员方特别提款权持有额支付的利息和对其特别提款权分配额收取的利息也是按此利率计算的。在 1969 年创立之初，SDR 利率被固定在 1.5% 的较低水平上。1974 年，SDR 的价值改由一篮子货币决定后，SDR 的利率被确定为美、英、日、法、德五国短期金融工具市场利率的加权平均数的一半，开始向市场利率看齐。1981 年 SDR 货币篮子简化后，SDR 利率也改为这五种货币短期工具市场利率的加权平均数，不再减半，利率调整频率也由原来的半年一次改为每周一次，以更适应市场利率的变化。随后 SDR 利率的确定方法趋于固定，其价值随篮子货币种类的变动而变动。目前，SDR 利率每周确定，依据是篮子货币的货币市场短期债务工具代表性利率的加权平均值。2014 年 10 月 24 日，IMF 规定 SDR 利率的最低限为 0.05%，即如果使用篮子货币计算的加权平均利率低于 0.05%，则 SDR 利率定为 0.05%，否则则使用篮子货币加权平均得出的利率，并规定将其精确到小数点后三位。

SDR 利率是由各货币在单位 SDR 中的本币数量、与 SDR 之间的汇率以及 3 个月代表性利率的乘积之和。各数据均来自上一周的周五。如果是某个特殊的周五导致无法获得某数据，则采用最近的可获得数据。2016 年 10 月 1 日，人民币加入 SDR 的货币篮子之后，SDR 的 5 种货币代表性利率的基准利率如下。

美元：3 个月美国国债的市场收益率。

欧元：3 个月欧元收益率(欧央行公布的评级在 AA 级及以上的欧元区中央政府债券 3 个月即期利率)。

英镑：3 个月英国国债市场收益率。

日元：3 个月日本国债贴现票据利率。过去该利率先后为日本政府 3 个月期大额存款利率、13 周日本政府融资券利率(Japanese Government Thirteen-Week Financing Bills)。

人民币：3 个月中国国债基准收益率(由中央国债登记结算有限责任公司发布)。

表 3-13 以 2019 年 7 月 15 日至 7 月 21 日这周为例来说明 SDR 利率计算。

表 3-13 2019 年 7 月 15 日至 7 月 21 日这周的 SDR 利率计算

货币	单位 SDR 中的本币数量 (A)	与 SDR 之间的汇率 (B)	三个月代表性利率 (C)	结果 (A)×(B)×(C)
人民币	1.017 4	0.105 100	2.039 300	0.218 1
欧元	0.386 71	0.813 512	−0.580 344	−0.182 6
日元	11.900	0.006 669 09	−0.139 000	−0.011 0
英镑	0.085 946	0.905 975	0.760 000	0.059 2
美元	0.582 52	0.722 929	2.150 000	0.905 4
总计				0.989 1
SDR 利率的下限				0.050
SDR 利率				0.989

资料来源：IMF。

3.5.3　美元有效汇率指数的计算

美元有效汇率指数的公式为：

$$I_t = I_{t-1} \times \prod_{j=1}^{N}\left(\frac{e_{j,\ t}}{e_{j,\ t-1}}\right)^{w_{j,\ t}}$$

其中，I_t 表示第 t 期美元有效汇率指数；I_{t-1} 表示第 $t-1$ 期美元有效汇率指数；$e_{j,t}$ 表示第 t 期间接标价法下美元的汇率；$e_{j,t-1}$ 表示第 $t-1$ 期间接标价法下美元的汇率；$w_{j,t}$ 表示第 t 期 j 货币的权重；N 表示有效汇率货币篮子中包含的货币数，$j=1$，2，3，…，N；k 代指第三国，$k=1$，2，3，…，N。

在计算 j 国权重时，权重的公式为：

$$w_j = \frac{1}{2}w_j^m + \frac{1}{2}w_j^x$$

其中，w_j^m 表示 j 国的进口权重；w_j^x 表示 j 国的出口权重。进口权重和出口权重均为 0.5。进口权重(w_j^m)体现的是美国商品与 j 国商品在美国市场上的竞争关系，一般以下式来衡量：

$$w_j^m = m_{us,\ j} = M_{us,\ j} / \sum_{j=1}^{N} M_{us,\ j}$$

其中，$M_{us,j}$ 表示美国从国家 j 的进口额；$\sum_{j=1}^{N} M_{us,\ j}$ 表示美国从其有效汇率货币篮子国进口的总额。

出口权重为 $w_j^x = \frac{1}{2}x_{us,j} + \frac{1}{2}\tau_{us,j}$，这包括两方面的含义，美国商品与 j 国商品在 j 国的竞争关系以及第三国市场上的竞争关系，两者赋予相同的影响权重。其中在 j 国市场上的竞争关系用直接出口权重 $x_{us,\ j} = X_{us,\ j} / \sum_{j=1}^{N} X_{us,\ j}$ 表示；在第三国市场上的竞争关系用第三国效应权重 $\tau_{us,\ j} = \sum_{k\neq j,\ k\neq us}^{N-1} x_{us,\ k} \cdot \frac{m_{k,\ j}}{1 - m_{k,\ us}}$ 表示。其中 $X_{us,j}$ 表示美国向国家 j 的出口量；$\sum_{j=1}^{N} X_{us,\ j}$ 表示美国向货币篮子国出口的总额；$m_{k,j}$ 表示 k 国从 j 国的进口额占 k 国进口总额的比重；$m_{k,us}$ 表示 k 国从美国的进口额占 k 国进口总额的比重。从直观上来看，如果 k 国市场是美国的重要出口市场(即 $x_{us,k}$ 越大)，并且 j 国向 k 国出口的商品占 k 国进口商品总额比重越大(即 $m_{k,j}$ 越大)，则在 k 国市场上，美国出口商品与 j 国出口商品的竞争程度越大。相应地，第三国效应的权重也就越大。(其中 $\frac{1}{1-m_{k,\ us}}$ 为调整因子，它最终使得所有货币篮子国家的第三国效应加总之和为 1。)

我们仍然以表 3-5 为例，假定 A 国为美国，根据数据来计算第三国效应。当不考虑第三国效应时，出口权重的计算如下。

$$\text{A、B 两国的出口直接竞争权重 } x_{A,\ B} = \frac{170}{560} = 0.303\ 6$$

$$\text{A、C 两国的出口直接竞争权重 } x_{A,\ C} = \frac{190}{560} = 0.339\ 3$$

$$\text{A、D 两国的出口直接竞争权重 } x_{A,\ D} = \frac{200}{560} = 0.357\ 1$$

当考虑第三国效应时，根据美联储的计算公式，出口权重的计算如下：

$$\text{A、B 在 C 国的第三国效应 } x_{A,\,B}^{C}=\frac{190}{560}\times\frac{\frac{110}{350}}{1-\frac{190}{350}}=0.233\,3$$

$$\text{A、B 在 D 国的第三国效应 } x_{A,\,B}^{D}=\frac{200}{560}\times\frac{\frac{60}{340}}{1-\frac{200}{340}}=0.153\,1$$

$$\text{对 B 国的出口权重 } w_{B}^{x}=\frac{1}{2}x_{A,\,B}+\frac{1}{2}(x_{A,\,B}^{C}+x_{A,\,B}^{D})=0.345$$

$$\text{A、C 在 B 国的第三国效应 } x_{A,\,C}^{B}=\frac{170}{560}\times\frac{\frac{70}{330}}{1-\frac{170}{330}}=0.132\,8$$

$$\text{A、C 在 D 国的第三国效应 } x_{A,\,C}^{D}=\frac{200}{560}\times\frac{\frac{80}{340}}{1-\frac{200}{340}}=0.204\,1$$

$$\text{对 C 国的出口权重 } w_{C}^{x}=\frac{1}{2}x_{A,\,C}+\frac{1}{2}(x_{A,\,C}^{B}+x_{A,\,C}^{D})=0.338\,1$$

$$\text{A、D 在 B 国的第三国效应 } x_{A,\,D}^{B}=\frac{170}{560}\times\frac{\frac{90}{330}}{1-\frac{170}{330}}=0.170\,8$$

$$\text{A、D 在 C 国的第三国效应 } x_{A,\,D}^{C}=\frac{190}{560}\times\frac{\frac{50}{350}}{1-\frac{190}{350}}=0.106\,0$$

$$\text{对 D 国出口的权重 } w_{D}^{x}=\frac{1}{2}x_{A,\,D}+\frac{1}{2}(x_{A,\,D}^{B}+x_{A,\,D}^{C})=0.317\,0$$

以上计算表明，各国的第三国效应之和加总后等于1。通过如下美元汇率指数计算结果可以直观地看出第三国效应对出口权重的影响(见表3-14)。

表 3-14 美元汇率指数计算结果

	不考虑第三国效应	考虑第三国效应(美联储公式)
B 国	0.303 6	0.345 0
C 国	0.339 3	0.338 1
D 国	0.357 1	0.317 0

3.5.4 BIS 有效汇率指数的计算

BIS 在构建有效汇率指数时考虑第三国效应的内容相对更为复杂。假设除第 i 国(本国)以外，共有 N 个国家。j 代指第二国，$j=1, 2, 3, \cdots, N$。k 代指第三国，$k=1, 2, 3, \cdots, N$。

在计算 j 国的总权重时，BIS 采用了如下方法：

$$w_j = \left(\frac{M_i}{M_i + X_i}\right) w_j^m + \left(\frac{X_i}{M_i + X_i}\right) w_j^x$$

其中，$M_i = \sum_{j=1}^{N} M_{i,j}$ 表示 i 国（本国）的进口总量；$X_i = \sum_{j=1}^{N} X_{i,j}$ 表示 i 国（本国）的出口总量。进口权重（w_j^m）体现出的是 i 国商品与 j 国商品在 i 国市场上的竞争关系，一般用 $w_j^m = \dfrac{M_{i,j}}{\sum_{j=1}^{N} M_{i,j}}$ 来衡量。其中，$M_{i,j}$ 代表 i 国从 j 国的进口额；$\sum_{j=1}^{N} M_{i,j}$ 代表 i 国的进口总额。出口权重 w_j^x 体现的是 i 国商品与 j 国商品在 j 国以及第三国市场（k 国）上竞争的关系，即 $w_j^x = x_{i,j} + \tau_{i,j}$。其中，在 j 国市场上的竞争关系用直接出口权重 $x_{i,j} = \left(\dfrac{X_{i,j}}{\sum_{j=1}^{N} X_{i,j}}\right)\left(\dfrac{Y_j}{Y_j + \sum_{n=1,\ n \neq j}^{N} X_{n,j}}\right)$ 表示，该权重体现了在 j 国中，i 国出口的商品与 j 国内的商品的竞争。与进口权重不同，直接出口权重为 j 国占 i 国双边贸易出口份额 $\left(\dfrac{X_{i,j}}{\sum_{j=1}^{N} X_{i,j}}\right)$ 乘以 j 国的开放程度 $\left(\dfrac{Y_j}{Y_j + \sum_{n=1,\ n \neq j}^{N} X_{n,j}}\right)$。从直观上来看，如果 j 国是 i 国的重要出口国家（即 $\dfrac{X_{i,j}}{\sum_{j=1}^{N} X_{i,j}}$ 越大）；并且当 j 国的贸易开放程度越小（即 j 国大部分商品由 j 国自己提供），则 j 国在 i 国有效汇率货币篮子中所占权重就应该越大。

i 国商品与 j 国商品在第三国市场上的竞争关系用由第三国效应权重 $\tau_{i,j} = \sum_{k \neq j}\left(\dfrac{X_{i,k}}{\sum_{j=1}^{N} X_{i,j}}\right)\left(\dfrac{X_{j,k}}{Y_k + \sum_{n=1,\ n \neq k}^{N} X_{n,k}}\right)$ 来体现。从 i 国的角度来看，若 k 国是 i 国的重要出口市场（即 $\dfrac{X_{i,k}}{\sum_{j=1}^{N} X_{i,j}}$ 越大），并且 j 国向 k 国出口额占 k 国国内商品［k 国国内商品 $=k$ 国国内制造商对国内的供应量 $+k$ 国的进口（除从 j 国的进口）］总额的很大一部分（即 $\dfrac{X_{j,k}}{Y_k + \sum_{n=1,\ n \neq k}^{N} X_{n,k}}$ 越大），就意味着 i 国与 j 国的商品在 k 国的竞争程度更加激烈。i 国商品与 j 国商品在 k 国市场上竞争的第三国效应权重也越大。因此，j 国总出口权重等于 j 国直接出口权重与 j 国与 i 国第三国效应权重的加总，即 $w_j^x = x_{i,j} + \tau_{i,j}$。

3.5.5 欧元有效汇率指数的计算

欧元有效汇率的权重计算以及第三国效应的计算更为复杂，公式如下：

$$NEER = \prod_{i=1}^{N} e_{i,\ euro}^{w_i}$$

其中，$e_{i,euro}$ 表示间接标价法下欧元对篮子货币的汇率；w_i 表示货币 i 的贸易权重；N 表示有效汇率货币篮子中包含的货币数，$i=1,\ 2,\ 3,\ \cdots,\ N$。

贸易权重有两点值得注意：第一，不包含欧元区的内部贸易；第二，主要考虑制造业的贸易额，不包括农产品、原材料和能源产品的贸易。贸易权重的计算公式如下：

$$w_i = \left(\frac{x^a}{x^a + m^a}\right) w_i^x + \left(\frac{m^a}{x^a + m^a}\right) w_i^m \qquad i = 1, 2, 3, \cdots, N$$

其中，w_i 是 i 国的总贸易权重；m^a 则是欧元区从 N 国的进口总额；x^a 是欧元区对 H 个市场的出口总额(注意，$H>N$)。

进口权重 w_i^m 的计算公式为：

$$w_i^m = m_i = m_i^a / \sum_{i=1}^{N} m_i^a \qquad i = 1, 2, 3, \cdots, N$$

其中，m_i 指欧元区向 i 国的进口额占欧元区向其所有货币篮子国进口总额的比重；m_i^a 指欧元区从 i 国的进口额；$m^a = \sum_{i=1}^{N} m_j^a$ 则是欧元区从 N 国的进口总额。

出口权重 w_i^x 则考虑到第三市场竞争的影响，采用了双重出口权重，以反映欧元区的出口商面临的在国外市场上当地生产商和第三国出口商的双重竞争。

假设欧元区产品出口到 H 个外国市场。这 H 个市场中，不仅包括用于衡量欧元价值的 N 个货币篮子国家，而且包括其他 $H-N$ 个重要的出口贸易伙伴国家。进一步假设 N 个货币篮子国家是 H 个国外市场唯一的供给者，同时其他 $H-N$ 个国家的产品不会与 N 个货币篮子国家的产品相竞争。

出口权重 w_i^x 的计算公式为：

$$w_i^x = \sum_{j=1}^{H} (s_{i,j} x_j) \qquad i = 1, 2, 3, \cdots, N \qquad j = 1, 2, 3, \cdots, H$$

其中，$s_{i,j}$ 指 j 国市场上 i 国所占的市场份额；x_j 指欧元区出口到 j 国市场的份额。

出口权重也可以分解为直接出口权重和第三国效应权重。直接出口权重为：

$$\left(\frac{X_{euro,j}}{\sum_{h=1}^{H} X_{euro,h}}\right)\left(\frac{Y_j}{Y_j + \sum_{n=1}^{N} M_{j,n}}\right)$$

第三国效应权重为：

$$\sum_{k=1}^{N}\left(\frac{X_{euro,k}}{\sum_{h=1}^{H} X_{euro,h}}\right)\left(\frac{X_{j,k}}{Y_k + \sum_{n=1}^{N} M_{k,n}}\right) + \sum_{k=N+1}^{H}\left(\frac{X_{euro,k}}{\sum_{h=1}^{H} X_{euro,h}}\right)\left(\frac{X_{j,k}}{\sum_{n=1}^{N} M_{k,n}}\right) \qquad k \neq j$$

其中，k 表示第三国；Y_j 表示 j 国国内厂商的供给量；$X_{euro,j}$ 表示欧元区向 j 国的出口额；$\sum_{h=1}^{H} X_{euro,h}$ 表示欧元区向 H 个国外市场的出口总额；$M_{j,n}$ 表示 j 国从第 n 国的进口额；$\sum_{n=1}^{N} M_{j,n}$ 表示 j 国从有效汇率篮子国的进口总额。

3.6 本章小结

外汇是以外币标价的具有国际清算功能的各类支付手段。它是一个存量(Position)，有多头和空头之分。按照可兑换程度的不同，各国货币可以分为经常账户下的可自由兑换货币和资本与金融账户下的可自由兑换货币。在全球范围内，能够称为国际货币的不足十种，主要是美元、欧元、英镑和日元等。国际货币不仅在国内而且在国际上也发挥记账单位、交易媒介和价值储藏的功能。可自由使用货币是 IMF 成员方货币入选 SDR 货币篮子的标准，要求该货币在国际交易支付中被广泛使用，在主要外汇市场上被广泛交易。避险货币也称保值货币，是在出现风险事件时，交易者在短期内买进的货币。在 IMF 看来，SDR 既非货币也不是对 IMF 的债权，而是对 IMF 成员方的可自由使用货币的潜在求偿权，同时 SDR 也是 IMF 和其他一些国际组织的记账单位。外汇市场的功能不仅表现为完成货币的兑换与清算，还表现在为交易主体提供融资和实现风险管理。外汇市场的各种交易不等同于纳入国际收支平衡表统计的各种交易。

汇率分为双边汇率和多边汇率。汇率的标价法有直接标价法、间接标价法、美元标价法和英镑标价法。汇率的变化用点差来表示，利率的变化用基点来表示。按照不同的分类，汇率既可以分为即期汇率和远期汇率、基本汇率和套算汇率、银行买入价和银行卖出价，又可以分为开盘汇率和收盘汇率，还可以分为现钞价和现汇价。计算汇率的升贬值幅度必须区分是计算基准货币还是标价货币的升贬值幅度。要计算某种货币的变化幅度，必须将其置于等号左边，处于基准货币的地位。套汇交易的计算必须注意银行买入价和卖出价的差异。

实际汇率又称真实汇率，指名义汇率经价格调整后的汇率。从经济含义来看，名义汇率的含义是两国货币的兑换比率，实际汇率则是两国商品的交换比率。根据一价定律，我们可以推导出实际汇率的定义，其变化受名义汇率、本国物价水平和外国物价水平三者的影响。为了比较不同时期的实际汇率，经济学家更多的是将实际汇率理解为一种指数，与基期相比，该指数变大，表示该货币相较于另外一种货币升值。反之，表示该货币贬值。实际汇率指数的计算，严格来说，应该采用乘除法。

有效汇率（指数）是将本币与其他国家货币的双边汇率按照某一种指标（如进出口贸易额）进行加权平均后得到的一种指数，用以反映在一定时期内本国货币对外整体的升贬值情况。计算方法既可以采用算术平均法，也可以采用几何平均法。权重既可以采用作为流量的贸易额或资本流动额为标准，也可以采用作为存量的资本为标准。在贸易权重的计算过程中，既可以采用双边贸易权重，也可以采用多边贸易权重。多边贸易权重更注重权重国在国际贸易体系中的地位。本章介绍了美元、欧元的有效汇率计算方法。以美元为例，美元（有效汇率）指数变大，表示相较于篮子里的各种货币，美元整体呈现出升值态势。反之，表示美元呈现出贬值态势。不论是实际汇率指数，还是有效汇率指数，都是指基准货币而言的。第三国效应是指在计算本国与某国的贸易权重时，不仅考虑两国双边贸易权重的因素，而且考虑本国出口品与某国出口品共同在第三国市场上的竞争关系。

请注意，本书以直接标价法为默认的汇率标价法，通常的表述是货币升值或贬值，汇率上升或下降。在直接标价法下，外币升值（本币贬值）意味着汇率上升；反之，汇率下降。

第二部分

PART2

国际收支理论

第 4 章
CHAPTER4

国际收支的弹性分析法

国际收支理论是国际金融学的基本理论之一，它主要研究国际收支的影响因素、国际收支失衡的原因和调节方法，其重点在于探讨各国政府面对国际收支失衡如何进行有效的调节。从历史的发展顺序来看，国际收支理论最早要追溯到 18 世纪英国经济学家大卫·休谟[㊀]在 1749 年提出的价格-铸币流动机制(Price Specie Flow Mechanism)，又称价格-现金流动机制(该机制在现代货币学派兴起之后被重新解释，是现代货币学派国际收支理论的渊源)，当时他是在给孟德斯鸠的信中阐述这一思想的。到 20 世纪初期，经济学家开始对国际收支失衡进行分析，提出了弹性分析法。第二次世界大战结束之后，凯恩斯主义盛行，将乘数原理应用于国际收支领域，逐渐形成了国际收支的乘数分析法。与此同时，基于凯恩斯主义思想，经济学界还提出了吸收分析法。此后，货币主义在经济学领域异军突起，国际收支的货币分析法随之出现。本书将逐一介绍这些理论。

什么是国际收支平衡？什么是国际收支失衡？什么又是国际收支均衡？从数量上看，国际收支平衡就是经常账户差额和资本与金融账户(不含储备资产账户)差额之和为零，反映为一国私人部门的实体层面和金融层面的国际经济交易能够实现平衡，政府部门无须介入国际经济交易，即该国的经常账户差额和资本与金融账户(不含储备资产账户)差额之和不影响本国的国际储备。如果这两个账户差额之和为正，则为国际收支顺差；反之，则为国际收支逆差。

假定一国经常账户差额和资本与金融账户(不含储备资产账户)差额之和很小，也就是说

㊀ 大卫·休谟(1711—1776)是苏格兰著名的哲学家、经济学家和历史学家，长期被视为苏格兰启蒙运动和西方哲学历史中最重要的历史人物之一。1739 年，28 岁的休谟出版了《人性论》(*A Treatise of Human Nature*)，该著作出版之后，并没有引起很大的反响。休谟一生著述丰厚。百万字的《英国史》(*The History of England*)自 1754 年至 1762 年分六册出版，并成为当时的畅销书，这为他带来了大量的版税收入，由此获得了经济独立。他逝世之后，《自然宗教对话录》(*Dialogues concerning Natural Religion*)出版。由于其思想与当时苏格兰思想界、宗教界的主流观点完全不同，他被视为“异端分子”，先后两次在大学求职失败。第一次是 1744 年申请爱丁堡大学的伦理学和圣灵哲学教授席位，第二次是 1751 年申请格拉斯哥大学的逻辑学教授席位。休谟和亚当·斯密(1723—1790)私交甚笃。休谟去世后，斯密出版了休谟的自传。

本国国际储备的变化额很小，这是否意味着该国国际收支就不存在问题呢？如果该国经常账户差额占本国 GDP 的比重远远超过 5%，即使该国国际储备资产账户差额没有发生变化，也可能引发国际收支危机或者汇率危机。因此，国际收支失衡是指经常账户差额占本国 GDP 的规模足够大，以至于会影响本国经济稳定和安全的一种状态。相反，国际收支均衡则是指经常账户允许有一定的差额，但是这一差额的规模是本国经济所能够承受的，或者是本国经济发展所必需的一种状态，并且伴随着经济的发展，经济体系的自动调整将会扭转经常账户的差额。严格来说，国际收支平衡并不意味着外汇市场平衡，因为国际收支是以交易为基础，而不是以外汇收支为基础。

4.1 马歇尔–勒纳条件分析

弹性分析法(Elasticity Approach)，也叫马歇尔–勒纳条件分析，是分析在国民收入不变的条件下，一国通过改变汇率来实现贸易收支的调整。其基本思想是，一国政府通过汇率变动来改变贸易品的国内外比价以及本国贸易品和非贸易品的比价，进而实现贸易收支的平衡与改善。这一理论最初由马歇尔和勒纳提出，后主要由琼·罗宾逊于 1937 年发展起来。该理论揭示了政府实行货币贬值来改善贸易收支的前提条件。

4.1.1 价格弹性和汇率弹性的关系

一般来说，进出口商品的价格通常以供货方货币表示，因此出口商品以本币标价，进口商品以外币标价，用 P_{XDC} 代表以本币(Domestic Currency，DC)表示的出口品价格，在直接标价法下换算成外币就是 P_{XDC}/S。用 P_{MFC} 代表以外币(Foreign Currency，FC)表示的进口品价格，在直接标价法下换算成本币就是 SP_{MFC}。显然，汇率变化的影响是两方面的：一方面它会影响进口品的数量 Q_m，也可以影响出口品的数量 Q_x，这就是数量效应；另一方面它还会影响进口品的外币价格 P_{MFC} 和本币价格 P_{MDC} 以及出口品的外币价格 P_{XFC} 和本币价格 P_{XDC}，这就是价格效应。具体来说，价格效应与进出口的需求价格弹性和供给价格弹性密切相关。

本国出口品的需求量是出口品外币价格的函数，本国出口品的供给量是出口品本币价格的函数。所谓出口品的需求价格弹性(d_x)，就是出口量变化的百分比与出口品外币价格变化的百分比之比，它可以表示为：

$$d_x=-\frac{\mathrm{d}Q_x/Q_x}{\mathrm{d}\left(\frac{P_{XDC}}{S}\right)\Big/\frac{P_{XDC}}{S}}=-\frac{\mathrm{d}Q_x/Q_x}{\frac{\mathrm{d}P_{XDC}}{P_{XDC}}-\frac{\mathrm{d}S}{S}}$$

出口品的供给价格弹性(s_x)就是出口量变化的百分比与出口品本币价格变化的百分比之比，它可以表示为：

$$s_x=\frac{\mathrm{d}Q_x/Q_x}{\mathrm{d}P_{XDC}/P_{XDC}}$$

进口品的需求量是进口品本币价格的函数，进口品的供给量是进口品外币价格的函数。进口品的需求价格弹性(d_m)就是进口量变化的百分比与进口品本币价格变化的百分比之比，它可以表示为：

$$d_m = -\frac{dQ_m/Q_m}{d(P_{MFC}S)/P_{MFC}S} = -\frac{dQ_m/Q_m}{\frac{dP_{MFC}}{P_{MFC}} + \frac{dS}{S}}$$

进口品的供给价格弹性(s_m)就是进口量变化的百分比与进口品外币价格变化的百分比之比，它可以表示为：

$$s_m = \frac{dQ_m/Q_m}{dP_{MFC}/P_{MFC}}$$

在相对简单的分析中，假定 P_{MFC} 和 P_{XDC} 不发生变化，且进出口商品的供给价格弹性无限大，只分析出口品的需求价格弹性和进口品的需求价格弹性的大小对国际收支的影响。因此，出口品的需求价格弹性可以化简为出口品的需求汇率弹性，具体为：

$$d_x = -\frac{dQ_x/Q_x}{d\left(\frac{P_{XDC}}{S}\right)\Big/\frac{P_{XDC}}{S}} = -\frac{dQ_x/Q_x}{\frac{dP_{XDC}}{P_{XDC}} - \frac{dS}{S}} = \frac{dQ_x/Q_x}{dS/S} = \frac{dQ_x}{dS}\frac{S}{Q_x}$$

同样，进口品的需求价格弹性可以化简为进口品的需求汇率弹性，具体为：

$$d_m = -\frac{dQ_m/Q_m}{d(P_{MFC}S)/P_{MFC}S} = -\frac{dQ_m/Q_m}{\frac{dP_{MFC}}{P_{MFC}} + \frac{dS}{S}} = -\frac{dQ_m/Q_m}{dS/S} = -\frac{dQ_m}{dS}\frac{S}{Q_m}$$

以上结论概括于表 4-1。

表 4-1 进出口商品的需求与供给价格弹性

	需求价格弹性	供给价格弹性
进口品	$-\frac{\frac{dQ_m}{Q_m}}{\frac{dP_{MFC}}{P_{MFC}}+\frac{dS}{S}}$	$\frac{\frac{dQ_m}{Q_m}}{\frac{dP_{MFC}}{P_{MFC}}}$
出口品	$\frac{-dQ_x/Q_x}{\frac{dP_{XDC}}{P_{XDC}} \quad \frac{dS}{S}}$	$\frac{\frac{dQ_x}{Q_x}}{\frac{dP_{XDC}}{P_{XDC}}}$

4.1.2 以外币计价的贸易收支分析

如果以外币计价来表示本国的国际收支差额，那么具体可以表示为：

$$B_{FC_0} = \frac{1}{S_0}P_{XDC}Q_{x_0} - P_{MFC}Q_{m_0}$$

这里以一个小幅度的本币贬值 ΔS 来分析汇率变化对国际收支差额的影响。贬值带来了出口品的外币价格下降，导致出口量的增加($\Delta Q_x>0$)；贬值带来了进口品的本币价格上涨，导致进口量的下降($\Delta Q_m<0$)。新的国际收支差额可以表示为：

$$B_{FC_1} = \frac{1}{S_0 + \Delta S}P_{XDC}(Q_{x_0} + \Delta Q_x) - P_{MFC}(Q_{m_0} + \Delta Q_m)$$

国际收支差额的变化额为：

$$\Delta B_{FC}=B_{FC1}-B_{FC0}=\frac{1}{S_0+\Delta S}P_{XDC}(Q_{x_0}+\Delta Q_x)-\frac{1}{S_0}P_{XDC}Q_{x_0}-P_{MFC}\Delta Q_m$$

$$=\frac{\Delta Q_x P_{XDC}}{S_0+\Delta S}-\frac{P_{XDC}}{S_0}Q_{x_0}\frac{\Delta S}{S_0+\Delta S}-P_{MFC}\Delta Q_m$$

$$=\Delta Q_x\frac{P_{XDC}}{S_1}-\left(\frac{P_{XDC}}{S_0}-\frac{P_{XDC}}{S_0+\Delta S}\right)Q_{x_0}-P_{MFC}\Delta Q_m$$

$$=\Delta Q_x\frac{P_{XDC}}{S_1}-\left(\frac{P_{XDC}}{S_0}-\frac{P_{XDC}}{S_1}\right)Q_{x_0}-P_{MFC}\Delta Q_m$$

1. 马歇尔–勒纳条件的图形推导

如图 4-1a 所示，本国进口需求曲线对应的横坐标为进口量，纵坐标为进口品的外币价格，进口需求曲线最初为 $M_D(S_0P_{MFC})$，当汇率从 S_0 贬值到 S_1，外国商品价格仍然保持在 $\overline{P}_{MFC}$ 的水平上，进口品的国内价格将会上升，进口需求曲线向左旋转至 $M_D(S_1P_{MFC})$ 的位置(不是在进口需求曲线上的移动，而是进口需求曲线的旋转，请读者思考为什么贬值后进口需求曲线的变动不是平行移动，并且贬值前后的需求曲线缺口呈现出喇叭口向左侧扩大的状态)，对应的进口量从 Q_{m0} 减至 Q_{m1} 的水平。因此，贬值前的进口外汇额为 $OQ_{m0}A\overline{P}_{MFC}$，贬值后的进口外汇额下降为 $OQ_{m1}B\overline{P}_{MFC}$，减少的外汇支出为 $Q_{m0}Q_{m1}BA$，即面积为 H，这反映为上式中的第三项。

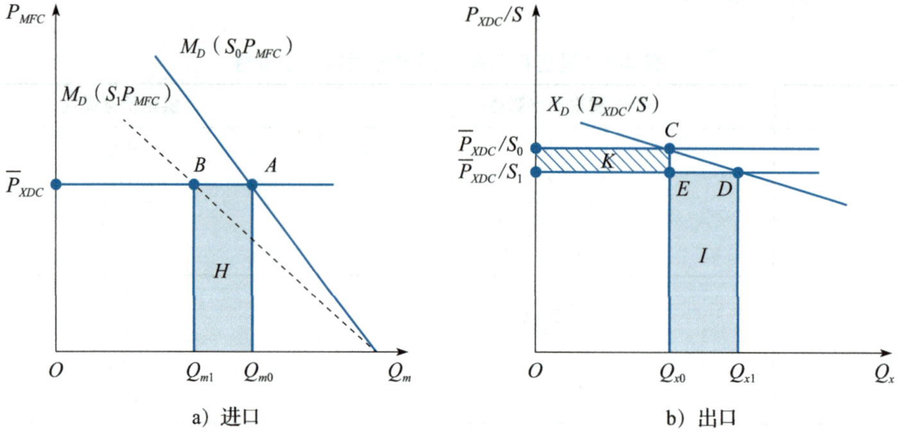

图 4-1 本币贬值对进出口的影响

对于本国出口商品的外汇供给分析等价于对外国而言其进口商品的外汇需求分析。外国进口需求曲线对应的横坐标为本国的出口量，纵坐标为外币表示的出口品价格(P_{XDC}/S)。在本国出口品的本币价格保持在 $\overline{P}_{XDC}$ 的水平上，本币贬值必将导致出口品的外币价格从 $\overline{P}_{XDC}/S_0$ 降至 $\overline{P}_{XDC}/S_1$(这仅仅是沿外国进口需求曲线移动，而不是该曲线发生位移)，从而导致出口量从 Q_{x0} 增加至 Q_{x1} 的水平，出口外汇额从 $OQ_{x0}C\dfrac{\overline{P}_{XDC}}{S_0}$变化至 $OQ_{x1}D\dfrac{\overline{P}_{XDC}}{S_1}$。后者是否一定大于前者，这取决于不等式 $\Delta Q_x\dfrac{P_{XDC}}{S_1}-\left(\dfrac{P_{XDC}}{S_0}-\dfrac{P_{XDC}}{S_1}\right)Q_{x_0}>0$ 是否成立。具体来说，本币贬值要使得本国出口额增加，须有图 4-1b 中面积 I 大于面积 K。从经济意义上来看，面积 I 为出口数量增加带来的外汇收入增加的规模，面积 K 为出口量不变时按贬值前的出口品外币价格计算少获得的收入。

下面可以分三种情况来分析外汇市场(仅考虑进出口)的均衡状况。

(1) 情况一：本币贬值使得出口额增加，进口额下降。汇率变化后，出口的变化额可以表示为 $\Delta Q_x\frac{P_{XDC}}{S_1}-\left(\frac{P_{XDC}}{S_0}-\frac{P_{XDC}}{S_1}\right)Q_{x_0}$，进口的变化额为 $P_{MFC}\Delta Q_m$。体现在图 4-1 中，出口额增加为 $I-K>0$，进口下降额为 H，国际收支改善的总额为 $I-K+H>0$。这一状况对应的是图 4-2a，即外汇供给曲线斜率为正，外汇需求曲线斜率为负，其经济含义是本币贬值后，外汇供给增加，同时外汇需求下降。

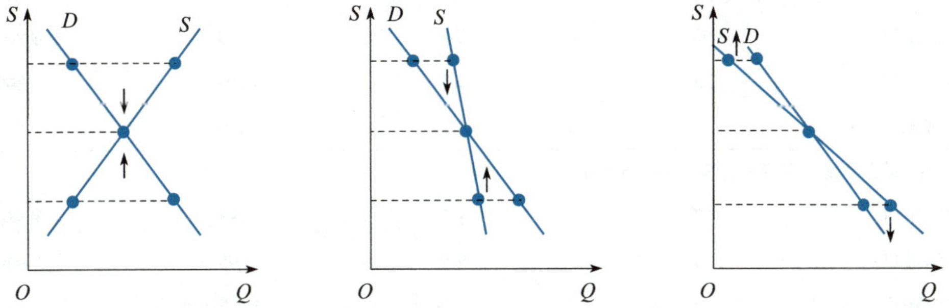

a) 外汇供给曲线斜率为正，外汇需求曲线斜率为负

b) 外汇供给曲线斜率为负，外汇需求曲线斜率为负，前者的绝对值更大

c) 外汇供给曲线斜率为负，外汇需求曲线斜率为负，后者的绝对值更大

图 4-2　外汇市场的稳定性

(2) 情况二：本币贬值导致出口额下降，进口额也下降，出口额的下降规模要小于进口额的下降规模，国际收支得到改善。体现在图 4-1 中就是 $I<K$，但是这两者之差小于 H，即 $I-K+H>0$，整个国际收支差额在本币贬值之后仍然得到改善。这一状况对应的是图 4-2b，此时外汇供给曲线斜率为负，外汇需求曲线斜率为负，前者的绝对值更大。

(3) 情况三：本币贬值导致出口额下降，进口额也下降，出口额的下降规模要大于进口额的下降规模，国际收支差额继续恶化。体现在图 4-1 中，就是不仅 K 大于 I，而且这两者之差还大于 H，即 $I-K+H<0$，此时外汇市场无法保持平衡。这一状况对应的是图 4-2c，外汇供给曲线斜率为负，外汇需求曲线斜率为负，后者的绝对值更大，其经济含义是本币贬值后，外汇供给下降，其规模要大于外汇需求下降的规模，因而外汇供求进一步恶化。

因为外汇供给曲线的斜率既可能为正，也可能为负，所以可能会出现如图 4-3 所示的弯曲的供给曲线。如此将导致外汇市场供求的多重均衡(这里是三个均衡点)。在 S_1 和 S_3 的水平上，供给曲线向右倾斜，汇率提高后(在直接标价法下，相当于本币贬值)，外汇供给量大于需求量，汇率均衡是稳定的。然而在 S_2 的水平上，汇率提高后，外汇供给量小于外汇需求量，汇率均衡是不稳定的。也就是说在非稳定均衡汇率的两侧，有两个稳定均衡点。当汇率高于 S_2 时，汇率趋向于 S_1；当汇率低于 S_2 时，汇率趋向于 S_3。外汇供给曲线的上述特征会带来外汇市场的巨幅波动，引起资源错配。例

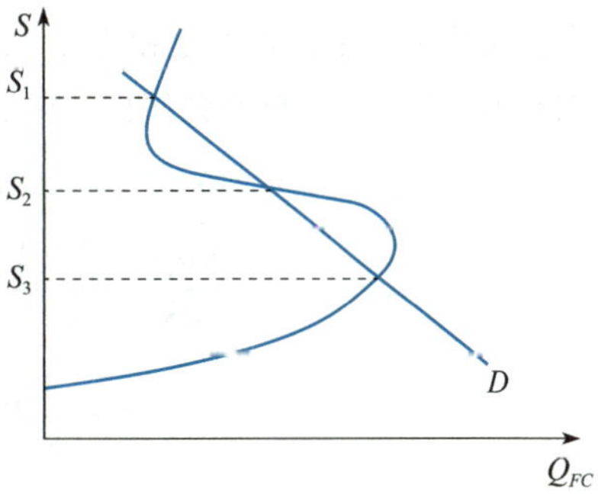

图 4-3　外汇供给曲线和外汇市场的多重均衡

如，当外汇需求曲线发生移动时，其与供给曲线的交点很可能落在 S_2 附近，而该点恰恰是非稳定均衡点。

2. 马歇尔–勒纳条件的数值推导

假定在本币贬值之前1美元等于8元人民币，本币贬值后1美元等于10元人民币，汇率的变化幅度为25%（即直接标价法下外币升值幅度）。进出口数量具体见表4-2。

表 4-2 本币贬值与本国贸易收支变化

状态	数量	价格	外币价值	本币价值
a) 贬值前经常账户处于平衡状态（$1=¥8）				
本国出口	100	¥8	$100	¥800
本国进口	20	$5	$100	¥800
经常账户			$0	¥0
b) 情况一：贬值导致经常账户逆差（$1=¥10）				
本国出口	110	¥8	$88	¥880
本国进口	19	$5	$95	¥950
经常账户			$-7	¥-70
弹性计算：$\eta_x=0.1/0.25=0.4$，$\eta_m=0.05/0.25=0.2$				
c) 情况二：贬值不对经常账户产生影响（$1=¥10）				
本国出口	115	¥8	$92	¥920
本国进口	18.4	$5	$92	¥920
经常账户			$0	¥0
弹性计算：$\eta_x=0.15/0.25=0.6$，$\eta_m=0.08/0.25=0.32$				
d) 情况三：贬值导致经常账户顺差（$1=¥10）				
本国出口	125	¥8	$100	¥1 000
本国进口	16	$5	$80	¥800
经常账户			$20	¥200
弹性计算：$\eta_x=0.25/0.25=1$，$\eta_m=0.2/0.25=0.8$				

在情况一中，出口弹性和进口弹性之和仅为0.6，经常账户由收支平衡状态转变为逆差状态；在情况二中，弹性之和为0.92，接近1，经常账户仍然保持收支平衡；在情况三中，弹性之和为1.8，本币贬值会使得本国贸易收支改善。

3. 马歇尔–勒纳条件的数学公式推导

$$\frac{\mathrm{d}B_{FC}}{\mathrm{d}S}=\frac{\mathrm{d}[(1/S)P_{XDC}Q_x-P_{MFC}Q_m]}{\mathrm{d}S}$$

$$=-\frac{1}{S^2}P_{XDC}Q_x+\frac{1}{S}P_{XDC}\frac{\mathrm{d}Q_x}{\mathrm{d}S}-P_{MFC}\frac{\mathrm{d}Q_m}{\mathrm{d}S}$$

$$=\frac{1}{S^2}P_{XDC}Q_x\left(-1+\frac{S}{Q_x}\frac{\mathrm{d}Q_x}{\mathrm{d}S}-\frac{SP_{MFC}Q_m}{P_{XDC}Q_x}\frac{S}{Q_m}\frac{\mathrm{d}Q_m}{\mathrm{d}S}\right)$$

$$= \frac{1}{S^2} P_{XDC} Q_x \left(-1 + d_x + \frac{SP_{MFC} Q_m}{P_{XDC} Q_x} d_m \right)$$

由于$\frac{1}{S^2} P_{XDC} Q_x > 0$，只有在$-1 + d_x + \frac{SP_{MFC} Q_m}{P_{XDC} Q_x} d_m > 0$成立的情况下，$\mathrm{d}B_{FC}/\mathrm{d}S > 0$。同样，在贸易收支平衡的状态下，$P_{XDC} Q_x = SP_{MFC} Q_m$，贬值改善贸易收支的条件为$d_x + d_m > 1$。上式通常称为马歇尔-勒纳条件，即出口品和进口品的需求汇率弹性之和大于1，贬值将改善贸易收支。请注意，马歇尔-勒纳条件实际上刻画的是在贸易收支大体平衡的状态下，贬值改善贸易收支的临界条件。在贸易收支不平衡的状态下，上式变为$d_x + \frac{SP_{MFC} Q_m}{P_{XDC} Q_x} d_m > 1$。如果将以外币表示的贸易收支进一步变形，可以得到：

$$\frac{\mathrm{d}B_{FC}}{\mathrm{d}S} = \frac{1}{S^2} P_{XDC} Q_x \left(-1 + d_x + \frac{SP_{MFC} Q_m}{P_{XDC} Q_x} d_m \right)$$

$$\mathrm{d}B_{FC} = \frac{\mathrm{d}S}{S} \frac{P_{XDC} Q_x}{S} \left(-1 + d_x + \frac{SP_{MFC} Q_m}{P_{XDC} Q_x} d_m \right) = \hat{S} \frac{P_{XDC} Q_x}{S} \left(-1 + d_x + \frac{SP_{MFC} Q_m}{P_{XDC} Q_x} d_m \right)$$

其中，$\mathrm{d}S/S$为汇率的变化率($\hat{S}$)；$P_{XDC} Q_x / S$为外币表示的出口额。对上式的变形就是揭示以外币表示的贸易收支变化额($\mathrm{d}B_{FC}$)与汇率变化率($\hat{S}$)之间的关系，即本币贬值能否改善国际收支。

4.1.3 以本币计价的贸易收支分析

同样，以本币计价的贸易收支差额则可以表示如下：

$$B_{DC} = P_{XDC} Q_x - SP_{MFC} Q_m$$

$$\frac{\mathrm{d}B_{DC}}{\mathrm{d}S} = \frac{\mathrm{d}[P_{XDC} Q_x - SP_{MFC} Q_m]}{\mathrm{d}S}$$

$$= P_{XDC} \frac{\mathrm{d}Q_x}{\mathrm{d}S} - P_{MFC} Q_m - SP_{MFC} \frac{\mathrm{d}Q_m}{\mathrm{d}S}$$

$$= P_{MFC} Q_m \left(\frac{P_{XDC}}{P_{MFC} Q_m} \frac{\mathrm{d}Q_x}{\mathrm{d}S} - 1 - \frac{S}{Q_m} \frac{\mathrm{d}Q_m}{\mathrm{d}S} \right)$$

如果将括号内的第一项进行变形，分子分母同乘以SQ_x，可以得到：

$$\frac{\mathrm{d}B_{DC}}{\mathrm{d}S} = P_{MFC} Q_m \left(\frac{P_{XDC} Q_x}{SP_{MFC} Q_m} \frac{S}{Q_x} \frac{\mathrm{d}Q_x}{\mathrm{d}S} - 1 - \frac{S}{Q_m} \frac{\mathrm{d}Q_m}{\mathrm{d}S} \right)$$

$$= P_{MFC} Q_m \left(\frac{P_{XDC} Q_x}{SP_{MFC} Q_m} d_x - 1 + d_m \right)$$

由于$P_{MFC} Q_m$大于零，因此只有当$\frac{P_{XDC} Q_x}{SP_{MFC} Q_m} d_x + d_m > 1$时，$\frac{\mathrm{d}B_{DC}}{\mathrm{d}S} > 0$。在贸易收支平衡的状态下，$P_{XDC} Q_x = SP_{MFC} Q_m$，本币贬值改善贸易收支差额的条件变为$d_x + d_m > 1$，这就是以本币表示的改善国际收支的马歇尔-勒纳条件(也称为“临界条件”)。

然而，不少国家往往是出现国际收支逆差之后才采取贬值政策的。若本国出现国际收支逆差，即$P_{XDC} Q_x < SP_{MFC} Q_m$，假定$\frac{SP_{MFC} Q_m}{P_{XDC} Q_x} = 1.25$，如果本国经济完全满足外币表示的贬值改善国

际收支的临界条件 $d_x+d_m>1$，则 $d_x+\frac{SP_{MFC}Q_m}{P_{XDC}Q_x}d_m=d_x+1.25d_m>1$ 更容易达到，换言之，本币贬值一定可以改善本国的国际收支。以本币表示的贬值改善国际收支的临界条件同样是 $d_x+d_m>1$，但是 $0.8d_x+d_m$ 却不一定可以保证大于 1。因此，完全可能出现本币贬值会改善以外币形式表示的贸易收支差额，但是会恶化以本币形式表示的贸易收支差额。

通常认为，贸易品的弹性在短期内较小，在长期则较大。例如，对于石油进口国来说，当本币相对美元贬值后，在短期内，贸易差额无法扭转，甚至会恶化。在长期内，石油进口国可以通过开发其他能源来代替石油，从而改善国际收支。

4.2 考虑进出口商品供给价格弹性的一般分析

在前面的分析中，曾经假定 P_{MFC} 和 P_{XDC} 不发生变化，且进出口商品的供给价格弹性无限大，如果不满足上述条件，将会发生怎样的变化呢？首先考虑出口品的情况。本国出口品的供给量 S_x 与出口价格的关系可以表示为 $S_x=S_x(P_{XDC})$，本国出口品的供给量是以本币表示的出口品价格的增函数。外国对本国出口品的需求量是 D_x，它是以外币表示的出口价格的减函数，即 $D_x=D_x\left(\frac{P_{XDC}}{S}\right)$。在均衡状态下，可以得到 $Q_x=S_x=D_x$。

在 $Q_x=S_x$ 中，对汇率求导，可以得到：

$$\frac{\mathrm{d}Q_x}{\mathrm{d}S}-\frac{\mathrm{d}S_x}{\mathrm{d}P_{XDC}}\frac{\mathrm{d}P_{XDC}}{\mathrm{d}S}=0$$

在 $Q_x=D_x$ 中，对汇率求导，可以得到：

$$\frac{\mathrm{d}Q_x}{\mathrm{d}S}-\frac{\mathrm{d}D_x}{\mathrm{d}\left(\frac{P_{XDC}}{S}\right)}\frac{\mathrm{d}\left(\frac{P_{XDC}}{S}\right)}{\mathrm{d}S}=0$$

利用 d_x 和 s_x 的定义和分子分母同乘以 $\frac{P_{XDC}}{Q_x}=\frac{P_{XDC}}{S_x}=\frac{P_{XDC}}{D_x}$，化简上面两个方程，并假定 $S=1$，可以得到以下等式：

$$\frac{\mathrm{d}Q_x}{\mathrm{d}S}=\frac{Q_xd_xs_x}{d_x+s_x}$$

$$\frac{\mathrm{d}P_{XDC}}{\mathrm{d}S}=\frac{P_{XDC}d_x}{d_x+s_x}$$

同样，对于进口品而言，本国对进口品的需求数量和价格之间的关系可以表示为 $D_m=D_m(SP_{MFC})$，进口品的供给函数可以表示为 $S_m=S_m(P_{MFC})$，在均衡状态下，可以得到 $Q_m=D_m=S_m$。利用与上面相同的方法进行化简，并假定 $S=1$，可以得到以下等式：

$$\frac{\mathrm{d}Q_m}{\mathrm{d}S}=-\frac{Q_md_ms_m}{d_m+s_m}$$

$$\frac{\mathrm{d}P_{MFC}}{\mathrm{d}S}=-\frac{P_{MFC}d_m}{d_m+s_m}$$

对于以本币表示的国际收支 $B_{DC}=P_{XDC}Q_x-SP_{MFC}Q_m$ 就汇率 S 进行全微分后可得：

$$\frac{dB_{DC}}{dS}=\frac{dP_{XDC}}{dS}Q_x+\frac{dQ_x}{dS}P_{XDC}-P_{MFC}Q_m-\frac{dP_{MFC}}{dS}SQ_m-\frac{dQ_m}{dS}SP_{MFC}$$

$$=\frac{P_{XDC}Q_x d_x}{d_x+s_x}+\frac{d_x s_x}{d_x+s_x}Q_x P_{XDC}-P_{MFC}Q_m+\frac{P_{MFC}d_m}{d_m+s_m}SQ_m+SP_{MFC}\frac{Q_m d_m s_m}{d_m+s_m}$$

$$=SP_{MFC}Q_m\left[\frac{P_{XDC}Q_x}{SP_{MFC}Q_m}\frac{d_x(1+s_x)}{d_x+s_x}+\frac{d_m(1+s_m)}{d_m+s_m}-1\right]$$

如果贬值能够改善国际收支，即$\frac{dB_{DC}}{dS}>0$，则要满足中括号内的表达式大于零：

$$\frac{P_{XDC}Q_x}{SP_{MFC}Q_m}\frac{d_x(1+s_x)}{d_x+s_x}+\frac{d_m(1+s_m)}{d_m+s_m}-1>0$$

$$\frac{d_x d_m(1+s_x+s_m)+s_x s_m(d_x+d_m-1)}{(d_x+s_x)(d_m+s_m)}>0$$

这就是比克戴克-罗宾逊-梅茨勒条件。同样，对于以外币表示的国际收支 $B_{FC}=\frac{1}{S}P_{XDC}Q_x-P_{MFC}Q_m$ 就 S 进行全微分，可得到：

$$\frac{dB_{FC}}{dS}=-\frac{1}{S^2}P_{XDC}Q_x+\frac{1}{S}\frac{dP_{XDC}}{dS}Q_x+\frac{P_{XDC}}{S}\frac{dQ_x}{dS}-\frac{dP_{MFC}}{dS}Q_m-\frac{dQ_m}{dS}P_{MFC}$$

经过化简后，同样可以得到上面的比克戴克-罗宾逊-梅茨勒条件。

4.3 贬值的时滞效应——*J* 曲线效应

贬值能否立即引发进出口数量的变化，进而改善贸易收支呢？一般认为，在短期内贬值并不能立即导致贸易差额发生变化，在贬值发生之初，由于价格因素的作用，反倒会引起贸易收支恶化，过一段时间后才会改善国际收支。这一现象被称为“*J* 曲线效应”（*J*-Curve Effect）。为什么贬值之后，贸易差额最初会恶化呢？本币贬值将会导致两种效应：一是价格效应——以外币表示的出口价格($\overline{P}_{XDC}/S+\Delta S$)变得相对更低了，以本币表示的进口价格[$(S+\Delta S)\overline{P}_{MFC}$]变得相对更高了，因此在进出口数量不变的情况下，价格效应使得本国贸易收支恶化；二是数量效应——出口价格的下降刺激了出口量，进口价格的上升抑制了进口量，数量效应将改善本国贸易收支。

贸易收支改善的最终结果取决于价格效应和数量效应的对比。从时间顺序来看，价格效应要先于数量效应发生作用。根据前面的分析，图 4-1 中面积 *H* 和 *I* 属于数量效应，面积 *K* 属于价格效应，当前面所说的情况三出现时，价格效应大于数量效应，贸易收支会恶化；反之，贸易收支会改善。如果进一步假定在短期内进出口数量不发生变化，仅仅价格发生变化，国际收支会出现恶化。哪些因素会对进出口商品的价格产生影响呢？一是贸易合同的计价货币；二是短期内进出口商品的价格调节能力。前者与该国货币在国际社会中所处的地位有关，后者与该国进出口商品的需求和供给弹性有关。经济学家 Stephen P. Magee(1973)将本币贬值的效应分为以下三个阶段：货币合同阶段、价格传导阶段和数量调整阶段。其中，价格效应发生在货币合同阶段和价格传导阶段，数量效应发生在数量调整阶段，下面详细讨论。

4.3.1 货币合同阶段的分析

第一阶段为货币合同阶段(Currency-Contract Period)。在这一阶段，因为进出口合同是在贬值以前签订的，进出口数量、进口品的外币价格和本币价格以及出口品的本币价格和外币价格受合同的约束不会因为贬值而立即变化。这样贸易收支差额的变化取决于进出口合同中规定的计价货币。例如，假定本币贬值，本国出口商已经签订合同，向外国贸易商出售 1 单位的本国商品，如果对方用本币付款，本国出口商仍然获得 1 单位的本币。如果合同是以外币签订的，贬值之前本外币的比率为 1∶1，本国出口商预期获得 1 单位的外币，由于本币贬值，本国出口商将从本币贬值的过程中获得资本利得(Capital Gains)。同样，如果进口合同是以本币签订的，本币贬值对本国进口商将不产生影响。下面我们来分析不同的计价货币对进出口贸易的影响(见表 4-3)。

表 4-3 在货币合同阶段进出口合同不同的计价货币对贸易差额的影响

		进口合同使用的货币	
		本币(MDC)	外币(MFC)
出口合同使用的货币	本币(XDC)	**以本币计价的贸易收支 B_{DC}** 出口额不变 $\overline{P}_{XDC}\overline{Q}_x$ 进口额不变 $\overline{P}_{MDC}\overline{Q}_m$ 贸易收支不变	**以本币计价的贸易收支 B_{DC}** 出口额不变 $\overline{P}_{XDC}\overline{Q}_x$ 进口额增加为 $\overline{P}_{MFC}S_1\overline{Q}_m$ 贸易收支恶化
		以外币计价的贸易收支 B_{FC} 出口额下降为$\frac{\overline{P}_{XDC}}{S_1}\overline{Q}_x$ 进口额下降为$\frac{\overline{P}_{MDC}}{S_1}\overline{Q}_m$ 初始贸易顺差：顺差减少 初始贸易平衡：保持不变 初始贸易逆差：逆差减少	**以外币计价的贸易收支 B_{FC}** 出口额下降为$\frac{\overline{P}_{XDC}}{S_1}\overline{Q}_x$ 进口额不变 $\overline{P}_{MFC}\overline{Q}_m$ 贸易收支恶化
	外币(XFC)	**以本币计价的贸易收支 B_{DC}** 出口额增加为 $\overline{P}_{XFC}S_1\overline{Q}_x$ 进口额不变 $\overline{P}_{MDC}\overline{Q}_m$ 贸易收支改善	**以本币计价的贸易收支 B_{DC}** 出口额增加为 $\overline{P}_{XFC}S_1\overline{Q}_x$ 进口额增加为 $\overline{P}_{MFC}S_1\overline{Q}_m$ 初始贸易顺差：顺差增加 初始贸易平衡：保持不变 初始贸易逆差：逆差增加
		以外币计价的贸易收支 B_{FC} 出口额不变 $\overline{P}_{XFC}\overline{Q}_x$ 进口额下降为$\frac{\overline{P}_{MDC}}{S_1}\overline{Q}_m$ 贸易收支改善	**以外币计价的贸易收支 B_{FC}** 出口额不变 $\overline{P}_{XFC}\overline{Q}_x$ 进口额不变 $\overline{P}_{MFC}\overline{Q}_m$ 贸易收支不变

第一，进出口贸易合同均以本币计价。尽管出现了本币贬值，但是由于进出口的计价货币均为本币，进出口数量均保持不变，如此以本币计价的贸易收支差额可以表示为 $B_{DC}=\overline{P}_{XDC}\overline{Q}_x-\overline{P}_{MDC}\overline{Q}_m$，这一差额在本币贬值之后保持不变。也正因为本币贬值，以外币计价的本国贸易收支

B_{FC} 会发生变化，具体取决于初始贸易差额状态。贬值之后的贸易差额可以表示为 $B_{FC}=\frac{\overline{P}_{XDC}}{S_1}\overline{Q}_x-\frac{\overline{P}_{MDC}}{S_1}\overline{Q}_m$，假如初始贸易差额为顺差，由于汇率的作用，顺差会减少；假如初始贸易平衡，那么贬值之后仍然保持贸易平衡；如果初始贸易差额为逆差，贬值之后逆差会减少。

第二，进口贸易合同采用外币计价，出口贸易合同采用本币计价。此时，以本币计价的贸易收支可以表示为 $B_{DC}=\overline{P}_{XDC}\overline{Q}_x-\overline{P}_{MFC}S_1\overline{Q}_m$，本国进口额将由于本币贬值而增加对外支付；本国出口额将不发生变化，贸易逆差增加。以外币计价的贸易收支可以表示为 $B_{FC}=\frac{\overline{P}_{XDC}}{S_1}\overline{Q}_x-\overline{P}_{MFC}\overline{Q}_m$，此时本国进口额不变，本国出口额下降，贸易逆差增加。

第三，进口贸易合同采用本币计价，出口贸易合同采用外币计价。此时，以本币计价的贸易收支可以表示为 $B_{DC}=\overline{P}_{XFC}S_1\overline{Q}_x-\overline{P}_{MDC}\overline{Q}_m$，由于采用本币计价，本国进口额保持不变；由于采用外币计价，本国出口额将会因为汇率折算的作用而增加，贸易差额将改善。同样，以外币计价的贸易收支可以表示为 $B_{FC}=\overline{P}_{XFC}\overline{Q}_x-\frac{\overline{P}_{MDC}}{S_1}\overline{Q}_m$，此时出口额不变，进口额下跌，贸易差额改善。

第四，进出口贸易合同货币均以外币计价。此时以本币计价的贸易收支可以表示为 $B_{DC}=\overline{P}_{XFC}S_1\overline{Q}_x-\overline{P}_{MFC}S_1\overline{Q}_m$，进出口额将均扩大，但是对贸易差额的影响取决于初始贸易差额。如果初始贸易为顺差，那么贬值之后顺差增加；如果初始贸易平衡，贬值之后仍然保持贸易平衡；如果初始贸易为逆差，那么逆差将增加。同样，以外币计的贸易收支 B_{FC} 则保持不变。

综上所述，若进出口商品计价货币均为本币，本币贬值后对以外币计价的贸易差额起到了缩减的作用；若进出口商品计价货币均为外币，本币贬值后对以本币计价的贸易差额起到了放大的作用。对于进口商品采用外币、出口商品采用本币计价的组合，贸易状况是恶化的；而对于出口商品采用外币、进口采用本币计价的组合，贸易状况是改善的。

4.3.2 价格传导阶段的分析

第二阶段为价格传导阶段(Pass-Through Period)。所谓价格传导，也就是汇率变化之后，进口商品的本币和外币价格、出口商品的本币和外币价格在短期内是否会因此发生变化。这与进出口商品的供给和需求弹性有关。

对于本币贬值下出口品的价格变化而言，假定贬值前出口品的本币价格为 P_{XDC0}，外币价格为 P_{XDC0}/S_0。此时价格的完全不传递就是指汇率变化后出口品的外币价格保持不变，价格的完全传递就是指汇率变化后出口品的外币价格随之发生相同幅度的变化。

具体来看，出口品价格的完全不传递就是指贬值前后出口品的外币价格完全相同：

$$P_{XFC1}=P_{XFC0}\Rightarrow\frac{P_{XDC1}}{S_1}=\frac{P_{XDC0}}{S_0}\Rightarrow P_{XDC1}=(1+\hat{S})P_{XDC0}$$

由此我们可以得到本币价格提高的幅度，这表现为本国对出口品的供给完全无弹性，即本国出口品的本币价格不论如何变化，出口供给量不变，这显示本国出口产品具有竞争力。如

图 4-4 所示，由于本国出口供给完全无弹性，本国供给曲线为垂线，对应的纵坐标为 P_{XDC}。本币贬值前，外国对出口品的需求曲线为 D_{FC0} ⊖，本币贬值后，以本币标价的需求曲线为 D_{DC1}，因为出口品的本币价格由 S_0P_{XFC0} 变化为 S_1P_{XFC0}，新的需求曲线向右旋转，斜率发生变化，喇叭口朝左侧开。

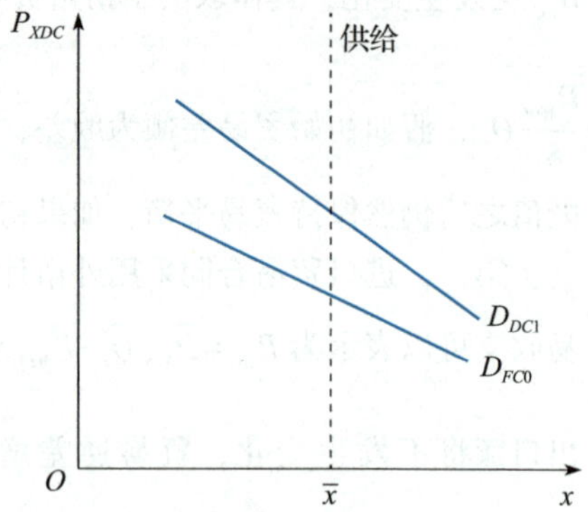

图 4-4 完全无弹性的本国出口供给

本国出口品价格的完全传递就是汇率变化后，出口品的本币价格不发生变化，但是外币价格发生变化：

$$P_{XDC1}=P_{XDC0}\Rightarrow S_1P_{XFC1}=S_0P_{XFC0}\Rightarrow P_{XFC1}=\frac{P_{XFC0}}{1+\hat{S}}$$

这表现为外国对出口品的需求完全无弹性，即本国出口品的外币价格不论如何变化，出口需求量不变，这表明本国出口产品的竞争力严重不足。如图 4-5 所示，由于出口需求量不发生变化，对出口品的需求曲线为垂线，对应的纵坐标为 P_{XFC}。本币贬值前，以本币标价的供给曲线为 S_{DC0}，本币贬值后，以外币标价的供给曲线为 S_{FC1}，出口品的外币价格由 P_{XDC0}/S_0 变化为 P_{XDC0}/S_1，新的供给曲线向右旋转，斜率变小，因此喇叭口朝右侧开。

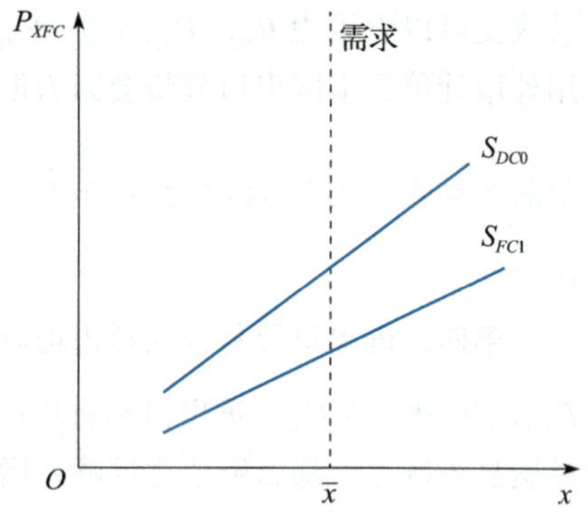

图 4-5 完全无弹性的本国出口需求

对于本币贬值下进口品的价格传递而言，假定贬值前进口品的外币价格为 P_{MFC0}，本币价格为 S_0P_{MFC0}。价格的完全不传递就是指汇率变化后（S_0 上升至 S_1）进口品的本币价格不发生变化，那么进口品的外币价格就必然发生变化：

$$P_{MDC1}=P_{MDC0}\Rightarrow S_1P_{MFC1}=S_0P_{MFC0}\Rightarrow P_{MFC1}=P_{MFC0}/(1+\hat{S})$$

这反映为外国对进口品的供给完全无弹性，同时意味着外国贸易商对本国市场的严重依赖，也说明进口品的竞争力不足。如图 4-6 所示，由于进口品的外币价格不论如何变化，进口供给量不变，对应的纵坐标为 P_{MFC}。本币贬值前，本国对进口品的需求曲线为 D_{DC0}，本币贬值后，进口品的需求曲线 D_{FC1}，这是因为进口品的外币价格由 P_{MDC0}/S_0 变化为 P_{MDC0}/S_1，需求曲线发生旋转，新的需求曲线斜率发生变化，因此喇叭口朝左侧开。

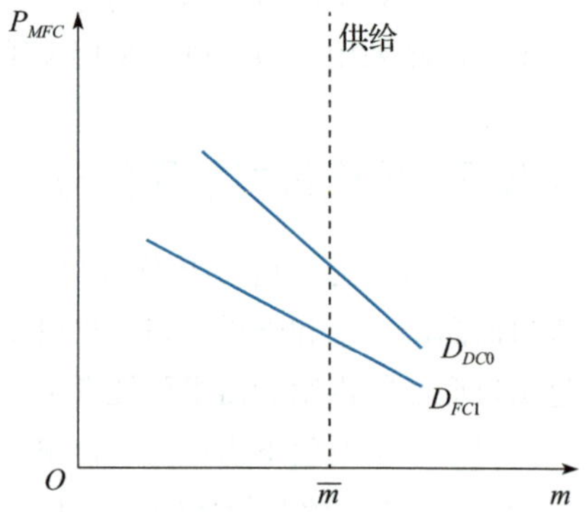

图 4-6 完全无弹性的本国进口供给

本币贬值下进口品价格的完全传递就是汇率变化后，进口品的外币价格不变，但是本币价格相应地发生变化：

⊖ 假定本国出口产品的需求曲线为 $Q_x=a-bP_{XFC}$，由于纵坐标为本币计价，所以该需求曲线又可以表示为 $Q_x=a-bP_{XDC}/S_0$，当汇率贬值到 S_1，需求曲线变化为 $P_{XDC}=-S_1(Q_x-a)/b$，斜率变化为 $1+\bar{S}$。

$$P_{MFC1}=P_{MFC0}\Rightarrow\frac{P_{MDC1}}{S_1}=\frac{P_{MDC0}}{S_0}\Rightarrow P_{MDC1}=(1+\hat{S})P_{MDC0}$$

这反映为本国对进口品的需求完全无弹性，意味着进口品的竞争力很强。如图 4-7 所示，由于进口品的需求量不发生变化，对应的纵坐标为 P_{MDC}。本币贬值前，以外币标价的供给曲线为 S_{FC0}，本币贬值后，以本币标价的供给曲线为 S_{DC1}，此时供给曲线的斜率增加，喇叭口向右侧开，表示本币贬值导致进口品的本币价格由 S_0P_{MFC0} 增加到 S_1P_{MFC0}，幅度为 $1+\hat{S}$，这也就是斜率变化的幅度。

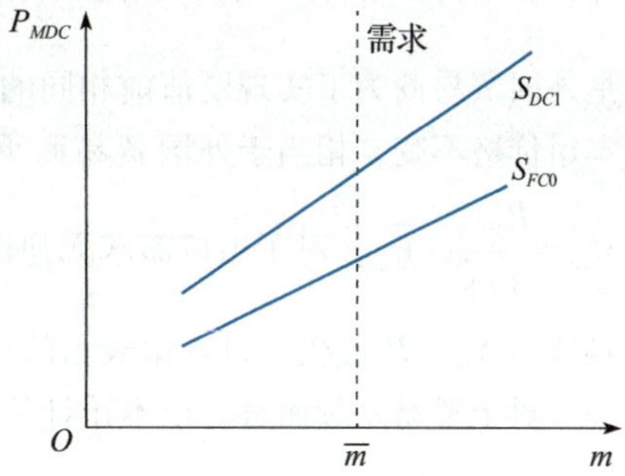

图 4-7　完全无弹性的本国进口需求

以上分析总结于表 4-4。

表 4-4　进出口商品价格传递性、弹性和价格变化

	价格	本币贬值前	本币贬值后	
			价格完全传递	价格完全不传递
出口品	本币价	P_{XDC0}	$P_{XDC1}=P_{XDC0}$ 本币价格保持不变	$P_{XDC1}=P_{XDC0}(1+\hat{S})$ 供给完全无弹性 本币价格上涨 产品具有竞争力
	外币价	P_{XDC0}/S_0	$P_{XFC1}=\frac{P_{XDC0}}{S_0(1+\hat{S})}$ 需求完全无弹性 外币价格下跌 产品不具有竞争力	$P_{XFC1}=\frac{P_{XDC0}(1+\hat{S})}{S_0(1+\hat{S})}$ 外币价格保持不变
进口品	本币价	S_0P_{MFC0}	$P_{MDC1}=S_0(1+\hat{S})P_{MFC0}$ 需求完全无弹性 本币价格上涨 产品具有竞争力	$P_{MDC1}=S_0P_{MFC0}$ 本币价格保持不变
	外币价	P_{MFC0}	$P_{MFC1}=P_{MFC0}$ 外币价格保持不变	$P_{MFC1}=P_{MFC0}/(1+\hat{S})$ 供给完全无弹性 外币价格下跌 产品不具有竞争力

下面我们将详细解释各种变化情况。

首先，分析本国进出口需求均无弹性的情况。马歇尔–勒纳条件揭示了货币贬值改善贸易收支的进出口需求弹性的临界条件——进出口需求弹性之和大于 1。这里则分析进出口需求完全无弹性的情况。假定本币贬值前汇率为 S_0，本币贬值后汇率为 S_1，进口品的本币价格提高，进口供给曲线向上移动，由于进口需求无弹性，相同的进口量，本币价格上升，以本币表示的进口额增加为 $M_{DC}=P_{MFC0}S_1\overline{Q}_m$，以外币表示的进口额不变，具体可以表示为 $M_{FC}=P_{MFC0}\overline{Q}_m$。对于出口而言，出口的外币价格下降，本国出口供给曲线向右移动，但由于出口需求无弹性，无法增加出口量，因此以外币表示的出口额下降，具体可以表示为 $X_{FC}=P_{XDC0}\overline{Q}_x/S_1$，以本币表示的出口额不变，具体可以表示为 $X_{DC}=P_{XDC0}\overline{Q}_x$。因此，不论以何种货币计价，本国贸易收支均出现恶化。

其次，分析本国进口供给无弹性和出口需求无弹性的情况。本币贬值后，进口商品的本币价格本应该提高，导致以外币计价的进口需求曲线左移，但是由于进口供给无弹性，进口品的外币价格为 $P_{MFC0}/(1+\hat{S})$，因此以外币计价的进口额下降，具体表示为 $M_{FC}=\frac{P_{MFC0}}{1+\hat{S}}\overline{Q}_m$，其含义是外国贸易商为了实现贬值前相同的贸易数量，不得不降低外币价格，以实现在本国市场上的本币价格不变，相当于外国贸易商承担了损失；以本币计价的进口额不变，具体可以表示为 $M_{DC}=\frac{P_{MFC0}}{1+\hat{S}}S_1\overline{Q}_m$。对于出口需求无弹性的情况，上面已经分析过了，以本币表示的出口额不变，具体为 $X_{DC}=P_{XDC0}Q_x$，以外币表示的出口额下降，具体为 $X_{FC}=P_{XDC0}Q_x/S_1$。

对于贸易差额而言，以本币计价则保持不变；以外币计价则取决于初始状态，具体表示为 $B_{FC}=\frac{P_{XDC0}\overline{Q}_x}{S_0(1+\hat{S})}-\frac{P_{MFC0}\overline{Q}_m}{1+\hat{S}}$。如果初始贸易差额为顺差，那么贬值后贸易顺差下降；如果初始贸易平衡，那么贬值后仍然是贸易平衡的；如果初始贸易差额为逆差，那么逆差额下降。

再次，分析本国进口需求无弹性和出口供给无弹性的情况。对于本国进口需求无弹性的情况来说，前面已经分析了，以本币表示的进口额增加，用公式可以表示为 $M_{DC}=P_{MFC0}S_1\overline{Q}_m$，以外币表示的进口额不变，具体可以表示为 $M_{FC}=P_{MFC0}\overline{Q}_m$。

对于本国出口来说，本币贬值后，本国商品价格折算成外币后下跌，外国对本国出口品的需求增加，本国出口品的供给曲线向右移动，但是由于供给完全无弹性，本国的出口量保持不变，然而本国出口商可以提高本币价格，幅度为本币的贬值率，但是出口品的外币价格不变。此时以本币表示的出口额增加，具体为 $X_{DC}=P_{XDC1}\overline{Q}_x=P_{XDC0}(1+\hat{S})\overline{Q}_x$，以外币表示的出口额不变，具体为 $X_{FC}=P_{XDC0}\overline{Q}_x/S_0$。

对于贸易差额而言，以本币计价则取决于初始状态，具体表示为 $B_{DC}=P_{XDC0}(1+\hat{S})\overline{Q}_x-P_{MFC0}S_1\overline{Q}_m$。如果初始贸易差额为顺差，那么贬值后贸易顺差增加；如果初始贸易平衡，那么贬值后仍然是贸易平衡的；如果初始贸易差额为逆差，那么逆差额增加。对于以外币计价的贸易差额而言，具体表示为 $B_{FC}=P_{XDC_0}\overline{Q}_x/S_0-P_{MFC0}\overline{Q}_m$，贸易差额保持不变。

最后，分析本国进出口供给均无弹性的情况。如前所述，本币贬值后，由于进口供给无弹性，进口品的外币价格为 $P_{MFC0}/(1+\hat{S})$，因此以外币计价的进口额下降，具体表示为 $M_{FC}=\frac{P_{MFC0}}{1+\hat{S}}\overline{Q}_m$；以本币计价的进口额不变，具体表示为 $M_{DC}=\frac{P_{MFC0}}{1+\hat{S}}S_1\overline{Q}_m$。

对于本国出口来说，本币贬值后，由于供给完全无弹性，出口品的外币价格不变，此时以本币表示的出口额增加，具体为 $X_{DC}=P_{XDC1}\overline{Q}_x=P_{XDC0}(1+\hat{S})\overline{Q}_x$，以外币表示的出口额不变，具体为 $X_{FC}=P_{XDC0}\overline{Q}_x/S_0$。

综上所述，若本币贬值，无弹性的进口供给和无弹性的出口供给组合将使得贸易状况改善，无弹性进口需求和无弹性的出口供给组合将对以本币计价的贸易差额有放大的作用；无弹性的进口供给和无弹性的出口需求组合将对以外币计价的贸易差额有缩减的作用；而无弹性的出口需求和无弹性的进口需求组合将使得贸易状况恶化(见表 4-5)。

表 4-5　在价格传导阶段进出口供给弹性和需求弹性对贸易收支的影响

		进口：无弹性的供给（对本国有利）	进口：无弹性的需求（对本国不利）
出口	无弹性的供给（对本国有利）	**以本币计价的贸易收支 B_{DC}** 出口额增加为 $P_{XDC0}(1+\hat{S})\overline{Q}_x$ 进口额不变 $\frac{P_{MFC0}}{1+\hat{S}}S_1\overline{Q}_m$ 贸易收支改善	**以本币计价的贸易收支 B_{DC}** 出口额增加为 $P_{XDC0}(1+\hat{S})\overline{Q}_x$ 进口额增加为 $P_{MFC0}S_1\overline{Q}_m$ 初始贸易顺差：顺差增加 初始贸易平衡：保持不变 初始贸易逆差：逆差增加
		以外币计价的贸易收支 B_{FC} 出口额不变 $P_{XDC0}\overline{Q}_x/S_0$ 进口额下降为 $\frac{P_{MFC0}}{1+\hat{S}}\overline{Q}_m$ 贸易收支改善	**以外币计价的贸易收支 B_{FC}** 出口额不变 $P_{XDC0}\overline{Q}_x/S_0$ 进口额不变 $P_{MFC0}\overline{Q}_m$ 贸易收支不变
	无弹性的需求（对本国不利）	**以本币计价的贸易收支 B_{DC}** 出口额不变 $P_{XDC0}\overline{Q}_x$ 进口额不变 $\frac{P_{MFC0}}{1+\hat{S}}S_1\overline{Q}_m$ 贸易收支不变	**以本币计价的贸易收支 B_{DC}** 出口额不变 $P_{XDC0}\overline{Q}_x$ 进口额增加为 $P_{MFC0}S_1\overline{Q}_m$ 贸易收支恶化
		以外币计价的贸易收支 B_{FC} 出口额下降为 $P_{XDC0}\overline{Q}_x/S_1$ 进口额下降为 $\frac{P_{MFC0}}{1+\hat{S}}\overline{Q}_m$ 初始贸易顺差：顺差下降 初始贸易平衡：保持不变 初始贸易逆差：逆差下降	**以外币计价的贸易收支 B_{FC}** 出口额下降 $P_{XDC0}\overline{Q}_x/S_1$ 进口额不变 $P_{MFC0}\overline{Q}_m$ 贸易收支恶化

显然，上述分析是基于汇率的完全传递或者完全不传递来展开的，即传递率要么是 100%，要么是 0%。如果是不完全传递，又将出现怎样的结果呢？以进口品为例，汇率传递我们还可以采用下列公式来表示：

$$P_{MDC}=SP_{MFC}$$

对上式两侧取对数后对时间求导，可得：

$$\frac{\mathrm{d}\ln P_{MDC}}{\mathrm{d}t}=\frac{\mathrm{d}\ln S}{\mathrm{d}t}+\frac{\mathrm{d}\ln P_{MFC}}{\mathrm{d}t}$$

$$\frac{\mathrm{d}P_{MDC}}{P_{MDC}}\frac{1}{\mathrm{d}t}=\frac{\mathrm{d}S}{S}\frac{1}{\mathrm{d}t}+\frac{\mathrm{d}P_{MFC}}{P_{MFC}}\frac{1}{\mathrm{d}t}$$

$$\hat{P}_{MDC}=\hat{S}+\hat{P}_{MFC}$$

等号左侧表示进口品本币价格的变化率，等号右侧第一项表示在 t 时刻外汇价格的变化率，右侧第二项表示进口品外币价格的变化率。如表 4-6 所示，假定进口品的外币价格 P_{MFC} 保持不变，也就是其变化率为零，本币贬值导致国内价格上涨的幅度等于外汇价格上升的幅度，即汇率传递的幅度为 100%。如果进口品的本币价格 P_{MDC} 保持不变，也就是左侧等于零，即汇率传递的幅度为零，那么进口品外币价格下跌的幅度等于外汇价格上升的幅度，外国出口商需要负担本币贬值带来的负担。在外汇升值 3% 的情况下，如果进口品的本币价格上涨 2%，那么进口品的外币价格就必须下降 1%，此时本国进口商和外国出口商分别承担汇率变化带来的损失为

67%和33%。同样在外汇升值3%的情况下，如果进口品本币价格上涨4%，那么进口品的外币价格就会上涨1%，此时本国进口商承担汇率变化带来的损失为133%，外国出口商从中获益33%，注意其承担率为负数。出现这种情况往往是因为外国出口品具有竞争力，议价能力强。同样在外汇升值3%的情况下，如果进口品本币价格下跌1%，那么进口品的外币价格必须下跌4%，本国进口商从中获益33%，外国出口商必须承担汇率变化带来的损失为133%。最后两种情况是汇率因素和商品供求因素共同作用的结果。

表4-6 汇率传递率的分解和承担

序号	进口品本币价格变化率	外汇价格变化率①	进口品外币价格变化率	本国进口商承担率②	外国出口商承担率③
1	3%	3%	0	100%	0
2	0	3%	3%	0	100%
3	2%	3%	1%	67%	33%
4	4%	3%	−1%	133%	−33%
5	−1%	3%	4%	−33%	133%

①外汇价格变化率=进口品本币价格变化率+进口品外币价格变化率。
②本国进口商承担率=进口品本币价格变化率/外汇价格变化率=汇率传递率。
③外国出口商承担率=进口品外币价格变化率/外汇价格变化率。若承担率为负数，其经济含义是收益率。

4.3.3 数量调整阶段的分析

第三阶段是数量调整阶段（Quantity-Adjustment Period）。在价格传导阶段之后，进出口数量开始随着价格变动进行调整，贬值对贸易收支的数量效应慢慢发挥作用，即$\Delta x>0$，$\Delta m<0$，在这一阶段，由于数量效应大于价格效应，贸易收支逆差逐渐得到改善。

综上所述，本币贬值情况下贸易收支的变化存在多种形式，通常所说的J曲线效应仅仅是其中的一种。具体来看J曲线效应体现为上述三个阶段（见图4-8）：最初贸易逆差落在A点，其对应的是贬值的开始时刻。货币合同阶段开始，贬值后贸易差额立即出现恶化，由于进出口贸易定价币种的约束，贸易差额增加至B点（只有价格效应，没有数量效应）。在价格传递阶段，由于进出口商品的需求弹性不足，贸易逆差继续扩大，到达F点（价格效应大于数量效应）。在数量调整阶段，贸易逆差从F点开始，逐渐缩小至C点，此后贸易状况逐渐好转，到D点贸易差额为零，并逐渐实现贸易顺差（数量效应大于价格效应）。从A点到C点这段时间，本币贬值后贸易差额并没有改善，而是恶化了。从环比的角度看，从F点开始，贸易差额是逐步改善的。

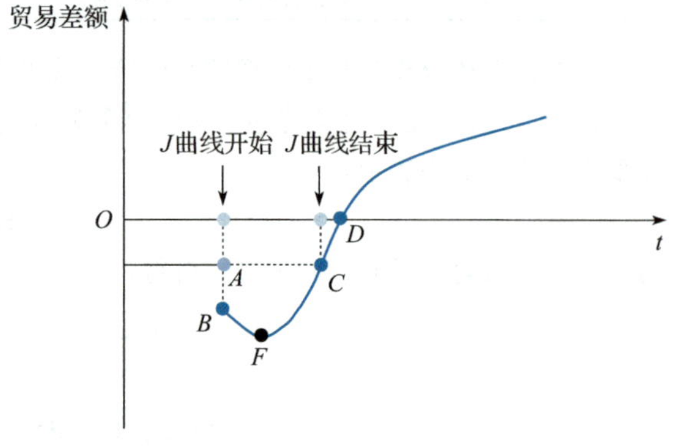

图4-8 J曲线效应

J曲线反映了汇率变化后数量效应逐渐超过价格效应的动态变化过程。之所以会出现这个过程，主要是出于以下三方面的原因。

第一，消费者存在反应时滞。不论是货币发生贬值的国家的消费者，还是世界其他国家的消费者，都需要一段时间来调整其消费习惯，这不仅包括消费品的价格因素，还包括替代性消费品的可靠性和口碑等问题。

第二，生产者存在反应时滞。对于本币贬值的国家而言，本币贬值虽然增强了出口品的竞争力，但是本国生产者扩大生产需要时间。同时进口合同往往在贬值之前就已经签订，无法因为本币贬值而取消。对于其他国家而言，减少其国内同类商品的生产也涉及方方面面，并且只有在长期内才可能实现调整。值得关注的另外一个问题是，伴随着远期外汇市场的发展，本国进口品付款的汇率风险可以在远期市场进行对冲，因此，货币贬值不会在短期内使得进口数量下降。

第三，不完全竞争因素。在国际产品的竞争市场上，不论是国内企业还是国外企业，要占有一定的市场份额都不容易。以本国货币贬值为例，外国出口商为维持其出口品的价格竞争力，可能会采取降价措施以确保其市场份额。上述效应很大程度上取决于该外国出口品不完全竞争的市场结构，这一因素的存在使得该出口品的价格变化往往小于汇率的变化幅度。

专栏 4-1

贬值对贸易条件的影响

在前面曾经介绍过贸易条件 $TOT=\frac{P_d}{SP_f}$ 的定义。贬值对贸易条件会产生什么影响呢？对贸易条件就 S 进行全微分就可以得到结论。这里将贸易条件改写成 $TOT=\frac{P_{XDC}}{SP_{MFC}}$，同时运用前面得到的结果 $\frac{dP_{XDC}}{dS}=\frac{P_{XDC}d_x}{d_x+s_x}$ 和 $\frac{dP_{MFC}}{dS}=-\frac{P_{MFC}d_m}{d_m+s_m}$，并假定汇率 $S=1$，可以得到：

$$
\begin{aligned}
\frac{dTOT}{dS} &= \frac{\frac{dP_{XDC}}{dS}SP_{MFC}-\left(P_{MFC}+S\frac{dP_{MFC}}{dS}\right)P_{XDC}}{S^2P_{MFC}^2}\\
&=\frac{1}{SP_{MFC}}\frac{P_{XDC}d_x}{d_x+s_x}-\frac{1}{SP_{MFC}}\left(P_{XDC}-\frac{SP_{XDC}}{SP_{MFC}}\frac{P_{MFC}d_m}{d_m+s_m}\right)\\
&=\frac{P_{XDC}}{SP_{MFC}}\left(\frac{d_x}{d_x+s_x}-1+\frac{d_m}{d_m+s_m}\right)\\
&=\frac{d_md_x-s_ms_x}{(d_x+s_x)(d_m+s_m)}
\end{aligned}
$$

因此可以得到以下结论：若 $d_md_x-s_ms_x>0$，有 $\frac{dTOT}{dS}>0$，其经济含义是贸易条件改善；反之则有 $\frac{dTOT}{dS}<0$，其经济含义是贸易条件恶化；若 $d_md_x-s_ms_x=0$，有 $\frac{dTOT}{dS}=0$，贸易条件保持不变。

国际收支的弹性分析法以价格弹性理论为基础，通过数学推导得到改善国际收支失衡的临界性条件——马歇尔-勒纳条件。同时，由于 J 曲线效应的存在，国际收支逆差在长期内会改善、在短期内会恶化的局面使得经济学家分成了“弹性乐观派”（Elasticities Optimists）和“弹性悲观派”（Elasticities Pessimists）两派。然而，弹性分析法也存在不足之处，这主要体现在以下三方面：第一，该理论假定经济处于充分就业状态，收入不变而价格可变，这与马歇尔-勒纳条件中出口供给弹性无穷大的假定是矛盾的；第二，弹性分析法只考虑通过汇率变化导致的相对价格变化(即替代效应)，而忽略收入效应对贸易收支的影响；第三，弹性分析法将贸易收支等同于国际收支，没有考虑贬值对资本账户的影响。

4.4 本章小结

除了早期的物价-现金流动机制外，弹性分析法是国际金融领域最初对货币贬值能否改善国际收支失衡进行分析的理论，是商品的价格弹性理论在国际金融领域的具体运用。经济学家总结归纳出贬值改善国际收支差额的条件——马歇尔-勒纳条件，即进出口商品的需求价格弹性之和大于1，在贸易收支大体平衡的状态下，本币贬值可以改善贸易状况。马歇尔-勒纳条件并不是贬值改善国际收支的充分条件，仅仅是在国际收支基本平衡时的临界条件。

马歇尔-勒纳条件可以分别从以本币计价和以外币计价的贸易收支两个角度来论证，其结论是一致的。然而，在贸易收支处于逆差的状态下，以外币计价的贸易收支改善的条件更容易达到。极端的情况是，在贸易收支逆差的状态下，本币贬值会改善以外币计价的贸易收支，但会恶化以本币计价的贸易收支。因为以本币的贸易收支改善条件很可能无法满足。具体来看，货币贬值能否改善国际收支状况主要体现在两个方面，即数量效应和价格效应，贬值改善国际收支就是国际收支的数量效应大于价格效应的体现。其中，数量效应体现为两个方面：一个是本国减少进口量所节约的外汇规模，另一个是本国扩大出口量所增加的外汇规模。正因为本币贬值可能导致价格效应大于数量效应，外汇市场可能出现多重均衡点。如果进一步考虑进出口商品的供给弹性，马歇尔-勒纳条件可以扩展为比克戴克-罗宾逊-梅茨勒条件。

贬值具有时滞效应，是指本币贬值开始的时候，本国贸易收支差额有可能恶化，过了一段时间之后才会得到改善。在以时间为横坐标，贸易收支差额为纵坐标的平面上，贸易收支差额的变化曲线类似于英文字母 J，因此该效应又被称为 J 曲线效应。J 曲线效应有三个阶段——货币合同阶段、价格传导阶段和数量调整阶段。J 曲线反映了本币贬值后数量效应逐渐超过价格效应的动态变化过程。产生这一效应的原因大致有三个：消费者存在反应时滞、生产者存在反应时滞和不完全竞争因素。

在国际贸易中，当货币贬值后，进出口商品有不同的货币组合，这对国际收支差额会产生不同的影响。若进出口合同均以本币计价，本币贬值对以本币计价的贸易收支差额不产生影响；若当进出口合同均以外币计价，本币贬值对以外币计价的贸易收支差额不产生影响；若出口合同以外币计价，进口合同以本币计价，本币贬值后，不论是以本币计价还是外币计价的贸易收支差额将得到改善；若出口合同以本币计价，进口合同以外币计价，不论是以本币计价还是以外币计价的贸易收支差额将会恶化。

同样，进出口商品的不同供求弹性(以进出口品的供给和需求的完全无弹性为例)，也会对贬值能否改善国际收支产生影响。对于无供给弹性的进口品和无供给弹性的出口品来说，该组合将有利于贬值改善贸易收支差额。对于无需求弹性的进口品和无供给弹性的出口品来说，该组合要么保持贸易收支差额不变，要么将放大初始贸易差额；对于无供给弹性的进口品和无需求弹性的出口品来说，该组合要么保持贸易收支差额不变，要么将缩小初始贸易收支差额；对于无需求弹性的进口品和出口品来说，该组合将使得贬值恶化贸易收支差额。

弹性分析法的不足之处在于，它仅仅考虑了价格的替代效应对国际收支的影响，而没有考虑收入效应，后来的经济学家在凯恩斯理论的影响下，开始关注收入变化对国际收支的影响。

第5章
CHAPTER5

国际收支的国民收入分析法

在20世纪30年代凯恩斯宏观经济学诞生之后，经济学家开始将凯恩斯主义的国民收入决定理论运用于开放经济下的国际收支差额分析，分析的起点都是国民收入恒等式。一国出现国际收支逆差，主要是国内支出大于国民收入。政府应该采取何种政策来解决该问题呢？如果说弹性分析法是从价格角度来分析，凯恩斯学派的分析法则是从数量角度来分析。具体来说，包括国民收入和国内支出两个角度。一方面，政府通过增加财政支出来扩大本国国民收入，使国民收入的增量大于国内支出的增量来改善国际收支差额；另一方面，政府可以采取减少本国国内支出的政策。本章重点分析国民收入与国际收支之间的关系。

5.1 乘数分析法

在凯恩斯宏观经济学诞生之后，经济学家用国民收入决定理论来分析一国的国际收支。开放经济下的凯恩斯国民收入决定理论有乘数分析法和吸收分析法两个分支。本节介绍乘数分析法。乘数分析法的假设条件是：经济处于非充分就业状态；价格和汇率固定而国民收入可变；不考虑国际间的资本流动，也就是说国际收支差额仅仅是经常账户的差额。其核心思想是，财政支出的变动会通过乘数效应引起国民收入的数倍变动，进而影响进口支出的变动，从而影响国际收支差额。

5.1.1 小型开放经济的贸易乘数

根据凯恩斯经济模型，开放经济条件下的国民收入恒等式为：

$$Y = C + I + G + X - M$$

其中，消费 $C=C_a+cY$，$0<c<1$。

假设不考虑净要素收入和净转移支付，本国国民可支配收入就是国内生产总值，这里将国民可支配收入简写为 Y。开放经济下的本国消费包括两部分，即 $C=C_d+M$，前者指本国生产的消费品，后者指进口的消费品(暂时假定进口品中没有用于投资的半成品和原材料)。具体有：

$$C_d = C_{ad} + c_d Y$$
$$M = M_0 + mY$$
$$C_a = C_{ad} + M_0$$
$$c = c_d + m$$

其中，C_{ad} 为对国内产品的自主性消费；M_0 为自主性进口；$c_d Y$ 为引致性消费；mY 为引致性进口；c_d 和 m 分别为对本国货物与服务的消费需求边际倾向和边际进口倾向(Marginal Propensity to Import，MPM)，这两者之和 c 为边际消费倾向(Marginal Propensity to Consume，MPC)。这里还可以推导出平均消费倾向(Average Propensity to Consume，APC)，用公式可以表示为 $APC=C/Y$。

$$Y = c_d Y + C_{ad} + mY + M_0 + I + G + X - mY - M_0$$
$$Y = cY + C_a + I + G + X - mY - M_0$$
$$Y = \frac{C_a + I + G + X - M_0}{1 - c + m}$$

$C=cY+C_a$ 是指包括进口品在内的总消费函数，其中，$c=c_d+m$；$1-c$ 为边际储蓄倾向。图 5-1 给出了消费需求曲线，曲线的斜率为边际消费倾向 c，图中连接至原点的两条虚线分别表示 APC_1 和 APC_2，显然 $APC_1 > APC_2$，且 $APC>c$。请读者思考 $APC<c$ 和 $APC=c$ 的情况。

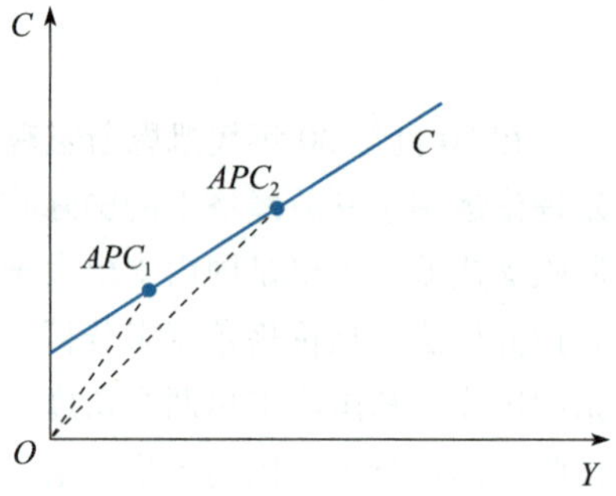

图 5-1 边际消费倾向与平均消费倾向

同时，根据上式还可以得到消费的收入弹性(Income Elasticity for Consumption)：

$$YEC = \frac{\Delta C}{C} \div \frac{\Delta Y}{Y} = \frac{\Delta C/\Delta Y}{C/Y} = \frac{c}{(C_a + cY)/Y} < 1$$

其含义是边际消费倾向与平均消费倾向之比，其结果小于 1。与此类似，还可以分析进口需求的收入弹性 YEM。如果 $M=M_0+mY$，那么：

$$YEM = \frac{\Delta M}{M} \div \frac{\Delta Y}{Y} = \frac{\Delta M/\Delta Y}{M/Y} = \frac{MPM}{APM} = \frac{m}{(M_0 + mY)/Y} < 1$$

这一点在后面的分析中会用到。

根据 $Y=\frac{C_a+I+G+X-M_0}{1-c+m}$，我们可以得到出口的自主性变动对国民收入的影响：

$$\Delta Y = \frac{1}{1 - c + m}\Delta X$$

它给出了出口增加额与国民收入之间的数量关系，其中$\frac{1}{1-c+m}$就是小型开放经济的贸易乘数。同理，这也是开放经济下的政府支出乘数。与封闭经济相比，开放经济乘数小于封闭经济乘数 $\frac{1}{1-c}$，但仍然大于 1，这表明自主性出口的增加将导致国民收入成倍增加。

根据开放经济下的国民收入恒等式 $NX=S-I$，现在假设 X 为不变的自主性出口 X_0，令 B 为国际收支差额(暂不考虑资本与金融账户)，那么 $B=X-M=X_0-M_0-mY$。假定 $B_0=X_0-M_0$，那么 $B=B_0-mY$，其含义为贸易差额等于自主性贸易差额(B_0)与引致性贸易差额($-mY$)之和，贸易差额与国民收入之间存在负相关关系。如果本币贬值，并满足马歇尔-勒纳条件，这将改善本国的国际收支，贸易差额曲线将向右移动(见图 5-2)。

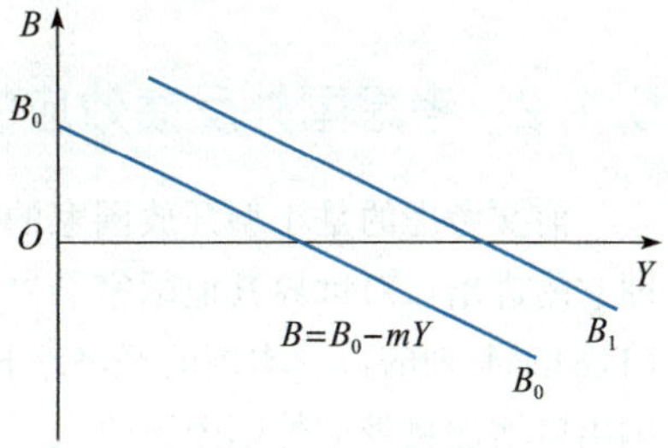

图 5-2　国民收入与国际收支的关系

下面我们通过几个例子来进一步说明。

例 1　假设某国边际消费倾向是 0.6，税率是 30%，边际进口倾向是 0.25，政府支出增加 100 亿元对国民收入将产生什么影响？其作用过程又是如何的呢？

考虑税收因素后，国民可支配收入等于国民收入减去税收，即 $(1-t)Y$，私人消费则为 $C=C_a+c(1-t)Y$。因此，开放经济下的政府支出乘数变为 $\frac{1}{1-c(1-t)+m}$。

$$\Delta Y=\frac{1}{1-c(1-t)+m}\Delta G=\frac{1}{1-[c(1-t)-m]}\Delta G=\frac{1}{1-[0.6(1-0.3)-0.25]}\times 100$$
$$=1.2048\times 100=120.48(\text{亿元})$$

所以政府开支增加 100 亿元最终能带动国民收入增加 120.48 亿元，其作用过程如下。100 亿元中的 30%，即 30 亿元将用于缴纳所得税。因为边际消费倾向为 0.6，所以剩下的 70 亿元中有 42 亿元被用于消费。如果在封闭经济情况下，毫无疑问，这 42 亿元的消费可以全部转化为本国国民收入。然而，在消费品包含进口商品的情况下，有一部分的消费要形成外国的国民收入。因此，17 亿元用于购买国内商品，其余的 25 亿(0.25×100 亿)元用于购买进口商品，这导致国民收入进一步增加 17 亿元，这 17 亿元中的 17% 被用于购买国内商品，这又将进一步带来 2.89 亿元的收入。新增的 2.89 亿元国民收入中的 17% 又被用来购买国内商品，这个过程不断循环下去，新增国民收入加总的极限值约为 120.48 亿元。同理，考虑税收因素的出口乘数也是 $\frac{1}{1-[c(1-t)-m]}$，本国新增出口 100 亿元对国民收入的影响也是增加 120.48 亿元。

例 2　假设某国边际消费倾向是 0.6，税率是 30%，边际进口倾向是 0.25，政府支出增加 100 亿元对经常账户差额将产生什么影响呢？

$$B=X-M=X-M_0-mY=X-M_0-\frac{m}{1-c(1-t)+m}(C_0+I+G+X-M_0)$$

$$\Delta B=\frac{-m}{1-[c(1-t)-m]}\Delta G$$

将相关数据代入之后：

$$\Delta B=\frac{-0.25}{1-[0.6\times(1-0.3)-0.25]}\times 100=-30.12(\text{亿元})$$

财政支出增加 100 亿元之后，经常账户差额将恶化 30.12 亿元。同理，可得出口增加对经常账户差额的影响为 $\Delta B=\frac{1-c(1-t)}{1-[c(1-t)-m]}\Delta X$，该乘数为 $\frac{1-c(1-t)}{1-[c(1-t)-m]}$。仍然采用上面的例子，我们可以得到，本国增加出口 100 亿元，经常账户差额将增加 69.88 亿元。其原因是，出口增加 100 亿元最初将使经常账户差额得到同等数量的改善。然而，这也将带来最终国民收入

120.48 亿元的增加，国民收入的增加将使进口增加 30.12 亿元。所以经常账户净增长仅限于出口增加的 100 亿元减去进口增加的 30.12 亿元，即经常账户净改善额为 69.88 亿元。

5.1.2 考虑国外反馈效应的贸易乘数

前文考虑的是小型开放国家的贸易乘数，现在放宽假设条件，考虑一个大国的贸易乘数，即它的进出口对世界其他国家会产生影响。这就会涉及溢出效应(Spillover Effect)和反馈效应(Feedback Effect)。本国的经济增长将带来进口的增加，本国进口增加即为外国出口增加，外国出口增加将带动外国国民收入增加，因此本国国民收入增加通过贸易渠道导致外国国民收入增加就是溢出效应。外国国民收入增加会使得其进口增加，外国进口增加即为本国出口增加，这又会带动本国国民收入的增加，因此由外国国民收入增加导致本国国民收入增加就是反馈效应。目前，中国的经济总量已经排名世界第二，在过去四十多年的发展过程中，中国经济的发展伴随着全球贸易规模的大幅扩张和大宗商品价格的上涨。当中国经济增长减速，全球贸易总量随之放缓。鉴于中国的经济体量和对外开放度(中国是百余个经济体的前十大出口需求来源国之一)，中国经济增长的变化会产生大规模的溢出效应。

那么，这种影响的具体乘数是多少呢？下面给出两国模型，即世界由两个国家组成，一国的出口即为另一国的进口，任何一国的国民收入变化都将通过进出口渠道影响另外一国。两国分别用下标“1”和“2”来表示，为了简化，下标“1”省略。那么有以下关系成立：

$$Y = cY + C + I + G + X - M - mY$$

$$Y_2 = c_2Y_2 + C_2 + I_2 + G_2 + X_2 - M_2 - m_2Y_2$$

其中，$X=M_2+m_2Y_2$；$X_2=M+mY$。

将 X 和 X_2 分别代入 Y 和 Y_2，可以得到：

$$Y = \frac{1}{1 - c + m}(C + I + G + M_2 + m_2Y_2 - M)$$

$$\Delta Y = \frac{m_2}{1 - c + m}\Delta Y_2$$

通常，$\frac{m_2}{1-c+m}<1$，除非外国的边际进口倾向远远大于本国的边际进口倾向。

以国家 1 的国民收入 Y 为纵坐标，以国家 2 的国民收入 Y_2 为横坐标，两国经济的相互影响如图 5-3 所示。

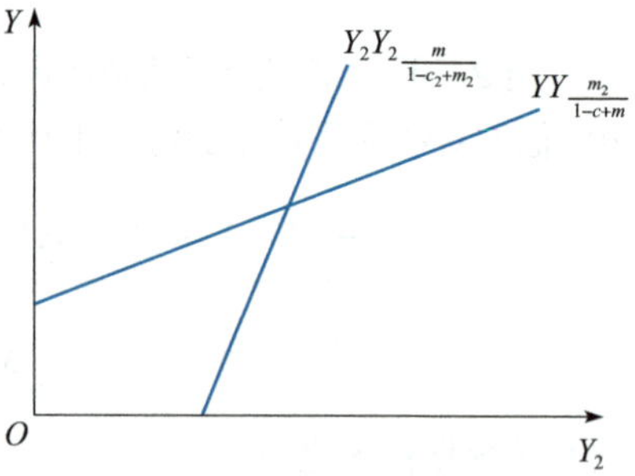

图 5-3 考虑国外反馈效应的本国国民收入决定

同理，可以得到：

$$Y_2 = \frac{1}{1 - c_2 + m_2}(C_2 + I_2 + G_2 + M + mY - M_2)$$

$$\Delta Y_2 = \frac{m}{1 - c_2 + m_2}\Delta Y$$

化简之后可得：

$$Y = \frac{(1 - c_2 + m_2)(C + I + G + M_2 - M) + m_2(C_2 + I_2 + G_2 + M - M_2)}{(1 - c + m)(1 - c_2 + m_2) - mm_2}$$

令 $s=1-c$ 和 $s_2=1-c_2$，通过对本国各自主性支出求导，得到它们对本国国民收入的影响：

$$\frac{\Delta Y}{\Delta C}=\frac{\Delta Y}{\Delta I}=\frac{\Delta Y}{\Delta G}=\frac{1+m_2/s_2}{s+m+m_2(s/s_2)}$$

$$\frac{\Delta Y}{\Delta X}=\frac{\Delta Y}{\Delta M_2}=\frac{1}{s+m+m_2(s/s_2)}$$

$$\frac{\Delta Y}{\Delta M}=-\frac{1}{s+m+m_2(s/s_2)}$$

与无反馈效应的开放国家贸易乘数相比，有反馈效应的开放国家的本国自主性消费、自主性投资、自主性政府支出变动的乘数相对更大，本国自主性出口和自主性进口变动的乘数相对较小。我们将以上各种情况总结于表 5-1。

表 5-1　乘数小结

初始变化	乘数	
	本国	外国
本国自主性出口增加(外国自主性进口增加)	$\frac{\Delta Y}{\Delta X}=\frac{1}{s+m+m_2(s/s_2)}$	$\frac{\Delta Y_2}{\Delta M_2}=-\frac{1}{s_2+m_2+m(s_2/s)}$
本国自主性进口增加(外国自主性出口增加)	$\frac{\Delta Y}{\Delta M}=-\frac{1}{s+m+m_2(s/s_2)}$	$\frac{\Delta Y_2}{\Delta X_2}=\frac{1}{s_2+m_2+m(s_2/s)}$
本国自主性投资增加	$\frac{\Delta Y}{\Delta I}=\frac{1+m_2/s_2}{s+m+m_2(s/s_2)}$	$\frac{\Delta Y_2}{\Delta I}=\frac{m}{ss_2+ms_2+m_2s}$
外国自主性投资增加	$\frac{\Delta Y}{\Delta I_2}=\frac{m_2}{ss_2+ms_2+m_2s}$	$\frac{\Delta Y_2}{\Delta I_2}=\frac{1+m/s}{s_2+m_2+m(s_2/s)}$

如果将本国和外国的合计视为整个世界，本国出口的自主性增加对全球收入的影响又是如何呢？此时 $\Delta Y_W=\Delta Y+\Delta Y_2$，利用表 5-1 中的公式可以得到：

$$\frac{\Delta Y_W}{\Delta X}=\frac{s_2-s}{ss_2+ms_2+m_2s}$$

以上分析了不同需求部分对国民收入的影响，那么消费、投资、进出口的初始变化最终对贸易差额会有哪些影响呢？如前所述，本国的国际收支差额可以表示为 $B=X+M_2-M$，其中 X 为自主性出口；$M_2=m_2Y_2$ 为外国收入变化引致的本国出口；$M=mY$ 为本国进口。因此，贸易差额的变化为 $\Delta B=\Delta X+m_2\Delta Y_2-m\Delta Y$。由此我们可以得到表 5-2。

表 5-2　两国模型中自主支出冲击的贸易差额乘数效应

初始变化	本国贸易差额变化
本国自主性出口增加(外国自主性进口增加)	$\frac{\Delta B}{\Delta X}=\frac{s}{s+m+m_2(s/s_2)}$
本国自主性进口增加(外国自主性出口增加)	$\frac{\Delta B}{\Delta M}=-\frac{s}{s+m+m_2(s/s_2)}$
本国自主性投资增加	$\frac{\Delta B}{\Delta I}=-\frac{ms_2}{ss_2+sm_2+ms_2}$
外国自主性投资增加	$\frac{\Delta B}{\Delta I_2}=\frac{sm_2}{ss_2+sm_2+ms_2}$

显然，本国的贸易差额变化正好是另一国贸易差额的相反数。我们还需要进一步了解，在

两国模型中两国国民收入相互影响的过程。两国国民收入决定公式可以写为：

$$Y = c_dY + C_{ad} + mY + M_0 + I + G + X - mY - M_0$$

$$Y = c_dY + C_{ad} + I + G + M_2 + m_2Y_2$$

$$Y_2 = c_{2d}Y_2 + C_{2d} + I_2 + G_2 + M_0 + mY$$

化简后可以得到以下公式：

$$Y = \frac{C_{ad} + I + G + m_2Y_2 + M_2}{1 - c_d}$$

$$= \underbrace{C_{ad} + I + G}_{(1)} + \underbrace{\frac{c_d}{1 - c_d}(C_{ad} + I + G)}_{(2)} + \underbrace{m_2Y_2 + M_2}_{(3)} + \underbrace{\frac{c_d}{1 - c_d}(m_2Y_2 + M_2)}_{(4)}$$

本国国民收入可以分为四个部分：(1) 自主性国内消费和投资；(2) 由(1)引致的消费和投资；(3) 本国的出口；(4) 由(3)引致的消费。因此本国国民收入可以表示为外国国民收入的函数。图 5-4 给出了具有反馈效应的两国国民收入决定模型。

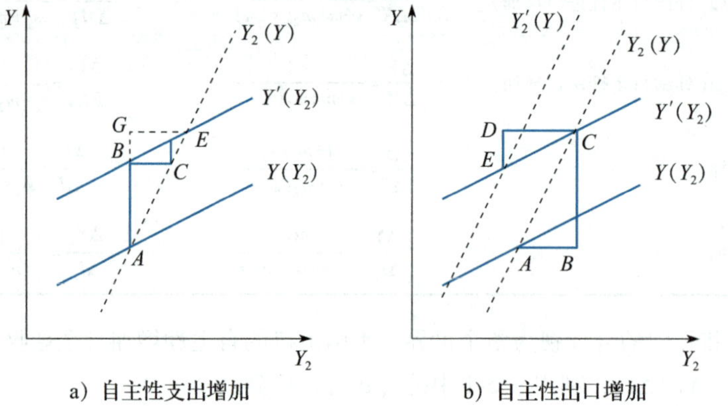

图 5-4 具有反馈效应的两国国民收入模型

首先分析图 5-4a。A 点是初始均衡点。若本国自主性投资增加，最终会使得本国国民收入增加多少呢？其大小取决于乘数$\frac{c_d}{1-c_d}$，在图 5-4a 中 AB 表示本国收入增加的部分。本国国民收入的增加同时使得外国收入增加，增加的幅度为 $m\Delta Y$ 与国家 2 的外贸乘数之积，反映在图中就是 BC。Y_2 的增加必然使得本国的出口增加，由此增加本国收入 Y。如此循环，最终在 E 点实现均衡。本国国民收入最终增加的幅度为 AG，国家 2 的国民收入增加的幅度为 GE。

其次，再来分析图 5-4b。该图分析了本国出口增加带来的两国国民收入效应。初始均衡点仍然在 A 点。如果进口品是本国消费品的完全替代品，那么本国出口增加意味着国家 2 进口增加，在完全替代品的假定下，那么意味着国家 2 的消费保持不变，但是其国民收入将因此下降，其幅度为消费与国家 2 的外贸乘数之积。国家 2 国民收入的下降将导致从本国进口的规模下降，从而遏制本国国民收入最初增加的势头，并缓解国家 2 国民收入下降的趋势。最终的均衡点是 E 点。本国出口增加导致本国国民收入最初增加的幅度为 BC，它将被国家 2 收入下降引致的进口下降抵消一部分，即 DE，本国国民收入最终增加的幅度为 $BC-DE$。国家 2 的进口增加导致的国民收入最初下降幅度为 CD，但是由本国国民收入增加导致从国家 2 的进口增加又使得国家 2 国民收入增加幅度为 AB，这将抵消 CD 的下降，最后国家 2 国民收入下降的幅度为 $CD-AB$。

考虑国外反馈效应因素之后，我们发现，假设两国拥有相同的边际进口倾向，如果本国经济增速更高，本国的贸易差额将出现恶化。同理，假设两国的进口需求收入弹性$\left(\frac{\Delta M/M}{\Delta Y/Y}\right)$相同，那么对贸易差额就不会产生影响。

上述分析成立显然需要一系列的假设前提：进口品是国内商品和劳务的完美替代品；进口品只是终端的消费品；模型中只有两个国家等。

5.2 吸收分析法

20 世纪 50 年代初英国经济学家詹姆斯·米德（James Edward Meade）和美国经济学家西德尼·亚历山大（Sidney S. Alexander）提出了吸收分析法（Absorption Approach）。该方法同样是从凯恩斯国民收入恒等式入手：

$$Y = C + I + G + X - M$$

其中，Y 是不考虑净要素收入和净转移支付的国民可支配收入；C 是国内私人部门消费支出（包括私人部门的进口）；I 是私人部门的投资支出；G 是政府支出；X 和 M 分别是本国的商品出口和进口。所有项目均以实际值来度量。

5.2.1 国民收入与国际收支的确定

如果令 $X-M$ 为贸易差额 B，令 $C+I+G$ 为国内总吸收 A，那么 $Y=A+B$。吸收分析法的思路就是如果要改善 B，要么增加 Y，要么减少 A，抑或是两项同时进行：

$$X - M = B = Y - A$$

等式的左侧表明，从实物层面来看，本国总产出中必然有一部分货物净出口到国外，体现为本国的贸易差额，可以称为贸易差额曲线或者净出口曲线。用纵坐标来表示贸易差额，横坐标表示国民收入，贸易差额曲线可以表示为 $X-M=B=X_0-M_0-mY=B_0-mY$，表明两者存在负相关的关系，如图 5-5 所示。其中，B_0 为贸易差额曲线在纵坐标上截距，m 为边际进口倾向。请读者回忆第 1 章的内容，我们曾经得到 $X-M=S-I$。如果令 G=0，因为 $Y-C=S$，还可以推导出 $X-M=Y-A=S-I$。

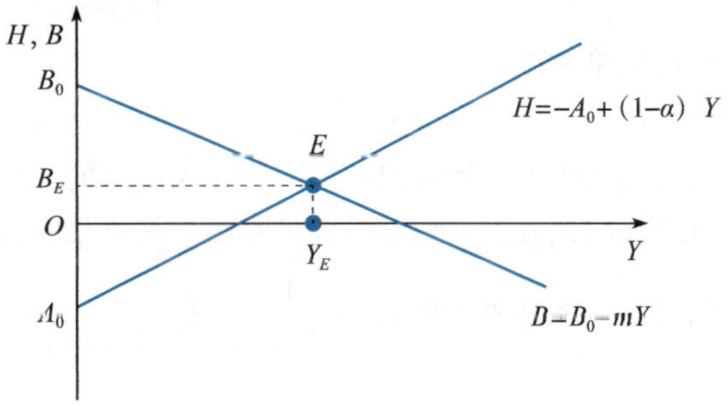

图 5-5　窖藏、贸易差额与均衡国民收入的确定

等式的右侧表明，从金融层面来看，若国内吸收小于国民收入，即国民收入的一部分以金融资产的形式储藏起来，可以称为窖藏（Hoard）。请注意，窖藏不同于储蓄，前者是收入与吸收的差额，后者是收入与消费的差额，吸收不仅包括消费，还包括投资和政府支出。吸收的函数表达式为：

$$A = C + I + G = C_a + aY + I_0 + G_0 = A_0 + aY$$

其中，$A_0=C_a+I_0+G_0$，a 是边际吸收倾向（实际上也就是边际消费倾向）。上式的含义是总吸收 A 由自主性吸收 A_0 和引致性吸收 aY 构成。窖藏曲线 AA 可以表示为：

$$H = Y - A = Y - A_0 - aY = -A_0 + (1 - a)Y$$

用纵坐标来表示窖藏 H，横坐标表示国民收入，则两者存在正相关的关系，即伴随着国民收入的增加，窖藏规模会随着国民收入的增加而增加，具体如图 5-5 所示。其在纵坐标上的截距为$-A_0$，表示在国民收入为零时，国内总吸收仍然为正，此时国内居民必须动用其过去积累的金融资产，从一国角度分析，就是其净金融资产会下降。伴随着国民收入的增加，且边际吸收倾向小于 1，其国内总吸收也会随之增加，但总有一部分会被储蓄起来，形成金融资产。从国民收入恒等式的角度出发，必然有 $H=B$，由此可以确定均衡状态下的国民收入水平：

$$Y - A_0 - aY = H = B = B_0 - mY$$

$$Y_E = \frac{1}{1-a+m}(A_0 + B_0) = \frac{1}{1-a+m}(C_a + I_0 + G_0 + X_0 - M_0)$$

$$B_E = \frac{1-a}{1-a+m}B_0 - \frac{m}{1-a+m}A_0 = \frac{1-a}{1-a+m}(X_0 - M_0) - \frac{m}{1-a+m}(C_a + I_0 + G_0)$$

以上分析可以得出如下结论。

第一，国民收入均衡水平为 $Y_E=\frac{1}{1-a+m}(A_0+B_0)$。此时该国经济处于均衡状态，但是该国既可能实现了充分就业，也可能没有实现充分就业。

第二，$\frac{1}{1-a+m}$为开放经济下的凯恩斯收入乘数，它受边际吸收倾向和边际进口倾向的影响。当国内自主性吸收(A_0)或者自主性贸易差额(B_0)发生变化时，会引起国民收入的倍数变化。如果贬值后国民收入会增加，那么 $dY_E=\frac{1}{1-a+m}(dA_0+dB_0)>0$。

第三，该国国际收支差额为 $B_E=\frac{1-a}{1-a+m}B_0-\frac{m}{1-a+m}A_0$。此时该国的国际收支既可能是顺差，也可能是逆差。

第四，在吸收论来看，国际收支顺差是本国总吸收相对于国民收入不足的表现，国际收支逆差则是国内总吸收相对于国民收入过多的反映。因此，本币贬值改善本国的国际收支可以通过增加国民收入和减少国内吸收两个渠道来实现。就上式而言，贬值要实现改善国际收支差额的目的，就是要实现 $dB_E=\frac{1-a}{1-a+m}dB_0-\frac{m}{1-a+m}dA_0>0$。

5.2.2 贬值对国民收入的影响

如上所述，本币贬值对本国国民收入的影响具体表现为 $dY_E=\frac{1}{1-a+m}(dA_0+dB_0)$。如果要实现国民收入的增加，那么必须保证以下条件。

第一，边际吸收倾向小于 1，边际进口倾向大于 0，如此可以保证开放经济下的凯恩斯收入乘数大于零。反之，如果边际吸收倾向大于 1，则开放经济下的凯恩斯收入乘数可能小于零。若经济处于非充分就业状态，边际吸收倾向小于 1，在乘数效应的作用下，国民收入增加，这可以称为闲置资源效应(Idle Resources Effect)。反之，若经济处于充分就业状态，边际吸收倾向大于 1，本币贬值则会导致本国物价上涨。

第二，贬值会引起一般物价水平的上升，这会对国民收入的再分配产生影响，形成国民收入再分配效应(Income Redistribution Effect)。一般物价水平可以用柯布-道格拉斯函数来表示：

$$P = P_d^{\lambda}(SP_f)^{1-\lambda}$$

其中，P 是包括进口品在内的一般物价水平；P_d 是国内商品价格；P_f 是外国进口品价格；S 是直接标价法下汇率；λ 为国内商品权重。将上式取对数后对时间 t 求导(各变量的变化率)，可以得到以下公式：

$$\frac{\mathrm{d}P}{P}\frac{1}{\mathrm{d}t} = \lambda\frac{\mathrm{d}P_d}{P_d}\frac{1}{\mathrm{d}t} + (1-\lambda)\frac{\mathrm{d}SP_f}{SP_f}\frac{1}{\mathrm{d}t}$$

$$\hat{P} = \lambda\hat{P}_d + (1-\lambda)(\hat{S} + \hat{P}_f)$$

其中，$\hat{P}$、$\hat{P}_d$ 和$\hat{P}_f$ 分别为在 t 时刻本国一般物价变化率、国内商品物价变化率和外国商品物价变化率；$\hat{S}$为汇率在 t 时刻的变化率。假设国内商品价格和进口品的外币价格保持不变，本国商品权重为70%，外国进口品权重为30%，即 $\lambda=0.7$。若本币贬值30%，本国的通胀率上升约9%。因此，本币的贬值将带来一般物价水平的上涨，也就是引发通货膨胀，这将带来国民收入的再分配效应。

如果国民收入从边际吸收倾向低的群体再分配给那些边际吸收倾向高的群体，就使得自主性吸收增加；若情况相反，就使得自主性吸收减少。这里有如下几种可能。第一，一般物价指数的上升将会使得那些固定收入人群的实际收入下降，在总国民收入保持不变的情况下，可变收入人群将受益。一般而言，固定收入人群的边际吸收倾向较高，而可变收入人群相对富裕，其边际吸收倾向较低。在这个意义上，国民收入的再分配会降低自主性吸收(窖藏曲线 AA 向左移动)。

第二，贬值通常会增加贸易部门(出口品部门以及进口品替代部门)的利润规模，但一般物价指数的上升将导致工人的实际工资下降。通常，公司的吸收倾向比工人的吸收倾向低，这在很大程度上取决于公司对未来的预期。如果公司预期前景十分有利，那么贬值以及利润的提高会刺激投资，增加自主性吸收(窖藏曲线 AA 向右移动)。总体来说，很难确定货币贬值时国民收入再分配效应会增加还是减少自主性吸收。

第三，如果要实现贬值改善国民收入，就要保证$(\mathrm{d}A_0+\mathrm{d}B_0)>0$，即保证自主性吸收和自主性贸易差额之和大于零。实现这一点可以有以下三种组合，即贸易差额曲线 B_0B_0 和窖藏曲线 A_0A_0 均向右移动(如图 5-6 所示)；贸易差额曲线 B_0B_0 向右移动，窖藏曲线 A_0A_0 向左移动，但前者的幅度更大；贸易差额曲线 B_0B_0 向左移动，窖藏曲线 A_0A_0 向右移动，但后者的幅度更大。

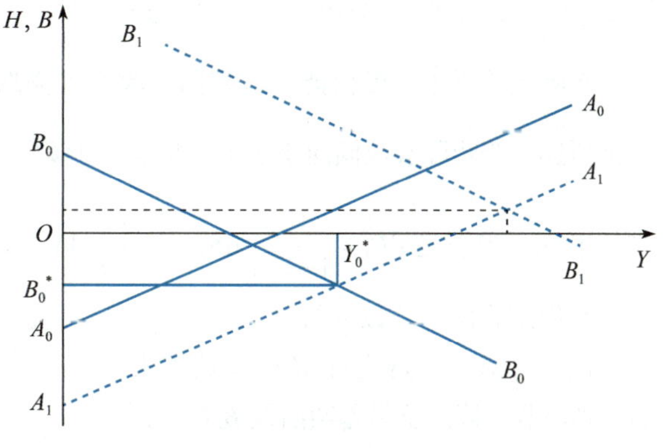

图 5-6　贸易差额曲线和窖藏曲线同时向右移动增加国民收入的精形

专栏 5-1

贸易条件改善但本国实际国民收入下降的现象

如果贸易条件改善，国民收入会增加还是下降呢？贸易条件改善相当于本币升值，在这种情况下，一般物价指数下降。此时，由一般物价指数度量的国民收入、消费与储蓄均会增加。

但是，用国内不可贸易品价格表示的国民收入却会出现下降，进而有可能加剧国内失业。假定本国的实际消费额仅受本国的实际国民收入影响：

$$\frac{C}{P}=\alpha+\beta\left(\frac{Y}{P}\right)$$

$$C=\alpha P+\beta Y$$

其中，P 是一般物价指数，可以表示为 $P=P_N^{\lambda}P_T^{(1-\lambda)}$，$P_N$ 和 P_T 分别为不可贸易品和可贸易品的价格。在贸易收支平衡($X=M$)的条件下，国民收入可以表示为：

$$Y=C+X-M=\alpha P+\beta Y$$

$$(1-\beta)Y=\alpha P_N^{\lambda}P_T^{(1-\lambda)}$$

$$\frac{Y}{P_N}=\frac{\alpha}{1-\beta}P_N^{(\lambda-1)}P_T^{(1-\lambda)}$$

又因为 $P_T=SP_T^*$，假定 $P_T^*=1$，则：

$$\frac{Y}{P_N}=\frac{\alpha}{1-\beta}P_N^{(\lambda-1)}S^{(1-\lambda)}$$

上式对汇率求偏导数之后可以得到：

$$\frac{\partial\left(\frac{Y}{P_N}\right)}{\partial S}=\frac{\alpha(1-\lambda)}{1-\beta}P_N^{(\lambda-1)}S^{-\lambda}>0$$

因此，当本币出现贬值(S 上升)，以国内不可贸易品表示的国民收入将会增加；反之，本币出现升值(S 下降)，则降低了包含进口品在内的本国一般物价水平，从而降低了用国内不可贸易品表示的国民收入，即 $\partial\left(\frac{Y}{P_N}\right)<0$。

5.2.3 贬值对国际收支差额的影响

在吸收论看来，贬值能否改善国际收支差额取决于自主性贸易差额和自主性吸收的变化。如前所述，当边际吸收倾向小于 1，边际进口倾向大于 0，可以保证系数 $\frac{1-a}{1-a+m}>0$ 和 $\frac{m}{1-a+m}>0$。具体来说，当满足 $\mathrm{d}B_E=\frac{1-a}{1-a+m}\mathrm{d}B_0-\frac{m}{1-a+m}\mathrm{d}A_0>0$ 时，本币贬值可以改善本国国际收支差额。下面我们结合图形予以分析。

(1) 情形一：自主性贸易差额扩大，自主性吸收下降。贸易差额曲线 B_0B_0 向右移动，意味着本币贬值满足马歇尔-勒纳条件，贬值可以改善国际收支差额。窖藏曲线 A_0A_0 向左移动，意味着本国自主性吸收下降。该情形可以保证本国国际收支差额一定会改善，同时国民收入也增加了，如图 5-7 所示。这就是后面将提到的支出转换政策和支出增减政策的搭配。然

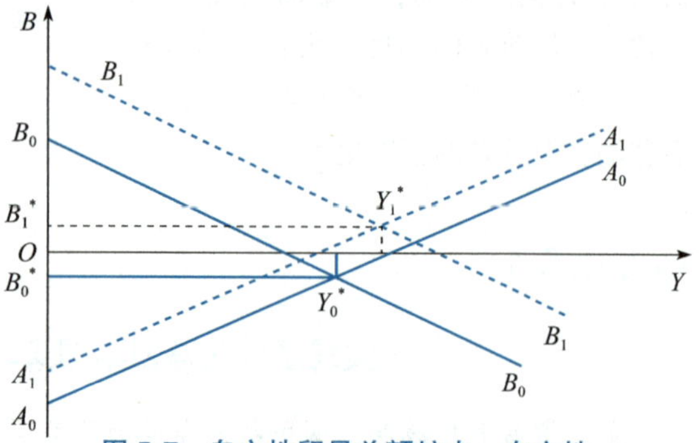

图 5-7 自主性贸易差额扩大，自主性吸收下降对贸易差额的影响

而，这种情形并不能保证贬值后国民收入一定会增加。只有当贸易差额曲线 B_0B_0 向右移动的幅度大于窖藏曲线 A_0A_0 向左移动的幅度时，才能既改善国际收支，又扩大国民收入。

(2) 情形二：自主性贸易差额扩大，自主性吸收扩大，但是 $\left|\frac{1-a}{1-a+m}\mathrm{d}B_0\right|>\left|\frac{m}{1-a+m}\mathrm{d}A_0\right|$。表现在图形上就是贸易差额曲线 B_0B_0 向右移动，窖藏曲线 A_0A_0 向右移动，但前者的幅度更大。这其中自主性吸收增加源于预期效应和货币幻觉效应的叠加。预期效应(Expectation Effect)是指，当贬值引起物价上涨时，经济主体可能会预期物价还会继续上涨，为保证自主性吸收的实际值不下降，经济主体将增加自主性吸收。货币幻觉效应(Money Illusion Effect)是指，消费者的货币收入增加和一般物价水平上涨同时存在时，消费者只感受到收入的增加，而忽略了一般物价的上涨，由此增加消费数量。在一些消费者看来，由于贬值使得一般物价水平上涨，其实际购买力已经下降，但由于名义货币收入增加产生的幻觉而增加消费，这将增加其自主性吸收。显然，货币幻觉效应只可能在短期内存在，在长期内则不会存在。预期效应和货币幻觉效应的叠加将使得自主性吸收扩大，但是其幅度仍然小于自主性贸易差额的扩大幅度。

如果自主性吸收的扩大幅度大于自主性贸易差额的变化幅度，那么就将出现劳尔森-梅茨勒效应(Laursen-Metzler Effect)。所谓劳尔森-梅茨勒效应，就是本币贬值后会导致进口品的价格上涨，如果本国居民对进口品高度依赖，本国自主性吸收会因此增加，即窖藏曲线 A_0A_0 向右移动，从而贬值会恶化国际收支差额。劳尔森-梅茨勒效应产生的原因如下：本币贬值会导致本国一般物价水平上升，同时也导致贸易条件恶化，若本国消费者希望维持贬值之前的实际消费水平则不得不扩大自主性吸收。以上分析可以根据凯恩斯的边际消费递减理论得到。如前所述，凯恩斯的边际消费递减理论实际上蕴含着消费的收入弹性小于 1。换言之，当国民收入下降时，其下降的比例要大于消费下降的比例。因此，当面临贸易条件恶化时，消费者为维持其当前的消费水平必然减少其储蓄，国内吸收反而增加了，并且导致本币贬值后，国际收支非但没有改善，反而恶化了。

如图 5-8 所示，贬值之前，贸易差额曲线 B_0B_0 和窖藏曲线 A_0A_0 相交于 M 点，对应的贸易差额为 B_0^*。如果本币贬值引起贸易差额曲线 B_0B_0 向右移动(这意味着马歇尔-勒纳条件成立)，但是同时由于国内吸收增加，窖藏曲线 A_0A_0 同时向右移动(且窖藏曲线右移的幅度更大)，两条直线相交于 N 点，对应的贸易差额为 B_1^*。该点确定的贸易差额水平比贬值前的贸易差额水平 B_0^* 还恶化了。这就是劳尔森-梅茨勒效应。如果本国对外经济不满足马歇尔-勒纳条件，贸易差额曲线 B_0B_0 则向左移动，同时窖藏曲线 A_0A_0 向右移动，那么贸易差额恶化的状况就更显著。例如，20 世纪 70 年代石油价格的两次上涨对石油进口国带来的冲击就属此类情况。

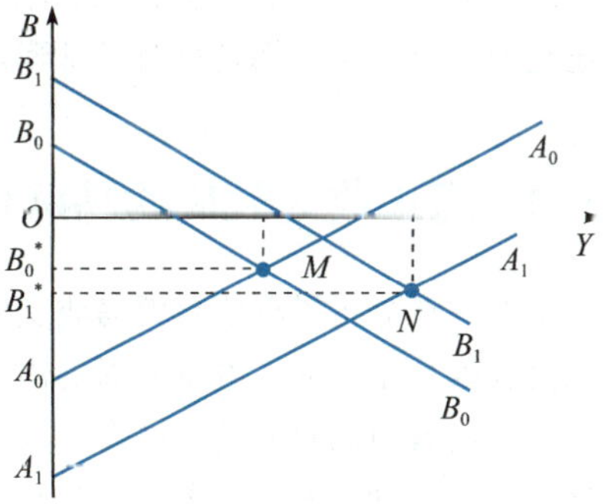

图 5-8　满足马歇尔-勒纳条件的劳尔森-梅茨勒效应

下面给出劳尔森-梅茨勒效应的数学推导。假定本国名义国内吸收为 A，实际吸收(A/P)是实际收入(Y/P)的函数。名义国内吸收是名义国民收入(Y)和一般物价水平(P)的函数：

$$A=A(Y,\ P)$$

如果不存在货币幻觉，那么函数 $A=A(Y,\ P)$ 对于 Y 和 P 的一阶导数存在齐次性。根据欧拉定理，可以得到 $A=\frac{\partial A}{\partial Y}Y+\frac{\partial A}{\partial P}P$。如果平均吸收倾向$\frac{A}{Y}$大于边际吸收倾向$\frac{\partial A}{\partial Y}$(即符合凯恩斯的边际消费递减原理)，那么$\frac{\partial A}{\partial P}>0$。用公式表示就是：

$$\frac{\partial A}{\partial P}=\frac{Y}{P}\left(\frac{A}{Y}-\frac{\partial A}{\partial Y}\right)>0$$

含进口品的本国一般物价水平由公式 $P=P_d^{\lambda}(SP_f)^{1-\lambda}$ 决定，取对数求导后可得：

$$\hat{P}=\lambda\hat{P}_d+(1-\lambda)(\hat{S}+\hat{P}_f)$$

其中，λ 为国内生产的产品比重，$\hat{S}$为汇率的变化率。因此，我们可以得到$(\partial\hat{P}/\partial\hat{S})=1-\lambda$。

$$\frac{\partial A}{\partial\hat{S}}=\frac{\partial A}{\partial P}\frac{\partial P}{\partial\hat{S}}=\frac{Y}{P}\left(\frac{A}{Y}-\frac{\partial A}{\partial Y}\right)(1-\lambda)>0$$

劳尔森–梅茨勒效应的大小取决于平均吸收倾向与边际吸收倾向的对比。如果平均吸收倾向大于边际吸收倾向，则本币贬值，本国吸收扩大，劳尔森–梅茨勒效应就越明显。如果平均吸收倾向等于边际吸收倾向，那么以上两式的右侧等于零，劳尔森–梅茨勒效应就消失了。

(3) 情形三：自主性贸易差额下降，自主性吸收下降，但是 $\left|\frac{1-a}{1-a+m}\mathrm{d}B_0\right|<\left|\frac{m}{1-a+m}\mathrm{d}A_0\right|$。表现在图形上就是贸易差额曲线 B_0B_0 向左移动(不满足马歇尔–勒纳条件)，同时窖藏曲线 A_0A_0 向左移动，但后者的幅度更大。该组合也可以通过本币贬值改善本国国际收支差额。自主性吸收下降同样可能源于预期效应(Expectation Effect)，即当经济主体预期通货膨胀加剧时，名义利率的提高将导致经济主体减少投资，从而降低自主性吸收。

综上所述，贬值不论是对国民收入还是对自主性吸收，既有正面影响，又有负面影响。综合来看，如果贬值能够改善本国的国际收支，窖藏曲线将向左移动，否则窖藏曲线将向右移动。显然，吸收分析法对政策制定者有重要的启发作用。其指导思想就是通过贬值，一方面降低国内吸收(A)，另一方面提高国民收入(Y)，从而改善贸易收支。然而，不论是收入分析法还是弹性分析法，都是只对经常账户进行分析，而忽略了对资本账户的分析。

5.3 考虑收入效应的马歇尔–勒纳条件[㊀]

上一章分析了贬值对贸易收支的影响，其思路主要是从价格变化的角度来分析，并且假定国民收入是不变的。本章前面的内容从收入的角度分析了贬值改善国际收支的效果。那么，如果将价格效应和收入效应结合起来，贬值对国民收入和贸易差额有何影响呢？我们需要区分两种情况，一种情况是不考虑外国收入变化的反馈效应，另一种是考虑外国收入变化的反馈效应。因此，我们考虑两个国家两种商品模型。假定供给弹性是完全的，并且本国货币与外国货币挂钩。为简化分析，国家 1 的物价 p 和国家 2 的物价 p_2 保持不变，并将其设定为 1。这里也不分析长期资本账户的变化。

5.3.1 无外国反馈效应的分析

我们构建以下模型：

㊀ 本节参考了 Robert M. Stern(1973)的教材，略有改动。

$$B = pX - Sp_2M \tag{5-1}$$

$$Y = A + B \tag{5-2}$$

$$\frac{A}{p^i} = A\frac{Y}{p^i} \qquad A_{\left(\frac{Y}{p^i}\right)} > 0 \tag{5-3}$$

$$p^i = \lambda Sp_2 + (1 - \lambda)p \tag{5-4}$$

$$M = M(Y, p, Sp_2) \qquad M_Y > 0, M_p > 0, M_{Sp_2} < 0 \tag{5-5}$$

$$X = X\left(Y_2, \frac{p}{S}, p_2\right) \qquad X_{Y_2} > 0, X_{\frac{p}{S}} < 0, X_{p_2} > 0 \tag{5-6}$$

其中：

B——国家 1 的贸易账户差额(以国家 1 的货币来度量)；

X——国家 1 的出口量；

M——国家 1 的进口量；

A——国家 1 的国内支出；

Y——国家 1 的国内产出；

A_2——国家 2 的国内支出；

Y_2——国家 2 的国内产出；

S——直接标价法下的汇率(国家 1 的货币为标价货币，国家 2 的货币为基准货币)；

p——国家 1 产出的价格；

p_2——国家 2 产出的价格；

p^i——国家 1 的价格指数；

${p_2}^i$——国家 2 的价格指数；

λ——国家 1 的进口占国内支出的比重，$\lambda = \frac{Sp_2M}{A}$；

λ_2——国家 2 的进口占国内支出的比重，$\lambda_2 = \frac{pX/S}{A_2}$。

式(5-1)的经济含义是以国家 1 的货币来表示国家 1 的国际收支；式(5-2)的经济含义是国家 1 的国民收入；式(5-3)的经济含义是国家 1 的实际国内支出，并且实际国内支出是国家 1 实际收入的增函数；式(5-4)的经济含义是国家 1 的加权平均物价指数，其中权重 λ 已经给出了定义；式(5-5)的经济含义是国家 1 的进口支出函数，进口量是本国产出和物价水平的增函数，是外国物价(经汇率折算)的减函数；式(5-6)的经济含义是国家 1 的出口需求函数，出口量是国家 2 产出、国家 2 物价的增函数，是国家 1 物价(经汇率折算)的减函数。同时假定两国国内产出的物价水平 p 和 p_2 最初为 1，并且两国汇率 S 也为 1。

将以上 6 个公式进行全微分，得到：

$$\mathrm{d}B = \mathrm{d}X - \mathrm{d}M - M\mathrm{d}S \tag{5-1$'$}$$

$$\mathrm{d}Y = \mathrm{d}A + \mathrm{d}B \tag{5-2$'$}$$

$$\mathrm{d}A = (1 - s)\mathrm{d}Y + [A - (1 - s)Y]\mathrm{d}p^i \tag{5-3$'$}$$

$$\mathrm{d}p^i = \lambda \mathrm{d}S \tag{5-4$'$}$$

$$\mathrm{d}M = m\mathrm{d}Y - M\eta_m\mathrm{d}S \tag{5-5$'$}$$

$$\mathrm{d}X = X\eta_x\mathrm{d}S \tag{5-6$'$}$$

其中，$1-s=\partial(A/p^i)/\partial(Y/p^i)$；$m=\frac{\partial M}{\partial Y}$为边际进口倾向；$\eta_m=-\frac{S}{M}\frac{\partial M}{\partial S}$为国家 1 的进口需求价格弹性；$\eta_x=\frac{\partial X}{\partial S}\frac{S}{X}$为国家 1 的出口需求价格弹性。

设定 $\mathrm{d}\left(\frac{A}{p^i}\right)=(1-s)\mathrm{d}\left(\frac{Y}{p^i}\right)$，$s$ 为边际储蓄倾向。对其进行全微分可以得到 $\mathrm{d}A-A\mathrm{d}p^i=(1-s)(\mathrm{d}Y-Y\mathrm{d}p^i)$，化简后得到式(5-3′)。

由于 $\eta_m=-(S/M)(\partial M/\partial S)$，$\frac{\partial M}{\partial S}=\frac{M}{S}\frac{S}{M}\frac{\partial M}{\partial S}=-\frac{M}{S}\eta_m=-M\eta_m$，其中 $S=1$。

$$\mathrm{d}M=\frac{\partial M}{\partial Y}\mathrm{d}Y+\frac{\partial M}{\partial S}\mathrm{d}S=m\mathrm{d}Y-M\eta_m\mathrm{d}S$$

$$\mathrm{d}X=\frac{\partial X}{\partial S}\mathrm{d}S=\frac{X}{S}\eta_x\mathrm{d}S=X\eta_x\mathrm{d}S \qquad \text{其中 } \eta_x=\frac{\partial X}{\partial S}\frac{S}{X}$$

要分析贬值对贸易差额的影响，我们就必须分析 $\mathrm{d}B/\mathrm{d}S$。将式(5-5′)和式(5-6′)代入式(5-1′)之后，可以得到：

$$\mathrm{d}B=(X\eta_x-M\eta_m-M)\mathrm{d}S-m\mathrm{d}Y \tag{5-7}$$

将式(5-4′)代入式(5-3′)之后再代入式(5-2′)，可以得到：

$$\mathrm{d}Y=(1-s)\mathrm{d}Y+[A-(1-s)Y]\lambda\mathrm{d}S+\mathrm{d}B$$

假定贸易差额为零($B=0$)，那么就意味着 $Y=A$。

当 $S=p_2=1$，$\lambda=\frac{Sp_2M}{A}=\frac{M}{A}$，$[A-(1-s)Y]\lambda=sM$，那么：

$$\mathrm{d}Y=(1-s)\mathrm{d}Y+sM\mathrm{d}S+\mathrm{d}B$$

$$\mathrm{d}Y=M\mathrm{d}S+\frac{\mathrm{d}B}{s}$$

$$\frac{\mathrm{d}Y}{\mathrm{d}S}=M+\frac{1}{s}\left(\frac{\mathrm{d}B}{\mathrm{d}S}\right) \tag{5-8}$$

其经济含义就是如果贬值成功$\frac{\mathrm{d}B}{\mathrm{d}S}>0$，货币收入将随着贬值而增加。如果$\frac{\mathrm{d}B}{\mathrm{d}S}=0$，货币收入将增加，因为$\frac{\mathrm{d}Y}{\mathrm{d}S}=M$，但是实际收入不变。如果贸易差额改善，实际收入将增加。

$$\frac{\mathrm{d}(Y/p^i)}{\mathrm{d}S}=\frac{\mathrm{d}Y}{\mathrm{d}S}-Y\frac{\mathrm{d}p^i}{\mathrm{d}S}$$

如果将式(5-4′)和式(5-8)代入上式，可以得到：

$$\frac{\mathrm{d}(Y/p^i)}{\mathrm{d}S}=M+\frac{1}{s}\frac{\mathrm{d}B}{\mathrm{d}S}-Y\lambda$$

因为 $\lambda=\frac{Sp_2M}{A}$，且贸易差额为零($Y=A$，$Y\lambda=M$)，我们可以得到：

$$\frac{\mathrm{d}(Y/p^i)}{\mathrm{d}S}=\frac{1}{s}\frac{\mathrm{d}B}{\mathrm{d}S}$$

将式(5-8)代入式(5-7)，可以得到：

$$\mathrm{d}B=(X\eta_x+M\eta_m-M)\mathrm{d}S-m\left(M\mathrm{d}S+\frac{\mathrm{d}B}{s}\right)$$

$$\frac{\mathrm{d}B}{\mathrm{d}S}=\left(\frac{s}{s+m}\right)[X\eta_x+M\eta_m-(1+m)M] \tag{5-9}$$

式(5-9)的第一项为出口的自主性增加导致的贸易差额改善的幅度；如果本币贬值要改善国际收支，即$\frac{\mathrm{d}B}{\mathrm{d}S}>0$，那么式(5-9)的第二项必须大于零，即 $X\eta_x+M\eta_m-(1+m)M>0$，在贸易平衡的条件下($X=M$)，那么：

$$\eta_x+\eta_m>1+m \tag{5-10}$$

这一条件比前面的马歇尔–勒纳条件更加严格，这就是针对支出的贸易条件效应。

5.3.2　有外国反馈效应的分析

如果考虑外国反馈效应，上述模型必须做如下修改：

$$Y_2=A_2-\frac{B}{S} \tag{5-11}$$

$$\frac{A_2}{p_2^i}=A_2\frac{Y_2}{p_2^i} \tag{5-12}$$

$$p_2^i=\lambda_2\frac{p}{S}+(1-\lambda_2)p_2 \tag{5-13}$$

式(5-6)是国家 1 的出口需求函数，也是国家 2 的进口支出函数，对其求全微分可得：

$$\mathrm{d}X=m_2\mathrm{d}Y_2+X\eta_x\mathrm{d}S \tag{5-6″}$$

对式(5-11)至式(5-13)进行全微分，可得：

$$\mathrm{d}Y_2=\mathrm{d}A_2-\mathrm{d}B+B\mathrm{d}S \tag{5-11′}$$

$$\mathrm{d}A_2=(1-s_2)\mathrm{d}Y_2+[A_2-(1-s_2)Y_2]\mathrm{d}p_2^i \tag{5-12′}$$

$$\mathrm{d}p_2^i=-\lambda_2\mathrm{d}S \tag{5-13′}$$

其中，$m_2=\partial X/\partial Y_2$ 为国家 2 的边际进口倾向，$1-s_2=\partial(A_2/p_2^i)/\partial(Y_2/p_2^i)$。采用相同的方法，将式(5-5′)和式(5-6″)代入式(5-1′)，可以得到：

$$\mathrm{d}B=(X\eta_x+M\eta_m-M)\mathrm{d}S-m\mathrm{d}Y+m_2\mathrm{d}Y_2 \tag{5-14}$$

为求出 $\mathrm{d}Y$ 和 $\mathrm{d}Y_2$，将式(5-12′)和式(5-13′)代入式(5-11′)，再次假定贸易差额为零($B=0$，$Y=A$)，那么 $Y_2=A_2$。由此可以得到：

$$\mathrm{d}Y_2=-X\mathrm{d}S-\frac{\mathrm{d}B}{s_2} \tag{5-15}$$

$$\frac{\mathrm{d}Y}{\mathrm{d}S}=M+\frac{1}{s}\left(\frac{\mathrm{d}B}{\mathrm{d}S}\right) \tag{5-8}$$

将式(5-15)和式(5-8)代入式(5-14)，我们可以得到：

$$\mathrm{d}B=(X\eta_x+M\eta_m-M)\mathrm{d}S-m\left(M\mathrm{d}S+\frac{\mathrm{d}B}{s}\right)+m_2\left(-X\mathrm{d}S-\frac{\mathrm{d}B}{s_2}\right)$$

$$\frac{\mathrm{d}B}{\mathrm{d}S}=\frac{s}{s+m+m_2(s/s_2)}[X\eta_x+M\eta_m-(1+m)M-m_2X] \tag{5-16}$$

上式右侧的第一项为有外国反馈效应的出口乘数。要实现$\frac{\mathrm{d}B}{\mathrm{d}S}>0$，上式右侧的第二项必须大于零，即 $X\eta_x+M\eta_m-(1+m)M-m_2X>0$，在贸易平衡的条件下($X=M$)，必须有：

$$\eta_x + \eta_m > 1 + m + m_2$$

换而言之，上式就是比马歇尔-勒纳条件更为严格的哈伯格条件(Harberger Condition)，即不仅考虑本国国民收入，而且考虑外国国民收入反馈效应的情况下，贬值改善国际收支的约束条件。这一条件的经济含义在于，本币贬值除了对本国与贸易伙伴国产品的相对价格产生影响外，由于本国出口的增加提高了本国的国民收入，由此增加本国的进口，进口增加的数量取决于本国的边际进口倾向；本国贸易差额的改善使得贸易伙伴国的国民收入下降，从而降低其从本国进口的产品的数量，降低的幅度同样取决于外国的边际进口倾向。因此，货币贬值的影响不仅取决于进出口品需求的价格弹性(汇率弹性)，而且取决于两国的边际进口倾向。

5.4 同时考虑价格和收入变化情况下贬值分析

如果进一步考虑国内外的价格也会发生变动，那么本币贬值对改善国际收支的约束条件是什么呢？Richardson(1971)、Robert M. Stern(1973)对此进行了详细的分析。下面的推导引自 Robert M. Stern(1973)的模型。

$$B = pX - Sp_2M \tag{5-17}$$

$$Y = A + B \tag{5-18}$$

$$\frac{A}{p^i} = A\left(\frac{Y}{p^i}\right) \qquad A_{\left(\frac{Y}{p^i}\right)} > 0 \tag{5-19}$$

$$p^i = \lambda Sp_2 + (1-\lambda)p \tag{5-20}$$

$$M = M(Y,\ p,\ Sp_2) \qquad M_Y > 0,\ M_p > 0,\ M_{Sp_2} < 0 \tag{5-21}$$

$$X = X\left(Y_2,\ \frac{p}{S},\ p_2\right) \qquad X_{Y_2} > 0,\ X_{\frac{p}{S}} < 0,\ X_{p_2} > 0 \tag{5-22}$$

$$Y_2 = A_2 - \frac{B}{S} \tag{5-23}$$

$$\frac{A_2}{p_2^i} = A_2\left(\frac{Y_2}{p_2^i}\right) \qquad A_{\left(\frac{Y_2}{p_2^i}\right)} > 0 \tag{5-24}$$

$$p_2^i = \lambda_2\left(\frac{p}{S}\right) + (1-\lambda_2)p_2 \tag{5-25}$$

$$T = \frac{p}{Sp_2} \tag{5-26}$$

各个符号的含义与上一节相同。其中，式(5-26)定义了贸易条件，$\frac{dT}{dS}>0$ 表示贸易条件改善，$\frac{dT}{dS}<0$ 表示贸易条件恶化。假定在本币贬值之前 $p=p_2=1$ 和 $S=1$。利率在本模型中是外生变量，这里假定货币当局保持利率不变。

对以上 10 个约束条件进行全微分，可以得到：

$$dB = dX + Xdp - dM - M(dS + dp_2) \tag{5-17$'$}$$

$$dY = dA + dB \tag{5-18$'$}$$

$$dA = (1-s)dY + [A - (1-s)Y]dp^i \tag{5-19$'$}$$

$$dp^i = \lambda(dp_2 + dS) + (1-\lambda)dp \tag{5-20$'$}$$

$$\mathrm{d}M = m\mathrm{d}Y - M\eta_m(\mathrm{d}p_2 + \mathrm{d}S) - M\xi_m\mathrm{d}p \tag{5-21'}$$

$$\mathrm{d}X = m_2\mathrm{d}Y_2 + X\eta_x(\mathrm{d}p - \mathrm{d}S) + X\xi_x\mathrm{d}p_2 \tag{5-22'}$$

$$\mathrm{d}Y_2 = \mathrm{d}A_2 - \mathrm{d}B + B\mathrm{d}S \tag{5-23'}$$

$$\mathrm{d}A_2 = (1 - s_2)\mathrm{d}Y_2 + [A_2 - (1 - s_2)Y_2]\mathrm{d}p_2^i \tag{5-24'}$$

$$\mathrm{d}p_2^i = \lambda_2(\mathrm{d}p - \mathrm{d}S) + (1 - \lambda_2)\mathrm{d}p_2 \tag{5-25'}$$

$$\mathrm{d}T = \mathrm{d}p - \mathrm{d}S - \mathrm{d}p_2 \tag{5-26'}$$

其中，$\eta_m = -\dfrac{\partial M}{\partial Sp_2}\dfrac{Sp_2}{M}$表示国家 1 的进口商品的需求价格弹性；$\xi_m = -\dfrac{\partial M}{\partial p}\dfrac{p}{M}$表示国家 1 进口商品对其国内商品的交叉需求价格弹性；$\eta_x = \dfrac{\partial X}{\partial \frac{p}{S}}\dfrac{\frac{p}{S}}{X}$表示国家 1 出口商品的需求价格弹性；$\xi_x = \dfrac{\partial X}{\partial p_2}\dfrac{p_2}{X}$表示国家 1 出口商品对国家 2 商品价格的交叉需求价格弹性。

将式(5-21′)和式(5-22′)代入式(5-17′)，我们可以得到：

$$\frac{\mathrm{d}B}{\mathrm{d}S} = \left[m_2\frac{\mathrm{d}Y_2}{\mathrm{d}S} + X\eta_x\left(\frac{\mathrm{d}p}{\mathrm{d}S} - 1\right) + X\xi_x\frac{\mathrm{d}p_2}{\mathrm{d}S}\right] - \left[m\frac{\mathrm{d}Y}{\mathrm{d}S} - M\xi_m\frac{\mathrm{d}p}{\mathrm{d}S} - M\eta_m\left(\frac{\mathrm{d}p_2}{\mathrm{d}S} + 1\right)\right] + X\frac{\mathrm{d}p}{\mathrm{d}S} - M\frac{\mathrm{d}p_2}{\mathrm{d}S} - M \tag{5-27}$$

对式(5-18′)和式(5-19′)可以分别得到：

$$\frac{\mathrm{d}Y}{\mathrm{d}S} = \frac{\mathrm{d}A}{\mathrm{d}S} + \frac{\mathrm{d}B}{\mathrm{d}S}$$

$$\frac{\mathrm{d}Y}{\mathrm{d}S} = (1 - s)\frac{\mathrm{d}Y}{\mathrm{d}S} + [A - (1 - s)Y]\frac{\mathrm{d}p^i}{\mathrm{d}S} + \frac{\mathrm{d}B}{\mathrm{d}S}$$

假定在最初状态下($B=0$，$Y=A$，$Y_2=A_2$)，并且

$$\frac{\mathrm{d}p^i}{\mathrm{d}S} = \lambda\left(\frac{\mathrm{d}p_2}{\mathrm{d}S} + 1\right) + (1 - \lambda)\frac{\mathrm{d}p}{\mathrm{d}S}$$

$$\frac{\mathrm{d}p^i}{\mathrm{d}S} = -\lambda\left(\frac{\mathrm{d}p}{\mathrm{d}S} - \frac{\mathrm{d}p_2}{\mathrm{d}S} - 1\right) + \frac{\mathrm{d}p}{\mathrm{d}S} = -\lambda\frac{\mathrm{d}T}{\mathrm{d}S} + \frac{\mathrm{d}p}{\mathrm{d}S}$$

根据前面的定义($\lambda = Sp_2\dfrac{M}{A} = \dfrac{M}{A}$)，我们可以得到：

$$\frac{\mathrm{d}Y}{\mathrm{d}S} = (1 - s)\frac{\mathrm{d}Y}{\mathrm{d}S} + [A - (1 - s)Y]\left(-\frac{M}{A}\frac{\mathrm{d}T}{\mathrm{d}S} + \frac{\mathrm{d}p}{\mathrm{d}S}\right) + \frac{\mathrm{d}B}{\mathrm{d}S}$$

假定贸易差额为零，即 $Y=A$，那么：

$$\frac{\mathrm{d}Y}{\mathrm{d}S} = (1 - s)\frac{\mathrm{d}Y}{\mathrm{d}S} + s\left(-M\frac{\mathrm{d}T}{\mathrm{d}S} + A\frac{\mathrm{d}p}{\mathrm{d}S}\right) + \frac{\mathrm{d}B}{\mathrm{d}S}$$

对上式化简后，可以得到：

$$\frac{\mathrm{d}Y}{\mathrm{d}S} = -M\frac{\mathrm{d}T}{\mathrm{d}S} + A\frac{\mathrm{d}p}{\mathrm{d}S} + \frac{1}{s}\frac{\mathrm{d}B}{\mathrm{d}S} \tag{5-28}$$

利用相同的方法，可以得到：

$$\frac{\mathrm{d}Y_2}{\mathrm{d}S} = X\frac{\mathrm{d}T}{\mathrm{d}S} + A_2\frac{\mathrm{d}p_2}{\mathrm{d}S} - \frac{1}{s_2}\frac{\mathrm{d}B}{\mathrm{d}S} \tag{5-29}$$

利用进出口函数的零次齐次的假定，对式(5-21′)进行变形，得到：

$$\frac{\mathrm{d}M}{M}=\left(m\frac{Y}{M}\right)\frac{\mathrm{d}Y}{Y}-\eta_m\left(\frac{\mathrm{d}p_2+\mathrm{d}S}{Sp_2}\right)-\xi_m\left(\frac{\mathrm{d}p}{p}\right)$$

零次齐次的假定就是指无货币幻觉，意味着如果货币收入和物价均按相同比例 δ 增长，进口量不会变化。用公式表示就是：

$$\frac{\mathrm{d}Y}{Y}=\frac{\mathrm{d}p_2+\mathrm{d}S}{Sp_2}=\frac{\mathrm{d}p}{p}=\delta$$

当$\frac{\mathrm{d}M}{M}=0$，$0=\left(m\frac{Y}{M}\right)\delta-\eta_m\delta-\xi_m\delta$。我们可以得到：

$$M\xi_m=M\eta_m-mY \tag{5-30}$$

同样，对式(5-21′)进行变形，并且也利用零次齐次的假定，可以得到：

$$X\xi_x=-X\eta_x-m_2Y_2 \tag{5-31}$$

将式(5-30)、式(5-31)、式(5-28)、式(5-29)代入式(5-27)，可以得到：[⊖]

$$\frac{\mathrm{d}B}{\mathrm{d}S}=-M\left(\frac{s}{s+m+m_2(s/s_2)}\right)(\eta_x+\eta_m-1-m-m_2)\left(\frac{\mathrm{d}T}{\mathrm{d}S}\right) \tag{5-32}$$

式(5-32)右侧的第一项是出口贸易乘数$\frac{\mathrm{d}B}{\mathrm{d}X}$，第二项就是比马歇尔-勒纳条件更为严格的哈伯格条件，第三项是贸易条件$\frac{\mathrm{d}T}{\mathrm{d}S}$。

根据式(5-32)，在价格可变的情况下，贬值能否改善国际收支(贸易收支)的约束条件更复杂。在这种情况下，弹性条件既不是贸易差额改善的充分条件，也不是必要条件。如果贬值的弹性条件和贸易条件改善均满足的话，贬值将会恶化贸易差额。因此，贸易差额改善的充要条件是要么满足弹性条件和贸易条件恶化，要么不满足弹性条件和贸易条件改善。

下面进一步考虑价格变化对贬值改善贸易差额的具体约束。模型还需要再增加两个约束条件才可以求解：

$$p=p\left(\frac{Y}{p}\right)\qquad p_{\left(\frac{Y}{p}\right)}>0 \tag{5-33}$$

$$p_2=p\left(\frac{Y_2}{p_2}\right)\qquad p_{\left(\frac{Y_2}{p_2}\right)}>0 \tag{5-34}$$

如果以上两式分别对汇率求偏导，且满足$\frac{\mathrm{d}p}{\mathrm{d}S}>0$和$\frac{\mathrm{d}p_2}{\mathrm{d}S}<0$。这就意味着本国货币贬值后，本国物价将上涨，而外国物价将下降。

由式(5-26′)可以得到：

$$\frac{\mathrm{d}T}{\mathrm{d}S}=\frac{\mathrm{d}p}{\mathrm{d}S}-\frac{\mathrm{d}p_2}{\mathrm{d}S}-1$$

如果$\frac{\mathrm{d}p}{\mathrm{d}S}=\frac{\mathrm{d}p_2}{\mathrm{d}S}=0$，也就是价格保持不变的情况，$\frac{\mathrm{d}T}{\mathrm{d}S}=-1$，即贸易条件恶化的幅度就等于货

⊖ 如果没有外国反馈影响，式(5-32)可以变形为$\frac{\mathrm{d}B}{\mathrm{d}S}=-M\frac{1}{s+m}(\eta_x+\eta_m-1-m)\frac{\mathrm{d}T}{\mathrm{d}S}$，其中$\frac{\mathrm{d}T}{\mathrm{d}S}=\frac{\mathrm{d}p}{\mathrm{d}S}-1$。

币贬值的幅度，且同时满足弹性条件，贬值将会改善贸易差额，$\frac{dB}{dS}>0$。

如果$\frac{dp}{dS}-\frac{dp_2}{dS}<1$，那么$-1<\frac{dT}{dS}<0$，也就是贸易条件恶化的幅度小于货币贬值的幅度，且同时满足弹性条件，贬值将会改善贸易差额，$\frac{dB}{dS}>0$，但是其货币变化幅度将小于价格的变化幅度。

如果$\frac{dp}{dS}-\frac{dp_2}{dS}>1$，那么$\frac{dT}{dS}>0$，也就是贸易条件改善，且同时满足弹性条件，贬值并不能改善贸易差额，$\frac{dB}{dS}<0$。

5.5 本章小结

在凯恩斯宏观经济学诞生之后，经济学家也将该理论运用于国际收支领域。凯恩斯经济学的分析前提同样运用于对国际收支的分析：经济处于非充分就业状态，价格固定而收入可变，不考虑国际间的资本流动，仅仅考察经常账户的变化，进口品是国内货物与服务的完美替代品，等等。凯恩斯经济学在国际收支领域的运用有两个分支，一个是乘数理论，另一个是吸收理论。

开放经济下的乘数小于封闭经济下的乘数，但是仍然大于1。如果进一步考虑溢出效应和反馈效应，有反馈效应的开放国家的本国自主性消费、自主性投资、自主性政府支出变动的乘数相对更大，本国自主性出口和自主性进口变动的乘数相对较小。在开放经济下，本国国民收入受四个因素影响：第一，自主性国内消费和投资；第二，由第一个因素引致的消费和投资；第三，本国的出口；第四，由第三个因素引致的消费。较之封闭经济条件下，本国国民收入的制约因素更多了。

吸收分析法从国民收入恒等式 $Y=C+I+G+X-M$ 的变形入手。令 $X-M$ 为贸易差额 B，$C+I+G$ 为国内总吸收 A，那么 $Y=A+B$。吸收分析法的思路就是，如果要改善国际收支，就必须增加国民收入，或者减少国内吸收，或者两项同时进行。将国内总吸收变形为 $A=A_0+aY$，可以得到窖藏曲线 $H=Y-A_0-aY=-A_0+(1-a)Y$。由于贸易差额 B 等于 H，由此可以确定均衡状态下的国民收入和贸易差额。此时，该国经济既可能实现了充分就业，也可能没有实现充分就业。

在吸收分析法看来，在满足以下三种条件下，贬值改善国际收支差额。第一，自主性贸易差额扩大，自主性吸收下降。第二，自主性贸易差额扩大，自主性吸收扩大，且自主性贸易差额要大于自主性吸收差额。自主性吸收的扩大幅度大于自主性贸易差额的变化幅度，那么就将出现劳尔森-梅茨勒效应。通俗地说，贬值非但没有改善国际收支差额，由于国内消费者对进口产品的依赖惯性，反倒是恶化了国际收支差额。第三，自主性贸易差额下降，自主性吸收下降，但后者的幅度更大。

马歇尔-勒纳条件仅仅考虑了进出口品的价格弹性（实际上是汇率弹性），如果不仅考虑本国国民收入变化，而且考虑外国国民收入的反馈效应，这就是比马歇尔-勒纳条件更加严格的哈伯格条件，即 $\eta_x+\eta_m>1+m+m_2$。如果同时考虑国内外价格和收入都发生变化的情况，贬值改善国际收支的影响因素包括三项：出口贸易乘数、哈伯格条件和贸易条件。

第6章
CHAPTER6

国际收支的货币分析法

国际收支调节货币分析法(Monetary Approach)的理论渊源至少可以追溯到亚当·斯密的《国富论》。在固定汇率制度下，货币分析法分析了开放经济体如何消除超额的货币供给(或货币需求)。货币分析法的框架1952年由英国剑桥大学的詹姆斯·米德(James Edward Meade)提出，20世纪50年代后期由荷兰经济学家雅克·J. 波拉克(Jacques J. Polak)和他在IMF的同事不断推进研究，60年代后期至70年代中期由美国芝加哥大学的罗伯特·蒙代尔(Robert A. Mundell)和哈里·约翰逊(Harry G. Johnson)，还有后者的学生雅各布·弗兰克尔(Jacob A. Frenkel)等人创立。其理论基础来源于货币学派，他们认为国际收支不平衡本质上是一种货币现象，即从经济的货币层面来分析国际收支失衡。实际上，在国际金融的研究当中，货币分析法不仅被用于分析国际收支，而且被用于分析汇率变化。如果研究的是固定汇率制度，那么货币分析法就是对国际收支的分析；如果研究的是浮动汇率制度，那么货币分析法就是对汇率波动的分析。本书将这两个内容放在不同的章节进行阐述，这里首先讨论国际收支的货币分析法。

6.1 货币分析法的主要内容

弹性论、收入论、吸收论都是从商品市场出发对贸易流量进行分析，货币分析法则是从货币市场出发对货币存量进行分析，其理论渊源最早可以追溯到金本位下的价格-铸币流动机制。货币分析法与其他分析方法的不同之处主要体现在以下两方面：流量分析法(弹性论、收入论、吸收论)注重分析经常账户的交易，存量分析法(货币分析法)重点考察金融账户下的跨国资本流动，强调国际收支的综合差额(也就是国际储备的变化额)；流量分析法对国际收支平衡表采取自上而下的分析，而存量分析法则对国际收支平衡表采取自下而上的分析，注重国际储备的变化额带来的影响。

该理论的思想是国际收支以货币失衡为基础，即本国金融机构提供的货币供给(国内信贷)与居民对本国的货币需求不一致形成了国际收支的失衡。如果前者大于后者，这部分超额的货币供给就必须通过外汇储备的下降来消除，从而出现国际收支逆差；反之，如果国内信贷小于对本国的货币需求，这就必须通过国际储备的增加来弥补，即出现国际收支顺差。因此，国际收支失衡本质上是一种货币现象，国际收支差额反映了货币供给和货币需求(均为存量意义)失衡下的流量差额。

6.1.1　货币分析法的主要假设

货币分析法的假设条件如下。

第一，在资本自由流动的情况下，绝对购买力平价始终成立，即 $P_d=SP_f$。如图 6-1 所示，以 P_d 为纵坐标，S 为横坐标，绝对购买力平价线就是过原点的 45°线(假定 $P_f=1$)。购买力平价线的上方是本币高估，本国产品不具有价格竞争力的区域，该曲线的下方是本币低估，本国产品具有价格竞争力的区域。换而言之，对于国际收支而言，购买力平价线的上方是国际收支逆差状态，下方是国际收支顺差状态。购买力平价线本身则是国际收支平衡状态。

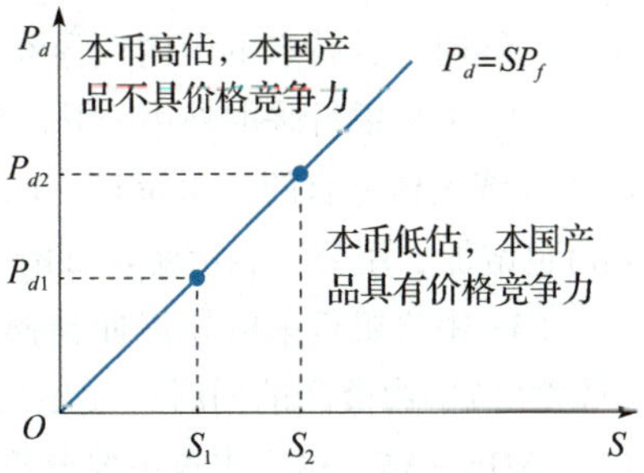

图 6-1　绝对购买力平价线

第二，本国货币需求是实际国民收入和物价水平的函数，并且货币需求函数是稳定的，因此本国货币需求函数可以表示为：

$$M_D=kP_dy$$

其中，k 为货币需求相对于名义收入的比重，也称马歇尔的 k；P_d 为本国价格水平；y 为本国实际国民收入。同样，对于外国货币需求也有公式 $M_D^*=k^*P_fy^*$。如果给定一个货币存量(M_0^s)，在货币均衡条件下就意味着 $M_0^s=kP_dy=kY$。

如图 6-2 所示，在以实际国民收入 y 为横坐标、国内物价 P_d 为纵坐标的平面上 $M_0^s=kP_dy$ 就是双曲线(的右支)。在该曲线上的任意一点向横轴和纵轴做垂线构成的矩形面积就是 Y，假定 k 不变的情况下，Y 就是由均衡条件的货币数量决定的。当曲线上的点从 M 移动到 N 时，名义国民收入 Y 不变，但同时意味着价格水平下降和实际国民收入上升。当国内货币供给数量增加，该曲线向右移动。其经济含义为若 k 和 y 保持不变，货币供给的增加必然带来物价的同比例上涨。

第三，垂直的总供给曲线表明经济处于充分就业状态，国内物价上涨不会带来产出的增加。然而当技术进步使得劳动生产率提高时，总供给曲线会向右移动(见图 6-3)。

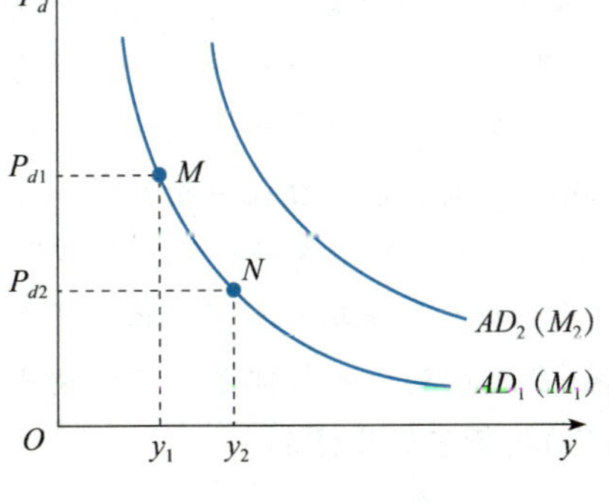

图 6-2　总需求曲线

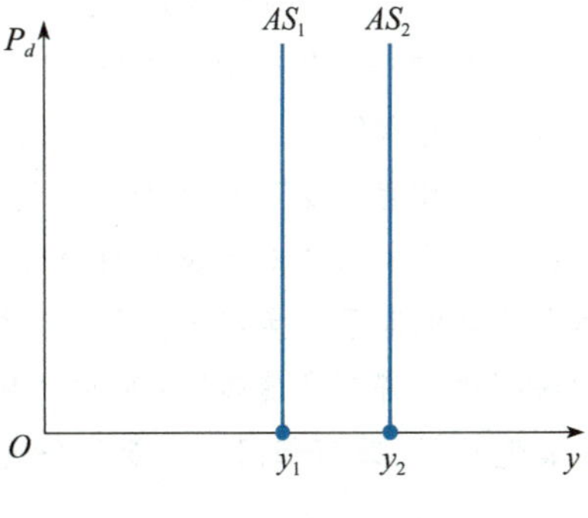

图 6-3　总供给曲线

第四，本国货币供给可以表示为：

$$M_S = D + R$$

式中，D 为中央银行对本国政府的债权，简称“国内信贷”；R 为中央银行持有的国际储备。

根据中央银行资产负债表，基础货币是流通中现金与存款准备金之和。国际收支货币分析法将货币供给定义为中央银行的基础货币供给(在本章简称货币供给)，而不是广义货币供应量的供给，这是一种简化分析，目的是更好地分析中央银行在本外币公开市场操作过程中国内信贷和国际储备之间增减变化的关系。具体操作模式可以分为以下几种。

(1) 中央银行采取本币公开市场操作(Open Market Operation，OMO)，即中央银行买入经济主体持有的国债。根据资产等于负债的原理(假定权益项不发生变化)，中央银行基础货币增加的同时，其持有的国内债券资产(D)也增加，用公式表示就是 $\Delta M_S = \Delta D$。

(2) 中央银行采取外币公开市场操作(Foreign Exchange Operation，FXO)，即中央银行买入本国经济主体持有的外币资产。同理，中央银行在增加基础货币的同时，其持有的国际储备(R)也增加，用公式表示就是 $\Delta M_S = \Delta R$。

(3) 中央银行采取外汇冲销操作(Sterilization Foreign Exchange Operation，SFXO)，即买入(或卖出)国内资产的同时，卖出(或买入)外币资产。此时，中央银行的基础货币保持不变，但是 $\Delta D = -\Delta R$。由于本章主要分析货币供给与需求的增减变化对国际收支的影响，所以对第三种类型不加分析。

在国际收支的货币分析法当中，重点分析货币供给变化对国际收支的影响，而不关注是什么原因导致的货币供给变化。换言之，是货币当局买入本国债券导致的货币供给增加，还是买入外币债券导致的货币供给增加(此处的货币供给是指央行的基础货币)，这并不重要，因为货币分析法假定本国债券与外国债券不存在差异(这一点在第 10 章的弹性价格分析法中将会进一步介绍)。

专栏 6-1

货币供应量的统计过程

在现实当中，货币供给往往是指广义货币供应量。在中国，广义货币供应量是指 M2。下面简要解释中国的广义货币供应量是如何统计得到的。

将中央银行资产负债表(见表 6-1)和商业银行资产负债表(见表 6-2)合并后，得到银行体系资产负债表。该表的负债方即为广义货币供应量。具体来看，合并后报表负债方的主要项目就是货币供应量，其对应的资产方主要项目仍然是外汇储备和国内信贷，不过此时的子项“对政府债权”是“中央银行对政府债权”和“商业银行对政府债权”的合并额。中央银行负债方的“准备金存款”和商业银行资产方的“准备金存款”在合并过程中相互抵消了。中央银行负债方的“库存现金”和商业银行资产方的“库存现金”也在合并过程中相互抵消了。商业银行资产负债表的“对中央银行负债”和中央银行资产负债表的“对商业银行债权”在合并过程中相互抵消了。换言之，中央银行与商业银行之间的资金往来项目相互抵消，不在合并后的“银行体系资产负债表”(又称“银行概览”)出现(见表 6-3)。银行体系资产负债表主要反映对其他部门(政府部门、企业与个人部门、对外部门)的债权债务关系。

表 6-1　中央银行资产负债表

资产	负债
外汇储备	货币发行
国内信贷	库存现金
对政府债权	流通中现金
对商业银行债权	准备金存款
	法定存款准备金
	超额存款准备金

表 6-2　商业银行资产负债表

资产	负债
库存现金	存款
准备金存款	活期存款
法定存款准备金	定期存款
超额存款准备金	储蓄存款
国内信贷	对中央银行负债
对政府债权	
对企业与个人债权	资本金

表 6-3　银行体系资产负债表(银行概览)

资产	负债
外汇储备	流通中现金
国内信贷	存款
对政府债权	活期存款
对企业与个人债权	定期存款
	储蓄存款
	资本金

在以货币供应量 M_S(中央银行基础货币)为纵坐标、外汇储备 R 为横坐标的坐标系上，货币供给曲线就是一条向右上方倾斜的 45°曲线(见图 6-4)。在 D_1 点表示外汇储备为零，货币供给就等于国内信贷。货币需求曲线则是一条水平曲线。M_{D1} 与 M_{S1} 相交的 A 点表明货币市场实现均衡，即 $M_S=M_D$，并且有 $M_1=D_1+R_1$。

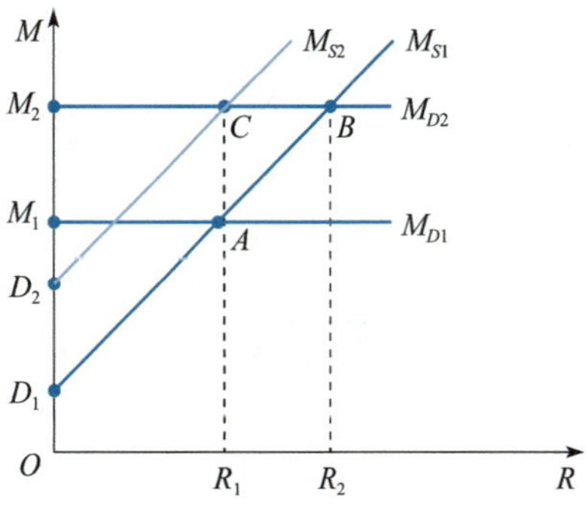

图 6-4　货币供给与货币需求曲线

如果货币需求从 M_{D1} 增加到 M_{D2}，货币供给增加可以通过扩大国内信贷来实现(即中央银行实施本币公开市场操作)，那么货币供给曲线从 M_{S1} 向上移动到 M_{S2}，在纵坐标的截距为 D_2 点，与货币需求曲线 M_{D2} 相交于 C 点，其含义就是 $M_2=D_2+R_1$。同样，货币供给增加也可以通过扩大外汇储备来实现(即中央银行实施外币公开市场操作)，此时货币需求曲线 M_{D2} 与货币供给曲线 M_{S1} 相交于 B 点，那么有 $M_2=D_1+R_2$。

在固定汇率制度下，汇率保持不变必然会带来国际储备的增减变化，经常账户差额 CAB、资本与金融账户差额 NKA（不含储备资产账户差额）和储备资产账户差额 RT（暂不考虑误差与遗漏净额账户）构成以下关系式：

$$CAB + NKA = -RT$$

货币分析法认为，中央银行买入外汇储备（中央银行资产与负债同时增加）意味着国际收支出现顺差，货币需求（M_D）将大于“国内信贷”（D）；中央银行卖出外汇储备（央行资产与负债同时下降）意味着国际收支出现逆差，货币需求（M_D）小于“国内信贷”（D）。如果政府不干预外汇市场，允许汇率浮动，本国外汇储备就不会发生变化，从增量的角度来看 $\Delta RT=0$。

图 6-5 给出了经济达到均衡时外汇市场、商品市场和货币市场的供求状态。外汇市场均衡由购买力平价决定，商品市场均衡由总供给和总需求达到平衡时决定，货币市场均衡由货币供给和货币需求达到平衡时决定，均衡点分别为 A、B 和 C 点。

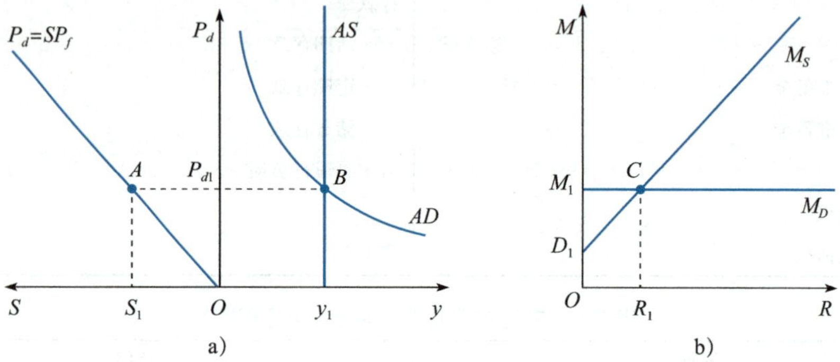

图 6-5 模型的均衡

6.1.2 货币贬值的效果

如果本币贬值，汇率水平从 S_1 贬值到 S_2，将会产生怎样的结果呢？在贬值之前，也就是在初始状态，假定各个市场都处于均衡状态，均衡点分别为 A_1、B_1 和 C_1 点（见图 6-6）。

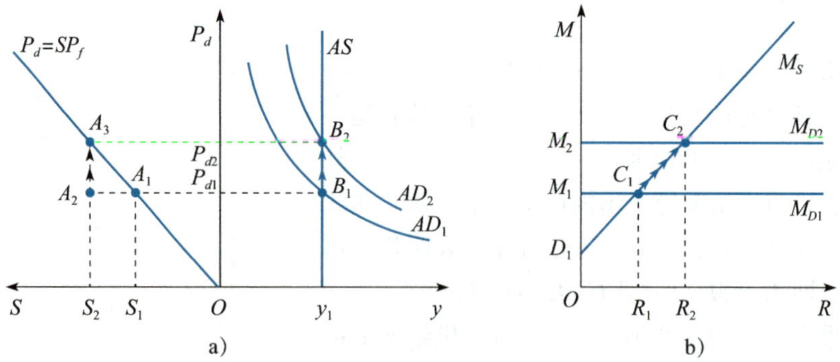

图 6-6 贬值的效果

当汇率从 S_1 贬值到 S_2，所产生的直接作用就是在国内物价水平 P_{d1} 和新的汇率水平 S_2 构成的 A_2 点上，本国商品更具有竞争力。这使得外国对本国产品的需求增加，本国对外国产品的需求下降，国际收支顺差导致对本币的需求随之增加，表现为货币需求曲线从 M_{D1} 向上移动到 M_{D2}，为防止本币升值，本国货币当局买进外汇储备，外汇储备增加到 R_2 的水平，使得货币供给沿着货币供给曲线向上移动，和货币需求曲线 M_{D2} 相交于 C_2 点。外汇储备的增加使得总需求也随之增加，总需求曲线从 AD_1 移动到 AD_2，由于本国总供给保持不变，因此本国物价水平从 P_{d1} 逐渐上升到 P_{d2} 的水平。当物价上升到这一水平后，经济系统重新达到均衡。此时，本国产品的价格竞争优势不复存在，并重新回到购买力平价线的点 A_3 上，国际收支再次恢复均衡。在长期内，本币贬值会使得国内物价上涨相应的幅度，货币供应量增加相应的幅度。本币贬值造成的顺差只是一个短暂的现象。

6.2 固定汇率制度下的货币分析法

由于在浮动汇率制度下，政府基本上不干预汇率，这使得外汇储备可以保持不变，货币供给的国际收支因素无法体现出来，因此，本节重点分析在固定汇率制度下各种经济因素发生变化后，经济系统是如何重新实现均衡的。在浮动汇率制度下各种经济因素发生变化产生的影响，将在后面的章节介绍。

6.2.1 货币供给扩张的效果

在固定汇率制度下，如果本国货币当局实施扩张性货币政策，结果将会如何呢？在初始状态，所有市场均处于均衡状态，分别位于 A_1、B_1 和 C_1 点(见图 6-7)。

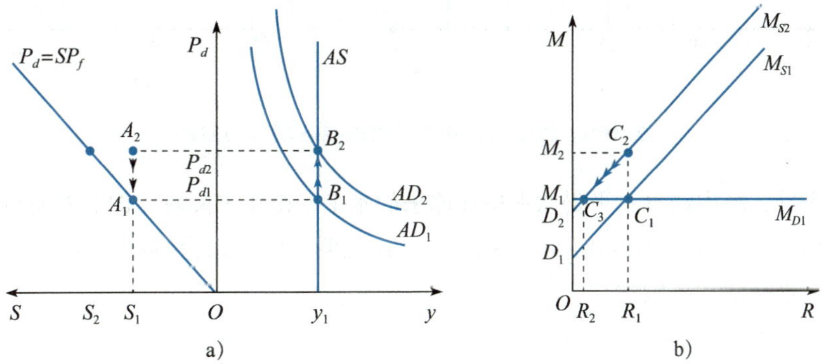

图 6-7 固定汇率制度下货币供给扩张的效果

假定货币当局进行本币公开市场操作买进国债，这导致货币供给曲线从 M_{S1} 移动到 M_{S2}，国内货币供给从 D_1 增加到 D_2，货币供应量达到 M_2，且 $M_2=R_1+D_2$。这一货币供给水平高于货币需求 M_{D1}，使得国内居民的实际货币余额增加($M_{S2}/P_{d1}>M_{S1}/P_{d1}$)，导致居民对商品的总需求扩大，总需求曲线从 AD_1 移动到 AD_2。在实际总供给保持不变的情况下，国内物价产生上升压力，价格从 P_{d1} 上升到 P_{d2}。物价水平 P_{d2} 与汇率 S_1 的组合导致本国商品缺乏竞争力(处于购买力曲线的右侧)，国际收支出现逆差。为防止本币贬值，本国货币当局不得不进行干预，在外汇市场卖出外汇，买进本币，这使得外汇储备下降到 R_2，货币供应量沿着曲线 M_{S2} 下降至与 M_{D1} 相交的点 C_3。货币供应量的下降使得总需求下跌，国内物价产生下跌压力，物价水平逐渐回落到 P_{d1} 的水平，国际收支重新回到均衡状态。在长期内，国内物价水平、产出水平、货币供应量都保持在原有水平上，但是货币供应量的构成发生了变化，即 $M_1=D_1+R_1$(C_1 点)$=D_2+R_2$(C_3 点)。换言之，$\Delta D=-\Delta R$。根据“不可能三角”理论，在固定汇率制度和资本自由流动的情况下，货币政策的独立性不存在了，本国的扩张性货币政策最终只是导致货币供给的结构发生变化，而货币总量却保持不变。

6.2.2 国民收入增加的效果

在固定汇率制度下，如果本国收入增加，这体现为总供给曲线从 AS_1 移动到 AS_2，总供给曲线 AS_2 与总需求曲线 AD_1 相交于 B_2 点(见图 6-8)。该点对应的物价水平为 P_{d2}，与汇率水平 S_1 相交确定的 A_2 点将使得国际收支处于顺差状态，这导致货币需求曲线从 M_{D1} 移动到 M_{D2}。此时货币需求大于国内货币供给，本币存在升值压力，为了保持本币汇率不变，货币当局不得不进行汇率干预，买进外汇储备，货币供应量达到 C_2 点(货币需求曲线 M_{D2} 与货币供给曲线 M_{S1} 相交的点)，货币供给的增加使得总需求曲线从 AD_1 移动到 AD_2，由于收入在 y_2 水平上保持不变，总需求的增加将导致国内物价水平回升至 P_{d1}。与此同时，购买力平价重新实现。各个市场恢复均衡，均衡点分别为 A_1、B_3 和 C_2 点。

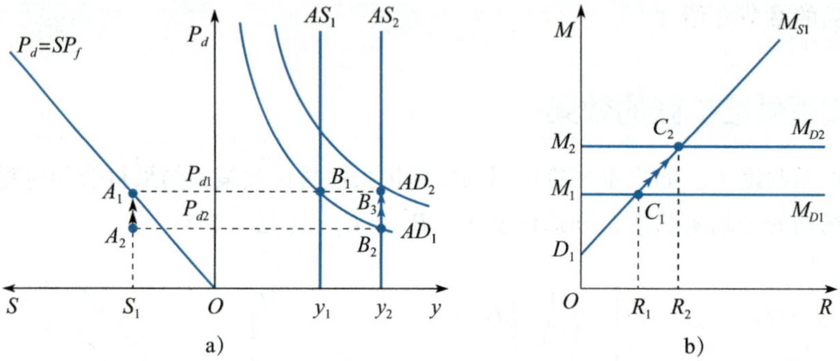

图 6-8 固定汇率制度下国民收入增加的效果

从长期来看，国内物价水平仍然保持在原来的水平，由于国际收支的顺差使得货币供应量增加(其中外汇储备增加，国内信贷保持不变)。这说明实际货币余额的增加($M_2/P_{d1}>M_1/P_{d1}$)是由国内收入水平增加导致的。

6.2.3 外国价格上涨的效果

在固定汇率制度下，外国物价水平的上升意味着购买力平价线向纵坐标方向旋转，在初始物价水平 P_{d1} 和汇率水平 S_1 确定的 A_1 点，国内产品更具有竞争力，从而形成国际收支顺差并导致对本币的需求增加，货币需求曲线从 M_{D1} 移动到 M_{D2}(见图 6-9)。为防止本币升值，本国

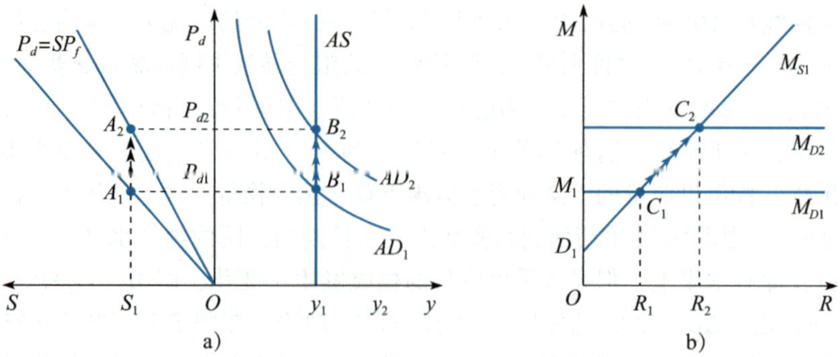

图 6-9 固定汇率制度下外国价格上涨的效果

货币当局买入外汇储备，外汇储备从 R_1 增加到 R_2，货币供给曲线 M_{S1} 与货币需求曲线 M_{D2} 相交于 C_2 点。货币供给的增加使得总需求曲线从 AD_1 移动到 AD_2，在总供给不变的情况下，国内物价从 P_{d1} 上升到 P_{d2}，并在该水平上重新达到新的购买力平价，国际收支顺差消失，整个经济重新趋于均衡。

上述结果表明一旦本国采取固定汇率制度，就必须接受外国物价水平波动对本国物价的影响。固定汇率制度和资本自由流动的政策组合也意味着本国货币政策的自主权丧失，这也是“不可能三角”理论的体现。固定汇率制度下不同冲击对本国经济的影响总结于表 6-4。

表 6-4　固定汇率制度下不同的冲击对本国经济的影响

首先发生的冲击	国内物价	本币汇率	本国收入	货币供应量结构	
				国内信贷	外汇储备
本国信贷供给扩张	不变	不变	不变	上升	下降
本国收入增加	不变	不变	增加	不变	上升
外国物价上涨	上涨	不变	不变	不变	上升

专栏 6-2

为什么金融学中偏好采用对数差分

大量的经济数据往往采用$(X_t-X_{t-1})/X_{t-1}$的形式来计算其变化率。如果要观察较长时间跨度的增长率变化，采用算术平均数往往会导致较大的偏差。下面举例说明。

第一种情况：期初值为 100，第二期为 200，第三期为 100，第二期和第三期变化率分别为 100%和−50%，变化率的算术平均值为 25%。

第二种情况：期初值为 100，第二期为 50，第三期 100，第二期和第三期变化率分别为−50%和 100%。变化率的算术平均值也为 25%。

在以上两种情形下，第三期和第一期的值相同，变化率实际上是零。算术平均数夸大了其变化率，从而人们就采用对原始数值进行取对数的方法来减小误差(见表 6-5)。

表 6 5　经济变量的对数差分

原始数值	对数值	对数差分
X_1	$\ln X_1$	
X_2	$\ln X_2$	$\Delta\ln X_2=\ln X_2-\ln X_1$
X_3	$\ln X_3$	$\Delta\ln X_3=\ln X_3-\ln X_2$
…	…	…
X_n	$\ln X_n$	$\ln X_n-\ln X_{n-1}-\ln(X_n/X_{n-1})$

取小写字母 x 为 X 的增长率，即 $x_t=(X_t-X_{t-1})/X_{t-1}$。

当 x_2 很小的时候，$\Delta\ln X_2=\ln X_2-\ln X_1=\ln\dfrac{X_2}{X_1}=\ln(1+x_2)=x_2$，变量取对数的差分也可以得到相应的增长率。

仍然以上述数字为例，在第一种情况下，第二期的增长率为 ln2=69.314 7%，第三期的增长率为−69.314 7%，增长率平均为零。因此，该方法比算术平均数能够更准确地反映数据的变化趋势。

在国际金融中，采用对数计算也更为准确。例如，当基期汇率为\$1=J¥100，目标期汇率变化为\$1=J¥125，按照第3章给出的计算公式，美元的升值幅度为25%，如果采用对数计算，美元的升值幅度为ln125-ln100=22.3%。如果要计算日元的贬值幅度，基期汇率为J¥1=\$0.01，目标期汇率为J¥1=\$0.008，采用第3章的计算公式，日元的变化率为-20%，即日元贬值20%；采用对数计算法，ln0.008-ln0.01=-22.3%。可以发现，日元的贬值幅度就是美元的升值幅度。换言之，在汇率计算过程中，采用对数计算法，不论选择何种货币作为基准货币，汇率的变化率都是一样的。

6.3 相对购买力平价下的货币分析法

如果对货币需求函数取对数后对时间求导，可以得到：

$$\frac{1}{M_D}\frac{\mathrm{d}M_D}{\mathrm{d}t}=\frac{1}{k}\frac{\mathrm{d}k}{\mathrm{d}t}+\frac{1}{P_d}\frac{\mathrm{d}P_d}{\mathrm{d}t}+\frac{1}{y}\frac{\mathrm{d}y}{\mathrm{d}t}$$

如果$\frac{\mathrm{d}X}{X\mathrm{d}t}$记为$\widehat{X}$，意为变量$X$在$t$时刻的变化率，并且将$k$视为在短期内没有变化的变量，即$\widehat{k}=0$，同时$\frac{1}{P_d}\frac{\mathrm{d}P_d}{\mathrm{d}t}$记为$\widehat{P}_d$，就是通货膨胀率$\pi_d$，那么上式就可以表示为：

$$\widehat{M}_D=\pi_d+\widehat{y}$$

其经济含义就是货币需求的变化率主要来自物价水平的变化率和实际国民收入的变化率。对于货币供给而言，货币供给可以视为外汇储备和国内信贷之和，用公式表示就是$M_S=R+D$。因此，可以得到$\ln M_S=\ln(R+D)$。

假定货币供给M_S是时间的函数，即$M_S=f(t)$，其增长率可以定义为$\widehat{M}_S=\frac{\mathrm{d}M_S}{\mathrm{d}t}\frac{1}{M_S}=\frac{f'(t)}{f(t)}$。同理，外汇储备$R$也是时间的函数，即$R=g(t)$，其增长率为$\widehat{R}=\frac{\mathrm{d}R}{\mathrm{d}t}\frac{1}{R}=\frac{g'(t)}{g(t)}$；国内信贷D也是时间的函数，即$D=h(t)$，其增长率为$\widehat{D}=\frac{\mathrm{d}D}{\mathrm{d}t}\frac{1}{D}=\frac{h'(t)}{h(t)}$。

$$\begin{aligned}\widehat{M}_S&=\frac{d}{\mathrm{d}t}\ln M_S=\frac{d}{\mathrm{d}t}\ln(R+D)=\frac{1}{R+D}\frac{d}{\mathrm{d}t}(R+D)=\frac{1}{R+D}[g'(t)+h'(t)]\\&=\frac{1}{R+D}(R\widehat{R}+D\widehat{D})=\frac{R\widehat{R}}{R+D}+\frac{D\widehat{D}}{R+D}\end{aligned}$$

令$\alpha=\frac{R}{R+D}$，$1-\alpha=\frac{D}{R+D}$，那么上式可以简化为$\widehat{M}_S=\alpha\widehat{R}+(1-\alpha)\widehat{D}$。其中$\alpha$为外汇储备占货币供给的比重，上式的经济含义就是货币供给的增长率等于外汇储备的增长率和国内信贷的增长率的加权平均数，权重分别为外汇储备和国内信贷占货币供给的比重。在货币供求均衡的约束下($\widehat{M}_D=\widehat{M}_S$)，可以得到以下公式：

$$\widehat{P}_d+\widehat{y}=\alpha\widehat{R}+(1-\alpha)\widehat{D}$$

在增长率形式下，绝对购买力平价演变成相对购买力平价，即$\widehat{P}_d=\widehat{S}+\widehat{P}_f$成立，将其代入上式后可以得到：

$$\hat{S}+\hat{P}_f+\hat{y}=\alpha\hat{R}+(1-\alpha)\hat{D}$$

$$\hat{S}=\alpha\hat{R}+(1-\alpha)\hat{D}-\hat{P}_f-\hat{y}$$

这一公式也可以用来讨论不同汇率制度下的不同变化方式。

在固定汇率制度下，要求$\hat{S}=0$，如果外国物价水平和本国国民收入保持不变，即$\hat{P}_f=\hat{y}=0$，一国政府要维持固定汇率制度，就必然会形成国内信贷与外汇储备此消彼长的关系，即变化速度为$\alpha\hat{R}=-(1-\alpha)\hat{D}$。

在浮动汇率制度下，一国货币当局不必维持本国货币汇率的稳定，即$\hat{S}\neq 0$，这意味着货币当局无须干预外汇市场，即$\hat{S}=0$。因此，当$\hat{P}_f=\hat{y}=0$，有以下公式成立：

$$\hat{S}=(1-\alpha)\hat{D}$$

在这种情况下，如果本国国民收入和外国物价保持不变，本国国内信贷增加，必然会带来本币贬值。同样，如果国内信贷保持不变，本国国民收入增长率和外国通胀率与汇率成反比，即本国国民收入增加，会导致本币升值；外国物价上涨，也会导致本币升值。

6.4　本章小结

国际收支货币分析法的理论渊源最早可以追溯到金本位下的价格——铸币流动机制。20世纪60年代出现的国际收支货币分析法的理论基础是现代的货币数量论，由罗伯特·蒙代尔、哈里·约翰逊和雅各布·弗兰克尔等经济学家运用于对国际收支失衡的分析。如果说通货膨胀何时何地都是一种货币现象，在货币学派看来，国际收支失衡本质上也是一种货币现象。基于这一角度，国际收支失衡的分析就从弹性论、收入论、吸收论等采用的商品市场流量角度转变为货币市场存量角度了，分析的对象不再仅限于经常账户差额，而是国际收支的综合差额(也就是国际储备的变化额)。

货币分析法的理论意义在于该理论将货币市场的供求失衡视为国际收支失衡的关键因素，假定一国的货币需求是稳定的，本国货币当局的公开市场操作(国内信贷，也可以视为货币供给)会引起货币供求差额的变化。当货币需求大于货币供给时，需要通过持有国际储备来平衡货币供求缺口，在国际收支方面就体现为国际收支顺差；当货币需求小于货币供给时，需要通过降低国际储备来平衡货币供求缺口，这就体现为国际收支逆差。

请注意，本章的货币供应量是指中央银行基础货币口径的货币供应量，其目的是准确揭示中央银行不同操作模式(本币公开市场操作、外币公开市场操作和冲销操作)对国际收支的影响。在货币学派看来，货币政策是唯一能够影响汇率的政策手段。由于本国债券和外国债券是完全替代品，所以执行扩张性货币政策时，货币供应量增加相同幅度，本币和外币公开市场操作对汇率的影响是相同的。

货币分析法的主要政策含义是，在固定汇率制度下，货币当局失去了本国货币政策的控制权，这是实行固定汇率制度的代价。简言之，货币当局无法做到既保持本币汇率稳定，又保持本国货币政策的独立性。如果货币当局要维持固定汇率制度，就必然会形成国内信贷与外汇储备此消彼长的关系，放弃国内信贷的规模控制是必然的。在浮动汇率制度下，货币当局可以实现货币政策的独立性，但是国内信贷的增加必然会带来本币的贬值。

第三部分
PART3

汇率理论

第7章
CHAPTER7

购买力平价理论

汇率是如何决定的？它受哪些因素的影响？经济学家从不同的角度进行了研究，并形成了各种流派的汇率理论。从本章开始本书将陆续介绍几种有代表性的汇率理论。从历史沿革来看，人类社会的货币制度从金属货币本位发展到今天的信用货币本位，对汇率水平决定的认识也不断深化。在早期，经济学家认为经常账户(记录货物与服务流)的差额决定了汇率的走势，现在则普遍认为，在短期内经常账户差额对汇率的影响并不显著。不过，经济学家仍然认为，在较长的时间跨度内持续的经常账户差额将对本国净财富产生作用。

购买力平价(Purchasing Power Parity，PPP)是国际金融学中最有影响力的汇率理论之一。对购买力平价理论做出清晰阐述的是20世纪20年代瑞典斯德哥尔摩大学的经济学教授斯塔大·卡塞尔(Gustav Cassel)，他与克努特·维克赛尔(Knut Wicksell)、戴维·达维逊(David Davidson)并称瑞典学派三大创始人。卡塞尔以购买力平价理论蜚声国际经济学界，他积极参与国际金融领域问题的研究，对两次世界大战期间的瑞典和世界货币政策产生了深远的影响。在第一次世界大战爆发之后，各参战国纷纷暂停了本国现钞与黄金的兑换，并出现了较为严重的通货膨胀。各国政府如何抑制通货膨胀、平衡预算以及重振国际贸易和资本流动，是当时国际社会重要的经济议题。卡塞尔认为，汇率稳定目标与物价稳定目标之间存在潜在的冲突。卡塞尔教授提出的购买力平价理论的核心思想就是，本国居民对外币的需求是引致需求(Derived Demand)，因为这些货币在外国市场上具有购买力，可以买到外国生产的商品；同样，外国之所以需要本币，则是因为本币在本国市场上具有购买力。因此，货币的价格取决于它对商品的购买力，两国货币的兑换比率由两国货币购买力的比率决定。

购买力平价理论最重要的运用则体现为GDP的国际比较方面。每个国家都有自己的货币，直接比较两国名义GDP的大小，显然没有多大意义。要判断各国之间真实经济活动规模的差异，需要将以不同货币计价的GDP转换成同一种货币来计算。是按照市场汇率来进行折算，还是按照购买力平价来进行折算呢？例如，2014年10月，IMF发布的《世界经济展望》显示，

2014年美国经济规模为17.4万亿美元。根据购买力平价计算，2014年中国经济规模为17.6万亿美元。中国将在2014年10月10日赶超美国，成为世界头号经济体。然而，对于上述观点，中国政府并不认可。时任中国财政部副部长的朱光耀于2014年10月8日在华盛顿智库彼得森国际经济研究所举办的论坛上表示，中国仍是发展中国家，还需要继续推进改革开放来提高经济增长质量，在经济增长质量上中国与美国还有很大差距。2015年1月20日国务院新闻办公室举行新闻发布会，时任国家统计局局长的马建堂在回答记者提问时，也不认同中国经济总量超过美国的说法。选择何种水平的汇率才可以相对准确地评价中美两国的GDP规模呢？这就涉及购买力平价。购买力平价理论不仅包括绝对购买力平价，而且包括相对购买力平价。

7.1 绝对购买力平价

绝对购买力平价是最早被提出的汇率决定理论。在自由贸易的条件下，经济学家发现了著名的一价定律，并逐渐引申出了绝对购买力平价(Absolute Purchasing Power Parity)。

7.1.1 一价定律与商品套购

假设忽略运输费用、保险费用和海关关税等支出，在自由贸易的条件下，同一种商品在折算成同一种货币计价之后，在两国的价格应该是相同的，否则就存在商品套购(Commodity Arbitrage)，这就是一价定律(Law of One Price)的核心思想。假设商品j在美国卖1美元，在中国卖7元人民币，而外汇市场上现实的双边汇率为1美元兑6元人民币，那么有$P_d^j>SP_f^j$，这违背了一价定律。商品套购开始起作用，最终促使两国商品价格和美元汇率发生变化。上述公式中有三个变量，因此有三个市场。在中国的j商品市场上，纵坐标为商品j的人民币价格，横坐标为商品j的数量。在美国的j商品市场上，纵坐标为美元价格，横坐标为商品j的数量。在美元外汇市场上，横坐标为美元的数量，纵坐标为美元的价格，即单位美元的人民币数量。具体来说，贸易商在美国买入这种商品并运到中国出售，即贸易商在美国以1美元的价格买入这种商品，运到中国出售，获得7元人民币，再按1美元兑换6元人民币的汇率换回1.17美元，每1美元净赚0.17美元。

上述套购活动将导致以下情况：在供求关系的作用下，在美国商品市场上，商品套购使得该商品的供给减少(供给曲线向左移动)，该商品在美国的售价由P_{f1}上升至P_{f2}；在中国商品市场上，由于该商品的供给增加(供给曲线向右移动)，其在中国的售价由P_{d1}不断下降至P_{d2}；在美元外汇市场上，进口商需要向出口商支付美元，因此中国对美元的需求增加(美元的需求曲线向右移动)，美元的价格(汇率)S不断上升。上述三个市场，中国商品市场上的供给曲线、美国商品市场上的供给曲线和美元外汇市场上的需求曲线同时发生变化，最终使得$P_d^j=SP_f^j$。结果如图7-1所示(请读者思考，三幅图中的横纵坐标分别指代什么)。

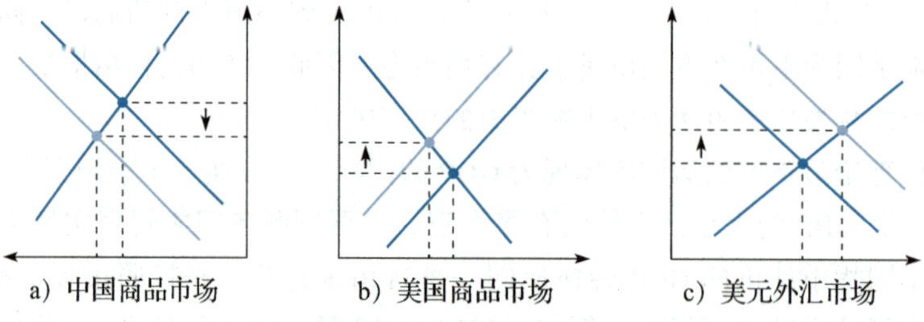

图7-1 一价定律分析

如果上述分析以商品为核心展开分析，接下来我们以两国货币的购买力展开分析。在美国 1 美元可以买到 1 件商品 j(美元的购买力)，在中国 1 元人民币可以买到 1/7 件商品 j(人民币的购买力)，那么两国单位货币的购买力比价(也就是汇率)为 1 美元等于 7 元人民币。购买力平价的思想就是两国货币购买力的对比是两国货币购买到的商品数量的对比。货币的购买力体现为单位货币所能购买的一篮子商品数量，即一般物价水平的倒数 $\frac{1}{\sum_{j=1}^{n} w^j P^j}$；那么两国货币的兑换比率就可以表述如下：

$$S = \frac{\dfrac{1}{\sum_{j=1}^{n} w_f^j P_f^j}}{\dfrac{1}{\sum_{j=1}^{n} w_d^j P_d^j}} = \frac{P_d}{P_f}$$

其中，$\sum_{j=1}^{n} w_d^j P_d^j$ 为本国的一般物价水平 P_d；$\sum_{j=1}^{n} w_f^j P_f^j$ 为外国的一般物价水平 P_f。

7.1.2　绝对购买力平价及其影响因素

绝对购买力平价是指在某一时点上，两国的一般物价水平之比决定了两国货币的兑换汇率。设 S 为直接标价法表示的名义双边汇率，P_d 为一篮子商品的本国物价水平，P_f 为一篮子商品的外国物价水平，则有绝对购买力平价公式：

$$S = \frac{P_d}{P_f}$$

将上式变换，可以得到：

$$P_d = SP_f$$

以汇率 S 为横坐标，国内物价 P_d 为纵坐标，可以得到绝对购买力平价线(见图 7-2)。P_f 就是绝对购买力平价线的斜率。该曲线的上方区域表示同质商品在本国的售价更高，本国商品竞争力较弱；在该曲线的下方区域则表示同质商品在本国的售价较低，本国商品的竞争力较强。该曲线的上方区域表示本国货币被高估，如 A 点(与 A 点相同国内物价水平的平价点对应的汇率水平更高，而 A 点对应的汇率水平更低，说明 A 点存在货币被高估)；下方区域表示本国货币被低估，如 B 点。

根据绝对购买力平价理论，如果商品的外国价格上涨，即绝对购买力平价线的斜率变大，要保持汇率固定，那么必然带来国内商品价格的上涨(见图 7-3)。

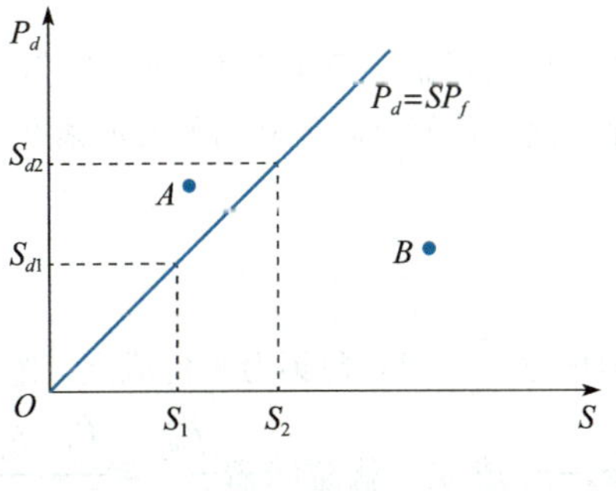

图 7-2　绝对购买力平价线

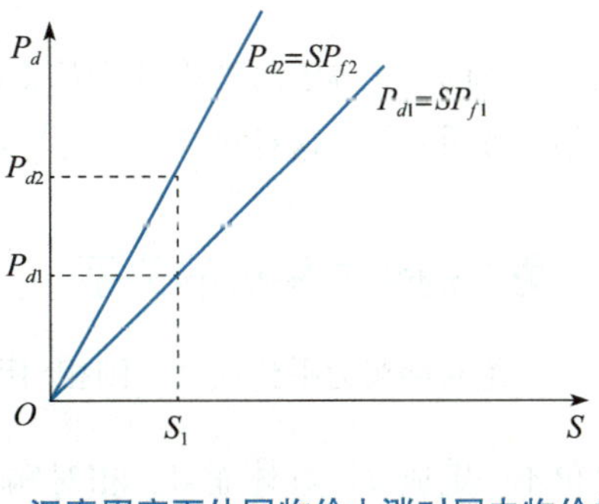

图 7-3　汇率固定下外国物价上涨对国内物价的冲击

同样，根据绝对购买力平价理论，如果要保持国内物价稳定，那么外国物价的上涨必然带来汇率从 S_1 变化到 S_2，本币升值(图 7-4)。

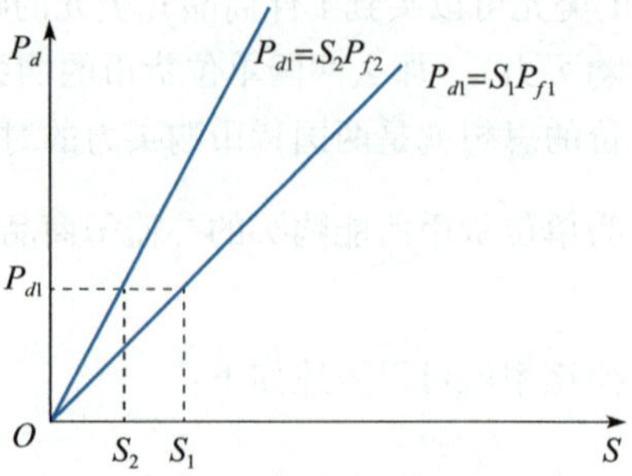

图 7-4 国内物价不变条件下外国物价上涨对本币汇率的冲击

7.2 相对购买力平价

绝对购买力平价在现实中较难成立，这是由运输费用、信息不完全以及关税和其他形式的贸易保护导致的。然而，如果两国间的运输成本和贸易壁垒不随时间发生显著变化，即使绝对购买力平价不能成立，但是相对购买力平价(Relative Purchasing Power Parity)仍然成立。一般来说，绝对购买力平价是购买力平价的强形式(Strong Form)，相对购买力平价则是一种弱形式(Weak Form)。

7.2.1 相对购买力平价的推导

对于 t 时刻的绝对购买力平价，有 $P_{dt}=S_tP_{f_t}$；对于 $t-1$ 时刻的绝对购买力平价，有 $P_{d_{t+1}}=S_{t+1}P_{f_{t+1}}$。如果令 π_d 和 π_f 分别表示 t 期(从 $t-1$ 时刻到 t 时刻)本国和外国的通货膨胀率，$\widehat{S}$为 t 期的汇率变化率，则有：

$$P_{d_t}/P_{d_{t-1}}=1+\pi_d$$

$$P_{f_t}/P_{f_{t-1}}=1+\pi_f$$

$$S_t/S_{t-1}=1+\widehat{S}$$

式中，P_{d_t} 和 $P_{d_{t+1}}$ 分别为 t 时刻和 $t-1$ 时刻的本国物价水平；P_{f_t} 和 $P_{f_{t-1}}$ 分别为 t 时刻和 $t-1$ 时刻的外国物价水平；S_t 和 S_{t-1} 分别为 t 时刻和 $t-1$ 时刻的汇率。

将 t 时刻和 $t-1$ 时刻的绝对购买力平价相除，可以得到：

$$\frac{P_{d_t}}{P_{d_{t-1}}}=\frac{S_tP_{f_t}}{S_tP_{f_{t-1}}}$$

取对数后可以得到：

$$\ln P_{d_t}-\ln P_{d_{t-1}}=\ln P_{f_t}-\ln P_{f_{t-1}}+\ln S_t-\ln S_{t-1}$$

$$\ln(1+\pi_d)=\ln(1+\pi_f)+\ln(1+\widehat{S})$$

若 x 较小，$\ln(1+x)=x$，则上式可简化为：

$$\widehat{S}=\pi_d-\pi_f$$

该式表明，汇率的变化等于两国的通货膨胀率之差。如果本国通货膨胀率高于外国，则$\widehat{S}$值为正，即本币贬值，外币升值。这意味着，本国与外国的通货膨胀率之差恰好反映了外币的升值幅度。

7.2.2 两种购买力平价的关系

第一，若绝对购买力平价成立，则相对购买力平价一定成立。若相对购买力平价成立，绝对购买力平价不一定成立。具体而言，相对购买力平价$\widehat{S}=\pi_d-\pi_f$ 成立，就意味着$\frac{P_{d_t}}{P_{d_{t-1}}}=\frac{P_{f_t}}{P_{f_{t-1}}}\frac{S_t}{S_{t-1}}$。

只有在$\frac{P_{d_t}}{P_{f_t}S_t}=\frac{P_{d_{t-1}}}{P_{f_{t-1}}S_{t-1}}=1$的情况下，绝对购买力平价才成立。然而，$\frac{P_{d_t}}{P_{f_t}S_t}=\frac{P_{d_{t-1}}}{P_{f_{t-1}}S_{t-1}}$也可以不等于1，此时相对购买力平价成立，但是绝对购买力平价不成立。

第二，相对购买力平价成立与否还取决于物价水平基期的选择。考察一个3期的物价与汇率变化过程(见表7-1)

表7-1 3期的物价与汇率变化过程

时刻	国内物价 P_d	国外物价 P_f	汇率水平 S
t+0	1(0)	1(0)	1(0)
t+1	2(69.31%)	2(69.31%)	1.5(40.55%)
t+2	3(109.86%)	2(69.31%)	1.5(40.55%)

注：括号内的数字表示增长率。

在t+1时刻，国内外物价水平涨幅均为69.31%，汇率变化幅度为40.55%。在t+2时刻，本国物价水平较上期末涨幅为40.55%，外国物价水平和汇率水平与t+1时刻保持不变。

如果选择t+0时刻为基期，在t+2时刻的$P_d=SP_f$成立。因此，t+2时刻与t+0时刻之间的相对购买力平价成立(ln3=ln2+ln1.5)。如果选择t+1时刻为基期，t+2时刻与t+1时刻之间的相对购买力平价并不成立。

7.2.3 制度性摩擦因素

如果考虑各种制度性摩擦因素，不仅绝对购买力平价在各国间不完全成立，相对购买力平价也无法成立，因此有以下公式成立：

$$S=\frac{\theta P_d}{P_f}$$

$$\ln S=\ln\theta+\ln P_d-\ln P_f$$

$$\frac{\mathrm{d}\ln S}{\mathrm{d}t}=\frac{\mathrm{d}\ln\theta}{\mathrm{d}t}+\frac{\mathrm{d}\ln P_d}{\mathrm{d}t}-\frac{\mathrm{d}\ln P_f}{\mathrm{d}t}$$

$$\frac{\mathrm{d}S}{S}\frac{1}{\mathrm{d}t}=\frac{\mathrm{d}\theta}{\theta}\frac{1}{\mathrm{d}t}+\frac{\mathrm{d}P_d}{P_d}\frac{1}{\mathrm{d}t}-\frac{\mathrm{d}P_f}{P_f}\frac{1}{\mathrm{d}t}$$

其中，θ为摩擦系数，$\theta\geqslant1$。根据本书的定义，令$\widehat{S}=\frac{\mathrm{d}S}{S\mathrm{d}t}$，$\widehat{\theta}=\frac{\mathrm{d}\theta}{\theta\mathrm{d}t}$，$\frac{\mathrm{d}P_d}{P_d\mathrm{d}t}=\widehat{P}_d=\pi_d$，$\frac{\mathrm{d}P_f}{P_f\mathrm{d}t}=\widehat{P}_f=\pi_f$，则：

$$\widehat{S}=\widehat{\theta}+\pi_d-\pi_f$$

如果$\theta=1$，则表示市场上的摩擦因素不存在，相对购买力平价成立。如果θ大于1，则表示市场上存在摩擦因素，相对购买力平价不成立。θ值越大，则表明市场上的摩擦因素越大。

以汇率变化$\widehat{S}$为纵坐标，则向上表示本币贬值，向下表示本币升值；以本外币通货膨胀率之差$\pi_d-\pi_f$为横坐标，则向左表示本国通胀率低于外国通胀率，向右表示本国通胀率高于外国通胀率。相对购买力平价线就是一条过原点的45°线(见图7-5)。相对购买力平价线的上方区域表示$\widehat{S}>\pi_d-\pi_f$，即外币的购买力较强；下方区域表示$\widehat{S}<\pi_d-\pi_f$，即本币的购买力较强。

以中美两国为例来分析相对购买力平价。若中国通货膨胀率高出美国3%，根据相对购买力平价，美元应该升值3%，即图7-5中相对购买力平价线上的E点。偏离这条线的点，如A

点，表示美国通货膨胀率较中国高 3%，按照相对购买力平价原理，美元应该贬值 3%，但出现了人民币贬值 2% 的结果，这表明相对于人民币，美元的购买力提高。*B* 点表示中国通货膨胀率较美国高 3%，美元应该升值 3%，但是出现了美元贬值 1.5% 的结果，这表明相对于美元，人民币的购买力提高。

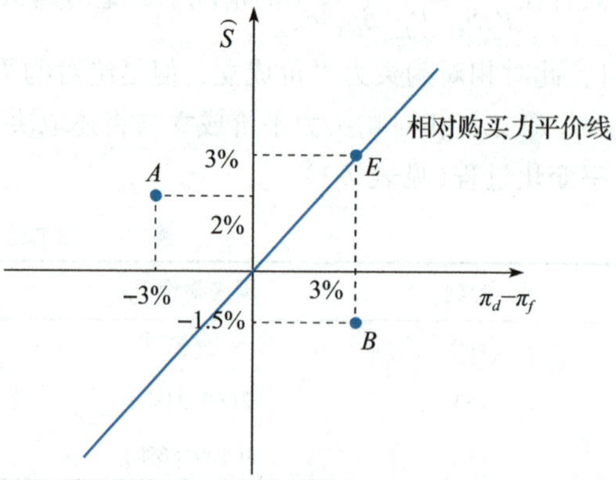

图 7-5 相对购买力平价线

相对购买力平价还可以从预期的角度来分析。在 *t* 时刻，加进预期因素，本国和外国的预期通胀率分别可以表示为：

$$P^E_{d_{t+1}}/P_{d_t} = 1 + \pi^E_{d_t}$$

$$P^E_{f_{t+1}}/P_{f_t} = 1 + \pi^E_{f_t}$$

经过变形可以得到：

$$\frac{S^E_{t+1} - S_t}{S_t} = \frac{\pi^E_{d_t} - \pi^E_{f_t}}{1 + \pi^E_{f_t}}$$

上式的左侧就是 $\widehat{S}^E_t$，当 $\pi^E_{f_t}$ 很小时，上式为 $\widehat{S}^E_t = \pi^E_{d_t} - \pi^E_{f_t}$，这一关系式就是事前购买力平价。其经济含义是本币汇率的预期变化率是两国预期通胀率之差。

与绝对购买力平价理论相比，相对购买力平价理论更具应用价值。它从理论上避开了“一价定律”关于绝对价格水平 P_d 和 P_f 的问题，着力分析其相对变化水平 π_d 和 π_f。相对购买力平价的政策含义非常明显：本国通货膨胀率相对较高，那么本国货币就应该贬值；反之，如果本国物价涨幅相对较低，本国货币就应该升值。相对购买力平价在中美两国之间表现得如何呢？从 2007 年下半年到 2008 年上半年，就中美两国 CPI 和汇率水平分析，中国的 CPI 涨幅相对更高，但人民币兑美元出现了缓慢的升值，恰如图 7-5 中的 *B* 点。是什么原因导致了这一现象呢？读者可以仔细思考。

7.3 对购买力平价理论失灵的解释

购买力平价理论的预测值与现实中的市场汇率往往偏差很大，对此经济学家给出了多种解释，以下几种最具代表性。

第一，物价指数的商品篮子差异和消费者偏好本国商品。购买力平价是基于不同国家商品篮子的价格对比。购买力平价要求不同国家的物价指数构造——商品篮子的构成及其权重必须大体相同。在现实中，各国的商品篮子差异较大。例如，食品和服装等必需品在发展中国家消费者的支出中占比较大，在发达国家占比较小，这使得购买力平价在具体运用中的说服力不强。此外，在相对购买力平价当中，物价指数基期的选择也是制约其成立与否的重要因素。尽管发达国家间商品篮子的差异相对较小，但消费者的偏好依然存在差异。一般来说，消费者更偏好消费本国的商品，比如，日本人偏好丰田汽车，德国人偏好奔驰汽车。如果各国消费者都存在对本国商品的消费偏好，购买力平价也将难以成立。

第二，运输成本、贸易壁垒和管制以及不完全竞争市场。如前所述，运输成本和贸易壁垒会导致绝对购买力平价不成立，如果上述成本不随着时间变化，那么相对购买力平价有可能成立。在现实中，即使是剔除运输成本因素，仍然出现了相对购买力平价不成立的情况。有学者认为，市场垄断等不完全竞争因素是导致上述现象的重要原因。例如，如果跨国公司可以通过技术优势、转移定价等方式实施价格歧视，即使在自由贸易的条件下，相对购买力平价仍然无法成立。

第三，商品价格存在黏性。多恩布什在 1976 年发现，在商品市场上，商品价格存在黏性，价格波动幅度小，反应慢；在外汇市场上，汇率对经济政策的调整反应迅速，波动剧烈，因此，汇率会远远偏离购买力平价，并且有可能持续很长时间。这就是后来著名的汇率超调理论。

第四，劳动生产率的差异。购买力平价成立主要是针对可贸易品而言。如果考虑一般物价水平，购买力平价就难以成立了。一般物价水平的统计范围不仅包括可贸易品，还包括不可贸易品。在现实中我们经常发现，同样 1 美元，在发展中国家比在发达国家买到的商品更多。为什么会存在这种现象呢？有学者将此归结为可贸易品劳动生产率在发达国家和发展中国家存在差异。下面我们来具体探讨。

7.4 实际汇率与巴拉萨-萨缪尔森效应

经济学家在 20 世纪 60 年代发现这样一种现象：经过汇率折算之后，发达国家的理发等服务类价格比发展中国家高出一大截。经济学家还发现，发达国家不可贸易品与可贸易品的价格之比系统性地大于发展中国家的这一比率。接下来我们对其成因加以探析。

7.4.1 可贸易品、不可贸易品和实际汇率

在前面的分析中，我们没有区分可贸易品（Tradable Goods）和不可贸易品（Non-Tradable Goods），而是笼统地以两国物价总水平来考察购买力平价。所谓不可贸易品，就是无法通过国际贸易的套购活动消除价格差异的产品，主要包括不动产和服务等项目，如乘出租车、理发、宾馆住宿等。

区分产品是可贸易品还是不可贸易品，主要有两个决定因素。第一，由于高昂的运输成本或者不易储藏等因素的制约，某些产品只能是不可贸易品，如理发。这是国际贸易的自然障碍。第二，某些人为设置的国际贸易壁垒，如高额关税和数量配额，也会导致某些原本可以进行国际贸易的商品成为不可贸易品。

例如，假定甲国对电脑征收的关税税率为 100%。在乙国一台电脑的售价是 600 美元，运到甲国的成本是 60 美元，该电脑在甲国的售价就是 660 美元。考虑到甲国对电脑课征 100% 的关税，其售价就是 1 320 美元。如果甲国生产的电脑售价是 1 000 美元，显然甲国就不会进口该电脑，同时甲国也不会有出口，因为甲国的生产成本要高于乙国。如此，通过高关税税率形成的贸易保护就使该产品成了不可贸易品。当然，可贸易品和不可贸易品的区分不是一成不变的。例如，为了提高信用卡服务水平，许多商业银行通常会设立呼叫中心（Call Center）来解决客户的各种问题。伴随着本国劳动力成本的上升和现代通讯技术的出现，在劳动力成本低廉的国家设立呼叫中心不仅在技术上可行，而且可以大大降低经营成本，于是商业银行呼叫中心的外包日益盛行。也就是说，过去被视为不可贸易的服务在某些情况下也可以转变为可贸易品。

区分可贸易品和不可贸易品具有重要的经济含义。从数量的角度来看，对于不可贸易品而言，其国内需求与供给必须保持平衡，出现超额需求或者超额供给无法通过进出口来调节，只能通过价格的波动来实现供求平衡。如果在短期内国内不可贸易品部门无法实现平衡，供大于

求时失业会增加，供小于求时会出现价格上涨。对于可贸易品而言，其国内需求与供给的差额可以通过国际贸易渠道来平衡。从价格的角度来分析，不可贸易品在国内外即使存在较大幅度的价差，也会一直持续下去。可贸易品的价差则会通过国际贸易渠道趋于消失。

可贸易品和不可贸易品比价的高低还会影响国内资源的有效配置。如果本国可贸易品价格相对较高，资源将向可贸易品领域转移；反之，资源将向不可贸易品领域转移。现实当中，还可以通过政策调整来实现资源配置转移。例如，本国过去借入了大量的外债，现在必须予以偿还。为此本国政府需要增加税收，这将导致本国消费下降，对应的结果是，相对于产出，吸收下降，这扩大了贸易顺差(减少了贸易逆差)。对于可贸易品部门而言，一方面面临国内需求下降，另一方面对外出口增加。对于不可贸易品部门而言，上述调整过程就比较痛苦。若国内需求出现下降，不可贸易品部门无法通过增加出口来实现供求平衡，其结果必然是供给过剩，失业增加。失业工人要从不可贸易品部门转向可贸易品部门，会经历一个短暂的失业期，他们需要时间来寻找新的就业岗位，政府也要增加教育支出，通过培训失业工人使其重新就业。

生产可能性前沿曲线(Production Possibility Frontier，PPF)被用来表示，在劳动力和其他资源被充分利用的情况下，国内全部资源用于生产可贸易品和不可贸易品的数量组合。如图7-6所示，纵坐标表示可贸易品的生产数量Q_T，横坐标表示不可贸易品的生产数量Q_N。生产可能性前沿曲线越远离原点，表示本国生产的可贸易品和不可贸易品越多。曲线外侧的点表示利用本国资源无法实现的目标，曲线内侧的点则表示本国资源没有得到充分利用。

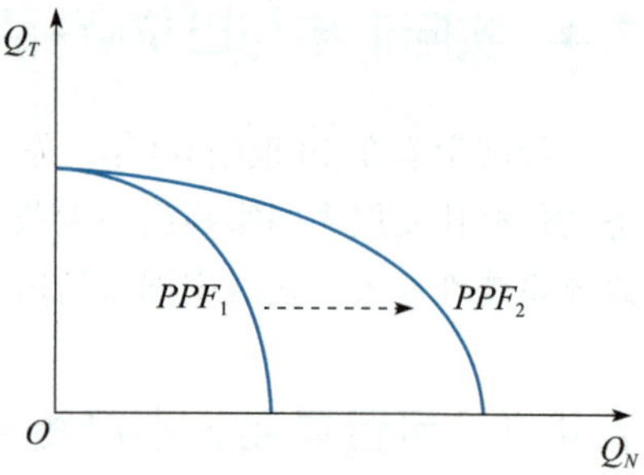

图7-6 生产可能性前沿曲线

假设本国同时生产和消费可贸易品Q_T和不可贸易品Q_N，其价格分别为P_T和P_N。以可贸易品价格度量的总产出Y可以表示为：

$$Y = Q_T + \frac{P_N}{P_T}Q_N$$

$$Q_T = Y - \frac{P_N}{P_T}Q_N$$

因此，生产可能性前沿曲线的斜率为$-\frac{P_N}{P_T}$。斜率为负表示一国增加可贸易品的生产，就必须减少不可贸易品的生产。该斜率也是两种产品的边际转换率，度量的是生产不可贸易品(横轴对应的产品)发生的机会成本，即为了生产1单位的不可贸易品，需要放弃多少单位的可贸易品(纵轴对应的产品)的生产。在生产可能性前沿曲线上，该曲线越陡峭，表示若该国的资源更多地用于生产不可贸易品，必须放弃的可贸易品数量越多。因此，当可贸易品和不可贸易品的价格发生变化时，两者的边际转换率也会发生变化。若假定可贸易品和不可贸易品的价格保持不变，那么生产可能性前沿曲线将是一条向右下方倾斜的直线，可贸易品和不可贸易品的边际转换率也将保持不变。如果该国劳动生产率提高，其生产可能性前沿曲线将向外移动；假设该国不可贸易品劳动生产率的增长相对可贸易品要更高，该国生产可能性前沿线更多地向不可贸易品方向移动，即该国将生产更多的不可贸易品，曲线就更平缓。

不论是对于可贸易品还是不可贸易品，其产品价格都是单位劳动量的价格(工资率)与劳

动生产率的比率 $P=W/X$。[1]由此我们可以得到可贸易品和不可贸易品的价格分别为 $P_T=W_T/X_T$ 和 $P_N=W_N/X_N$，同时这也是利润最大化条件。假定在一国国内劳动力自由流动，可贸易品和不可贸易品行业的工资水平相同，即 $W_T=W_N$，我们可以得到$\frac{X_T}{X_N}=\frac{P_N}{P_T}$，此时生产可能性前沿曲线的斜率也可以用劳动生产率之比$-\frac{X_T}{X_N}$来表示。

经济学家通常将本国不可贸易品价格 P_N 与可贸易品价格 P_T 之比定义为内部实际汇率(生产可能性前沿曲线的斜率)，即 $Q=P_N/P_T$，其含义为要购买 1 单位的不可贸易品，需要 Q 单位的可贸易品。Q 值上升，表示不可贸易品更贵，通常经济学家采用这种形式的实际汇率上升表示升值，这与价格标价法下名义汇率上升表示本币贬值的含义恰恰相反。采用这一定义，是因为在两部门(可贸易品和不可贸易品)模型中，一国贸易收支取决于上述比率，该比率的变化将影响一国资源在可贸易品和不可贸易品之间的分配。该比率上升，表示不可贸易品相对于可贸易品的价格上升，不可贸易品的生产变得有利可图，大量的资源(如资本与劳动力)从可贸易品部门流向不可贸易品部门，不可贸易品的供给增加，这是供给方面的影响；从需求方面来看，不可贸易品价格的相对上升会导致本国对不可贸易品的需求下降。因此该比率又被称为内部实际汇率(Internal Real Exchange Rate)。当然，还有经济学家将实际汇率视为两国单位劳动时间价值的兑换比率，单位劳动时间价值用单位劳动时间的工资率来表示，实际汇率可以表示为本国的单位工资率(W_d)与外国单位工资率(W_f)的比值(用同一种货币表示)：

$$Q=S\frac{W_f}{W_d}$$

在该式中，如果 Q 上升，意味着本国产品的国际竞争力增强。这由两个因素引起，一个是名义汇率(S)的上升(即本币贬值)，另一个是外国单位工资率相对于本国单位工资率的上升。综上所述，实际汇率上升或者下降对经济的影响，必须在明确其定义的基础上来理解。

7.4.2 荷兰病的经济学解释

20 世纪六七十年代，英国、挪威和荷兰等国在北海地区发现了大量的石油资源，如果将这类新发现的资源视为可贸易品，意味着其生产可能性前沿曲线相交于纵坐标(可贸易品)的点向上移动。这虽然会使本国国民收入增加，但是对于本国传统的可贸易品行业来说，却是一场灾难。为什么会出现这种结果呢？

如前所述，生产可能性前沿曲线的函数表达式为 $Y=Q_T+\frac{P_N}{P_T}Q_N$，也就是经济中的供给方面(即图 7-7 中向右下方倾斜的曲线)。现在分析总需求。总需求是可贸易品和不可贸易品的支出之和，即 $A=C_T+\frac{P_N}{P_T}C_N$，其中，C_T 和 C_N 分别是可贸易品和不可贸易品的消费数量。假定不管可贸易品和不可贸易品的相对价格如何变化，本国消费者都按照固定的比率消费可贸易品和不可贸易品。换言之，总支出发生增减变化时，两者按同比例增减。请注意，OC 曲线不是需求曲线(需求曲线是价格和数量的函数，在以商品数量为横坐标、商品价格为纵坐标的分析当中，

---

[1] 工资率的含义可以简单地理解为：W 元/小时 $=P$ 元/商品 $\times X$ 商品/小时。

需求曲线是向右下方倾斜的)，而是对角需求曲线。如果一国对可贸易品和不可贸易品的偏好发生改变，对角需求曲线 OC 将发生旋转。根据可贸易品和不可贸易品的特性，不可贸易品的生产量必须等于其消费量，贸易差额为可贸易品的生产量与消费量之差。以不可贸易品的生产量(消费量)作为横坐标，以可贸易品的生产量(消费量)为纵坐标，可以分析一国资源配置的变化。假设本国居民消费位于 OC 曲线的 A 点，其对应的可贸易品和不可贸易品消费量分别为 C_{AT} 和 C_{AN}。由于不可贸易品的消费量必须等于其生产量，对应于生产可行性前沿曲线上的不可贸易品生产量为 Q_{BN}，因此 $Q_{AN}=Q_{BN}$。此时可贸易品的生产量为 Q_{BT}，相对于 C_{AT} 而言，该国出现贸易顺差 $Q_{BT}-C_{AT}$。其中，A 点处于生产可能性前沿曲线的内部，表示本国总产出大于国内总吸收。同理，可以发现当居民消费位于 OC 曲线的 D 点，该国出现贸易逆差。同时，D 点还是本国总产出小于国内总吸收的点。OC 曲线与生产可能性前沿曲线相交的点就是实现贸易平衡的点，也是可贸易品和不可贸易品的生产与消费相等的点。换言之，该点既是实现内部平衡的点，也是实现外部平衡的点。

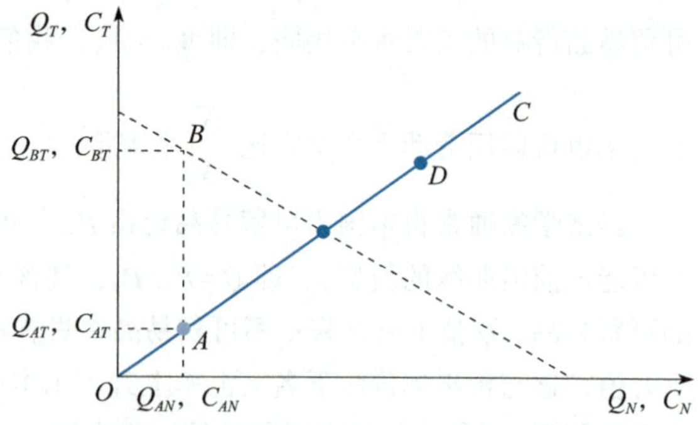

图 7-7 可贸易品和不可贸易品的生产和消费

某国发现大型油田后对可贸易品部门和不可贸易品部门会产生什么影响呢？在发现油田之前，这个国家的可贸易品生产部门由非石油制造业构成，生产可能性边界为 PPF(见图 7-8)。该曲线又可以被视为该国的供给曲线。在发现油田之后，其可贸易品生产量增加 Q_O 个单位，生产可行性边界向上移动 Q_O 个单位。如果在发现油田之前，该国贸易保持收支平衡状态，即 PPF 曲线与 OC 曲线的交点 A。在发现油田之后，经济均衡点移动到 B 点。显然，大型油田的发现使得该国国民收入增加，对可贸易品和不可贸易品的消费随之增加。由于总需求增加，不可贸易品的生产量从 Q_{AN} 增加至 Q_{BN}，可贸易品的生产量也出现增加。在 B 点，传统的非石油可贸易品生产量为 Q_{BT}，石油的生产量为 Q_O。总的可贸易品生产量为 $Q_{BT}+Q_O$。其结构相较于 A 点有三个变化：第一，非石油可贸易品的生产量下降，从 Q_{AT} 降至 Q_{BT}；第二，石油生产量从零上升至 Q_O；第三，整个可贸易品的生产量从 Q_{AT} 增加到 $Q_{BT}+Q_O$。简言之，重要自然资源的发现使得本国传统的可贸易品行业出现萎缩；同时本国国民收入增加后，对不可贸易品的需求迅速扩大，其生产规模随即扩大。国内生产结构因为发现自然资源而发生了调整，这会导致本国贸易顺差扩大和本币升值，进而影响其他行业的发展。上述现象通常称为“荷兰病”，也有经济学家称之为“资源的诅咒”(Resource Curse)。此外，短时间内获得大量国外援助的国家或者国内财政支出扩张也会导致本国经济出现“荷兰病”。避免上述情况出现的方法之一就是，在外汇市场适度进行干预以缓和货币升值的步伐。20 世纪 70 年代石油价格冲击之后，主要石油输出国的“荷兰病”

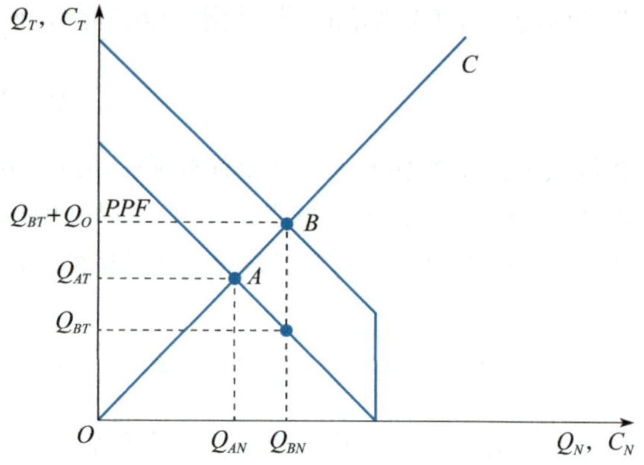

图 7-8 不可贸易品、可贸易品和资源发现

现象非常明显。这些国家的可贸易品行业受到冲击，生产下降，如制成品行业，其供求缺口通过进口解决；由于国民收入增加，对不可贸易品行业的产品需求扩大，大量的资源随之转向这些行业，如建筑业。

7.4.3　巴拉萨-萨缪尔森效应

假定 A、B 两国都生产可贸易品(P_A^T 和 P_B^T)和不可贸易品(P_A^N 和 P_B^N)，且两国可贸易品所占的权数 α 相同；两国国内劳动力自由流动，故一国国内各部门之间工资是均等化的($W_A^T=W_A^N$；$W_B^T=W_B^N$)；在可贸易品部门两国的劳动生产率存在差异，假定 A 国劳动生产率较高($X_A^T>X_B^T$)，在不可贸易品部门两国的劳动生产率相同($X_A^N=X_B^N$)。不论是可贸易品还是不可贸易品，其价格为 $P=W/X$。

根据以上假定，有以下公式：

$$P_A^T = W_A^T/X_A^T$$

$$P_A^N = W_A^N/X_A^N$$

$$P_B^T = W_B^T/X_B^T$$

$$P_B^N = W_B^N/X_B^N$$

$$P_A = (P_A^T)^{\alpha}(P_A^N)^{(1-\alpha)}$$

$$P_B = (P_B^T)^{\alpha}(P_B^N)^{(1-\alpha)}$$

假设两国可贸易品的价格服从一价定律，有 $P_B^T=SP_A^T$，S 表示每单位 A 国货币等于 S 单位的 B 国货币。不可贸易品的价格是由哪些因素决定的呢？

可贸易品和不可贸易品的价格分别为 $P^T=W^T/X^T$ 和 $P^N=W^N/X^N$，由于 $W^T=W^N$，我们可以得到不可贸易品的价格表达式：

$$P^N = P^T\frac{X^T}{X^N}$$

上述公式的含义就是不可贸易品的价格是可贸易品价格的倍数，这一倍数取决于可贸易品部门和不可贸易品部门的劳动生产率之比。具体来看，不可贸易品的价格和整个经济体的工资成正比，与不可贸易品部门的劳动生产率成反比。因此，A、B 两国的不可贸易品价格分别为 $P_A^N=\frac{P_B^T}{S}\frac{X_A^T}{X_A^N}$和 $P_B^N=P_B^T\frac{X_B^T}{X_B^N}$。如果假定两国不可贸易品部门的劳动生产率相同，A 国可贸易品部门的劳动生产率相对 B 国更高，就可以得到$\frac{X_A^T}{X_A^N}>\frac{X_B^T}{X_B^N}$，那么 A 国的不可贸易品价格经过汇率折算成 B 国货币计价之后会更高，同时 A 国的一般物价水平也更高。

1. 从内部实际汇率的证明

我们也可以从内部实际汇率$\left(Q=\frac{X^T}{X^N}=\frac{P^N}{P^T}\right)$的定义出发来分析两国一般物价水平的差异。根据假定 $X_A^T>X_B^T$，我们可以得到 $Q_A>Q_B$。那么，从实际汇率的差异是否可以推导两国一般物价水平的差异呢？

$$\frac{SP_A^N}{SP_A^T} > \frac{P_B^N}{P_B^T}$$

$$SP_A^N > P_B^N$$

其含义为 A 国的不可贸易品经过汇率折算后要比 B 国的不可贸易品价格更高。同理，两国一般物价水平经过汇率折算，也存在如下关系：

$$SP_A = S(P_A^T)^\alpha (P_A^N)^{(1-\alpha)} = (SP_A^T)^\alpha (SP_A^N)^{(1-\alpha)} > (P_B^T)^\alpha (P_B^N)^{(1-\alpha)} = P_B$$

$$SP_A > P_B$$

其含义是就一般物价水平而言，劳动生产率相对较高的 A 国，其物价经过汇率折算后要高于 B 国的物价水平。这也意味着在发达国家，不可贸易品与可贸易品的价格之比要系统性高于发展中国家的这一比率($Q_A>Q_B$)。

2. 从外部实际汇率的证明

当然，我们还可以从外部实际汇率($Q=SP_A/P_B$)的定义出发来分析巴拉萨-萨缪尔森效应。假定一价定律适用于可贸易品，对 $SP_A^T=P_B^T$ 取对数并对时间 t 求导，可得$\widehat{S}=\pi_B^T-\pi_A^T$。同样，对 $Q=SP_A/P_B$ 取对数并对时间 t 求导，可得$\widehat{Q}=\widehat{S}+\pi_A-\pi_B$。若相对购买力平价成立，则$\widehat{Q}=\widehat{S}+\pi_A-\pi_B=0$，即实际汇率的变化率为零。对 $P=(P^T)^\alpha(P^N)^{(1-\alpha)}$取对数后对时间 t 求导，可以得到 A、B 两国的通胀率表达式：

$$\pi_A = \alpha\pi_A^T + (1-\alpha)\pi_A^N$$

$$\pi_B = \alpha\pi_B^T + (1-\alpha)\pi_B^N$$

$$\begin{aligned}\widehat{Q} &= \widehat{S} + \pi_A - \pi_B = \pi_B^T - \pi_A^T + \pi_A - \pi_B \\ &= \pi_B^T - \pi_A^T - [\alpha\pi_B^T + (1-\alpha)\pi_B^N - \alpha\pi_A^T - (1-\alpha)\pi_A^N] \\ &= (1-\alpha)(\pi_B^T - \pi_B^N) - (1-\alpha)(\pi_A^T - \pi_A^N)\end{aligned}$$

如果上式中 $\pi_A^T-\pi_A^N\neq\pi_B^T-\pi_B^N$，即两国可贸易品与不可贸易品的通胀率之差存在差异，则相对购买力平价不成立。

对 $P=W/X$ 取对数并对时间 t 求导，可以得到 $\pi=\widehat{W}-\widehat{X}$。如果 A 国可贸易品劳动生产率的增长率高于 B 国的可贸易品劳动生产率的增长率($\widehat{X}_A^T>\widehat{X}_B^T$)，两国可贸易品和不可贸易品行业的工资涨幅相同($\widehat{W}_A^T=\widehat{W}_A^N$，$\widehat{W}_B^T=\widehat{W}_B^N$)，两国不可贸易品劳动生产率的增长率相同($\widehat{X}_B^N=\widehat{X}_A^N$)，则：

$$\begin{aligned}\widehat{Q} &= (1-\alpha)(\pi_B^T - \pi_B^N) - (1-\alpha)(\pi_A^T - \pi_A^N) \\ &= (1-\alpha)[(\widehat{W}_B^T - \widehat{X}_B^T) - (\widehat{W}_B^N - \widehat{X}_B^N) - (\widehat{W}_A^T - \widehat{X}_A^T) + (\widehat{W}_A^N - \widehat{X}_A^N)] \\ &= (1-\alpha)(\widehat{X}_A^T - \widehat{X}_B^T)\end{aligned}$$

对 A 国而言，其劳动生产率更高，$\widehat{Q}>0$，A 国货币升值。

综上所述，不论是采用内部实际汇率定义，还是采用外部实际汇率的定义，结论都表明：当一国劳动生产率相对提高时，其货币将出现升值。

实际汇率的经济含义总结于表 7-2。

表 7-2 实际汇率的经济含义

	经济含义	Q 变大	Q 变小
$Q=SP_f/P_d$	外部实际汇率	本币贬值	本币升值
$Q=P_N/P_T$	内部实际汇率	本币升值	本币贬值

7.4.4 巴拉萨-萨缪尔森效应的政策含义

巴拉萨-萨缪尔森效应(Balasa-Samuelson Effect)的政策含义包括以下几个方面。

第一，如果将劳动生产率较高国家的货币按照名义汇率折算成劳动生产率较低国家的货币，将可以购买到更多的货物与服务。反之，如果将劳动生产率较低国家的货币按照名义汇率折算成劳动生产率较高国家的货币，将购买到更少的货物与服务，这与购买力平价的思想相矛盾。因此，按照市场汇率水平来测算各国人均收入水平，显然将造成显著的误差。

第二，巴拉萨-萨缪尔森效应表明，可贸易品劳动生产率越高的国家，其实际汇率(不可贸易品与可贸易品的比价)越高，该国货币趋于升值。如果用该效应来解释 21 世纪初人民币的升值，那么其主要原因就在于中国劳动生产率的快速上升。以公式$\widehat{Q}=(1-\alpha)(\widehat{X}_A^T-\widehat{X}_B^T)$为例，A 国代表美国，B 国代表中国，B 国的劳动生产率相对更高，$\widehat{Q}<0$，这意味着 B 国货币升值。

第三，巴拉萨-萨缪尔森效应还可以用来解释同一货币区的不同地区为什么物价水平会有差异。在同一货币区内，不同地区的汇率恒久固定($S=1$)，由于各地可贸易品的劳动生产率存在差异，而不可贸易品的劳动生产率假定相同，要保持当前的汇率固定(也就是单一货币区始终成立)，各地物价水平必然存在差异。

第四，以本书定义的内部实际汇率$Q=P_N/P_T$为纵坐标(表示 1 单位的不可贸易品需要 Q 单位的可贸易品来交换，Q 越大表示不可贸易品的相对价格越高)，以可贸易品的数量 T 为横坐标，由此可以构造可贸易品的供给曲线和需求曲线。

对于可贸易品来说，Q 越小表示可贸易品的相对价格越高。因此，生产者将会把国内资源更多地用于可贸易品的生产，导致可贸易品的数量上升，因此可贸易品的供给曲线斜率为负(见图 7-9)。同理，从需求侧来说，如果 Q 越小，消费者对可贸易品的需求越小，即可贸易品的需求曲线向右上方倾斜，斜率为正。这与微观经济学里正常状态下商品供给曲线向右上方倾斜，需求曲线向右下方倾斜的情况完全相反。可贸易品的供给曲线 S_0S_0 和需求曲线 D_0D_0 相交的点决定了实际汇率的水平 Q_E 和可贸易品的均衡数量。根据瓦尔拉斯定律，若经济系统中共有 n 种商品，其中 $n-1$ 种商品处于供求均衡状态，那么最后一种商品也处于供求均衡状态。在本模型中，可贸易品实现了均衡，不可贸易品部门也将处于均衡状态。如果可贸易品的供求曲线发生移动，显然将导致均衡的实际汇率发生变化。哪些因素会影响实际汇率呢?

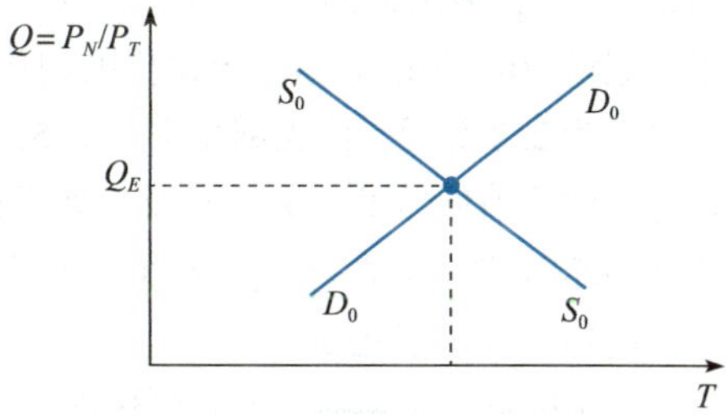

图 7-9 可贸易品的需求和供给

(1) 对进口采取征收关税、配额限制等措施或者对出口采取政府补贴等措施，鼓励了可贸易品的生产，资源将更多地转向可贸易品的生产，可贸易品的供给曲线向右移动，可贸易品的生产将会增加，这将导致内部实际汇率 P_N/P_T 上升。

(2) 如果相对于本国不可贸易品以及外国可贸易品的劳动生产率，本国可贸易品劳动生产率的增长更快，这必将使得本币升值。第二次世界大战后的日本、德国，亚洲四小龙、四小虎，以及近年来的中国都出现过这种现象。由于可贸易品劳动生产率的增长更快，本国资源中用于不可贸易品生产的比例就越小，可贸易品的供给曲线 SS 就向右移动。在可贸易品供给曲线向右移动的同时，可贸易品的需求曲线 DD 是否会移动呢? 这取决于国民收入水平的增加和经济主体对可贸易品和不可贸易品消费要求的收入弹性。如果经济主体对不可贸易品消费需求的收入弹性大于可贸易品消费需求的收入弹性，可贸易品的消费曲线 *DD* 将向左移动。这会导致内部实际汇率进一步上升，本币升值幅度更大。

(3) 本国消费者出现消费偏好转移，比如说更偏好不可贸易品，或者是本国政府财政支出更偏好本国生产的不可贸易品，这表现为可贸易品的需求曲线向左移动，此时实际汇率将上升，本币出现升值。

7.5 购买力平价理论的具体运用

在现实中我们该如何运用购买力平价理论呢？本节给出两个例子。

7.5.1 巨无霸指数

巨无霸指数(Big Mac Index，BMI)是1986年9月英国《经济学人》杂志根据购买力平价理论推出的用以反映双边汇价的非正式经济指数。该指数在英语里衍生了“Burgernomics”(汉堡经济学)一词。《经济学人》杂志选择麦当劳巨无霸汉堡作为计算对象的原因是，巨无霸汉堡在世界各地都有供应，并且在各国的制作流程和工艺标准相同，因此能够较全面地反映世界各国货币价格的相对变化。自1986年到2005年，巨无霸指数每年公布一次。具体的方法是，用某国巨无霸汉堡的当地价格除以美国巨无霸汉堡的价格，将其与外汇市场现实的双边汇率相比：若结果小于1，表示某国货币相对美国货币低估了；相反，则表示某国货币相对美国货币高估了。假设2011年巨无霸汉堡在美国的售价为4.8美元，在中国的人民币价格经过现实汇率折算之后为2.8美元，巨无霸指数为0.58，即中国的价格比美国的价格低了42%，表明人民币相对美元的价值低估了42%。相反，如果在瑞士购买一个巨无霸汉堡折算之后要6美元，表明瑞士法郎相对美元高估25%。从2006年开始，《经济学人》每年会公布两次巨无霸指数，核算的主要内容包括以下几项。

(1) *local price*——巨无霸汉堡在本国的售价，以本币表示(P_d)，即以当地的货币标价。需要注意的是，巨无霸汉堡在一国范围内的售价并不统一，以2011年2月至3月的美国巨无霸汉堡价格为例，纽约的巨无霸汉堡价格最高，为4.34美元，加州的最便宜，为2.99美元。根据《经济学人》杂志提供的资料，这里的 P_d 和后面的 P_f 都是指巨无霸汉堡的平均售价，这一平均售价由麦当劳公司提供，与此同时《经济学人》也会向世界各地的读者收集当地巨无霸汉堡的价格作为参考。

(2) *dollar-exchange rate*——市场汇率 R_m。

(3) *dollar price*——巨无霸汉堡在美国的售价，以美元表示(P_f)，对于美国来说 $P_d=P_f$。

(4) *dollar-PPP*——根据巨无霸汉堡的本币售价和美元售价算出来的购买力平价汇率，算法为 $S=P_d/P_f$。

(5) *dollar valuation*——本币相对美元的价值，有两种方法，第一种为$\frac{S-R_m}{R_m}$；第二种是直接用巨无霸汉堡的美元价格，将巨无霸汉堡的本币售价按照市场汇率折算成美元售价 P'_d，再计算$\frac{P'_d-P_f}{P_f}$，就可以得到和第一种方法相同的结果。结果为负表示该货币相对美元低估(根据购买力平价)，即该货币相对美元的实际价格高于名义价值；结果为正，则正好相反。

根据《经济学人》公布的材料，2000 年至 2015 年间，以美元作为基准货币下人民币的巨无霸指数长期被低估，低估幅度在 40% 和 60% 之间。这期间《经济学人》公布的巨无霸指数只是对两国货币相对价格进行名义上的计算，并不能反映两国货币之间的真正比价，参考价值有限。首先，从最直观的角度来看，巨无霸汉堡价格与人均 GDP 有着高度相关性，美国的巨无霸汉堡价格比中国高是天经地义的，因为中国劳动力成本远远低于美国，同时美国的人均 GDP 也远高于中国。其次，在不同国家，消费巨无霸汉堡的收入阶层也不一样。在部分经济落后国家，只有富人才消费得起汉堡，而类似美国这样的发达国家，穷人也可以消费，因此整个社会对巨无霸汉堡的消费量更大。再次，巨无霸汉堡的价格构成可分为两部分，一是可贸易品部分，如各种原材料；二是不可贸易品，包括各种服务费、人工费，根据巴拉萨-萨缪尔森效应，人均工资低的国家，购买力平价会低于市场汇率，欠发达国家的货币会出现低估。因此，根据上述方法计算出来的巨无霸指数并不能反映美元和其他货币真实的相对价格。

考虑到巨无霸指数的上述不足，从 2011 年开始，《经济学人》在原有核算内容的基础上增加了五项指标：(1) *dollar-adj-valuation*；(2) *euro-adj-valuation*；(3) *sterling-adj-valuation*；(4) *yen-adj valuation*；(5) *yuan-adj-valuation*。其主要思想是剔除人均 GDP 因素对巨无霸指数的影响。这五项的计算方法是一样的，下面以 *dollar-adj-valuation* 为例介绍它们的具体计算方法。

dollar-adj-valuation 中的 *adj* 表示 Adjusted，它是指经过人均 GDP 调整后的实际价值(以 2015 年 1 月公布的巨无霸指数为例)，调整方法如下：2015 年公布的巨无霸指数涉及的国家(地区)及币种共有 56 个，收集这些国家(地区)的人均 GDP(*gdp*，以美元标价)，再从麦当劳网站上下载这些国家(地区)巨无霸汉堡的本币价格，并按照市场汇率折算成美元价格 P'_d，构造模型：

$$P'_d = \beta_0 + \beta_1 gdp$$

利用 56 个国家的 *gdp* 和 P'_d 数据进行回归，得到了 P'_d 的拟合值 P''_d，直接计算 $\frac{P''_d - P_f}{P_f}$，就可以得到结果。计算 *euro-adj-valuation*、*sterling-adj-valuation* 的方法是一样的，只是人均 GDP 和巨无霸汉堡的初始货币单位分别是欧元和英镑。

按照这种方法计算的结果与调整之前计算的结果有很大差异，例如 2015 年，调整之前人民币相对美元低估了 42.19%，经人均 GDP 调整之后，人民币对美元只低估了 5.16%，并且这一结果也更接近现实情况。当然，巨无霸指数是一个非正式的经济指数，而非精确的汇率测度指标，该指数忽略了不同国家税收、利润水平、原材料价格以及劳动力成本等因素的影响。用调整后的巨无霸汉堡价格可以算出 2011 年至 2015 年的实际巨无霸指数(Adjusted Index)，与未经调整的指数(Raw Index)相比，调整后的人民币相对美元的低估程度下降，在 2011 年和 2014 年甚至出现了人民币被高估。

7.5.2 GDP 的国际比较

本书介绍的 GDP 核算方法是以本国货币计价的。如何剔除价格因素，从而真实地比较各国的经济实力呢？假设 A 国与 B 国生产了相同数量的同种产品——衣服和钢铁，分别为 30 件和 10 吨。在 A 国，衣服的价格是 2*A* 元/件，钢铁的价格是 20*A* 元/吨，而在 B 国，衣服的价格是 3*B* 元/件，钢铁的价格是 30*B* 元/吨。此时，A 国的 GDP 是 260*A* 元，B 国的 GDP 是 390*B*

元。尽管A国和B国有各自的标价货币，但是产品间的国内比价关系是相同的(1∶10)，并且每一种商品的国际比价也是相同的(1∶1.5)。

因此，将A国本币计价的GDP乘以1.5后折算成以B国货币计价的GDP，或者用B国货币计价的GDP除以1.5后折算成以A国货币计价的GDP，就可以得出两国GDP之比为1∶1的结论。如果两国货币之间的市场汇率为1*A*元=2*B*元，那么，按照市场汇率计算，得到的两国GDP之比为1∶0.75。显然，这低估了B国的经济实力，也可以说是高估了A国的经济实力。

如果两国各种商品之间的相对价格、同一种商品的国际价格比率并不相同，给出一个合适的购买力平价指标就不是一件容易的事情了。假定在A国，衣服的价格是2*A*元/件，钢铁的价格是20*A*元/吨；在B国，衣服的价格是1.5*B*元/件，钢铁的价格是40*B*元/吨。此时，A国的GDP仍然为260*A*元，B国的GDP是445*B*元。其中，在A国，两种商品的比价为1∶10，在B国，两种商品的比价为1∶26.7。显然，在B国钢铁的价格更高，在A国衣服的价格更高。从国际比较来看，衣服在两国的比价是1∶0.75；钢铁在两国的比价是1∶2。与此同时，两国货币之间的市场汇率为1*A*元=1.8*B*元。此时该如何衡量两国经济规模的大小呢？更为复杂的情况是两国两种产品的产量也发生变化，此时，我们就无法简单直观地来对比两国的经济实力了，这就需要通过购买力平价指数来进行国际比较。

2014年4月30日世界银行发布了《购买力平价与实际经济规模——2011年国际比较项目结果摘要报告》，以购买力平价法计算，中国的经济规模在2011年已经达到美国的86.9%，比2005年的43.1%提高一倍多。该报告据此做出预测，2014年10月10日中国将超越美国成为全球头号经济体。国际货币基金组织2014年10月发布的《世界经济展望》报告预计，按购买力平价法计算，中国在2014年GDP规模将达17.6万亿美元，占全球GDP总量的16.5%；而美国GDP规模为17.4万亿美元，占全球GDP总量的16.3%。中国将超过美国成为世界第一大经济体。中国的经济实力真的超过了美国吗？

对于各国经济规模的比较，国际社会主要有两种方法：一种是市场汇率法，一种是购买力平价法。世界银行从1995年起就同时公布两套GDP数据，一套是按照市场汇率法计算，另一套按照购买力平价法计算。市场汇率法是将各国以不同货币单位计量的经济总量按照市场汇率折算成统一的货币单位进行国际比较，其好处在于简单明了、计算方便，不足在于当市场汇率发生大幅度波动时容易出现偏差。例如1997年亚洲经济危机爆发后，亚洲许多国家的货币大幅贬值，这使得不少国家按美元计算的经济总量和人均GDP水平严重缩水。

购买力平价法是指在基准国的一单位货币所能购买的货物与服务数量和购买相同数量的货物与服务在对比国需要的货币多少来确定彼此的汇率。例如，在美国1美元可以买到一个汉堡，在中国买相同品质的汉堡则需要8元人民币，那么中美购买力平价就是1美元等于8元人民币。但是由于各个国家生产和消费的货物与服务不尽相同，关键在于到底该选择什么样的货物与服务作为对比的标准。如果在全球选择统一固定的货物与服务进行比较，对具体的某个国家则容易丧失代表性；如果不同的国家都选取对自己有代表性的货物与服务，各国的GDP又因代表性货物与服务的不同而丧失了可比性。

根据世界银行的报告，2011年中国的购买力平价显示，1美元与3.506元人民币的购买力相当，同期市场汇率为6.46元人民币兑1美元。据购买力平价计算，2011年中国GDP为13.5万亿美元，全球GDP总量为90.6万亿美元；中国占全球经济总规模的14.9%，相当于美国的87%，居世界第二位。按市场汇率法计算的全球GDP为70.3万亿美元，中国GDP为7.3万亿美元，占世界的比重为10.4%。显然，按照购买力平价法计算的中国经济规模要大于按照市场汇率法计算的结果。这其中有没有不足呢？世界银行对相关的局限性做了阐述。

第一，购买力平价法更适用于相似国家间的比较，不太适用于差异较大的国家间的比较；产品类的购买力平价数据可靠性要好于服务类，如住房、医疗领域购买力平价的误差可能较大；购买力平价只能反映各国的总体价格水平差异，而不能反映各国内部的价格水平差异。

第二，购买力平价不能用作汇率决定水平的依据。汇率仅能反映可贸易品的比价关系，但是不可贸易品的价格，比如建筑、政府服务等，无法反映在购买力平价中。

显然，无论采用哪种方法计算 GDP，中国的总体经济规模和人均 GDP 水平与发达国家的差距依然很大，尤其在经济结构、社会保障、医疗教育、养老等民生方面与欧美等发达国家仍然差距悬殊。

7.6 本章小结

购买力平价理论是汇率决定的长期理论。购买力是指单位货币所能买到的产品数量。购买力平价是指两国货币的汇率取决于两国货币的购买力，即物价指数的倒数。购买力平价源于国际贸易的一价定律。一价定律表明，在自由贸易条件下，同一种商品在折算成同一种货币计价之后，在两国间的价格应该是相同的，否则就存在商品套购。通过商品套购，本国商品市场、外国商品市场与外汇市场可以同时实现均衡。绝对购买力平价表明，一国政府要保持本国物价稳定，本国汇率则要与外国物价呈反向变动。一国政府要保持汇率稳定，就意味着放弃了本国物价的稳定，外国物价的上涨在固定汇率制度下会引发本国物价的上涨，反之，将引发本国物价的下跌。简言之，本国物价的稳定与本币汇率的稳定，只有在外国物价稳定的前提下才能同时实现。

然而由于运输费用、信息不完全以及关税和其他形式的贸易保护措施的存在，绝对购买力平价在现实中很难成立，而相对购买力平价依然成立。相对购买力平价的政策含义表明，本国通货膨胀率相对较高，那么本国货币就应该贬值。反之，如果本国物价涨幅相对较低，本国货币就应该升值。

实际汇率 Q 的含义有两种，一种是外部实际汇率，一种是内部实际汇率。前者本书定义为 SP_f/P_d，后者本书定义为 P_N/P_T。对于外部实际汇率，Q 变大表示外币升值，本币贬值；对于内部实际汇率，Q 变大表示本币升值。

在现实生活中，不论是绝对购买力平价还是相对购买力平价，都难以解释发达国家货币经过市场汇率折算之后的实际购买力差异。巴拉萨-萨缪尔森效应从商品结构的角度解释了物价变化与汇率变化产生差异性的原因。该效应的政策含义非常丰富，主要体现为以下几方面：第一，劳动生产率越高，其货币升值压力越大；第二，劳动生产率越高，该国内部实际汇率越高；第三，在同一货币区内，不同地区的通胀率是不一样的，这可能是由劳动生产率不一致产生的。

购买力平价理论还可以用于各国 GDP 的横向比较。根据世界银行和国际货币基金组织的研究，中国在 2014 年按照购买力平价计算的 GDP 已经超过美国，成为世界第一大经济体。中国学者认为购买力平价法高估了中国的经济实力。英国《经济学人》杂志发布的巨无霸指数就是利用购买力平价原理设计的，用以反映世界其他各国货币相对美元是高估还是低估。

尽管如此，分析较长时间跨度内的汇率走势乃至汇率失衡问题，经济学家仍然偏好采用购买力平价理论。对于中国来说，人民币物价走势与对美元汇率走势出现过完全背离的局面，当人民币出现通货紧缩的条件下，人民币的贬值压力也在增加，这与购买力平价理论完全对立，如何解释还有待我们继续努力探究。

第8章
CHAPTER8

利率平价理论

利率平价理论(Theory of Interest Rate Parity)是揭示利率与汇率变化关系的理论。1923 年，凯恩斯在其专著《货币改革论》(*A Tract on Monetary Reform*)第 3 章详细阐述了抵补利率平价理论。如果说购买力平价理论主要分析在长期内汇率变化的影响因素，那么利率平价理论则是分析在短期内汇率变化的影响因素。一价定律体现了货物与服务在不同国家之间的均衡关系，利率平价理论则是资金在不同国家之间的一价定律。利率平价可以分为抵补利率平价(Covered Interest Rate Parity，CIP)和非抵补利率平价(Uncovered Interest Rate Parity，UIP)。此外，利率平价还被经济学家用来检验资本流动性的大小。

8.1 抵补利率平价

假定某投资者拥有一笔资金，他既可以在本国进行投资，也可以在其他国家进行投资。同时，假定资金的转移不存在任何限制和交易成本。

8.1.1 抵补利率平价的推导

如果该投资者将这笔资金投资于一年期存款，他既可以在本国投资，也可以在外国投资。后者则涉及汇率问题，若他将本币兑换成外币(涉及即期汇率)投资，一年后获得的本利和必须兑换成本币(该投资者按照事先约定的远期汇率卖掉其外币的本利和)。其投资外币的最终收益与投资本币的收益相比较，如果前者更高，资金从本国流向外国；反之，资金从外国流向本国；当两者的收益相等时，资金不发生流动。这就是抵补利率平价理论的核心思想。

假定本国金融市场一年期存款利率为 i_d，外国金融市场一年期存款利率为 i_f，即期汇率为 S(直接标价法)。如果投资于本国，则 1 单位本币的本利和为：

$$1 \times (1 + i_d) = 1 + i_d$$

如果投资于外国金融市场，具体分为三个步骤：第一，先将 1 单位本币兑换成外币；第二，将外币在外国金融市场上投资于一年期存款；第三，将投资于外币所获的本利和按远期汇率(F)兑换成本币。因此，1 单位本币投资于外国金融市场的最终收益为：

$$\frac{1}{S} \times (1 + i_f) \times F$$

如果 $1+i_d=\frac{F}{S}\times(1+i_f)$，市场上的资金流动将实现均衡。基于这种模式的套利又称为跨期套利(Intertemporal Arbitrage)。读者可以考虑如果投资者拥有 1 单位外国货币的情况。

将以上公式进行整理后，可以得到以下等式：

$$\frac{F}{S} = \frac{1 + i_d}{1 + i_f}$$

$$f = \frac{F - S}{S} = \frac{i_d - i_f}{1 + i_f} \approx i_d - i_f$$

因此，如果外国利率 i_f 较小，该公式的含义就是外币的升贴水率(f)等于两国息差。具体来说，抵补利率平价理论认为，若本国利率较高，本币远期贴水；若本国利率较低，本币远期升水。如果以外币的升贴水率$(F-S)/S$为纵坐标，以两国息差 i_d-i_f 为横坐标，抵补利率平价就表示为过原点的 45°直线 $y=x$，这条直线又称为利率平价线(见图 8-1)。其中，横坐标的左侧方向表示外国利率高于本国利率，右侧方向表示本国利率高于外国利率；纵坐标向上的方向表示外币升值，本币贬值；向下的方向表示外币贬值，本币升值。

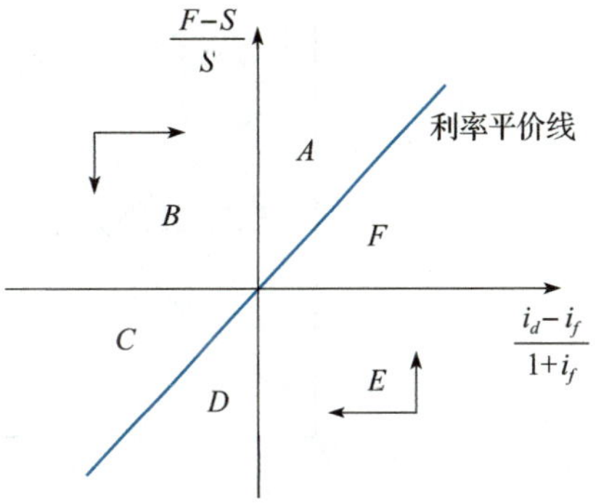

图 8-1 利率平价线

请注意，抵补利率平价揭示的是一种均衡状态，即在利率平价线上息差和汇差组合，无法通过资金转移实现利润。如果对利率平价公式取对数，可以得到：

$$\frac{F}{S} = \frac{1 + i_d}{1 + i_f}$$

$$\ln\frac{F}{S} = \ln\frac{1 + i_d}{1 + i_f}$$

$$\ln(1 + f) = \ln(1 + i_d) - \ln(1 + i_f)$$

若两国利率很小且远期汇率的变化率也很小，上式可以变为：

$$f = i_d - i_f$$

如此也可以得到前面的利率平价公式。

8.1.2 各个市场的均衡

在利率平价线上面的区域，投资外国金融市场将获得利润，本国资本将流出，即资本外流区域；在利率平价线下面的区域，投资本国金融市场将获得利润，外国资本将流入，即资本内流区域。具体来看，利率平价线、横坐标和纵坐标可以将整个平面分成 A、B、C、D、E 和 F

六个区域(见图 8-1)。

在 A 区，外币出现升水，本国利率高于外国利率。此时如果按照 i_d 的价格借入本币到国外投资，一方面获得汇差收益，一方面存在息差损失，但汇差收益要高于息差损失，因此本国资金会出现外流。

在 B 区，远期外币出现升水，外国利率高于本国利率，此时借入本币在国外投资，不仅可以获得息差收益，而且可以获得汇差收益，而持有本币则会受到双重损失，因此国内资金会大量转移至外国。

在 C 区，外国利率要高于本国利率，投资外币有收益，同时外币在远期出现贴水，存在汇差损失，由于息差收益要大于汇差损失，因此国内资金转移至外国。(请读者思考在以上三个区域中，投资者资本外流过程中盈利的具体额度。)

在资本自由流动的情况下，处于 A、B、C 区(资本外流区域)的利率与汇率组合点，将导致本国资金流向外国(也有可能是套利者借入本国资金然后投资于外国)，这必然造成本国资金供给减少，由此导致本国利率上升($i_d\uparrow$)(见图 8-2b)；资金大量流入外国，导致外国利率下降($i_f\downarrow$)(见图 8-2a)。本外国利率的上述变化使得息差扩大[$(i_d-i_f)\uparrow$]。

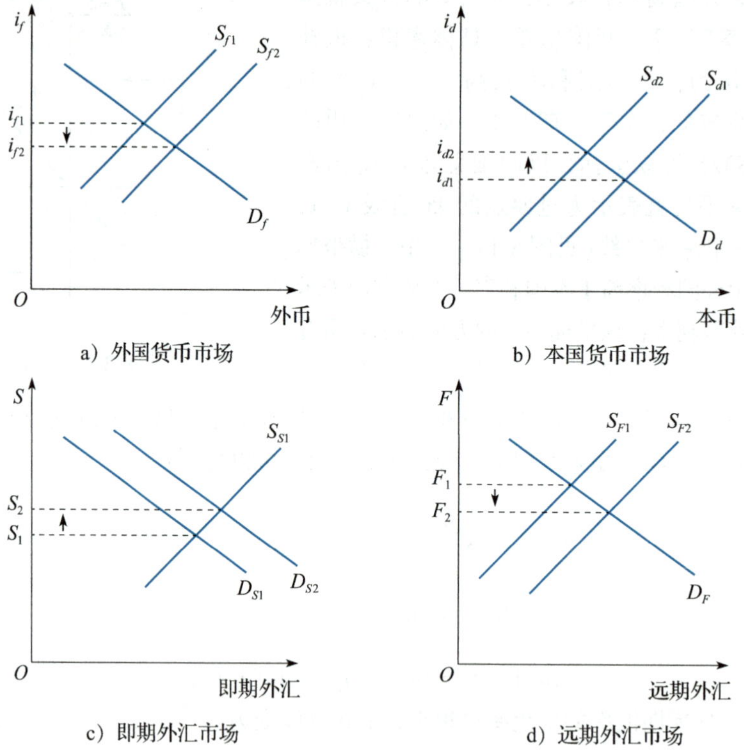

图 8-2 各个市场的均衡

与此同时，本国资金流向外国，对外币的即期需求增加，必然导致本币贬值($S\uparrow$)(见图 8-2c)；投资结束后，资金再流回本国，因而对本币远期需求增加，这将导致本币远期汇率升值($F\downarrow$)。即期和远期汇率的上述变化使得汇差缩小[$(F-S)\downarrow$](见图 8-2d)。因此，息差变化是向横坐标右侧移动，汇率变化是向纵坐标下方移动，这一系列变动必将导致资金的套利空间消失，最终出现均衡状态。从政策含义来说，只有当本币高于外币的息差扩大(外币高于本币的息差缩小)，本币远期贬值率缩小(即期汇率上升，远期汇率下降)，或者是两者的组合，否则无法改变本国资金外流的局面。

在 D、E 和 F 三个区域(资本内流区域)，资本流动所受的影响恰恰与 A、B 和 C 三个区域相反，最终都表现为资本内流。就政策含义来说，只有当本币高于外币的息差缩小(外币高于本币的息差扩大)，本币远期贬值率扩大(即期汇率下降，远期汇率上升)，或者是两者的组合，否则将无法改变外国资金内流的局面。

综上所述，从本国货币市场和外国货币市场来看，发生变化的都是供给曲线；从即期外汇市场和远期外汇市场来看，不同息差和汇差组合，发生变化的曲线是不同的。在资本外流区域，即期外汇市场发生变化的是需求曲线，远期外汇市场发生变化的是供给曲线。在资本内流区域，即期外汇市场发生变化的是供给曲线，远期外汇市场发生变化的是需求曲线。

就 A 区和 D 区而言，均为投资者赚汇差损失息差的组合；C 区和 F 区则是投资者赚息差损失汇差的组合；B 区和 E 区则是投资者同时赚息差和汇差的组合(见图 8-3)。

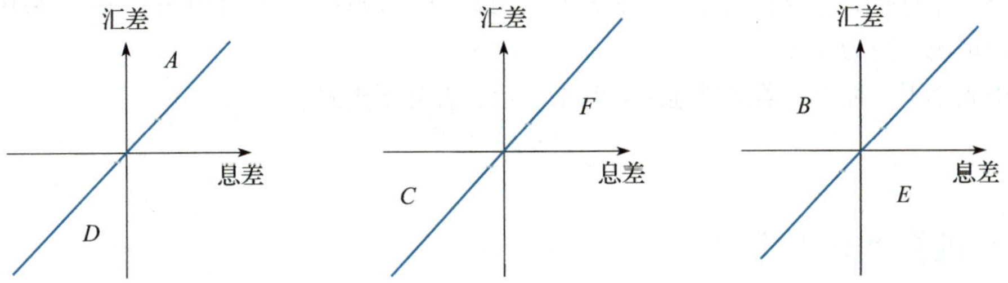

a）赚汇差损失息差组合　b）赚息差损失汇差组合　c）同时赚息差和汇差组合

图 8-3　汇差与息差的三种组合

8.1.3　远期外汇市场的套汇及其他表述形式

1. 远期外汇市场的套汇问题

以三点套汇为例，根据利率平价条件，分别有下式成立：

$$\frac{F_{m,n}}{S_{m,n}}=\frac{1+i_m}{1+i_n}$$

$$\frac{F_{n,l}}{S_{n,l}}=\frac{1+i_n}{1+i_l}$$

$$\frac{F_{l,m}}{S_{l,m}}=\frac{1+i_l}{1+i_m}$$

将以上三个条件连乘，可以得到：

$$\frac{F_{m,n}}{S_{m,n}}\times\frac{F_{n,l}}{S_{n,l}}\times\frac{F_{l,m}}{S_{l,m}}=\frac{1+i_m}{1+i_n}\times\frac{1+i_n}{1+i_l}\times\frac{1+i_l}{1+i_m}=1$$

如果在即期外汇市场上，三点套汇不存在套利的可能，那么在远期外汇市场上也不存在套利的可能，即 $F_{m,n}F_{n,l}F_{l,m}=1$。

2. 利率平价的另一种表达形式

在前面的推导当中，利率是采用离散形式，如果采用连续复利形式，其表达式又该如何呢？在对此进行介绍之前，需要对利率做进一步分析。

利率可以分为单利(Simple Interest Rate)和复利(Compound Interest Rate)两种形式。单利的

数学表达式为 $FV=A\times(1+ni)$，复利的数学表达式为 $FV=A\times(1+i)^n$。其中，i 为年利率，A 为本金。如果 1 年内复利 m 次，那么其终值为 $FV=A\times\left(1+\frac{i}{m}\right)^{mn}$。如果 m 趋近于无穷，我们称之为连续复利(Continuous Compounding)。在高等数学中，$e=\lim\limits_{m\to\infty}f(m)=\lim\limits_{m\to\infty}\left(1+\frac{1}{m}\right)^m$，将其代入终值公式，可以得到：

$$FV=A\lim_{m\to\infty}\left[\left(1+\frac{i}{m}\right)^{\frac{m}{i}}\right]^{it}=Ae^{it}$$

下面可以通过具体的例子来说明。取变量 $X_t=100$，$X_{t+1}=110$，那么其增长率为 10%，这称为单利。那么其连续复利率是多少呢？我们可以对其比率取对数后得到：

$$\ln(110/100)=\ln(1.1)\approx 0.095\,310$$

该对数收益率意味着连续复利率等于 9.531%(可以通过 $100\times e^{0.095\,31}=110$ 来验证)。采用连续复利在某些情况下更为简便。

对于利率平价而言，若采用连续复利来表示，有如下形式：

$$F=Se^{(i_d-i_f)t}$$

8.2 非抵补利率平价

某经济主体要将一笔本币资金进行为期 1 年的投资，可以在以下两个策略中进行选择：(1) 投资国内资产，利率为 i_d；(2) 投资国外资产，也就是在即期外汇市场上以汇率 S 将本币兑换成外币，投资国外资产，假定利率为 i_f，在投资期结束后将外币本利和按照预期即期汇率 S^E 兑换成本币。

当以下公式成立时，这两种策略对投资者无差异。

$$1+i_d=\frac{S^E}{S}(1+i_f)$$

其中，S 为初始时刻的即期汇率；S^E 为对下一时刻即期汇率的预期；i_d 和 i_f 分别为从初始时刻到下一时刻期间的本国利率和外国利率。

整理后可以得到：

$$\frac{S^E-S}{S}=\frac{i_d-i_f}{1+i_f}\approx i_d-i_f$$

令 $\frac{S^E-S}{S}=\widehat{S}^E$(汇率的预期变化率)，可以得到：

$$\widehat{S}^E=i_d-i_f$$

其经济含义为，双边名义汇率预期变化率等于两国利率之差，这就是非抵补利率平价。

上述结论也可以通过取对数的方法得到。一般来说，在 x 很小的情况下，有 $\ln(1+x)\approx x$。对 $\frac{1+i_d}{1+i_f}=\frac{S^E}{S}$ 取对数，可以得到：

$$\ln(1+i_d)-\ln(1+i_f)=\ln(S^E/S)$$

$$i_d-i_f=\ln S^E-\ln S=\ln(1+\widehat{S}^E)=\widehat{S}^E$$

这也可以得到上面的非抵补利率平价公式。

此外，理解非抵补利率平价需要注意以下几点。

第一，非抵补利率平价与抵补利率平价之间的差异。在抵补利率平价当中，四个变量在即期是完全确定的，但是非抵补利率平价的四个变量只有三个是确定的，还有一个是预期值。如果运用非抵补利率平价理论来分析即期汇率的变化，其影响因素有三个，分别是本国利率、外国利率与下一时刻汇率的预期值。这三个因素中任意一个发生变化都将影响即期汇率。例如，当国内外利率相等，若投机者预期本币在下一阶段发生贬值，那么他们将在即期外汇市场上买进外汇，并预期能够获利。如此将推高即期汇率和远期汇率，并接近下一期即期汇率的预期值。

第二，非抵补利率平价的成立是对资本自由跨境转移（Perfect Mobility of Capital）的隐含要求。如果非抵补利率平价成立，这就要求资本在国际间可以完全自由转移。如果资本可以完全自由转移，市场就可以立即出清，市场的短期和长期反应是相同的。如果资本不能完全自由跨境转移，这意味着政府对资本跨境转移存在行政性管制。

第三，非抵补利率平价还显示出市场参与者对风险偏好的要求。只有本国债券的收益率（i_d）与外国债券的收益率（$i_f+\widehat{S}^E$）相同，即本国债券与外国债券是完全可替代品（Perfect Substitutes），非抵补利率平价才会成立，这要求市场参与者是风险中性（Risk Neutrality）的。由于外国资产的实际收益通常会受到不可估计的违约风险的影响，因此外国资产要求的收益率就应该更高，这中间的差异就是风险溢价（RP），这就使得非抵补利率平价均衡条件变为：

$$i_d = i_f + \widehat{S}^E + RP$$

此时，非抵补利率平价不成立，这既有可能源于资本的不完全自由转移，也可能源于资本的不完全可替代性。所谓资本的不完全可替代，其确切含义是尽管资本完全自由转移，但是本国资产与外国资产却不是完全可替代的（源于参与者风险的偏好）。换言之，对于完全的资产可替代性而言，完全的资本自由转移是一个必要条件，而非充分条件。当资本存在不完全的自由转移，且存在不完全可替代性，那么在短期内 $i_d \neq i_f+\widehat{S}^E+RP$。然而在长期内，市场完全可以调整到新的均衡，即实现 $i_d=i_f+\widehat{S}^E+RP$。请读者思考为什么不可能出现资本具有完全可替代性，但同时资本处于不完全自由转移状态的情况。简言之，资本的自由跨境转移和资本可替代性是两个相关但含义并不相同的术语（见表 8-1）。

表 8-1 资本流动性和资本可替代性

		资本可替代性（Substitutability）	
		完全	不完全
资本自由跨境转移（Mobility）	完全	短期：$i_d=i_f+\widehat{S}^E$ 长期：$i_d=i_f+\widehat{S}^E$	短期：$i_d=i_f+\widehat{S}^E+RP$ 长期：$i_d=i_f+\widehat{S}^E+RP$
	不完全	短期：不可能出现 长期：不可能出现	短期：$i_d\neq i_f+\widehat{S}^E+RP$ 长期：$i_d=i_f+\widehat{S}^E+RP$

第四，当政府刻意维持本币汇率稳定，而市场不相信政府的这一承诺时，根据非抵补利率平价，要维持该平价本国利率将发生急剧的变化。例如，若市场预期外币在未来一个月内升值 10%，即 $\widehat{S}^E=10\%$，如果外国利率保持在年利率 5%，根据非抵补利率平价公式，$1+\frac{1}{12}\times i_d = \left(1+\frac{1}{12}\times 0.05\right)\times 1.1$，可以求得 $i_d=1.255$，即本国年利率将上涨至 125.5%。若市场预期外币在一个月内贬值 10%，即 $\widehat{S}^E=-10\%$，如果外国利率仍然保持在年利率 5%，根据 $\left(1+\frac{1}{12}\times i_d\right)=$

$\left(1+\frac{1}{12}\times 0.05\right)\times 0.9$，可以求得 $i_d=-1.155$，这意味着国内存款人非但不能从国内银行那里获得利息，还必须对国内银行支付高达115.5%的年利率。所以说，要实现非抵补利率平价的成立，国内利率必须出现大幅度的变化。然而，实际上这种情况却很少发生。

第五，从经验事实来看，非抵补利率平价的表现并不理想。由于预期汇率不可观测，因此，我们无法对非抵补利率平价进行观测。但是，我们可以间接进行检测。记 $\ln X=x$，汇率的变化可以分解为：

$$s_{t+1}-s_t=(s_{t+1}-s_{t+1}^e)+(s_{t+1}^e-f_t)+(f_t-s_t)$$

以上三项分别为：(1) 预测误差；(2) 风险溢价，这用交易 s_{t+1}^e 与期货价格 f_t 的差异来表示；(3) 升贴水率。根据抵补利率平价公式 $i_{dt}-i_{ft}=f_t-s_t$，升贴水率可以由本外币息差代替。假定预测误差的平均值为零(理性预期假设)，同时假定风险溢价不会随时间发生变化，那么就可以通过下式进行检验：

$$s_{t+1}-s_t=\alpha+\beta(f_t-s_t)+u_{t+1}$$

具有零风险溢价的非抵补利率平价，对应的条件是 $\alpha=0$，$\beta=1$。一般来说，经过检验发现：$\alpha\neq 0$，$\beta<1$。出现这种结果的解释有：随时间变化的风险溢价、对汇率的非理性预期或者存在学习效应。

❖专栏 8-1

套息交易与非抵补利率平价

套息交易(Carry Trade)(也有学者译为“息差交易”“结转交易”)是指对货币间的息差进行投机，即交易者在外汇市场上借入低利率货币(也称为融资货币，Funding Currency)，兑换成高利率货币(也称为标的货币，Target Currency)后进行投资，最终换回低利率货币获得收益的过程。非抵补利率平价表明，两国利率之差等于双边名义汇率预期变化率，即低利率货币远期升值，高利率货币远期贬值。但是，套息交易过程中出现的是低利率货币远期贬值，高利率货币远期升值，这就是著名的“远期溢价之谜”(Forward Premium Puzzle)，也称为“国际资产定价之谜”(International Asset Pricing Puzzle)。影响套息交易的因素主要有利率、汇率和风险偏好等。套息交易的投资不局限于外汇市场，还涉及货币市场、股市、房地产市场、贵金属市场等。当两国利率出现反转或者出现预期重大转变时，套息交易往往会给投资者带来亏损。套息交易的相关经验性证据表明，套息交易的杠杆率非常高，风险较大，对于外汇市场的影响不可小觑。由于套息交易的历史平均收益率显著为正，这表明套息交易存在超额收益。根据前面的分析，套息交易出现的低利率货币远期贬值对应了图8-1中利率平价线的 *B* 区，高利率货币远期升值对应了利率平价线的 *E* 区。

20世纪90年代以来，日本经济增长放缓，陷入了“流动性陷阱”，出现了严重的通货紧缩。日本货币当局为了缓解经济下行压力，采取了量化宽松的货币政策，日元的利率水平一直很低，甚至出现了利率为零的现象。由于日本国内的投资机会非常有限，与此同时新兴市场经济体正快速发展，所以日元成了大多数套息交易的资金来源。日元套息交易产生于1999～2001年，兴盛于2004～2006年。从2004年开始，美联储采取“逢例会就加息，每次25个基点”的渐进策略，连续17次提高联邦基金利率，到2006年该利率升至5.25%。资金从日本大量流入美国，导致日元汇率走低，交易者进行的单向日元套息交易，即借入日元资金，投资美元等高利率货币，导致美国金融市场上流动性过剩，这推高了资产价格，并在一定程度上助长了2007 年的美国次贷危机。

2007 年美国次贷危机爆发，美国金融市场发生动荡，金融资产价格急剧下跌。美联储为此多次降低联邦基金利率以刺激经济。在次贷危机爆发前，日元基准利率从 0.4% 上升到了 0.75%。次贷危机爆发后，欧元和英镑等货币相对于日元出现贬值——2007 年 7 月，欧元兑日元汇率为 EUR/JPY = 167；到 2009 年 1 月欧元兑日元汇率为 EUR/JPY = 118；欧洲债务危机的出现使得欧元继续贬值，2012 年 1 月欧元兑日元的汇率为 EUR/JPY = 99。日元的持续升值使得进行了借入日元的单向套息交易的金融机构出现了大幅亏损。次贷危机引发全球金融危机后，美国于 2008 年年底开始实施量化宽松的货币政策，向市场释放流动性。因此，交易者进行了大量借入美元的单向套息交易。2014 年 10 月美联储宣布退出量化宽松政策，美元出现升值态势，美元的套息交易操作终止。与此同时，日本政府开始采取新一轮的量化宽松政策，这使得日元再次成为投资者青睐的融资货币。

人们对套息交易给出了若干解释。有学者试图用风险溢价来解释超额收益率，但这种解释只有在经济主体的风险规避程度相当高时才成立；也有学者试图从微观层面探究该问题，利用逆向选择、认知周期等理论进行解释；还有观点认为超额收益率是因为长期预测误差的存在，该观点的前提是市场参与者不具备改变以往认知错误的能力，然而这个前提是牵强的。对非抵补利率平价失效的解释依旧是一个尚待解决的问题。

资料来源：Jia-Yuh Chen. What Carries the Carry Trade.

8.3 费雪效应与实际利率平价

在货币银行学等课程中，大都会提及费雪效应，在两国模型中，费雪效应又会出现怎样的变化呢？我们首先推导封闭经济下的费雪效应，再给出实际利率平价。

8.3.1 费雪效应

一般来说，实际利率是指名义利率扣除通胀预期后的利率水平。该理论最初由美国经济学家费雪提出，因此又被称为费雪效应。费雪效应的具体推导如下。

假定 i 为名义利率，r 为实际利率，π^E 为预期通货膨胀率。因此有以下公式成立：

$$1 + i = (1 + r) \times (1 + \pi^E)$$

$$i = r + \pi^E + r\pi^E$$

这就是著名的实际利率效应，也就是费雪效应。在国外，也有经济学家将此称为封闭经济下的利率平价(Closed Interest Parity)。关于这一效应，需要注意以下两点。

第一，只有当实际利率 r 和预期通货膨胀率 π^E 均很小的时候，这两项的乘积才是高阶无穷小，才可以被省略，上式才可以简化为 $i=r+\pi^E$。例如名义利率为 12%，预期物价上涨率为 10%，根据以上公式，实际利率为 1.8%，而不是 2%。

第二，以上公式中的预期通货膨胀率 π^E 不可简化为通货膨胀率 π。这是因为通货膨胀率、预期通货膨胀率以及利率的时间跨度是不同的。名义利率通常是从现在时刻开始的未来一段时间内(比如说是一年)的利率，预期通货膨胀率是从现在时刻开始的未来一段时间内(也假定为一年)的物价上涨率，而通货膨胀率则是从过去开始的某一时点到现在时刻(假定为过去的一年)的物价上涨率。换言之，名义利率、预期通货膨胀率和通货膨胀率的时间跨度是不同的。因此，预期通货膨胀率不可简化为通货膨胀率。我们还可以通过关系图来进一步解释上述关系(见图 8-4)。

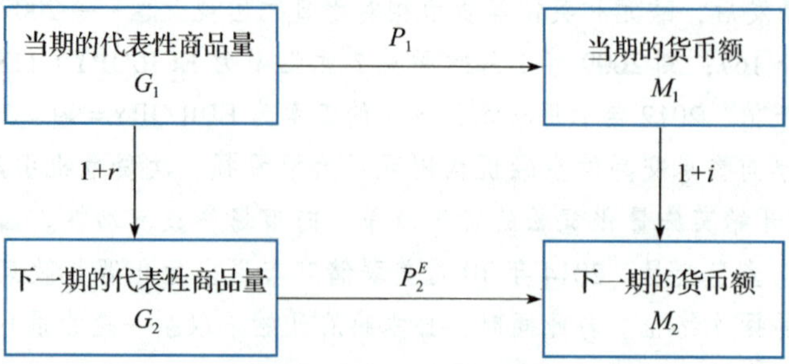

图 8-4 费雪效应关系图

图 8-4 中四个方框分别代表当期的货币额 M_1、下一期的货币额 M_2、当期的代表性商品量 G_1 以及下一期的代表性商品量 G_2。其相互之间的关系如下：

(1) $M_1=P_1G_1$——按照 P_1 的价格水平来购买当期的代表性商品量 G_1，总支出是当期的货币额 M_1；

(2) $G_1(1+r)=G_2$——下一期的代表性商品量 G_2 对当期的代表性商品量 G_1 的收益率为 $1+r$；

(3) $M_1(1+i)=M_2$——当期的货币额 M_1 到下一期变为 M_2，其收益率为 $1+i$；

(4) $M_2=P_2^EG_2$——按照 P_2^E 的价格水平(下一期的预期价格水平)来购买下一期的代表性商品量 G_2，总支出是下一期的货币额 M_2。

$$M_2=P_2^EG_2$$

$$M_1(1+i)=P_2^EG_1(1+r)$$

因为 $M_1=P_1G_1$，且令 $\frac{P_2^E}{P_1}=1+\pi^E$，所以上式可以化简为：

$$1+i=(1+r)(1+\pi^E)$$

因此我们就可以得到费雪方程式。

名义利率的含义是如果经济主体在基期用 1 单位货币购买金融资产，在目标期该经济主体将获得多少单位的货币。实际利率的含义是什么呢？如果经济主体在基期少消费 1 单位的产品，用这部分节约下来的资金购买金融资产，在目标期该经济主体用投资获得的本利和可以消费多少单位的产品？目标期的产品数量与基期的产品数量的关系反映的就是实际利率。在一般情况下，名义利率减去预期通胀率就是实际利率，之所以不可以省略预期两个字，是因为名义利率、实际利率与预期通胀率三个指标的时间跨度必须保持一致。

8.3.2 实际利率平价

根据费雪效应分别有 $r_d=i_d-\pi_d^E$ 和 $r_f=i_f-\pi_f^E$ 公式成立。两式相减后，可以得到以下公式：

$$r_d-r_f=i_d-i_f-(\pi_d^E-\pi_f^E)$$

由非抵补利率平价可以得到 $i_d-i_f=\widehat{S}^E$，那么上式可以简化为：

$$r_d - r_f = \hat{S}^E + \pi_f^E - \pi_d^E$$

在相对购买力平价中有$\hat{S}=\pi_d-\pi_f$成立，进一步将预期因素考虑进去，则有$\hat{S}^E=\pi_d^E-\pi_f^E$，这一关系式又被称为事前购买力平价，即等式右侧为零，因此可以得到$r_d=r_f$。其经济含义是国内外的实际利率相等，这就是实际利率平价(国际费雪效应，International Fisher Effect)。如果将等式$r_d-r_f=i_d-i_f-(\pi_d^E-\pi_f^E)$的右侧同时加上和减去汇率的预期变化率$\hat{S}^E$和远期升贴水率$f\left(f=\dfrac{F-S}{S}\right)$，将变为：

$$r_d - r_f = (i_d - i_f - f) + (f - \hat{S}^E) - (\pi_d^E - \pi_f^E - \hat{S}^E)$$

等式右侧的三项分别为对抵补利率平价的偏离、对远期汇率无偏估计的偏差和对事前购买力平价的偏离，如果这三个市场同时达到有效，那么实际利率平价成立。简言之，实际利率平价成立意味着两国商品的边际产出相等。如果两国之间事前购买力平价、抵补利率平价和远期汇率无偏估计等于未来的即期汇率成立，那么实际利率平价成立。

在实际汇率概念的分析中，有公式$\hat{Q}=\hat{S}+\pi_f-\pi_d$成立，其经济含义是实际汇率的变化率等于名义汇率的变化率与两国通胀率差的和。如果相对购买力平价成立，实际汇率变化率为零。该公式并没有涉及预期的因素，若考虑实际汇率的预期变化率公式，则$\hat{Q}^E=\dfrac{Q^E-Q}{Q}=\hat{S}^E+\pi_f^E-\pi_d^E$，又可以得到$r_d-r_f=\hat{Q}^E$，即两国实际利率之差等于两国实际汇率的预期变化率。

8.4　有交易成本的利率平价

以上套利分析没有考虑交易成本问题。所谓交易成本，在套利分析中主要是指外汇买卖的差价以及银行同业拆借市场上货币借贷利率间的差价。如果考虑上述交易成本问题，利率平价线就扩大为利率平价带(见图 8-5)。在利率平价带内，不论是资金从本国流向外国还是从外国流向本国，都无法获利。

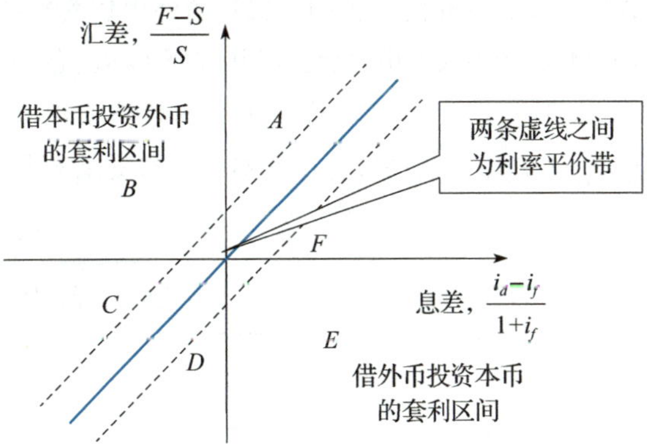

图 8-5　利率平价带

考虑交易费用后，如何判断套利的可能性和方向呢？如前所述，套利者的操作有两个方向，一种是将资金从本国转移至外国，另一种是将资金从外国转移至本国。

第一种情况：资金从本国转移至外国(见图 8-6)。套利者没有本金，向银行借入一年期的本币资金，一年之后他归还银行的贷款本利和为$1\times(1+i_{本币贷款})$，这是套利者的融资成本。如果套利者借入本币之后，将其按照$1/S_{卖出}$的价格兑换成外币，在国外投资一年，本利和是$1/S_{卖出}\times(1+i_{外币存款})$。然后按照$F_{买入}$的价格卖出外币本利和，得到的本币金额为$1/S_{卖出}\times(1+i_{外币存款})\times F_{买入}$。套利者将投资本利和与贷款本利和对比，如果前者更大，资金将从本国转移外国。套利者的获利区间用公式可以表示为：

$$1/S_{卖出} \times (1 + i_{外币存款}) \times F_{买入} > 1 \times (1 + i_{本币贷款})$$

$$\frac{F_{\text{买入}}}{S_{\text{卖出}}} > \frac{1+i_{\text{本币贷款}}}{1+i_{\text{外币存款}}}$$

$$\frac{F_{\text{买入}} - S_{\text{卖出}}}{S_{\text{卖出}}} > \frac{i_{\text{本币贷款}} - i_{\text{外币存款}}}{1+i_{\text{外币存款}}}$$

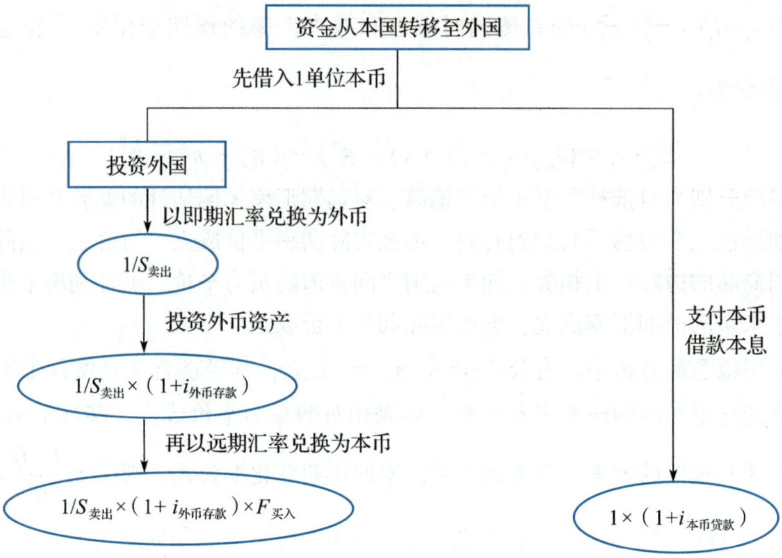

图 8-6 有交易成本的抵补利率平价的推导之一

第二种情况：资金从外国转移至本国(见图 8-7)。套利者没有本金，向银行借入一年期的外币资金，一年之后他归还银行的外币贷款本利和为 $1\times(1+i_{\text{外币贷款}})$，这是套利者的融资成本。如果套利者借入外币之后，将其按照 $1\times S_{\text{买入}}$ 的价格兑换成本币，在本国投资一年，本利和是 $1\times S_{\text{买入}}\times(1+i_{\text{本币存款}})$。然后按照 $F_{\text{卖出}}$ 的价格卖出本币的本利和，得到的外币金额为 $1\times S_{\text{买入}}\times(1+i_{\text{本币存款}})/F_{\text{卖出}}$。套利者将投资本利和与贷款本利和对比，如果前者更大，资金将从外国转移本

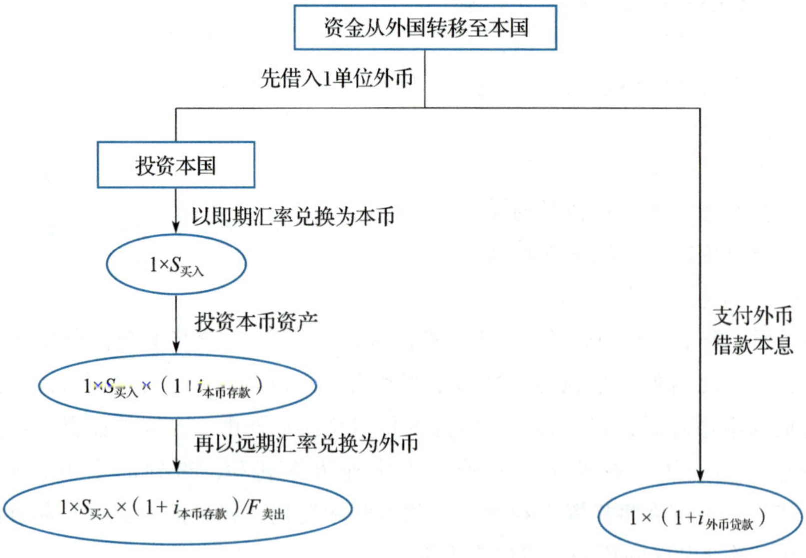

图 8-7 有交易成本的抵补利率平价的推导之二

国。套利者的获利区间用公式可以表示为：

$$1 \times S_{买入} \times (1 + i_{本币存款})/F_{卖出} > 1 \times (1 + i_{外币贷款})$$

$$\frac{S_{买入}}{F_{卖出}} > \frac{1 + i_{外币贷款}}{1 + i_{本币存款}}$$

$$\frac{F_{卖出} - S_{买入}}{S_{买入}} < \frac{i_{本币存款} - i_{外币贷款}}{1 + i_{外币贷款}}$$

下面，我们通过一个示例来分析外汇远期的买卖报价。假定在货币市场上，1 年期美元和英镑的利率分别为：

$$i_{\$} = 5.532\,5—5.667\,5(\%p.a.)$$

$$i_{£} = 2.786\,0—2.904\,0(\%p.a.)$$

其中，5.532 5%和 2.786 0%分别是银行报出的美元和英镑的存款利率，5.667 5%和 2.904 0%分别是银行报出的美元和英镑的贷款利率。在外汇市场上，GBP/USD = 1.247 5/85，1 年期的远期汇率买卖价应该分别是多少呢？

这里需要注意一个细节，某种货币的买入价和卖出价，就是另外一种货币的卖出价和买入价。例如，GBP/USD = 1.247 5/85，其含义是报价行买入 1 英镑，要付出 1.247 5 美元；报价行卖出 1 英镑，要收到 1.248 5 美元。如果报价行买入 1 美元，要付出$\frac{1}{1.248\,5}$英镑；报价行卖出 1 美元，要收到$\frac{1}{1.247\,5}$英镑。简言之，某报价行给出某种货币的买入价和卖出价，实际上也就给出了另外一种货币的卖出价和买入价。

根据前面分析得到的公式 $F_{卖出} = \frac{1+i_{本币存款}}{1+i_{外币贷款}} S_{买入}$，1 年期的英镑远期汇率卖价 $F_{卖出} = \frac{1+5.532\,5\%}{1+2.904\,0\%} \times 1.247\,5 = 1.279\,4$。如果银行的英镑远期卖出价低于 1.279 4，那么套利者投资美元将获得无风险的套利收益；反之，如果英镑的远期卖出价高于 1.279 4，套利者将资金从英国转移至美国将无利可图。

同样，根据公式 $F_{买入} = \frac{1+i_{本币贷款}}{1+i_{外币存款}} S_{卖出}$，1 年期的英镑远期汇率买价 $F_{买入} = \frac{1+5.667\,5\%}{1+2.786\,0\%} \times 1.248\,5 = 1.283\,5$。如果英镑远期买入价高于 1.283 5，那么套利者投资英镑将获得无风险的套利收益；反之，套利者将资金从美国转移至英国无利可图。

读者很快就会发现，按照以上思路计算的英镑远期卖出价 1.279 4 居然小于英镑的远期买入价 1.283 5，为什么会出现这种情况呢？对于同一家银行来说，这是一个不可能出现的报价。那么，1.279 4 到底是银行远期英镑的买入价还是卖出价呢？

以上分析都是基于套利者的角度，1.283 5 是套利者获得的银行报出的远期英镑的买入价，1.279 4 是套利者获得的银行报出的远期英镑的卖出价。此时，如果套利者变身为一家承担做市商职能的报价银行，那么其报价必然不会令自身亏损。在小于 1.279 4 和大于 1.283 5 两个区域内，变身为报价银行的套利者对客户如此进行报价，则存在亏损。因此，报价银行要想没有亏损，其报价必然在 1.279 4 到 1.283 5 之间。1.283 5 就是报价银行报出的英镑远期卖出价，1.279 4 就是报价银行报出的英镑远期买入价。报价银行报出的英镑远期汇价在 1.279 4 到 1.283 5 之间波动，则套利者无法获利。在这个报价区间，资金既不会从美国流向英国，也不会从英国流向美国(见图8-8)。因此，前述的公式应该修改为：

$$F_{买入}=\frac{1+i_{本币存款}}{1+i_{外币贷款}}S_{买入}$$

$$F_{卖出}=\frac{1+i_{本币贷款}}{1+i_{外币存款}}S_{卖出}$$

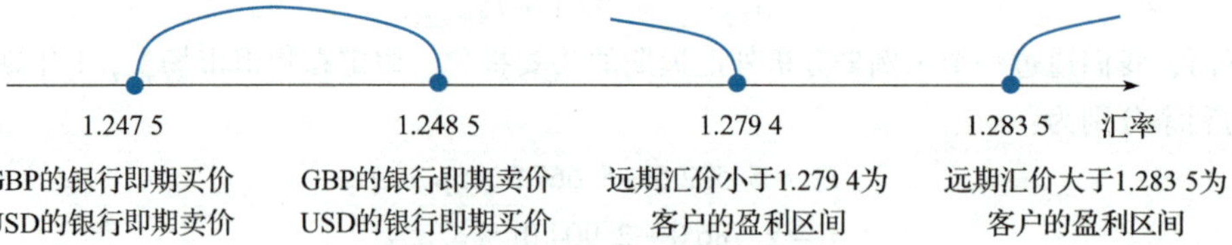

图8-8 远期汇率买卖价的推导

如图8-9所示，银行远期外汇的买价(卖价)通过银行即期外汇的买价(卖价)计算得到，而利率的选择方面，则是采用相互交叉的原则，选用一种货币的存款利率，则同时还会涉及另一种货币的贷款利率。具体来说，报价银行报出的英镑即期买价(1.247 5)和英镑远期买价(1.279 4)之间差319个点差，这源于美元的存款利率(5.532 5%)与英镑的贷款利率(2.904 0%)之差。同样，报价银行报出的英镑即期卖价(1.248 5)与英镑远期卖价(1.283 5)之间差350个点差，这源于美元的贷款利率(5.667 5%)与英镑的存款利率(2.786 0%)之差。也就是说外汇的远期升贴水的差额由两国货币的息差决定。

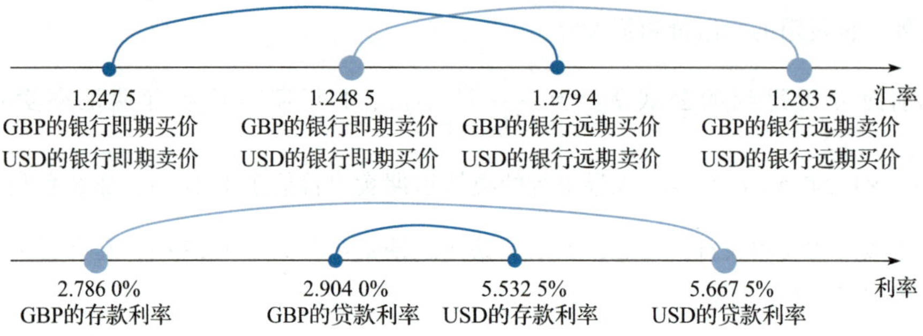

图8-9 有交易成本的远期汇率计算过程中涉及的汇率和利率

因此，外汇远期买卖价的一般公式表示为：

$$F_{买入价}=\frac{1+标价货币的存款利率\times n/12}{1+基准货币的贷款利率\times n/12}\times S_{买入价}$$

$$F_{卖出价}=\frac{1+标价货币的贷款利率\times n/12}{1+基准货币的存款利率\times n/12}\times S_{卖出价}$$

8.5 有交易成本的利率平价的具体运用

有交易成本的利率平价不仅会运用在银行远期汇率报价中，而且在掉期业务(也译作“互换业务”)中也会运用到。

例1 设6个月美元的拆放年利率为7%—7.125%，6个月英镑的拆放年利率为6%—6.125%，英镑对美元的即期汇率为GBP/USD=1.344 0/50，求6个月英镑对美元的远期汇率。

根据上节公式，可以得到：

$$F_{买入价}=\frac{1+7\%\times\frac{6}{12}}{1+6.125\%\times\frac{6}{12}}\times 1.3440=1.3497$$

与 1.344 0 相差 57 个点差。

$$F_{卖出价}=\frac{1+7.125\%\times\frac{6}{12}}{1+6\%\times\frac{6}{12}}\times 1.3450=1.3523$$

与 1.345 0 相差 73 个点差。

因此，6 个月英镑对美元的远期汇率为 1.349 7/23。

例 2　掉期率的计算（Ⅰ）。根据上面的例子，我们得到了远期汇率，实际上也就得到了掉期率。在进一步解释之前，首先需要了解什么是掉期率。

在外汇交易中，除了远期交易之外，掉期交易（Foreign Exchange Swap Transaction）的规模非常大。所谓掉期交易，就是在买进（卖出）某种货币的同时，卖出（买进）同等数量但交割期限不同的另一种货币的外汇交易。必须指出，这里所谓的某种货币，均是指基准货币。掉期交易的主要特点是买卖同时进行，买卖的币种相同，买卖该币种的金额相同，但是买卖的交割期限不同。按照买卖方向的不同，掉期交易可以分为两种，一种是报价行买入即期基准货币，卖出远期基准货币（或者是买入近端基准货币，卖出远端基准货币），另一种是卖出基准货币，买入远期基准货币（或者是卖出近端基准货币，买入远端基准货币）。

在上面的例子中，掉期率为 57/73。掉期率前小后大，表示基准货币（本例中为英镑）远期升水，标价货币（本例中为美元）远期贴水。同理，如果掉期率前大后小，则表示基准货币远期贴水，标价货币远期升水。

掉期率的大小本质上与某个时间跨度内两种货币的息差有关。掉期率不仅表示的是远期汇率与即期汇率（或者是远端远期汇率与近端远期汇率）的差价，而且代表着掉期交易的方向。以前述的掉期率 57/73 为例，斜杠前面的 57 是掉期率的买价，斜杠后面的 73 是掉期率的卖价。掉期率的买价是报价行买入远端远期交割的基准货币的汇价（以差价形式表现），即报价行卖出近端远期交割的基准货币与买入远端交割的基准货币的汇率差价为 57 个点差，交割 6 个月远期英镑的买价要在近端交割的即期英镑的卖价基础上加上 57 个点差。报价行在掉期交易中的方向是“卖即期/买远期”（Sell Spot/Buy Forward）。掉期率的卖价是报价行卖出远端基准货币的汇价（以差价形式表现），即报价行买入近端远期交割的基准货币与卖出远端交割的基准货币的汇率差价为 73 个点差，交割 6 个月远期英镑的卖价要在近端交割的基准英镑的买价基础上加上 73 个点差，报价行在掉期交易中的方向是“买即期/卖远期”（Buy Spot/Sell Forward）。

在某日外汇市场上，A 银行给出的 USD/JPY 的报价行情如下：

即期汇率　　　USD/JPY　　100.50/70

1M 远期汇率　　USD/JPY　　10/40

求报价行 Buy/Sell 与 Sell/Buy USD/JPY 的 Spot/1M 的掉期汇率。

（1）A 银行作为报价行承做 Buy/Sell USD/JPY 的 Spot/1M 的掉期率为：

Buy Spot USD 100. 50

Sell 1M USD 100. 50+0. 40 = 100. 90

(2) A 银行作为报价行承做 Sell/Buy USD/JPY 的 Spot/1M 的掉期率为：

Sell Spot USD 100. 70

Buy 1M USD 100. 70+0. 10 = 100. 80

综上所述，掉期率前小后大，采用加法。不过是采用“交叉相加”的方法，不是采用“同边相加”的方法。

例 3 掉期率的计算(Ⅱ)。在某日外汇市场上，A 银行给出的 EUR/USD 的报价行情如下：

即期汇率 EUR/USD 1. 224 0/50

3M 远期汇率 EUR/USD 30/10

求报价行 Buy/Sell 与 Sell/Buy EUR/USD 的 Spot/3M 的掉期汇率。

(1) A 银行作为报价行承做 Buy/Sell EUR/USD 的 Spot/3M 的掉期率为：

Buy Spot EUR 1. 224 0

Sell 1M EUR 1. 224 0-0. 001 0 = 1. 223 0

(2) A 银行作为报价行承做 Sell/Buy EUR/USD 的 Spot/3M 的掉期率为：

Sell Spot EUR 1. 225 0

Buy 1M EUR 1. 225 0-0. 003 0 = 1. 222 0

综上所述，掉期率前大后小，采用减法。不过是采用“交叉相减”的方法，不是采用“同边相减”的方法。

例 4 掉期率的计算(Ⅲ)。如果情况进一步复杂，需要计算远期对远期的掉期率，该如何计算呢？

在某日外汇市场上，A 银行给出的 EUR/USD 的报价行情如下：

即期汇率 EUR/USD 1. 144 0/50

1M 远期汇率 EUR/USD 20/40

3M 远期汇率 EUR/USD 90/130

求报价行 A 银行承做 Buy 1M/Sell 3M EUR/USD 的掉期汇率。A 银行承做 Sell 1M/Buy 3M EUR/USD 的掉期汇率又是多少呢？

报价行承做远期对远期的掉期交易，可以将其分为两笔即期对远期的掉期业务来做。两笔即期头寸可以相互抵消，剩下的两笔头寸就构成远期对远期的掉期。不论是远期汇率差价报价是“前小后大”还是“前大后小”，远期对远期的掉期率仍然采用交叉相减的方法。如 A 银行承做 1M/3M EUR/USD 的掉期汇率为 50/110——90-40 = 50；130-20 = 110。斜杠前面的 50 个点差代表报价行买入基准货币的远端买价掉期率，斜杠后面的 110 个点差代表报价行卖出基准货币的远端卖价掉期率。

A 银行承做 Buy 1M EUR/USD 的汇率为：1. 144 0+0. 002 0 = 1. 146 0。

A 银行承做 Sell 3M EUR/USD 的汇率为：1. 146 0+0. 011 0 = 1. 157 0。

A 银行承做 Sell 1M EUR/USD 的汇率为：1. 145 0+0. 004 0 = 1. 149 0。

A 银行承做 Buy 3M EUR/USD 的汇率为：1. 149 0+0. 005 0 = 1. 154 0。

综上所述，计算掉期率的方法是采取“交叉相减”的方法，其经济含义是报价行买入基准货币的远端掉期率和卖出基准货币的远端掉期率。更为复杂的计算，请参考其他书籍。

如果给出了A货币与B货币以及A货币与C货币的即期汇率和掉期率，需要通过汇率套算求解B货币与C货币的远期汇率，我们该如何计算呢？下面我们通过几个例子予以讲解。

例5　远期汇率的交叉汇率计算（Ⅰ）。外汇市场上报价如下：

即期汇率	USD/CNY	6.951 0/20	
	USD/JPY	104.50/60	
掉期率	USD/CNY	Spot/3M	10/30
	USD/JPY	Spot/3M	20/35

三个月期的JPY/CNY的远期汇率报价多少？

第一步是求解三个月的USD/CNY和USD/JPY远期汇率。根据远期差价"前小后大往上加"的惯例，得到远期汇率的报价。在本题中，基准货币均为美元，远期差价前小后大表示基准货币远期升水。

USD/CNY　6.952 0/50

USD/JPY　104.70/95

第二步需要通过汇率套算得到三个月的JPY/CNY的远期汇率。这里需要采用"交叉相除"的方法：

买入价（Bid Rate）　6.952 0÷104.95＝0.066 24

卖出价（Offer Rate）　6.955 0÷104.70＝0.066 42

在中国市场上，按照每百元日元来报价，则三个月的JPY/CNY的远期汇率为6.624/42。

例6　远期汇率的交叉汇率计算（Ⅱ）。

外汇市场上报价如下：

即期汇率	USD/JPY	95.45/55	
	EUR/USD	1.565 0/60	
掉期率	USD/JPY	Spot/3M	20/30
	EUR/USD	Spot/3M	25/15

三个月期的EUR/JPY的远期汇率报价多少？

首先，求解三个月的USD/JPY远期汇率。根据远期差价"前小后大往上加"的惯例，得到USD/JPY三个月远期汇率为95.65/85。此处基准货币为美元，远期差价前小后大表示基准货币远期升水。

其次，求解三个月的EUR/USD远期汇率。根据远期差价"前大后小往下减"的惯例，得到EUR/USD三个月远期汇率为1.562 5/45。此处基准货币为欧元，远期差价前大后小表示基准货币远期贴水。

最后，求解三个月的EUR/JPY的远期汇率。采用"同边相乘"的做法：

买入价（Bid Rate）　95.65×1.562 5＝149.45

卖出价（Offer Rate）　95.85×1.564 5＝149.96

三个月的EUR/JPY的远期汇率为149.45/96。

例7　远期汇率的交叉汇率计算（Ⅲ）。

外汇市场上报价如下：

即期汇率	AUD/USD	0.852 5/35
	EUR/USD	1.463 0/40

掉期率　AUD/USD　Spot/3M　30/20

　　　　EUR/USD　Spot/3M　25/15

三个月期的 EUR/AUD 的远期汇率报价多少？

首先，求解三个月的 AUD/USD 和 EUR/USD 的远期汇率。根据远期差价“前大后小往下减”的惯例，可以得到 AUD/USD 和 EUR/USD 三个月远期汇率分别为 0.849 5/15 和 1.460 5/25。在本题中，基准货币分别为澳大利亚元和欧元，远期差价前大后小，表示基准货币远期贴水。

其次，按照“交叉相除”的原则，可以得到三个月期 EUR/AUD 的远期汇率。

买入价(Bid Rate)　1.460 5÷0.851 5=1.715 2

卖出价(Offer Rate)　1.462 5÷0.851 5=1.717 6

三个月的 EUR/AUD 的远期汇率为 1.715 2/76。

掉期交易与远期交易的差异总结于表 8-2。

表 8-2　掉期交易与远期交易的差异

	掉期交易	远期交易
交易属性	互换交易	买断(卖断)交易
外汇头寸	同时进行买入和卖出交易，头寸相互抵消，没有新的头寸产生	每一笔远期交易均会产生相应的头寸
汇率风险	同时进行一买一卖(或一卖一买)，头寸相互轧差之后为零，不产生汇率风险	每一笔远期交易均会产生相应的头寸，会有相应的汇率风险
到期缺口	同时由一笔近期交易和一笔远期交易组成，交割日不同，所以会产生到期缺口(Maturity Gap)	每一笔远期外汇交易，都有单独的交割日，不会产生到期缺口
利率风险	因为会产生到期缺口，所以有利率风险	因为不会产生到期缺口，所以不存在利率风险

8.6　各种平价之间的相互关系

综上所述，货币的价格包括利率、通胀率和汇率。利率是货币的时间价值，它又可以再分为名义利率(i_d)和实际利率(r_d)，反映的是在某一时点上未来一段时间内的利率水平；反映货币与商品之间比价的指标从时间的角度来看有两个，一个是从时点上考虑的物价水平 P，另一个是从时间段上考虑的物价水平的变化率 π，这两者之间的关系是 $\pi=(P-P_{-1})/P_{-1}$。此外，以当前为基期，从预期的角度来看，也有两个指标，即对下一期物价的绝对水平的预期 P^E 和对下一期物价的相对水平的预期 π^E。双边汇率是两国货币交换的比价，它又可以再分为名义汇率(S)、实际汇率 $Q(Q=SP_f/P_d)$、预期汇率(S^E)、远期汇率(F)，双边汇率可以进一步扩展为有效汇率。以上三组指标分别为货币市场、商品市场和外汇市场的指标，见表 8-3。

表 8-3　各种平价公式一览表

平价原理	相关市场	公式
绝对购买力平价 相对购买力平价 事前购买力平价	商品市场和外汇市场	$P_d=SP_f$ $\hat{S}=\pi_d-\pi_f$ $\hat{S}^E=\pi_d^E-\pi_f^E$
抵补利率平价 非抵补利率平价	货币市场和外汇市场	$\frac{F-S}{S}=\frac{i_d-i_f}{1+i_f}\approx i_d-i_f=f$ $\frac{S^E-S}{S}=\frac{i_d-i_f}{1+i_f}\approx i_d-i_f$

（续）

平价原理	相关市场	公式
费雪效应	商品市场和货币市场	$r_d=i_d-\pi_d^E$，$r_f=i_f-\pi_f^E$
实际利率平价（国际费雪效应）	商品市场	$r_d=r_f$
无偏估计	外汇市场	$F=S^E$

从时点上来看，在 t 时刻有当期绝对价格水平 P_d 和 P_f，双边名义汇率 S，双边远期汇率 F 以及对 t+1 时刻即期汇率的预期 S^E。从时间跨度来看，在 t−1 到 t 的时间段内，有两国通胀率 π_d 和 π_f；在 t 到 t+1 的时间段内，有两国利率 i_d 和 i_f，两国的预期通胀率 $\pi_d{}^E$ 和 $\pi_f{}^E$。

利率、通胀率和汇率这三个价格存在各种均衡关系，名义利率、即期汇率与远期汇率之间有利率平价（t 到 t+1 的这段时间），名义汇率与两国物价水平之间有绝对购买力平价（反映在 t 时刻），名义汇率的变化率与两国通胀率之间有相对购买力平价（t−1 到 t 的这段时间）和事前购买力平价（t 到 t+1 的这段时间）。在本国范围内，名义利率、实际利率与预期通胀率之间就是费雪效应（t 到 t+1 的这段时间）。在两国范围内，货币市场、外汇市场和商品市场有效性同时实现，这就是实际利率平价，反映的是两国实际利率相等的平价关系（t 到 t+1 的这段时间），具体见图 8-10。

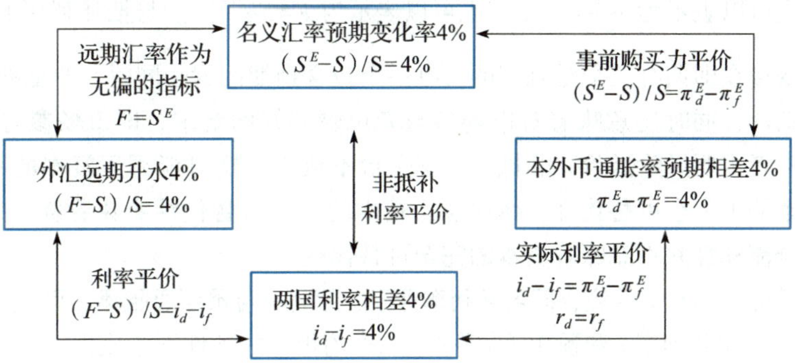

图 8-10　从 t 时刻到 t+1 时刻的各种均衡关系

关于实际利率平价（国际费雪效应），我们既可以从货币市场套利的角度得到，还可以从商品市场的角度借助费雪效应得到，也可以认为国际费雪效应实际上是假定商品市场边际收益率相等。

以上介绍的各种平价关系是衡量资本流动性的重要参考指标，这是从资本收益率的角度进行的研究；除此之外，还可以从数量角度来检验资本流动性高低，这以菲尔德斯坦（Feldstein）和霍利奥卡（Horioka）在 1980 年提出的投资与储蓄相关性的检验为代表。

从资本收益率角度检验资本流动性包括以下条件：（1）抵补利率平价条件；（2）非抵补利率平价条件；（3）实际利率平价条件。菲尔德斯坦和霍利奥卡认为在开放经济条件下，若资本在国际范围内是高度流动的，金融市场也是高度融合的，如果在一国国内没有投资机会的话，一国的储蓄可以满足世界其他国家的投资需求。换言之，一国的储蓄率与投资率之间的相关性将会很低。他们给出了以下模型：

$$\frac{I}{Y}=\alpha_0+\alpha_1\frac{S}{Y}+\varepsilon$$

也就是说，在封闭经济条件下，系数 α_1 应该为 1。如果资本完全自由流动，系数 α_1 应该是趋近于零。他们通过对 16 个经合组织国家的储蓄率与投资率进行的实证检验，发现 α_1 等于

0.89。他们认为，如此高的相关性是资本自由跨境转移性不高导致的。事实上，发达国家之间的资本流动性是很高的，实证结果与此相反，这在理论上难以解释。

8.7 本章小结

货币的价格有三个，分别是通胀率、利率和汇率。在开放经济下，两国的这三者之间两两分别形成平价关系。利率和汇率之间的平价是抵补利率平价和非抵补利率平价，也可以认为是资金领域的一价定律。通胀率和汇率之间的平价是绝对购买力平价、相对购买力平价以及事前购买力平价。通胀率与利率之间存在费雪效应，如果区分事前和事后的时间关系，还可以分为事前的费雪效应和事后的费雪效应。两国间商品市场的均衡条件是实际利率平价。从短期和长期来看，如果说购买力平价理论是长期内分析汇率水平变化趋势的重要理论，利率平价理论则是短期内汇率的决定理论。

抵补利率平价揭示了在资本自由流动的状态下，本国货币市场、外国货币市场、即期外汇市场和远期外汇市场都达到均衡状态的条件，即通过资金转移无法实现套利利润的均衡条件。抵补利率平价既可以表示为$\frac{F-S}{S}=i_d-i_f$，也可以表示为$F=Se^{(i_d-i_f)t}$。与抵补利率平价不同，非抵补利率平价的变量在即期有三个是确定的，有一个包含预期因素。同时，非抵补利率平价要求资本的完全流动性，同时还意味着对市场参与者风险偏好的要求，即市场参与者是风险中性的。否则，投资者需要风险溢价。非抵补利率平价不成立，既可能源于资本的不完全流动性，也可能源于资本的不完全可替代性。请注意，资本的完全可替代性意味着资本的完全流动性，但是资本的完全流动性并不意味着资本的完全可替代性。

费雪效应又称实际利率效应，即名义利率等于实际利率与预期通胀率之和，用公式可以表示为$i=r+\pi^E$，这只在实际利率r和预期通货膨胀率π^E均很小的条件下才成立。其中，预期通货膨胀率π^E不可简化为通货膨胀率π，这是因为通货膨胀率、预期通货膨胀率以及利率的时间跨度是不同的。要确定某一时期的实际利率水平，在计算过程中必须使用同一时期的利率与通胀率。在国外有的教材中，非抵补利率平价有时也被视为敞口利率平价(Open Interest Rate Parity)。

若事前购买力平价和非抵补利率平价均成立，那么实际利率平价就成立。实际利率平价表示两国间实际利率相等$r_d=r_f$，这还意味着两国资本的边际产出相等。如果两国之间事前购买力平价、抵补利率平价和远期汇率无偏估计等于未来即期汇率成立，那么实际利率平价成立。这一平价有时也称为国际费雪效应(International Fisher Effect)，还可以写作费雪开放条件(Fisher Open Condition)。

在现实中，抵补利率平价是有交易成本的，这种成本体现为外汇买卖的差价以及银行同业拆借市场上货币借贷利率间的差价。由于交易成本的存在，利率平价线就扩大为利率平价带。更一般的远期汇价可以用以下公式表示：

$$F_{买入价}=\frac{1+标价货币的存款利率\times n/12}{1+基准货币的贷款利率\times n/12}\times S_{买入价}$$

$$F_{卖出价}=\frac{1+标价货币的贷款利率\times n/12}{1+基准货币的存款利率\times n/12}\times S_{卖出价}$$

利率平价是衡量资本流动性的重要参考指标，这是从资本收益率的角度进行的研究。除此之外，从数量角度进行的资本流动性研究表现为菲尔德斯坦-霍利奥卡效应，即资本的流动性越高，一国的储蓄与投资之间的相关性就越低。不过，实证结果却并不支持这一假设。

第9章 CHAPTER9

现代远期汇率理论

利率平价理论在现实当中难以解释远期汇率的变化，该理论把影响远期汇率的因素只归结于利率，实际上这并不能完整地解释远期汇率的变化，由此引发了现代远期汇率理论的诞生。现代理论将远期汇率看作是由远期外汇市场上所有交易者的供给与需求共同决定的。

9.1 外汇市场上的交易者分类

外汇市场上的参与者，除了按普通客户(Customers)、商业银行、外汇经纪人(Broker)和中央银行这种分类外，从所持有的外汇头寸和对汇率风险的态度出发还可以分为三类：对冲者(Hedger)、套利者(Arbitrager 或 Arbitrageur)和投机者(Speculator)。

9.1.1 外汇市场上的对冲者

所谓对冲者，又称为套期保值者，就是在进行外汇交易之前，已经有了外币标价的远期资产或者负债头寸，由于担心汇率变化使得上述资产或负债在折算成本币后发生不利的变化，因此采取一定的避险措施，锁定这笔远期资产或负债的本币价格，其目的是减少其面临的风险。例如，某出口商3个月后有一笔100万美元的收入，由于本币出现显著的升值趋势，他担心这笔外汇资产在将来出现缩水，因而事先卖出这笔远期美元资产，锁定即将到期的这笔美元资产的本币价格。对于这位出口商而言，资产方有一笔远期外汇资产，在进行外汇交易之后，其外汇净头寸(Net Position)为零。

注意这仅仅消除了汇率风险，并不是说这不会给他带来收益或者损失。例如，如果美元汇率发生急剧变化，从贬值态势转变为升值态势，出口商如果事先不卖出而是到期后再卖出外汇资产，那么他反倒可以获利。这是不是意味着该出口商就不需要进行远期外汇交易呢？不是的，出口商进行了远期外汇交易，使得其外汇净头寸为零，消除了外汇风险。相反，不进行远期外汇交易，则必定存在外汇头寸，汇率的波动必然会增加外汇折算成本币的风险。因此，如果用方差的概念来度量风险，对冲操作后的风险为零，而没有进行对冲操作的风险必定不为零，此时，他既可能盈利，也可能亏损。

9.1.2 外汇市场上的套利者

外汇市场上的套利交易，包括地点套利和时间套利两种类型。前者是指由于某一外汇的汇价在两个或两个以上的市场上的报价存在差异，套利者采取低买高卖的方式获得无风险的差价收益，如两点套汇、三点套汇和多点套汇；后者是指由于国内外息差与远期外汇升贬值率存在差异，将资金从一国转移至另一国获得无风险收益的操作，其原因是两种货币的盈利率(息差收益和汇差收益之和)存在差异。从事上述无风险套利活动的人称为套利者。

9.1.3 外汇市场上的投机者

外汇投机者是指以主动增加外汇头寸(既可以是外汇资产，也可以是外汇负债)的操作来获取收益的经济主体，这一操作增加了投机者面临的风险。这里的投机并不带有贬义色彩。投机者在进行上述操作后，其风险也随之增加，即以风险增加为代价来获取盈利的操作就是投机。假设外汇投机者预测外汇升值，并事先买进外汇，如果预测正确就可以盈利，如果预测错误就会出现投资损失。

投机操作可以分为“稳定性投机”和“非稳定性投机”。所谓稳定性投机(Stabilizing Speculation)是指在外汇升值到高于趋势水平的情况下卖出外汇，或者在外汇贬值到低于趋势水平的情况下买入外汇。在这种情况下，投机者的操作实际上具有稳定汇率的作用，可以抑制汇率的过度波动。所谓非稳定性投机(Destabilizing Speculation)是指在外汇升值到高于趋势水平的情况下继续买入外汇，或者在外汇贬值到低于趋势水平的情况下继续卖出外汇，这种性质的投机加剧了汇率的波动，因此是非稳定性投机，会对国际贸易和国际投资产生破坏性的影响。简言之，稳定性投机是高价卖出，低价买进；非稳定性投机是高价买进，低价卖出。

如图 9-1 所示为稳定性投机和非稳定性投机的示意图，横坐标表示时间，纵坐标表示汇率。向右上方倾斜的直线代表趋势线，所谓趋势线就是代表汇率的某种稳定趋势，由国内生产总值、货币供应量和利率等因素综合决定。无投机汇率波动曲线就是受周期性因素影响汇率呈现出的周期性波动。图 9-1a 说明了稳定性投机对汇率的影响，这种性质的投机导致汇率的波幅下降。在如图 9-1b 所示的非稳定性投机过程中，有投机的汇率波动曲线波幅更大。

当外汇市场外汇出现需求增加后，在稳定性投机当中，外汇供给将增加，使得外汇的价格下跌，如图 9-2a 所示。相反，在非稳定性投机当中，外汇需求会进一步增加，使得外汇价格不断上升，如图 9-2b 所示。

我们还可以用数学公式$\widehat{S}^E=\theta(\bar{S}-S)$来表示，该等式说明外汇的预期变化$\widehat{S}^E$是由调节参数$\theta$与当前汇率水平$S$和其长期均衡值$\bar{S}$之间的差所决定的。如果$\theta>0$，则是稳定性投机。其经济含义是，如果即期汇率水平超过长期均衡值(即$S>\bar{S}$)，本币预期升值(即$\widehat{S}^E$为负)；如果即期

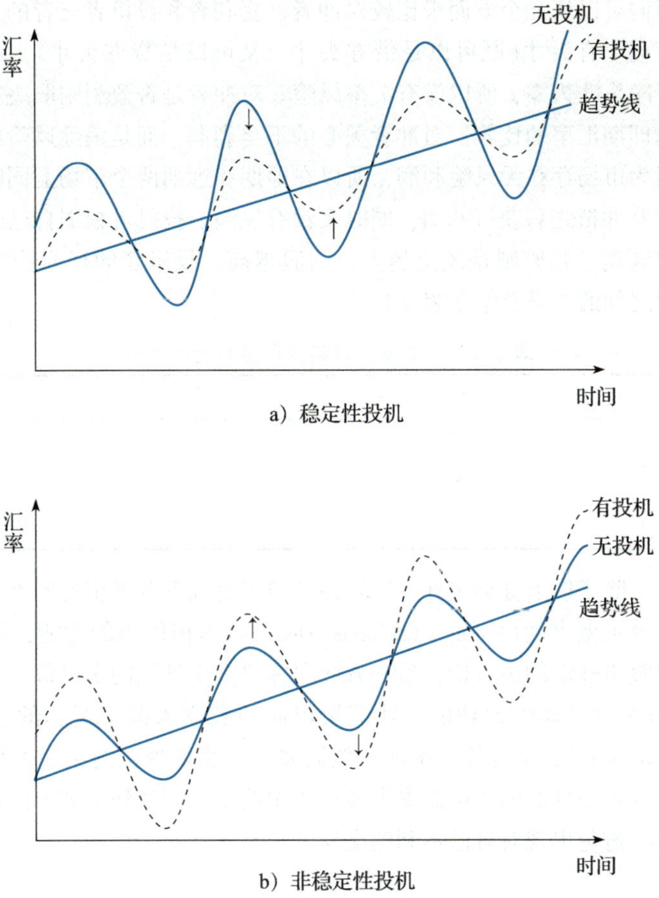

a）稳定性投机

b）非稳定性投机

图 9-1　稳定性投机和非稳定性投机示意图

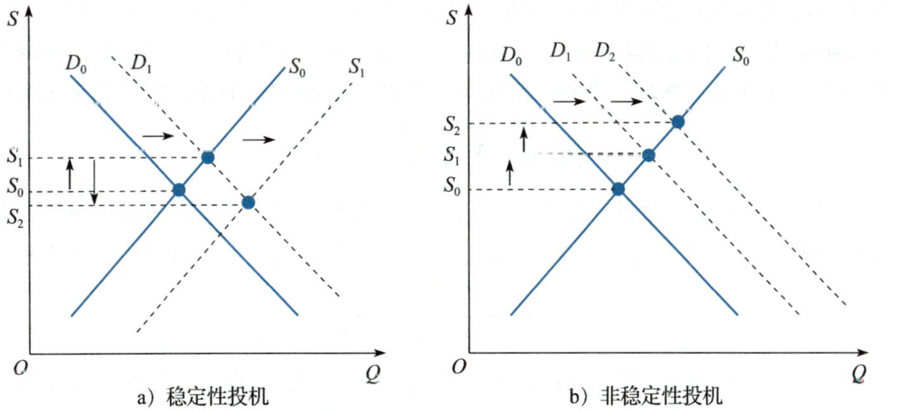

a）稳定性投机　　b）非稳定性投机

图 9-2　稳定性投机和非稳定性投机下的外汇供求

汇率低于长期均衡值，本币汇率预期贬值(即$\widehat{S}^E$为正)。如果$\theta<0$，则是非稳定性投机。其经济含义是，如果即期汇率水平超过长期均衡值(本币已经处于低估状态)，本币汇率预期继续贬值(即$\widehat{S}^E$为正)；如果即期汇率低于长期均衡值(本币已经处于高估状态)，本币汇率预期继续升值(即$\widehat{S}^E$为负)。

综上所述，我们可以从几个方面来比较对冲者、套利者和投机者三者的差异。对冲者由于事先在远期外汇市场上有头寸（既可以是借方头寸，又可以是贷方头寸），通过对冲交易，将头寸降为零。由于净头寸为零，所以没有汇率风险。对冲者是否盈利则取决于在远期市场的汇率与头寸到期时的即期汇率的比较。对冲者关心的不是利润，而是消除风险或者说是锁定未来价格。套利者是因为市场存在无风险利润，所以在即期和远期两个市场上同时操作，即期和远期市场上的头寸相互冲抵之后获得利润，同时又没有风险。投机者根据自己的预期通过主动持有远期头寸来获取利润，其原则是风险越大，利润越高。投机者的行为特征可以概括为高风险、高收益。三者之间的差异总结于表 9-1。

表 9-1 对冲者、套利者和投机者的差异

	净头寸	风险	利润
对冲者	无	无	+/-
套利者	无	无	+
投机者	有	有	+/-

在外汇市场上，除了以上分类之外，读者还必须了解以下两类市场的参与者——外汇做市商和外汇交易商。外汇做市商（Foreign Exchange Dealers）承担做市的功能，即承担双向报价职能，一方面向客户报出外汇的买入价，另一方面向客户报出外汇的卖出价。换言之，外汇做市商承担向外汇市场提供流动性的功能。外汇做市商的利润来源于买卖的差价。外汇交易商（Foreign Exchange Brokers），又称外汇掮客，他们并不是赚取外汇的买卖差价，其利润来源于外汇交易的佣金。外汇交易商向做市商提供各种买卖信息，同时外汇做市商也利用交易商掩盖其外汇头寸的信息，避免出现对自己不利的交易。

9.1.4 外汇风险与外汇敞口

对外汇市场交易者的分类涉及汇率风险问题。那么，与之相关的术语还有外汇风险（Foreign Exchange Risk）和外汇敞口（Foreign Exchange Exposure，有的教材译为"外汇暴露"）。这两者有何差异呢？通常经济学教科书将风险定义为资产收益率的标准差，用公式来表示就是：

$$\sigma(R)=\sqrt{\sum_{i=1}^{n} p_i[R_i-E(R_i)]^2}$$

其中，R 是资产或者负债价值的变化率。所谓外汇风险就是以外币标价的资产或者负债由于汇率变化导致的其本币价值变化的标准差。假设某一外汇资产的收益率可以用公式表示为：

$$R_t=\frac{V_{t+1}}{V_t}-1=\widehat{V}_t$$

其中，$V=SV^*$。S 表示直接标价法下的汇率；V 代表以本币标价的资产或者负债价值；V^* 代表以外币标价的资产或者负债价值。如果 R_t 考虑汇率的变化，且 $\widehat{S}_t$ 和 $\widehat{V}_t^*$ 均很小，那么：

$$R_t=\frac{V_{t+1}}{V_t}-1=\frac{S_{t+1}V_{t+1}^*}{S_tV_t^*}-1=(1+\widehat{S}_t)(1+\widehat{V}_t^*)-1=\widehat{S}_t+\widehat{V}_t^*$$

换言之，外汇风险包括两部分，一部分是汇率风险，一部分是外汇头寸价值的变化。只有当外汇头寸价值保持不变的情况下，外汇风险才等于汇率风险。因此严格来说，汇率风险不同于外汇风险。根据这一公式，我们还可以得到如下结论：如果 $\widehat{S}_t=-\widehat{V}_t^*$，那么 $R_t=0$。这就意味

着对于某一外汇头寸而言，即使汇率发生变化，也完全可能没有外汇风险，因为头寸本身的变化抵消了汇率的变化。所以说，外汇头寸并非一定存在风险。

什么是外汇敞口呢？简言之，外汇敞口就是当本币汇率发生变化后，资产或负债的本币实际价值发生变化的程度。外汇敞口的公式为：

$$Exposure = \frac{\Delta V(¥)}{\Delta S(¥/\$)}$$

在本币为人民币，外币为美元的情况下，外汇敞口就是美元对人民币汇率发生变化后使得资产或负债的人民币价值发生变化的规模。

例如，假定期初美元与人民币的汇率为 ¥6.600 0/ $，期末该汇率变化为 ¥6.800 0/ $，这意味着在这期间美元升值了，人民币贬值了。如果某公司拥有 1 000 万美元的银行存款，那么其本币价值将从期初的 6 600 万元人民币变化为 6 800 万元人民币。根据上述公式，$\Delta V(¥)=¥200$ 万，$\Delta S(¥/\$)=¥0.2/\$$，外汇敞口的规模为 1 000 万美元(见表 9-2)。在本例中，外汇敞口的规模恰恰等于外币存款的规模。由于美元升值，外币资产的本币价值上涨，因此我们又称之为美元的“多头”（Long Position）。

表 9-2　敞口的计算(1)

	汇率	资产	变化额
期初	¥6.600 0/ $	$1 000 万	¥6 600 万
期末	¥6.800 0/ $	$1 000 万	¥6 800 万
变化	¥0.200 0/ $	$0	¥200 万
敞口		$1 000 万	

如果本国公司的银行贷款为 1 000 万美元，此为该公司的负债，当汇率同样发生上述变化，那么这笔贷款的本币价值从-6 600 万元人民币增加到-6 800 万元人民币。本币价值的变化幅度为-200 万元人民币，因此外汇敞口的规模为-1 000 万美元(见表 9-3)。由于敞口为负，因此我们又称之为美元的“空头”（Short Position）。

表 9-3　敞口的计算(2)

	汇率	负债	变化额
期初	¥6.600 0/ $	- $1 000 万	- ¥6 600 万
期末	¥6.800 0/ $	- $1 000 万	- ¥6 800 万
变化	¥0.200 0/ $	$0	- ¥200 万
敞口		- $1 000 万	

上述两个例子还表明，外汇敞口规模等于外汇资产(或负债)的名义价值。以上两个例子中外币资产(负债)的价值是确定的，如果外币资产(负债)的价值是不确定的，敞口又如何变化呢？

假定本国公司拥有 1 000 万股美国公司的股票，期初每股 3 美元，期末每股 2.6 美元，其本币价值分别为 19 800 万元和 17 680 万元人民币，$\Delta V(¥)=-2\ 120$ 万元人民币，$\Delta S(¥/\$)=¥0.2/\$$，敞口的规模为-10 600 万美元(见表 9-4)。出现负值是因为外汇资产的本币价值下降，但是外汇升值了。

表 9-4 敞口的计算(3)

	汇率	资产	变化额
期初	¥6.600 0/$	$3 000 万	¥19 800 万
期末	¥6.800 0/$	$2 600 万	¥17 680 万
变化	¥0.200 0/$	$400 万	-¥2 120 万
敞口		-$10 600 万	

此外，外汇敞口还可以视为外汇头寸本币价值的敏感性。用公式来表示就是 $\Delta V=\beta\cdot\Delta S$。如图 9-3 所示，如果分别以 ΔS 作横坐标和 ΔV 作纵坐标，$\Delta V=\beta\cdot\Delta S$ 就是一条过原点的直线，称为敞口线(Exposure Line)。β 就是斜率，斜率越大，意味着外汇敞口的程度就越高。对于外汇资产头寸而言，就是多头敞口(Long Exposure)，敞口线是一条过原点的向右上方倾斜的曲线，斜率 $\beta>0$；对于外汇负债头寸而言，就是空头敞口(Short Exposure)，敞口线是一条过原点的向右下方倾斜的曲线，斜率 $\beta<0$。

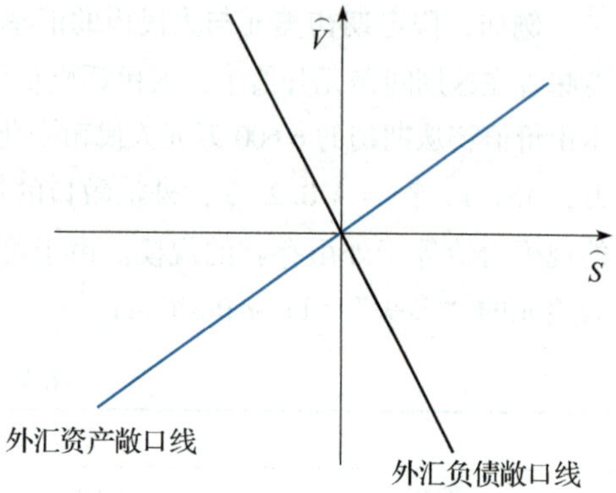

图 9-3 外汇敞口线示意图

如果将外汇资产与负债头寸一并考虑，若资产的敞口大于负债的敞口，那么本币贬值意味着外汇资产的收益要大于外汇负债的损失；反之，若资产的敞口小于负债的敞口，那么本币升值意味着外汇负债的收益要大于外汇资产的损失。外汇风险与外汇敞口之间的关系又是如何呢？根据 $\Delta V=\beta\cdot\Delta S$，可以得到 $\sigma^2(\widehat{V})=\beta^2\sigma^2(\widehat{S})$。

在不少跨国公司财务管理(International Financial Management)方面的教材当中，还会介绍转换敞口(Translation Exposure)、交易敞口(Transaction Exposure)和经济敞口(Economic Exposure)等概念。与上面的理解不同，跨国公司财务管理中的敞口具有数量属性。

1. 转换敞口

转换敞口有时候也称为会计敞口(Accounting Exposure)。当跨国公司合并其海外子公司财务报表时才会存在转换敞口。它是子公司以外币表示的财务报表数据转换成母公司的本币时可能出现的折算风险。例如，针对某个科目，是采用时点汇率，还是时段(一年或一个季度、一个月)的平均汇率？如果采用时点汇率，是采用报表合并日的现行汇率，还是采用交易发生时的历史汇率？根据不同的汇率折算方法，会出现不同的转换敞口。对于公司而言，转换敞口只具有账面价值的意义。

转换敞口不考虑表外业务和公司未来的业务运营，只关注过去已有的财务数据。例如，美国的海外子公司在第一年和第二年的收入都是 100 万英镑，第一年年底的汇率是 1.70 美元/英镑，第二年年底是 1.50 美元/英镑，那么按照当年年底的汇率分别转换得到 170 万美元和 150 万美元。尽管以英镑表示的收入是相同的，当英镑强劲时可以转换得到更多的美元。

2. 交易敞口

交易敞口又称为运作敞口(Operating Exposure)。如果公司有外币应收账款和外币应付账款(现金流入和现金流出)，就会产生交易敞口。出现交易敞口是因为这些项目到期时本币现金流随名义汇率的变化而变化，也称为现金流敞口(Cash Flow Exposure)。这既来源于已经记入资产负债表的外币资产或负债，也来源于涉及未来外币现金流的合约。

比如美国一家公司现在打算 3 个月后从英国一家公司进口价值 100 万英镑的货物，即实际支付英镑的时间是 3 个月后，由于 3 个月内英镑与美元的汇率会发生变化，当 3 个月后英镑升值时，本国公司需要支付更多的美元，这就形成了交易敞口。本国公司保值的策略有很多，可以通过远期、期货、期权、货币互换等金融工具来锁定成本或者收入。

3. 经济敞口

经济敞口是指未来现金流的变化而导致的敞口。因为汇率会波动，未来汇率的不确定性将会影响与外汇有关的现金流的流入和流出。例如，如果本币未来升值，对于本国的现金流收入而言，本国的出口收入、本国对外的投资收益换成本币的数量将会减少，本国未来的现金流入将会减少。同理，本国未来的现金流流出同样会减少。未来的现金流净额的变化取决于两者的幅度大小。解决经济敞口的方式是促进本国货币的国际化和本国经济与他国经济的一体化。经济敞口与交易敞口的差异在于，交易敞口来源于已经完成的交易或者计划的、正在实施的交易出现的潜在收益或损失，经济敞口则是指汇率变化引发未来获利能力的改变。经济敞口不涉及任何现金流的货币转换，公司也不可能预先确切知晓，但是可以通过历史数据进行估计。

以上三种敞口都与汇率的变化有关，都是因为需要本外币的兑换而存在。转换敞口是将子公司以往不同时间点的财务报表数据转换成母公司的计价货币时，由于采用的汇率发生了变化，那么转换得到的本币收入也不一样；交易敞口主要是由交易双方涉及外币业务导致的；经济敞口则是来源于未来现金流的流入和流出的不确定性，如因汇率变化而导致不同国家产品的竞争力发生变化。从时间节点来看，转换敞口是由过去的交易因素引起的；交易敞口则是由过去的交易和现在正在发生的交易引起的；经济敞口则是由未来的交易和非交易因素引起的。另外，转换敞口的出现并不是由于发生了交易，而是由于报表合并；交易敞口和经济敞口则是由于发生了交易。

专栏 9-1

国别风险及其构成

国别风险(Country Risk)是指由于某一国家或地区出现经济状况恶化、政治和社会动荡、资产被国有化或被征用、政府拒付对外债务、外汇管制或货币贬值等诸多原因导致该国家或地区借款人或债务人没有能力或者拒绝偿付对外债务，或使债权人在该国家或地区的商业遭受损失，或使债权人遭受其他损失的风险。国别风险具体包括以下几种。

(1) 转移风险(Transfer Risk)。转移风险是指借款人或债务人由于本国外汇储备不足或外汇管制等因素，无法获得所需外汇偿还其境外债务的风险。

(2) 主权风险(Sovereign Risk)。主权风险是指外国政府没有能力或者拒绝偿付其直接或间接外币债务的可能性。

(3) 传染风险(Contagious Risk)。传染风险是指某一国家的不利状况导致该区域其他国家评级下降或信贷紧缩的风险，尽管这些国家并未发生这些不利状况，自身信用状况也未出现恶化。

(4) 货币风险(Currency Risk)。货币风险是指由于汇率不利变动或货币贬值，债务人持有的本国货币或现金流不足以支付其外币债务的风险。

(5) 宏观经济风险(Macroeconomic Risk)。宏观经济风险是指债务人因本国政府采取保持本国货币币值的措施而承受高利率的风险。

(6) 政治风险(Political Risk)。政治风险是指债务人因所在国发生政治冲突、政权更替、战争，或者债务人资产被国有化或被征用等情形而承受的风险。

(7) 间接国别风险(Indirect Country Risk)。间接国别风险是指某一国家经济、政治或社会状况恶化，威胁到在该国有重大商业关系或利益的本国借款人的还款能力的风险。

9.2 不同交易者在远期外汇市场上的操作

对冲者、套利者和投机者在远期外汇市场上采取的操作会有哪些不同呢？下面我们将逐一分析。

9.2.1 对冲者在远期外汇市场上的操作

利用图 9-4 可以较清晰地解释对冲者的买卖操作(HH 曲线)。横坐标的左右两侧分别是卖和买的数量，纵坐标表示即期汇率和远期汇率水平。F^* 表示按照利率平价理论计算的远期汇率。$F^*=F$ 表示对冲者既不买进远期外汇，也不卖出远期外汇。根据利率平价理论，$F^*>S$ 表示本国利率高于外国利率，本币远期贬值，外币远期升值(见图 9-4a)。如果 $S>F^*$，则表明本国利率低于外国利率，本币远期升值，外币远期贬值(见图 9-4b)。读者可以思考上述两种情况分别对应的是利率平价线的哪一部分。

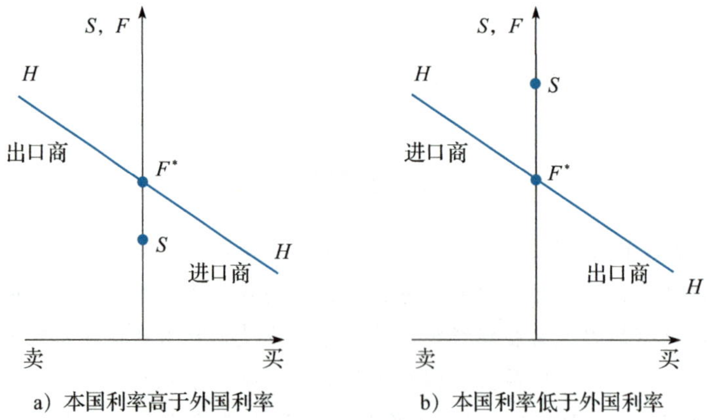

图 9-4 对冲者的远期外汇买卖

对冲者买卖远期外汇的曲线是过点 F^* 的向右下方倾斜的曲线。为什么这是一条向右下方倾斜的曲线呢？对于出口商来说，他现在持有一笔远期外汇资产。为了规避未来的汇率风险，出口商有两种选择。第一种选择是卖掉其远期外汇资产，使其远期外汇净资产为零(出口商从资产方进行操作)。第二种选择是增加其远期外汇负债，这同样使得其远期外汇净头寸为零(出口商从负债方进行操作)。对于第一种选择，出口商在远期外汇市场上出售远期外汇资产；

对于第二种选择，出口商进入本国金融市场进行避险操作。具体过程如下。出口商在金融市场上借入外汇贷款并立即兑换成本币售出，将来以远期外汇资产支付外汇贷款。如果应收外汇货款规模为 A，采用第一种方法立即出售远期外汇可以获得的本币资金为 AF；如果采用第二种方法，则出口商借入的外汇贷款应该为 $\frac{A}{1+i_f}$，将该笔外币资金立即出售可获得本币资金 $\frac{A}{1+i_f}S$，将其投资于本币资产可以获得 $AS\frac{1+i_d}{1+i_f}$。出口商在这两者之间进行选择。

如果 $AF=AS\frac{1+i_d}{1+i_f}$，即利率平价成立，$\frac{F}{S}=\frac{1+i_d}{1+i_f}$，这两种方法无差异。

如果 $AF>AS\frac{1+i_d}{1+i_f}$，即 $\frac{F}{S}>\frac{1+i_d}{1+i_f}=\frac{F^*}{S}$，出口商选择进入远期外汇市场，卖出远期外汇。

如果 $AF<AS\frac{1+i_d}{1+i_f}$，即 $\frac{F}{S}<\frac{1+i_d}{1+i_f}=\frac{F^*}{S}$，出口商选择进入金融市场，不在远期外汇市场上进行操作。因此，出口商买卖远期外汇的曲线就是纵坐标左侧的 HF^* 曲线。

同样，对于进口商而言，未来有一笔需要支付的外汇货款 A，为规避风险，同样有两种方法。一是进入远期外汇市场立即用本币买入远期外汇，将来需要支付本币资金为 AF；二是立刻以 i_d 的利率水平借入规模为 $\frac{AS}{1+i_f}$ 的本币，若这些本币按即期汇率 S 转换成外币的规模为 $\frac{A}{1+i_f}$，投资外币资产，到期获得的外汇正好支付外汇货款 A，同时到期应归还借入本币资金的本利和为 $AS\frac{1+i_d}{1+i_f}$。进口商在这两者之间进行选择。

如果 $AF=AS\frac{1+i_d}{1+i_f}$，即利率平价成立，$\frac{F}{S}=\frac{1+i_d}{1+i_f}$，这两种方法无差异。

如果 $AF>AS\frac{1+i_d}{1+i_f}$，即 $\frac{F}{S}>\frac{1+i_d}{1+i_f}=\frac{F^*}{S}$，进口商选择进入金融市场，不在远期外汇市场上进行操作。

如果 $AF<AS\frac{1+i_d}{1+i_f}$，即 $\frac{F}{S}<\frac{1+i_d}{1+i_f}=\frac{F^*}{S}$，进口商选择进入远期外汇市场，买进远期外汇。因此，进口商买卖远期外汇的曲线就是纵坐标右侧的 HF^* 曲线。

综上所述，就远期外汇市场而言，在远期汇率 $F>F^*$ 的水平上，出口商将卖出远期外汇，其卖出的汇价高于按照利率平价理论计算的远期价格。在远期汇率 F 处于 $F<F^*$ 的水平上，进口商选择买进远期外汇，其买进的价格低于按照利率平价理论计算的远期价格。如此便形成了一条向右下方倾斜的曲线 HH。

9.2.2 套利者在远期外汇市场上的操作

外汇市场上套利者对远期外汇的买卖操作又是如何的呢？外汇市场上套利者对远期外汇的买卖操作曲线也是一条过点 F^* 向右下方倾斜的曲线 AA。这里可以分两种情况来讨论：按照利率平价理论，当本国利率高于外国利率，则会出现 $F^*>S$（见图 9-5a）；反之，如果本国利率低于外国利率，则会出现 $F^*<S$（见图 9-5b）。

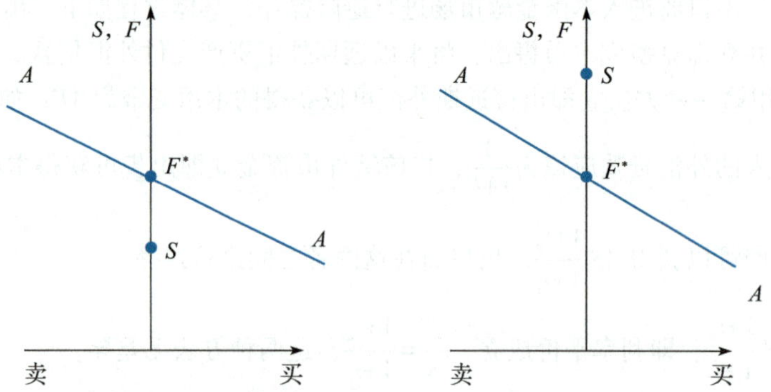

a）本国利率高于外国利率　　　　b）本国利率低于外国利率

图 9-5　套利者的远期外汇买卖

1. 本国利率高于外国利率的情况下套利者在远期外汇市场上的操作

在本国利率高于外国利率的情况下，按照利率平价理论，这会出现 $F^*>S$，它表明本币远期贬值，外币远期升值。如果市场上的远期汇率 $F>F^*$，套利者在远期外汇市场上应该如何操作呢？在 $S<F<F^*$ 区间和 $F<S$ 区间又应该如何操作呢？

在 $F>F^*$ 区间，套利者应该卖出远期外汇，此时套利者卖出远期外汇的所得大于两国息差水平，即 $\frac{F-S}{S}>\frac{F^*-S}{S}=i_d-i_f$，套利者可以从中获利。完整来看，套利者的操作是首先以 i_d 的利率水平借入本币，在外汇市场上按照即期汇率 S 卖掉本币，买进即期外汇，然后按 i_f 的利率水平投资外汇资产，并同时卖出这笔远期的外汇资产本利和。套利者将损失息差（由于本国利率高于外国利率 i_d-i_f），但是在远期外汇市场上按照低买高卖的原则可以获得汇差 $\left(\frac{F-S}{S}\right)$，并且汇差要大于息差。这种情况在利率平价理论的分析中出现过，它对应的是利率平价线上方的 A 区域，套利者将卖出远期外汇获利。

在 $S<F<F^*$ 区间，此时套利者面临的仍然是本币远期贬值，此时套利者应该如何操作才能够获利呢？套利者正确的做法是买进远期外汇。因为 $\frac{F-S}{S}<\frac{F^*-S}{S}=i_d-i_f$，所以套利者首先应该按 i_f 的利率水平借入外币资金，并按照即期汇率 S 买入本币，然后以 i_d 的利率水平投资本币资产，并同时将本币资产的本利和卖掉，买进远期外汇，归还当初借入的外币本利和。上述操作可以简单地归纳为借外币投资本币，赚息差（i_d-i_f）亏汇差，也就是卖掉远期本币的价格低于根据利率平价理论计算出来的理论值 F^*，买进远期外汇的价格要高于卖掉即期外汇的价格，按照低买高卖的原则，套利者在远期外汇市场上是亏损的（即实际上是高买低卖），但亏损的幅度要低于其盈利的幅度，整体上仍然是盈利的。这与利率平价线下方的 F 区操作模式相同。

在 $F<S$ 的区间，套利者如何操作呢？实际上套利者的操作与在 $S<F<F^*$ 区间的操作是一致的，也是借外币投资本币，不过其收益是不同的。具体来看，套利者不仅会由于本国利率高于外国利率而获得息差收入，还会获得汇差收入，这是由于在远期外汇市场套利者可以实现低买高卖（买进远期外汇的价格 F 低于其卖掉即期外汇的价格 S），这相当于利率平价线下方的 E 区。

综上所述，在本国利率高于外国利率的情况下，套利者在远期外汇市场上的操作是：若 $F>F^*$，套利者卖掉远期外汇；若 $F<F^*$，套利者买进远期外汇。如此便形成了一条向右下方倾

斜的过点 F^* 的曲线 AA，这与对冲者曲线 HH 的斜率方向是一致的。

2. 本国利率低于外国利率的情况下套利者在远期外汇市场上的操作

在本国利率低于外国利率的情况下，按照利率平价理论，这意味着 $F^*<S$，即本币远期升值，外币远期贬值。如果市场上的远期汇率 $F>S$，套利者在远期外汇市场上应该如何操作呢？在 $F^*<F<S$ 区间和 $F<F^*$ 区间又应该如何操作呢？

在 $F>S$ 区间，套利者应该卖出远期外汇，其操作方法是借本币投资外币，一方面本国利率相对较低，另一方面，按照利率平价理论，本应该是远期汇率的理论价低于即期汇率，但结果是 $F>S$，因此套利者在外汇市场上低价买进即期外汇，高价卖出远期外汇，同时赚取了外国利率高于本国利率的息差。这与利率平价线上方的 B 区操作模式相同。

在 $F^*<F<S$ 区间，套利者仍然应该卖出远期外汇，操作方法同上，但是所赚取的利润有所不同。在该区间内，套利者赚取了外国利率高于本国利率的息差，在外汇市场上，尽管按照低于即期汇率的价格卖出远期汇率，但这一卖出价高于根据利率平价理论确定的远期汇率的理论值，导致套利者在外汇市场上是相对亏损的，因为其息差收入大于这一亏损额，从整体上看套利者仍然是盈利的。这与利率平价线上方的 C 区操作模式相同。

在 $F<F^*$ 区间，套利者应该如何操作呢？请读者仔细思考。

由于对冲者曲线和套利者曲线都是向右下方倾斜的，将两者合并便可以形成 HA 曲线。对这两类交易者而言，在远期汇率 $F>F^*$ 的情况下，卖掉远期外汇；在远期汇率 $F<F^*$ 的情况下，买入远期外汇。要使得交易成立，必须有相应的交易对手方，这就是远期外汇市场上的投机者。

9.2.3　投机者在远期外汇市场上的操作

投机者在远期外汇市场上的操作可以分为以下几种情况：其买卖均在远期外汇市场上进行；在远期外汇市场上买进，于交割日在即期外汇市场上卖出；在远期外汇市场上卖出，于交割日在即期外汇市场上买进。这里讨论后面两种情况。

S_t^E 为投机者预测的在未来 t 时刻的即期汇率。如果投机者预测 $S_t^E>F$，且预测准确 $S_t^E=S_t$，那么将买入远期外汇，并在远期合约的交割日按合约的价格 F 买进外汇，同时在即期外汇市场上按照 S_t 的价格卖掉外汇，则可以从中获利。如果投机者预测 $S_t^E<F$，则进行相反的操作，卖掉远期外汇并从中获利。如果投机者预测 $S_t^E=F$，则不进行任何操作。因此，投机者在远期外汇市场上的买卖操作曲线是一条向右上方倾斜的曲线 SS（见图 9-6）。注意，此时横坐标的左侧是买入，右侧是卖出，与 HH 曲线和 AA 曲线所对应的横坐标含义完全相反。如果远期外汇市场上的汇价 $F_1>S_t^E$，投机者将卖出 Q_1 数量的远期外汇；如果远期汇率 $F_2<S_t^E$，投机者将买入 Q_2 数量的远期外汇。此时 S_t^E 与远期汇率的理论价 F^* 并不必然相等。

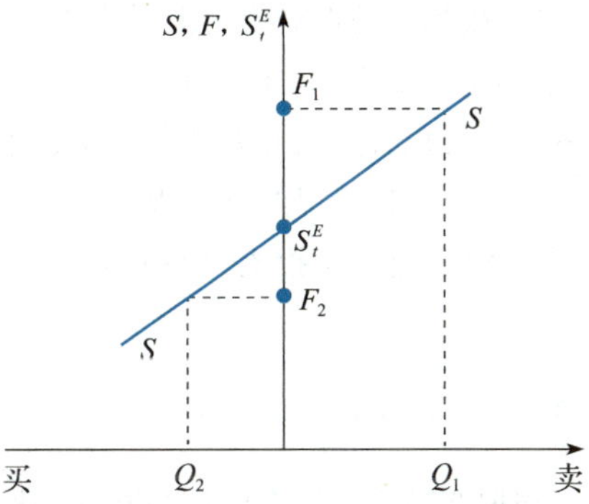

图 9-6　投机者在远期外汇市场上的操作

不过需要指出的是，不论是对冲者、套利者还是投机者，他们在远期外汇市场的操作都遵循同一个规律，即低买高卖，只是对冲者和套利者判断的依据是利率平价的理论值，而投机者判断的依据是对未来的预期值。

9.3 远期均衡汇率的确定

远期汇率的现代决定理论认为，远期汇率是由对冲者、套利者和投机者对远期外汇的供求共同决定的。在图 9-7a(本国利率高于外国利率)中，根据利率平价理论计算，即期汇率低于远期汇率($S<F^*$)，本币未来贬值。然而，投机者预测未来 t 时刻的即期汇率 S_t^E 较低，不仅低于根据利率平价理论计算出来的远期汇率 F^*，而且低于即期汇率 S，说明投机者认为本币未来将会大幅度升值。*HA* 曲线与 *SS* 曲线相交的点对应的汇价为 F'，这就是远期外汇市场上的均衡汇价，它高于投机者的预期值 S_t^E，低于根据利率平价理论计算出来的理论值 F^*，此时套利者和对冲者买入 Q'规模的远期外汇，投机者卖出 Q'规模的远期外汇，远期外汇的成交量为 OQ'。

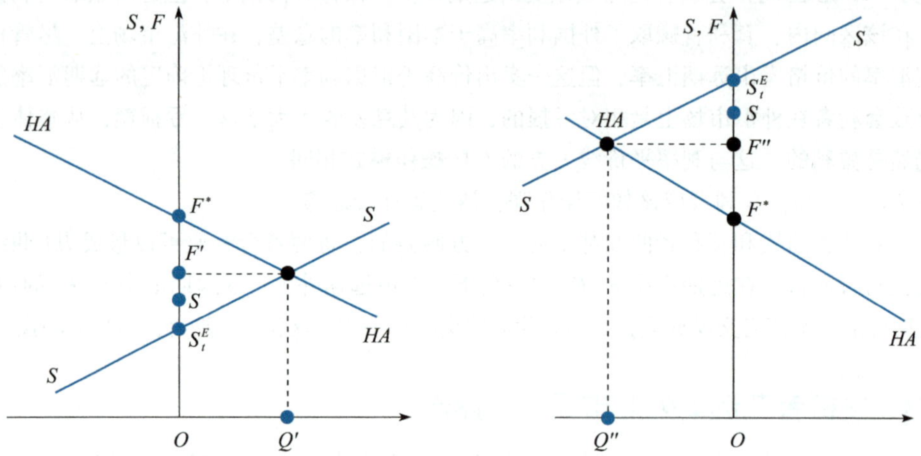

a）本国利率高于外国利率　　b）本国利率低于外国利率

图 9-7 远期汇率的决定

在图 9-7b(本国利率低于外国利率)中，即期汇率高于远期汇率($S>F^*$)，说明本币未来升值。不过，投机者却预测未来 t 时刻的即期汇率较高，不仅高于根据利率平价理论计算出来的远期汇率 F^*，而且高于即期汇率 S，说明投机者预测本币在未来会出现强烈的贬值。*HA* 曲线与 *SS* 曲线相交的点对应的汇价为 F''，这是远期外汇市场上的均衡汇价，它低于投机者的预期值 S_t^E，高于根据利率平价理论计算出来的理论值 F^*，此时套利者和对冲者卖出 OQ''规模的远期外汇，投机者买入 OQ''规模的远期外汇，远期外汇的成交量为 OQ''。

对以上两种情况的分析表明，均衡远期汇率都出现了偏离根据利率平价理论计算出来的远期汇率 F^*，这是指投机者预期出现了严重的偏离，在正常情况下不会有如此大的偏离。

9.4 本章小结

根据交易者对汇率风险的态度，外汇市场上的交易者可以分为对冲者、套利者和投机者三种类型。对冲者又称套期保值者，他们在进行外汇交易之前，已经有了外币标价的远期头寸(资产或负债)，为了降低汇率变化给远期头寸带来的风险，采取对冲措施以锁定这笔远期头寸的本币价格。套利者是指利用市场上的价格差异，采取低买高卖的方式获得无风险收益的交易者。套利交易具体包括两大类，一类是在同一时点上不同地区对同一货币的报价不一致引发的套利活动，另一类是在同一时间段内投资不同货币资产的收益率存在差异引发的套利活动。投机者通过主动持有外汇头寸(资产或负债)来获取收益，由于汇率会发生变化，这一操作增加了其风险。其背后的原理是风险越大，收益越大。投机分为稳定性投机和非稳定性投机两大类。前者是指当外币升值时，外汇的供给者将卖出外汇，外汇的价格逐渐回落；或者说当外币贬值时，外汇的需求者将买入外汇，外汇的价格逐渐回升。后者是指当外币升值时，外汇的需求者将继续买入外汇，外汇的价格进一步升高；或者说当外币贬值时，外汇的供给者继续卖出外汇，外汇的价格进一步降低。

外汇风险和外汇敞口是两个不同的概念。外汇风险是以外币标价的资产或负债由汇率变化导致的其本币价值变化的标准差，它包括两部分，一部分是汇率本身变化带来的，一部分是外汇头寸价值变化带来的。用公式表示就是 $R_{t+1}=\frac{V_{t+1}}{V_t}-1=\frac{S_{t+1}V_{t+1}^*}{S_tV_t^*}-1=(1+\hat{S}_{t+1})(1+\hat{V}_{t+1}^*)-1=\hat{S}_{t+1}+\hat{V}_{t+1}^*$。只有在外汇头寸价值保持不变的情况下($\hat{V}_{t+1}^*=0$)，外汇风险才等于汇率风险，$R_{t+1}=\hat{S}_{t+1}$。

外汇敞口就是外汇头寸本币价值的敏感性。用公式来表示就是 $\hat{V}=\beta\hat{S}$。这条敞口线是一条过原点的直线，斜率 β 越大，意味着外汇敞口的程度就越高。外汇资产头寸存在多头敞口，对于外汇负债头寸存在空头敞口。外汇风险与外汇敞口之间的关系是 $\sigma^2(\hat{V})=\beta^2\sigma^2(\hat{S})$。

对冲者和套利者在远期外汇市场上的操作都是一条向右下方倾斜的曲线，在远期外汇市场上，如果远期市场汇率 F 高于远期外汇的理论价，交易者卖出远期外汇；反之，如果远期市场汇率低于远期外汇的理论价，交易者买进远期外汇。为了使得交易完成，必须要有交易对手方。因此投机者在远期外汇市场上的操作是一条向右上方倾斜的曲线。不论是对冲者、套利者还是投机者，他们在远期外汇市场的操作都遵循低买高卖的原则，只是对冲者和套利者判断的依据是利率平价的理论值，而投机者判断的依据是对未来的预期值。

第 10 章
CHAPTER10

价格变化下的汇率决定

本章主要介绍汇率决定的存量分析法(Stock Approaches)。20 世纪 70 年代之后，外汇市场上的交易主要和国际资本流动有关，汇率的变化极为频繁，与股票价格的变化类似，汇率变化也非常易受预期因素的影响。这导致人们将汇率视为一种资产价格来看待，这一分析方法被统称为汇率决定的资产市场分析法。如果说此前的汇率理论主要是基于国际收支流量的角度来分析，那么本章则是基于资产存量的角度来分析。

根据本币资产与外币资产可替代性的不同，资产市场分析法又可以分为货币分析法(Monetary Approach)和资产组合分析法(Portfolio Approach)两大类。货币分析法假定本外币资产完全可替代(投资者风险中性)，这意味着非抵补利率平价 $i_d=i_f+\widehat{S}^E$ 成立。如果存在 $i_d=i_f+\widehat{S}^E+\lambda$，其中 λ 是指风险溢价，则认为本外币资产不完全可替代。资产组合分析法就是假定本外币资产不完全可替代。不论是完全可替代还是不完全可替代，都意味着资本完全流动。简言之，资本完全流动并不能保证资产的完全可替代，但是资产的完全可替代则意味着资本是完全流动的。

根据商品价格变化的快慢程度，货币分析法又分为弹性价格分析法(Flexible-Price Monetary Approach)和黏性价格分析法(Sticky-Price Monetary Approach)。弹性价格表明在其他经济变量发生变化后，商品的价格会随之迅速变化；黏性价格表明其他经济变量发生变化后，商品的价格保持不变或者变化非常慢。根据本国货币与外国货币可替代性的不同假设，货币分析法又衍生出了货币替代分析法(Currency Substitution Approach)，即假定外国货币一定程度上可以替代本国货币。

我们将经济资产假定分为货币(Currency)与债券(Bond)两类，前者没有利息收益，后者有利息收益。按国别划分，则分为本国资产和外国资产。货币分析法假定本外币完全可替代，资产组合分析法假定本外币不完全可替代。货币分析法的分析对象仅仅为两国货币；资产组合分析法的分析对象则涉及本国货币、本国债券和外国债券，假定本国居民不持有外国货币。

10.1　弹性价格下的汇率决定：货币分析法

弹性价格下汇率的货币分析法又被称为汇率的货币模型，其指导思想是将汇率视为货币的价格，该价格的高低由货币供应量(存量)的多少来决定。该模型假定本国债券与外国债券完全可替代，因此这不仅意味着资本的完全自由流动，而且表明非抵补利率平价成立。本国居民持有本国货币、本国债券和外国债券，外国居民不持有本国货币和本国债券。

10.1.1　模型的主要假设

在货币分析法中，分析对象是一个小国，这意味着本国经济的变化无法影响其他国家的经济。其他主要假设条件如下。

(1) 经济实现了充分就业，因此总供给是一条垂直的曲线，即 $y_s=\bar{y}$，这意味着总需求的变化只会影响物价水平。总供给曲线反映在以总收入为横坐标、以国内物价水平为纵坐标的平面上就是一条垂线(见图 10-1)。

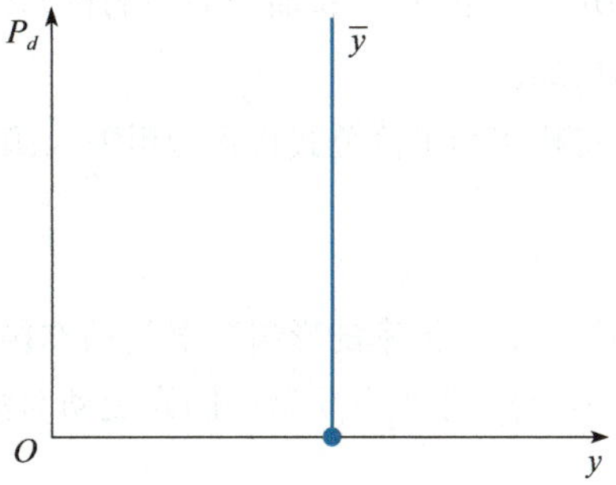

图 10-1　总供给曲线

(2) 资本不仅完全自由流动，而且完全可替代，因此非抵补利率平价 $\hat{S}^E=i_d-i_f$ 始终成立。这个假定意味着在上述条件下，无摩擦的金融市场上，风险中性的投资者对于持有本币资产和外币资产是无差异的，因为这两类资产的收益率是相同的。

(3) 购买力平价始终成立：

$$S=\frac{P_d}{P_f}$$

其中，S 为直接标价法下的外币价格；P_d 为本国物价水平；P_f 为外国物价水平。如果外国物价假定为 1，在以汇率为横坐标和本国物价为纵坐标的平面中购买力平价曲线就是一条过原点的 45°线，在购买力平价线的上方反映的是本币高估，本国产品不具价格竞争力，在其下方是本币低估，本国产品具有价格竞争力(见图 10-2)。换言之，购买力平价线的上方是国际收支逆差状态，下方是国际收支顺差状态。购买力平价线本身则是国际收支平衡状态，因此购买力平价线反映的是外汇市场供求平衡状态。(请读者思考，为什么国际收支平衡状态就是外汇市场供求平衡状态？得到这一结论的假设前提是什么？)

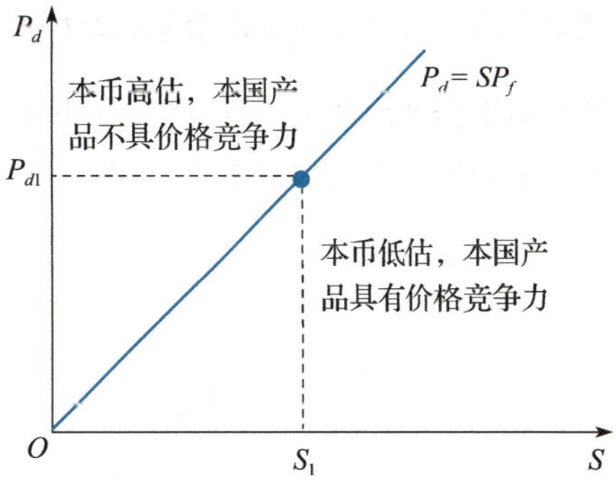

图 10-2　绝对购买力平价线

(4) 货币需求函数根据货币数量论方程式确定。本国货币需求是实际国民收入和物价水平的函数，即 $M_d=kP_dy_d$，其中，k 为马歇尔的 k，也就是货币需求相对于名义收入的比重；P_d 为本国物价水平；y_d 为本国实际国民收入。同样，假设外国的货币需求函数为 $M_f=kP_fy_f$，并假设

两国马歇尔的 k 相同。请注意此时并没有考虑利率因素。

(5) 货币供给则是货币当局可以控制的外生变量，在货币市场均衡条件下，货币需求等于货币供给($M_d = M_s = M$)。

在以总收入为横坐标、以国内物价水平为纵坐标的平面上，假定货币供给为 $M_s = \overline{M}$，这意味着物价水平与实际总收入之间存在反向关系，即 $P_d = \frac{\overline{M}}{ky_d}$。如果货币供应量增加，该曲线向右移动。同时，该曲线上的任何一点表示名义总收入 $\left(Y = P_d y_d = \frac{\overline{M}}{k}\right)$，因此该曲线又代表着商品的总需求 AD(见图 10-3)。该曲线向右的移动代表商品总需求增加。

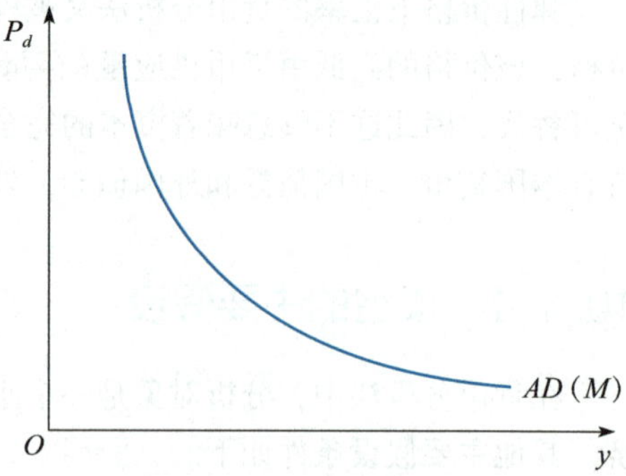

图 10-3 总需求曲线

将购买力平价公式代入货币需求函数，可得：

$$S = \frac{M}{P_f k y_d}$$

其经济含义是汇率的影响因素包括本国货币供给、本国实际收入和外国物价水平(这里假定 k 保持不变)。下面分析这些因素变动对汇率水平的影响。

10.1.2 本国货币供给一次性增加的影响

在初始状态，本国物价水平保持在 P_{d1} 的水平，汇率保持在 S_1 的水平，对应的货币供应量为 M_1，商品市场在 A 点实现均衡(见图 10-4)。假定其他因素不变，本国货币供给水平一次性由 M_1 增加至 M_2，总需求曲线向右移动。这会造成现有物价水平上(P_{d1})货币的超额供给和对商品的超额需求，公众将增加支出以减少其实际货币持有额。由于产出不变，增加的支出会使物价上涨，直到实际货币余额(M/P)恢复均衡为止$\left(\frac{M_2}{P_2} = \frac{M_1}{P_1}\right)$。换言之，本国货币供给的一次性增加不会增加产出，只会带来本国物价的同比例上涨。物价上涨至 P_{d2}，这使得本国出口产品按照初始均衡时的汇率 S_1 计算，出现本国产品价格上涨，竞争力下降的局面，导致本国国

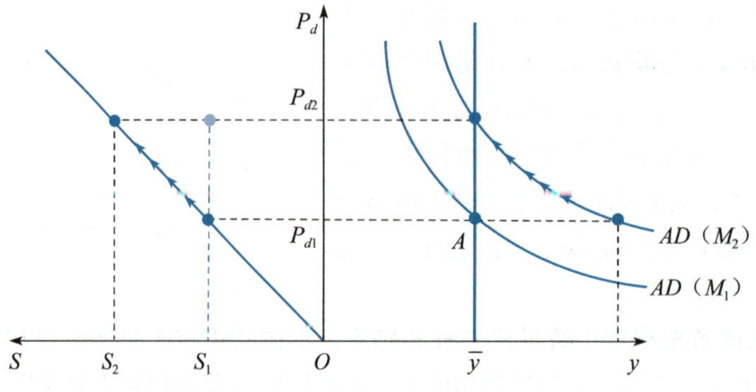

图 10-4 本国货币供给一次性增加对汇率的影响

际收支逆差。要维持购买力平价始终成立，本国货币必须贬值以恢复国际收支平衡，本国汇率最终贬值到 S_2 的水平。因此，本国货币供给一次性增加会导致本币贬值。

上述分析没有涉及利率指标。本国货币供应量一次性增加之后，本国利率将发生怎样的变化呢？如前所述，弹性价格分析法假定非抵补利率平价成立，同时假定总产出处于充分就业状态，因此当名义货币供应量发生变化后，物价水平随之发生变化。货币市场不发生变化，因此利率水平保持不变。

假定外国利率保持不变，本国名义货币供应量一次性增加后，本国利率仍然保持不变，则本外币息差保持不变。在这个约束下，由于本国货币供应量增加后导致本币贬值，这就要求本币预期值同时发生变化，同时本币预期变化率不发生变化，如此才能保证非抵补利率平价成立。请注意，本币贬值水平、本币预期贬值水平和本币预期贬值率是三个不同的概念。

10.1.3 本国国民收入增加的影响

在初始状态，本国物价水平保持在 P_{d1} 的水平，汇率保持在 S_1 的水平，对应的货币供应量为 M_1，商品市场在 A 点实现均衡(见图 10-5)。假定其他因素不变，本国实际收入从 y_1 增加到 y_2，这意味着本国货币需求增加。在货币数量论的约束下，由于货币供给没有相应增加，只有通过本国物价水平的下降才能使得货币市场实现均衡($M_1 = kP_{d1}y_{d1} = kP_{d2}y_{d2}$)，在总需求曲线上移动到 B 点，此时物价下降至 P_{d2}，国民收入上涨至 y_2。物价 P_{d2} 与初始状态的 S_1 导致本国产品竞争力提高，国际收支出现顺差，要维持购买力平价始终成立，必将要求本币升值到 S_2 水平。

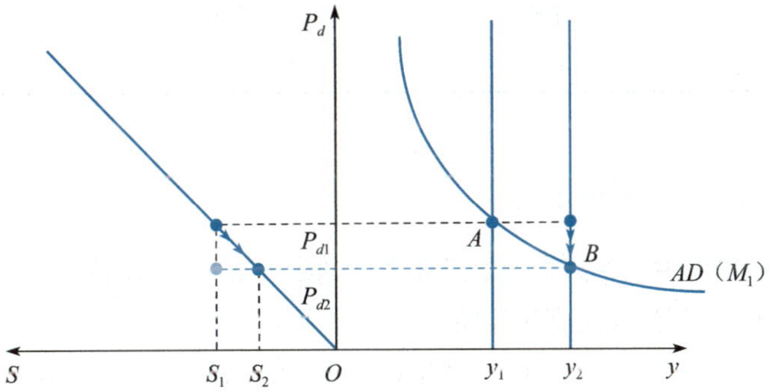

图 10-5 本国国民收入增加对汇率的影响

所以在货币模型中，当其他因素不变时，本国国民收入的增加将会带来本国物价的下跌，本国货币升值。在前面的章节(流量模型)中，国民收入的增加意味着进口需求的上升，贸易收支的恶化，所以国民收入的增加将引发货币的贬值。这里的分析(存量模型)表明，国民收入的增加会带来货币的升值，原因在于这里假定价格是完全弹性的，国民收入的变化完全源于供给因素的变化，如经济运行效率的提高等因素。所以，在本国国民收入增加之后，物价水平下降，从而实现本币升值。

10.1.4 外国物价水平上升的影响

在初始状态，本国物价水平保持在 P_{d1} 的水平，汇率保持在 S_1 的水平，对应的货币供应量

为 M_1，商品市场在 A 点实现均衡(见图 10-6)。如果外国物价水平从 P_{f1} 上升至 P_{f2}，这意味着购买力平价线向右旋转，曲线更为陡峭，在初始本国物价水平 P_{d1} 上，要实现购买力平价，由于外国物价水平从 P_{f1} 上升至 P_{f2}，那么本币汇率必然是从 S_1 下降至 S_2，也就是本币升值。此时，本国货币市场和商品市场不发生变化。外国物价水平的上升不会对本国物价产生冲击，也意味着本国货币政策具有独立性。

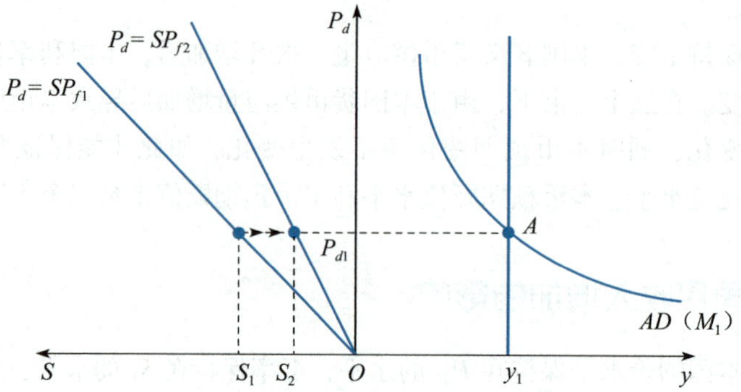

图 10-6 外国物价上升对汇率的影响

在浮动汇率制度下，不同冲击对本国经济的影响总结于表 10-1。

表 10-1 浮动汇率制度下不同的冲击对本国经济的影响

最初的冲击	国内物价	本币汇率	本国收入
本国货币供给扩张	上涨	贬值	不变
本国收入增加	下跌	升值	增加
外国物价水平上升	不变	升值	不变

10.1.5 本国利率上升的影响

以上分析没有明确考虑利率因素，如果要考虑利率因素，我们同样可以将其反映在国民收入-价格的平面图当中，不过无法直接反映。

对利率因素而言，收入水平一定时，利率(i)的上升必然带来货币需求的下降，在货币供给不变的情况下，导致货币供大于求。这同样意味着对商品的超额需求，因此总需求曲线向右移动。如图 10-7 所示，当利率上升，在 P_{d1} 的物价水平上，产生超额商品需求($y_1-\bar{y}$)，在产出

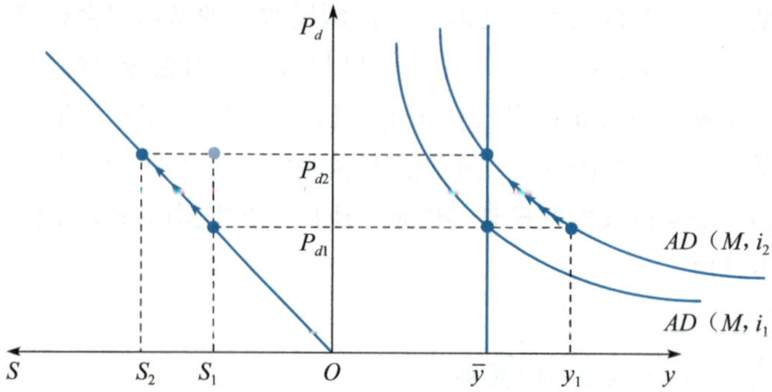

图 10-7 本国利率上升对汇率的影响

不变的情况下，形成通货膨胀，物价水平由 P_{d1} 上升至 P_{d2}，在 P_{d2} 的物价水平上，货币的超额需求逐渐消失，货币供求恢复均衡。由于本国物价水平上升，这使得本国出口产品按照初始均衡时的汇率 S_1 计算，出现本国产品价格高估，竞争力下降的局面，导致本国国际收支逆差。要维持购买力平价始终成立，本国货币必须贬值以恢复国际收支平衡，本国汇率最终变化到 S_2 的水平。因此本国利率上升带来的是本币的贬值。

当然，如果要明确考虑利率因素，我们还可以采用凯恩斯学派的货币需求函数。在货币供求均衡的条件下，一国货币需求是利率、收入和价格的函数，其函数表达式为 $\frac{M_d}{P_d}=y_d^{\alpha}e^{-\beta i_d}$，对该式取对数后得到以下模型：

$$m_d = p_d + \alpha y_d - \beta i_d$$

其中，m_d、p_d 和 y_d 分别是以对数值表示的本国货币存量、本国物价水平和本国实际收入；i_d 表示本国利率水平；α 和 β 分别为货币需求的收入弹性(Income Elasticity)和利率半弹性(Interest Rate Semi-elasticity)。所谓货币需求的收入弹性，用公式表示就是 $\varepsilon_{m,y}=\frac{\mathrm{d}m/m}{\mathrm{d}y/y}=\frac{\mathrm{dln}M}{\mathrm{dln}Y}=\alpha$，经济含义是实际收入每变动 1 个百分点，货币需求变化 α 个百分点；所谓货币需求的利率半弹性，用公式表示就是 $\varepsilon_{m,y}=\frac{\mathrm{dln}M}{\mathrm{d}i}=\beta$，经济含义是利率变化 1 个百分点，货币需求变化 β 个百分点。

同理假设外国的货币需求函数为：

$$m_f = p_f + \alpha y_f - \beta i_f$$

并假设两国货币需求的收入弹性和利率半弹性相同。将两国货币需求函数相减，得到：

$$m_d - m_f = p_d - p_f + \alpha(y_d - y_f) - \beta(i_d - i_f)$$

将购买力平价公式 $S=\frac{P_d}{P_f}$ 取对数可以得到：

$$s = p_d - p_f$$

其中，s 为直接标价法下外汇汇率的对数值；p_d 为本国物价水平的对数值；p_f 为外国物价水平的对数值。将 $s=p_d-p_f$ 代入上式，可得：

$$s = (m_d - m_f) - \alpha(y_d - y_f) + \beta(i_d - i_f)$$

其经济含义是汇率的影响因素包括两国货币供给、实际收入和利率水平的差异。显然，在上述模型中，本国货币供给一次性增加和本国国民收入的增加对本币汇率的影响，与前面不含利率因素的模型分析的效果是相同的。上述公式实际上还隐含这样一种可能：即使本国中央银行采取宽松的货币政策，本国货币仍然可能升值，只要外国中央银行采取更为宽松的货币政策。

简言之，在包含利率因素的货币模型中，本国利率(i_d)的上升会降低货币需求，在原有的物价水平和货币供给水平上，形成超额货币供给，这将导致支出增加。在垂直的总供给曲线约束下，这会导致物价上涨，根据购买力平价定理，本币会出现贬值($s\uparrow$)。在这一点上，弹性价格货币分析理论的观点与人们的经验观念正好相反。通常认为，本国利率上升会吸引外资流入，本国出现国际收支顺差，本币升值，外币贬值。弹性价格货币分析理论则认为，本国利率上升会使本币贬值，外币升值。

从整体上来看，弹性价格的货币分析方法揭示了在长期内汇率的决定因素，但是在短期内影响汇率的因素较多，汇率的波动幅度也较大。

请注意，弹性价格分析法假定非抵补利率平价成立。

10.1.6 理性预期下汇率的变化

前面论证了 $s=(m_d-m_f)-\alpha(y_d-y_f)+\beta(i_d-i_f)$，根据非抵补利率平价公式 $i_d-i_f=\widehat{S}^E$，货币分析法下的汇率公式可以进一步改写为：

$$s=(m_d-m_f)-\alpha(y_d-y_f)+\beta\,\widehat{S}^E$$

如果经济主体预期汇率未来贬值（$\widehat{S}^E>0$），在理性预期条件下，可以用理性预期的未来汇率的变化幅度 $E_ts_{t+1}-s_t$ 代替 $\widehat{S}^E$。同时令 $\widehat{m}=(m_d-m_f)-\alpha(y_d-y_f)$，若考虑时间 t，那么上式可以表示为：

$$s_t=\widehat{m}+\beta(E_ts_{t+1}-s_t)$$

由于等号两侧都有 s_t，整理后可以得到：

$$s_t=\frac{1}{1+\beta}\widehat{m}+\frac{\beta}{1+\beta}E_ts_{t+1}$$

这个等式表明，即使当前的经济基本面没有发生变化，预期的变化仍然会导致当前汇率的变化。根据上面的公式，t+1 期的汇率公式为：

$$s_{t+1}=\frac{1}{1+\beta}\widehat{m}_{t+1}+\frac{\beta}{1+\beta}E_{t+1}s_{t+2}$$

$$E_ts_{t+1}=\frac{1}{1+\beta}E_t\,\widehat{m}_{t+1}+\frac{\beta}{1+\beta}E_t(E_{t+1}s_{t+2})=\frac{1}{1+\beta}E_t\,\widehat{m}_{t+1}+\frac{\beta}{1+\beta}E_t(s_{t+2})$$

将上式代入 $s_t=\frac{1}{1+\beta}\widehat{m}+\frac{\beta}{1+\beta}E_ts_{t+1}$ 中，我们可以得到：

$$s_t=\frac{1}{1+\beta}\widehat{m}_t+\frac{\beta}{1+\beta}\frac{1}{1+\beta}E_t\,\widehat{m}_{t+1}+\left(\frac{\beta}{1+\beta}\right)^2E_t(s_{t+2})$$

这就是将当前汇率表示为未来两期预期汇率的函数，如此不断迭代，可以得到以下公式：

$$s_t=\frac{1}{1+\beta}\left[\widehat{m}_t+\frac{\beta}{1+\beta}E_t\,\widehat{m}_{t+1}+\left(\frac{\beta}{1+\beta}\right)^2E_t\,\widehat{m}_{t+2}+\left(\frac{\beta}{1+\beta}\right)^3E_t\,\widehat{m}_{t+3}+\cdots\right]$$

这表明公众对未来各期货币供给的预期在当期汇率决定中的重要作用，但是未来各期的预期效果不断以 $\frac{\beta}{1+\beta}$ 的倍数递减。

根据上述公式，我们可以考察货币分析法如何看待货币供给增加后对汇率的影响。

第一，如果公众突然预期在第 T 期的货币供给涨幅将增加 1%，那么汇率将发生怎样的变化呢？显然，汇率 s_t 将上升 $\frac{1}{1+\beta}\left(\frac{\beta}{1+\beta}\right)^T$ 个百分点。其经济含义是，在公众前瞻性（Forward-looking）的预期下，公众如果预期某货币将来会贬值，那么他们现在就应该抛售该货币。

第二，如果当期本国货币供给涨幅增加 1%，汇率会发生怎样的变化呢？这取决于未来货币供给的预期受到了什么影响。如果当期本国货币供给涨幅增加 1%，未来各期货币供给增长率仍然保持原有的水平，也就是下一期及以后各期的货币供给增长率恢复到此前发生变化之前的水平，那么当期汇率将上升$\frac{1}{1+\beta}$个百分点。其涨幅小于货币供给的增加幅度，这是因为公众知道在下一期货币增长率将回落，货币在下一期将出现升值，从而在本期增加对货币的需求，因此会部分抵消货币供给增加的影响。

第三，如果公众预期未来所有各期的货币供给涨幅都增加 1%，将会出现怎样的情况呢？在这种情况下，货币贬值 1%。若 $\Delta\hat{m}_t=\Delta E_t\hat{m}_{t+1}=\Delta E_t\hat{m}_{t+2}=\cdots=1$，则：

$$\begin{aligned}\Delta s_t&=\frac{1}{1+\beta}\left[1+\frac{\beta}{1+\beta}+\left(\frac{\beta}{1+\beta}\right)^2+\left(\frac{\beta}{1+\beta}\right)^3+\cdots\right]\Delta\hat{m}_t\\&=\frac{1}{1+\beta}\left[\frac{1}{1-\dfrac{\beta}{1+\beta}}\right]\Delta\hat{m}_t\\&=\Delta\hat{m}_t\end{aligned}$$

10.2 黏性价格下的汇率决定：汇率超调模型

多恩布什（Rudiger Dornbusch，1942—2002）是开放宏观经济学领域的知名专家，1976 年他在《政治经济学期刊》（*The Journal of Political Economy*）发表论文《预期与汇率变化的动态过程》（Expectation and Exchange Rate Dynamics），提出了黏性价格货币分析法，也被称为“汇率超调模型”（Overshooting Model）。这篇论文详细阐述了货币供给发生变化后，汇率变化的动态过程，区分了汇率的长期变化和短期变化特征。由于短期内商品的价格具有黏性，其调整速度较慢，这使得购买力平价在短期内不会成立，而在长期内则会成立。与商品价格的变化不同，汇率的调整速度非常迅速。正是由于商品价格在短期内存在黏性，汇率会出现调整过度，即调整幅度要超过长期均衡水平，之后才向长期均衡汇率水平靠拢。

10.2.1 模型的主要假设

在汇率超调模型中，考察的对象仍然是“小国”，其假设条件如下。

第一，货币需求方程为$\frac{M_d}{P_d}=y^{\alpha}e^{-\beta i_d}$，对该式取对数后得到 $m_d=p_d+\alpha y-\beta i_d$。其中，$m_d$、$p_d$ 和 y 分别是以对数值表示的本国货币供给量、本国物价水平和本国实际收入；i_d 表示本国利率水平；α 和 β 分别为货币需求的收入弹性和利率半弹性，且 $\alpha>0$，$\beta>0$。在国内货币市场实现均衡时，$m_d=m_s=m$。

第二，假定本国债券与外国债券完全可替代，那么非抵补利率平价条件$\hat{S}^E=i_d-i_f$ 成立，即两国利率之差为外汇的预期变化率。

第三，假定购买力平价只有在长期内才能成立，即 $\bar{s}=\bar{p}_d-\bar{p}_f$，其中 $\bar{s}$、$\bar{p}_d$ 和 $\bar{p}_f$ 分别表示长期均衡汇率、本国物价水平和外国物价水平的对数值。

第四，该模型的主要特征在于汇率在短期内出现与购买力平价的偏离，其汇率预期的回归方程表达式为：

$$\hat{S}^E=\theta(\bar{s}-s)\qquad 0<\theta<1$$

该等式说明外汇的预期贬值率是由调节参数（θ）与当前汇率水平的对数值（s）和其长期均衡水

平的对数值($\bar{s}$)之间的差所决定的。如果即期汇率水平超过了长期均衡值，本币预期升值(即$\widehat{S}^E$为负)；反之，如果即期汇率低于长期均衡值，本币汇率预期贬值(即$\widehat{S}^E$为正)。结合非抵补利率平价条件，可以得到$i_d=i_f+\theta(\bar{s}-s)$，也就是外汇市场的均衡条件。

第五，该模型假定通货膨胀率由短期内总需求和长期内总供给之间的差别来决定：

$$\pi_d=\varphi(y^d-y)$$

其中，y^d为短期内的总需求(对数值)；y为外生的GDP，也被认为是代表充分就业的产出，即总供给(对数值)；π_d为本国通胀率，物价水平是黏性的；φ为通胀率的调节速度。如果商品市场是完全弹性的，则$y^d=y$是φ趋近于无穷大的结果；如果$\varphi=0$，则意味着物价水平是完全刚性的。

第六，假定短期的总需求(y^d)是政府支出(g)、实际汇率($s+p_f-p_d$)、国内产出(y)和国内利率(i_d)的函数(各影响因素除利率外均取对数值)，其表达式如下：

$$y^d=g+\delta(s+p_f-p_d)+\phi y-\gamma i_d$$

其中，δ为总需求的实际汇率弹性；ϕ为总需求的总供给弹性；γ为总需求的利率半弹性。

第七，商品市场均衡线是在横坐标为汇率(取对数值)、纵坐标为价格(取对数值)的平面上商品需求等于商品供给的点的组合。将短期总需求公式代入通胀率的决定公式，可以得到：

$$\pi_d=\varphi[g+\delta(s+p_f-p_d)+(\phi-1)y-\gamma i_d] \qquad \delta>0,\ \gamma>0,\ 0<\phi<1$$

将货币需求函数$m_d=p_d+\alpha y-\beta i_d$代入上式可以得到：

$$\pi_d=\varphi\left[g+\delta(s+p_f-p_d)+(\phi-1)y-\frac{\gamma}{\beta}(p_d+\alpha y-m_d)\right]$$

如果商品市场实现均衡，意味着商品需求等于商品供给，即$\pi_d=0$，该条件成立意味着得到商品市场均衡线GG，其斜率为$\frac{\mathrm{d}p_d}{\mathrm{d}s}=\frac{\delta}{\delta+\gamma/\beta}$。如图10-8所示，由于该曲线斜率为正，因此商品市场均衡线是一条向右上方倾斜的曲线，GG曲线的斜率取决于总需求的实际汇率弹性(δ)、总需求的国内利率半弹性(γ)以及货币需求的利率半弹性(β)。显然，当总需求的国内利率半弹性(γ)不为零时，该曲线斜率小于45°，也就是说汇率的贬值将带来物价的上涨，但是物价的涨幅将小于汇率的涨幅。

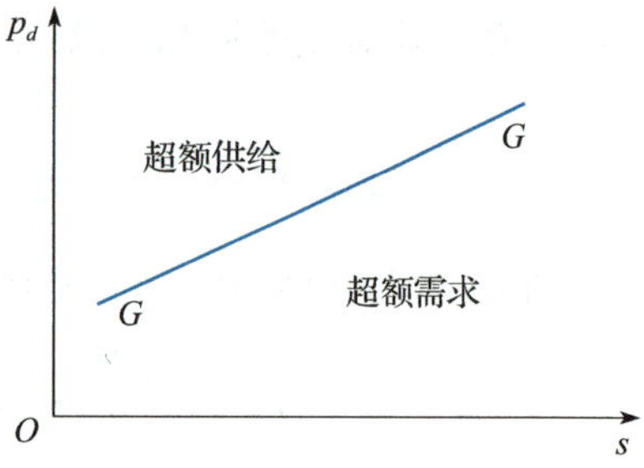

图10-8 商品市场曲线

GG曲线的左边代表了商品供给大于商品需求，这是因为在任何给定的价格水平上，若总供给是固定的，本币升值(横轴向原点的方向)会使得商品总需求减少，商品处于供给过剩状态，从而价格产生下行压力。相反，在GG曲线的右边，在任何给定的物价水平上，本币贬值将导致对国内商品的超额需求，物价产生上行压力。

第八，货币市场均衡线是考虑货币的供给与需求相一致的物价和汇率(均取对数值)的点的组合。通过货币需求函数求解出国内利率水平，即$i_d=\frac{-m_d+p_d+\alpha y}{\beta}$。联立外汇市场均衡条件$i_d=i_f+\theta(\bar{s}-s)$，可以得到：

$$s=\bar{s}-\frac{-m_d+p_d+\alpha y-\beta i_f}{\theta\beta}$$

这意味着货币市场曲线 MM 的斜率是$\frac{\mathrm{d}p_d}{\mathrm{d}s}=-\theta\beta<0$，这说明 MM 曲线的斜率为负（见图 10-9），并取决于货币需求的利率半弹性（β）和汇率的调整速度（θ）。

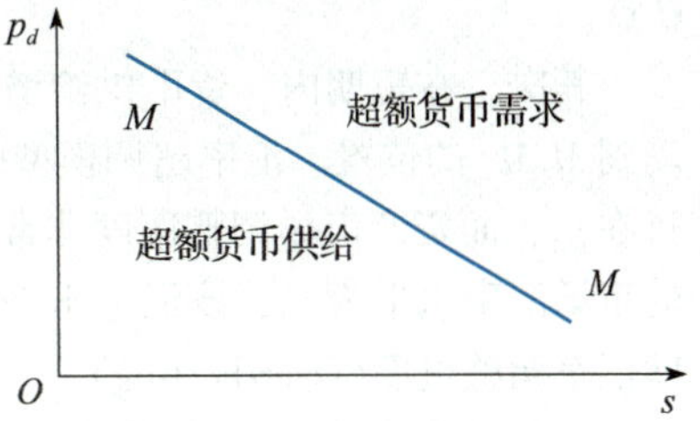

图 10-9　货币市场曲线

MM 曲线上的点表示货币供求相等，MM 曲线的左边代表了货币供给大于货币需求，这是因为在任何给定的汇率水平上，曲线左侧的点的物价水平要更低，使得实际货币供给增加，因此货币市场处于超额供给状态；相反，在 MM 曲线的右边，则表示货币市场处于超额需求。

10.2.2　长期分析：购买力平价成立

黏性价格分析法与弹性价格分析法的相同之处就是，在长期内货币供应量的增加必然带来物价与汇率相同幅度的变化。将 $\pi_d=0$，$s=\bar{s}$，$i_d=\bar{i}_d$，$p_d=\bar{p}_d$ 这些长期均衡性质代入前面的模型后，模型将变形为：

$$\bar{p}_d = m_d - \alpha y + \beta i_d$$

$$\bar{i}_d = i_f$$

$$\bar{s} = -\frac{1}{\delta}g - \left(\alpha + \frac{\phi - 1}{\delta}\right)y + m_d - p_f + \left(\beta + \frac{\gamma}{\delta}\right)i_f$$

由此可以得到$\frac{\mathrm{d}\bar{p}_d}{\mathrm{d}m_d}=\frac{\mathrm{d}\bar{s}}{\mathrm{d}m_d}=1$ 和$\frac{\mathrm{d}\bar{p}_d}{\mathrm{d}\bar{s}}=1$。$\frac{\mathrm{d}\bar{p}_d}{\mathrm{d}\bar{s}}=1$ 就是相对购买力平价的性质。如图 10-10 所示，在价格-汇率坐标系中就是一条 45°线，表明如果国内物价水平上涨 1%，则外币相对本币升值 1%。也就是说，在长期均衡状态下，在这条线的下方，表明本币汇率的变化率相对高于物价水平的变化率（即通胀率），因而存在本币低估；在这条线的上方，表明本币存在高估。

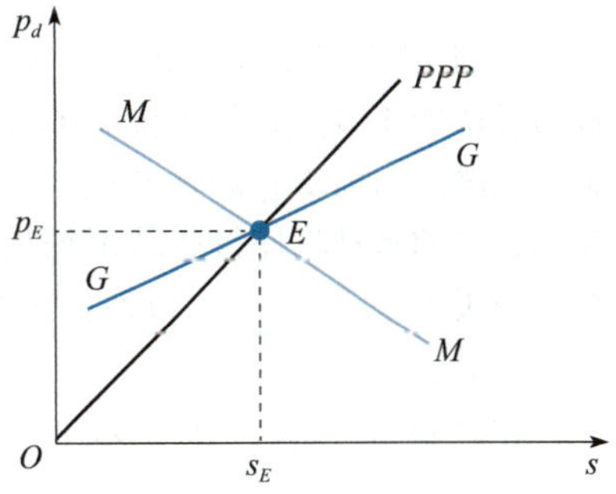

图 10-10　购买力平价曲线

当货币市场均衡线、商品市场均衡线和（外汇市场）购买力平价线三条曲线相交于一点时，表明整个经济在长期内处于均衡状态，此时对应的物价水平和汇率水平分别为 p_E 和 s_E。

10.2.3　短期分析（Ⅰ）：汇率调整过度

假设一国经济在期初处于经济均衡状态，货币市场曲线和商品市场曲线相交于 A 点，汇率水平为 s_A，由于汇率预期变化率为零，那么也决定了与购买力平价相符的初始均衡汇率为 $\bar{s}=s_A$（见图 10-11）。现在假设货币供给增加 x%，在短期和长期内汇率将发生怎样的变动？

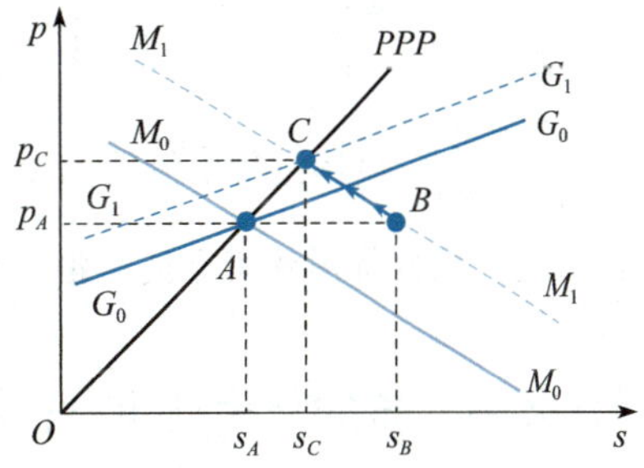

图 10-11　汇率超调现象

首先，在长期内由于货币供给增加 $x\%$，必然导致物价上涨 $x\%$，这是由于购买力平价在长期内成立所决定的，国内物价水平上升 $x\%$，需要本币贬值 $x\%$，即均衡点从 A 点最终移动到 C 点。

其次，在短期内，货币供给增加 $x\%$，这必然导致 MM 曲线向右移动，即从 M_0M_0 向右移动到 M_1M_1 的位置。汇率超调模型的主要思想就是在短期内物价水平在货币供给增加后仍然保持在 p_A，而资产市场调整速度非常快，迅速实现了均衡，此时，在 p_A 的水平上 M_1M_1 曲线对应的市场汇率水平为 s_B，该汇率水平超过了长期均衡水平 s_C，这一现象就被称为"汇率超调"，即汇率调整过度(Overshooting)。

为什么会出现汇率超调现象呢？其原因是在短期内，国内物价水平是固定的，扩大货币供给会产生过剩的实际货币余额，在产出水平固定的情况下，只有降低国内利率，人们才会愿意增加持有这部分过剩的实际货币余额。根据非抵补利率平价条件，在外国利率不变的情况下，国内利率的下降意味着有本币升值的预期(即 $\widehat{S}^E<0$)。预期汇率的调整导致市场汇率与均衡汇率的调整。在长期内，货币供应量的增加导致最终的均衡物价水平上涨至 p_C。按照相对购买力平价原理，最终的均衡汇率也必须贬值到 s_C 的水平，同时市场汇率也必须为 s_C，这才能够保持汇率预期变化率为零。由于在货币供应量增加后汇率出现了升值预期，那么在向长期均衡值过渡的过程中，本国货币只有出现短期的货币贬值幅度超过长期的贬值幅度，才可能出现本币的升值预期，即汇率由最初的 s_A 贬值到 s_B，然后才从 s_B 的水平逐步升值到 s_C 的水平。此时，本国利率重新回到 i_1 的水平，汇率预期变化率再次为 $\widehat{S}^E=0$。上述调整过程主要受三个因素影响：总需求的实际汇率弹性(δ)、总需求的国内利率半弹性(γ)以及货币需求的利率半弹性(β)。从公式来看，前面得到了 $\dfrac{\mathrm{d}p_d}{\mathrm{d}s}=\dfrac{\delta}{\delta+\gamma/\beta}<1$，$\dfrac{\mathrm{d}\bar{p}_d}{\mathrm{d}\bar{s}}=1$，也就是说在短期内汇率的变化幅度大于物价的变化幅度，但是在长期内，汇率的变化幅度等于物价的变化幅度。

在图 10-11 中，货币供给增加后，MM 曲线向右移动到 M_1M_1 的位置，由于物价保持不变，此时经济处于 B 点，该点位于 G_0G_0 曲线的下方和 PPP 曲线的右方，这意味着本币汇率低估，进而刺激出口需求；同时 B 点也位于 M_1M_1 曲线上，这意味着国内利率水平下降从而鼓励投资支出，这两者都将使得商品市场均衡线从 G_0G_0 的位置向上移动到 G_1G_1 的位置。因此在长期内，购买力平价线(又称为外汇市场均衡线)PPP、商品市场均衡线 G_1G_1 和货币市场均衡线 M_1M_1 相交于 C 点。

在短期和长期内，汇率对于货币供给变化的反应是有差异的。在长期内，货币供给的变化率等于汇率的变化率，即 $\dfrac{\mathrm{d}\bar{s}}{\mathrm{d}m_d}=1$，但是在短期内，汇率的变化将大于货币供给的变化率，将 $\bar{s}=-\dfrac{1}{\delta}g-\left[\alpha+\dfrac{\phi-1}{\delta}\right]y+m_d-p_f+\left(\beta+\dfrac{\gamma}{\delta}\right)i_f$ 代入 $s=\bar{s}-\dfrac{-m_d+p_d+\alpha\gamma-\beta i_f}{\theta\beta}$ 后，可以得到 $\dfrac{\mathrm{d}s}{\mathrm{d}m_d}=1+\dfrac{1}{\theta\beta}$，$\dfrac{\mathrm{d}(s-\bar{s})}{\mathrm{d}m_d}=\dfrac{1}{\theta\beta}$。显然，货币供给的短期增加所引发的汇率变化幅度会大于其长期变化的幅度，也就是说扩张性货币政策会使得汇率呈现出调整过度的现象。

10.2.4 短期分析(Ⅱ)：汇率调整不足

本国货币供给增加后，本币出现汇率超调并不是唯一的结果。如果将上述模型稍加修正，就可以发现短期汇率波动很可能小于长期汇率波动幅度，即汇率调整不足(Undershooting)。将总需求函数调整为 $y^d=g+\delta(s+p_f-p_d)+\phi y^d-\gamma i_d$；货币需求函数调整为 $m_d=p_d+\alpha y^d-\beta i_d$，就可以得到上述结论。具体来看，货币需求函数、商品市场均衡和非抵补利率平价函数分别修改为：

$$m_d = p_d + \alpha y^d - \beta i_d$$

$$\pi_d = \varphi[g + \delta(s + p_f - p_d) + \phi y^d - y^d - \gamma i_d]$$

$$i_d = i_f + \theta(\bar{s} - s)$$

在长期均衡状态下，物价涨幅 $\pi_d=0$ 且 $p_d=\bar{p}_d$，$i_d=\bar{i}_d$，$s=\bar{s}$，$y^d=\bar{y}^d=y$，字母上加上一短横表示长期均衡值。将上述约束条件代入后可以得到：

$$\bar{p}_d = m_d + \beta i_f - \alpha\bar{y}^d$$

$$\bar{i}_d = i_f$$

$$\bar{s} = -p_f + m_d + \left(\beta + \frac{\gamma}{\delta}\right) i_f - \frac{1}{\delta}g + \left(\frac{1-\phi}{\delta} - \alpha\right)\bar{y}^d$$

显然，$\frac{\partial \bar{p}_d}{\partial m_d}=\frac{\partial \bar{s}}{\partial m_d}=1$，这一性质与前面的超调模型结论一致。然而在短期内物价(p_d)保持不变，将会产生什么变化呢？将货币需求函数、利率平价条件和总需求函数整理之后，可以得到：

$$\begin{bmatrix} -\beta & 0 & \alpha \\ 1 & \theta & 0 \\ -\gamma & \delta & \phi-1 \end{bmatrix}\begin{bmatrix} i_d \\ s \\ y^d \end{bmatrix} = \begin{bmatrix} m_d - p_d \\ i_f + \theta\bar{s} \\ -g-\delta(p_f-p_d) \end{bmatrix}$$

利用克莱姆法则，我们可以求解得到：

$$i_d = \frac{\theta(1-\phi-\alpha\delta)p_d - \theta(1-\phi)m_d + \alpha\delta(i_f+\theta\bar{s}) + \alpha\theta g + \alpha\theta\delta i_f}{\Delta}$$

$$s = \frac{(1-\phi-\alpha\delta)p_d + (1-\phi)m_d + [(1-\phi)\beta+\alpha\gamma](i_f+\theta\bar{s}) - \alpha g}{\Delta}$$

$$y^d = \frac{-(\delta+\beta\theta\delta+\gamma\theta)p_d - (\delta+\gamma\theta)m_d + \beta\delta(i_f+\theta\bar{s}) + \beta\theta g + \beta\theta\delta p_f}{\Delta}$$

其中，$\Delta=\theta\beta(1-\phi)+\alpha(\delta+\theta\gamma)>0$。

为了得到 $\frac{\partial s}{\partial m_d}$，将 $\bar{s}=-p_f+m_d+\left(\beta+\frac{\gamma}{\delta}\right)i_f-\frac{1}{\delta}g+\left(\frac{1-\phi}{\delta}-\alpha\right)\bar{y}^d$ 代入 $s=\frac{(1-\phi-\alpha\delta)p_d+(1-\phi)m_d+[(1-\phi)\beta+\alpha\gamma](i_f+\theta\bar{s})-\alpha g}{\Delta}$中，由此可以得到$\frac{\partial s}{\partial m_d}=\frac{(1-\phi)+[(1-\phi)\beta+\alpha\gamma]\theta}{\Delta}$，这就是短期内货币变化带来的汇率变化幅度。与 $\frac{\partial \bar{s}}{\partial m_d}=1$ 相比，可得 $\frac{\partial s}{\partial m_d}-\frac{\partial \bar{s}}{\partial m_d}=\frac{(1-\phi)+[(1-\phi)\beta+\alpha\gamma]\theta}{\Delta}-1=\frac{(1-\phi)-\alpha\delta}{\Delta}$。

如果$(1-\phi)-\alpha\delta<0$，那么在短期内汇率的变化幅度将小于汇率的长期变化幅度，表现出汇率调整不足的局面；反之，如果$(1-\phi)-\alpha\delta>0$，仍然出现汇率调整过度的现象。换言之，汇率是调整过度还是调整不足受制于总需求的总供给弹性(ϕ)、货币需求的收入弹性(α)和总需求的实际汇率弹性(δ)三个因素。

为什么会出现汇率调整不足的现象呢？这显然与货币需求与总需求的函数关系有关。当货币供给增加后，总需求随之增加，带动经济增长，由此引起货币需求的增加，如果货币供给的增加幅度大于货币需求的增加幅度，那么将出现货币超额供给，利率下降。汇率随之出现升值预期，因此汇率必须贬值过度才能够出现升值预期，即汇率超调。反之，如果货币供给的幅度小于货币需求的幅度，那么将出现货币超额需求，引发利率上升。利率上升导致本币的贬值预期，但是在短期内的货币贬值幅度低于长期的货币贬值幅度，汇率需要继续贬值，因此在短期内出现汇率调整不足的局面。

10.2.5 放大效应与超调效应的对比

在第 8 章，我们假设本外币资产完全可替代，即 $i_d=i_f+\hat{S}^E$，如果将这一条件代入弹性价格下的汇率决定公式 $s=(m_d-m_f)-\alpha(y_d-y_f)+\beta(i_d-i_f)$，我们可以得到：

$$s=(m_d-m_f)-\alpha(y_d-y_f)+\beta\hat{S}^E$$

如果假定事前购买力平价成立($\hat{S}^E=\pi_d^E-\pi_f^E$)，那么上述公式可以写成：

$$s=(m_d-m_f)-\alpha(y_d-y_f)+\beta(\pi_d^E-\pi_f^E)$$

其中，π_d^E 表示预期的本国通胀率；π_f^E 表示预期的外国通胀率。根据货币学派的观点，货币供应量的增长率决定了通胀率，并且假定这一规律在事前状态仍然成立($m^E=\pi^E$)，那么我们还可以将上述公式写成：

$$s=(m_d-m_f)-\alpha(y_d-y_f)+\beta(m_d^E-m_f^E)$$

在这种状态下，汇率的变化幅度就会完全高于货币供应量的变化幅度。也就是说，只要当前的货币供给增加会产生对未来下一次的货币供给增加的预期，就会出现这种情况。用数学公式来表示就是假定$\frac{\mathrm{d}m_d^E}{\mathrm{d}m_d}>0$，那么$\frac{\mathrm{d}s}{\mathrm{d}m_d}=1+\beta\frac{\mathrm{d}m_d^E}{\mathrm{d}m_d}>1$。这种超比例的汇率反应称为放大效应(Magnification Effect)。

放大效应不可以与本章所提到的超调效应相提并论，因为前者是价格完全弹性条件下货币供给增加对汇率的效应，实际汇率仍然保持不变；后者是黏性价格下货币供给增加对汇率的效应，并且伴随着实际汇率的暂时失调。图 10-12 给出了汇率放大效应的示意图。纵坐标表示汇

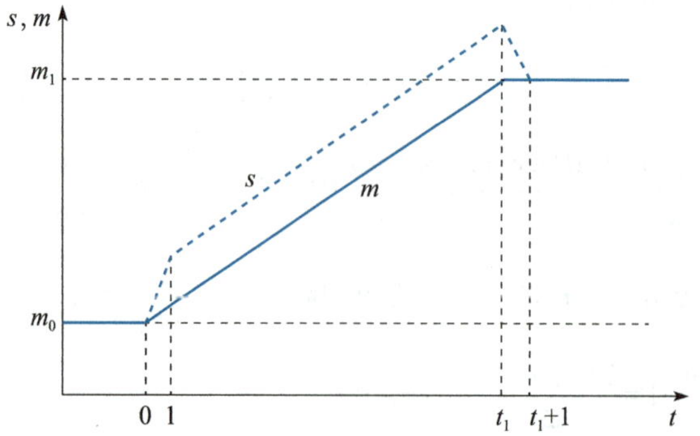

图 10-12 货币供给增长率提高情况下的汇率放大效应

资料来源：曼弗雷德·加特纳．汇率经济学：理论模型与实证分析[M]．吕随启，译．北京：中国市场出版社，2009.

率和货币供应量的对数值。在 0 时刻之前货币供应量为 m_0，从 0 时刻开始，货币供应量增长率开始提高。在 1 时刻，本币汇率的变化幅度要大于货币供应量的变化幅度。从 1 时刻到 t_1 时刻，汇率的变化幅度与货币供应量的变化幅度一致。只要货币供应量沿着上述膨胀路径继续增加，放大效应就会存在。如果货币供应量在 t_1+1 时刻(乃至之后)继续稳定在 m_1(t_1 时刻的水平)，那么汇率的放大效应就会消失。对于汇率变化率而言，本币汇率就会从 t_1 时刻开始下降，在 t_1+1 时刻(乃至之后)稳定在 m_1。

10.3 弗兰克尔的实际息差模型

如前所述，多恩布什的“黏性价格”模型考虑了商品市场与外汇市场的价格变化的不同性质。然而，多恩布什模型没有考虑通胀预期对汇率的影响。弗兰克尔 1979 年综合考虑了弹性价格模型中的通胀预期因素与黏性价格模型的商品价格黏性因素，提出了实际息差模型(Real Interest Rate Differential Model)。

与弹性价格的货币学派模型类似，货币需求函数为$\dfrac{M_d}{P_d}=y_d^{\alpha}e^{-\beta i_d}$，取对数后可以得到：

$$m_d = p_d + \alpha y_d - \beta i_d$$

其中，m_d、p_d 和 y_d 分别是以对数值表示的本国货币供给量、本国物价水平和本国实际收入；i_d 表示本国利率水平；α 和 β 分别为货币需求的收入弹性和利率半弹性。

外国的货币需求函数为：

$$m_f = p_f + \alpha y_f - \beta i_f$$

假设两国的货币需求的收入弹性和利率半弹性相同。合并两式后，得到：

$$m_d - m_f = p_d - p_f + \alpha(y_d - y_f) - \beta(i_d - i_f)$$

弹性价格分析法是假定购买力平价成立，但是实际息差模型假设国内外债券完全可替代，所以非抵补利率平价$\hat{S}^E=i_d-i_f$ 成立，其中$\hat{S}^E$ 是本币的预期贬值率。

实际息差模型的汇率预期函数具有两重性质：第一，在短期内，与多恩布什模型相似，其汇率预期的函数有回归性质；第二，在长期内，该模型假设事前购买力平价成立。其函数表达式为：

$$\hat{S}^E = \theta(s - s) + (\pi_d^E - \pi_f^E) \qquad 0 < \theta < 1$$

等号右边第一项表明短期内汇率预期的回归性质：如果即期汇率水平超过了长期均衡值，本币预期升值(即$\hat{S}^E$ 为负)；反之，如果即期汇率低于长期均衡值，本币汇率预期贬值(即$\hat{S}^E$ 为正)。等号右边第二项表明在长期内，汇率由事前购买力平价决定，即预期贬值率是国内外长期预期通胀率之差的函数。

将非抵补利率平价公式$\hat{S}^E=i_d-i_f$ 代入$\hat{S}^E=\theta(s-s)+(\pi_d^E-\pi_f^E)$，得到：

$$i_d - i_f = \theta(\bar{s} - s) + (\pi_d^E - \pi_f^E)$$

$$s - \bar{s} = -\frac{1}{\theta}[(i_d - \pi_d^E) - (i_f - \pi_f^E)]$$

上式表明，即期汇率和长期均衡汇率之差与括号中的实际息差成比例。如果国内债券的实际利率高于国外债券的实际利率，本币将会贬值，直到在长期稳定状态下两国实际利率相等。

根据购买力平价，在长期内有 $\bar{s}=\bar{p}_d-\bar{p}_f$ 成立。同时，预期的实际利率水平相等，所以长期内名义利率的任何差异都可以解释为经济稳态下预期通胀率的不同，即 $i_d-i_f=\pi_d^E-\pi_f^E$。

对于 $m_d-m_f=p_d-p_f+\alpha(y_d-y_f)-\beta(i_d-i_f)$ 而言，在长期内，我们可以得到：

$$\bar{s}=(m_d-m_f)-\alpha(y_d-y_f)+\beta(\pi_d^E-\pi_f^E)$$

上式表明，长期均衡汇率是由两国货币供应量的相对供给 m_d-m_f 和相对需求 $\alpha(y_d-y_f)-\beta(\pi_d^E-\pi_f^E)$ 所决定的。

如前所述，短期内弹性价格货币模型中汇率决定的公式为 $s=(m_d-m_f)-\alpha(y_d-y_f)+\beta(i_d-i_f)$，长期均衡汇率的决定公式与之非常相似。然而，因为弗兰克尔模型假设短期内商品价格具有黏性，所以弗兰克尔模型中短期汇率与弹性价格货币模型中短期汇率的解存在差异。

合并 $s-\bar{s}=-\dfrac{1}{\theta}[(i_d-p_d^E)-(i_f-p_f^E)]$ 和 $\bar{s}=(m_d-m_f)-\alpha(y_d-y_f)+\beta(\pi_d^E-\pi_f^E)$，重新整理后，可以得出如下短期汇率的表达式：

$$s=(m_d-m_f)-\alpha(y_d-y_f)+\beta(\pi_d^E-\pi_f^E)-\frac{1}{\theta}[(i_d-\pi_d^E)-(i_f-\pi_f^E)]$$

弗兰克尔公式清楚地表明，如果两国实际利率存在差异，那么短期汇率就会偏离其长期均衡值。如果国内实际利率低于国外实际利率，那么本币汇率就高于其长期均衡汇率水平（本币处于贬值状态），这需要通过本币预期升值来弥补。

完全弹性价格的货币主义学派认为，所有的市场都能瞬间出清，因此汇率预期的调节参数 (θ) 无穷大，短期汇率由 $s=(m_d-m_f)-\alpha(y_d-y_f)+\beta(i_d-i_f)$ 给出。在弗兰克尔的实际息差模型里，商品市场和劳动力市场的价格对外部冲击的调节缓慢，所以调节参数 (θ) 的大小是有限的。相反，外汇市场的调整速度非常快。在这种情况下，意外的本币扩张会导致本国实际利率的相对下降，同时，国内价格水平最初保持不变，但预期未来商品价格会上升。因此，短期汇率超过了其长期均衡值，贬值的幅度高于货币存量增加的幅度，经济主体产生了对本币未来升值的预期，这可以弥补国内债券较低的实际收益率。

10.4 货币替代条件下的汇率决定

所谓货币替代，就是一国货币代替另一国货币发挥价值储藏和支付手段的功能。为什么居民愿意持有外国货币呢？在本国出现恶性通货膨胀（Hyperinflation）的情况下，居民为了避免货币购买力的损失，往往会采用外国货币来进行保值和日常支付。除此之外，外国货币具有更好的流动性，也往往是持有外币的原因之一。当居民的资产池中增加了外国货币，会对汇率产生怎样的影响呢？

这里考察的对象仍然是“小国”，其假设条件如下。

（1）本国货币需求方程为 $\dfrac{M_d}{P_d}=\Omega\cdot y^{\alpha}e^{-\beta i_d}$，其中 Ω 代表本国居民愿意以本币形式持有的现金余额部分。当 $\Omega=1$ 就意味着本国居民不持有外国现金。对该式取对数后得到：

$$m_d=p_d+\alpha y-\beta i_d+\omega$$

其中，m_d、p_d 和 y 分别是以对数值表示的本国货币供给量、本国物价水平和本国实际收入；i_d 表示本国利率水平；α 和 β 分别为货币需求的收入弹性和利率半弹性。$\omega=\ln\Omega$ 反映了本国货币在实际货币余额中所占的比重。

（2）商品市场实现均衡的条件为相对购买力平价始终成立，$p_d=s+p_f$，小写的字母为大写字母的对数值。

(3) 在外汇市场上，非抵补利率平价始终成立，且假定外国利率水平为零，则 $i_d = E(\hat{S})$。

将条件(2)和条件(3)代入 $m_d = p_d + \alpha y - \beta i_d + \omega$，得到：

$$s = m_d - \alpha y + \beta E(\hat{S}) - \omega$$

显然，对本国货币偏好的增加必然使得本国货币升值。假定 ω 不是一个外生变量，而是一个随着汇率预期变化的内生变量：

$$\omega = -aE(\hat{S}) - b\text{var}[E(\hat{S})]$$

其中，a 为汇率预期变化率对本币占实际货币余额的比重的影响程度，a 越大，给定汇率贬值幅度将使得居民的货币需求更多地从本币转向外币；b 为汇率预期的方差对本币占实际货币余额的比重的影响程度。其经济含义为当贬值预期 $E(\hat{S})$ 上升，其方差就会变得更大。如此 ω 就会变小，即对本国货币的偏好下降。

如果假定 $E(\hat{S}) = E(\hat{m})$，其含义是货币贬值的预期等于货币供应量变化率的预期，那么结果将出现如下变化：

$$s = m_d - \alpha y + (\beta + a)E(\hat{m}) + b\text{var}[E(\hat{m})]$$

其经济含义是，在货币可替代条件下，如果本国预期的货币供应量增长率增加，汇率的变化将会产生放大效应。具体来说，放大效应取决于本币贬值的程度将受利率半弹性(β)和汇率预期变化率对本币占实际货币余额比重的影响程度(a)两个因素的制约。如果货币增长率变得更大，其方差将会更大，那么放大效应就会更加明显。

10.5　本章小结

伴随着国际资本流动的加剧，汇率与其他金融资产的价格一样，变化也极为迅速，同时预期因素也极大地影响了汇率变化。经济学家由此将汇率视为一种资产价格，这一分析方法被统称为汇率决定的资产市场分析法。根据本币资产与外币资产可替代性的不同，资产市场分析法又可以分为货币分析法和资产组合分析法，前者假定本外币资产完全可替代(投资者风险中性)，后者则认为本外币资产不完全可替代。不论是哪种情况，都意味着资本自由流动。汇率的货币分析法与货币学派一脉相承，将通货膨胀何时何地都是一种货币现象的观点运用到汇率决定方面，其思路是货币供给决定通胀水平，通胀水平决定汇率水平。

根据商品价格不同的变化模式，汇率的货币分析法又分为弹性价格条件和黏性价格条件下的汇率决定。在弹性价格条件下，本国货币供给增加会使得本币贬值，本国国民收入增加和外国物价上涨则会使得本币升值。与传统观念不同，弹性价格分析法认为本国利率上升会使本币贬值，外币升值。如果进一步考虑预期因素，公众预期货币供给在未来某个时刻持续增加，该货币未来必定会贬值，在即期公众应该抛售该货币。如果只是在某一期货币供给增加，随后货币供给回落，汇率仍然要出现贬值，只是贬值的幅度小于货币供给增加的幅度。如果未来货币供给持续增加，那么汇率将出现相同幅度的贬值。

在弹性价格的货币主义汇率模型中，影响汇率的主要因素是国内外货币需求与货币供给的相对变化。这意味着在货币主义学派的汇率模型中，货币当局不论是进行外汇操作还是公开市场操作，如果使货币供给产生等量变化，那么这两种操作对汇率和利率的影响并无差异，因为在弹性价格的货币模型里本国债券和外国债券没有区别。同样，外汇冲销操作对汇率或利率也不产生影响，因为货币供给没有变化，只是本国债券和外国债券之间的相互转换。之所以如此，主要是因为本国债券与外国债券的完全可替代性。这也就意味着非抵补利率平价条件通常是成立的。在下一章的资产组合平衡模型当中，如果考虑本国债券与外国债券不完全可替代(此时非抵补利率平价不成立)，换言之，它们存在风险差异，货币当局的各种操作(本币公开市场操作、外币公开市场操作和外汇冲销操作)对汇率与利率就会产生影响了。

黏性价格分析法则更贴近汇率的实际变化，描述了汇率变化的动态过程(Exchange Rate Dynamics)。如果外汇市场的出清程度要快于商品市场的调整速度，将会出现汇率调整过度和调整不足两种局面。这取决于对货币需求的假设。如果货币供给的变化幅度大于货币需求的变化幅度，那么将出现货币超额供给，引发利率下降，利率下降导致升值预期，在短期内货币的贬值幅度需要大于长期内的货币贬值幅度，才会出现本币升值走势，因此短期内出现汇率调整过度的局面。如果货币供给的变化幅度小于货币需求的变化幅度，那么将出现货币超额需求，引发利率上升。利率上升导致贬值预期，但是在短期内货币的贬值幅度低于长期的货币贬值幅度，本币需要继续贬值，因此在短期内出现汇率调整不足的局面。

假定货币当局的扩张性货币政策使公众产生了未来通货膨胀的预期，完全可能导致汇率变化幅度大于货币供给的变化幅度，这就是所谓的放大效应。汇率超调效应则没有考虑预期因素。在货币可替代情况下，本国货币需求函数增加了一个因素，就是本国居民愿意以本币持有的现金余额部分。这个因素是一个内生变量，受本国通货膨胀政策的影响，预期通胀率越高，居民持有本币的比例就越小。如果本国货币供应量(预期)增长率增加，本币贬值的程度也将随之增加，放大效应就更明显。

第11章
CHAPTER11

汇率决定的资产组合平衡分析法

汇率的资产组合平衡模型(Portfolio Balance Model of Exchange Rate)形成于20世纪70年代，其理论基础来源于荣获1981年诺贝尔经济学奖的耶鲁大学经济学系的詹姆斯·托宾(James Tobin)提出的“资产组合选择理论”(Theory of Portfolios Selection)，其代表人物是美国普林斯顿大学的教授布朗森(W. Branson)。此后，凯南(Peter B. Kenen)和多恩布什(Rudiger Dornbusch)等人对此展开了进一步的研究。

在货币分析法中，假定本国债券和外国债券是完全可替代品。在本模型中，则假定本国债券和外国债券是不完全可替代品，风险等因素使得非抵补利率平价无法成立，汇率的决定不仅需要考虑货币供求，还需要分别考虑本外币债券的供求。此外，本模型将本国财富总量纳入分析框架。不考虑汇率、价格等估值因素导致的财富变化，本国财富的增长只能来源于经常账户的顺差。因此，借鉴托宾的资产组合选择理论，在一国财富由货币、本国债券和外国债券三种资产构成的状态下，汇率会发生怎样的变化。值得注意的是，将存量因素和流量因素结合起来是资产组合平衡分析法的另一个主要特征。

11.1 模型的基本假设

该模型的基本假设如下。

(1) 在国际资本完全流动的前提下，本国居民所持有的金融资产不仅包括本国货币(M)和本国债券(B_P)，还包括外国债券(F_P)。同时假定本国是一个小国，世界其他国家不会持有本国资产(即本国货币与本国债券)。一国私人部门(包括个人居民、企业和银行)的财富(本币)可用以下方程表示：

$$W = M + B_P + SF_P$$

其中，W 为私人部门持有的财富；M 为私人部门持有的本国货币；B_P 为私人部门持有的本国债券；S 为直接标价法下的外汇汇率；F_P 为以外币计价的私人部门持有的外国债券。

(2) 本国债券的供给与需求。假设政府发行的国内债券总额为一定值($\overline{B}$)，这是本国债券的供给，本国债券的需求方为国内私人部门和中央银行，则 $\overline{B}=B_P+B_C$。

(3) 外国债券的供给与需求。假设外国债券的需求方分为国内私人部门(F_P)和中央银行(F_C)，用公式可表示为 $F=F_P+F_C$，其中 F 为本国持有的外国债券总量，由历年经常账户差额累积而成。本年度与上年度之间外国债券存量之差为本国当年经常账户差额：

$$F - F_{-1} = CAB = NX + i_f(F_P + F_C)$$

其中，CAB 是以外币计价的当年经常账户差额；NX 是以外币计价的当年贸易账户差额，当年经常账户的差额由贸易差额和持有的外国债券利息收入构成。

(4) 本国中央银行的资产负债约束。对于中央银行而言，按照资产等于负债的会计恒等式(不考虑权益项目)，其发行的现钞货币(M)等于其持有的国内债券(B_C)和外国债券(SF_C)，即 $M=B_C+SF_C$。

(5) 影响本国私人部门财富的因素。影响本国私人部门财富(W)的因素有：各种资产供给量的变动(如 M、B_p、F_p 的变动)；本币汇率的变动，这通过影响既定数量的外国债券的本币价值而影响到以本币计价的私人部门财富。

(6) 对汇率风险的考察。通常，投资者往往厌恶风险，从而要求额外的风险报酬或者是风险溢价，在本模型中，投资者厌恶汇率风险，因此尽管资本有较高的流动性，但是由于其不完全可替代性，非抵补利率平价不能成立，即两国债券的息差不等于预期的汇率变动($\widehat{S}^E$)，其差额为风险报酬(λ)。用公式表示如下：

$$i_d = i_f + \widehat{S}^E + \lambda$$

当投资者是风险中性的，不要求风险报酬($\lambda=0$)，上式则演变为非抵补利率平价。如果 $\lambda<0$，表示外国债券风险更高；如果 $\lambda>0$，表示本国债券风险更高。

各种资产存在收益率和风险的差别，因而不是完全可替代，这就是资产组合平衡模型与货币模型的根本区别。正是由于这一点，每个投资者根据自己对收益和风险的偏好，将财富分别投资在不同的资产上。各种资产在财富总额中所占的比例，取决于各种资产收益率和汇率风险的大小。为简化分析，这里采取风险中性假定，即风险补偿为零($\lambda=0$)。

此外，读者还需要注意风险(Risk)与不确定性(Uncertainty)的差异。风险是指一系列结果的概率分布是已知的，不确定性是指未来结果的概率分布是未知的。人们的知识和信息不足以知道所有可能结果的具体概率分布，也不可能得到单一的预期结果或者期望值，因此，读者需要注意区分这两者的差异。

(7) 资产市场的均衡。假设在短期内，本国财富是外生变量且规模不变，任何资产收益率的变动只能引起国内居民调整资产组合比例。资产市场一直保持均衡状态，即货币供给等于货币需求，本国债券供给等于本国债券需求，外国债券供给等于外国债券需求。

具体来看，在货币市场上，货币供给是中央银行控制的外生变量，本国货币的预期收益率是零，私人部门的货币需求则是本国利率、外国利率、本国财富的函数。本国债券利率(i_d)及外国债券收益率($i_f+\widehat{S}^E$)上升时，投资者倾向于减少货币的持有，导致货币需求降低；而财富总量增加时，投资者则倾向于将增加的财富总量按原有比例投资在每种资产上，因此对货币的需求相应增加。所以，货币需求函数用公式可表示如下：

$$M = m(i_d,\ i_f + \widehat{S}^E,\ W)$$

其中，$m_{i_d}<0$，$m_{i_f+\hat{S}^E}<0$，$m_W>0$。m_{i_d} 为货币需求对本国利率的偏导数，$m_{i_d}<0$ 表示本国利率上升，本国货币需求下降；$m_{i_f+\hat{S}^E}$ 为货币需求对外国债券收益率的偏导数，$m_{i_f+\hat{S}^E}<0$ 表示外国债券收益率上升，本国货币需求下降；m_W 为货币需求对财富的偏导数，$m_W>0$ 表示私人部门财富增加，本国货币需求上升。

本国私人部门的债券需求函数可以表示为：

$$B_P = b(i_d,\ i_f + \hat{S}^E,\ W)$$

其中，$b_{i_d}>0$，$b_{i_f+\hat{S}^E}<0$，$b_W>0$。b_{i_d} 为本国私人部门国内债券需求对本国利率的偏导数，$b_{i_d}>0$ 表示本国债券利率上升，本国债券需求上升；$b_{i_f+\hat{S}^E}$ 为本国私人部门的国内债券需求对外国债券收益率的偏导数，$b_{i_f+\hat{S}^E}<0$ 表示外国债券收益率上升，本国债券需求下降；b_W 为本国私人部门国内债券需求对财富的偏导数，$b_W>0$ 表示财富增加，本国债券需求上升。

本国私人部门外国债券需求函数可以表示为：

$$SF_P = f(i_d,\ i_f + \hat{S}^E,\ W)$$

其中，$f_{i_d}<0$，$f_{i_f+\hat{S}^E}>0$，$f_W>0$。f_{i_d} 为本国私人部门外国债券需求对本国利率的偏导数，$f_{i_d}<0$ 表示本国利率上升，本国私人部门的外国债券需求下降；$f_{i_f+\hat{S}^E}$ 为本国私人部门外国债券需求对外国债券收益率的偏导数，$f_{i_f+\hat{S}^E}>0$ 表示外国债券收益率上升，本国私人部门的外国债券需求上升；f_W 为本国私人部门外国债券需求对财富的偏导数，$f_W>0$ 表示财富增加，本国私人部门的外国债券需求上升。

(8) 资产市场均衡的约束条件。本国私人部门财富的增加表现为本国货币、国内债券和国外债券的增加，因此各类资产对财富的偏导数之和等于 1，这被称作资产负债表约束，用等式表示为 $m_W+b_W+f_W=1$。

在本国私人部门财富总额不变的情况下，国内利率和外国债券收益率的变化只会导致本国货币、国内债券和国外债券所占财富总额比重的变化，用公式可以表示如下：

$$m_{i_d} + b_{i_d} + f_{i_d} = 0$$

$$m_{i_f+\hat{S}^E} + b_{i_f+\hat{S}^E} + f_{i_f+\hat{S}^E} = 0$$

本模型采取静态预期假定，即本币预期贬值率为零($\hat{S}^E=0$)，上式可以进一步简化为 $m_{i_f}+b_{i_f}+f_{i_f}=0$。如果假定外国利率 i_f 为常数，货币需求函数、本国债券需求函数和外国债券需求函数的影响变量将只有本国利率和财富因素，那么最后一个约束条件可以去掉，这样做主要是为了简化分析。

11.2　资产市场的均衡

在资产组合平衡分析法中，资产市场包括货币市场、本国债券市场和外国债券市场三个子市场，这三个市场的曲线是怎样的呢？整个资产市场实现均衡的条件又是什么呢？

11.2.1　货币市场曲线

为了简化分析，假定汇率的初始值是 S，财富水平是 1，同时还假定本币预期贬值率 $\hat{S}^E=0$ 和外国利率 i_f 为常数，对等式 $W=M+B_P+SF_P$ 求全微分，得到：

$$\mathrm{d}W = \mathrm{d}M + \mathrm{d}B_P + F_P\mathrm{d}S + S\mathrm{d}F_P$$

在资产组合平衡模型当中，货币市场曲线是货币供给与货币需求平衡时的汇率与本国利率的组合。该曲线的斜率是多少呢？对货币需求函数求全微分，可以得到：

$$\mathrm{d}M = m_{i_d}\mathrm{d}i_d + m_W\mathrm{d}W$$

在货币供给不变的情况下，即 $\mathrm{d}M=0$，并且假定本币汇率的预期变化率为零（$\hat{S}^E=0$），外国利率（i_f）、本国债券（B_P）和外国债券（F_P）均为外生变量，货币市场曲线的斜率为：

$$\frac{\mathrm{d}S}{\mathrm{d}i_d} = \frac{m_{i_d}}{-m_W F_P} > 0$$

其含义为本币贬值（即 S 上升）导致私人部门财富增加，引起本国货币需求增加。在本国货币供给不变的情况下，只有本国利率上升才能抵消汇率变化带来的影响，所以货币市场均衡要求汇率与本国利率同方向变化。在货币市场曲线的上方，表示货币需求大于货币供给；在货币市场曲线的下方，表示货币需求小于货币供给。

如果货币供给增加，货币市场曲线如何移动呢？在图 11-1 中表现为 M_0M_0 曲线向左移动到 M_1M_1 的位置。则是因为给定某一汇率水平（S_0），当本国货币供给增加，则要求本国货币需求随之增加，这只有通过本国利率的下降来实现，用公式表示就是$\frac{\mathrm{d}i_d}{\mathrm{d}M}=\frac{1-m_W}{m_{i_d}}<0$。

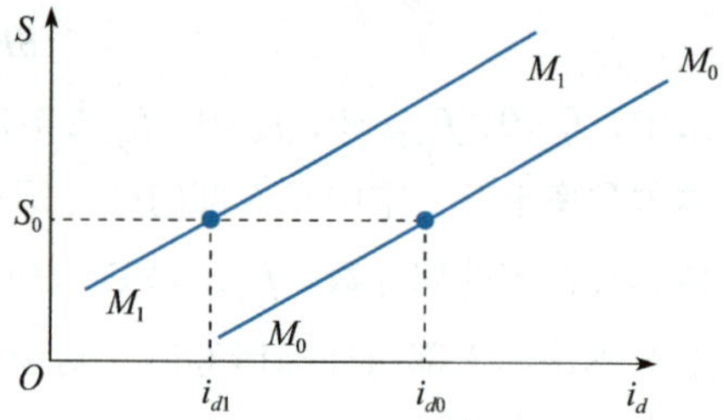

图 11-1 货币市场曲线

11.2.2 本国债券市场曲线

本国债券市场曲线是能够使得本国债券供给等于需求的汇率与本国利率的组合。该曲线的斜率是多少呢？对本币债券需求函数求全微分，可以得到：

$$\mathrm{d}B_P = b_{i_d}\mathrm{d}i_d + b_W\mathrm{d}W$$

$$\mathrm{d}B_P = b_{i_d}\mathrm{d}i_d + b_W(\mathrm{d}M + \mathrm{d}B_P + F_P\mathrm{d}S + S\mathrm{d}F_P)$$

在本国债券供给不变的情况下，即 $\mathrm{d}B=0$，并且假定本币汇率的预期变化率为零（$\hat{S}^E=0$），外国利率（i_f）、本国货币（M）和外国债券（F_P）均为外生变量，本国债券市场曲线的斜率为：

$$\frac{\mathrm{d}S}{\mathrm{d}i_d} = \frac{b_{i_d}}{-b_W F_P} < 0$$

其含义为本币贬值（即 S 上升）导致私人部门财富增加，引起本国债券需求增加。在本国债券供给不变的情况下，只有本国利率的下降才能抵消汇率变化带来的债券需求增加，所以货币市场均衡要求汇率与本国利率反方向变化。在本国债券市场曲线的上方，表示本国债券需求大于本国债券供给；在本国债券市场曲线的下方，表示本国债券需求小于本国债券供给。

如果本国债券供给增加，本国债券市场曲线如何移动呢？在图 11-2 中表现为 B_0B_0 曲线向右移动到 B_1B_1 的位置。这是因为给定某一汇率水平（S_0），当本国债券供给增加，则要求本国债券需求随之增加，这只有通过本国利率的上升来实现，用公式表示就是$\frac{\mathrm{d}i_d}{\mathrm{d}B_P}=\frac{1-b_W}{b_{i_d}}>0$。

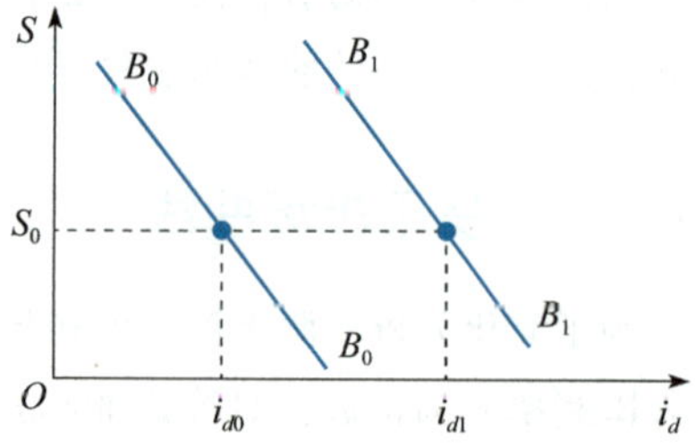

图 11-2 本国债券市场曲线

11.2.3 外国债券市场曲线

外国债券市场曲线是能够使得外国债券供给等于其需求的汇率与本国利率的组合。该曲线的斜率是多少呢？对外国债券需求函数求全微分，可以得到：

$$\mathrm{d}SF_P = f_{i_d}\mathrm{d}i_d + f_W\mathrm{d}W$$

$$F_P\mathrm{d}S + S\mathrm{d}F_P = f_{i_d}\mathrm{d}i_d + f_W(\mathrm{d}M + \mathrm{d}B_P + F_P\mathrm{d}S + S\mathrm{d}F_P)$$

在外国债券供给不变的情况下，即 $\mathrm{d}F_P = 0$，且假定本币汇率的预期变化率为零（$\hat{S}^E = 0$），外国利率（i_f）、本国货币（M）和本国债券（B）均为外生变量，外国债券市场曲线的斜率为：

$$\frac{\mathrm{d}S}{\mathrm{d}i_d} = \frac{f_{i_d}}{(1 - f_W)F_P} < 0$$

其含义为本币贬值（S 上升）使得外国债券的本币价值上升，从而使私人部门财富增加。在外国债券供给不变的情况下，私人部门财富的增加使得对外国债券需求也随之增加，这只有降低本国利率才能实现，所以外国债券市场均衡要求汇率与本国利率反方向变化。在外国债券市场曲线的上方，表示外国债券需求小于外国债券供给；在外国债券市场曲线的下方，表示外国债券需求大于外国债券供给。

如果外国债券供给增加，债券市场曲线如何移动呢？在图 11-3 中表现为 F_0F_0 曲线向左移动到 F_1F_1 的位置。这是因为给定某一汇率水平（S_0），当外国债券供给增加，则要求外国债券需求随之增加，这只有通过本国利率的下降来实现，用公式表示就是$\frac{\mathrm{d}i_d}{\mathrm{d}F_P} = \frac{S(1-f_W)}{f_{i_d}} < 0$。

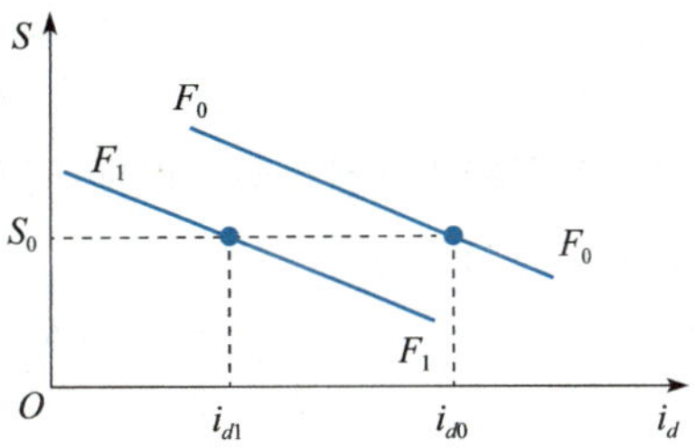

图 11-3　外国债券市场曲线

需要指出的是，FF 曲线比 BB 曲线更平缓，这是因为本国债券市场对本国利率的变化更为敏感，同样的汇率变动在本国债券市场上只需要较小的利率调整便能维持平衡。

11.2.4 资产市场的均衡

当货币市场、本国债券市场、外国债券市场同时实现均衡时，本国经济处于短期均衡状态，这也就意味着三条曲线相交之处为经济的短期均衡点。这三条曲线将整个平面分成六个区域，各个区域中三个市场的供求关系见图 11-4。

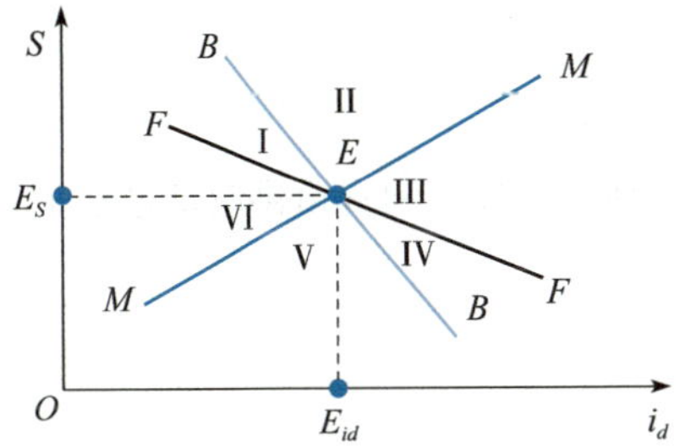

Ⅰ区域	Ⅱ区域	Ⅲ区域
$M^D > M^S$	$M^D > M^S$	$M^D < M^S$
$B^D < B^S$	$B^D > B^S$	$B^D > B^S$
$F^D > F^S$	$F^D < F^S$	$F^D < F^S$
Ⅳ区域	**Ⅴ区域**	**Ⅵ区域**
$M^D < M^S$	$M^D < M^S$	$M^D > M^S$
$B^D > B^S$	$B^D < B^S$	$B^D < B^S$
$F^D > F^S$	$F^D > F^S$	$F^D > F^S$

图 11-4　资产市场的均衡

在分析过程中，当财富总量(W)不变时，若其中任何两个市场处于均衡状态，则另一个市场也肯定处于均衡状态，因此可以省略掉一个市场。图 11-5 选择了本国债券市场曲线(BB 曲线)和外国债券市场曲线(FF 曲线)来考察整个资产市场的均衡。假定在初始时刻，经济位于 A 点，该点在 BB 曲线的下方，这意味着对于维持本国债券市场的均衡，相对于既定的汇率，本国利率水平低于均衡水平。这必然导致超额供给，本国债券价格下降并使得本国利率上升(A 点向右的箭头)。A 点也位于 FF 曲线的下方，这意味着对于维持外国债券市场均衡来说，相对于既定的利率水平而言，汇率水平太低(本币高估)。这必然引起对外国债券的超额需求，增加对外币的需求使得汇率水平上升(A 点向上的箭头)。这两股力量推动 A 点移动到 E 点的位置，该点也是货币市场曲线通过的点。(这里没有考虑 A 点在 MM 曲线的上方还是下方，这对上述分析有什么影响吗？请读者仔细思考。)

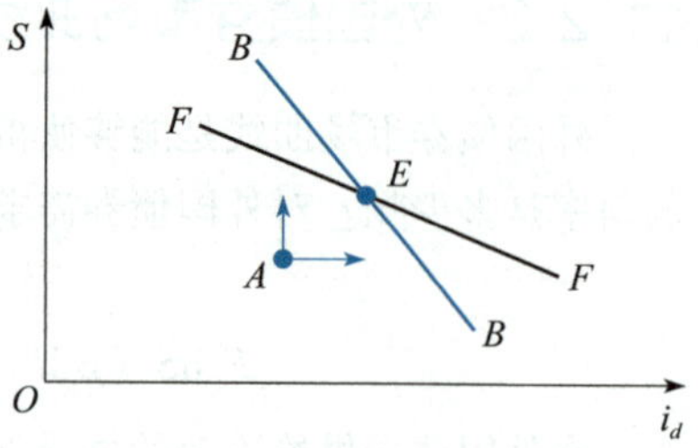

图 11-5 资产市场均衡的实现

为了推导不同资产变动对本国利率和汇率的影响，我们将以上三条曲线的表达式重新录入如下：

$$m_{i_d}\mathrm{d}i_d + m_W\mathrm{d}W = \mathrm{d}M$$
$$b_{i_d}\mathrm{d}i_d + b_W\mathrm{d}W = \mathrm{d}B_P$$
$$f_{i_d}\mathrm{d}i_d + f_W\mathrm{d}W - F_P\mathrm{d}S = S\mathrm{d}F_P$$

为了减少变量个数，根据前面得到的 $m_{i_d}+b_{i_d}+f_{i_d}=0$ 和 $m_W+b_W+f_W=1$ 两个约束条件，上述表达式可以简化为：

$$-(b_{i_d}+f_{i_d})\mathrm{d}i_d + (1-b_W-f_W)\mathrm{d}W = \mathrm{d}M$$
$$b_{i_d}\mathrm{d}i_d + b_W\mathrm{d}W = \mathrm{d}B_P$$
$$f_{i_d}\mathrm{d}i_d + f_W\mathrm{d}W - F_P\mathrm{d}S = S\mathrm{d}F_P$$

以矩阵的形式可以表示如下：

$$\begin{bmatrix} -b_{i_d}-f_{i_d} & 1-b_W-f_W & 0 \\ b_{i_d} & b_W & 0 \\ f_{i_d} & f_W & -F_P \end{bmatrix} \begin{bmatrix} \mathrm{d}i_d \\ \mathrm{d}W \\ \mathrm{d}S \end{bmatrix} = \begin{bmatrix} \mathrm{d}M \\ \mathrm{d}B_P \\ S\mathrm{d}F_P \end{bmatrix}$$

$$\begin{bmatrix} \mathrm{d}i_d \\ \mathrm{d}W \\ \mathrm{d}S \end{bmatrix} = \frac{1}{|A|} \begin{bmatrix} -b_WF_P & m_WF_P & 0 \\ b_{i_d}F_P & -m_{i_d}F_P & 0 \\ b_{i_d}f_W - b_Wf_{i_d} & m_Wf_{i_d} - m_{i_d}f_W & b_Wm_{i_d} - b_{i_d}m_W \end{bmatrix} \begin{bmatrix} \mathrm{d}M \\ \mathrm{d}B_P \\ S\mathrm{d}F_P \end{bmatrix}$$

其中，

$$|A| = F_P(b_{i_d}m_W - b_Wm_{i_d}) > 0$$

上式反映了本国利率、财富和汇率三个内生变量受债券、外汇和货币供应量这三个政策变量的影响。

11.3 资产组合平衡模型的短期分析

以上给出了资产组合平衡分析法的基本框架。现在考虑本国私人部门财富总量变动对利率和汇率的影响。财富总量变动分两种情况，一种是不同资产“相对量”的变动，另一种是不同资产“绝对量”的变动。相对量变动是指两种不同资产之间的互换，一种资产的供给量增加而另一种资产的供给量相应减少。绝对量变动是指某一种资产的供给量增加(或减少)而其他资产的供给量不变。

11.3.1　不同资产“相对量”的变动

这里主要有以下三种情况，本国中央银行在本国债券市场的公开市场操作(Open Market Operation，OMO)、在外国债券市场的公开市场操作(Foreign Exchange Operation，FXO)以及冲销操作(Sterilization Foreign Exchange Operation，SFXO)。

1. 中央银行在本国债券市场的公开市场操作

中央银行在公开市场上买入本币债券，使得私人部门持有的国内货币增加，同时私人部门持有的本币债券下降，即 $\Delta M=-\Delta B_P=\Delta B_C$。

如图 11-6 所示，中央银行买进本币债券导致货币供给增加，M_0M_0 曲线向左移至 M_1M_1，私人部门持有的本国债券相应减少使 B_0B_0 曲线向左移到 B_1B_1。由于外国债券供给不发生变动，因此 F_0F_0 曲线不发生移动。显然，M_1M_1 曲线、B_1B_1 曲线与 F_0F_0 曲线的交点(E_1)意味着货币市场、本国债券市场与外国债券市场同时实现均衡，该点是经济的短期均衡点。在 E_1 点上，本币贬值，本国利率水平下降。然而，这里没有给出上述操作如何影响私人部门的财富。

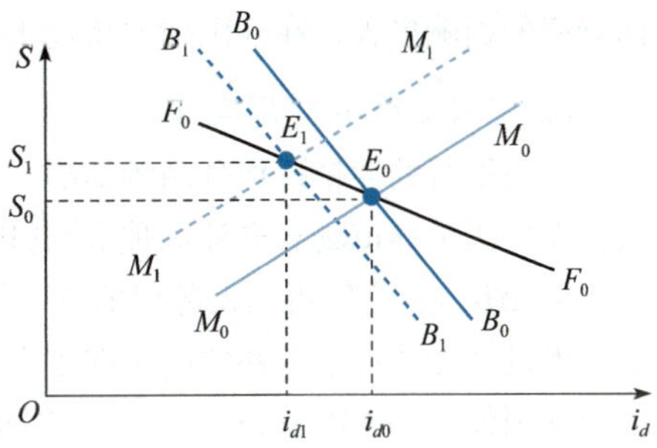

图 11-6　本国债券市场上的公开市场操作

如果利用矩阵表达式，右侧的供给变量就是 $d^T=[\mathrm{d}M\quad -\mathrm{d}M\quad 0]$，可以得到中央银行买进本币债券将如何影响利率、财富和汇率。

$$\frac{\mathrm{d}i_d}{\mathrm{d}M}=\frac{-F_P(m_W+b_W)}{|A|}<0$$

$$\frac{\mathrm{d}W}{\mathrm{d}M}=\frac{F_P(m_{i_d}+b_{i_d})}{|A|}>0$$

$$\frac{\mathrm{d}S}{\mathrm{d}M}=\frac{-f_{i_d}(m_W+b_W)+f_W(m_{i_d}+b_{i_d})}{|A|}=\frac{-f_{i_d}}{|A|}>0$$

本币公开市场操作还有另外一个方向，就是卖出本币债券。这使得私人部门本币债券增加，但是所持货币下降。读者可以自行进行其数学推导。

2. 中央银行在外国债券市场的公开市场操作

中央银行在公开市场上买入外币债券，使得私人部门持有的国内货币增加，同时私人部门持有的外币债券下降，即 $\Delta M=-S\Delta F_P=S\Delta F_C$。

如图 11-7 所示，由于本国债券供给不发生变动，BB 曲线保持不动；本国货币供给增加，M_0M_0 曲线向左移至 M_1M_1；BB 曲线和 M_1M_1 曲线相交的 E_1 点就是经济的短期均衡点。该点也必然是外国债券曲线向右移动经过的点。可以发现，中央银行进行上述操作之后，汇率上升，利率下降，但图中仍然无法得到此时私人部门的财富将如何变化。

如果利用矩阵表达式，右侧的供给变量就是 $d^T=[\mathrm{d}M \quad 0 \quad -\mathrm{d}M]$，可以得到中央银行买进外币债券的公开市场操作将如何影响利率、财富和汇率。

$$\frac{\mathrm{d}i_d}{\mathrm{d}M}=\frac{-F_P b_W}{|A|}<0$$

$$\frac{\mathrm{d}W}{\mathrm{d}M}=\frac{F_P b_{i_d}}{|A|}>0$$

$$\frac{\mathrm{d}S}{\mathrm{d}M}=\frac{b_{i_d}(m_W+f_W)-b_W(m_{i_d}+f_{i_d})}{|A|}=\frac{b_{i_d}}{|A|}>0$$

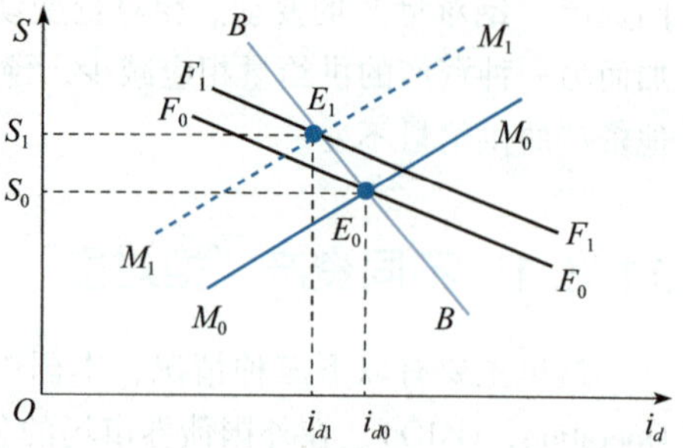

图 11-7 外币债券市场上的公开市场操作

外币公开市场操作也有另外一个方向，就是卖出外币债券。这使得私人部门外币债券增加，但是所持货币下降。读者也可以自行推导其数学表达式。

对比上述两种干预方式，对于相同的货币供给量变动，在本国债券市场上进行的操作对本国利率的影响更大，在外国债券市场上进行的操作对本国汇率的影响更大。

3. 中央银行的冲销操作

中央银行的冲销操作分两种情况：第一种情况是在本币面临升值压力下，本国中央银行一方面在外国债券市场买进外国债券（$\Delta M=-S\Delta F_P$），另一方面在本国债券市场上卖出本国债券（$-\Delta M=\Delta B_P$），这使得私人部门的资产结构发生变化，即外国债券下降，本国债券上升，本国货币不发生变动；第二种情况是在本币面临贬值压力下，本国中央银行一方面在外国债券市场卖出外国债券（$-\Delta M=S\Delta F_P$），另一方面在本国债券市场上买入本国债券（$\Delta M=-\Delta B_P$），私人部门的资产结构发生改变，即外国债券增加，本国债券下降，本国货币不发生变动。

下面以本币升值压力下的冲销操作为例进行分析。如图 11-8 所示，中央银行的冲销操作增加了国内债券的供给，B_0B_0 曲线向右移到 B_1B_1 的位置；同时减少了私人部门持有的外国债券，使 F_0F_0 曲线向右移到 F_1F_1 的位置；MM 曲线保持不变，因此中央银行冲销操作的最终效果是本币贬值，利率升高。本币贬值是因为冲销操作造成了私人部门投资组合里的外国资产短缺，要求本币贬值以满足私人部门的需求。利率升高是因为私人部门投资组合里的国内债券供给增加，压低了国内债券的价格。

考虑外生变量 $d^T=[0 \quad \mathrm{d}B_p \quad -\mathrm{d}B_p]$，可以得到中央银行冲销操作将如何影响利率、财富和汇率。

$$\frac{\mathrm{d}i_d}{\mathrm{d}B_P}=\frac{F_P m_W}{|A|}>0$$

$$\frac{\mathrm{d}W}{\mathrm{d}B_P}=\frac{-F_P m_{i_d}}{|A|}>0$$

$$\frac{\mathrm{d}S}{\mathrm{d}B_P}=\frac{m_W(b_{i_d}+f_{i_d})-m_{i_d}(b_W+f_W)}{|A|}=\frac{-m_{i_d}}{|A|}>0$$

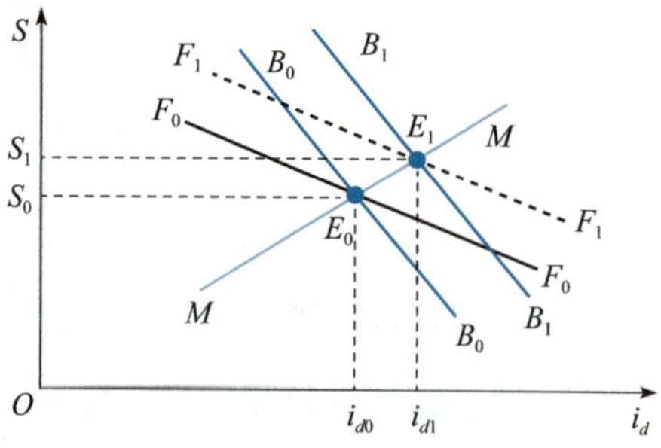

图 11-8 中央银行的冲销操作

4. 以上三种操作效果的对比

对比以上三种操作，前两种方式中央银行均采取了扩张性的政策取向，即中央银行的资产与负债同时增加。对于私人部门而言，仅仅是资产结构的变化，即货币资产增加，本国（外国）债券资产下降。

第三种方式是中央银行在本币存在升值压力下的冲销操作，即中央银行首先进行外国债券买入操作，然后再进行本币债券卖出操作，在前一个环节中央银行采取的是扩张性操作，在后一个环节中央银行采取的是紧缩性操作，最终不影响货币供应量。对比中央银行和私人部门的资产负债表，两者均是资产方发生结构变化。当然也可以将此视为中央银行和私人部门之间的资产置换关系，即中央银行用持有的本币债券置换私人部门的外币债券。以上三种操作对相关部门资产和负债的影响见表 11-1。

表 11-1　中央银行货币政策操作对相关部门资产和负债的影响

	私人部门		中央银行	
	资产	负债	资产	负债
本币公开市场操作	$-\Delta B_P$ ΔM		ΔB_C	ΔM
外币公开市场操作	$-S\Delta F_P$ ΔM		$S\Delta F_C$	ΔM
本币升值压力下的冲销操作	$-S\Delta F_P$ ΔB_P		$S\Delta F_C$ $-\Delta B_C$	ΔM $-\Delta M$

综上所述，如图 11-9 所示，在本币公开市场操作中，均衡点是 B_1B_1 曲线与 F_0F_0 曲线相交的点 E_{OMO}；在外币公开市场操作中，均衡点是 B_0B_0 曲线和 F_1F_1 曲线相交的点 E_{FXO}；在冲销操作中，均衡点是 F_1F_1 曲线和 B_2B_2 曲线相交的点 E_{SFXO}。

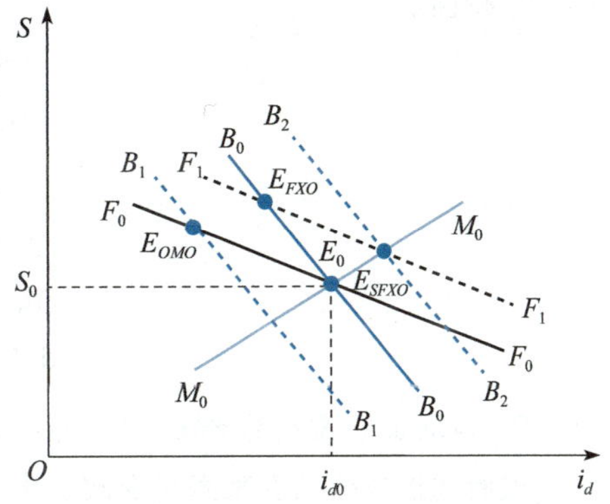

图 11-9　中央银行三种操作方式效果的对比

对比 E_{OMO} 和 E_{FXO} 所对应的汇率和利率水平，可以发现，本币公开市场操作导致本国利率下降幅度更大，外币公开市场操作导致本国货币贬值幅度更大。其原理是外币公开市场操作减少了私人部门持有的外国债券，本币公开市场操作却不对外国债券市场形成冲击，所以外币公开市场操作造成的对外国债券的额外需求只能通过汇率大幅贬值才能得到满足。相比之下，本币公开市场操作导致更大的国内债券短缺，产生对国内债券的较大额外需求，只能通过大幅降低国内利率来弥补。相比较而言，中央银行的冲销操作不仅会导致汇率上升，而且会使得本国利率上升。同时我们还注意到，上述三种操作完成之后私人部门的总财富都增加了。

11.3.2　不同资产“绝对量”的变动

私人部门财富总量绝对值的增加，涉及的因素包括货币供应量的增加、国内债券的增加或者外国债券的增加。货币供应量的增加是由于政府财政收支出现赤字，中央银行对其进行融资，导致货币供应量增加；国内债券的增加同样是由于政府财政收支出现赤字，政府向公众发行债券导致债券供给增加；还可以是本国经常账户出现顺差，使得外国债券供给增加。下面分别对这三种情况进行分析。

1. 中央银行通过对政府财政赤字融资，增加了货币供应量

在这种情况下，货币供给与财富总量同时增加，即 $\Delta M=\Delta W$。假设私人投资者将新增加的财富总量按原有比例投资各类资产，本国债券与外国债券的供给并没有增加，于是在原有均衡点 E_0 点会出现对本国债券和外国债券的超额需求。在本国债券市场上，对于既定的汇率，对本国债券超额需求会导致利率下降，如图 11-10 所示，这意味着 B_0B_0 曲线左移到 B_1B_1。在外国债券市场上，由于对外国债券需求增加，需要提高本国利率以消除其超额需求，因此 F_0F_0 曲线向右移动到 F_1F_1。B_1B_1 曲线和 F_1F_1 曲线相交的 E_1 点就是经济的短期均衡点。该点也是货币供给增加后新的货币市场曲线 M_1M_1 通过的点。此时，本币贬值，利率下降。

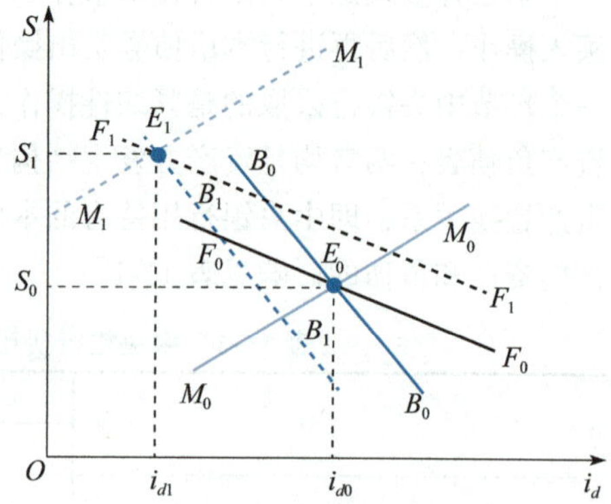

图 11-10 中央银行对财政赤字融资增加货币供应量

考虑外生变量 $d^T=[\mathrm{d}M \quad 0 \quad 0]$，可以得到通过中央银行货币融资渠道采取的扩张性财政政策将如何影响利率、财富和汇率。结果表明，货币供给的增加使得利率下降，财富增加，本国货币贬值。

$$\frac{\mathrm{d}i_d}{\mathrm{d}M}=\frac{-F_Pb_W}{|A|}<0$$

$$\frac{\mathrm{d}W}{\mathrm{d}M}=\frac{F_Pb_{i_d}}{|A|}>0$$

$$\frac{\mathrm{d}S}{\mathrm{d}M}=\frac{b_{i_d}f_W-b_Wf_{i_d}}{|A|}>0$$

2. 政府通过发行债券对财政赤字融资，导致债券供给增加

政府通过发行债券来满足财政支出，私人投资者持有的本国债券增加了。这是否会导致其财富增加呢？私人投资者在本国债券增加的同时，其持有的货币下降了。然而，政府通过财政支出将使得这些货币重新回到私人投资者手中，因此可以认为私人投资者的财富增加了。由于本国债券的比重比之前要高，上述投资组合必将进行调整。

如图 11-11 所示，本国债券的供给增加将使得 B_0B_0 曲线向右移动 B_1B_1，伴随着其财富的增加($\Delta W=\Delta B$)，必将导致其对本国债券、货币供应量和外国债券的需求增加。在初始均衡点 E_0，对货币供应量和外国债券存在超额需求。在外国债券市场上，由于对外国债券需求增加，需要提高本国利率以消除其超额需求，因此 F_0F_0 曲线向右移动到 F_1F_1。在本国货币市场上，需要提高本国利率来消除货币的超额需求，因此 M_0M_0 曲线向右移至 M_1M_1。因此，在新的均衡点，利率必然上升。利率的上升会使得对外国债券的需求转为对本国债券的需求，使得外国债券需求曲线向左移动。是利率上升导致外国债券曲线向左移动的幅度大，还是财富增加导致外国债券向右移动的幅度大呢？由此关键的问题，是本币汇率最终是升值还是贬值？这取决于财富增加和本国利率上升对外国债券影响力度的差异。如果财富效应大于利率的替代效应，那么 F_0F_0 曲线向右移动的幅度更大，本币贬值(见图 11-11a)；如果利率的替代效应大于财富效应，那么本币升值(见图 11-11b)。因此，扩张性财政政策对汇率的影响是不确定的。

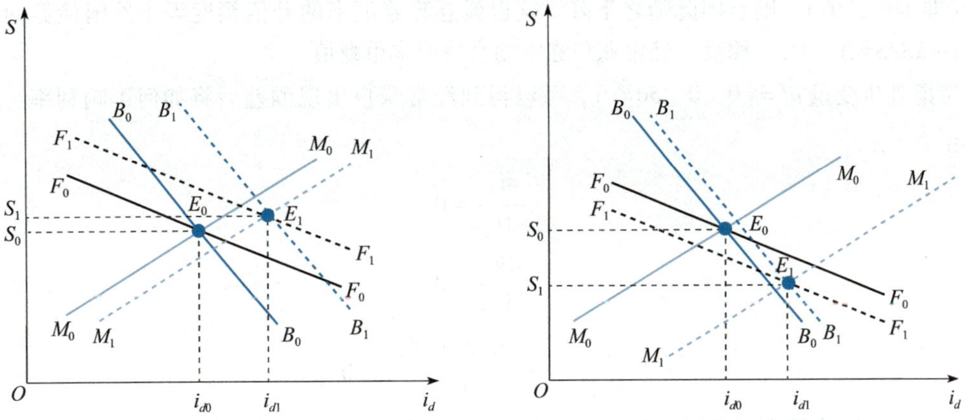

a）导致本币贬值的情况　　b）导致本币升值的情况

图 11-11　中央银行对财政赤字融资增加债券供给

考虑外生变量 $d^T=[0 \quad dB_P \quad 0]$，可以得到通过债券融资渠道采取的扩张性财政政策将如何影响利率、财富和汇率。其结果表明，在扩张性财政政策的作用下，利率上升，财富增加，但是对汇率的影响并不确定，既可能使得汇率上升，也可能使得汇率下降。

$$\frac{\mathrm{d}i_d}{\mathrm{d}B_P}=\frac{F_P m_W}{|A|}>0$$

$$\frac{\mathrm{d}W}{\mathrm{d}B_P}=\frac{-F_P m_{i_d}}{|A|}>0$$

$$\frac{\mathrm{d}S}{\mathrm{d}B_P}=\frac{m_W f_{i_d}-m_{i_d} f_W}{|A|}\ ?\ 0$$

对比扩张性财政政策的两种方式，可以发现通过中央银行融资将使得利率下降，而采用发行债券的方法将导致利率上升。对于汇率的影响，通过中央银行融资将使得本币贬值，采用发行债券的方法对汇率的影响是不确定的。

3. 经常账户盈余导致外国债券供给增加

如图 11-12 所示，本国经常账户顺差会导致外国债券供给增加，因此在外国债券市场上形成超额供给，F_0F_0 曲线向左移到 F_1F_1。外国债券供给增加，使一国私人部门财富总量增加（$\Delta W=S\Delta F$）。这将导致本国货币市场与本国债券市场上出现超额需求，M_0M_0 曲线向右移至 M_1M_1，B_0B_0 曲线左移到 B_1B_1。要消除本国债券市场的超额需求，需要降低利率；要消除本国货币市场的超额需求，需要提高利率。利率的变化无法同时满足这两个市场的均衡，因此利率保持不变。市场的失衡必须通过汇率的变化来解决。曲线 M_1M_1 与曲线 B_1B_1 相交的点是均衡点，也是曲线 F_1F_1 通过的点。这是由于本国经常账户顺差不仅使得财富增加，而且会暂时提高外国债券在财富中的比重。为了维持资产结构的平衡，私人投资者要出售部分外国债券，买入本国债券，这导致外汇市场上汇率 S

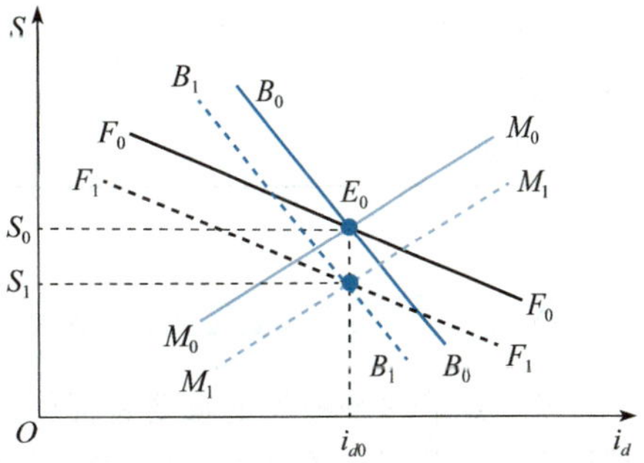

图 11-12　经常账户盈余导致的操作

下降(即本币升值)，财富因此随之下降。这也就意味着汇率的升值幅度等于外国债券的增加幅度($-\Delta S/S=\Delta F/F$)。相反，经常账户赤字则会造成本币贬值。

考虑外生变量 $d^T=[0\quad 0\quad S\mathrm{d}F_P]$，可以得到经常账户出现顺差后将如何影响利率、财富和汇率。

$$\frac{\mathrm{d}i_d}{S\mathrm{d}F_P}=0$$

$$\frac{\mathrm{d}W}{S\mathrm{d}F_P}=0$$

$$\frac{\mathrm{d}S}{S\mathrm{d}F_P}=\frac{b_W m_{i_d}-b_{i_d}m_W}{|A|}<0$$

在短期内，本国利率和财富对经常账户的顺差并不做出反应。汇率做何反应呢？上面第三个公式并没有完全表达清楚，需要进一步调整以得到 $\mathrm{d}S/S$ 的表达式：

$$\frac{\mathrm{d}S}{S}=\frac{\mathrm{d}F_P(b_W m_{i_d}-b_{i_d}m_W)}{F_P(-b_W m_{i_d}+b_{i_d}m_W)}=-\frac{\mathrm{d}F_P}{F_P}$$

上述结果表明，汇率的上升幅度恰好是外国债券的增加幅度，因此以本币表示的外国债券的总值保持不变($\mathrm{d}W/S\mathrm{d}F_P=0$)。

综上所述，资产组合平衡分析法的短期效应见表 11-2。

表 11-2 资产组合平衡分析法中的短期效应

	利率	汇率	财富
货币政策			
买入本国债券的公开市场业务(扩张性)	下降	上升	增加
买入外国债券的公开市场业务(扩张性)	下降	上升	增加
冲销操作			
升值压力下的外汇冲销操作	上升	上升	增加
财政政策			
通过发行货币融资(扩张性)	下降	上升	增加
通过发行债券融资(扩张性)	上升	上升/下降	增加
汇率政策			
经常账户顺差	不变	下降	不变

11.3.3 风险补偿变化的效应

资产组合平衡模型的重要特征就是将风险补偿因素纳入分析，考察风险补偿因素发挥作用时如何影响汇率变化。考虑以下情形：本国债券未来按期偿还的可能性下降，风险由此增加。如图 11-13 所示，此时，经济主体对本国债券的需求下降，对外国债券的需求上升，这导致本国债券曲线和外国债券曲线同时向右移动，最终在 E_1

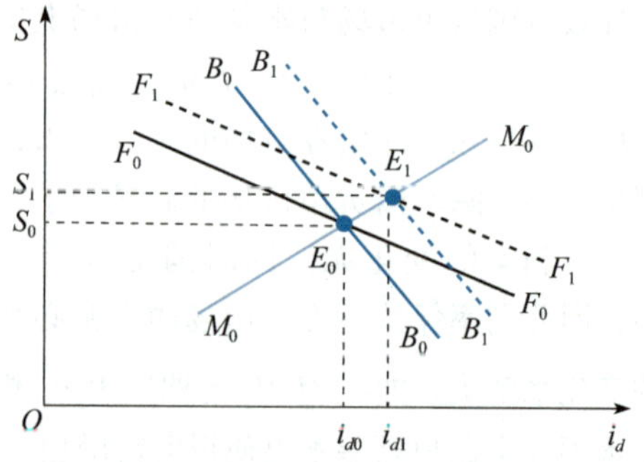

图 11-13 本国债券违约风险增加条件下的均衡

点实现均衡。此时汇率上升到 S_1 的水平，利率上升至 i_{d1} 的水平。本币贬值导致经常账户顺差，外国债券的供给增加，由此外国债券曲线向左移动，引发本币升值，汇率下降(直接标价法)。伴随着时间推移，本币升值将降低本国产品的竞争力，经常账户顺差下降。

11.4 资产组合平衡模型的中长期分析

在中长期内，汇率决定的资产组合模型将出现怎样的变化呢？在短期分析中，模型没有涉及商品市场的均衡，在中长期模型内，必须将商品市场的均衡纳入分析。

11.4.1 中长期资产组合平衡模型的理论分析

根据开放经济下的国民收入恒等关系，有以下恒等式成立：

$$Y = C + I + NX \qquad C_{\left(\frac{W}{P}\right)} > 0,\ NX_{\left(\frac{S}{P}\right)} > 0$$

其中，消费 C 是实际财富$\left(\frac{W}{P}\right)$的增函数；NX 是实际汇率$\left(\frac{S}{P}\right)$的增函数。

对该恒等式进行全微分后可以得到如下等式：

$$\begin{aligned}
\mathrm{d}Y &= C_w \mathrm{d}\left(\frac{W}{P}\right) + NX_Q \mathrm{d}\left(\frac{S}{P}\right) = C_w \frac{P\mathrm{d}W - W\mathrm{d}P}{P^2} + NX_Q \frac{P\mathrm{d}S - S\mathrm{d}P}{P^2} \\
&= C_w \frac{1}{P}\mathrm{d}W - C_w \frac{W\mathrm{d}P}{P^2} + NX_Q \frac{P\mathrm{d}S - S\mathrm{d}P}{P^2} \\
&= C_w \frac{1}{P}(\mathrm{d}M + \mathrm{d}B_P + S\mathrm{d}F_P + F_P\mathrm{d}S) - C_w \frac{W\mathrm{d}P}{P^2} + NX_Q \frac{1}{P}\mathrm{d}S - NX_Q \frac{S}{P^2}\mathrm{d}P
\end{aligned}$$

其中，$w=\frac{W}{P}$，$Q=\frac{S}{P}$。

在中长期的资产组合方面，我们仍然可以沿用前面的分析，但稍有不同。在中长期内，且在浮动汇率体制下，汇率的自动调整将使得本国经济主体持有的外国债券资产保持不变，外国债券保持不变则表明资本账户的差额为零，如此经常账户的差额也必须为零。

$$KAB = F - F_{-1} = 0$$

$$CAB = NX + i_f F = 0$$

其中，$F=(F_P+F_C)$。

经常账户的上述约束条件将资产市场和商品市场联系起来。假定该国最初处于长期均衡状态，也就是满足上述两个约束条件。本国经济政策的变化(以买入国债的公开市场操作为例)如何能够在中长期内影响居民对资产的需求乃至汇率水平呢？

如前所述，买入国债的扩张性货币政策的短期冲击如下：

$$\frac{\mathrm{d}i_d}{\mathrm{d}M} = \frac{-F_P(m_W + b_W)}{|A|} < 0$$

$$\frac{\mathrm{d}W}{\mathrm{d}M} = \frac{F_P(m_{i_d} + b_{i_d})}{|A|} > 0$$

$$\frac{\mathrm{d}S}{\mathrm{d}M} = \frac{-f_{i_d}(m_W + b_W) + f_W(m_{i_d} + b_{i_d})}{|A|} > 0$$

具体来看，货币供应量增加后，将导致利率下降、本币贬值和财富增加。本币贬值使得净出口 NX 增加，财富增加使得本国消费 C 增加，从而导致商品市场失衡，即商品市场的需求增加。如果要实现商品市场的均衡，且假定商品市场的价格完全是可变的，那么商品市场将通过以下两个渠道恢复均衡，一个是通过商品价格的上涨来消除贸易账户的顺差，另一个是实际财富的下降减少消费。现在的问题是，名义汇率的贬值和物价的上涨将对实际汇率产生怎样的影响呢？从理论上分析，存在以下三种可能。

第一，实际汇率保持不变 $\left(\frac{S_1}{P_1}=\frac{S_0}{P_0}\right)$，这意味着贸易账户的净出口差额保持不变，但是物价的上涨使得实际财富下降，消费需求减少，因此本国商品市场存在超额供给，经济无法实现均衡。

第二，实际汇率上升 $\left(\frac{S_1}{P_1}>\frac{S_0}{P_0}\right)$，也就是汇率的贬值幅度要大于物价的上涨幅度，若这一变化使得实际财富保持不变，实际汇率的贬值将使得贸易账户出现顺差($NX>0$)，本国的商品市场仍然无法实现均衡。

第三，实际汇率下降 $\left(\frac{S_1}{P_1}<\frac{S_0}{P_0}\right)$，也就是物价的上涨幅度要大于汇率的贬值幅度，本国经济可以实现均衡。其理由是实际汇率的升值将使得贸易账户差额逐渐下降，物价的上涨也使得实际财富下降，从而消费下降。贸易账户差额的缩小和消费的下降将抵消货币供应量增加后导致的贸易顺差和消费增加。

需要注意的是，第三种情况属于中间状态，但不是长期均衡点，因为在长期内经常账户差额必须保持不变，而第三种情况仅仅是实现了贸易账户的平衡，初次收入账户将由于此前的贸易顺差获得的外国债券而出现顺差。因此，在长期内要实现经常账户的平衡，必然是贸易账户出现逆差，抵消初次收入账户的顺差。换言之，也就是实际汇率必须进一步下降。

综上所述，我们可以得到以下结论：政府采取扩张性货币政策将导致本币在短期内贬值，在长期内出现升值。物价水平将出现上涨，实际汇率将会出现升值。在长期内，贸易账户将会出现逆差，但是经常账户将保持平衡。贸易账户的逆差意味着本国居民消费水平的增加，这取决于本国实际财富的增加。

11.4.2 中长期资产组合平衡模型的数学分析

显然，实际汇率的变化是资产组合模型实现长期均衡的关键。下面我们通过数学推导来分析其具体变化。

假定在初始状态经济处于均衡水平，中央银行实施扩张性货币政策，在中期内要求商品市场保持均衡($\mathrm{d}Y=0$，$\mathrm{d}M=-\mathrm{d}B_P$)，可以得到：

$$0=C_w\frac{1}{P}F_P\mathrm{d}S-C_w\frac{W\mathrm{d}P}{P^2}+NX_Q\frac{1}{P}\mathrm{d}S-NX_Q\frac{S}{P^2}\mathrm{d}P$$

$$0=\left(C_w\frac{1}{P}F_P+NX_Q\frac{1}{P}\right)\mathrm{d}S-\left(C_w\frac{W}{P^2}+NX_Q\frac{S}{P^2}\right)\mathrm{d}P$$

$$\frac{\mathrm{d}S}{\mathrm{d}P}=\frac{C_w\frac{W}{P^2}+NX_Q\frac{S}{P^2}}{C_w\frac{1}{P}F_P+NX_Q\frac{1}{P}}$$

$$\frac{\mathrm{d}S}{\mathrm{d}P}=\frac{C_wW+NX_QS}{(C_wF_P+NX_Q)P}$$

左右两侧同时乘以$\frac{P}{S}$，可以得到：

$$\frac{\mathrm{d}S}{\mathrm{d}P}\frac{P}{S}=\frac{C_wW+NX_QS}{(C_wF_P+NX_Q)P}\frac{P}{S}$$

$$\frac{\mathrm{d}S}{\mathrm{d}P}\frac{P}{S}=\frac{C_wWS^{-1}+NX_Q}{(C_wF_P+NX_Q)}>1$$

其中，$\frac{\mathrm{d}S}{\mathrm{d}P}\frac{P}{S}>1$之所以成立，是因为$W=M+B_P+SF_P>SF_P$。$\frac{\mathrm{d}S}{\mathrm{d}P}\frac{P}{S}>1$就意味着实际汇率的贬值，那么贸易账户的差额将改善。前面分析过贸易项目盈余导致外国债券供给增加的情况，得到了$\frac{\mathrm{d}S}{S}=-\frac{\mathrm{d}F_P}{F_P}$的结论。

因此，在长期内对$Y=C+I+NX$求全微分可以进一步简化为：

$$0=NX_Q\frac{1}{P}\mathrm{d}S-\left(C_w\frac{W}{P^2}+NX_Q\frac{S}{P^2}\right)\mathrm{d}P$$

$$\frac{\mathrm{d}S}{\mathrm{d}P}=\frac{NX_QS+C_wW}{P\cdot NX_Q}>0$$

这表明汇率与价格水平同方向变动。对上式左右两侧同乘以$\frac{P}{S}$，可以得到：

$$\frac{\mathrm{d}S}{\mathrm{d}P}\frac{P}{S}=\frac{NX_Q+C_wS^{-1}W}{NX_Q}>1$$

对比中期内的$\frac{\mathrm{d}S}{\mathrm{d}P}\frac{P}{S}=\frac{C_wWS^{-1}+NX_Q}{(C_wF_P+NX_Q)}>1$，我们可以发现长期内实际汇率的升值幅度更大。这意味着在长期内汇率比价格水平以更快的速度上涨，比在中期内的实际汇率升值幅度更大，贸易账户必然出现逆差，然而由于前期贸易顺差导致的外国债券的累积，在当期必然收到债券利息收入，以抵消贸易账户的逆差，从而经常账户保持平衡。

11.5　本章小结

汇率决定的资产组合平衡模型的理论基础来源于托宾的资产组合选择理论。该模型假定本国居民在总财富一定的情况下，持有的金融资产包括货币、本国债券和外国债券三种类型。每项资产均受到三个因素（本国利率、外国债券收益率和财富）的影响。在财富总量不变的情况下，本国利率与外国资产收益率的变化会改变三项资产在总财富中的比重。如投资者是风险中性的，即不考虑风险报酬（$\lambda=0$），同时不考虑汇率的预期变化，外国债券收益率这一影响因素简化为i_f。当财富总量不变时，若其中任何两个子市场处于均衡状态，那么第三个子市场也处于均衡状态。

资产组合平衡分析法不仅区分了本国资产与外国资产的不完全可替代性，而且将经常账户这一流量因素纳入了存量分析之中，是将凯恩斯主义的短期分析和货币主义的长期分析相结合的分析方法，是更为全面的分析方法。

这一方法还对中央银行不同的操作模式(本币公开市场操作、外币公开市场操作和冲销操作)的效果从理论上进行了分析，揭示了其对利率和汇率的不同影响，对中央银行的外汇市场干预提供了理论支持。这与货币学派的汇率理论形成了鲜明的对比，货币学派强调影响汇率水平的是货币供求的相对变化。以增加货币供给对汇率的影响为例，本国货币供给增加后，本币汇率将会贬值，但是货币学派没有考察是什么原因导致货币供应量增加(是本币公开市场操作还是外币公开市场操作)。在资产组合平衡分析法中，货币供应量变化的这两种方式对汇率的影响是不同的。

在本国居民财富总量保持不变，但资产结构发生变化的情况下，中央银行实施的本币扩张性公开市场操作导致本国利率变化下降幅度更大，外币扩张性公开市场操作导致本国货币贬值幅度更大。这两种操作均体现为本国利率下降，本国汇率上升。与之相对比，中央银行实施的冲销操作不仅会导致本币贬值，而且会使得本国利率上升。同时我们还注意到，上述三种操作完成之后都使得私人部门的总财富增加了。

资产组合平衡模型还讨论了不同的财政赤字融资手段对汇率的影响。中央银行对财政赤字直接融资的扩张性政策的结果是，货币供给增加使得利率下降，财富增加，本国货币贬值。然而，在政府通过发行债券的方式进行融资的情况下，会使得利率上升，财富增加，但是对本国货币的影响是不确定的，既可能使得本币升值，又可能使得本币贬值。本国经常账户出现顺差之后，本国利率和本国财富保持不变，但本币将会升值。

如果考虑风险因素，资产组合平衡模型的分析结果表明，本国债券风险增加，将导致本国利率和汇率均上升的局面。

值得一提的是，资产组合模型从理论上解释了扩张性财政政策既可能导致货币贬值，也可能导致货币升值。在中长期内，货币政策冲击将对实体经济产生影响，扩张性货币政策将使得长期内本币升值，实际汇率将出现升值并超过初始均衡水平。在中长期内，贸易账户将出现逆差，使得本国居民可以拥有更高水平的消费。然而，该分析方法也存在不足，模型的约束条件较为严格，如假定预期汇率变动率为零，这增加了该理论实证检验的难度。

第 12 章
CHAPTER12

汇率、外汇干预与国际储备

伴随着国际资本流动规模的扩大和布雷顿森林体系的垮台，国际货币体系进入了浮动汇率时代。从理论上看，实施汇率自由浮动的国家没有必要持有外汇储备。在现实中，除了美国，很多国家持有的外汇储备规模均不少。例如，日本政府持有的外汇储备曾经位居世界各国前列。各国政府持有一定规模的外汇储备，其目标包括：避免汇率远离其均衡水平所导致的汇率投机猖獗和汇率的过度波动；也可能是政府为了扩大出口主动实施的将市场汇率控制在均衡汇率水平之下，以形成本国货币的竞争性优势；对意外的政治和经济冲击进行干预；对贸易差额季节性和周期性波动进行干预；缓解危机状态下本国金融体系出现的外币流动性不足等。因此，政府在外汇市场的干预成为国际金融研究的一个重要领域，研究的主要内容包括：外汇干预的时机、规模、手段、频率和信息披露(Information Disclosure)等。

12.1 外汇干预的若干典型事实

关于外汇干预的经济背景，一般为两类。一类是因为国内经济恶化、金融运行出现了问题，发生了危机，本国政府实施外汇干预，避免危机恶化；另一类是因为爆发自然灾害或国际大宗商品价格大幅波动，或者是因为外部经济发生动荡，如国际社会发生大规模金融危机对本币造成冲击。2011 年欧债危机爆发后，国际资本纷纷转投瑞士法郎、日元等避险货币，大量资本的流入使得避险货币发行国的政府对外汇市场进行干预。例如，瑞士就宣布汇率上限以避免瑞士法郎升值，日本中央银行在 2011 年也多次入市干预。同样，受欧债危机的影响，部分新兴市场经济体，如波兰、土耳其等国的货币面临巨大的贬值压力，两国在外汇市场上进行过干预。此外，国内外的意外政治事件爆发以及军事冲突等原因均可能使得本币遭受攻击。2014 年，俄乌两国爆发克里米亚冲突，地缘政治紧张的局势大大地增加了卢布的压力，受卢布持续贬值预期的刺激，俄罗斯资本持续外流。有鉴于此，俄罗斯中央银行(Bank of Russia)一方面大幅扩大干预规模，仅仅在3月份动用的外汇储备就达到260亿美元，几乎接近2013年全年的水平(270亿美元)，另一方面降低卢布汇率制度的弹性，通过干预以确保卢布在汇率走廊内波动。此外，在本国汇率制度发生变化的关键节点，本国政府也会实施干预。例如，2015年1月，瑞士中央银行决定放弃1欧元兑1.20瑞士法郎的汇率下限约束，从钉住汇率制度转向浮动汇率制度。此后欧元兑瑞士法郎的汇率一直在0.97～1.12之间波动，其间瑞士中央银行偶尔会出手干预。

一般来说，为了保持汇率制度的弹性，发达国家的政府拥有较大的自由裁量权，干预规模较小，频率较低。自1996年以来，美国政府通过纽约储备银行进行过的大规模外汇市场干预只有三次，分别是1998年1月买进日元，2000年9月买进欧元，2011年3月卖出日元。20世纪90年代，日本政府对外汇市场的干预较为频繁，2004年之后不再进行常态化干预，仅在2010～2011年有过外汇干预。相比较而言，发展中国家和经济转轨国家对外汇干预的规模较大，频率较高。2017年2月，为了提高本国经济状况的稳定性和可预测性，减轻全球能源市场价格波动对经济和财政的影响，俄罗斯财政部决定实施新的外汇干预机制：只要乌拉尔原油的实际价格超过每桶40美元，财政部则买进外汇，规模为差价形成的收入部分；如果实际价格降到每桶40美元以下，财政部则卖出外汇，规模同样为差价形成的部分。俄罗斯财政部干预外汇市场的规模取决于联邦预算中石油和天然气的收入。财政部卖出外汇的累计规模不应超过其买入的累计规模。该操作规模在每月月初公布，且均匀分布于当月内。2003年以来，一直到2014年上半年，尽管期间出现过全球金融危机，但是人民币汇率持续面临升值压力，为此中国人民银行也进行了长时间的常态化干预。然而，2014年4月10日，周小川在博鳌亚洲论坛表示，中国将进一步扩大金融业对外开放；完善人民币汇率形成机制；加大市场决定汇率的力度，逐步退出常态化的外汇干预。2014年11月27日，在《财经》年会上胡晓炼表示，2014年以来，人民银行大幅减少了外汇干预，自第二季度以来已经基本上退出了常态化的市场干预。

纵观世界各国，越来越多的国家会披露外汇干预的信息，尤其是采取浮动汇率制度的国家。例如，美国政府在干预汇率的过程中遵循“重塑有序的市场环境”原则，从1961年开始，每季度发布《财政部和美联储外汇操作报告》(Quarterly Report on Treasury and Federal Reserve Foreign Exchange Operation)，记录政府在上个季度对外汇市场的干预操作以及当时的市场环境。例如，在2011年3月，面对美元大幅贬值、美国经济增长下滑超过预期、欧洲中央银行推进货币政策正常化、日本福岛发生地震等复杂的国际经济环境，美国货币当局进行外汇干预，干预规模为10亿美元。同样，日本政府在干预外汇市场的过程中同样坚持信息披露原则。日本财政部(财务省)定期发布公告，披露外汇干预情况。一般来说，大多数中央银行往往是披露干预的总量数据，或者披露干预的部分数据，或者延迟公布相关数据，从而保留更多政策上的相机抉择权。只有少数国家会披露干预的日数据。信息披露的多寡取决于政府干预政策的透明度。

各国政府的干预措施也越来越多样化。除了传统的在即期外汇市场干预之外，不少国家的政府还在掉期市场以及外汇衍生品市场进行干预。例如，2017年2月，墨西哥外汇委员会(Foreign Exchange Commission)宣布了一项新的外汇套期保值计划。墨西哥中央银行将卖出高达200亿美元的无本金交割远期外汇，期限为12个月，以比索结算。2017年3月6日，首个10亿美元的远期外汇交易完成。哥伦比亚中央银行则经常在掉期市场和期权市场上进行干预。例如，哥伦比亚中央银行通过外汇掉期业务卖出即期外汇，掉期汇率要么通过拍卖方式来确定，要么通过柜台交易方式来确定，哥伦比亚中央银行对此拥有自由裁量权。有时候哥伦比亚中央银行按市场价格卖出外汇看跌期权或看涨期权进行市场干预。苏丹中央银行在一整套规则机制的基础上通过外汇掉期业务进行干预：当天汇率超出前一天收盘汇率±4%的范围时，中央银行将进行干预。秘鲁中央储备银行通过美元指数化债券、外汇掉期和回购协议干预外汇市场，阿尔巴尼亚、新西兰、菲律宾和俄罗斯等国家也曾使用外汇掉期作为间接的外汇干预渠道。在具体的政策实践当中，还有其他的干预方式。例如，土耳其中央银行还采取了宏观审慎措施(Macroprudential Measures)以避免汇率的大幅度波动。

不过值得注意的是，IMF会对成员方的外汇干预予以监督，比如2007年通过的《对成员方汇率政策双边监督的决定》(Decision on Bilateral and Multilateral Surveillance)就关注以下指标：(1)在外汇市场进行持续、大规模的单向干预；(2)以国际收支为目的的不可持续的或带来过高流动性风险的官方或准官方借款，或过度的、长时间的官方或准官方外国资产积累；(3)出于国际收支目的，实行大幅强化或长期维持对经常交易或支付的限制性或鼓励性措施，或者实行或大幅修改对资本流入或流出的限制性或鼓励性措施；(4)出于国际收支目的，实行非正常鼓励或阻止资本流动的货币政策和其他国内金融政策；(5)根本性汇率失调[⊖]；(6)大量和持续的经常账户逆差或顺差；(7)私人资本流动导致的对外部门显著脆弱性，包括流动性风险。2012年7月，IMF通过的《对成员方双边及多边监督的决定》规定：从过去的双边监督扩展为对成员方经济、金融政策的多边监督，不再局限于成员方的汇率政策及其国际收支政策，明确对成员方经济与金融稳定的监督从当事方本身扩展为全球范围，更多地考虑当事方经济政策的溢出效应。

根据汇率干预的性质不同，可以有多种分类：根据参与干预的政府合作与否可以分为单边干预和多边干预；根据政府进行汇率干预的市场可以分为即期外汇市场干预和远期外汇市场干预；根据本国政府汇率干预过程中执行的机构可以分为中央银行干预和财政部(外汇平准基金)干预；根据汇率干预对货币供应量(或者市场流动性)的影响可以分为冲销性干预和非冲销性干预；根据本币升贬值变化方向的不同，可以分为本币升值压力下的干预和本币贬值压力下的干预。

政府要使得市场汇率稳定在宣布的水平上或者在预定的区间内波动，一般来说包括以下几种方法。第一，政府在即期外汇市场上直接干预汇率，包括两个方向，一个是买入本币卖出外币，另一个是买入外币卖出本币。第二，政府在远期外汇市场上进行操作，实际上是通过调整利率进而影响短期资本流动，通过影响外汇市场的短期供求变化来干预汇率。第三，政府采取一篮子经济政策改变宏观经济状况，使其适应政府当前规定的汇率水平，例如通过财政政策与货币政策的变化来实现出口能力的调整，或者通过影响进口需求以及国际资本流动来改变外汇市场的供求关系。第四，实施外汇管制，从数量方面限制进入外汇市场的供给或者需求，这些内容在其他章节涉及。以上四种干预方式不是非此即彼的互斥关系，而是相辅相成，在有的时候政府会同时采用几种方法。本章重点讨论前两种干预方式。

12.2 即期外汇市场干预

最为常见的外汇干预主要是即期外汇市场干预。从执行干预的机构来看，不外乎两大类，一类是中央银行，另一类是财政部，如美国财政部(U. S. Department of The Treasury)下属的外汇稳定基金(Exchange Stabilization Fund)，英国财政部(HM Treasury)下属的外汇平准账户(Exchange Equalization Accounts)。这些机构又被称为货币平准基金(Currency Stabilization Fund，CSF)，其主

⊖ 2009年，IMF出台的《操作指引》删除了这一点。

要职责是干预本币汇率，保证本币汇率的相对稳定。请注意，外汇干预的委托机构和代理机构(也是具体的操作机构)并不相同。例如，美国政府对外汇市场的干预是由财政部委托纽约储备银行来完成的。现在共同的趋势是由中央银行执行或者财政部委托中央银行执行，财政部更多的是扮演委托人的角色。为什么会有不同的机构来干预外汇市场呢？设立外汇平准基金的目的何在呢？

12.2.1 中央银行干预方式

前面已经介绍过在本币存在升值或者贬值压力的情况下，由中央银行出面干预，将影响本国中央银行资产方的外汇储备规模和负债方的基础货币规模。在固定汇率制度下，如果本币存在贬值压力，中央银行卖出外汇储备，必然导致本国银行体系的流动性下降，加大本国通货紧缩的压力。反之，如果本币存在升值压力，中央银行买进外汇储备，必然导致本国银行体系的流动性增加，这势必加大本国通货膨胀的压力。也就是说，中央银行干预外汇市场的操作必将带来本国银行体系流动性的变化。这种操作属于非冲销操作。

1. 非冲销操作

在非冲销操作中，中央银行选择不同的交易对手，则会存在差异。这里将交易对手分为两类：一类是本国商业银行，另一类是外国商业银行。

（1）情形一：交易对手是本国商业银行。 假设中国人民银行希望抑制人民币相对美元升值，拟斥资 700 亿元人民币从中国银行手中买入 100 亿美元。这将对中国的基础货币产生何种影响？交易双方为本国的中央银行和商业银行，但是因为涉及外币，所以交易会与国外的金融机构相关。假定中国银行在美国的代理行为花旗银行，中国人民银行在美联储开立了美元账户。同时，花旗银行在美联储开立美元的超额准备金账户。以上交易的具体环节如下。

第一步：中国人民银行向中国银行买入 100 亿美元外汇，需要付出 700 亿元人民币。这将增加中国银行在中国人民银行的超额准备金 700 亿元人民币。这将同时反映在两家机构资产负债表的资产方和负债方。

第二步：中国银行的 100 亿美元外汇资产表现为在花旗银行的同业存款 100 亿美元。中国银行卖给中国人民银行 100 亿美元，意味着中国银行将其在花旗银行的同业存款转给中国人民银行，由于中国人民银行在美联储开户，这最终表现为中国人民银行在美联储的存款增加 100 亿美元。中国人民银行和中国银行是直接的交易对手方，在这笔交易中花旗银行和美联储则是隐含的交易对手。花旗银行资产负债表负债方的同业存款下降 100 亿美元，资产方的在美联储的超额准备金下降 100 亿美元。美联储资产负债表的变化如下：负债方的外国中央银行存款，即中国人民银行在美联储的存款增加 100 亿美元，同时花旗银行在美联储的超额准备金下降 100 亿美元。

综上所述，中国人民银行的超额准备金和基础货币均增加 700 亿元人民币，相反，美联储的超额准备金和基础货币均下降 100 亿美元(具体见表 12-1)。

表 12-1 中央银行外汇干预涉及的相关机构(对象为本国商业银行)

中国人民银行资产负债表		中国银行资产负债表	
资产	负债	资产	负债
美元资产(在美联储存款) +＄100 亿(2)	超额准备金(中国银行) +￥700 亿(1)	存放同业(花旗银行) −＄100 亿(2) 超额准备金 +￥700 亿(1)	

（续）

美联储资产负债表		花旗银行资产负债表	
资产	负债	资产	负债
	外国中央银行存款（中国人民银行） +$100 亿(2) 超额准备金（花旗银行） -$100 亿(2)	超额准备金 -$100 亿(2)	同业存款（中国银行） -$100 亿(2)

（2）情形二：交易对手是外国商业银行。 如果中央银行的交易对手是外国商业银行而非国内商业银行，情况是否会有所不同？假定中国人民银行与花旗银行直接交易，仍然是向花旗银行买入 100 亿美元。以上交易的具体环节如下。

第一步：中国人民银行向花旗银行买入 100 亿美元外汇，需要付出 700 亿元人民币。由于花旗银行没有在中国人民银行开立账户，花旗银行获得的 700 亿元人民币需要由花旗银行在中国的代理行——中国银行代为持有。这表现为中国银行资产负债表的资产方增加超额准备金 700 亿元人民币，负债方增加同业存款（花旗银行）700 亿元人民币。

第二步：假设中国人民银行在花旗银行没有开立美元账户，仅仅是在美联储开立美元账户，因而花旗银行出售给中国人民银行的 100 亿美元必须转给中国人民银行在美国的代理行——美联储。所以最终表现为中国人民银行资产负债表增加在美联储的 100 亿美元外汇资产。

中国人民银行和花旗银行在这笔交易中是直接的交易对手方，中国银行和美联储是隐含的交易对手方。对于中国银行而言，该行代理花旗银行持有人民币，表现为在中国银行资产负债表负债方的同业存款增加 700 亿元人民币，同时，中国银行持有的超额准备金增加 700 亿元人民币。对于美联储资产负债表而言，中国人民银行在美联储的存款增加 100 亿美元，花旗银行在美联储的存款下降 100 亿美元。

综上所述，中国人民银行的超额准备金和基础货币均增加 700 亿元人民币，相反，美联储的超额准备金和基础货币均下降 100 亿美元（具体见表 12-2）。这与上面的例子的结果相同。

表 12-2 中央银行外汇干预涉及的相关机构（对象为外国商业银行）

中国人民银行资产负债表		中国银行资产负债表	
资产	负债	资产	负债
美元资产（在美联储存款） +$100 亿(2)	超额存款准备金（中国银行） +¥700 亿(1)	超额存款准备金 +¥700 亿(1)	同业存款（花旗银行） +¥700 亿(1)
美联储资产负债表		**花旗银行资产负债表**	
资产	负债	资产	负债
	外国央行存款（中国人民银行） +$100 亿(2) 超额存款准备金（花旗银行） -$100 亿(2)	超额存款准备金 -$100 亿(2) 同业存款（中国银行） +¥700 亿(1)	

对比以上两种情况，其特征表现为：

第一，本国中央银行在外汇市场的干预操作，不论交易对手是谁，超额准备金的变化都是相同的；

第二，两国中央银行资产负债表的变化都是相同的；

第三，在不同的操作模式下，两家商业银行资产负债表的变化存在差异。

2. 冲销操作

如果中央银行希望银行体系的流动性不发生变化，则必须采取冲销操作。具体的冲销措施包括：(在本币升值背景下)要么卖出本国政府债券，要么发行中央银行票据，要么提高法定准备金率。因此，外汇干预可以分为冲销性干预和非冲销性干预，前者不会对本国银行体系的流动性或货币供应量产生影响，后者则会产生影响。表 12-3 以中央银行卖出政府债券对其自身和商业银行的影响来分析冲销性外汇干预。

表 12-3 中央银行通过卖出国债进行冲销操作产生的影响

中央银行				商业银行			
资产		负债		资产		负债	
外汇储备	+(1)	超额准备金	+(1)	超额准备金	+(1)		
政府债券	−(2)		−(2)		−(2)		
				外汇资产	−(1)		
				政府债券	+(2)		

注：(1) 中央银行向商业银行买入外汇资产；(2) 中央银行向商业银行卖出政府债券。

表 12-3 揭示了银行体系内部在货币当局冲销性操作过程中资产负债表的变化，但是没有涉及公众资产(外汇资产和本币资产)的变化情况。表 12-4 给出冲销性操作过程中银行体系和公众资产负债表的变化情况。所谓银行体系资产负债表就是中央银行和商业银行资产负债表的合并报表，又称为货币概览(Money Survey)。在冲销性干预之前，银行体系买入公众的外币资产，导致其持有的外汇资产增加，同时货币供应量增加。为了使得货币供应量回到初始状态，中央银行实施冲销性操作，即中央银行卖出本币资产，如国债，同时导致负债方的货币供应量下降。最终银行体系和公众的资产负债表都是资产方发生了结构性变化。前者是外币资产增加，本币资产下降；后者是本币资产增加，外币资产下降。

表 12-4 冲销性操作下本国银行体系和公众资产负债表的变化

银行体系				公众			
资产		负债		资产		负债	
外汇资产	+(1)	公众存款	+(1)	银行存款	+(1)		
政府债券	−(2)		−(2)		−(2)		
				政府债券	+(2)		
				外币资产	−(1)		

注：(1) 公众出售外币资产；(2) 中央银行卖出政府债券。

中央银行发行中央银行票据也是一种冲销方式，不过发债的主体是中央银行，而不是财政部，此时发债成本完全由中央银行负担，具体变化见表 12-5。以收购外汇储备不造成商业银行体系超额准备金的增加为判断依据，上述两种方式对商业银行而言，其差异仅仅是资产方科目国债和央行票据的不同。

表 12-5 中央银行通过发行中央银行票据进行冲销操作产生的影响

中央银行		商业银行	
资产	负债	资产	负债
外汇储备 +(1)	超额准备金 +(1) −(2)	超额准备金 +(1) −(2)	
	央行票据 +(2)	外汇资产 −(1)	
		央行票据 +(2)	

注：(1) 中央银行购买外汇储备；(2) 中央银行发行央行票据。

读者可以根据前面的分析推导发行中央银行票据进行冲销操作时本国银行体系和公众资产负债表的变化情况。

3. 外汇储备的规模与外汇干预的关系

在本币处于贬值压力下，一国政府通过干预外汇市场维持本币汇率的能力取决于本国政府(中央银行)持有的外汇储备规模。外汇储备规模越大，其干预市场的能力就越强。如果外汇储备耗尽，一国货币必然出现贬值的情况。如何衡量外汇储备的规模呢？以中国为例，与中国外汇储备相关的数据目前主要有三种：一是中国人民银行资产负债表上的外汇占款存量数据(以人民币计价，历史成本口径)；二是中国国际收支平衡表中的外汇储备流量数据(以美元计价，国际收支口径)；三是中国人民银行定期公布的外汇储备存量数据(以美元计价，市场价值口径)。

中国人民银行通过外汇市场干预形成了外汇储备，这部分外汇资产表现在央行资产负债表上就是外汇占款，是与外汇储备相对应的人民币资金。外汇占款是按历史成本法计算、以人民币计价的存量数据，在货币当局资产负债表“国外资产”项下的“外汇”项目列示。根据国家外汇管理局发布的《2012 年上半年中国国际收支报告》，央行外汇占款余额变动主要包括两个方面：一是中央银行进行外汇买卖时相应投放或回笼的人民币资金；二是外汇储备经营收益部分结汇而投放的人民币资金。一般而言，前者的影响较大，后者的影响较小。中国人民银行自 1999 年 12 月起公布月度央行外汇占款数据，而季度央行外汇占款数据则可回溯至 1985 年 6 月。需要注意的是，央行外汇占款与金融机构外汇占款容易混淆。金融机构外汇占款是指金融机构人民币信贷收支表的资金运用方下“外汇占款”项目。金融机构外汇占款不仅包括央行外汇占款，而且包括商业银行外汇占款。

国际收支口径的外汇储备数据是指以美元计价的流量数据，包括中央银行外汇市场干预所形成的储备变化和当期外汇储备的投资收益，但剔除了汇率和资产价格变动对外汇储备造成的估值影响。国际收支口径的外汇储备数据列示于中国国际收支平衡表“储备资产”项下的“外汇”项目。国家外汇管理局从 2010 年起开始公布季度的国际收支口径外汇储备数据。该季度数据可回溯至 1998 年第一季度。

市场价值口径的外汇储备数据是指中国人民银行发布的以美元计价的、按市场价值计算的外汇储备数据，包括央行通过外汇市场干预形成的外汇储备、储备投资收益，以及由金融资产市场价格、汇率等非交易因素引起的储备价值变动(估值效应)，这也是从国际投资头寸角度计算的中国外汇储备数据。市场价值口径的外汇储备数据列示于央行黄金和外汇储备报表的“国家外汇储备”项目。中国人民银行自 1950 年起就开始发布该口径的外汇储备统计数据，目前该数据为按月定期公布。

4. 储备资产与国外资产的差异

需要注意的是，本国政府拥有的国外资产(货币资产)并不都属于储备资产。比如，下列资产或者金融工具就不属于储备资产。

(1) 成员方用本币缴纳IMF的份额部分。本国或本地区在IMF的份额，25%用外币或者特别提款权(IMF成立之初是黄金)缴纳，在本国或本地区的国际收支平衡表中记录为“外汇储备”减少和“在IMF的储备头寸”增加。其余的75%用本币缴纳，这部分本币由本国或本地区中央银行缴纳后，IMF又将这部分本币存入本国或本地区中央银行。在本国或本地区的国际收支平衡表中记录为“金融账户”子账户中“其他投资”的“资产方”和“负债方”同时增加。请注意，成员方以本币认缴的份额是该成员方的外部资产(Foreign Asset)，但不是储备资产(Reserve Asset)，因为这部分本币资产不能随时被该成员国用于对外支付。

(2) 外国非居民提供给本国政府的信用额度，以及本国政府通过掉期协议获得的外汇资源不是储备资产，因为它们是或有债权。

(3) 本国货币当局拥有的不动产也不是储备资产，因为它不是流动资产。银条、钻石和其他贵金属被视为货物而非金融资产，也不是储备资产。

(4) 国外资产在质押之后不能随时使用，那么这部分国外质押资产需要从储备资产中剔除。

(5) 在报告日到来之前，本国居民向货币当局转移了一笔外币债权，如果在这之后不久，又进行了逆向转移(通常又称“账面粉饰”，Window Dressing)，类似于掉期的操作，不应计为储备资产。

专栏 12-1

2015年“8·11”汇改当月中国人民银行的外汇占款降幅为什么与外汇储备降幅不一致

2015年8月央行外汇占款减少3 184亿元人民币，按照汇率折算，低于当月我国外汇储备下降939亿美元的水平。除了当月央行在外汇市场操作提供外汇流动性导致外汇储备下降之外，当月外汇储备委托贷款项目进行了一些资金提款，国际市场一些主要金融资产价格出现不同程度回调也增大了外汇储备降幅，因此出现了央行外汇占款与外汇储备降幅上的不一致。

资料来源：2015年9月14日中国人民银行新闻发言人就外汇占款有关问题答记者问。

12.2.2 财政部(外汇平准基金)干预方式

除了通过中央银行进行干预之外，还可以通过财政部进行干预。当然，财政部不是直接出面干预，而是通过其下属的外汇平准基金来操作。外汇储备与外汇稳定基金或者说外汇平准基金有何差异呢？通常，外汇市场干预主要有两种情况，一种是本币处于升值压力下，另一种是本币处于贬值压力下。当本币处于升值压力，财政部通过发行国债筹集本币资金，然后在外汇市场上购买外汇，投放本币；当本币处于贬值压力，财政部通过抛售其所持的外汇储备资产(或者是借入外币资产)，购入本币。因此，在有的经济学家看来，财政部出面进行干预的操作，又被称为融资干预，即政府通过借入本外币资产来进行干预。财政部进行外汇干预，其最明显的优势就是干预行为不影响本国银行体系的流动性。

例如，在本币升值压力下财政部发行国债筹集资金用以收购外汇，其具体环节包括：(1) 财政部向商业银行发行国债；(2) 财政部向商业银行购买外汇资产。其结果是外汇(资产)和国债(负债)同时增加，成本(包括外汇资产的收益率低于国债发行利率造成的损失、外汇资产面临的利率风险和汇率风险)均由财政部来承担。对于商业银行来说，资产结构发生变化，即国债资产上升，外汇资产下降(见表 12-6)。更主要的是商业银行的超额准备金不发生变化。财政部发债和购买外汇资产的操作对中央银行也不产生影响。这是在本币升值压力下通过财政部出面干预本币汇率的特征，此时整个银行体系的超额准备金没有任何变化。这是不少政府在财政部下面设立外汇平准基金进行汇率干预的主要原因。

表 12-6 财政部通过向商业银行发行债券来干预本币汇率

财政部(外汇平准基金)		中央银行		商业银行	
资产	负债	资产	负债	资产	负债
央行存款 +(1) -(2) 外汇资产 +(2)	政府债券 +(1)		超额准备金 -(1) +(2) 政府存款 +(1) -(2)	超额准备金 -(1) +(2) 政府债券 +(1) 外汇资产 -(2)	

注：(1) 财政部向商业银行发行国债；(2) 财政部向商业银行购买外汇资产。

如果将中央银行和商业银行资产负债表合并，即银行体系资产负债表，同时再给出公众的资产负债表，财政部(外汇平准基金)向公众发行国债来干预本币升值，各方资产负债表的变化情况见表 12-7。

表 12-7 财政部通过向公众发行债券来干预本币汇率

财政部(外汇平准基金)		银行体系		公众	
资产	负债	资产	负债	资产	负债
央行存款 +(1) -(2) 外汇资产 +(2)	政府债券 +(1)		企业存款 -(1) +(2) 政府存款 +(1) -(2)	银行存款 -(1) +(2) 政府债券 +(1) 外汇资产 -(2)	

注：(1) 财政部(外汇平准基金)向公众发行国债；(2) 财政部向公众购买外汇资产。

通过以上分析可以发现，政府通过直接向公众发行国债的方式购买公众手中的外汇资产，对银行体系的流动性或者说货币供应量同样不产生影响。以上分析均以本币存在升值压力为背景，读者可以分析在本币存在贬值压力下财政部进行干预的结果。

综上所述，在货币当局不采取冲销干预的情况下，汇率干预必定影响本国银行体系的流动性；在财政部出面干预的情况下，汇率干预不涉及本国银行体系的流动性变化。不论是哪种干预，公众手中的本外币资产结构都将发生变化。

12.3 远期外汇市场干预

前面介绍了即期外汇市场干预的方式及效果。实际上，政府还可以在远期外汇市场上进行干预，其理论基础是利率平价理论。

在一国允许资本自由流动并实行固定汇率制度(或者钉住汇率制度)的情况下，且本国利率高于外国利率，本币遭受贬值压力，外币远期汇率不仅高于外币即期汇率，而且高于外币远期汇率的理论值，利差与汇差的组合处在利率平价线的上方。此时，汇差持续大于息差，本国经济主体资本外逃有利可图。假定两国利率保持不变，本国货币当局决定在远期外汇市场直接干预，如果卖出的外汇远期价格低于理论值，使得汇差小于息差，并推动汇差和息差的组合点落在 F 区(请回忆利率平价线及其相关理论)，这将刺激大量资金流入本国，进而扭转资本外逃的局面。这就是政府在远期外汇市场上进行干预的原因。同时，假定外国利率保持不变，本国货币当局在远期外汇市场的干预也相当于缩小本外币的息差水平，降低本国的利率水平。

政府在远期外汇市场上进行干预，为政府干预汇率多了一条政策途径，但是该政策的实施也需要注意几点。第一，本国政府必须是在临时性国际收支失衡的状态下来干预远期汇率，如果国际收支失衡是根本性的，政府在远期外汇市场的干预只是推迟了汇率贬(升)值的时间而已。第二，本国政府在远期外汇市场上进行干预时，中央银行外汇储备并没有直接下降，但用于远期交易的这部分外汇储备已经被锁定。第三，政府在远期外汇市场进行干预时还往往辅以其他政策，比如在贬值压力下中央银行可以实施紧缩性货币政策(如在公开市场卖出国债，提高法定存款准备金率等)，所有这些都将导致本国利率上升，以配合政府在外汇市场的干预操作。换言之，远期市场的干预只是为政府政策调整赢得时间。第四，远期外汇市场相对于即期外汇市场而言，交易规模相对要小，因而同样规模的政府外汇干预，其效果要远胜于在即期外汇市场的操作。

12.4 联合干预

联合干预是指两国(多国)政府联合干预外汇市场。例如，美联储、日本中央银行和联邦德国中央银行在20世纪80年代中期为了抑制美元的贬值，就曾经进行联合干预。换言之，如果美元继续贬值，将削弱日本和联邦德国的国际竞争力，并有可能导致美国面临通货膨胀的压力，因此这三个国家联手进行干预。

12.4.1 联合干预的意义

为什么要进行联合干预呢？一方面，联合干预对参与国的经济运行都有好处，另一方面，干预的效果也往往更好。双方既可以是在同一个时间段同时进行干预，也可以一波接一波继起式地进行干预。当前的外汇市场是连续24小时运转的全球市场，本国政府在本国交易时间内干预外汇市场之后，其他国家货币当局继续在各自国家的交易时间段内进行干预，会使得在全球外汇市场中，本币对某一关键货币的汇率不至于出现跳跃性的变化。假设美联储与日本中央银行联合干预美元/日元汇率。为了避免日元汇率持续下跌带来的不利影响，不仅日本中央银行在外汇市场通过抛售美元来干预日元汇率，美联储也同时在纽约交易时间在市场上采取相同的操作——买入日元，抛售美元。美联储在干预的过程中累积大量日元有何意义呢？这存在许多种可能，下面介绍其中的两种。第一，美联储将日元重新出售给日本中央银行，换回美元。如此操作往往是事先安排好的，这对于日本中央银行来说，与自己独立进行汇率干预没有太大的差异(类似于后面提到的互换操作)，其持有的外汇储备也被消耗了。第二，美联储将其在干预过程中买入的日元存款转换成日元国债，这些日元国债既可以直接从日本财政部购入，也可以从日本中央银行购入，不论是哪种方式，美联储的操作相当于为日本政府的财政赤字提供了融资。对于美联储来说，上述操作的结果是增加了外汇储备。

12.4.2　联合干预下双边汇率水平的确定

在汇率稳定完全由某一政府单独确定的条件下，政府往往会根据其具体情况来确定本国政府干预汇率的波幅。如果由两国政府同时进行汇率干预，那么双方应该如何确定双边汇率的波幅呢？这是一个容易引起误解的地方。

假定预计下一期 \$1 = ¥6 的概率为 60%，\$1 = ¥4 的概率为 20%，\$1 = ¥8 的概率为 20%，那么下一期美元汇率的期望值为 \$1 = ¥6。对于以人民币为基准货币下的报价是否就是 \$1 = ¥6 的倒数值，即 ¥1 = \$1/6(即 \$0.167)呢？根据上述条件，¥1 = \$1/6 的概率为 60%，¥1 = \$1/4 的概率为 20%，¥1 = \$1/8 的概率为 20%，下一期人民币汇率的期望值是 ¥1 = \$0.175。该值要大于 \$1 = ¥6 的倒数 0.167。这一现象也被称为西格尔悖论(Siegel's Paradox)。

用数学公式来表示是 $E\left(\frac{1}{S_i}\right) > \frac{1}{E(S_i)}$，这就是著名的杰森不等式。在钉住汇率制度下的波动幅度计算仍然需要注意这一点。假定中国政府确定人民币与美元的平价为 \$1 = ¥6，并确定 ±5% 的上下干预点，通常认为 6×5% = 0.3 是平价值 6 应该被加减的部分。如果以人民币作为基准货币重写上述平价，那么 ¥1 = \$0.167，同理 0.167×5% = 0.008 则被认为是从平价值 0.167 中被加减的部分(见表 12-8)。

表 12-8　双边汇率的汇率上下限数值计算

	USD/CNY	CNY/USD
上限	6.3	0.175
平价	6.0	0.167
下限	5.7	0.159

可以发现，虽然 0.167 是 6 的倒数，但是 0.175 却不是 5.7 的倒数，0.159 也不是 6.3 的倒数。换言之，中国政府以直接标价法和间接标价法选择干预汇率的上下限是完全不同的(也可以认为中国政府选择的双边汇率干预上下限和美国选择的双边汇率干预上下限是不同的)，这将导致中美两国进行双边干预的时点并不一致。如何解决这一问题呢？我们可以选择 X 作为平价值 P 乘以和除以的对象，用来确定上下波幅。可以用表 12-9 来具体表述。

表 12-9　双边汇率的汇率上下限计算公式

	USD/CNY	CNY/USD
上限	XP	X/P
平价	P	$1/P$
下限	P/X	$1/XP$

在这种情况下，XP 的倒数是 $1/XP$，P/X 的倒数是 X/P。假设围绕平价波动的总范围是 10%，我们可以得到：

$$XP - \frac{P}{X} = 0.1P$$

$$\frac{X}{P} - \frac{1}{XP} = 0.1\frac{1}{P}$$

整理后可以得到：

$$X^2 - 0.1X - 1 = 0$$

求解 X 得到：

$$X = 1.051249$$

对于＄1=￥6而言，波幅的上限是＄1=￥6.31，波幅的下限是＄1=￥5.71。对于±6%的波幅来说，总波幅为12%，求解可以得到 $X=1.061798$。对于不同的波幅，只要用新的总波幅代替10%即可以求出新的结果。

也正因为汇率预期的上述性质，在汇率理论的研究过程中，往往取汇率的对数值，即汇率的变化率作为研究的对象，因为 $-E(\log S)=E(-\log S)$。其含义就是，在双边汇率下本币的升值(贬值)幅度等于外币的贬值(升值)幅度。

专栏 12-2

金砖国家应急储备安排

2014年7月，中国、巴西、俄罗斯、印度和南非五国在金砖国家峰会期间宣布成立金砖国家开发银行，同时宣布建立金砖国家应急储备安排(Contingent Reserve Arrangement，CRA)。根据规定，CRA的资金来源也是采取类似IMF的份额制度。根据协议，应急储备安排的初始资金规模为1 000亿美元。各国最大互换金额为中国410亿美元，巴西、印度和俄罗斯各180亿美元，南非50亿美元。但是，与IMF的资金实缴制度不同，CRA的认缴份额采取承诺制，即各成员方的份额资金仍然保存在各方央行由其“自我管理”。若出现危机，各成员方则兑现承诺资金，共同集中资金履行救助功能。与IMF不同的是，CRA并不设立具体的国际机构组织。

为什么会建立金砖国家应急储备安排呢？这是因为在2008年全球金融危机爆发之后，IMF的救助能力远不足以满足各成员方的需求。IMF的资金池主要来源于各成员方缴纳的份额和IMF向成员方的借款。在2014年上半年末，IMF的资金池有7 557亿美元，其中中国的份额约为300亿美元，巴西约为135亿美元，印度约为184亿美元，俄罗斯约为189亿美元，南非约为59亿美元。虽然2014年美国准备逐渐退出量化宽松货币政策，但是对于新兴市场国家而言，仍然需要建立一个资金池来应对国际游资对本国经济的冲击。金砖国家开发银行和应急储备安排才应运而生。

一般来说，金砖国家开发银行相当于新兴市场的世界银行，应急储备安排相当于新兴市场的IMF。与IMF的功能类似，应急储备安排将扮演最后贷款人的角色，只有在某成员方出现国际收支困难，如无法偿还外债，提出申请并满足一定条件时，其他成员方才通过货币互换提供资金。与IMF不同的是，应急储备安排的建立并不意味着国际储备的直接转移，而是采取货币互换的形式。

12.5 外汇互换在外汇干预中的应用

在传统的外汇干预中，还有一种干预方式就是外汇互换。这种互换既可以是中央银行与商业银行之间的互换，也可以是两家中央银行之间的互换，还可以是诸多中央银行之间的互换。

对于中央银行与商业银行之间的互换，仍然以本币面临贬值压力为例，互换操作就是商业银行向中央银行买入一笔远期外汇，支付一笔远期本币资金；到期之后商业银行再进行相反方向的操作（本质上与中央银行在远期外汇市场上的干预一致）。

对于两家中央银行之间的货币互换，就是中央银行流动性互换（Central Bank Liquidity Swap）。这种互换不同于普通公司之间的货币互换，其目的是解决一方中央银行外汇储备的短缺。最早的中央银行货币互换发生在 1962 年美联储与法国中央银行之间。

中央银行的货币互换操作，就是交易双方中央银行相互交换本币，目的是干预外汇市场。从单个中央银行来看，互换操作就是本国中央银行提供一笔本币贷款给其他中央银行，同时得到一笔外币资金。到期之后，本国中央银行收回本币，同时支付外币。必须指出的是，进行货币互换操作的其中一方面临的困境应是短期的，如果其面临的是长期的国际收支失衡，其他国家将不愿意进行互换操作。例如，1965 年英镑面临贬值压力，法国总统戴高乐就拒绝为英国提供互换额度。1977 年，其他国家的中央银行也一致拒绝英国的请求，建议其向国际清算银行寻求帮助。

在全球金融危机爆发之后，各国中央银行之间的相互协调进一步强化，互换操作的频率也加强了，并且形成了互换网络。例如，在 2007 年 12 月，美联储就与欧洲中央银行、瑞士国家银行通过货币互换的方式向对方提供美元流动性。2008 年全球金融危机爆发后，美联储还与澳大利亚中央银行、加拿大中央银行、日本中央银行、韩国中央银行、墨西哥中央银行、新西兰储备银行、新加坡金融管理局等实行过货币互换，为其他国家中央银行提供短期的美元流动性，期限从隔夜到 3 个月之间。这些货币互换协议在 2010 年 1 月结束。2010 年 5 月，美联储再次宣布与加拿大中央银行、英格兰银行、欧洲中央银行、日本中央银行和瑞士中央银行签署互换协议以应对美元资金市场上的资金短缺。2013 年 10 月，美联储与上述五家中央银行宣布这种临时性的货币互换安排（Temporary Liquidity Swap Arrangements）转为常备性质的安排（Standing Agreements）。从外国中央银行来看，货币互换使其获得短期美元资金，美联储则获得短期的外币资金。此外，还需要指出的是，货币互换协议的额度往往是个上限，实际执行的额度在协议额度以内。

从操作程序来看，美联储与某家中央银行（下面以欧洲中央银行为例进行分析）实施货币互换时，要进行两笔交易。在期初，如果欧洲中央银行美元资金短缺，就主动向美联储发起货币互换。美联储借给欧洲中央银行 120 亿美元，假定当时的市场汇率为 1 欧元 = 1.2 美元。3 个月后，欧洲中央银行向美联储归还这 120 亿美元的本利和。这种性质的货币互换类似于美联储向欧洲中央银行提供有抵押的美元贷款。在期初，美联储和欧洲中央银行资产负债表的变化为资产和负债同时增加，在期末，双方资产负债表的资产和负债同时下降（见表 12-10）。这里为了更清楚地显示货币互换的作用，资产和负债采用了不同的货币来计价。

表 12-10 中央银行货币互换发起和结束时资产负债表的变化

美联储		欧洲中央银行	
资产	负债	资产	负债
在 ECB 的资产 +€ 100 亿(1) −€ 100 亿(2)	在 ECB 的存款 + $ 120 亿(1) − $ 120 亿(2)	在 Fed 的资产 + $ 120 亿(1) − $ 120 亿(2)	在 Fed 的存款 +€ 100 亿(1) −€ 100 亿(2)

注：表中资产与负债的计价货币不同，折算成同一种货币后，资产负债表是平衡的。
(1) 货币互换发起时，汇率为 1 欧元兑 1.2 美元；(2) 货币互换结束时，返回金额。

在货币互换实施期间，如果发起方欧洲中央银行动用美元资金，美联储纽约分行会将其资金转移至欧洲中央银行指定金融机构的账户中。如果某金融机构无法偿还美元，其信用风险由欧洲中央银行承担，而不是美联储。

❖专栏 12-3

中俄货币互换协议引发的质疑

2014 年 10 月 13 日，中国人民银行与俄罗斯联邦中央银行签署了规模为 1 500 亿元人民币/8 150 亿卢布的双边本币互换协议，旨在便利双边贸易及直接投资，促进两国经济发展。互换协议有效期三年，经双方同意可以展期。该协议签署之后不久，俄罗斯卢布发生大规模暴跌，这使得不少人认为中俄货币互换协议是一笔亏损的买卖。实际上是否如此呢？

根据中俄两国本币互换协议，不少人简单推算中俄汇率为 1 元人民币兑 5.43 俄罗斯卢布，2014 年 12 月的金融市场上，卢布对人民币已经大幅贬值。因此，不少人认为按照这个汇率借给俄罗斯政府人民币资金，中国存在巨大的风险。

然而，中国人民银行与其他国家中央银行签署的互换协议基本上是双边本币互换协议(只涉及人民币和签约国货币，与美元无关)，与美联储与其他中央银行实施的货币互换协议存在很大的不同。美联储与其他中央银行签署的货币互换协议是为了解决其他国家中央银行美元流动性的不足。中国人民银行实施的双边本币互换更多的是促进人民币国际化，在中国对外贸易过程中，为对方国家在外汇不足的情况下解决人民币货款支付提供流动性。在协议中，1 500 亿元人民币是中国人民银行承诺借给俄罗斯联邦中央银行人民币的最大规模，同理，8 150 亿卢布是对方承诺借给中国人民银行卢布的最大规模。

即使中俄两国实施本币互换之时，金融市场上的两国双边汇率出现了很大的波动，卢布发生了大幅贬值，对中国实际上也没有很大影响，因为双方互换的汇率是按照互换实施当天的汇率来执行。如果实施日(假设为 2015 年 1 月 5 日)的汇率为 1 元兑 8 卢布，对方希望互换人民币的规模为 100 亿元，时间为 3 个月，那么俄罗斯需要将 800 亿卢布交给中国人民银行。到期时(2015 年 4 月 5 日)，俄罗斯需要按照实施日当天(2015 年 1 月 5 日)中国银行间同业拆借利率向中国人民银行支付相应的利息。即便是 3 个月后中俄双边汇率发生变化，比如为 1 元人民币兑 10 卢布，俄罗斯则需要花更大的代价买入人民币归还给中国人民银行，因此风险在俄罗斯一方。中国人民银行不存在汇率风险，因为中国人民银行是出借人民币，收回的也是人民币。当然，中国人民银行面临着俄罗斯方面的违约风险，这种情况不是完全不会出现。但是，这与普通民众的担心完全是两码事。

12.6 政府视角下的国际储备

对于大多数发展中国家而言，本币面临贬值冲击的概率要大于升值冲击的概率。在这种情况下，政府拥有国际储备的规模在很大程度上是本币汇率保卫战能否取胜的关键。在中国，中国人民银行持有并管理国际储备。然而，在不少国家，除了中央银行之外，财政部还参与管理部分国际储备。所以，在这些国家，国际储备就包括两部分，一部分是财政部持有的国际储备，另一部分是中央银行持有的国际储备，比较典型的是英国和美国。当然还有以财政部为主管理国际储备的，如日本。通常来说，一国外汇储备的持有者也往往是外汇干预决策的制定者。不论外汇储备是由财政部持有，还是由中央银行持有，外汇储备的管理、外汇干预的具体操作往往由中央银行执行。下面我们逐一介绍。

12.6.1 英国财政部、外汇平准账户与英国国际储备

历史上，通过财政部进行外汇干预的典型国家是英国。1931 年 9 月，遭遇 1929 年经济大危机的英国，黄金储备严重流失，经济出现显著衰退，失业人员大幅增加，在这种背景下，英国政府选择退出金本位。英国是世界上最早实施金本位的国家(始于 1717 年)，也是世界上第一个退出金本位的国家。在这 200 多年中，黄金的英镑价格基本保持了稳定(除了两次限制英格兰银行钞票兑换黄金期间)。当英国退出金本位之后，英镑的汇率波幅增加。为保证英镑汇率稳定，在 1932 年，英国在世界上率先设立了外汇平准账户(Exchange Equalization Account, EEA)，用以干预英镑汇率。在英国，财政部代表英国政府管理 EEA，英国政府的目标是保证该账户的储备具有流动性和安全性，并确保政府在必要条件下有能力干预外汇市场，同时确保国际储备的规模符合当前英国经济的政策目标并应对未来可能出现的变化。在英国，其国际储备不仅财政部持有一部分，英格兰银行也持有一部分。

英国财政部的国际储备主要包括外汇、黄金、SDR、在 IMF 的储备档头寸等资产。这些国际储备分为两个部分，在 IMF 的储备档头寸(Reserve Tranche Position, RTP)由财政部 NLF 账户持有，黄金、SDR、外汇储备与其他储备资产由财政部 EEA 账户管理。NLF 账户是英国政府根据 1968 年《国家贷款法》(*National Loans Act*)于 1968 年 4 月 1 日设立的，主要负责处理英国政府对外的借入与贷出款项(Borrowing and Lending)，其目的是将政府的债务收支与政府经常性收支分开。目前，NLF 账户的大多数借款需求是通过 DMO(Debt Management Office)和 NS&I (National Savings and Investments)来完成的。NLF 账户的主要作用是在税收和其他收入不足以满足财政支出的情况下，英国政府通过该账户以发行债券、借款等方式弥补财政收支的缺口。1992 年以来，英国政府已经不再干预英镑的汇价了。基于这一背景，英国政府主要是出于谨慎原则持有国际储备，即当本国经济遭受无法预料的外部冲击时，持有国际储备可以满足未来汇率政策变化的需要。此外，英国政府持有国际储备主要是为政府机构提供外币服务，或者是用于海外购买，或者根据 IMF 的要求，用外币购买英国应缴的份额，买卖 SDR。

英格兰银行持有的国际储备是该行的外币资产，具体包括两部分，一部分是外汇储备，另一部分是“其他储备资产”。英格兰银行的外币负债主要是海外中央银行、其他客户存放在英格兰银行的存款。英格兰银行通过回购交易、外币远期和掉期在形成外币负债的同时，也导致“其他储备资产”增加。

不论是对于英国财政部，还是对于英格兰银行来说，其持有的国际储备都包括两个口径，国际储备“总额”(Gross)与“净额”(Net)。以财政部持有的国际储备总额为例，2019 年年末英国政府持有的外汇资产为 1 827.16 亿美元，外汇负债为 1 110.01 亿美元，这两者的差就是国际储备净额 717.15 亿美元。这代表政府没有进行对冲操作的外币资产，也表示英国政府未来干预外汇市场可以动用的实际外汇额度。对于英格兰银行而言，2019 年年末外汇资产为 255.93 亿美元，外汇负债为 255.90 亿美元，国际储备净额仅为 0.03 亿美元。这与英国财政部外汇净资产 717.15 亿美元相比，几乎可以忽略不计。因此，从国际储备净额来看，英国政府的国际储备主要由财政部持有。

英国政府的外汇储备由谁来管理呢？承担这一任务的是英格兰银行。英格兰银行作为财政部日常工作的代理人，参与 EEA 账户的日常管理。按照双方的协议，英格兰银行实施外汇交易、管理外汇储备，并且负责处理英国政府的外汇负债，如外币债务发行等事务。此外，英格兰银行还可以在外汇市场进行干预以实现其货币政策目标。从英国政府对外公布的国际储备数据来看，2019 年年末，英国的国际储备余额为 2 083. 1 亿美元，英国财政部和英格兰银行分别持有 1 827. 2 亿和 255. 9 亿美元。英国财政部的 1 827. 2 亿美元分别由 NLF 账户和 EEA 账户分别持有 64. 9 亿和 1 762. 3 亿美元。从国际储备的净额来看，英国财政部和英格兰银行分别持有 717. 15 亿和 0. 03 亿美元。具体见表 12-11 至表 12-13。

表 12-11　2015～2019 年年末英国政府持有的国际储备　（单位：亿美元）

	2015		2016		2017		2018		2019	
	财政部	英格兰银行	财政部	英格兰银行	财政部	英格兰银行	财政部	英格兰银行	财政部	英格兰银行
外汇储备	952. 5	107. 8	1 006. 4	113. 7	1 143. 6	123. 8	1 373. 1	91. 2	1 336. 0	104. 5
在 IMF 的储备档头寸	42. 0	0. 0	66. 8	0. 0	59. 4	0. 0	64. 3	0. 0	64. 9	0. 0
特别提款权	134. 4	0. 0	109. 9	0. 0	115. 0	0. 0	132. 7	0. 0	143. 4	0. 0
黄金	105. 9	0. 0	115. 4	0. 0	128. 8	0. 0	128. 1	0. 0	151. 9	0. 0
其他储备资产	70. 0	146. 1	67. 3	105. 9	138. 7	132. 6	67. 6	116. 7	131. 0	151. 5
国际储备总额	1 304. 9	253. 9	1 365. 9	219. 6	1 585. 5	256. 4	1 765. 8	207. 9	1 827. 2	255. 9
合计	1 558. 8		1 585. 5		1 841. 9		1 973. 6		2 083. 1	

资料来源：英格兰银行网站。

表 12-12　2019 年年末英国政府的国际储备余额构成情况　（单位：亿美元）

资产	总额	财政部 NLF 账户	财政部 EEA 账户	英格兰银行
国际储备总额	2 083. 1	64. 9	1 762. 3	255. 9
黄金	151. 9	—	151. 9	—
特别提款权	143. 4	—	143. 4	—
在 IMF 的储备档头寸	64. 9	64. 9	—	—
外汇储备	1 440. 5	—	1 336. 0	104. 5
其他储备资产	282. 5	—	131. 0	151. 5

资料来源：英格兰银行网站。

表 12-13　2019 年年末英国财政部和英格兰银行的外汇资产与净资产（单位：亿美元）

英国财政部			英格兰银行		
资产	负债	净资产	资产	负债	净资产
1 827. 16	1 110. 01	717. 15	255. 93	255. 90	0. 03

资料来源：英格兰银行网站。

12. 6. 2　美国财政部、外汇稳定基金与美国国际储备

美国财政部下设一个干预外汇市场的外汇稳定基金(Exchange Stabilization Fund，ESF)。该基金是 1933 年罗斯福总统应对大萧条的措施之一，是根据 1934 年 1 月《黄金储备法》设立的基

金。20 世纪 70 年代后期该法律进行了修订，规定"经总统批准，外汇稳定基金可以买卖黄金、外汇以及其他信贷和证券工具"。表 12-14 给出了 2019 年 9 月末 ESF 的资产负债表。ESF 的资产既包括本币(美元)资产，也包括外币资产(欧元、日元)，还有特别提款权等。ESF 的负债主要包括特别提款权证券(SDR Certificates，SDRCs)和特别提款权分配(SDR Allocations)两项。根据美国 1968 年《特别提款权法》(*The Special Drawing Rights Act*，1968)，美国财政部长授权由 ESF 向各家联邦储备银行以特别提款权面值发行无息的特别提款权证券以获得美元，这个过程被视为特别提款权货币化(SDR Monelization)，这使得外汇稳定基金的资产(美元)和负债(特别提款权证券)同时增加。特别提款权分配是一个较为特殊的负债项目。根据 1968 年《特别提款权法》，特别提款权分配是外汇稳定基金的负债。除非 IMF 解散或者 IMF 收回分配的 SDR，外汇稳定基金不必归还这部分负债。

表 12-14 特别提款权货币化与特别提款权分配

ESF				联邦储备银行			
资产		负债		资产		负债	
在联储银行存款	+(1)	特别提款权证券	+(1)	特别提款权证券	+(1)	政府存款	+(1)
特别提款权	+(2)	特别提款权分配	+(2)				

注：(1) 特别提款权货币化；(2) 特别提款权分配。

如表 12-15 所示，截至 2019 年 9 月末，ESF 代表美国从 IMF 分配到的 SDR 为 481.5 亿美元，向各家联邦储备银行发行的 SDR 证券仅为 52 亿美元，这说明美国政府持有的特别提款权没有完全实现货币化。当 IMF 向成员方分配 SDR 时，成员方的资产(特别提款权)和负债(特别提款权分配)同时增加，该成员方的 SDR 应收利息和应付利息相同。但是，由于各成员方在国际交易中会买入或者卖出 SDR，因此各成员方的持有额和分配额并不一致。因为 ESF 在与 IMF 其他成员方的交易中获得了 SDR，所以 ESF 持有的 SDR 规模大于 IMF 分配给美国的 SDR，ESF 由此获得 SDR 头寸的净利息。ESF 的本金来自美国财政部持有的黄金价值增加，1934 年美国政府宣布黄金的价格从每盎司 20.67 美元升值到每盎司 35 美元，因此财政部持有的这部分黄金的美元价值增加了，美国政府将这增值的 20 亿美元拨付给 ESF 作为资本金。美国的《布雷顿森林协定法》规定美国财政部以 ESF 资本金的 18 亿美元认购美国在 IMF 的份额，因此，拨付给 ESF 的资本金仅剩下 2 亿美元。

表 12-15 2019 年 9 月 30 日美国财政部外汇稳定基金资产负债表

(单位：亿美元)

资产		负债	
现金和现金等价物	366.6	向美联储发行的特别提款权证券	52.0
证券和其他外币资产	65.6	特别提款权分配	481.5
特别提款权	499.8	特别提款权分配的应付利息	0.7
应收利息	0.5	其他	0
特别提款权的应收利息	0.8	权益	
		拨付的资本(Appropriated Capital)	2
		留存收益(Retained Earnings)	395.7
		其他各项收益累积	1.3
总资产	933.2	负债与权益	933.2

资料来源：美国财政部。

从 ESF 的收支来看，在 2019 年财政年度中，ESF 的利息收入为 10.266 亿美元，包括 5.191 亿美元的美国政府债券利息收入，持有 SDR 的 5.375 亿美元收入，投资外汇资产的利息收入为-0.3 亿美元。ESF 的利息支出主要是 SDR 分配的利息支出为 5.192 亿美元。

外汇稳定基金的所有操作都需要美国财政部长的授权，因为美国的国际货币和金融政策是由财政部长负责的，包括外汇市场的干预政策。该基金不仅要有美元资产，而且必须有外汇资产，这样在本币贬值和升值两种状态下都可以干预市场。

这里需要关注的一个问题是外汇干预的委托人和代理人问题。在现代社会，执行外汇干预操作的基本上是中央银行，不论是中央银行干预还是财政部干预。美国政府对外汇市场的干预，是财政部授权纽约储备银行(Federal Reserve Bank of New York)执行的。纽约储备银行接受的指令来自两个机构，一个是联邦公开市场委员会(Federal Open Market Comittee，FOMC)下面的美联储体系公开市场账户(System Open Market Account，SOMA)，一个是作为美国财政部指定的代理人——外汇稳定基金。因此，美国的国际储备包括财政部持有的国际储备和美联储持有的国际储备。前者又分为一般账户和 ESF 账户。美联储持有的国际储备，主要是指各家储备银行持有的外汇储备，其中纽约储备银行的占比最大。截至 2019 年 9 月末，美国政府持有的国际储备近 1 300 亿美元，其中外汇储备 410 亿美元，刚刚超过 30%，其他资产占比达到了 70%。从部门来看，美国财政部一般账户持有黄金和在 IMF 的储备头寸，占比约为 29%，ESF 账户持有外汇资产和特别提款权，占比约为 44%，美联储持有外汇储备，占比 27%。以下我们逐项分析。

第一，外汇储备。截至 2019 年 9 月末，美国政府的外汇储备总额刚刚超过 400 亿美元，分别为 ESF 账户持有的 65 亿美元和美联储持有的 343 亿美元。

第二，黄金。1934 年《黄金储备法》要求美联储将其持有的黄金全部转给财政部。作为交换，美国财政部向美联储发行以美元计价的金证券。因此，美国政府由财政部持有黄金，其总额为 110.4 亿美元。同时财政部向各家储备银行发行了 110.37 亿美元的金证券(Gold Certificates)，由位于华盛顿的美联储委员会(Board of Governors)每年根据前 12 个月各家联邦储备银行发行的联邦储备券(Federal Reserve Notes)的平均余额在各家联邦储备银行进行分配。从总额来看，美国基本实现了黄金的货币化(见表 12-16)。

表 12-16 美国财政部持有的黄金货币化过程

ESF		联邦储备银行	
资产	负债	资产	负债
在联邦储备银行存款	金证券	金证券	政府存款

第三，特别提款权。美国持有的特别提款权近 500 亿美元，全部为 EDF 账户持有。ESF 向各家储备银行发行的特别提款权证券为 52 亿美元，仅为前者的 10% 多一点。

第四，在 IMF 的储备档头寸。这部分外汇资产全部记录在财政部一般账户中。具体见表 12-17。

表 12-17 2019 年 9 月 30 日美国政府的国际储备余额构成情况

(单位：亿美元)

资产	总额	财政部一般账户	财政部 ESF 账户	美联储
国际储备总额	1 275.95	366.73	565.36	343.86

（续）

资产	总额	财政部一般账户	财政部 ESF 账户	美联储
其中：黄金	110.41	110.41		
特别提款权	499.76		499.76	
在 IMF 的储备档头寸	256.32	256.32		
外汇储备	409.46		65.60	343.86

资料来源：美联储官网。

❖专栏 12-4

美国政府认定其他国家实施汇率操纵的标准

20 世纪 80 年代以来，美国对外贸易差额由顺差逐渐转为逆差，美国政府先后制定两部法案来评估贸易伙伴国的汇率政策。第一部是 1988 年《综合贸易与竞争法》(*Omnibus Trade and Competitiveness Act*, 1988)，该法案旨在强化美国在国际贸易方面的地位。其中第 3004 条 B 款规定，美国财政部长每年要分析外国汇率政策，每半年要更新判定他国是否有操纵汇率以阻碍国际收支有效调整或者在国际贸易中获得不公平优势的行为，从而财政部每半年发布一次美国主要贸易伙伴宏观经济和贸易分析报告。第二部法律是 2015 年《贸易便利及贸易执行法》(*Trade Facilitation and Trade Enforcement Act*, 2015)，该法案第 107 条修正案规定，美国财政部每隔半年要对主要贸易伙伴的经济和汇率政策进行评估，审核这些国家是否通过人为压低本币汇率来获得“不公平的贸易优势”，并向国会参议院金融委员会(Senate Finance Committee)提交报告。依据该法案，一个国家或地区必须同时满足以下三个条件才能算得上是汇率操纵国：巨额的对美货物贸易顺差；大量经常账户盈余；持续、单向的外汇干预。上述具体标准由美国财政部制定，在必要时还可以予以修改，美国国会也可以通过立法形式来修改汇率操纵(Currency Manipulation)的标准。2019 年 5 月，美国财政部重新修定的门槛具体标准如下：

第一，在过去 12 个月内，与美国双边货物年贸易总额(出口额+进口额)超过 400 亿美元，且对美贸易年顺差超过 200 亿美元；

第二，该国经常账户盈余占其 GDP 的 2%(2015 年的标准为 3%)；

第三，在过去 12 个月中，至少连续 6 个月单边干预本币汇率(2015 年的标准为 8 个月)，净买入的外汇超过 GDP 的 2%。

美国财政部咨询美联储、IMF 等机构后每半年会公布《美国主要贸易伙伴国宏观经济与外汇政策》(Macroeconomic and Foreign Exchange Policies of Major Trading Partners of the United States)报告。美国财政部以报告发布之前四个季度的数据对贸易伙伴国的经济指标进行评估。“汇率操纵国”需要达到以上三个量化标准，达到两个指标则列入监测名单。截至 2019 年 5 月末，美国财政部公布的半年报仍然没有将中国列入汇率操纵国。自从 2016 年 10 月以来，中国只满足三个条件中的一个：巨额对美货物贸易顺差。在 2019 年 5 月的报告中，美国将中国、日本、韩国、德国、意大利、爱尔兰、新加坡、马来西亚和越南等九国列入了监测名单。美国财政部认为，虽然这些经济体没有操纵汇率，但依然存在操纵汇率的嫌疑。

2019 年 7 月 10 日，IMF 公布了中国对外部门报告，该报告指出，中国实际有效汇率处于基本经济面和政策对应的合意水平。2019 年 8 月 10 日，在 IMF 举行的 2019 年中国第四条款磋商报告新闻发布会上，IMF 再次强调了上述结论，并且建议，中美贸易摩擦如果继续升级，中国政府可以扩大汇率弹性。

资料来源：美国财政部2019年5月发布的《美国主要贸易伙伴国宏观经济与外汇政策》报告。

12.6.3 日本财政部、外汇基金特别账户与国际储备

在发达国家中，日本政府的国际储备规模是最高的。从全球范围来看，其规模仅次于中国政府。为何日本政府的国际储备规模如此高呢？日本政府又是如何管理国际储备的呢？日本外汇管理体制的形成可以追溯到第二次世界大战结束的1945年。1949年日本“道奇改革”之后，日本政府制定了《外汇法》和《外汇基金特别预算法》，形成了以“外汇资金特别预算”为代表的外汇储备管理体制。

1. 日本政府的国际储备及其构成

在日本，国际储备是由日本财政部(又称“财务省”，Ministry of Finance)负责管理并持有的。近年来，日本的国际储备逐步上升。截至2019年年末，日本国际储备资产总额达到13 237.50亿美元，由外汇储备资产、黄金、特别提款权、在IMF的储备头寸和其他储备资产构成。其中，外汇储备总额为12 553.22亿美元，主要是以外国央行存款、国外金融机构存款、外国政府以及国际机构发行的到期期限不超过五年的证券等形式存在，黄金的价值总额为374.69亿美元，特别提款权为191.76亿美元，在IMF的储备头寸只有112.02亿美元，而其他储备资产也只有5.81亿美元(见表12-18)。

表 12-18 2015～2019 年年末日本政府持有的官方国际储备（单位：亿美元）

	2015	2016	2017	2018	2019
国际储备总额	12 332.14	12 169.03	12 642.83	12 709.75	13 237.50
其中：外汇储备	11 790.04	11 577.90	12 020.71	12 089.58	12 553.22
在 IMF 的储备头寸	95.31	120.19	105.82	114.64	112.02
特别提款权	180.48	180.87	191.95	184.84	191.76
黄金	261.34	285.16	318.97	315.31	374.69
其他储备资产	4.97	4.91	5.38	5.38	5.81

资料来源：日本财务省官网。

2. 日元汇率干预政策的决策

日本财政部是国际储备管理的决策机构，并负责制定外汇市场的干预政策。日本政府持有的巨额外汇储备就是历年外汇干预的结果。当日元汇率在外汇市场上发生波动时，根据《外汇及对外贸易法》(*Foreign Exchange and Foreign Trade Act*)的规定，财务大臣(Finance Minister，也就是财政部长)可以制定外汇干预政策，通过外汇干预保证日元汇率的稳定。日本政府干预汇率的外汇资产由外汇资金特别预算账户(Foreign Exchange Fund Special Account，FEFSA)持有，该账户是根据1951年日本出台的《外汇基金特别预算账户法》设立的，其目的是确保政府能够顺利进行外汇市场干预，用以筹集外汇干预所需要的资金。该账户实际上是个体系，由两部分构成，一个是外汇基金(Foreign Exchange Fund)，即政府进行外汇干预时就通过这个基金操作，买入和卖出的外汇不计入政府的财政收支。该账户在日本银行开立，其具体操作主要由日本银

行实施。若日元出现贬值压力，日本银行在外汇市场上卖出 FEFSA 账户中的外汇资产(主要是美元资产)，买入日元；若日元出现升值压力，需要买入外汇卖出日元。此时，日本银行卖出的日元资金来自哪里呢？日本银行通过该账户发行政府短期债券来筹集日元资金，在外汇市场上卖出这些日元资金。不过，一般只有当日本国库或者 FEFSA 账户出现日元资金不足时，日本银行才会选择发行短期政府债券，期限一般是 3 个月，不过也发行过 2 个月和 6 个月的短期债券。所以，这个账户中既有外币资产，也有日元资产。另一个是狭义的 FEFSA 账户，记录两方面的内容：(1) 外汇基金交易实现的盈利或出现的亏损；(2) 外汇基金资产的利息收入与负债的利息支出，上述盈亏计入政府的财政收支。

因此，日本财政部持有的国际储备分为两个部分，一部分是财政部一般账户持有的黄金、SDR 和在 IMF 的储备头寸以及其他储备资产，FEFSA 账户持有外汇资产(见表 12-19)。

表 12-19　2019 年年末日本政府的国际储备余额构成情况　(单位：亿美元)

资产	总额	财务省一般账户	财务省 FEFSA 账户
国际储备总额	13 237. 50	684. 28	12 553. 22
其中：黄金	374. 69	374. 69	—
特别提款权	191. 76	191. 76	—
在 IMF 的储备头寸	112. 02	112. 02	—
外汇储备	12 553. 22	—	12 553. 22
其他储备资产	5. 81	5. 81	—

资料来源：日本财务省官网。

3. 日元汇率干预政策的实施

日本银行是国际储备管理的执行机构，同时也是外汇干预业务的执行机构。日本财政部和日本银行的关系类似于委托代理关系，日本银行在管理和干预外汇业务中出现的任何盈亏由日本财政部负责。

日本银行认为日元汇率波动会对日本经济发展和价格变化造成很大程度上的影响，因此每天都密切关注外汇市场的交易状况，并时常与财务省、外国中央银行交换外汇市场信息，保证财务省在制定外汇干预政策时做出正确的决策。在外汇管理和干预的过程中，日本银行对 FEFSA 账户管理秉持的原则是：第一，非常重视外汇资产的安全性和流动性，日本银行投资的外汇资产主要包括外国政府短期债券、国际金融机构债券等(其中主要以美元债券、欧洲主要国家发行的债券为主)；第二，在上述基础上，尽可能追求外汇储备的盈利性，努力实现储备资产的保值增值。日本银行同样持有少量的外汇资产，主要来源于日本银行的外币借款，但是其外汇资产不属于日本官方的外汇储备。

作为日本政府(财政部)的代理人，日本银行依据财务大臣的指示对外汇市场进行干预，维护日元汇率的稳定，并且还可以委托其他国家的中央银行代替日本银行干预外汇市场。这里需要注意的一点是，日本银行委托其他国家的央行进行外汇市场干预时，使用的也是 FEFSA 账户中的资金，而非外国央行的资金，并且根据日本财务省的指令进行操作。

日本银行实施外汇干预的内部流程和机构如下。当日元出现不稳定，财务大臣认为需要对外汇市场进行干预时，根据日本银行提供的最新外汇市场信息，向日本银行下达具体的外汇市场操作指令。日本银行负责具体操作的机构有两个：一个是金融市场局的外汇部(Foreign Exchange Division of Financial Markets Department)，属于外汇业务部门；一个是国际局的国际合作部(The International Operations Division of the International Department)，属于后台操作部门。外汇部主要负责关注外汇市场，收集国际金融市场信息，提供政策建议，并上报给财务大臣；国际局的任务是，在经财务省批准之后负责对外汇市场实施具体的操作。干预外汇市场所需要的资金均由 FEFSA 账户提供，日本银行一般不提供资金。

不过，日本银行同样持有外汇资产，其目的主要体现在以下三个方面。第一，面对国际金融和资本市场的动荡，国际组织和其他相关机构可能需要时间采取必要措施。在这种情况下，从国际合作的角度来看，日本银行将向世界其他国家提供外汇直到国际金融机构采取支持救助措施。第二，对日本金融机构提供外币的紧急流动性贷款。目前，日本金融机构的外币收付没有任何问题。在极端情况下，日本金融机构将面临无法完成外币清算的困境，也无法通过自身的努力解决这一问题，如果日本银行认为情况紧急并且没有其他替代性的解决方案，日本银行将对本国金融机构提供外币流动性直至国际金融机构采取支持措施。第三，支持经济增长的资金配置措施。日本银行为用于外汇投资和贷款的美元借款安排的顺利实施做准备，此举有助于巩固日本经济增长的基础。

日本银行的外汇资产主要由美元、欧元和英镑等资产构成，这些资产主要有两类：一类是存放在外国中央银行和其他金融机构的存款；另一类是外国政府发行的到期期限不超过 5 年的债券。

主要发达国家进行外汇干预的决策部门和操作部门总结于表 12-20。

表 12-20 主要发达国家进行外汇干预的决策部门和操作部门

	美国	欧元区	英国	日本
外汇干预的决策部门	财政部 联邦储备委员会	欧洲中央银行	财政部 英格兰银行	财政部
外汇干预的操作部门	纽约储备银行	欧洲中央银行 各成员国央行	英格兰银行	日本银行

12.7 主权财富基金与向 IMF 申请贷款

如前所述，政府进行汇率干预必须有一定的资金来源，这当中既要有本币，也要有外币。本国货币面临贬值压力时，国际储备的多寡是政府干预力度和持续时间的重要决定因素。如果本国政府的国际储备耗尽了，本币贬值的时刻也就到了。出于外汇储备审慎管理(Prudent Management)的原则，IMF 提出了一个外延更广的术语——外汇流动性(Foreign Currency Liquidity)，以便政府更全面地考察本国外汇的资源与支出。在本国外汇储备较多的情况下，政府往往会成立主权财富基金，以提高本国外汇资产的收益率。下面将分别讨论。

12.7.1 外汇流动性

面对外部冲击时，经济学家主要关注一国国际储备的规模。然而，仅仅关注国际储备，还不足以涵盖在紧急情况下政府可以动用的外汇资源，同时也可能低估了未来国际储备流失的程度，因此，IMF 给出了外汇流动性的概念。外汇流动性包括：(1) 货币当局和中央政府能随时调动的外汇资源(包括官方外汇储备和其他外汇资产)以及对这些资源的消耗(Drains)；(2) 储备资产代表货币当局对非居民的债权，而外汇流动性涉及货币当局和中央政府对居民和非居民的外币债权和外币负债，不仅包括既有的外汇资源，而且包括或有的外汇资源的流入与流出；(3) 储备资产的概念基于资产负债表的框架，而外汇流动性的概念包括货币当局和中央政府资产负债表的表内和表外活动导致的外汇流入和流出，如持有的衍生品头寸(远期、期货合约与互换合约)。

简言之，外汇流动性不仅强调外汇资产的流动性，而且强调外汇负债的流动性。从外汇负债流动性来看，不仅包括确定性的外汇负债，而且包括或有性质的外汇负债；从居民和非居民的角度来看，不仅考虑对非居民的外汇资产与负债，而且考虑对居民的外汇资产与负债。因此，外汇流动性的内涵比国际储备更广，这主要体现在以下几个方面：(1) 涉及的主体不同，国际储备涉及的主体是货币当局，而外汇流动性涉及的主体不仅包括货币当局，还包括中央政府；(2) 涉及的对象不同，储备资产仅仅代表货币当局对非居民的对外资产，但外汇流动性包括了当局(货币当局和中央政府)对居民和非居民的对外资产和对外负债；(3) 涉及的基础不同，储备资产的概念是基于货币当局资产负债表表内的资产项，而外汇流动性的概念还涵盖了政府当局所有的表内和表外项目。具体见图 12-1。

□ 资产负债表表内外币活动(头寸和交易：现有资产和负债)
□ 资产负债表表外外币活动(头寸和交易：或有资产和负债)
■ 以居民地位为基础

外币流动性				
外币资源		外币消耗		
		预先确定的消耗		或有消耗
国际储备(官方储备资产)	其他外币资产	外币负债	远期、期货和掉期中的金融衍生产品头寸	• 或有外币负债 • 含有期权的外币证券 • 未提用的无条件信贷额度 • 外币期权头寸相对于本币期权头寸

图 12-1　国际储备和外币流动性概念之间的联系

注：深色表示以居民地位为基础；浅色表示表外外币活动；无色表示表内外币活动。
　　此外，储备数据模板第Ⅳ部分的备忘项提供了关于所选的资产负债表表内和表外头寸的更详细信息，包括(a)与汇率指数挂钩的短期本币债务；(b)以外币计价并以其他手段结算的金融工具；(c)被抵押资产；(d)贷出和回购协议下售出的证券；(e)金融衍生产品资产；(f)剩余期限超过一年并有可补缴保证金要求的衍生产品；(g)储备资产的货币构成。

资料来源：IMF. 国际储备和外币流动性数据模板准则，2003.

12.7.2　主权财富基金

进入 21 世纪以来，主权财富基金(Sovereign Wealth Funds)纷纷涌现。什么是主权财富基金呢？按照 IMF 的定义，主权财富基金是具有特殊目的的投资基金或安排(Special Purpose Investment Funds)，由广义政府(既包括中央政府，又包括地方政府)拥有。主权财富基金是由广义政府为实现宏观经济目的而设立的，它们持有、管理或处理资产，以实现金融目标，它们还运用一系列投资战略，包括投资于外国金融资产，但不包括那些仅投资于本国的基金。主权财富基金的资产不包括由货币当局为传统的国际收支或货币政策目的而持有的外汇储备资产以及传统意义上的国有企业、政府雇员养老基金或为个人利益而管理的资产。主权财富基金的资金来源包括国际收支顺差、官方外汇业务、私有化收益、财政盈余以及商品出口的收入。

1. 主权财富基金出现的背景

从全球来看，截至 2020 年年末，世界各国先后建立了 126 个主权财富基金。作为国际社会公认的机构投资者，主权财富基金开展跨境投资已有多年的历史。这些投资促进了母国和投资目的国的经济增长与繁荣。主权财富基金不仅改善了母国政府的公共财务管理，实现了宏观经济稳定，而且对于支持母国实现经济增长同样发挥了至关重要的作用。在许多情况下，主权财富基金采取长期投资的策略，这使其可以经受商业周期的波动。尤其是在出现全球金融动荡的情况下，主权财富基金对于稳定全球金融市场具有积极作用。

最早的主权财富基金要追溯到1953年成立的科威特投资局(Kuwait Investment Board)，在此后的几十年里，全球主权财富基金的数量缓慢增加，其中最具影响力的有三家——阿布扎比投资局(Abu Dhabi Investment Authority)、新加坡政府投资公司(Government of Singapore Investment Corp.)、挪威政府养老基金(Norwegian Government Pension Fund)，分别成立于1976年、1981年和1990年。到2000年，全球只有20家左右的主权财富基金，管理的资产达到几千亿美元的规模。21世纪以来，主权财富基金的数量和管理的资产规模快速增加，尤其是2005年以后，新成立的主权财富基金达到12家，管理的资产总规模达到2.5万亿美元。这一规模已超过对冲基金和私募基金，接近全球外汇储备的一半。目前，阿拉伯联合酋长国、挪威、沙特阿拉伯王国、中国、科威特、俄罗斯和新加坡是世界上主权财富基金规模最大的几个国家。正因为其规模巨大，其投资对东道国影响以及对稳定国际货币体系的重要作用不可小觑，主权财富基金被认为是各方面所接受的机构投资者和国际货币与金融体系中重要的参与者。形成这一局面的主要原因有两点：一是近年来石油价格飞速上涨，从1997年的每桶20美元到2008年7月的每桶147美元，这使得中东以及其他石油资源丰富的国家的政府外汇收入快速增加；二是对于那些并不依靠资源出口的国家，也就是以中国为代表的东亚国家，经常账户出现了大规模顺差，进而累积了大量的外汇储备，政府为提高其收益率将部分外汇储备划入主权财富基金，其原因主要与这些国家旨在为出口导向发展战略服务的汇率低估政策有关。如果说依靠石油出口的国家建立主权财富基金是基于对商品价格问题和自然资源消耗问题的考虑，那么对于东亚国家而言，其主权财富基金的建立主要与全球经济失衡密切相关。2007年9月成立的中国投资有限责任公司和国家外汇管理局旗下的中国华安投资有限公司是较为典型的以外汇储备资产为基础的主权财富基金。

2. 主权财富基金的现状

通常主权财富基金主要分为两大类：一类是由政府出口资源型商品(如石油)所得形成的商品基金(Commodity Funds)，其目的包括稳定财政收入、代际储蓄以及国际收支稳定等；另一类是非商品基金(Non-Commodity Funds)，即部分国家因为国际收支大规模顺差，导致其政府将部分外汇储备划转成为独立的主权财富基金。必须指出的是，主权财富基金这一术语有时候存在误导读者的倾向。对于非商品基金而言，它并不构成本国的净财富，特别是通过外汇干预而累积的由外汇储备转化而来的主权财富基金。2007年，IMF按照政策目的的不同，将主权财富基金分为五类：

(1) 稳定基金(Stabilization Funds)——其主要目标是使财政预算和整个国民经济免受某些商品价格(如石油价格)大幅度波动的影响；

(2) 储蓄基金(Savings Funds)——其目标旨在为子孙后代考虑，将不可再生的资产转变为多样化的资产组合；

(3) 储备投资公司(Reserve Investment Corporations)——其资产仍然常被认为是储备资产，目的是提高储备资产的收益率；

(4) 发展基金(Development Funds)——其目标通常是为社会经济项目提供资金或者为提高本国潜在产出水平的产业政策服务；

(5) 养老储备基金(Contingent Pension Reserve Funds)——为政府资产负债表中不确定的养老负债提供资金。

在实践中，上述目标之间并不存在严格的界限，而是随着情况变化有所改变。如俄罗斯在2008 年将其主权财富基金(稳定基金)分拆为储备基金(Reserve Fund)和国家福利基金(Fund for National Well-Being，也有学者译作主权养老基金)。前者仍然用于确保俄罗斯财政预算免受石油价格急剧下跌带来的负面影响，后者用于支持俄罗斯由于老龄化以及就业人口占比下降带来的养老问题。此外，某些发达国家，如澳大利亚和新西兰等国也建立了主权财富基金，其主要资金来源于社会保障资金、政府养老基金以及政府税收和其他收入。这些基金广泛投资于国内外资产，旨在为社会保障和政府养老基金提供资金补充。中国的全国社保基金理事会也被视为此类性质的主权财富基金，规模在全球排名前十位，主要投向中国国内资产。在金融市场上，大多数主权财富基金扮演着财务投资者的角色，并不谋求对投资对象的控制权。从投资策略上分析，各国主权财富基金的策略各不相同，如挪威政府主要集中在小规模的资产组合方面，如其股权投资通常低于被投资公司股权的 10%，并且详细公布每一笔股权投资的细节；而新加坡的淡马锡控股公司在国内外产业投资中则持有大量的股份。此外，随着规模的不断扩大，越来越多的主权财富基金尝试进行另类投资，如投资风险较高的房地产项目、PE 等。

由于发展中国家外汇储备的快速增长，不少政府将其外汇储备的一部分划出来，建立主权财富基金，用以提高这部分外汇储备的投资收益率。一般来说，主权财富基金是各国政府外汇投资的一个载体，该基金中所持有的对外资产是否应列入储备资产呢？其决定因素在于是否存在某种法律或行政规定的限制，导致该资产不能随时供货币当局使用。某项资产是否视为储备资产，其主要标准包括：货币当局是否随时可动用该资产？是否属于居民对非居民的流动外币债权？如果该海外资产是在中央银行或中央政府某个机构的账面上，并且货币当局有权对基金进行处置，那么该资产就是储备资产；如果该海外资产为具有独立法人资格的长期基金所持有，那么就不属于储备资产。由于主权财富基金和外汇储备均属于政府所有，同时又主要投资于外国金融资产，因此外汇储备与主权财富基金存在密切的关系。相对而言，主权财富基金投资风险较高的资产，其收益率相对较高。所以说，主权财富基金的显著特征是其资产的流动性、收益率以及相关的法律和行政管理规定的不同。具体见表 12-21。

表 12-21 外汇储备、外汇平准基金和主权财富基金的差异

	外汇储备	外汇平准基金	主权财富基金
目的	保证国际收支平衡、在本币遭受贬值压力情况下干预汇率	主要保证本币汇率稳定(不论是存在升值还是贬值压力)	在风险可控的情况下提高政府持有的外币资产的收益率
资金来源	经常账户和资本与金融账户(不含储备资产账户)的顺差	政府单独拨付的资金(含本外币资产)	国际收支顺差、因出口资源性商品获得的财政盈余以及政府控制的养老金等
投资对象	黄金以及外币资产	本币资产和外币资产	主要是外币资产，以养老基金为基础的主权财富基金以投资本币资产为主
对本国市场流动性的影响	冲销性操作不影响；非冲销性操作影响	不影响	不影响
风险特征	低风险低收益	低风险低收益	高风险高收益
所有者	中央银行	财政部	财政部

3. 主权财富基金管理的《圣地亚哥原则》

主权财富基金规模巨大的对外投资引起了不少投资接受国的疑虑和担忧。2008 年 5 月，26 家主权财富基金在美国华盛顿成立了“主权财富基金国际工作组”，开始讨论并起草关于主权财富基金的行为准则。经过挪威奥斯陆、新加坡和智利圣地亚哥三次会议，以及与欧美等主要投资接受国政府代表多次政策对话后，在第三次会议上将该准则命名为《圣地亚哥原则》。该原则是一套有关主权财富基金的行为准则，属自愿性质。该原则于 2008 年 10 月在世界银行和国际货币基金组织年会期间获得通过，并得到上述 26 家主权财富基金所在国政府的认可。《圣地亚哥原则》的通过，大大增加了国际社会对主权财富基金的了解，有效减轻了主权财富基金面临的国际压力，也减少了部分投资接受国的疑虑和非议。

《圣地亚哥原则》确立了主权财富基金的四项指导目标：一是有助于保持全球金融体系的稳定，促进资本和投资的自由流动；二是遵守投资接受国相应的法律、法规和信息披露要求；三是投资基于经济和财务的收益与风险考量；四是建立透明、健全的公司治理架构，以保证公司良好的运营控制、风险管理和问责机制。主权财富基金《圣地亚哥原则》共有 24 条，涵盖三个关键领域：一是主权财富基金的法律框架、目标及与宏观经济政策的协调；二是制度框架和公司治理架构；三是投资和风险管理框架。

12.7.3 向 IMF 申请贷款

如前所述，引发一国进行外汇干预的原因并不相同，所以除了外汇干预之外，政府有必要针对不同的原因采取不同的对策。面临主要出口商品价格暴跌的国家通常需要对其进行财政援助，同时该国政府有必要采取措施，强化经济并扩大其出口基础。资本大量外流的国家则需要针对致使投资者丧失信心的根源采取措施，如利率过低、预算赤字过大、债务存量增长过快，或者银行系统效率低下或管理不善等。

如果说外汇干预是本国政府在其能力范围内采取的措施，那么向 IMF 申请贷款则是另外一条举措。1945 年 IMF 成立的宗旨之一就是对成员方提供各种贷款满足其短期资金需求。一般情况下，IMF 向成员方提供贷款之前，成员方必须与 IMF 商讨并承诺采取某些政策措施以扭转外部经济状况，这些承诺被称为政策条件(Policy Conditionality)。在大多数情况下，成员方要获得 IMF 的贷款，必须采取某些政策，这通常以“意向书”(Letter of Intent)的形式提交给 IMF 执董会，并在“谅解备忘录”(Memorandum of Understanding)中详加阐述。

针对不同类型成员方的国际收支需求，IMF 有不同的贷款工具。低收入国家可通过“减贫与增长信托”(PRGT)中的安排获得当前利率为零的优惠贷款。针对陷入危机的新兴市场经济体和发达市场经济体，基金组织主要通过备用安排(Stand-by Arrangements，SBAs)提供援助，解决短期或潜在的国际收支问题。备用信贷(Standby Credit Facility，SCF)针对低收入国家发挥类似的作用。中期贷款(Extended Fund Facility，EFF)与相应的中期信贷(Extended Credit Facility，ECF)是 IMF 向面临长期国际收支问题的低收入国家给予中期支持的主要工具。为预防或减轻危机的程度，并在风险加剧时提振市场信心，已经采取强硬改革政策的成员方可以利用灵活信贷额度(Flexible Credit Line，FCL)或预防性和流动性额度(Precautionary and Liquidity Line，PLL)。因商品价格冲击、自然灾害和国内脆弱性问题而面临国际收支迫切需求的低收入国家，则可通过快速融资工具(Rapid Financing Instrument，RFI)及相应的快速信贷(Rapid Credit Facility，RCF)获得紧急援助。

12.8　本章小结

在现实生活中，汇率干预是政府外汇管理过程中很常见的一种现象。根据不同的划分标准，可以分为：单边干预和多边干预；即期外汇市场干预和远期外汇市场干预；中央银行干预和财政部(外汇平准基金)干预；冲销性干预和非冲销性干预。

在投机者攻击本国货币的情况下，政府应该如何干预本币汇率呢？较常见的是本国货币当局在即期外汇市场上进行干预。一般来说，中央银行和财政部(下设的外汇平准基金)都可以执行干预操作，但是这种干预操作会对本国的货币供给状况造成不同的影响。如果中央银行采取非冲销操作，整个银行体系的流动性会发生变化；相反，财政部的干预将不会对银行体系的流动性产生影响。不论是哪种干预方式，公众的资产结构都会因为干预而改变。远期外汇市场干预的理论基础是利率平价理论。在远期市场上进行干预的本质是改变本国货币市场上的利率水平，调整本外币的利率差，达到干预目标。与在即期外汇市场干预不同，在远期外汇市场干预往往是应对临时性的国际收支失衡。

从国际范围来看，汇率干预还可以扩展至双边干预乃至多边干预。在双边干预和多边干预情况下，汇率干预的临界水平存在西格尔悖论。正因为如此，在汇率理论研究的过程中，取汇率的对数值(汇率的变化率)作为研究的对象。

在本币面临贬值压力的背景下，本国外汇储备是政府干预汇率的重要基础。与外汇储备相关的概念是外汇流动性和主权财富基金。外汇流动性包含两部分：(1) 政府能随时调动的外汇资源(包括官方外汇储备和其他外汇资产)；(2) 预先确定的(已知的或事先安排好的)或者或有性质的(潜在的)外汇资源的流入与流出，这些流入与流出产生于政府的短期外汇负债以及政府资产负债表的表外项目，如持有的衍生品头寸(远期、期货合约与互换合约)。主权财富基金是具有特殊目的的投资基金或安排，持有者包括各级政府。主权财富基金是由广义政府为实现宏观经济目的而设立的特定目的的基金，主要包括投资于外国金融资产，但不包括那些仅投资于本国的基金。主权财富基金的资金来源包括国际收支顺差、官方外汇业务、私有化收益、财政盈余以及商品出口的收入。外汇储备、主权财富基金与外汇平准基金是三个相互联系但不是同一类型的资产组合。本国政府除了基于自身的国际储备进行外汇干预之外，还可以通过向 IMF 申请贷款来解决短期国际收支问题。这也是 IMF 在 1945 年成立的初衷之一。不过，IMF 向成员方提供的绝大部分贷款是有条件的，换言之，成员方想要获得 IMF 的贷款，必须承诺进行政策调整或者是进行结构性改革。

不同的国家管理国际储备的机构并不相同。本章对美国、英国和日本的国际储备管理及其外汇干预机构进行了较为详细的介绍。

第13章
CHAPTER13

汇率制度的选择

汇率制度(Exchange Rate Regime)是指一国货币当局对本国汇率制度的选择、汇率水平的确定、汇率的变动方式和汇率干预等问题进行的一系列规定或安排。从全球来看，1973年布雷顿森林体系垮台之后，各国采取的汇率制度不外乎固定汇率制度(Fixed Exchange Rate System)和浮动汇率制度(Floating Exchange Rate System)两大类。处于这两个极端之间的有各种形式的软钉住(Soft Peg)、硬钉住(Hard Peg)汇率制度等。针对某一国而言，则涉及其汇率制度的设计、汇率水平的确定方式(市场供求确定还是政府确定)、汇率干预等问题。有的国家选择完全自由的浮动汇率制度，有的国家选择钉住主要贸易伙伴国的货币，还有的国家选择与其他国家组成货币联盟，不一而足。既不论选择何种汇率制度，也不论如何干预汇率，各国政府在主观上都是从本国经济发展的目标出发，从本国国民的福祉出发，来做出一系列制度安排的。自1950年以来，IMF每年发布《汇率安排和汇兑限制年报》(Annual Report on Exchange Rate Arrangement and Exchange Restrictions)。随着全球汇率制度的变化和汇率波动的加剧，IMF对汇率制度的分类也在发生变化。以前，IMF对各成员汇率制度的分类完全基于各成员货币当局向IMF的报告。然而，各成员实际上采取的汇率制度与其“法律条款意义上的”(de jure)的汇率制度并不一致。从1999年开始，IMF在该年报中增设了一项内容，即每个成员方“事实意义上的”(de facto)的汇率制度。这进一步丰富了我们对汇率制度的认识。

在国际社会，IMF的主要职责不仅包括对各成员汇率的变化进行监控，而且近年来还关注成员的汇率失调(Exchange Rate Misalignment)和货币操纵(Currency Manipulation，有时候又译作“汇率操纵”)问题。所谓汇率失调，就是指汇率水平偏离长期均衡水平。什么又是货币操纵呢？在IMF的《1977年汇率政策监督决定》当中，货币操纵是指当事成员长期、单向、大量地干预外汇市场。根据该决定，成员方在汇率政策方面必须遵守三项原则：(1) 应避免为阻止有效的国际收支调整或取得对其他成员方不公平的竞争优势而操纵汇率或国际货币体系；(2) 在汇率无序时应干预外汇市场；(3) 成员方在干预时应考虑货币被干预的国家的利益。IMF在

2007 年 6 月通过的《对成员方汇率政策双边监督的决定》明确规定，货币操纵就是当事成员方为阻止有效的国际收支调整或取得对其他成员方不公平的竞争优势而操纵汇率。操纵汇率既可能是当事成员方主动造成汇率变动，又可能是主动阻止这种汇率变动。显然，汇率失调和货币操纵都对各成员方的汇率水平乃至汇率制度的选择有重要影响。从全球来看，货币操纵影响了各成员方经济的公平竞争。

本章首先介绍当前全球汇率制度安排，并对现代社会固定汇率制度的变形——钉住汇率制度和汇率目标区制度进行深入的讨论。本章还利用模型探讨在不同性质的冲击下固定汇率制度和浮动汇率制度的优劣问题。

13.1 汇率制度的主要类型

一般来说，经济学家将全球的汇率制度主要分为两大类别：固定汇率制度和浮动汇率制度。浮动汇率制度是指汇率水平由市场供求决定，政府不予干预的汇率制度。从较长的时间跨度来看，浮动汇率制度与固定汇率制度下的汇率变化最大的不同是前者的变化是连续性的，而不是阶段性的(见图 13-1)。当然，现在世界各国很少有不干预本币汇率的情况，只是程度高低的问题，因此这种有干预的浮动汇率制度就是有管理的浮动汇率制度(Managed Flexible Exchange Rate)。

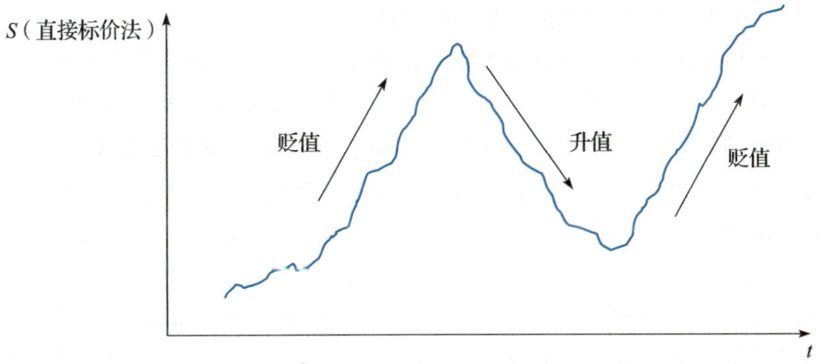

图 13-1 浮动汇率制度下的汇率波动

固定汇率制度是指政府采用直接或间接干预方式维持本国货币与其他货币(或者是某种商品货币)之间的固定比价。本币挂钩的对象可以是黄金(商品货币)，也可以是国际上的关键货币(Key Currency)，还可以是某种复合货币(如特别提款权，或者欧元的前身——欧洲货币单位)等。在固定汇率制度下，汇率也并不是完全一成不变的，只是其波动幅度相对较小而已，如在金本位条件下，汇率的波动范围就在黄金输出/入点上下波动。在信用货币时代，各国货币宣布不再与黄金兑换(或者存在某些限制条件才可以兑换黄金)，各国货币的固定比价是人为确定的，在国内外经济形势发生重大变化时，汇率可以进行调整，因此这一固定汇率制度又被称为可调整的钉住汇率制度(Adjustable Pegging System)，如布雷顿森林体系下各国的汇率制度。图 13-2 不仅给出了该制度下中心汇率随时间的变化模式，而且给出了汇率波动幅度(以虚线表示)。其中，1、2、3、4 分别表示中心汇率变化的不同阶段。从阶段 1 到阶段 2，从阶段 2 到阶段 3，每次汇率的变化均是一次性贬值(One-off Depreciation)。同时，从阶段 1 到阶段 3，整个过程又被视为逐次贬值、渐进式贬值、间断性贬值或离散式贬值(Step Devaluation，Incremental

Devaluation，Gradual Devaluation or Discrete Devaluation）。

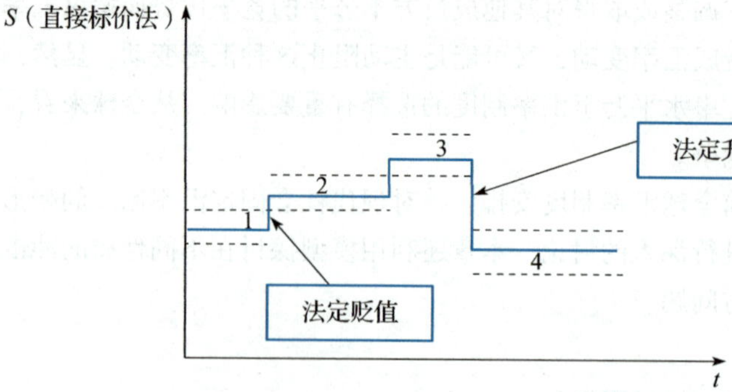

图 13-2 可调整的钉住汇率制度下中心汇率的调整

❖专栏 13-1

IMF 对货币政策框架的分类

IMF 不仅对成员方的汇率制度进行了分类，还对各成员方的货币政策框架（Monetary Policy Framework）进行了分类。这主要源于各成员方货币当局采用何种名义锚（Nominal Anchor）来约束本成员方的货币政策，提高本成员方货币政策的可信度。

何谓名义锚？Robert Flood 和 Michael Mussa（1994）认为名义锚是货币政策目标的名义变量（Nominal Variable）。他们区分了三种类型的名义锚。第一类是货币政策固定某种商品的货币价格或者是某一组商品的货币价格，如金本位下美国政府确定 1 单位盎司黄金价值 35 美元。第二类名义锚是基于过去的货币总量或者名义总收入来确定的物价水平，这又被称为移动的名义锚（Moving Nominal Anchor）。第三类则属于将本币钉住其他货币或者是钉住一篮子货币的汇率水平。Mishkin（2010）认为名义锚就是一种名义变量，如通胀率或者货币供应量，通过控制这种名义变量可以实现物价稳定。一般来说，各国汇率制度的选择离不开货币政策的执行和操作。因此，货币政策框架是本国汇率制度稳定的重要制度背景，一国汇率制度的选择也必须与本国的货币政策框架相一致。从总体上看，货币政策的名义锚主要有两大类：一类是针对货币的数量，即货币供应量的年增长率；另一类是针对货币的价格，这又可以分为货币的对内价格和对外价格，前者是通货膨胀率或者对未来通货膨胀率的预期，后者是本国对外币的汇率，其具体分类如下。

（1）汇率锚（Exchange Rate Anchor）。为了将汇率维持在事先宣布的水平或幅度以内，货币当局随时准备按既定的牌价买入或卖出外汇；汇率充当货币政策的名义锚或中介目标。这类制度包括没有单独法偿货币的汇率制度、货币局安排、有波幅（或无波幅）的固定钉住、类似爬行安排以及其他有管理的安排。

（2）货币总量锚（Monetary Aggregate Anchor）。货币当局运用其货币政策工具来实现某一货币总量（如储备货币、M1、M2 等）的目标增长率，货币目标总量成为货币政策的名义锚或中介目标。

（3）以通货膨胀为目标的框架（Inflation Targeting Framework）。该框架包含公开宣布的中期通货膨胀率目标以及货币当局实现该目标的制度承诺。其他主要特征则包括：增加与公众和市场的沟通，阐明货币政策制定者的计划和目标，加强中央银行对实现通货膨胀目标的问责性。

货币政策的变化取决于未来通货膨胀率的预测值与事先宣布的通货膨胀率目标的偏离，通货膨胀预测值(明确或隐含地)充当货币政策的中介目标。

(4) 其他(Other)。一国没有明确宣布货币政策的名义锚，而是在货币政策执行过程中对各项指标进行监测，或者无法获取该国相关的重要信息。例如，美国、欧元区和日本均被划分在该类型下。

从全球范围来看，在固定汇率制度和浮动汇率制度之外，还存在若干种其他汇率制度。即使是固定汇率制度，也存在硬钉住和软钉住之分。如果说汇率制度的一端是固定汇率制度(货币联盟)，另一端是自由浮动汇率制度，那么在这两者的中间，还存在一系列其他中间状态的汇率制度，如可调整的钉住汇率制度、有管理的浮动汇率制度等(见图 13-3)。

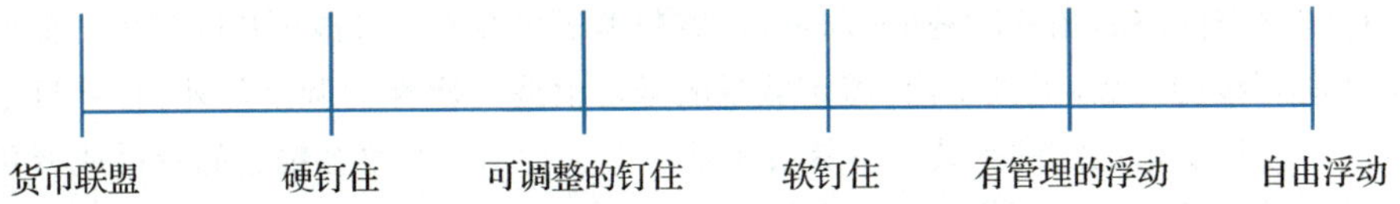

图 13-3 汇率制度的范畴

根据 2019 年 4 月 IMF 发布的《汇率安排与汇兑限制 2018 年度报告》，IMF 将汇率制度做了以下分类(见表 13-1)

表 13-1 IMF 汇率制度分类

类型	种类
硬钉住	无独立法偿货币的汇率安排；货币局制度
软钉住	传统的钉住汇率制度安排；在水平区间的钉住汇率制度；稳定化安排；爬行钉住；类似爬行的制度安排
浮动汇率制度(由市场决定汇率)	浮动；自由浮动
其他	其他有管理的安排

(1) 无独立法偿货币的汇率安排：归为此类的汇率制度需要其政府在法律上认定。无独立法偿货币的含义是将另一个国家的货币作为该国唯一的法偿流通货币(正式美元化)。实行该制度意味着货币当局完全放弃了对国内货币政策的控制。属于同一个货币联盟的成员方共同使用某种法偿货币，这些国家的货币制度被归类为共同货币(Common Currency)安排(以前将这种货币制度归类为无独立法偿货币的制度)。因此，该汇率制度的划分仅仅是定义上发生了变化，并不是货币联盟及其成员方的汇率制度本身或者其他政策发生了实质性的变化。

(2) 货币局制度：归为此类的汇率制度需要其政府当局在法律上认定。货币局制度以明确的立法为基础，承诺本币与某一特定的外国货币按固定比率兑换，且要求货币发行部门确保履行该法定义务。这意味着本币通常以国外资产作为后盾，中央银行由此丧失了某些传统职能，如对货币的控制、履行最后贷款人职能、货币政策的自由裁量权。在该制度下，汇率仍然有一定的弹性，这取决于该制度安排下其规则的严格程度。

(3) 传统的钉住汇率制度安排：归为此类的汇率制度需要其政府在法律上认定。在钉住汇率制下，一国货币同某外国货币或一篮子货币保持固定比价，货币篮子由主要贸易伙伴国、金融合作伙伴国的货币构成，权重反映了其对外贸易、服务及资本流动的地理分布。锚定的货币或者货币篮子中各种货币的权重必须向社会公布或告知 IMF。政府随时准备通过直接干预(即在外汇市场中买卖外汇)或者间接干预(例如，通过使用与汇率相联系的利率政策、实施外汇管制，实行限制外汇交易的道义劝告，或其他公共机构的干预)来维持固定平价。政府并不是必须一直保持平价不变，但官方对平价的调整必须有经验事实的检验：汇率围绕中心汇率在不超过±1%的区间内浮动，或者即期汇率的最大值和最小值至少6个月保持在2%的范围内。只有符合上述统计标准的汇率安排，才被视为传统的钉住汇率制度安排。

(4) 在水平区间的钉住汇率制度(Pegged Exchange Rate within Horizontal Bands)：这类汇率制度需要得到该国法律上的认可。围绕某个固定的中心汇率，汇率维持至少±1%的波动范围，或汇率的最大值和最小值之差超过2%。它包括欧洲货币体系(EMS)的欧洲汇率机制(ERM)成员方的汇率制度。在1999年1月1日，ERM被欧洲第二汇率机制(ERM Ⅱ)取代，成员方的汇率波动范围大于±1%。中心汇率和波动幅度要向社会公开或已通知IMF。

(5) 稳定化安排(Stabilized Arrangement)：该分类要求在6个月或更长时间内，即期外汇市场上的汇率必须维持在2%的波幅内(特定数量的异常值或一次性的调整除外)，并且不允许其自由浮动。不论该货币锚定的是某单一货币还是一篮子货币，只要被锚定的货币或者货币篮子经统计检验后确定或证实达到边际意义上的稳定要求即可。属于该分类的汇率制度，不仅要求通过统计检验，还要求汇率是经过官方干预后(包括在严格划分的结构性市场上)保持的稳定。这种分类并不意味着政府要做出政策承诺。

(6) 爬行钉住：该制度需要获得政府立法通过。汇率根据固定的比率或按照某些选定的量化指标的变化(如过去一段时间内本国与主要贸易伙伴之间通胀率的差异，或者是主要贸易伙伴的目标通胀率与预期通胀率之间的差异)进行小幅调整。爬行速度的调整可以按照以下标准来设定：汇率的变化能够消除通胀率差异(根据历史数据进行调整)，也可以设置为预先确定的固定变化率和(或)低于预测的通胀率差异(根据未来的预期数据调整)。该汇率制度安排的准则和相关参数已公开发布或者已告知IMF。

(7) 类似爬行的制度安排：该制度安排要求汇率必须维持在2%的狭窄范围内(特定数量的异常值除外)，时间跨度为经统计确定的趋势为6个月或更长时间，且该汇率安排不能被视为浮动汇率。通常，这类制度安排下汇率的最小变化幅度要大于稳定化安排(类似钉住汇率制度)下的汇率变化幅度。但是，如果汇率以非常单调和连续的方式升值或贬值，且年化变动率至少为1%，则这种制度安排被认为是类似爬行的制度安排。

(8) 浮动：浮动汇率几乎是由市场决定的，没有确定的或可预测的变化路径。尤其值得注意的是，某些汇率制度经过统计检验后符合稳定化安排或类似爬行钉住的汇率制度安排也会被归为浮动汇率制度，前提是该汇率的稳定并非是政府干预导致的。浮动汇率制度下仍然存在外汇干预措施，这种干预既可以是直接的，也可以是间接的，并且干预的目的是降低汇率的变化频度以及防止汇率巨幅波动，但是浮动汇率制度不允许政府设定汇率目标。汇率干预程度可以根据相关指标进行判断(如国际收支差额头寸、国际储备、平行外汇市场的发展)。在该制度安排下，汇率或多或少会发生波动，其波幅取决于影响经济的冲击规模。

(9) 自由浮动：浮动汇率安排被归类为自由浮动需要满足以下两个条件：一是只有在极少数的情况下政府才会干预，且其旨在改善紊乱的市场环境；二是政府提供的有关信息或数据表明在过去的6个月中，政府干预最多只有三次，且每次干预的持续时间不超过3个工作日。如果IMF无法获得这些信息或数据，那么其汇率制度安排将被归类为浮动。只有当IMF获得的其他数据不足以确定合适的汇率制度分类，其才会要求成员方提供关于干预或官方外汇交易的详细数据。

（10）其他有管理的汇率安排：不能被归为以上各类的汇率安排都被归为该类别。汇率政策经常性发生调整的汇率安排也属于该类别。

对于中国而言，在亚洲金融危机之后，IMF 将中国汇率制度归类为传统的固定钉住汇率制度安排，对中国货币政策框架的分类是货币总量锚。2005 年 7 月中国进行了人民币汇率制度改革，IMF 在 2006 年的年报中对此进行了特别说明。IMF 认为，从 2005 年 7 月末到 2006 年 4 月末，人民币汇率更加富有弹性，但是人民币对美元的波动幅度不足 2%（以 3 个月为一个周期），因此仍然将人民币汇率制度归类为传统的固定钉住汇率制度安排。在 2009 年 2 月公布的货币政策框架分类当中（截至 2008 年 4 月 30 日），将中国的货币政策框架修改为采用汇率锚，同时选择了爬行钉住的汇率制度。在 2014 年 10 月 IMF 公布的货币政策框架分类中，将中国的货币政策框架修改为采用货币总量锚，同时归类为针对美元的类似爬行的制度安排。

不少教材还将浮动汇率制度分为清洁浮动（Clean Float）和肮脏浮动（Dirty Float）两类。所谓清洁浮动，就是在这种汇率制度下：干预方式上没有非市场化的限制，如波幅区间；干预以维护市场秩序为目的；仅在异常情况下干预且披露干预信息。例如，2015 年 12 月，时任中国人民银行副行长的易纲在人民币纳入国际货币基金组织 SDR 吹风会上表示，人民币加入 SDR 后，人民币汇率制度仍然是维持有管理的浮动汇率制度不变，但是最终目标是稳步实现人民币汇率的清洁浮动。肮脏浮动则类似于有管理的浮动汇率制度。

13.2　固定汇率制度的进一步划分

在金本位时代，各国货币都规定了本币的含金量，因此各国货币间的汇率基本上是固定的。换言之，某个实施金本位的国家，其货币与其他实施金本位国家货币的兑换比例是固定的。进入信用货币时代后，从全球来看，主要货币之间的汇率是浮动的，因此我们可以认为信用货币时代的汇率制度属于浮动汇率制度。但是，从单个国家来看，可以选择钉住国际社会的某一关键货币，也可以选择钉住一篮子货币，形成钉住汇率制度；或者是本国货币对关键货币的汇率波幅形成汇率目标区。尽管单个国家与关键货币国之间的汇率是固定的，但是与其他国家的货币仍然属于浮动汇率。不过，钉住汇率制度与固定汇率制度的差异表现为前者是基于某个国家的视角，后者是基于全球的视角。本节主要探讨各种类型的固定汇率制度，分析这些制度的特征。

13.2.1　彻底的固定汇率制度

在理论界，经济学家通常认为彻底的固定汇率制度包括货币联盟、美元化和货币局制度三种类型。

1. 货币联盟（Monetary Union 或 Currency Union）

各成员方不再有自己的货币，而是共同拥有一种货币和一家中央银行，各国之间允许资本自由流动。本国政府取消了本国货币，这就意味着投机者失去了攻击的对象；如果要攻击货币联盟的共同货币，所需要的资金规模则更大。1999 年问世的欧洲货币联盟是一个典型的例子。货币联盟当然是货币区（Currency Area）的最高级形式，较低级的货币区则是货币区各成员方宣布彼此的双边汇率平价，也就是平价网体系。在某些情况下，较低级的货币区在保留各自本国货币的同时，设立或者定义一个新的货币单位，让其发挥货币的某些功能。如欧洲货币体系就曾经设立欧洲货币单位(European Currency Unit，ECU)，中文译作“埃居”。埃居是欧元的前身。当然，还有学者从财政政策是否统一的角度将货币联盟分为完整的货币联盟和不完整的货币联盟。不完整的货币联盟各成员方保持独立的财政政策，而完整的货币联盟各成员方实现了预算统一。不完整的货币联盟是脆弱的，在长期内无法实现可持续发展。除了从汇率制度的角度来认识货币联盟(货币区)之外，还有一个相关问题就是货币联盟(货币区)的单一货币(也可以译作“共同货币”)如何定值。从理论上来看，可以采用货币区内的关键货币来定值，也可以采用货币组合(可以视为一种新的货币)来定值。

根据各成员方之间的关系，货币联盟的形式分为两种，一类是集中型(Centralized)的货币联盟，另一类是分散型(Decentralized)的货币联盟。集中型的货币联盟是指货币联盟设有一个归成员方所有的货币联盟中央银行(Currency Union Central Bank，CUCB)，由该中央银行发行共同货币，每个成员方的中央银行操作由 CUCB 的分支机构或者代理机构负责实施，这就是集中型的货币联盟，如加勒比地区货币联盟、中非货币联盟。分散型的货币联盟是指，货币联盟由 CUCB 和各成员方中央银行(CU National Central Banks，CUNCBs)组成，CUCB 归 CUNCBs 所有。CUCB 不仅负责制定货币政策，而且负责协调实施，CUNCBs 则负责实施决策。欧元区就是这种模式。另外一个值得关注的问题是，实施美元化或欧元化的国家，虽然在本国采用美元或欧元，但这些国家并不能算作美元区或欧元区的成员方。实施美元化国家的中央银行与美联储在货币政策制定与执行方面也没有相互协调。

2. 美元化(Dollarization)

这里的美元代指世界上的关键货币，包括美元、欧元等货币。完全的或者正式的美元化(Full Dollarization or Official Dollarization)就是一国放弃本国货币，将稳定的外国货币——通常是美元——作为其法偿货币(Legal Tender)。其主要优势在于消除一国货币突然急剧贬值的风险，使得其能够降低国际借款的风险补偿(Risk Premium)。美元化现象在 20 世纪 70 年代的拉美非常普遍，当时拉美国家的恶性通货膨胀使得这些国家的本币无法正常发挥价值交换和储藏的作用。这些国家的居民和企业都开始使用美元等外币来储蓄、购买房产等。这个现象从拉美地区扩散开来，一度成为许多新兴市场经济体金融业的普遍特征。由于银行的美元负债可能会大幅超过美元资产，一旦汇率突然贬值，就会使得这些国家的金融体系面临巨大风险。商业银行资产与负债的币种错配是 20 世纪 90 年代中期和 21 世纪初期新兴市场经济体遭受严重金融危机背后的罪魁祸首，如 1994 年土耳其、1995 年阿根廷、1998 年俄罗斯和 2001 年阿根廷的金融危机。

国际投资者对实施“美元化”的经济体具有较高的信心，认为其可以降低国际借款的息差和政府融资成本，并促进本地的投资和经济增长。阿根廷总统梅内姆就曾经建议采用美元作为解决阿根廷长期存在的货币与汇率问题的最终方法。到目前为止，实施美元化最为成功的国家是巴拿马。在全面实施“美元化”的情况下，政府部门和私人部门的全部债务都以美元计算，以美元为计价货币，正式美元化的国家还必须确定本币与美元之间的兑换比率。在部分拉美国家和转轨国家，往往由于本国的通胀率较高，实施有限的、非正式的“美元化”(Informal Dollarization or Unofficial Dollarization)。这些国家的居民在其国内银行持有外币存款，在日常交易中，美元、其他硬通货与本币的现钞同时流通。相对于正式的美元化，非正式的美元化则是政府对民间使用外币替代本国货币发挥价值尺度和流通媒介的功能采取默许的态度。随着许多新兴市场经济体经济形势的改善，在 21 世纪初期，美元化现象开始降温。有利的贸易条件、更为灵活的汇率以及更完善的经济政策，包括采用通货膨胀目标制、加强财政纪律等，都让许多新兴经济体的通货膨胀处于较低水平，这降低了货币突然贬值的风险，美元化现象有所逆转，这就是所谓的去美元化(Dedollarization)现象。

❖专栏 13-2

去美元化现象——以秘鲁为例

所谓去美元化现象，就是过去实施美元化战略的国家，如今美元化的程度在下降。21 世纪以来，曾经美元化严重的国家一度出现了去美元化现象。2008 年全球金融危机爆发以来，去美元化现象已经停止，甚至在许多新兴市场经济体又出现了逆转。不过，例外的情况是在美元化现象的诞生地——拉美地区，去美元化现象却在继续。对 28 个新兴市场经济体在 2000～2015 年美元化现象的研究显示，欧洲和拉美地区的美元化现象较强，在亚洲和世界其他地区美元化现象则较弱。美元化现象在全球有两大趋势：第一，从 21 世纪初至 2007 年全球金融危机，以银行的美元或欧元存款在全部存款中的占比计算的美元化现象不断降温；第二，从 2012 年开始，欧洲新兴经济体的美元化现象增强，拉美地区去美元化现象依然在持续，如巴拉圭、秘鲁和乌拉圭。20 世纪 90 年代，秘鲁对美元高度依赖，依赖程度仅次于厄瓜多尔和萨尔瓦多，这两个国家最终选择了正式美元化。到 20 世纪 90 年代末，秘鲁近 85% 的银行存款和 80% 的银行贷款都是以美元计价。虽然秘鲁的商业银行美元存款占比一直高于美元贷款的占比，但是大约从 2000 年开始，秘鲁商业银行的去美元化如火如荼地上演。到 2012 年，以美元计价的银行存款跌至 50% 以下，以美元计价的银行贷款跌至 45% 以下。此后，虽然以美元计价的存款规模出现了一定程度的反弹，但以美元计价的贷款规模却一直维持跌势，到 2015 年年末，跌至 30%。秘鲁在去美元化过程中有四个重要因素在发挥作用。

第一，秘鲁在 2002 年年初引入了旨在控制通胀率的通胀目标制。秘鲁政府为本币(索尔，Sol)设置了短期政策利率(Short-Term Policy Interest Rate)以实现本币通胀率的目标，并使用非常规工具来控制信贷总量(多数以美元计价)，并降低汇率波动幅度以避免本币汇率波动破坏其经济的稳定。同时，政府的财政政策(财政收入和支出政策)与通胀目标制的实施保持一致。这大大降低了秘鲁的通胀率，其通胀水平保持了稳定。2002～2015 年间，秘鲁的通胀率平均为 3% 左右，而 1991～2001 年该比率为 55%。随着可变利率(Adjustable Interest Rate)贷款的推出，用本币偿债比用外币偿债更具可预测性，因为通胀目标制旨在控制本币而非美元的通胀率。

第二，强化商业银行监管，提高存款准备金率。对以美元计价的存贷款征税会阻止金融美元化。解决方案之一就是差别对待以美元计价和以索尔计价的存款。对于以美元计价的存款，中央银行提高了商业银行的存款准备金率。由于中央银行支付给商业银行的准备金利率一般都低于市场利率水平，要求商业银行增加准备金规模就相当于对其征收与上述利息之差等额的税收。对于以美元计价的贷款而言，监管机构可要求商业银行计提更高的坏账拨备，这会提高美元贷款的边际成本，相应地能减少商业银行发放新的美元贷款。1990～2014 年的数据显示，秘鲁政府对以美元计价的贷款采取的做法对去美元化十分有效；相比较而言，针对美元存款的做法作用较弱，但依然非常重要。2015 年，秘鲁中央银行推出了更为激进的贷款去美元化方案，即进一步提高以美元计价的存款边际准备金要求，同时限制发放以美元计价的汽车和抵押贷款。这使得 2015 年以来美元贷款占比与美元存款占比均继续下降，且前者下降幅度更大。

第三，允许本币实际汇率升值。一般来说，当本币实际汇率升值时，可贸易品价格相对于不可贸易品价格会下跌。因为不可贸易品赚取的是本币收入，所以其经销商偏好借入本币贷款。然而，新兴市场经济体的情况并不总是这样。当不可贸易品价格相对上升时，对不动产行业的美元贷款会增加。但是，由于通胀目标制的实施使得秘鲁通胀率较低，商业银行将这些贷款与美元挂钩就失去了吸引力。

第四，外部力量。比如大宗商品价格高企，这强化了去美元化现象，尽管原因各不相同。这些外部力量包括大宗商品价格高企会推动本国的经济增长。这种推动作用刺激了不可贸易品部门对贷款的需求，以满足经营规模扩大的需要，同时提高了国内政策的公信力。简言之，国内企业和消费者增强了对持有本币的信心。

然而，其他外部力量却在阻碍去美元化。比如，全球资本市场上不断出现的避险情绪(Risk Aversion)和美元利率的提高往往会提高金融美元化程度。避险情绪的增强不仅会使得美元化程度加深，还会削弱公众对本国经济增长的信心。大宗商品价格因素和避险情绪因素说明了为何21世纪初秘鲁会出现去美元化的现象，同样这些因素在其他拉美国家也有迹可循。这揭示了2000年以来新兴市场出现去美元化的趋势以及危机后全球去美元化进程放缓的原因。

至于全球美元利率的变化对美元化进程存在何种影响，这需要从正反两方面进行讨论。一方面，当前的全球美元低利率环境会降低美元贷款的成本，增加国内的美元贷款供给，进而提高美元化程度。另一方面，国外美元的低利率会刺激可贸易品生产企业去申请海外而非国内美元贷款，从而削弱对国内美元贷款的需求，这会降低美元化的程度。因此，从理论上来讲，全球利率变化对美元化的净效应并不明确，因为这要取决于美元化的初始程度，以及管理美元和本币账户的边际成本。在秘鲁，近年来去美元化趋势是主流现象。

资料来源：路易斯·卡陶，马尔克·特伦斯. 美元依赖性[J]. 金融与发展，2016(9).

这里还有必要解释货币替代(Currency Substitution)和资产替代(Asset Substitution)现象。所谓货币替代，就是外币现钞代替本币现钞发挥价值尺度和流通手段功能，这一现象主要发生在本国通胀率较高的国家。这体现了居民防范通胀风险和汇率风险的资产选择行为。所谓资产替代，主要是来自对本币和外币资产的风险和收益率的考虑。持有外币资产，可以使得居民规避汇率风险。在日常交易中，本国居民仍然主要使用本国货币。

3. 货币局制度(Currency Board System)

所谓货币局就是专门从事货币发行的机构，最关键的特征是其发行的纸币与硬币均可以按要求以固定的汇率兑换成外币或者其他储备货币。如果要改变这一兑换比率，必须事先通过相应的法律程序。货币局持有的主要是高质量并有利息收入的外币资产，与本币负债相比，其比率至少是100%甚至更高。资产方的利息收入是货币局的主要收入来源。从国际范围来看，中国香港实行的联系汇率制度(钉住美元)、阿根廷曾经实行的货币兑换制度(现已经取消)都属于货币局制度，只是在操作细节方面存在差异。

中国香港是目前仍然实行货币局制度的经济体之一。1983年10月17日，港英政府为了稳定当时的港币汇率，采用了联系汇率制度。港英政府将汇率水平确定在1美元=7.8港元的水平上。现在，中国香港并没有真正意义上的货币发行局，纸币由3家发钞银行即汇丰银行、渣打银行、中国银行(香港)发行。发钞银行发行港元现钞时，需按7.80港元兑1美元的汇率向香港金融管理局(Hong Kong Monetary Authorities，类似于一国的中央银行)提交等值的美元，购买金融管理局发行的无利息的负债证明书(Certificates of Indebtedness，CI)，作为发钞纸币的发钞准备。相反，发钞银行回笼港元现钞时，发钞行会收回等值的美元，金融管理局则会赎回负债证明书。香港金融管理局负债方的负债证明书余额等于三家发钞行合计资产负债表资产方的负债证明书余额，也等于三家发钞行合计资产负债表负债方的流通中港币现钞余额(见表 13-2)。

表 13-2　港币发行与回收的程序

香港金融管理局				三家发钞银行			
资产		负债		资产		负债	
FX	+(1) -(2)	*CI*	+(1) -(2)	*CI* *FA* *DA*	+(1) -(2) -(1) +(2) +(3)	*BN*	+(3)

注：*FX* 表示金融管理局的美元储备，*FA* 表示三家发钞银行的美元资产，*CI* 表示负债证明书，*BN* 表示港币现钞(Banknote)，*DA* 表示三家发钞行的本地资产(Domestic Assets)。
(1) 表示香港金融管理局发行的负债证明书增加；(2) 表示香港金融管理局回收负债证明书；(3) 表示三家发钞行因为资产增加导致港币发行。港币现钞与负债证明书(也就是金管局的美元)之间保持固定汇率。

联系汇率制度既是一种汇率制度，又是一种货币发行制度。香港金融管理局没有单独的货币政策目标，其首要目标是维持港币汇率的稳定，也就是实现市场汇率与官方汇率的一致。如何实现这一目标呢？香港金融管理局认为，主要有以下两种机制。

(1) 现钞套利调节机制。 所谓现钞套利机制，非常类似于两点套汇的原理。理论上当市场汇率(比如 1∶7.9)高于官方汇率时，发钞银行将部分港币现钞(如 780 万港币)按官方汇率的水平交给金融管理局，换回 100 万美元。对于发钞行而言，在其资产负债表上是负债(港币现钞)和资产(负债证明书)同时下降，这相当于港币退出流通。对于金融管理局下辖的外汇基金而言，负债(负债证明书)和资产(美元资产)也同时下降。然后发钞银行在外汇市场将 100 万美元按 7.9 的市场价出售，换回 790 万港币，赚取 10 万港币的差价。上述套汇活动使得美元供给增加，市场汇率向管方汇率靠拢。反之亦然。

不过，在实践过程中，现钞套利机制并没有真正实现过，就如同两点套汇在国际外汇市场上很少出现一样，因为当价差出现时，各个套利主体的套利行为使得价差很快消失。香港金融管理局认为该机制没有真正实行的主要原因是：由于现钞不计利息，除了应付客户提款的必要储备之外，各家商业银行一般不愿意持有过多的现钞储备。因此在市场汇率和官方汇率出现不一致时，银行可以投入的现钞量有限。此外，各商业银行调入或者调出大量纸币，会涉及相应的交易成本，因此会影响该机制的运行。

(2) 利率套利调节机制。 港币的兑换保证可以通过各家商业银行在金融管理局的准备金余额的变化来影响香港银行同业拆借利率，由此形成的息差将形成利率套利机会，从而产生足以抵消原来资金流向的相反作用，使得市场汇率向官方汇率靠拢。

当外部资金流入香港，港币趋于强势时，香港金融管理局的资产(如美元)和负债(成员银行在金融管理局账户中的资金，也就是基础货币，类似于中央银行制度下的超额准备金余额)同时增加，商业银行的资产(在金融管理局账户中的余额)和负债(私人外币存款)同时增加。由于港币超额准备金余额的增加，商业银行港币拆借利率会出现下降。如果港币利率与美元利率的差额过大，超过港币的升值预期水平，则外部资金将出现外流，香港金融管理局和商业银行的资产负债表出现反方向的变化。简言之，利率套利调节机制非常类似于利率平价理论下套利活动(Interest Arbitrage)。

除了中国香港之外，阿根廷、爱沙尼亚、立陶宛等国家都先后实施了货币局制度。有的国家成功了，有的国家失败了。阿根廷的例子较为典型。20世纪80年代，阿根廷出现了恶性通货膨胀，产出下降。为了扭转这一状况，阿根廷进行了一系列改革，诸如贸易自由化、严格的财政政策以及实施货币局制度。1991年阿根廷政府实施了《自由兑换法》，将阿根廷比索与美元挂钩，汇率固定在1∶1。结果到1998年，通胀率下降到1%，人均实际产出在1992～1998年间增长率为4.6%。由于国际社会对阿根廷政府能否坚持实施货币局制度心存隐忧，这表现为国际投资者对阿根廷债券的风险溢价一直较高，所以阿根廷的利率水平一直高过美国的利率水平。伴随着亚洲金融危机的爆发，巴西货币开始贬值，脆弱的阿根廷经济出现了增长乏力、财政赤字增加的局面。人们对阿根廷政府能否偿还债务的担心增加。到2000年，阿根廷政府希望采取一系列的经济政策来刺激经济，但是货币局制度恰恰是实行扩张性经济政策的主要掣肘，人们强烈预期比索将会贬值。因此人们纷纷到银行提现，出现了严重的资本外逃。债务危机、银行危机交织在一起，阿根廷政府出现了政局动荡的局面，政府领导人频繁更换。在2002年1月2日，阿根廷政府正式宣布放弃货币局制度，采用浮动汇率制度。

爱沙尼亚在1992年5月开始实施该制度，当然并不是传统意义上的货币局制度，而是有一定的调整，如爱沙尼亚政府保留了对资本流动的管制。与苏联其他国家相比，爱沙尼亚政府通过采取货币局制度，成功地降低了通胀率，增加了外汇储备。尽管在实施之初，经济出现了下滑，但是进入21世纪之后，经济维持了较高的增速。2011年爱沙尼亚加入了欧元区。与爱沙尼亚类似，立陶宛政府在实施货币局制度之前，也面临通货膨胀和货币贬值的威胁。从1994年4月开始，立陶宛开始实施货币局制度。在该制度实施之初，通胀率并没有迅速下降，高通胀率维持了几年，并且出现了产出下降。此后，经济逐渐实现了好转，出现了资本流入、物价平稳、经济增长的局面。2015年，立陶宛正式加入欧元区。

13.2.2 钉住汇率制度

从理论上分析，在固定汇率制度和浮动汇率制度之间有包括钉住单一货币(Single-Currency Peg)、钉住一篮子货币(Multi-Currency Peg)、可调整钉住(Adjustable Peg)、爬行钉住(Crawling Peg)以及汇率目标区制度。下面择要介绍。

1. 钉住一篮子货币汇率制度

钉住单一货币的汇率制度往往是将本国货币与主要贸易伙伴国的货币挂钩，以保证本国汇率的稳定，促进本国对外贸易的发展。例如，中国香港就长期将港币与英镑挂钩，但在布雷顿森林体系垮台，经历游资冲击之后，港币转而与美元挂钩。

在不少情况下，一国不只是将本国货币钉住某一国货币，而是钉住一篮子货币。篮子货币的权重根据本国对该国贸易额占本国对外贸易总额的比重确定。之所以采用钉住一篮子货币的方法，主要是世界上关键货币之间汇率变化幅度较大，如果本国仅仅钉住关键货币甲，且本国货币与另一关键货币乙的汇率发生较大幅度波动(以升值为例)，这意味着本国货币对货币乙出现升值，这将影响本国对乙国的贸易。采用一篮子钉住的方法可以降低本币对整个篮子货币组合的变化幅度，因此又称为钉住篮子汇率(Basket Peg Rate，Composite Peg)。

假定人民币采取钉住一篮子货币的汇率制度，在货币篮子当中，美元、欧元和日元的比重分别为 50%、30% 和 20%。在基期，确定为 1 篮子货币 = 6 元人民币。单位篮子货币与单位美元等值。人民币与美元、欧元、日元的汇率分别为 USD/CNY = 6；EUR/CNY = 9；JPY/CNY = 0.05。

6 元人民币 = 1 篮子货币 = 1 美元 = 0.5×1 美元+0.3×1 美元+0.2×1 美元。6 元人民币→0.5 美元+0.2 欧元(0.3÷1.5)+24 日元(0.2×120)（请注意，“→”不代表等于，只代表其构成），其经济含义是每 6 元人民币的篮子货币当中含有 0.5 美元、0.2 欧元和 24 日元（根据人民币对美元、欧元和日元的汇率，可以套算成以下汇率 EUR/USD = 1.5，USD/JPY = 120）。

如果在目标期，人民币对三种货币发生较大规模波动，采用钉住一篮子货币的汇率方式，将发生怎样的波动呢（权重不发生变化）？假设人民币对美元、欧元和日元分别出现如下变化，USD/CNY = 7，EUR/CNY = 12.6，JPY/CNY = 0.07，篮子汇率将如何变化？

1 篮子货币（含 0.5 美元、0.2 欧元和 24 日元）在期末对应的人民币的价值 = 0.5×7+0.2×12.6+24×0.07 = 7.7 元人民币。相对于期初而言，1 篮子货币对人民币的升值幅度为 28.3%，而美元、欧元和日元对人民币单独的升值幅度分别为 16.7%、40% 和 40%。简言之，篮子货币对人民币的升值幅度为对构成货币的升值幅度的加权平均值（28.3% = 0.5×16.7% + 0.3×40% + 0.2×40%）。

通过以上例子的对比可以发现，在钉住（关键货币）汇率制度下，本币对其他货币的变化率就等于关键货币对其他货币的变化率。然而，在钉住一篮子货币的汇率制度下，本币对篮子货币的变化幅度显著缩小了。因此，钉住一篮子货币的汇率制度有助于稳定选择这一制度的货币对其他货币的变化幅度。

2. 爬行钉住汇率制度

有些国家还往往采取爬行钉住汇率制度（Crawling Peg，又译作“蠕动钉住汇率制度”）。在这种汇率制度下，钉住汇率根据一组事先确定的经济指标或者政府的政策意图进行调整。有的情况下，由于本国的通胀率往往高于被钉住货币国家的通胀率，为了保持本国与被钉住货币国家之间的实际汇率稳定，避免本币实际汇率的高估影响本国的对外贸易，中央银行根据两国通胀率的变化，较为频繁并且按照固定时间间隔进行干预。如政府在每个月月末按照贬值 2% 的方式进行汇率调整，而不是按照在半年后一次性贬值 12% 的方式进行调整。图 13-4 描绘了这种汇率制度的变化。

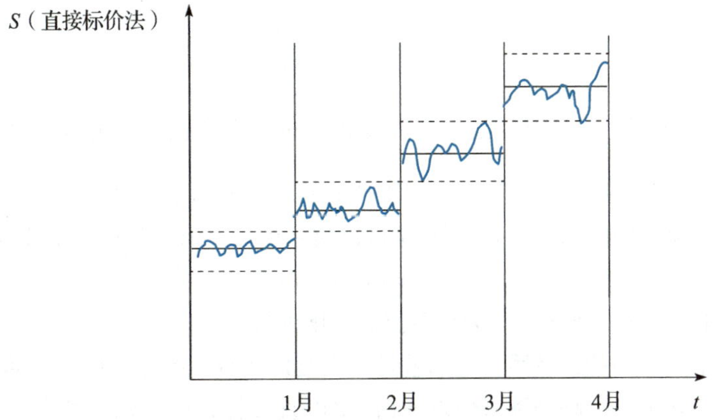

图 13-4 爬行钉住汇率制度下的法定贬值

政府调整钉住汇率的依据主要包括两大类，一类是回顾性(Backward Looking)指标，另一类是前瞻性(Forward Looking)指标或者预测指标。前者指政府根据在上一阶段的本国与被钉住国之间经济指标的对比来调整汇率，后者指政府根据对未来的判断和预测来调整钉住汇率。一般来说，这些指标包括：本国在过去几个月的贸易差额(表明本国商品的对外竞争力)；政府拥有的外汇储备规模(表明一国国际收支面临失衡的压力，也表明未来政府干预外汇市场的能力)；货币供应量(预期)增长率(揭示潜在通货膨胀压力的大小)。政府还会根据市场汇率的表现(如市场汇率连续在政府规定汇率波幅的上限或下限运行)来调整钉住汇率的水平及其上下限。

有学者认为，固定汇率制度具有内生的脆弱性(Fragility)，这源于该制度自身的两个特征。一是政策可信度(Credibility)问题。当某国货币当局宣布固定其汇率时，这实际上就是承诺不论是现在还是将来该国货币当局都会维持汇率固定。然而，与任何承诺相伴的问题就是人们会怀疑政府能否兑现该承诺。换句话说，所有的承诺都会产生政策可信度问题。那么为什么政府会食言呢？答案就是当该国的经济环境发生了显著的变化，固定汇率制度不再符合其国家利益时，违背承诺就是某种必然了。经济主体对政府的承诺开始产生怀疑，投机攻击就会出现。二是这些国家的国际储备(外汇储备)十分有限，因此中央银行无法保证按固定汇率将本币兑换成外币。当政府持有的国际储备日渐耗尽时，政策制定者就会“如坐针毡”。上述两个特征互相影响：有限的国际储备降低了政府可信度，政府可信度的下降致使投机者卖出本国货币，买入外汇，中央银行则被迫卖出外汇，买入本币，导致国际储备进一步减少。

13.2.3 汇率目标区制度

所谓汇率目标区制度(Target Zones)，就是中央银行宣布一个中间汇率和相应的波动区间，并随时准备干预以确保汇率在波动区间内。如果波动区间很小，汇率目标区制度就接近固定汇率制度(如金本位下的波动区间——黄金输出入点)；如果波动区间较大，就与浮动汇率制度十分接近了。下面是一个汇率的对数线性货币模型。假设汇率的变化率是货币供给变化率和汇率变化的预期值以及其他影响因素的线性函数：

$$s = m + v + \gamma E\left(\frac{\mathrm{d}s}{\mathrm{d}t}\right)$$

其中，s 为汇率的对数值；$E\left(\frac{\mathrm{d}s}{\mathrm{d}t}\right)$ 为汇率瞬间变化的理性预期值；m 为货币供给的对数值，这里被视为政策变量；其他项 v 包括除上述因素外的其他影响因素，也可以视为货币流通速度的变化值；$m+v$ 则被视为经济基本面 f。假设 v 可以表示为如下形式的随机微分方程：

$$\mathrm{d}v = \mu \mathrm{d}t + \sigma \mathrm{d}z$$

其中，μ 为货币流通速度的均值；σ 为货币流通速度的标准差。

假设货币政策是被动的，货币当局调整货币供给以实现汇率在目标区移动。如货币当局增加货币供应量以防止汇率下跌到下限值以下(汇率以直接标价法表示，其含义就是防止本币升值)，货币当局降低货币供应量以防止汇率上升到上限值以上(其含义是防止本币贬值)。只要汇率在上下限之间波动，货币供给保持不变。

图 13-5 给出了汇率目标区正常运行下的状态。横坐标表示经济基本面，纵坐标表示汇率（均为对数值）。上下两条虚线分别表示汇率变化的上下限，如±2.5%。经济的基本面因素 f 向右移动，将引发本币贬值，汇率上升；向左移动将导致本币升值，汇率下降（直接标价法）。45°线表示基本面因素变化 1%，也会带来汇率变化 1%。如果汇率的波动幅度规定在±2.5%之间，这意味着基本面因素必须在相同的幅度内波动。实际上，汇率变化的轨迹在 45°线和横轴之间波动。为什么会如此呢？

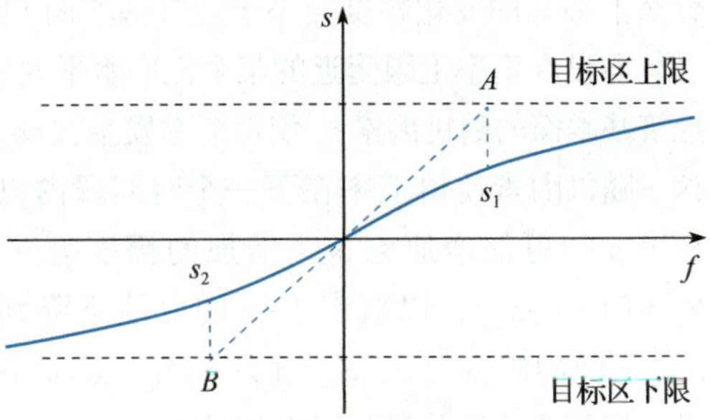

图 13-5　政府干预完全可信状态下的汇率变化轨迹

如果政府承诺汇率到达波动的上下限时将实施干预，并且市场认为该承诺可信，若经济基本面因素 f 发生正向 4% 的扰动（假定 v 发生正向随机冲击），将导致本币预期贬值 4%。当汇率接近目标区上限 2.5% 时，因为政府的干预（如紧缩货币供应量以使得受基本面因素决定的汇率在目标区内）市场预期汇率会出现升值，即 $E\left(\frac{\mathrm{d}s}{\mathrm{d}t}\right)<0$，并因此卖出外汇，使得外汇供给增加。当然，上述现象也可以做如下解释：因为某种随机因素使得经济基本面因素发生 4% 的变化，如此货币需求增加，要维持货币市场的平衡，就必须增加货币供给。货币供给增加使得本国利率下降，在外国利率保持不变的情况下，假设非抵补利率平价成立，$i_d=i_f+E\left(\frac{\mathrm{d}s}{\mathrm{d}t}\right)$，那么就需要本币升值，即 $E\left(\frac{\mathrm{d}s}{\mathrm{d}t}\right)<0$。

同样，若经济基本面因素 f 发生负向的冲击，本币出现了升值，即当汇率接近目标区下限 −2.5% 时，经济主体认为本币将会贬值并买进外汇，即 $E\left(\frac{\mathrm{d}s}{\mathrm{d}t}\right)>0$，使得外汇需求增加。所有这一切将形成 f 变化 1%，S 的变化幅度会小于 1%（即稳定性投机）。因此，汇率的变化轨迹会在 45°线和横轴之间呈现出小于 45°的波动。图 13-5 中的 A 点表示经济基本面变化达到 2.5%，汇率变化幅度也达到了 2.5%，但市场上的汇率的变化幅度不足 2.5%，原因在于经济主体知道政府将对汇率进行干预，汇率会回到中心汇率水平，因此汇率的变化幅度将小于 2.5%。虚线部分就代表了“蜜月效应”（Honeymoon Effect）。也可以认为经济主体对汇率的操作是稳定性投机。相反，当经济基本面因素已经发生了很大的变化，市场预期中心汇率将会发生较大的调整，此时汇率目标区就不具有可信性。在这种情况下，经济主体将会在汇率变化到目标区的上下限附近发动攻击，以判断政府对维持汇率波幅的决心（即非稳定性投机）。如果政府放弃干预，市场汇率的波动有可能超过汇率目标区的上下限，远离中心汇率。这一情形恰如夫妻关系已经无法维持下去的状态，因此又被称为“离婚效应”（Divorce Effect）。

美国克鲁格曼教授（Krugman，1991）曾经利用随机微分方程（Stochastic Differential Equation）描述了货币当局是如何干预汇率、实施汇率目标区政策的。为什么会利用随机微分方程来分析汇率目标区呢？众所周知，随机微分方程是解决期权定价问题的关键。从期权的角度来分析汇率目标区下的政府干预，也就是当汇率没有达到汇率边界时，政府不进行干预，而当汇率达到汇率边界时，政府进行干预，这恰恰类似期权的性质。然而，随机微分方程对一般读者而言过于艰深，下面利用期权定价推导过程中用到的二叉树模型来解释当政府承诺可信的情况下，为什么汇率 S 的变化幅度会小于经济基本面 f 的变化幅度(见图 13-6)。

假设在汇率上限附近的某个汇率水平 S_0，经济基本面的随机因素 v_0 使得汇率发生波动。这一随机因素使得汇率在下一个时间段内以概率 p 的可能增加到 S_{1u}［增加的幅度为 u，$S_{1u}=(1+u)S_0$］，以概率 $1-p$ 的可能下降到 S_{1d}［下降的幅度为 d，$S_{1d}=(1-d)S_0$，且 u 不必一定等于$-d$］，在第二个时点的汇率水平 S_{1u} 和 S_{1d} 上，汇率因为随机因素的影响同样以相同的概率发生变化。为了简化分析，我们假设在第二个时点汇率 S_{1u} 上以概率 p 的可能增加使得汇率水平超过政府设定的汇率目标区上限 $\overline{S}_u$，政府将进行干预，使得汇率水平最高不超过 $\overline{S}_u$，汇率变化幅度将小于 u，同时汇率存在概率 $1-p$ 的可能降低为 S_{2u}。同理，S_{1d} 以概率 $1-p$ 的可能下降使得汇率水平超过目标区下限 $\overline{S}_d$，此时若政府进行干预，汇率变化幅度将小于 d，同时汇率 S_{1d} 存在概率 p 的可能性上升至 S_{2d}。因此在汇率目标区制度下，当汇率接近汇率边界时，汇率上涨的幅度将小于汇率自由浮动制度下的水平。换言之，在汇率远离上下限的区间内波动时，经济基本面因素波动 1%，汇率将随之波动 1%，一旦接近汇率上下限的水平(如±2.5%)，经济基本面的波动幅度超过 2.5%，汇率的波动幅度将小于 2.5%。因此，汇率的实际运动轨迹如图 13-5 所示。这就是在政府承诺可信的条件下，汇率变化的运动轨迹，由此解释了蜜月效应。

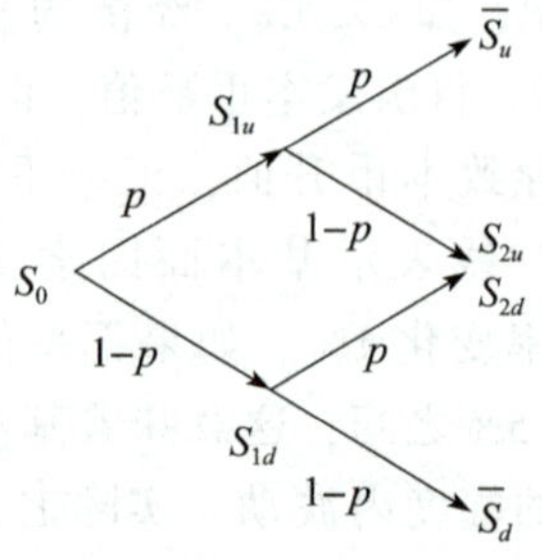

图 13-6 政府干预完全可信状态下汇率决定的二叉树模型

如果政府承诺不完全可信，当汇率达到汇率边界时，此时市场将测试政府干预汇率的决心。外汇市场并不知晓货币当局是否会改变政策来保卫汇率边界，假设政府将会干预汇率的概率为 Φ，而政府不干预的概率为 $1-\Phi$。当汇率达到边界时，将出现下面两点：

第一，要么货币当局干预汇率，向市场表明其决心，要么政府不干预汇率，任由汇率自由波动；

第二，如果目标区被证明是可信的，汇率将按照图 13-5 揭示的走势变化，如果是不可信的，汇率将跃升至浮动汇率状态下的水平。

如果 Φ 趋近于 1，那么不完全可信的汇率将向汇率目标区下汇率运动轨迹靠拢；如果 Φ 趋近于 0，不完全可信的汇率运动轨迹将趋近于 45°线。图 13-7 中向上的虚线箭头代表政府没有捍卫汇率目标区，汇率向上跳跃的幅度；向下的实线箭头代表政府捍卫了汇率目标区，汇率向下跳跃的幅度。

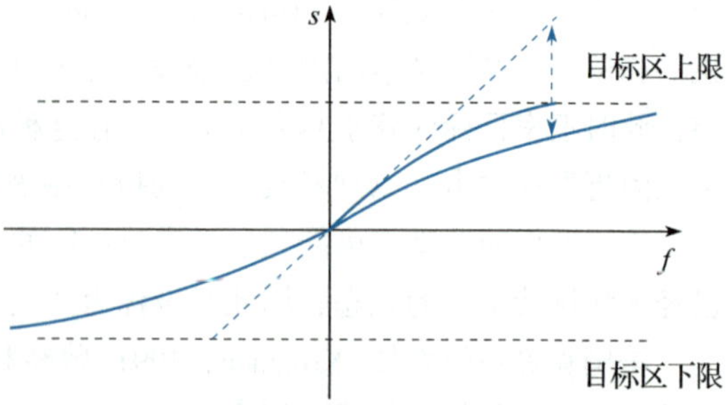

图 13-7 政府干预不完全可信状态下的汇率变化轨迹

资料来源：引自 Krugman(1991)，稍有改动。

对于汇率彼此固定的两个国家，维持双边汇率稳定的责任主要有三种模式。第一，双方都将本国货币钉住黄金或者是第三国的货币。典型的如金本位制度，采用金本位的国家要维持本国的金平价，本国货币当局需要买入或者卖出黄金，或者需要采取紧缩的经济政策(在黄金流失的情况下)。第二，一个国家的中央银行承担维持汇率稳定的全部责任，另一个国家的中央银行完全忽略这种责任，这种模式又可视为单方面钉住汇率制度，布雷顿森林体系下的汇率制度就是如此。第三，两国中央银行都承担维持汇率稳定的责任，但是并不参照黄金或者第三国货币，这种模式称为合作钉住汇率制度，在欧元诞生之前加入欧洲货币体系各国的汇率制度就是如此。

13.3 固定汇率制度与浮动汇率制度的优劣比较

20 世纪 60 年代以来，在以可调整的钉住汇率制度为特征的布雷顿森林体系下，各国在宏观经济调控方面表现得并不尽如人意，先后出现了内部经济均衡与外部经济均衡之间的冲突，因此不少经济学家建议采用浮动汇率制度。到 1973 年布雷顿森林体系崩溃，不少工业化国家采用了浮动汇率制度。然而，到 20 世纪末期，欧元的诞生又使得世人开始探讨固定汇率制度的可行性问题。因此，固定汇率制度与浮动汇率制度孰优孰劣的争论一直是国际金融学领域内的一个重要问题。

13.3.1 赞成浮动汇率制度的理由

在赞成浮动汇率制度的人士看来，它具有如下优点。

(1) 浮动汇率制度能够自动实现国际收支平衡，而无须以牺牲国内经济为代价。换言之，浮动汇率制度以国内经济均衡为目标，避免国内经济的大幅度波动。在固定汇率制度下，一国经济必须以外部经济均衡——汇率稳定为目标，这必然造成国内经济政策以此为导向，国内经济政策的选择以维持汇率稳定为前提。如果本币面临贬值压力，且国内经济处于萧条阶段，为干预本币汇率，本国货币当局动用外汇储备，导致基础货币下降，并使得货币供应量下降；而为了刺激萧条的国内经济，应该扩大货币供应量，由此形成的冲突是固定汇率制度无法解决的。在浮动汇率制度下，汇率的自由浮动可以发挥其自动稳定器的作用。

(2) 浮动汇率制度能维持本国货币政策的自主性。在浮动汇率制度下，本国货币当局可以选择适合本国经济的通胀率水平，货币政策不必为维持汇率稳定而受到约束。偏好低通胀、高失业的国家可以采取紧缩性的宏观经济政策，使得本币升值；而偏好高通胀、低失业的国家可以采取扩张性的宏观经济政策，使得本币贬值和通货膨胀。这与固定汇率制度存在显著的差异，即在固定汇率制度下，要求彼此汇率固定的国家保持相同的通胀率，从而保证各国竞争力不变。

(3) 浮动汇率制度能够运用汇率政策来规避外部经济的冲击。在浮动汇率制度下，一国政府的政策工具不仅有货币政策和财政政策，而且增加了汇率政策，通过汇率的变化规避外部经济的冲击，同时也因为汇率的浮动使得国际收支不平衡可以自行消除。也正因为如此，实行浮动汇率制度的国家持有国际储备的必要性下降。

(4) 国际货币发行国与非国际货币发行国的地位在浮动汇率制度下是对称性的，在布雷顿森林体系下却是非对称性的。在该体系下，这种非对称性主要体现在以下两方面。一是各国货币政策的主动性存在非对称性。由于美元处于中心地位，即其他国家的货币必须钉住美元，累积美元作为其国际储备，相应地美联储在决定世界范围内的货币供给方面处于领导地位，同时美联储可以根据美国国内经济的状况进行货币调控，而不必顾忌其国际储备问题。然而对于其他国家的货币当局来说，国内货币的供给处于被动地位。二是各国运用汇率政策的主动性存在非对称性。在布雷顿森林体系下，其他各国出现“根本性失衡”(Fundamental Disequilibrium)时，可以使本国货币相对于美元贬值；然而在该体系下，当美国出现国际收支失衡时，美元却无法主动相对于其他货币贬值。

13.3.2 赞成固定汇率制度的理由

在赞成固定汇率制度的人士看来，浮动汇率制度也不是完美无缺的。

(1) 虽然浮动汇率制度能够增加货币政策的自主性，但是也使得货币政策的纪律约束不复存在。在没有外部约束的情况下，货币当局在面临通货膨胀时采用紧缩性货币政策的压力显著降低。

(2) 浮动汇率制度导致不稳定的投机行为和货币市场的动荡。对汇率变化的投机行为可能会导致国际外汇市场的不稳定，这种不稳定反过来又会对各国的内外部经济均衡产生消极影响。

(3) 汇率变化对价格的棘轮效应，形成所谓的通货膨胀倾向(Inflation Bias)。采用汇率政策可以应付短期的需求冲击变化，但是如果发生长期性需求冲击，那么汇率政策的效果有限，反倒是有可能出现贬值—通货膨胀—贬值的恶性循环。例如，如果A国出现的外部负面需求冲击是长期性的，A国要恢复最初的产出水平，可以采取本币贬值政策，也可以是通货紧缩政策。不论何种政策，A国的商品价格和成本(包括工资成本)必须相对于其他国家出现下降。以贬值政策为例，本币贬值使A国总需求曲线向右移动(D_A移动到D_{A1})，改变了最初不利的需求转移，并在E点重新实现均衡，E点是发生负面需求冲击之后的均衡点(见图13-8)。因此以A国货币标价的A国商品的价格水平得以恢复。由于A国货币对B国货币贬值，以B国货币标价的A国商品价格现在更低了，

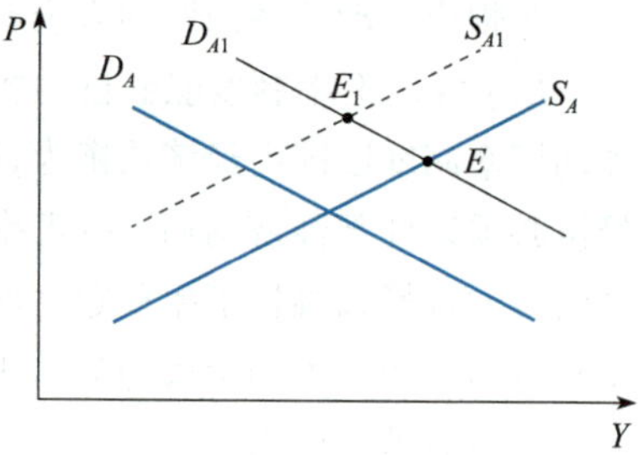

图 13-8 浮动汇率制度下的棘轮效应分析

而以A国货币标价的B国商品价格现在则更高了。相对于B国商品价格而言，A国货币的贬值是使A国商品降价的手段之一。然而，E点是不可持续的。原因在于A国货币贬值提高了其进口品的价格，从而直接增加了生产成本。它还降低了A国工人的实际工资，当A国工人因此要求企业补偿其工资购买力的损失时，还会引起名义工资的上涨。所有这一切将使总供给曲线向左移动，结果是A国的物价水平上升，产出下降。物价上升又再反馈到工资形成过程，引起总供给曲线再次向左移动，并在E_1点实现最终的均衡(S_A最终移动到S_{A1})。A国的贬值政策最初的有利局面均会随着时间流逝而消失。当均衡点从E转移到E_1时，A国商品的相对价格又会上升。换言之，名义汇率变化只能在短期内改变一国产品的竞争力。随着时间推移，本币(名义汇率)贬值会导致国内成本增加和价格上升，其竞争力又恢复到贬值前的最初水平，即本币(名义汇率)贬值只会在短期内引起实际汇率的贬值。从长期来看，本币(名义汇率)的变化对一国的实际汇率不会产生影响。

(4) 对国际贸易和国际投资的不利影响。浮动汇率使得国际市场价格变得无法预测，币值的波动会使得进出口商无法确定其收支的价格，使得国际贸易的成本提高，从而对国际贸易和国际投资产生不利的影响。对于这一点，赞成浮动汇率制度的学者认为经济主体可以通过利用

远期外汇市场来规避这一风险。

(5) 政策自主性更大的错觉。浮动汇率制度并不能真正给各国带来更大的政策自主权。尽管在理论上浮动汇率制度能够隔绝外国通货膨胀的冲击，并允许各国中央银行决定合意的货币供给，但这并不意味着浮动汇率制度也能够使得中央银行对影响就业和其他实际经济变量，如实际货币供给的控制加强，由于货币供给会对汇率产生影响，以至于政策制定者不得不考虑这些措施对汇率的影响。因此，浮动汇率制度在增加经济中的不确定性的同时，没有给予宏观经济政策更大的自由空间。

(6) 互不协调的经济政策。由于浮动汇率制度放弃了汇率调整的规则，各国就倾向于采取竞争性贬值政策，而这会对世界经济产生不利影响。恰如两次世界大战期间实行的浮动汇率制度，各国采取的以邻为壑的政策使得各国都遭受不利影响。

有学者对以上争论进行了归纳，将影响汇率制度选择的因素进行了总结，见表 13-3。

表 13-3 汇率制度选择的影响因素

影响因素	固定汇率制度	弹性汇率制度
经济规模	小型经济	大型经济
经济开放度	开放经济	封闭经济
经济政策的国际约束	接受	拒绝
经济结构	多样化程度较低	多样化程度较高
资本流动	低	高
对外贸易的地理分布	集中化	分散化
金融体系的复杂性	低	高
劳动力的流动性	高	低
与世界通胀率的差异	低	高
存在主要的贸易伙伴	是	否
存在外国名义冲击	否	是
存在国内名义冲击	是	否
存在国内外的实际冲击	否	是
共同的政策目标	是	否
对不确定性的关注	高	低
经济/金融发展程度	低	高
外汇负债的规模	大	小
对外借款的能力	低	高
汇率传递	高	低
工资指数化	完全的	部分的
对流动资本的依赖	高	低
国内资本市场的分割	高	低
政策制定者的可信度	高	低

资料来源：Imad A Moosa. Exchange Rate Regimes：Fixed，Flexible or Something in between？[M]. London：Palgrave Macmillan，2005.

❖专栏 13-3

“不可能三角”

“不可能三角”(Impossible Trinity, Inconsistent Trinity)定理又称为“三元悖论”(Trilemma)或者“克鲁格曼三角”，指的是在货币政策的独立性、固定汇率制度和资本自由流动这三者之间只能同时选择其中的两者。货币政策的独立性是指货币政策能独立地影响经济运行，并最终有效地影响产出。

例如，政府可以选择独立的货币政策和固定汇率制度，放弃资本自由流动，如中国内地在 1998 年亚洲金融危机之后一直到 2005 年 7 月 21 日人民币汇率制度改革的这段时间；政府也可以选择独立的货币政策和资本自由流动，那么就必须放弃汇率稳定，如美国就一直采取这一模式；政府当然也可以选择固定汇率制度和资本自由流动，放弃独立的货币政策，如中国香港采取的就是这一模式，其货币政策根据美联储的货币政策调整而调整(见图 13-9)。因此，汇率制度的选择与货币政策的有效性关系密切，有关这一点在蒙代尔-弗莱明模型中会提到。

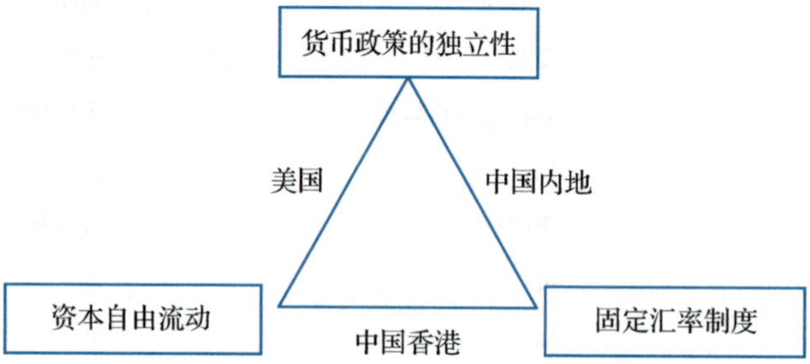

图 13-9 克鲁格曼三角

三元悖论理论问世之后，一直是各政府制定汇率政策和货币政策的重要参考依据。2013 年，伦敦政经学院的教授 Helene Rey 对该理论提出挑战，并认为，随着金融全球化的不断发展、国际资本流动规模的扩大和金融市场的不完善，一方货币和金融状况在许多方面可能受世界主要国家货币政策影响，即使一方实行浮动汇率制度，也不能使其自身经济免受全球因素的影响并保持其货币政策的独立性。换言之，资本的自由流动与一方货币政策的有效性不可兼得，而与其采取何种汇率制度无关，这就是所谓的二元悖论(Dilemma)。Rey 的研究表明，存在全球资本流动、资产价格和信贷增长协同变化的全球金融周期，正是该周期导致了资本流入繁荣和萧条的循环往复。从过去的三元悖论到现在的二元悖论，其政策含义是除非对资本账户进行直接或间接的管制，否则一方难以实现货币政策的独立性。“二元悖论”与“三元悖论”的根本分歧存在于“浮动汇率方是否能保持货币政策独立”这一问题上。

“三元悖论”认为，浮动汇率制度方的货币政策可以保持独立性的逻辑是，浮动汇率制度方不存在被动地通过增减基础货币来稳定汇率的负担。例如，在浮动汇率制度下，某国中央银行采取紧缩性货币政策时，国内利率一般会随之上升，境内外息差扩大，资本不断流入，从而导致本币升值。但是，如果现实世界中有一个新的因素阻碍上述机制中某个环节的传导，进而影响该国货币政策的独立性，即形成所谓的“二元悖论”。国内学者伍戈(2016)提出，有可能是全球避险情绪这个因素导致“二元悖论”的出现。全球避险情绪可以使用 VIX 指数(CBOT Volatility Index)来测度。该指数由芝加哥期权交易所于 1993 年推出，根据标准普尔 500 指数期权隐含波动率加权平均后计算而得到。

伍戈认为，在全球金融一体化的背景下，各方金融市场联系越来越紧密，信息在各方市场间迅速传播。美国等主要经济体金融市场的波动或恐慌有可能瞬间传遍全球市场，引起全球性避险情绪都出现类似的波动。全球避险情绪会影响金融资产的风险溢价，从而有可能改变资本跨境流动的方向，这也许是传统宏观经济学分析所忽视的重要金融现象。例如，假设目前境内利率 2%，境外利率 5%，那么由于息差的存在，资本往往会流出境外。但如果此时全球避险情绪上升，导致风险溢价上升到 3%，那么资本就可能不会流出。进一步地，若风险溢价上升到 3% 以上，那么反而有可能出现资本净流入。

资料来源：伍戈，陆简．全球避险情绪与资本流动——“二元悖论”成因探析[D]．中国人民银行工作论文，2016(8).

13.4　汇率制度选择的模型分析

在经济全球化的今天，汇率选择对任何一个国家都具有举足轻重的地位。一国应该如何选择其汇率制度呢？上述分析表明，固定汇率制度和浮动汇率制度各有优缺点，因此很难给出一个明确的答案。事实上，有许多因素影响汇率制度的选择。如何在一个统一的模型中来选择汇率制度的类型呢？这主要基于以下三方面的考虑：冲击的类型、货币当局的目标函数和经济的结构参数。

当经济面临不同类型的冲击时，哪种汇率制度更能够稳定经济？更能够稳定经济的汇率制度就被认为是最优的汇率制度。那么，冲击主要有哪些呢？经济学家通常认为有三种类型的冲击：货币需求冲击、总需求冲击和总供给冲击。货币需求冲击代表了政府经济政策方面的冲击，更宽泛地讲，这类冲击代表了政府宏观经济管理部门的政策变化带来的冲击。总需求冲击表示来自私人部门的消费需求或投资需求发生变化，这类冲击可能由于私人部门的预期变化而发生改变。这既可能源于国内因素，也可能通过国际贸易渠道由国外部门引发。总供给冲击则直接影响经济运行的生产方面，此类冲击包括技术进步、气候变化、自然灾害、发现新的资源、国际市场上原材料价格的显著变化及本国工人名义工资的显著变化等。

什么是经济稳定呢？通常经济稳定包括两方面的含义：价格稳定和产出稳定。整个社会的经济总目标取决于这两者的加权平均。不同的国家具有不同的经济结构参数。所谓经济结构参数就是不同国家总供给曲线、总需求曲线以及货币需求曲线的斜率和截距存在显著性的差异。Keith Pilbeam(2009)通过模型进行了分析，下面我们将详细介绍。

13.4.1　模型的基本假设

(1) 本国总的物价水平(P)由两部分组成，即国内商品价格(P_d)和外国商品本国价格(SP_f)的加权平均，权重分别为 θ 和 $(1-\theta)$，并且以柯布－道格拉斯模型来确定，即 $P=P_d^{\theta}(SP_f)^{1-\theta}$。对该式取对数之后，得到：

$$p=\theta p_d+(1-\theta)(s+p_f)$$

其中，p 为包括外国进口品在内的本国总价格的对数值；p_d 为本国商品价格的对数值；p_f 为外国商品价格以外币价格表示的对数值，转换成本币价格表示的对数值就是 $s+p_f$。

(2) 货币需求函数为：

$$m = p + \alpha y - \beta i + u_l$$

其中，m、p 和 y 分别是以对数值表示的本国货币供给量、本国总物价水平和本国实际收入；i 表示本国利率水平；α 和 β 分别为货币需求的收入弹性和利率半弹性；u_l 表示随机性货币需求冲击，即该冲击服从均值为 0 的正态分布。

(3) 实际汇率(对数值)的表达式为：

$$q = s + p_f - p_d$$

如果国内商品价格上涨，这将导致本币实际汇率 q 下降。

(4) 实际利率根据费雪效应 $1+i=(1+r)\times(1+\pi^E)$ 给出，该等式又可以写作：

$$1 + i = (1 + r) \times \frac{P_{t+1}^E}{P_t}$$

如果 x 很小，则 $\ln(1+x)=x$。对上式取对数变形之后可以得到：

$$r = i - (p_d^E - p_d)$$

其中，p_d^E 和 p_d 分别为预期的国内商品价格和当期的国内商品价格的对数值，因此括号内的表达式就是预期通货膨胀率。如果国内商品价格上涨，实际利率将出现上升；反之，实际利率将出现下降。

(5) 总需求(y_d)是政府支出(g)、实际汇率($s+p_f-p_d$)、长期总供给水平(y_n)和国内实际利率(r)的函数，其表达式如下：

$$y_d = g + \delta(s + p_f - p_d) + \phi y_n - \gamma r + u_{y_d}$$

$$y_d = g + \delta(s + p_f - p_d) + \phi y_n - \gamma(i + p_d - p_d^E) + u_{y_d}$$

其中，u_{y_d} 表示随机性总需求冲击，即该冲击服从均值为 0 的正态分布；δ 为总需求对实际汇率的弹性系数；γ 为总需求对实际利率的半弹性系数。

(6) 非抵补利率平价。在非抵补利率平价的证明中我们得到了$\frac{1+i}{1+i_f}=\frac{S^E}{S}$，对该公式取对数，可以得到：

$$\ln(1 + i) - \ln(1 + i_f) = \ln\frac{S^E}{S}$$

$$i = i_f + (s^E - s)$$

其中，s 和 s^E 分别为名义汇率和下一期的预期名义汇率(对数值)。

(7) 国内产出供给的决定。国内产出供给与实际工资率成反比，如果厂商的国内商品价格相对于名义工资提高，那么产出增加；反之则减少产出。

$$y_s = \sigma(p_d - w) + u_{y_s}$$

其中，u_{y_s} 表示随机性总供给冲击，即该冲击服从均值为 0 的正态分布。

(8) 国内产出与劳动力投入的关系：

$$y_s = y_s(l) \qquad \frac{\partial y_s}{\partial l} > 0,\ \frac{\partial^2 y_s}{\partial l^2} < 0$$

其中，$\frac{\partial y_s}{\partial l}>0$ 表示产出随着劳动力(l)投入的增加而增加；$\frac{\partial^2 y_s}{\partial l^2}<0$ 表示劳动力投入的边际产出递减。

(9) 名义工资水平的决定。名义工资率由厂商和劳动者每一期的工资合同确定，其目标是使得预期产出达到长期产出率的水平(y_n)。

$$w = w^*$$

其中，w^* 表示实现长期产出率的工资水平(对数值)。

(10) 货币当局目标函数的决定：

$$L(p_d, y) = b(y - y_n)^2 + (1 - b)(p_d - p_n)^2$$

其中，L 表示货币当局的损失函数，其含义是货币当局使得产出水平和国内商品价格一般水平偏离其长期目标值(均取对数形式)最小；b 表示货币当局对产出稳定目标的权重；$1-b$ 表示货币当局对物价稳定目标的权重。

(11) 模型的成立。为了使模型成立，必须使得当期的货币需求等于货币供给($m_d = m_s$)，当期的总需求等于总供给($y_d = y_s$)。

(12) 不同汇率制度下内生变量和外生变量的确定。在固定汇率制度下，完全的资本流动和完全的资产替代意味着国内利率等于外国利率，并且货币供给是内生决定的。在浮动汇率制度下，货币供给是外生的，汇率和国内利率则是内生决定的，但受非抵补利率平价的约束。

(13) 冲击的性质和预期的性质。由于这里讨论的是随机性冲击，经济系统能够被预期恢复到均衡状态，因此这种冲击过后经济能够自行恢复均衡。也正因为如此，如果外部冲击使得价格或者产出水平超过了其正常的均衡水平，它们在下一期恢复到正常水平。同样，如果当期本币贬值了，下一期将出现升值，预期回到均衡水平。

13.4.2 均衡点的确定

在以(对数形式的)国民收入(y)和国内商品价格水平(p_d)分别为横坐标和纵坐标的平面图中，总需求曲线、总供给曲线和货币需求曲线相交于一点(见图 13-10)。

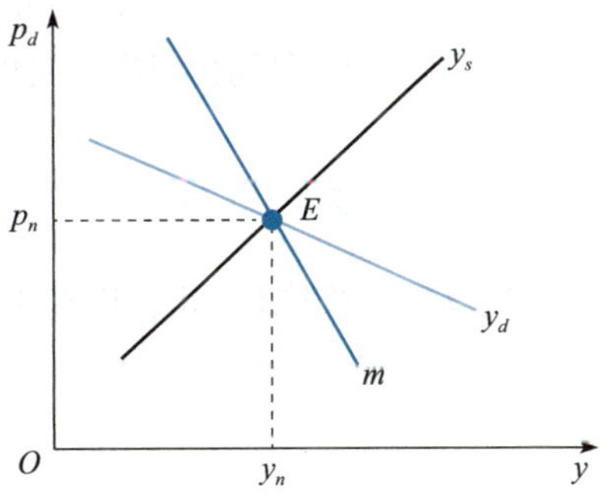

图 13-10　模型的决定

总需求曲线(y_d)向右下方倾斜，表示国内商品价格上升，公众对国内商品需求下降，会导致国民收入下降。其原因包括：第一，国内价格水平上升导致出口需求下降；第二，国内价格上升还使得实际利率上升，导致投资需求下降。总需求曲线斜率为$-\dfrac{1}{\delta+\gamma}$。如果总需求增加，该曲线向右移动；反之，则向左移动。

总供给曲线(y_s)是一条向右上方倾斜的曲线，其斜率为 $1/\sigma$。其含义为国内商品价格上涨，对于固定的名义工资而言，厂商支付的实际工资下降，这刺激其雇用更多的劳动力，从而增加产出。如果总供给增加，该曲线向右移动；反之，则向左移动。

货币需求曲线(m)向右下方倾斜，其斜率为$-\dfrac{\alpha}{\theta}$，即货币需求的收入弹性(α)除以国内商品价格占物价总水平的比重(θ)。货币需求曲线向右下方倾斜表示国内商品价格提高增加了货币需求量，在货币供给保持不变的情况下，需要降低实际国民收入保持货币需求的平衡。

货币需求曲线的右侧存在超额货币需求，本币升值，且本币存在贬值预期，同时也意味着国内利率高于均衡状态下的利率水平。要消除超额货币需求，在固定汇率制度下，货币当局买进外汇使得货币供给增加，货币需求曲线向右移动。在浮动汇率制度下，货币供给不变，要消除超额货币需求，要么通过本币预期贬值，要么利率上升，货币需求曲线向右移动。简言之，货币供给增加和货币需求下降都将使得货币需求曲线向右移动。

货币需求曲线的左侧表示存在超额货币供给，本币贬值，且存在本币升值预期，国内利率低于均衡状态下的利率水平。要消除超额货币供给，在固定汇率制度下，货币当局卖出外汇使得货币供给减少，货币需求曲线向左移动。在浮动汇率制度下，货币供给保持不变，要消除超额货币供给，必须使得货币需求增加，货币需求曲线向左移动。简言之，货币供给减少和货币需求增加都将使得货币需求曲线向左移动。这是根据实际货币需求函数、非抵补利率平价和回归性预期决定的。

与总需求曲线相比，货币需求曲线的斜率更高还是更低呢？这在发生总供给冲击时，对固定汇率制度和浮动汇率制度的选择上非常重要。后面将对此展开分析。

在均衡点附近，总需求、总供给和货币需求的变化可以用以下方程表示：

$$\mathrm{d}y_d = \mathrm{d}g + \delta\mathrm{d}(s + p_f - p_d) + \phi\mathrm{d}y_n - \gamma\mathrm{d}(i_f + s^E - s + p_d - p_d^E) + \mathrm{d}u_{y_d}$$

$$\mathrm{d}y_s = \sigma\mathrm{d}(p_d - w^*) + \mathrm{d}u_{y_s}$$

$$\mathrm{d}m = \theta\mathrm{d}p_d + (1-\theta)\mathrm{d}(s + p_f) + \alpha\mathrm{d}y - \beta\mathrm{d}(i_f + (s^E - s)) + \mathrm{d}u_L$$

由于 y_n 保持不变，因此 $\mathrm{d}y_n = 0$；同样，$\mathrm{d}w^* = 0$；由于前面对于预期的假定，各变量在冲击的影响下，最终会回到均衡值，因此 $\mathrm{d}s^E = \mathrm{d}p_d^E = 0$；该模型还假定其他变量($g$)和外国的变量($p_f$ 和 i_f)保持不变。所以，以上表达式可以简化为：

$$\mathrm{d}y - (\delta+\gamma)\mathrm{d}s + (\delta+\gamma)\mathrm{d}p_d = \mathrm{d}u_{y_d}$$

$$\mathrm{d}y - \sigma\mathrm{d}p_d = \mathrm{d}u_{y_s}$$

$$\mathrm{d}m - \alpha\mathrm{d}y - (1-\theta+\beta)\mathrm{d}s - \theta\mathrm{d}p_d = \mathrm{d}u_l$$

其中，$\mathrm{d}y = \mathrm{d}y_d = \mathrm{d}y_s$ 是均衡产出的变化关系。

13.4.3 总需求冲击

如果仅考虑总需求冲击，则有 $\mathrm{d}u_{y_d} \neq 0$，$\mathrm{d}u_{y_s} = \mathrm{d}u_l = 0$。对各式除以 $\mathrm{d}u_{y_d}$，上述系统变为：

$$\frac{\mathrm{d}y}{\mathrm{d}u_{y_d}} - \frac{(\delta+\gamma)\mathrm{d}s}{\mathrm{d}u_{y_d}} + \frac{(\delta+\gamma)\mathrm{d}p_d}{\mathrm{d}u_{y_d}} = 1$$

$$\frac{\mathrm{d}y}{\mathrm{d}u_{y_d}} - \frac{\sigma\mathrm{d}p_d}{\mathrm{d}u_{y_d}} = 0$$

$$\frac{\mathrm{d}m}{\mathrm{d}u_{y_d}} - \frac{\alpha\mathrm{d}y}{\mathrm{d}u_{y_d}} - \frac{(1-\theta+\beta)\mathrm{d}s}{\mathrm{d}u_{y_d}} - \frac{\theta\mathrm{d}p_d}{\mathrm{d}u_{y_d}} = 0$$

在固定汇率制度下，$\frac{\mathrm{d}s}{\mathrm{d}u_{y_d}} = 0$，由第一个和第二个方程可以得到：

$$\frac{\mathrm{d}p_d}{\mathrm{d}u_{y_d}} = \frac{1}{\delta+\gamma+\sigma} > 0$$

$$\frac{\mathrm{d}y}{\mathrm{d}u_{y_d}} = \frac{\sigma}{\delta+\gamma+\sigma} > 0$$

由第三个方程可以得到：

$$\frac{\mathrm{d}m}{\mathrm{d}u_{y_d}}=\frac{\alpha\sigma+\theta}{\delta+\gamma+\sigma}$$

其经济含义是发生总需求的意外冲击，均衡产出、国内商品价格和货币需求也发生同方向的变动。

在浮动汇率制度下，$\frac{\mathrm{d}m}{\mathrm{d}u_{y_d}}=0$，该系统又变为：

$$\frac{\mathrm{d}y}{\mathrm{d}u_{y_d}}-\frac{(\delta+\gamma)\mathrm{d}s}{\mathrm{d}u_{y_d}}+\frac{(\delta+\gamma)\mathrm{d}p_d}{\mathrm{d}u_{y_d}}=1$$

$$\frac{\mathrm{d}y}{\mathrm{d}u_{y_d}}-\frac{\sigma\mathrm{d}p_d}{\mathrm{d}u_{y_d}}=0$$

$$-\frac{\alpha\mathrm{d}y}{\mathrm{d}u_{y_d}}-\frac{(1-\theta+\beta)\mathrm{d}s}{\mathrm{d}u_{y_d}}-\frac{\theta\mathrm{d}p_d}{\mathrm{d}u_{y_d}}=0$$

利用克莱姆法则求解方程组，定义变量 Δ 为：

$$\Delta=\begin{vmatrix}1 & -(\delta+\gamma) & (\delta+\gamma)\\ 1 & 0 & -\sigma\\ -\alpha & -(1-\theta+\beta) & -\theta\end{vmatrix}=-(1+\beta+\alpha\sigma)(\delta+\gamma)-\sigma(1-\theta+\beta)<0$$

求解可以得到：

$$\frac{\mathrm{d}y}{\mathrm{d}u_{y_d}}=-\frac{\sigma(1-\theta+\beta)}{\Delta}>0$$

$$\frac{\mathrm{d}p_d}{\mathrm{d}u_{y_d}}=-\frac{1-\theta+\beta}{\Delta}>0$$

$$\frac{\mathrm{d}s}{\mathrm{d}u_{y_d}}=\frac{\alpha\sigma+\theta}{\Delta}<0$$

通过对比可以发现，出现随机性总需求冲击，价格和产出的变化均是大于零的。相比较而言，浮动汇率制度下的价格和产出变化更小：

$$\left(\frac{\mathrm{d}p_d}{\mathrm{d}u_{y_d}}\right)_{flex}<\left(\frac{\mathrm{d}p_d}{\mathrm{d}u_{y_d}}\right)_{fix}$$

$$\left(\frac{\mathrm{d}y}{\mathrm{d}u_{y_d}}\right)_{flex}<\left(\frac{\mathrm{d}y}{\mathrm{d}u_{y_d}}\right)_{fix}$$

因此，浮动汇率制度更优。

也可以用图 13-11 来分析。假设总需求意外增长，总需求曲线 y_{d1} 向右移动到 y_{d2}，与总供给曲线相交于 B 点，这意味着存在超额货币需求，本币出现升值压力。在固定汇率制度下，货币当局买进外汇进行干预，货币供给增加，货币需求曲线 m_1 向右移动到 m_2，以消除过剩的货币需求。所以在短期内，固定汇率制度下的均衡点从 A 点移动到 B 点。

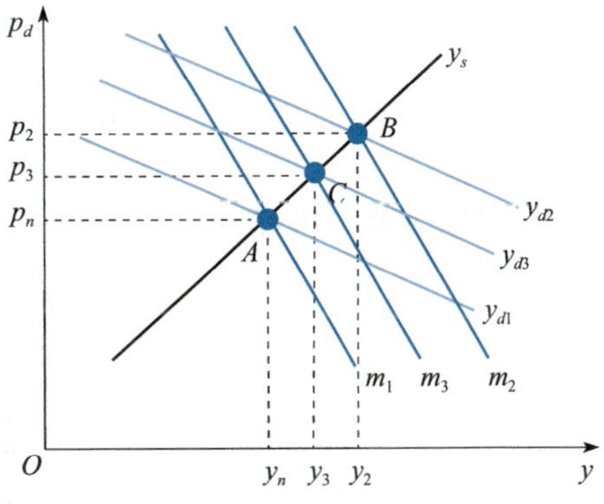

图 13-11 总需求冲击

在浮动汇率制度下，总需求增加使得总需求曲

线 y_{d1} 向右移动到 y_{d2}，这将导致对货币的超额需求，引发本币升值，这将影响出口需求，总需求曲线 y_{d2} 向左移动到 y_{d3}，同时预期本币贬值，引起本国利率上升，货币需求下降，货币需求曲线从 m_1 向右移动到 m_3，系统在 C 点实现均衡，此时国内商品价格为 p_3，产出为 y_3。

综上所述，当经济系统发生总需求冲击时，不论是稳定物价还是稳定产出，浮动汇率制度都比固定汇率制度更优。

13.4.4 总供给冲击

如果仅考虑总供给冲击，此时则有 $\mathrm{d}u_{y_s} \neq 0$，$\mathrm{d}u_{y_d} = \mathrm{d}u_l = 0$。因此经济系统变为：

$$\frac{\mathrm{d}y}{\mathrm{d}u_{y_s}} - \frac{(\delta+\gamma)\mathrm{d}s}{\mathrm{d}u_{y_s}} + \frac{(\delta+\gamma)\mathrm{d}p_d}{\mathrm{d}u_{y_s}} = 0$$

$$\frac{\mathrm{d}y}{\mathrm{d}u_{y_s}} - \frac{\sigma \mathrm{d}p_d}{\mathrm{d}u_{y_s}} = 1$$

$$\frac{\mathrm{d}m}{\mathrm{d}u_{y_s}} - \frac{\alpha \mathrm{d}y}{\mathrm{d}u_{y_s}} - \frac{(1-\theta+\beta)\mathrm{d}s}{\mathrm{d}u_{y_s}} - \frac{\theta \mathrm{d}p_d}{\mathrm{d}u_{y_s}} = 0$$

假定供给冲击为负($\mathrm{d}u_{y_s} < 0$)。

在固定汇率制度下，$\frac{\mathrm{d}s}{\mathrm{d}u_{y_s}} = 0$，由第一个和第二个方程可得：

$$\frac{\mathrm{d}p_d}{\mathrm{d}u_{y_s}} = -\frac{1}{\delta+\gamma+\sigma} < 0$$

$$\frac{\mathrm{d}y}{\mathrm{d}u_{y_s}} = \frac{\delta+\gamma}{\delta+\gamma+\sigma} > 0$$

将以上结果代入第三个方程，可以得到：

$$\frac{\mathrm{d}m}{\mathrm{d}u_{y_s}} = \frac{-\theta+\alpha(\delta+\gamma)}{\delta+\gamma+\sigma}$$

在浮动汇率制度下，$\frac{\mathrm{d}m}{\mathrm{d}u_{y_s}} = 0$(即货币供给不变)，该经济系统变为：

$$\frac{\mathrm{d}y}{\mathrm{d}u_{y_s}} - \frac{(\delta+\gamma)\mathrm{d}s}{\mathrm{d}u_{y_s}} + \frac{(\delta+\gamma)\mathrm{d}p_d}{\mathrm{d}u_{y_s}} = 0$$

$$\frac{\mathrm{d}y}{\mathrm{d}u_{y_s}} - \frac{\sigma \mathrm{d}p_d}{\mathrm{d}u_{y_s}} = 1$$

$$\frac{\alpha \mathrm{d}y}{\mathrm{d}u_{y_s}} + \frac{(1-\theta+\beta)\mathrm{d}s}{\mathrm{d}u_{y_s}} + \frac{\theta \mathrm{d}p_d}{\mathrm{d}u_{y_s}} = 0$$

利用克莱姆法则解方程组可得：

$$\frac{\mathrm{d}y}{\mathrm{d}u_{y_s}} = \frac{(1+\beta)(\delta+\gamma)}{\Delta} < 0$$

$$\frac{\mathrm{d}s}{\mathrm{d}u_{y_s}} = \frac{\theta-\alpha(\delta+\gamma)}{\Delta}$$

$$\frac{\mathrm{d}p_d}{\mathrm{d}u_{y_s}} = -\frac{\alpha(\delta+\gamma)+(1-\theta+\beta)}{\Delta} > 0$$

比较两种汇率制度下的$\frac{dp_d}{du_{y_s}}$和$\frac{dy}{du_{y_s}}$，可以判断固定汇率和浮动汇率的优劣。

研究表明：当$\alpha(\delta+\gamma)>\theta$时，固定汇率制度有助于稳定国内商品价格，而浮动汇率有助于稳定国内产出；当$\alpha(\delta+\gamma)<\theta$时，浮动汇率制度有助于稳定国内商品价格，而固定汇率有助于稳定国内产出。

也可以利用图示法来进行分析。假定总供给意外减少，总供给曲线向左移动。这里要分两种情况来讨论：第一种情况是货币需求曲线的斜率$\left(-\frac{\alpha}{\theta}\right)$比总需求曲线的斜率$\left(-\frac{1}{\delta+\gamma}\right)$绝对值更大，即$\alpha(\delta+\gamma)>\theta$；第二种情况是总需求曲线的斜率$\left(-\frac{1}{\delta+\gamma}\right)$比货币需求曲线的斜率$\left(-\frac{\alpha}{\theta}\right)$更大，即$\alpha(\delta+\gamma)<\theta$。

在图 13-12 中，经济最初位于均衡点 A 点，国内商品价格水平为 p_n，产出水平为 y_n。经济出现负向的供给冲击，y_{s1} 向左移动到 y_{s2}，与总需求曲线 y_{d1} 相交于 B 点。该点意味着货币供给过剩，本币有贬值压力。为了保持固定汇率，货币当局在外汇市场卖出外汇储备进行汇率干预，货币供给下降，货币需求曲线从 m_1 向左移动到 m_2。因此在固定汇率制度下，负向的供给冲击使得国内商品价格上涨到 p_2，产出下降至 y_2，即 B 点。

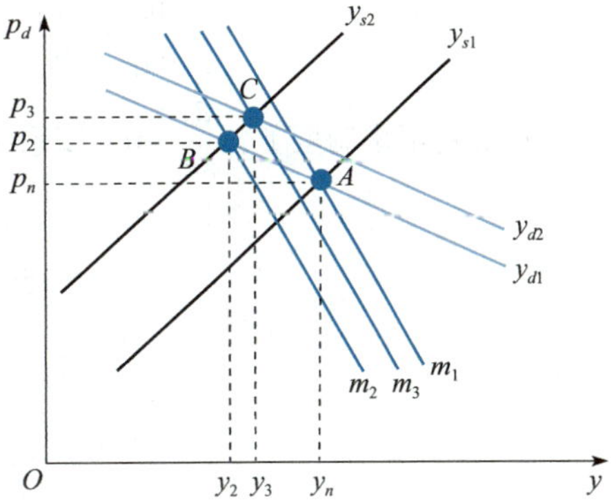

图 13-12 总供给冲击，$\alpha(\delta+\gamma)>\theta$

然而，如果货币当局实行浮动汇率制度，负向的总供给冲击形成货币供给过剩，这将导致本币贬值，从而刺激出口需求，总需求曲线 y_{d1} 向右移动到 y_{d2}。与此同时，本币贬值产生了升值预期，所以按照非抵补利率平价的约束，本国利率水平下降，货币需求增加，并从 m_1 向左移动到 m_3。在浮动汇率制度下，经济体系在 C 点实现均衡，最终价格上涨到 p_3，产出下降至 y_3。

对比来看，固定汇率制度能够使得价格相对稳定，而浮动汇率制度能够使得产出相对稳定。到底哪一种汇率制度更优呢？这取决于货币当局的政策目标。如果货币当局侧重价格稳定，则应选择固定汇率制度；如果侧重产出稳定，则应选择浮动汇率制度。

当总需求曲线的斜率更大时，情况则会出现不同。首先，分析固定汇率制度下的情况。如图 13-13 所示，负向的总供给冲击使得总供给曲线从 y_{s1} 移动到 y_{s2} 的位置，与总需求曲线 y_{d1} 相交于 B 点，该点存在货币需求过剩，产生货币升值的压力。为了避免本币升值，货币当局在外汇市场买入外汇，增加了货币供应量，货币需求曲线从 m_1 向右移动到 m_2。最终使得国内商品价格上涨到 p_2，产出下降至 y_2，即 B 点。

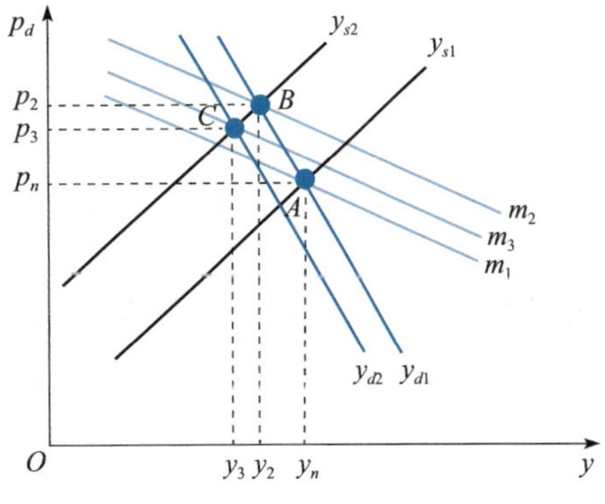

图 13-13 总供给冲击，$\alpha(\delta+\gamma)>\theta$

其次，在浮动汇率制度下，负向的总供给冲击使得总供给曲线从 y_{s1} 移动到 y_{s2} 的位置，与总需求曲线 y_{d1} 相交于 B 点，该点存在货币需求过剩，本币升值，总需求曲线 y_{d1} 向左移动到 y_{d2}。本币升值还形成了对本币未来的贬值预期，由于非抵补利率平价的约束，导致国内利率上升，这减少了货币需求，使得货币需求曲线从 m_1 向右移动到 m_3，最终的均衡点在 C 点。在这种情况下，固定汇率制度侧重稳定产出，浮动汇率制度侧重稳定国内商品价格。

13.4.5 货币需求冲击

如果仅考虑货币需求冲击，此时则有 $\mathrm{d}u_l \neq 0$，$\mathrm{d}u_{y_d}=\mathrm{d}u_{y_s}=0$。此时经济系统变为：

$$\frac{\mathrm{d}y}{\mathrm{d}u_l}-\frac{(\delta+\gamma)\mathrm{d}s}{\mathrm{d}u_l}+\frac{(\delta+\gamma)\mathrm{d}p_d}{\mathrm{d}u_l}=0$$

$$\frac{\mathrm{d}y}{\mathrm{d}u_l}-\frac{\sigma\mathrm{d}p_d}{\mathrm{d}u_l}=0$$

$$\frac{\mathrm{d}m}{\mathrm{d}u_l}-\frac{\alpha\mathrm{d}y}{\mathrm{d}u_l}-(1-\theta+\beta)\frac{\mathrm{d}s}{\mathrm{d}u_l}-\frac{\theta\mathrm{d}p_d}{\mathrm{d}u_l}=1$$

在固定汇率制度下，$\frac{\mathrm{d}s}{\mathrm{d}u_l}=0$，该系统变为：

$$\frac{\mathrm{d}y}{\mathrm{d}u_l}+\frac{(\delta+\gamma)\mathrm{d}p_d}{\mathrm{d}u_l}=0$$

$$\frac{\mathrm{d}y}{\mathrm{d}u_l}-\frac{\sigma\mathrm{d}p_d}{\mathrm{d}u_l}=0$$

$$\frac{\mathrm{d}m}{\mathrm{d}u_l}-\frac{\alpha\mathrm{d}y}{\mathrm{d}u_l}-\frac{\theta\mathrm{d}p_d}{\mathrm{d}u_l}=1$$

前两个方程式的行列式为$\begin{vmatrix}1 & (\delta+\gamma)\\ 1 & -\sigma\end{vmatrix}=-\sigma-(\delta+\gamma)$，该式不等于0，因此只有$\frac{\mathrm{d}y}{\mathrm{d}u_l}=\frac{\mathrm{d}p_d}{\mathrm{d}u_l}=0$，前两个方程才有解。将上述结果代入第三个方程，可得$\frac{\mathrm{d}m}{\mathrm{d}u_l}=1$。这表明在固定汇率制度下，产出和价格都没有变化。货币当局要做的就是提高货币供给以满足增加了的货币需求。

在浮动汇率制度下，$\frac{\mathrm{d}m}{\mathrm{d}u_l}=0$(即货币供给不变)，该系统变为：

$$\frac{\mathrm{d}y}{\mathrm{d}u_l}-\frac{(\delta+\gamma)\mathrm{d}s}{\mathrm{d}u_l}+\frac{(\delta+\gamma)\mathrm{d}p_d}{\mathrm{d}u_l}=0$$

$$\frac{\mathrm{d}y}{\mathrm{d}u_l}-\frac{\sigma\mathrm{d}p_d}{\mathrm{d}u_l}=0$$

$$-\frac{\alpha\mathrm{d}y}{\mathrm{d}u_l}-(1-\theta+\beta)\frac{\mathrm{d}s}{\mathrm{d}u_l}-\frac{\theta\mathrm{d}p_d}{\mathrm{d}u_l}=1$$

同样利用克莱姆法则求解该方程组，在前面定义了 Δ，可以得到：

$$\frac{\mathrm{d}y}{\mathrm{d}u_l}=\frac{\sigma(\delta+\gamma)}{\Delta}<0$$

$$\frac{\mathrm{d}s}{\mathrm{d}u_l}=\frac{\delta+\gamma+\sigma}{\Delta}<0$$

$$\frac{\mathrm{d}p_d}{\mathrm{d}u_l}=\frac{(\delta+\gamma)}{\Delta}<0$$

因此，在浮动汇率制度下，发生货币需求冲击时，价格和产出都下降（由于本币升值）。显然，当发生货币需求冲击时，固定汇率制度要优于浮动汇率制度。

下面通过图 13-14 来说明。当货币需求意外增长导致货币需求曲线 m_1 向左移动到 m_2，在固定汇率制度下，对货币的过度需求将使本币产生升值的压力，货币当局在外汇市场上买入外汇以保持本币汇率稳定，这一操作使得国内货币存量增加，使得曲线 m_2 向右移动到 m_1。所以在固定汇率制度下，短期均衡点仍然在 A 点，国内商品物价水平和产出保持不变，这表明固定汇率是最优的。

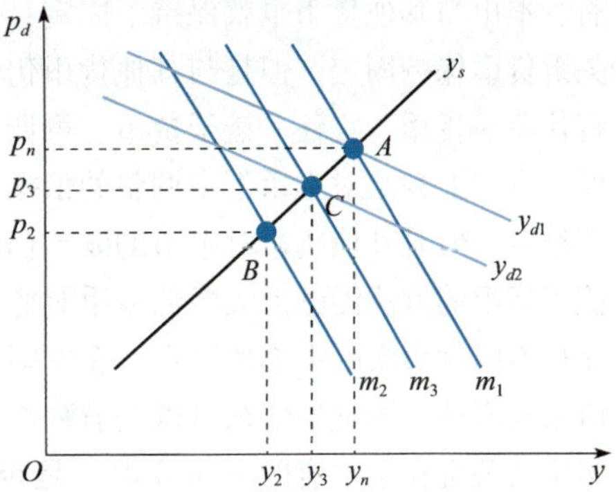

图 13-14　货币需求冲击

在浮动汇率制度下，货币需求增长一方面使得货币需求曲线 m_1 向左移动到 m_2，另一方面导致本币升值，由于出口需求的下降而减少，国内总需求曲线 y_{d1} 向左移动到 y_{d2}，同时预期本币未来贬值，本国利率上升，使得货币需求减少，导致货币需求曲线从 m_2 向右移动到 m_3，系统最终在 C 点实现均衡，此时国内商品价格为 p_3，产出为 y_3。所以在浮动汇率制度下，货币需求的增加会使得国内商品物价和产出水平下降。

以上分析结果总结于表 13-4。

表 13-4　不同类型的外部冲击下固定汇率制度和浮动汇率制度的选择

冲击类型		浮动汇率制度		固定汇率制度	
		价格稳定	产出稳定	价格稳定	产出稳定
总需求冲击		√	√	×	×
总供给冲击	总需求曲线斜率更大	√	×	×	√
	货币需求曲线斜率更大	×	√	√	×
货币需求冲击		×	×	√	√

13.5　本章小结

本章围绕汇率制度的利弊与选择展开分析。汇率制度是指一国货币当局对本国汇率水平的确定、汇率的变动方式等问题进行的一系列规定或安排，主要分为固定汇率和浮动汇率两大类型。当汇率水平偏离长期均衡水平时，就出现了汇率失调。出现这种现象与政府的货币操纵关系密切，即当事国为阻止有效的国际收支调整或取得对其他成员方不公平的竞争优势而操纵汇率。

亚洲金融危机之后，IMF 根据全球各方事实上实施的汇率制度，将成员方的汇率制度分为四种类型：硬钉住、软钉住、自由浮动和其他类型，这也是根据当事方货币波动的幅度来划分的。货币政策框架主要根据货币的名义锚来进行划分，一类是货币的数量指标，即货币总量锚；一类是货币的价格锚，如汇率锚或者以通胀率为名义锚。

彻底的固定汇率制度包括货币联盟、美元化和货币局三种制度。货币联盟是最高形式的固定汇率制度，各成员方拥有单一货币和共同的中央银行，各成员方之间资本自由流动。美元化曾经是某些国家为抑制通货膨胀采用的措施之一。以上两种制度均不存在本国货币，而货币局制度则是在保留本国货币的前提下，通过法律制度来约束本国货币的发行，这种约束就是固定本币与外汇储备之间的兑换比价。这种制度既是一种货币发行制度，又是一种汇率制度。中国香港的联系汇率制度是这种制度的典型代表。

钉住汇率制度是固定汇率制度的变种。在固定汇率制度下，本国货币与关键货币固定之后，本币与其他货币也就保持了固定；然而钉住汇率制度，是浮动汇率时代下某一国家货币与关键货币保持固定，但是与其他货币仍然保持浮动的汇率制度。钉住汇率制度有若干变种，如钉住单一货币、钉住一篮子货币、可调整钉住、爬行钉住以及汇率目标区制度。不论哪一种制度，本质上都是对本币汇率调整的依据。钉住单一货币制度确保了本币与被钉住货币之间的汇率稳定，但是其他货币对本币的波动仍然可能影响本国经济，为了降低这一影响，采取钉住一篮子货币的方法能够大大降低本币对篮子中每种货币的波动幅度。爬行钉住汇率制度则是为了保持本国货币实际汇率的稳定，在本国通货膨胀相对更为严重的情况下，通过主动实现名义贬值来实现的。调整的依据可以是前瞻性的指标，也可以是回顾性的指标。汇率目标区制度成功实施的关键在于政府的声明或承诺是否具有可信性。克鲁格曼用随机微分方程的方法予以了证明。

传统上，关于固定汇率制度与浮动汇率制度优劣性的争论一直是经济学家探讨的话题。将此进行归纳的最简单的表述是“不可能三角”，即在独立的货币政策、固定汇率制度和资本自由流动这三者之间只能同时选择其中的两者。Keith Pilbeam 则用模型来验证在不同冲击下，不同汇率制度的优劣性。如果以一国价格稳定和产出稳定为目标，在面临货币需求冲击、总需求冲击和总供给冲击的情况下，总供给曲线、总需求曲线以及货币需求曲线斜率的不同是选择本国汇率制度的重要依据。

第 14 章
CHAPTER14

不同汇率制度下的铸币税和政策声誉

简单地说，铸币税是政府由于垄断货币发行权而获得的收入。然而，在不同的汇率制度下，政府获得的铸币税是有差异的。为了更清晰地解释铸币税问题，首先必须区分不同类型的货币制度，其次应该从中央银行和政府两个视角来进行分析。

14.1 金属货币制度下的铸币税

在金属本位货币制度下，政府获得的铸币税应该从本位币(主币)与辅币两个角度来讨论。典型的金属本位，如金本位，根据法律规定，任何居民都有权把货币金属铸成本位货币，其数额不受限制，国家只收取少量的铸币费用，甚至免费。这种自由铸造制度，保证了本位货币是足值货币。因此对本位货币来说，是不存在铸币税的。有的国家在历史上对于本位币也曾经要求收取少量的铸币费用，这是否是铸币税呢？如 1933 年 3 月 8 日国民党政府颁布《银本位币铸造条例》，规定银类持有者请求中央造币厂代铸银本位币，必须支付 2.25% 的铸造费。笔者以为这种铸造费用仅仅是对铸币厂铸造本位币成本的一种抵补，而不是本位币名义值与实际值的价差。然而，对辅币而言，由于面值小，主要用于日常零星交易，且币材多为铜、镍等贱金属。除此之外，辅币具有两个显著的特征，一是辅币为不足值货币，二是政府垄断制造，这两者是相辅相成的。其原因有两点：第一，如果辅币是足值货币，当主、辅币的金属价值发生变化时，两者之间的兑换比例就不能保证，“劣币驱逐良币机制”（格雷欣法则)就会自动发生作用，尤其是当辅币币材价格上升时，辅币就可能被私毁，退出流通领域，造成流通中辅币不足；第二，辅币不允许自由铸造，而是归属于政府垄断铸造，因为只有这样辅币面值高于其实际价值的这部分收入才能够归政府所有。这就是金属货币制度下铸币税的概念。从本质上看，辅币的铸币税是源于政府垄断权的价差收入，这与居民缴纳的本位币的铸币费用存在根本的差异。

14.2 信用货币制度下的铸币税

简单地说，信用货币是货币的名义价值远高于实际价值的货币。如果从资产与负债的角度来理解，信用货币是货币发行人的负债，是货币持有人的资产。人类社会即使在金属货币制度下也发行过信用货币，即使在信用货币占统治地位的当下，政府也发行辅币性质的金属货币，只是发行量的占比很小而已。这里的分析仅仅以社会中主流货币为分析对象。在信用货币制度下，既有政府(财政部)发行的货币，也有通过本国中央银行发行的货币。不论是财政部还是中央银行发行的货币，都存在一个从可兑换到不可兑换的过程。

14.2.1 一般中央银行制度下的铸币税

政府财政预算支出包括两项，一项是经常性财政支出，另一项是利息支出；财政收入包括税收收入、债务收入和中央银行上缴的利润。用公式可表示为：

$$G_t + i_{t-1}B_{t-1}^T = T_t + (B_t^T - B_{t-1}^T) + RCB_t \tag{14-1}$$

其中，G_t 表示本期政府支出(包括政府的购买支出和转移支出)；B_t^T 表示本期政府已发行的全部债务余额；$i_{t-1}B_{t-1}^T$ 表示政府在本期的利息支出；$B_t^T-B_{t-1}^T$ 表示本期新发行的政府债券；RCB_t 表示本期中央银行向财政部上缴的息差收入。假定中央银行的资产方只有政府债券，负债方为储备货币。中央银行资产负债的恒等式(增量)形式如下：

$$B_t^C - B_{t-1}^C = H_t - H_{t-1} \tag{14-2}$$

其中，B_t^C(资产方)表示本期中央银行持有的政府债券余额；H_t(负债方)表示本期中央银行储备货币余额。中央银行的收入支出等式的形式如下：

$$RCB_t = i_{i-1}B_{t-1}^C \tag{14-3}$$

中央银行上交财政部的 RCB_t 等于其持有政府债券的利息收入 $i_{t-1}B_{t-1}^C$，这里假定中央银行对储备货币不付息。合并式(14-1)、式(14-2)和式(14-3)，可得：

$$G_t + i_{t-1}B_{t-1} = T_t + (B_t - B_{t-1}) + (H_t - H_{t-1}) \tag{14-4}$$

其中，$B=B^T-B^C$，表示公众持有的国债。

式(14-4)的含义就是将财政部与中央银行视为一个整体，左边代表政府的实际总支出，包括 G_t 和对公众所持的未清偿债券的利息支出 $i_{t-1}B_{t-1}$，等式右边代表政府总支出的融资途径，分别是征税 T_t，政府向私人部门的借款 B_t-B_{t-1} 和向中央银行融资 H_t-H_{t-1}。因此，从政府的角度看，(名义)铸币税 SE_t 实际上是中央银行储备货币的增加额 H_t-H_{t-1}。

在通货膨胀率较低的国家，铸币税收入占政府预算收入的比重很小，基本可以忽略不计，那么政府预算约束就是 $G_t+i_{t-1}B_{t-1}-T_t+(B_t-B_{t-1})$。显然，政府负债率受 定的约束，那么这个约束条件是什么呢？

将上述约束条件改写为 $G+iB=T+\frac{\mathrm{d}B}{\mathrm{d}t}$，其中$\frac{\mathrm{d}B}{\mathrm{d}t}$为新增债务。在变量上加一点表示该变量对时间的导数，即 $\dot{b}=\frac{\mathrm{d}b}{\mathrm{d}t}$，$\dot{B}=\frac{\mathrm{d}B}{\mathrm{d}t}$。定义 $b=\frac{B}{Y}$，$g=\frac{G}{Y}$，$t=\frac{T}{Y}$，$y=\frac{\mathrm{d}Y}{Y}\frac{1}{\mathrm{d}t}=\frac{\dot{Y}}{Y}$，然后就 $b=\frac{B}{Y}$对时间 t 求导，可以得到：

$$\frac{\mathrm{d}b}{\mathrm{d}t}=\frac{\mathrm{d}B/\mathrm{d}t}{Y}-\frac{B}{Y^2}\frac{\mathrm{d}Y}{\mathrm{d}t}$$

$$\dot{b}=\dot{B}\frac{1}{Y}-b\frac{1}{Y}\dot{Y}$$

$$\dot{B}=\dot{b}Y+b\dot{Y}$$

将上式代入 $G+iB=T+\frac{\mathrm{d}B}{\mathrm{d}t}$中，然后两侧同时除以 Y，化简之后可以得到 $\dot{b}=(g-t)+(i-y)b$。这就是负债率的约束条件。如果要保持政府负债率不变（$\dot{b}=0$），则必须使得$(i-y)b=t-g$。若债务利率 i 超过经济增长率 y，政府必须确保政府预算收入大于支出（不含政府利息支出），即 $t-g>0$。同样，如果将$\frac{\mathrm{d}B}{\mathrm{d}t}$视为预算赤字 D，那么 $\dot{b}=\dot{B}\frac{1}{Y}-b\frac{1}{Y}\dot{Y}$ 将变成 $\dot{b}=d-yb$，若政府负债率不变，就要求 $d=yb$，其经济含义是必须保持赤字率等于经济增长率与债务率的乘积。

14.2.2　货币局制度下的铸币税

对于货币局制度而言，其铸币税又是怎样变化的呢？从典型的货币局资产负债表分析，其资产方主要是外汇储备，且一般不持有本币资产，即不持有对本方政府、金融机构、企业和居民的债权；负债方主要是无须支付利息的通货和存款准备金。不过，经过多年的演变，部分国家的货币局制度已经发生了改变。在资产方面，有的货币局就持有对本方政府的债权，有的因承担“最后贷款人”职能而持有对本方金融机构的债权，如中国香港，然而本币资产的比重相对很小。在负债方面，有的货币局实行法定存款准备金制度，如保加利亚；有的就不实行这一制度，如中国香港。对准备金存款是否予以补偿也有不同的规定。然而，上述差异对铸币税的息差收入性质并无影响。货币局制度下货币当局资产负债的恒等式条件变成：

$$FE_t-FE_{t-1}-H_t-H_{t-1} \tag{14-5}$$

其中，FE 表示货币局持有的外汇储备。货币局的收入支出等式如下：

$$RCB_t=i_{t-1}^{*}FE_{t-1} \tag{14-6}$$

货币局的支出 RCB_t 等于其外汇储备的利息收益 $i_{t-1}^{*}FE_{t-1}$，这就是货币局制度下以货币发行机构为视角的铸币税收入。在货币局制度下，本方政府即使出现财政赤字，一般也不向货币当局融资，那么该制度下政府预算约束条件为：

$$G_t+i_{t-1}B_{t-1}=T_t+(B_t-B_{t-1})+RCB_t \tag{14-7}$$

在货币局制度下，政府视角下的铸币税收入 SE_t 是外汇储备的利息收入 $i_{t-1}^{*}FE_{t-1}$。如果实行货币局制度方的货币钉住某一关键货币，我们可以考虑该关键货币发行方政府由此增加的融资额度。该方的财政预算约束可从式(14-1)演变为：

$$G_t+i_{t-1}(B_{t-1}+B_{t-1}^{C}+B_{t-1}^{F})=T+(B_t-B_{t-1})+(B_t^{C}-B_{t-1}^{C})+(B_t^{F}-B_{t-1}^{F})+RCB_t \tag{14-8}$$

其中，B_t^F 表示本期外部持有的本方政府债券的余额。与式(14-2)和式(14-3)合并后可得：

$$G_t+i_{i-1}B_{t-1}=T+(B_t-B_{t-1})+(H_t-H_{t-1})+(B_t^{F}-B_{t-1}^{F})-i_{t-1}B_{i-1}^{F} \tag{14-9}$$

关键货币发行方政府获得的全部铸币税收入 SE_t 为$(H_t-H_{t-1})+(B_t^F-B_{t-1}^F)-i_{t-1}B_{i-1}^F$。与式(14-4)相比，该方的铸币税收入 SE_t 增加了 $B_t^F-B_{t-1}^F-i_{t-1}B_{t-1}^F$，即通过外部途径获得的净铸币税收入。这可以解释为什么在开放经济条件下，一方经常账户持续保持顺差实际上是在向储备货币方提供铸币税收入。

14.2.3 美元化条件下的铸币税

在美元化条件下，铸币税又是怎样变化的呢？假定在实施正式“美元化”之前，该国的政府预算约束为式(14-1)，中央银行资产负债恒等式为式(14-2)，正式实施“美元化”之后，式(14-2)的左右两边降为零，中央银行不再有利息收入。同时式(14-4)简化为：

$$G_t + i_{t-1}B_{t-1} = T_t + (B_t - B_{t-1}) \tag{14-10}$$

这意味着采取正式“美元化”政策的政府铸币税收入 SE_t 就降为零。相反，对于本币现钞在国外大量流通的政府来说(以美国为例)，不论国外是正式的“美元化”还是非正式的“美元化”，都扩大了其现钞的发行量，反映在其中央银行资产负债恒等式上就是：

$$B_t^C - B_{t-1}^C = H_t - H_{t-1} + H_t^F - H_{t-1}^F \tag{14-11}$$

其中，H_t 代表其国内公众和机构持有的本国储备货币；H_t^F 代表外国公众和机构持有的本国储备货币。若将式(14-11)与式(14-1)、式(14-3)合并，可得：

$$G_t + i_{t-1}B_{t-1} = T_t + (B_t - B_{t-1}) + (H_t - H_{t-1}) + (H_t^F - H_{t-1}^F) \tag{14-12}$$

这表明本币国际化的政府获得的铸币税收入 SE_t 为 $(H_t-H_{t-1})+(H_t^F-H_{t-1}^F)$。与式(14-4)相比，式(14-12)增加 $H_t^F-H_{t-1}^F$ 项，即国外持有的本国储备货币的增加额。

14.3 铸币税的其他相关问题

在铸币税问题的讨论当中，经济学家还经常涉及实际铸币税、通货膨胀税、成本视角下的铸币税等问题。

14.3.1 实际铸币税

前面重点讨论的是名义铸币税问题，而经济学家更偏好从实际收入的角度来分析政府的铸币税收入，也就是政府从货币发行的垄断权当中可以获得的收入。公式如下：

$$\begin{aligned} SE_t &= \frac{H_t - H_{t-1}}{P_t} \\ &= \frac{H_t - H_{t-1}}{H_{t-1}} \frac{H_{t-1}}{P_{t-1}} \frac{1}{1 + \pi_1} \\ &= \frac{g_t}{1 + \pi_t} \frac{H_{t-1}}{P_{t-1}} \\ &= \frac{g_t}{1 + \pi_t} h_{t-1} \end{aligned} \tag{14-13}$$

其中，H 表示储备货币；P 表示物价水平；π 表示通胀率且 $\pi_t \equiv (P_t-P_{t-1})/P_{t-1}$；$g_t = \frac{H_t-H_{t-1}}{H_{t-1}}$表示 H 在 t 期的增长率；h_{t-1} 表示 $t-1$ 期储备货币的实际价值。若 $g_t = \pi_t$，则$\frac{g_t}{1+\pi_t} = \frac{\pi_t}{1+\pi_t}$。在通货膨胀率很小的条件下，$\frac{\pi_t}{1+\pi_t} \approx \pi_t$，实际铸币税收入为：

$$SE_t = \pi_t h_{t-1} \tag{14-14}$$

对于式(14-14)，如果将 π_t 视为“税率”，将实际储备货币量 h_{t-1} 视为税基，那么实际铸币税收入又可看作对实际储备货币额按通货膨胀率征收的收入，铸币税又可称为通货膨胀税收入(Inflation-Tax Revenues)。

14.3.2　通货膨胀税

通货膨胀税是(主要由货币过度扩张引致的)通货膨胀所引起的实际货币余额价值的下降，用公式表述就是：

$$\begin{aligned}
IT &= (H_{t-1}/P_{t-1}) - (H_{t-1}/P_t) \\
&= (H_{t-1}/P_{t-1})\left(1-\frac{P_{t-1}}{P_t}\right) \\
&= (H_{t-1}/P_{t-1})\frac{\Delta P}{P_t} \\
&= (H_{t-1}/P_{t-1})\frac{\pi_t}{1+\pi_t} \\
&= \pi'_t h_{t-1}
\end{aligned} \tag{14-15}$$

如果令 $\pi'_t = \dfrac{\pi_t}{1+\pi_t}$，这就是通货膨胀税的准确表达式，它表示通货膨胀导致通货持有者所遭受的资本损失幅度。式(14-13)和式(14-15)的差异仅限于“税率”的不同。如果将式(14-13)变形，可得：

$$\begin{aligned}
SE_t &= \frac{H_t - H_{t-1}}{P_t} \\
&= \frac{H_t - H_{t-1}}{P_t}\frac{P_{t-1}}{P_{t-1}} \\
&= \frac{(P_t - P_{t-1})H_{t-1}}{P_t P_{t-1}} + \frac{P_{t-1}H_t - P_t H_{t-1}}{P_t P_{t-1}} \\
&= \pi'_t h_{t-1} + (h_t - h_{t-1})
\end{aligned} \tag{14-16}$$

其中，$\pi'_t \equiv (P_t - P_{t-1})/P_t$。式(14-16)第一项 $\pi'_t h_{t-1}$ 就是式(14-15)通货膨胀税的含义，第二项 $(h_t - h_{t-1})$ 表示公众实际储备货币的变化额，这有两个影响因素，一是由于人口增加导致中央银行发行的储备货币增加，二是由于经济增长导致人均所持储备货币额增加，如果通胀率为零，通货膨胀税就等于零，但政府获得的铸币税并不为零。因此从更严格意义来说，通货膨胀税和铸币税并不相等。

14.3.3　成本视角下的铸币税

如果说式(14-4)可以看作政府收入视角的铸币税，那么铸币税的概念还可以从成本的视角进行分析，具体的含义是政府发行无息负债而不是带息负债所节约的利息支出。将中央银行的收入支出等式进行如下变换：

$$RCB_t = i_{t-1}B^C_{t-1} = i_{t-1}H_{t-1} \tag{14-17}$$

合并式(14-1)、式(14-2)和式(14-17)后，可得：

$$G_t + i_{t-1}B_{t-1}^T = T + (B_t^T - B_{t-1}^T) + i_{t-1}H_{t-1} \tag{14-18}$$

式(14-18)的最后一项 $i_{t-1}H_{t-1}$ 就是基于成本视角的铸币税概念。如果考虑其实际收入，则为：

$$SE = \frac{i_{t-1}H_{t-1}}{P_t} = \frac{i_{t-1}H_{t-1}}{P_{t-1}(1+\pi_t)} = \frac{i_{t-1}}{1+\pi_t}h_{t-1} \tag{14-19}$$

在 π_t 很小的情况下，式(14-19)近似等于：

$$SE = i_{t-1}h_{t-1} \tag{14-20}$$

如果将中央银行储备货币(H)与国债(B)都视为政府对社会的负债(D)，即广义意义上的政府债务($D=H+B$)，在给定政府广义债务总额的条件下，当中央银行在公开市场业务中买入国债，即公众所持国债下降，中央银行持有的国债上升，则政府对公众的有息负债额下降，无息负债额上升；从政府债务管理的角度分析，由于政府广义负债总额中无息负债的比重上升而少支付的这部分利息就是成本视角的铸币税；同时这一操作也意味着中央银行在放松银根，货币政策的导向是信用扩张，即赤字货币化过程。

14.4 政策信誉与固定(钉住)汇率制度

固定(钉住)汇率制度面临的历次危机表明，政府坚持固定(钉住)汇率制度的政策信誉是该制度成败的关键。如果同样将政府视为理性的经济主体，其是否坚持固定(钉住)汇率制度的政策信誉取决于政府的成本收益分析。

在金本位时代，采用黄金作为本位币的各国货币均设定了货币的含金量，因此本国货币钉住某关键货币，也就相当于钉住了其他国家的货币，各国货币之间的兑换比率是固定的。在布雷顿森林体系崩溃之后，全球货币进入了浮动汇率制度时代，但仍然有不少国家的货币选择钉住关键货币。从全球来看，如果本国货币钉住了某关键货币保持不变，但是该关键货币与其他货币之间的汇率仍然是浮动的，因此本国货币与其他货币之间的汇率还是浮动的，此时本国货币的汇率制度就是钉住汇率制度，与固定汇率制度下各国货币的相互固定并不相同。简言之，在固定汇率制度下，本国货币与其他国家货币都是固定的；在钉住汇率制度下，本国货币只与关键货币保持汇率固定，但是与其他国家货币(与本国钉住同一关键货币的国家除外)的汇率却是浮动的。

不论是在固定汇率制度下，还是在钉住汇率制度下，本国政府实施该制度的原因之一就是通过稳定汇率来达到实现宏观经济稳定的目标。因此，根据相对购买力平价，对于采取钉住汇率制度的国家来说，稳定汇率就是稳定物价。当然，对于不少政府来说，除了物价稳定的政策目标外，还有其他的政策目标，如稳定就业、稳定国内总产出等。因此，我们可以给出开放经济下政府损失函数的 Barro-Gordon 模型(1983)：

$$L = (\pi - \pi^*)^2 + \beta(u - u^*)^2 + C \tag{14-21}$$

其中，L 代表损失；u 代表失业率；u^* 代表目标失业率；π 代表通货膨胀率；π^* 代表目标通货膨胀率；β 表示权重，代表货币当局对失业问题的重视程度；C 代表政府放弃固定(钉住)汇率制度时所面临的政治成本(当政府违约时，会承担某种政治成本；当政府不违约时，该政治成本为零)。

根据“通胀预期下的菲利普斯关系”，有：

$$\pi = \frac{1}{a}(u_n - u) + \pi^e + \varepsilon \tag{14-22}$$

其中，π 代表通货膨胀率；π^e 代表通胀率预期；u 代表失业率；u_n 代表自然失业率，它又被称为非加速通胀的失业率(Non-Accelerating Inflation Rate of Unemployment，NAIRU)；ε 代表意外事件(如石油危机)对通胀率造成的影响，服从均值为 0 的正态分布。我们把它称作“通货膨胀冲击”(Inflation Shock)。式(14-22)的含义是只有失业率的意外上升才能够使得通胀率下降。简言之，通胀率与失业率存在替代关系，政策制定者可以在两者之间做权衡(Trade off)。若政策制定者相对于通胀率水平而言更关注失业率，该政府则被称为“鸽派政府”；反之，若其更关注通胀率，则被称为“鹰派政府”。这里采用理性预期假定意味着经济主体会收集所有相关信息来预测通胀率，并且在做出预测时不可能犯系统性错误。

假设政府将目标失业率设定在低于自然失业率(充分就业下的失业率)的水平上，即：

$$u_n = \lambda u^* \qquad \lambda > 1 \tag{14-23}$$

模型构建完毕。π 和 u 内生，β、π^*、u^*、λ 等变量外生。式(14-21)、式(14-22)和式(14-23)方程组构成了一个最优化问题的决策模型。这里还假定政府可以直接控制通胀率 π。

14.4.1　政策信誉与损失函数

由于政府的政策目标并不是单一的，在稳定汇率(物价)之外还有其他的政策目标，当不同目标之间存在冲突时，政府就会考虑是坚守还是放弃固定(钉住)汇率制度。同样，公众在政府的上述选择之下，也会采取不同的态度，既可能相信政府的承诺，又可能怀疑政府的承诺。因此这构成了四种不同的组合，在每一种组合下，政府的损失函数都将出现变化(见图 14-1)。Paul De Grauwe 和 Marianna Grimaldi(2002)发表的论文对此进行了详细的研究。

		政府实施固定(钉住)汇率制度	
		坚守	放弃
公众预期	相信政府承诺	情形 2	情形 3
	怀疑政府承诺	情形 4	情形 1

图 14-1　政府汇率政策目标与公众预期下政府的损失函数

情形 1：政府放弃固定(钉住)汇率制度，公众怀疑政府承诺

将式(14-22)和式(14-23)代入式(14-21)后，得到：

$$L = (\pi - \pi^*)^2 + \beta(a(\pi^e - \pi) + (\lambda - 1)u^* + a\varepsilon)^2 + C \tag{14-24}$$

对 L 求导，得到：

$$\frac{dL}{d\pi} = 2(\pi - \pi^*) - 2a\beta[(\lambda - 1)u^* + a(\pi^e - \pi) + a\varepsilon] = 0 \tag{14-25}$$

式(14-25)化简得到：

$$\pi = \frac{1}{1 + a^2\beta}\pi^* + \frac{(\lambda - 1)a\beta}{1 + a^2\beta}u^* + \frac{a^2\beta}{1 + a^2\beta}\pi^e + \frac{a^2\beta}{1 + a^2\beta}\varepsilon \tag{14-26}$$

该值是最小化损失的最优通胀率。

假设公众形成通胀预期 π^e 时，预先知道货币当局的损失函数具体形式以及参数取值，并预期货币当局会选择合适的通胀率以最小化损失，则：

$$E(\pi)=\frac{1}{1+a^2\beta}\pi^*+\frac{(\lambda-1)a\beta}{1+a^2\beta}u^*+\frac{a^2\beta}{1+a^2\beta}\pi^e+\frac{a^2\beta}{1+a^2\beta}E(\varepsilon) \tag{14-27}$$

其中，ε 是随机干扰项，有 $E(\varepsilon)=0$。$E(\pi)=\pi^e$，由式(14-27)可以得到：

$$\pi^e=a\beta(\lambda-1)u^*+\pi^* \tag{14-28}$$

这也是 Barro-Gordon 模型的著名结论：当目标失业率被设定在低于自然失业率的水平时，在均衡状态下平均通胀率要高于目标通胀率，反映了通胀偏倚(Inflation Bias)。

将式(14-28)代入式(14-26)得：

$$\pi=\pi^e+\frac{a^2\beta}{1+a^2\beta}\varepsilon \tag{14-29}$$

将式(14-28)和式(14-29)代入式(14-22)得：

$$u=\frac{a\varepsilon}{1+a^2\beta}+u_n \tag{14-30}$$

这表明政府无法使得失业率系统性地低于自然失业率。

由式(14-29)可以得到$\frac{d\pi}{d\varepsilon}=\frac{a^2\beta}{1+a^2\beta}$，由式(14-30)可以得到$\frac{du}{d\varepsilon}=\frac{a}{1+a^2\beta}$，两者相除可以得到$\frac{d\pi}{du}=a\beta$，这就是政府的最优稳定线的斜率，其含义表明当系数 a 和 β 增加，最优稳定线变得越来越陡峭。

将式(14-29)和式(14-30)代入式(14-21)得：

$$L_1=\frac{a^2\beta}{1+a^2\beta}\varepsilon^2+2a\beta k\varepsilon+(1+a^2\beta)\beta k^2 \qquad k=(\lambda-1)u^*$$

其中，L_1 代表公众预期政府会放弃固定(钉住)汇率制度，且政府放弃该制度所承受的损失。

情形 2：政府坚守固定(钉住)汇率制度，且公众相信政府承诺

为了坚守固定(钉住)汇率制度，政府(中央银行)需要将本国通胀率钉住外国通胀率，本国目标通胀率等于钉住国通胀率($\pi^e=\pi_f=\pi$)，π_f 为钉住国通胀率。

$$\pi=\pi^e=\pi^* \tag{14-31}$$

将式(14-31)代入式(14-22)得：

$$u=u_n+a\varepsilon \tag{14-32}$$

将式(14-31)和式(14-32)代入式(14-22)得：

$$L_2=\beta k^2+\beta a^2\varepsilon^2+2a\beta k\varepsilon \qquad k=(\lambda-1)u^*$$

其中，L_2 代表可信赖固定(钉住)汇率下的政府所承受的损失。

情形 3：公众相信政府承诺，但政府放弃固定(钉住)汇率制度

政府宣称实行固定(钉住)汇率，并将目标通胀率定为钉住国通胀率。公众相信政府会将本国通胀率与钉住国通胀率保持一致，并且预期本国通胀率等于目标通胀率($\pi^e=\pi^*$)。但是政府放弃了固定(钉住)汇率制度，选择了最小化损失的通胀率，并未钉住外国通胀率。

$$\pi^e=\pi^* \tag{14-33}$$

将式(14-33)代入式(14-26)得：

$$\pi=\pi^*+\frac{(\lambda-1)a\beta}{1+a^2\beta}u^*+\frac{a^2\beta}{1+a^2\beta}\varepsilon \tag{14-34}$$

将式(14-33)和式(14-34)代入式(14-22)得：

$$u=\frac{1+\lambda}{1+a^2\beta}u^*+\frac{a}{1+a^2\beta}\varepsilon \tag{14-35}$$

将式(14-34)和式(14-35)代入式(14-21)得：

$$L_3=\frac{a^2\beta}{1+a^2\beta}\varepsilon^2+\frac{2a\beta k}{1+a^2\beta}\varepsilon+\frac{\beta k^2}{1+a^2\beta}\qquad k=(\lambda-1)u^*$$

其中，L_3 代表政府辜负公众信任，放弃固定汇率制度时所承受的损失。严格来说，政府可以欺骗公众一次、两次，但政府不可能永远欺骗下去。L_3 只能表示在单次博弈过程中，政府的损失函数。

情形 4：公众怀疑政府承诺，但政府坚守固定(钉住)汇率制度

政府宣称采取固定(钉住)汇率制度，并成功地使国内通胀率与钉住国通胀率保持一致($\pi=\pi^*=\pi^f$)。公众对政府维持固定(钉住)汇率的承诺没有信心，并预期政府会违约并通过控制本国通胀率来最小化损失。

根据这一假设有：

$$\pi=\pi^* \tag{14-36}$$

该假设下的通胀预期形成机制和情形 1 下的通胀预期形成机制是相同的，因此根据式(14-27)和式(14-28)有：

$$\pi^e=a\beta(\lambda-1)u^*+\pi^* \tag{14-37}$$

将式(14-36)和式(14-37)代入式(14-22)，得到：

$$u=u_n+a^2\beta(\lambda-1)u^*+a\varepsilon \tag{14-38}$$

将式(14-37)和式(14-38)代入式(14-21)，得到：

$$L_4=a^2\beta\varepsilon^2+2a\beta k(1+a^2\beta)\varepsilon+\beta k^2(1+a^2\beta)^2\qquad k=(\lambda-1)u^*$$

其中，L_4 代表公众怀疑政府承诺，但政府坚守固定汇率制度时政府所承受的损失。

14.4.2 政府信誉与违约动机

政府是否会放弃固定(钉住)汇率制度呢？这取决于其损失函数的大小。

1. 公众相信政府承诺时，政府放弃固定(钉住)汇率制度的动机

政府宣称采取固定(钉住)汇率制度，公众充分相信政府。如果政府辜负公众信任，放弃固定(钉住)汇率，会使损失函数变小吗？

我们可以用 L_2 和 L_3 的差额($\Theta=L_2-L_3$)来量化政府的违约动机。如果差额越大，政府违约减少的损失就越大，违约的动机也就更大。结果得到 $L_2>L_3$，这说明政府通过违约可以降低损失。

$$\Theta=\frac{a^2\beta^2}{1+a^2\beta}(a^2\varepsilon^2+2ak\varepsilon+k^2)\qquad k=(\lambda-1)u^*$$

其中，Θ 表示公众相信政府承诺时，政府放弃固定汇率制度的动机。

2. 投机者怀疑政府承诺时，政府放弃固定汇率制度的动机

在公众预期政府违约的环境下，政府到底是应该坚守还是放弃固定(钉住)汇率制度，让汇率自由浮动呢？此时违约能减少损失吗？

比较 L_1 和 L_4，发现 $L_4>L_1$。这表明公众怀疑政府承诺时，政府放弃固定(钉住)汇率制度能够减少损失。因此 L_1 和 L_4 的差值($\Delta=L_4-L_1$)能够用来量化违约预期的情况下，政府违约的动

机大小。

$$\Delta = L_4 - L_1 = \frac{a^4\beta^2}{1 + a^2\beta}\varepsilon^2 + 2a^3\beta^2 k\varepsilon + a^2\beta^2 k^2(1 + a^2\beta) \qquad k = (\lambda - 1)u^*$$

其中，Δ 表示公众预期政府违约情形下，政府放弃固定(钉住)汇率制度的动机。

根据上述分析，我们可以得到以下结论。

第一，在公众预期政府违约情形下，政府更可能违约。比较 Θ 和 Δ，得到 $\Delta>\Theta$。这说明公众预期政府违约情形下，政府违约的动机更大。

第二，政府完全忽略其他目标时($\beta=0$)，政府不会违约。当 β 趋于 0 时，Θ 和 Δ 也都趋于 0。这说明政府只追求通胀率目标且完全忽略其他政策目标时，政府不会违约。

第三，政府不忽略其他目标时($\beta>0$)，政府迟早会违约。$\beta>0$ 时，Θ 和 Δ 都是 ε 的增函数。时间越长，ε 超过 ε_0 或者 ε_1 的概率就越大，时间足够长，ε 的取值总会超过 ε_0 或者 ε_1，从而使违约动机大于违约成本，政府选择放弃固定(钉住)汇率制度(见图 14-2)。所以，在不能忽略其他目标的情况下，政府迟早会违约。

第四，违约预期有时会“自我实现”。C 代表政府违约的政治成本。当 $\beta_1<\beta<\beta_2$，如果公众相信政府坚守固定(钉住)汇率制度的承诺，违约动机曲线为 Θ，对应的违约动机小于违约成本，政府会坚守固定(钉住)汇率制度；如果公众不相信政府的承诺，违约动机曲线为 Δ，对应的违约动机大于违约成本，政府选择放弃固定(钉住)汇率制度(见图 14-3)。综上所述，违约预期有时候会“自我实现”。

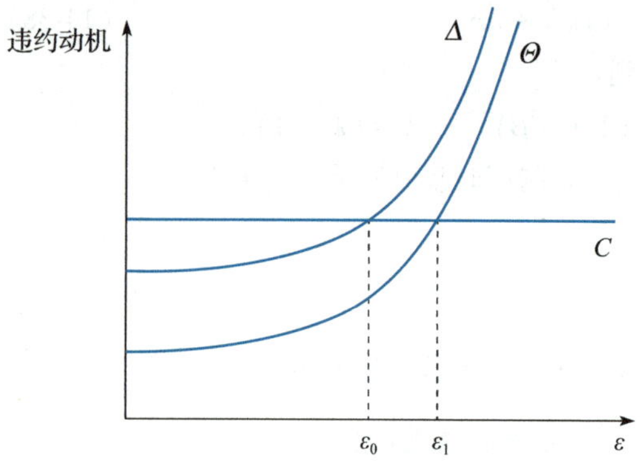

图 14-2 政府迟早违约

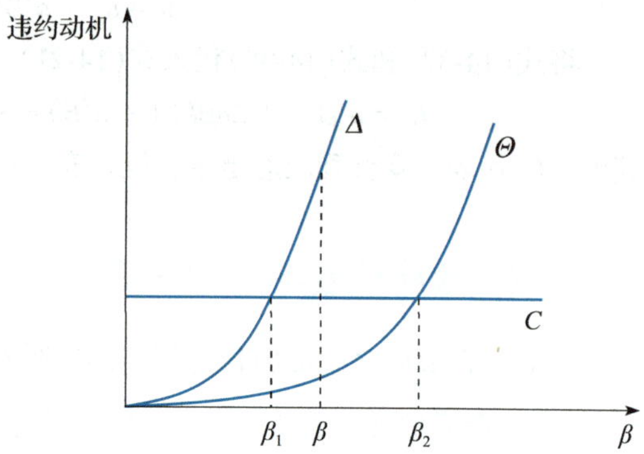

图 14-3 违约预期的“自我实现”

14.5 本章小结

从货币发展史的角度看，不论是金属本位货币还是信用本位货币，铸币税源于政府对货币发行权的垄断。

在典型的金属本位货币制度下，不存在政府对本位货币征收铸币税的问题；对于辅币而言，由于辅币面值与实际价值之间的巨大差异，政府通过垄断铸造获得铸币税收入。在信用货币制度下，从货币发行机构(中央银行)的角度分析，铸币税实际上是一种息差收入；从政府的角度分析，最简单的铸币税含义就是储备货币的增加额，这基于中央银行只持有国债资产和对储备货币不付息两点要求。如果中央银行资产和负债项目多样化，或者负债项目的利率发生变化，或者本币国际化、本国政府债券市场国际化，铸币税的含义都将发生变化。在货币局制度下，政府视角下的铸币税收入是外汇储备的利息收入。正式“美元化”政策的政府铸币税收入就降为零；如果本国货币是国际货币，本国获得铸币税增加额为国外持有的本国储备货币的增加额。在现实当中，人们更多地关注铸币税的实际收入，当储备货币的增长率等于通货膨胀率，实际铸币税收入就等于通货膨胀税。然而，在通胀率为零的条件下，通货膨胀税为零，政府仍然能够获得铸币税。

对于任何一种形式的固定(钉住)汇率制度，都存在制度信誉的问题。固定(钉住)汇率制度面临的历次危机表明，如果同样将政府视为理性的经济主体，维持固定(钉住)汇率制度的政策信誉取决于政府的成本收益分析。在现实中，政府的政策目标是多元的，不仅有物价稳定，还包括降低失业率等政策目标。政府到底是坚持还是放弃固定(钉住)汇率制度，公众是相信还是怀疑政府的承诺，这可以构成一个 2×2 的象限组合。

在公众相信政府承诺的情况下，政府放弃固定(钉住)汇率制度比坚守固定(钉住)汇率制度的损失更大，因此政府违约的动机就越大。同样，当公众怀疑政府承诺时，政府放弃固定(钉住)汇率制度能够减少损失。这表明，如果政府只有稳定物价的目标，政府就不会违约。政府除了稳定物价的目标之外，还有其他政策目标，政府迟早会违约。此外，违约预期有时候会“自我实现”。

第四部分
PART4

开放经济下的宏观调控

第 15 章
CHAPTER15

开放经济下的宏观经济政策

长期以来，蒙代尔-弗莱明模型是开放经济下宏观经济分析的基本框架，用于分析财政政策、货币政策和汇率政策的搭配问题，通常简称为 *IS-LM-BP* 模型。该模型也可以作为讨论固定汇率制度和浮动汇率制度孰优孰劣的一个分析框架。这里假定分析的对象是开放经济下的小国，即其进出口、利率水平和国民收入的变化对世界其他国家不产生冲击。蒙代尔-弗莱明模型的基本假设包括：(1) 总供给曲线是水平的，这意味本国价格水平固定，而产出完全由总需求水平确定，这意味着存在有未被利用的资源；(2) 汇率预期是静态的，或者说不存在汇率将发生变动的预期。

以下分浮动汇率制度和固定汇率制度两种汇率制度，按资本不完全流动和资本完全流动两种情况分别予以介绍。

15.1 蒙代尔-弗莱明模型初步

在进一步分析之前，首先推导 *IS*、*LM* 和 *BP* 曲线；*IS* 曲线又称商品市场均衡线；*LM* 曲线又称货币市场均衡线；*BP* 曲线又称国际收支均衡线或者外汇市场均衡线。

15.1.1 *IS* 曲线的推导

IS 曲线是商品市场均衡线，反映的是商品市场供求均衡的利率与国民收入的点的组合。在开放经济下，国民收入(以本国产品表示的实际值，以下各变量定义相同)恒等式可以表示如下：

$$Y = I(i) + C(Y) + G + X(Y^*, Q) - QM(Y, Q)$$

其中，Y 表示国民收入；I 表示投资；X 表示出口；M 表示进口；i 表示利率；Q 为实际汇率

($Q=SP_f/P_d$，S 表示名义汇率)；QM 表示进口产品换算为以本国产品来表示的值。

对于消费函数 $C(Y)$，$0<C_Y<1$；对于投资函数 $I(i)$，$I_i<0$；对于进口函数 $M(Y,\ Q)$，$M_Y>0$，$M_Q<0$；对于出口函数 $X(Y^*,\ Q)$，$X_{Y^*}>0$，$X_Q>0$。

$$I(i)-Y+C(Y)+G+X(Y^*,\ Q)-QM(Y,\ Q)=F(i,\ Y,\ G,\ Y^*,\ Q)=0$$

通过隐函数求导法则，可以得到 IS 曲线的斜率：

$$\frac{\partial i}{\partial Y}=-\frac{F_Y}{F_i}=-\frac{C_Y-QM_Y-1}{I_i}<0$$

这表明 IS 曲线向右下方倾斜，在 IS 曲线的左侧表示 $I>S$，右侧表示 $I<S$(见图 15-1)。这是因为国民收入的增加会带来储蓄的增加，为使得商品市场平衡，只有降低利率才能使得投资也相应地增加，所以其斜率为负。以 IS 曲线上 A 点为例，该点对应的利率为 i_1，对应的国民收入为 Y_1，此时 $I=S$。处于同一利率水平的 B 点，表示其投资水平与 A 点相同，但是其国民收入为 Y_2，对应的储蓄水平低于 Y_1 的储蓄水平，因此在 B 点投资大于储蓄。

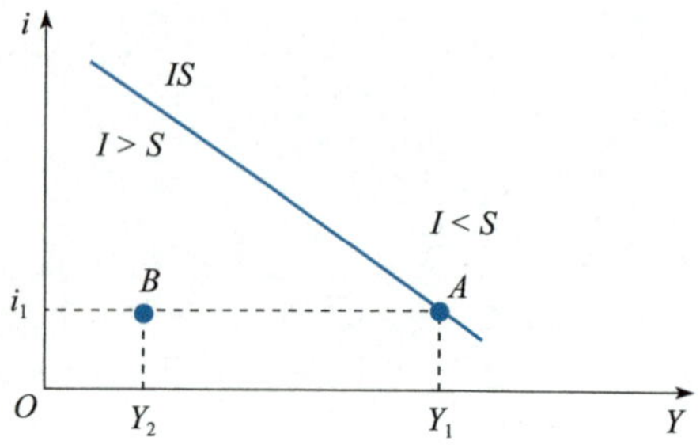

图 15-1 *IS* 曲线

如果外生变量发生变化，IS 曲线将发生移动。具体有：

$$\frac{\partial i}{\partial G}=-\frac{F_G}{F_i}=-\frac{1}{I_i}>0$$

$$\frac{\partial i}{\partial Y^*}=-\frac{F_{Y^*}}{F_i}=-\frac{X_{Y^*}}{I_i}>0$$

$$\frac{\partial i}{\partial Q}=-\frac{F_Q}{F_i}=-\frac{X_Q-M-QM_Q}{I_i}>0$$

如果政府支出增加、外国国民收入增加以及本国货币贬值(在马歇尔-勒纳条件成立的条件下)，这些因素都会刺激对本国产品的需求，使得 IS 曲线向上移动。

15.1.2 *LM* 曲线的推导

LM 曲线表示能够使货币市场处于均衡状态的利率与国民收入的点的组合。在开放经济下，货币市场均衡条件为：

$$M^s=D+R$$

$$\frac{M^d}{P_d}=L(i,\ Y)$$

其中，D 表示国内信贷；R 表示外汇储备；$L_i<0$，$L_Y>0$。

在货币供求均衡状态下($M^s=M^d=M$)，$\frac{M}{P_d}-L(i,\ Y)=U(i,\ Y,\ P_d,\ M)=0$。根据隐函数求导法则，可以得到 LM 曲线的斜率：

$$\frac{\partial i}{\partial Y}=-\frac{U_Y}{U_i}=-\frac{-L_Y}{-L_i}>0$$

这表明 LM 曲线向右上方倾斜，其斜率为正(见图 15-2)。其经济含义为，当国民收入增加，利率也必须上涨才能够使得货币市场均衡。这里假定货币供给为外生变量，货币当局能够直接控制。货币需求是利率的减函数，是国民收入的增函数。当国民收入增加时，货币需求随之增加，在货币供给不变的情况下，利率必须上涨才能够抵消由于国民收入增加带来的货币需求增加。以 *LM* 曲线上的 *A* 点为例，在该点货币需求等于货币供给($L=M$)。位于同一利率水平 i_1 的 *B* 点，国民收入 Y_2 大于 *A* 点的 Y_1，因此在 Y_2 点的货币需求就大于 i_1 水平的货币供给。在 *LM* 曲线的左侧表示 $L<M$，在 *LM* 曲线的右侧表示 $L>M$。

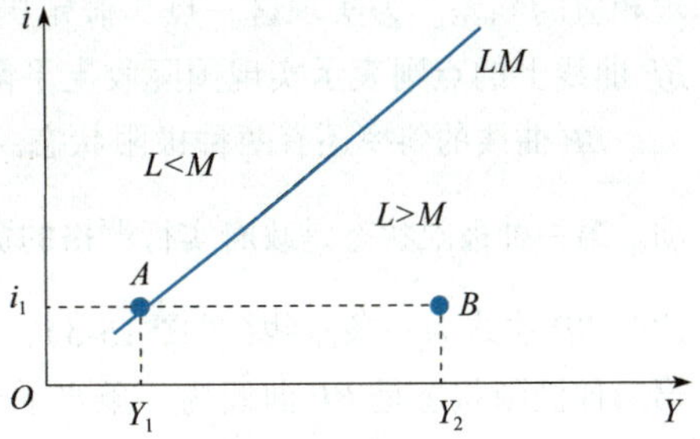

图 15-2　*LM* 曲线

如果货币供给增加，*LM* 曲线将如何移动呢？根据隐函数求导法则，我们可以得到：

$$\frac{\partial i}{\partial M}=-\frac{U_M}{U_i}=-\frac{1/P_d}{-L_i}<0$$

其含义为货币供给增加，*LM* 曲线将向下移动，因为在国民收入不变的条件下，货币供给增加必然导致利率下降，使得居民的货币需求增加以弥补货币供求缺口。

如果物价上涨，*LM* 曲线如何移动呢？仍然根据隐函数求导法则，可以得到：

$$\frac{\partial i}{\partial P_d}=-\frac{U_{P_d}}{U_i}=-\frac{-M/P_d^2}{-L_i}>0$$

由于物价水平上涨，实际货币供给下降，*LM* 曲线向上移动。同样，如果名义汇率发生变化，*LM* 曲线不动，因为 $\partial i/\partial E=0$。

15.1.3　*BP* 曲线的推导

BP 曲线是国际收支平衡线(或者外汇市场平衡线)，其含义为经常账户差额(*CAB*)、扣除国际储备之后的资本与金融账户(*NKA*)与国际储备资产账户差额(*RT*)之和为零。采用公式可以表示为：

$$CAB+NKA+RT=0$$

其中：

$$CAB=P_dX(Y^*,\ Q)-SP_fM(Y,\ Q)$$

$$NKA=NKA[i,\ i^*,\ E(\hat{S})]=NKA[i-i^*-E(\hat{S})]$$

其中，*CAB* 是指以本币表示的经常账户差额；*NKA* 表示不含储备资产账户的资本与金融账户差额，假定资本流向预期收益率较高的国家。当在本国的投资收益(以本国债券利率来衡量)等于在外国的投资收益(外国债券利率加上本币的预期贬值率)，资本停止跨境流动。由于蒙代尔-弗莱明模型假设本币预期贬值率为零，如果进一步假定外国利率 i^* 不变，本国的投资收益高于外国的投资收益，那么有 $NKA_i>0$。

在浮动汇率制度下，国际储备差额的变化为零，因此有：

$$P_dX(Y^*,\ Q)-SP_fM(Y,\ Q)+NKA(i)=0$$

通过隐函数求导法则，可以得到 *BP* 曲线的斜率：

$$\frac{\partial i}{\partial Y}=-\frac{-SP_fM_Y}{NKA_i}>0$$

因此 BP 曲线是一条向右上方倾斜的曲线。假定在名义汇率 S 不变的情况下，伴随着本国国民收入增加，经常账户的逆差必将随之增加，为使得国际收支实现平衡，资本与金融账户必须实现相应的顺差。为实现这一点，假定国外利率(i^*)不变的情况下，就必须提高国内利率(i)。BP 曲线上的点则表示实现国际收支平衡的利率与国民收入的组合。

BP 曲线的斜率还有两种极限状态。通常，向右上方倾斜的 BP 曲线表示资本不完全自由流动。第一种极限状态是政府实行严格的资本管制，资本完全不流动，即 $NKA_i=0$，结果是$\frac{\partial i}{\partial Y}\to\infty$。此时 BP 曲线为一条垂线(见图 15-3)，也就是说汇率的变动完全取决于经常账户的流量变化。第二种极限状态是 BP 曲线为一条水平线(见图 15-4)，这意味着资本与金融账户对利率变化的反应是无穷大的，资本的完全流动以 $NKA_i\to\infty$ 为特征，在这种情况下，BP 曲线的斜率$\frac{\partial i}{\partial Y}=0$，表示该国资本流动的程度非常高或者说资本流动对利率的敏感程度非常高。汇率的决定取决于资本与金融账户，经常账户对汇率无足轻重。如果分析对象是小国，那么由世界利率水平决定该国的国际收支。换言之，在资本完全流动的情况下，根据非抵补利率平价条件，国内利率 i 应该等于外国利率 i^*。在图 15-4 中，A 点(i，Y_1)和 B 点(i，Y_2)都是国际收支的平衡点，但是在 C 点(i_1，Y_1)国际收支出现逆差。

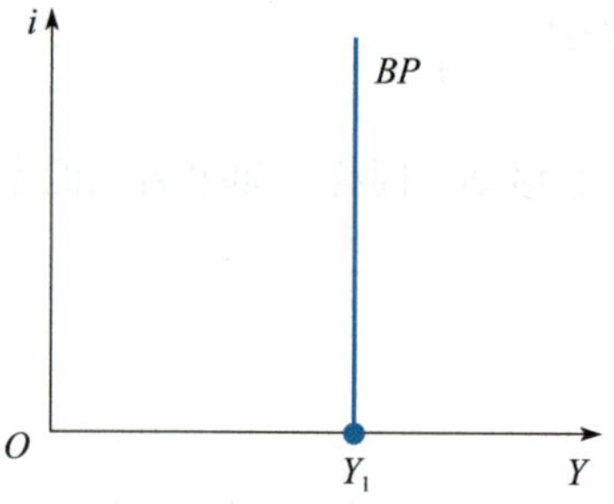

图 15-3 资本完全不流动情况下的 BP 曲线

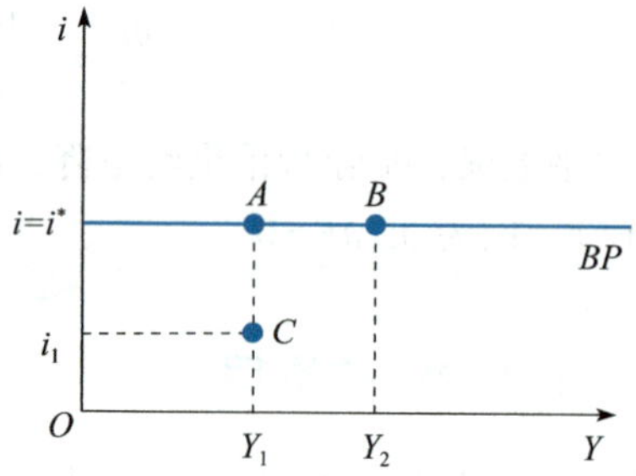

图 15-4 资本完全流动情况下的 BP 曲线

如图 15-5 所示，在 BP 曲线的上方，国际收支出现顺差；在 BP 曲线的下方，国际收支出现逆差。在 A 点实现了国际收支平衡，此时国民收入 Y_1，利率水平为 i_1。同样地，在 B 点国民收入达到 Y_2，对应的利率水平也为 i_1，这表明 A 和 B 点的资本与金融账户(不含储备资产账户差额)差额相同。由于 B 点的国民收入较高，其经常账户的逆差相对于 A 点更大，整个国际收支处于逆差状态。相应地，在 BP 曲线左侧的点就处于国际收支顺差状态。BP 曲线的另外一个特征是在该曲线上必定存在一点 E 点，该点的经常账户差额为零，同时其资本账户差额为零。对应的本国利率水平等于外国利率水平，对应的国民收入水平下的进口额等于出口额。该点就是经常账户差额与资本账户差额同时为零的状态。在该点的左侧，经常账户差额处于什么状态？资本账户差额又处于什么状态？该点的右侧呢？请读者仔细思考。

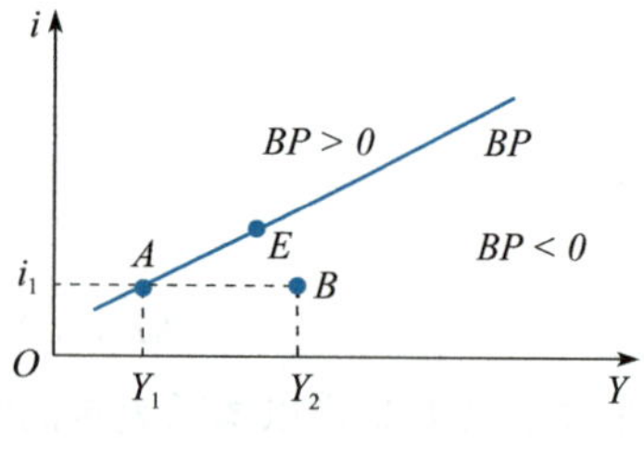

图 15-5 资本不完全流动情况下的 BP 曲线

外国收入 Y^* 对 BP 曲线将产生怎样的影响呢？

$$\frac{\partial i}{\partial Y^*}=-\frac{P_d X_{Y^*}}{NKA_i}<0$$

这表明外国收入 Y^* 增加，BP 曲线将向下移动。这意味着外国收入 Y^* 增加将改善经常账户差额，然而这必须通过资本与金融账户差额的恶化来保持国际收支平衡。

外国利率水平 i^* 的变化又将如何影响 BP 曲线呢？利用隐函数求导法则，可以得到：

$$\frac{\partial i}{\partial i^*}=-\frac{NKA_{i^*}}{NKA_i}=1$$

外国利率上升，本国利率也必须上升相同的幅度，这意味着 BP 曲线向上移动。

对于预期贬值率 $E(\hat{S})$，我们同样可以得到 $\frac{\partial i}{\partial E(\hat{S})}=-\frac{NKA_{E(\hat{S})}}{NKA_i}=1$，其含义与外国利率上升对 BP 曲线的影响相同。

名义汇率 S 对 BP 曲线又将产生怎样的冲击呢？这与马歇尔-勒纳条件有何联系呢？根据隐函数求导法则，我们可以得到：

$$\frac{\partial i}{\partial S}=-\frac{P_dX_S-SP_fM_S-P_fM}{NKA_i}$$

名义汇率上升对 BP 曲线的影响取决于上面公式中右边分子是否大于零。我们将分子进一步简化如下：

$$\begin{aligned}P_dX_S-SP_fM_S-P_fM&=P_d\frac{\partial X}{\partial S}-SP_f\frac{\partial M}{\partial S}-P_fM\\&=P_d\frac{X}{S}\frac{S}{X}\frac{\partial X}{\partial S}-P_fM\frac{S}{M}\frac{\partial M}{\partial S}-P_fM\\&=P_d\frac{X}{S}\eta_X+P_fM\eta_M-P_fM\\&=P_fM(\eta_X+\eta_M-1)\end{aligned}$$

在以上分析中，假定在初始状态贸易收支平衡（$SP_fM=P_dX$），因此分子项是否大于零取决于括号内的表达式是否大于零。实际上，括号内就是马歇尔-勒纳条件，当本国进出口商品需求弹性之和大于 1，则意味着 $\frac{\partial i}{\partial S}<0$，即汇率上升，BP 曲线将向下移动。这再次证明了前面弹性分析法中的结论。

15.2 固定汇率制度下的蒙代尔-弗莱明模型

在固定汇率制度下，货币当局有义务在固定的汇率水平上被动地买进或卖出外汇以保持汇率稳定，因此外汇储备规模受国际收支状况的影响，同时外汇储备的变化将影响货币供应量，因此货币供应量是一个内生变量。在固定汇率制度下，政府无法动用汇率政策，即 BP 曲线不能自由移动。

15.2.1 资本不完全流动下的扩张性货币政策效果

资本不完全流动状态可以进一步区分为两种状态：一种是 BP 曲线的斜率小于 LM 曲线的斜率；另一种是 BP 曲线的斜率大于 LM 曲线的斜率。前者表示国际资本对利率的敏感性要大于国内资本对利率的敏感性；后者表示国际资本对利率的敏感性要小于国内资本对利率的敏感性。

（1）BP 曲线斜率相对较小的情况。 如果中央银行采取扩张性货币政策，如图 15-6 所示，LM_1 曲线向右移动到 LM_2，名义货币量从 M_1 增加到 M_2。由于假定物价水平 P 固定，该政策将导致实际货币供应量增加，LM_2 曲线与 IS 曲线相交于 B 点，均衡利率水平从 i_1 下降到 i_2，同时国民收入从 Y_1 增加到 Y_2。一方面国民收入增加导致进口增加，另一方面利率下降导致资本外流，因此 B 点位于 BP 曲线的右侧，表示国际收支出现逆差。国际收支逆差使得本币有贬值压力，在固定汇率制度下，货币当局需要干预外汇市场，卖出外汇储备，这导致货币供应量下降，LM_2 曲线必须向左移动到 LM_1 的位置才能实现均衡。这种干预就是非冲销性(Unsterlization)干预。所谓非冲销性干预，就是货币当局干预外汇市场后将导致货币供应量的变化；冲销性干预就是货币当局在干预外汇市场后，再采取相应的操作，使得货币供应量不发生变化。LM 曲线必须移动到初始的位置才能最终实现均衡，国民收入、利率与国际收支均回到初始的状态。

(2) *BP* 曲线斜率相对较大的情况。 在国际资本流动性较低的情况下，本国货币当局采取扩张性货币政策，如图 15-7 中 LM_1 曲线向右移动到 LM_2 的位置，与 IS 曲线相交的 B 点也位于 BP 曲线的右侧，即处于国际收支逆差状态，本币有贬值压力。货币当局在进行外汇市场干预之后，LM_2 曲线向左移动，仍然回到 LM_1 的位置。此时国民收入、利率和国际收支均不发生变化。

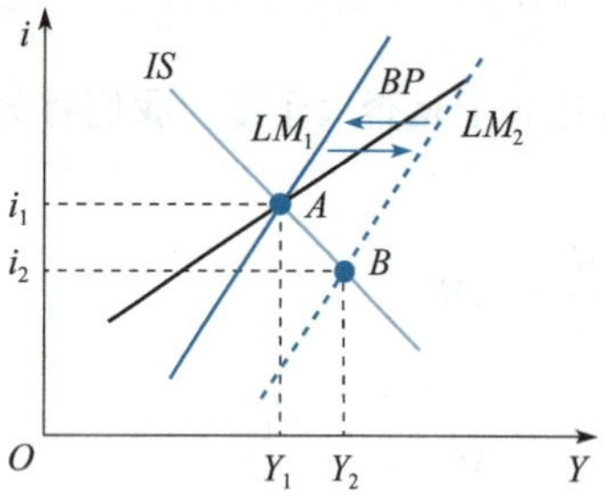

图 15-6 资本流动性较高情况下扩张性货币政策的效果

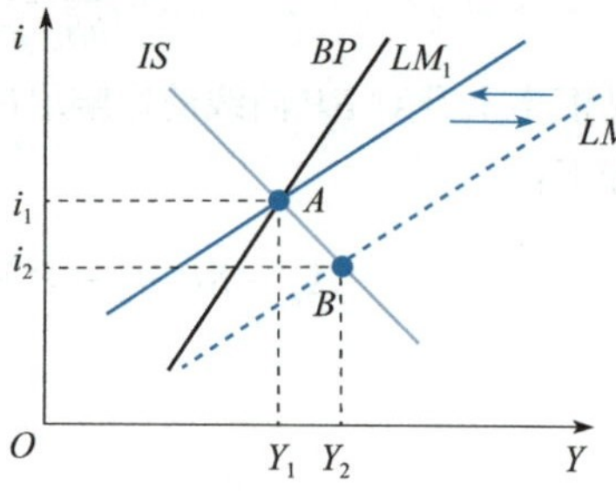

图 15-7 资本流动性较低情况下扩张性货币政策的效果

15.2.2 资本完全流动下的扩张性货币政策效果

如果 BP 曲线完全是水平的，资本处于自由流动状态，扩张性货币政策是否有效呢？如图 15-8 所示，扩张性货币政策使得 LM_2 曲线与 IS 曲线相交于 B 点，该点位于 BP 曲线的下方，处于国际收支逆差状态，货币有贬值压力，货币当局必须卖出外汇储备进行汇率干预，因此，LM_2 曲线向左移动到 LM_1 的位置，最终在 A 点实现均衡。简言之，在固定汇率制度下，不论资本自由流动的状况如何，非冲销性货币政策都是无效的。

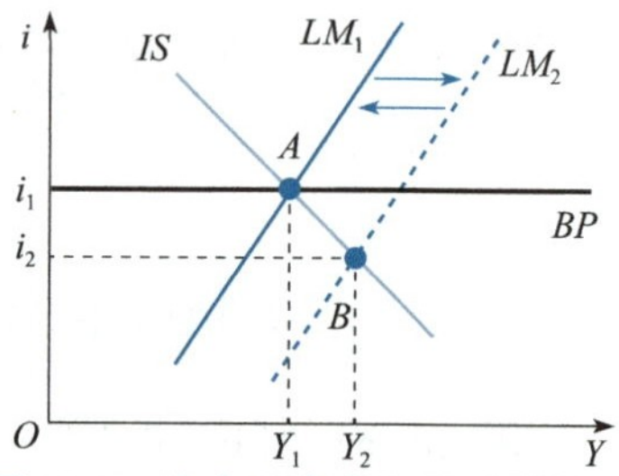

图 15-8 资本完全自由流动情况下扩张性货币政策的效果

15.2.3 资本不完全流动下的扩张性财政政策效果

如果一国政府首先采取扩张性财政政策，其政策效果如何呢？

在资本流动性较高情况下，扩张性财政政策的效果如何呢？如图 15-9 所示，扩张性财政政策使得 IS_1 曲线向右移动到 IS_2 的位置，与 LM_1 曲线相交于 B 点，该点对应的国民收入从 Y_1 增加到 Y_2，并且利率从 i_1 上升至 i_2 的水平。B 点位于 BP 曲线的左侧，表示国际收支顺差。其原因如下：国民收入增加导致本国进口增加，使得经常账户出现逆差，而利率上升带来了资本的流入使得资本账户出现顺差，但是由于资本账户的顺差大于经常账户的逆差，因此这两者对国际收支的最终影响是国际收支顺差。由于存在国际收支顺差，本币有升值压力，此时货币当局必须买进外汇储备干预外汇市场以保持汇率固定，这导致货币供应量增加，LM_1 曲线向右移动到 LM_2，与 BP 曲线相交于 C 点。此时，国民收入达到 Y_3 的水平。

在资本流动性较低的情况下，扩张性财政政策的效果又如何呢？如图 15-10 所示，扩张性财政政策使得 IS_1 曲线向右移动到 IS_2 曲线，该曲线与 LM_1 曲线相交于 B 点，该点实现国民收入 Y_2，且利率 i_2 高于 i_1 的水平。B 点位于 BP 曲线的右方，表示国际收支逆差。其原因如下：利率提高带来的资本账户顺差不足以抵消国民收入增加带来的经常账户逆差，国际收支呈现出逆差状态，本币有贬值压力。货币当局必须卖出外汇储备干预外汇市场，导致货币供应量减少，LM_1 曲线向左移动到 LM_2 的位置，与 BP 曲线相交于 C 点，此时整个经济达到最终的均衡。此时利率进一步提高，达到 i_2 的水平，国民收入则降到 Y_3 的水平(但比 Y_1 的水平要高)。

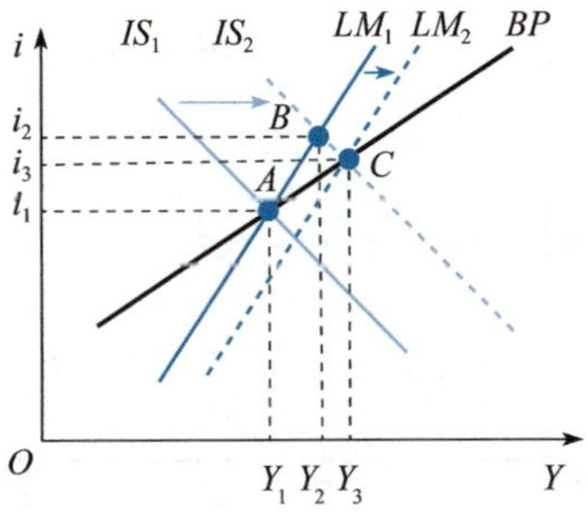

图 15-9　资本流动性较高情况下扩张性财政政策的效果

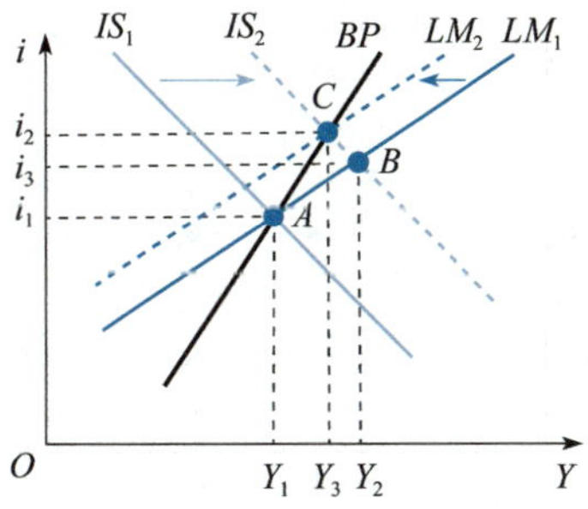

图 15-10　资本流动性较低情况下扩张性财政政策的效果

15.2.4　资本完全流动下的扩张性财政政策效果

在资本完全流动的情况下，扩张性财政政策的效果将如何呢？如图 15-11 所示，扩张性财政政策使得 IS_1 曲线向右移动，这导致 IS_2 曲线与 LM_1 曲线相交于 B 点，B 点对应的利率 i_2 高于 i_1，国民收入从 Y_1 增加到 Y_2，该点位于 BP 曲线的上方，处于国际收支顺差的状态。本币有升值压力，货币当局为保持汇率稳定，在外汇市场上买进外汇储备，导致货币供应量增加，从而使得 LM_1 曲线向右移动到 LM_2，最终通过 IS_2 与 BP 相交的 C 点，此时国民收入增加到 Y_3 的水平，利率回落到 i_1 的水平。因此在资本完全流动的情况下，财政政策的效果将达到最大。

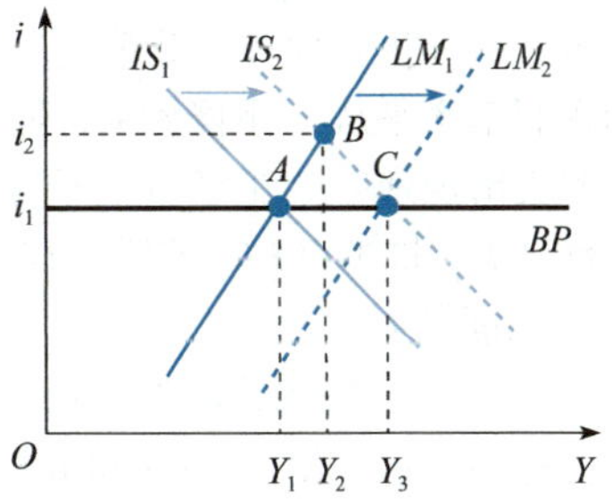

图 15-11　资本完全自由流动情况下扩张性财政政策的效果

综上所述，在固定汇率制度与资本完全流动的情况下，扩张性货币政策无效，扩张性财政政策效果最显著。

15.3　浮动汇率制度下的蒙代尔-弗莱明模型

在浮动汇率制度下，一国的政策应该如何搭配呢？相对于固定汇率制度，浮动汇率制度使得政府经济政策选择增加了一个选项，即汇率政策。该政策对经济将产生怎样的影响呢？本节将对此进行详细的分析。

15.3.1 浮动汇率与 *IS* 曲线和 *BP* 曲线

下面以本币贬值为例来分析它对 *IS* 曲线和 *BP* 曲线产生的影响。首先分析本币贬值对 *IS* 曲线的影响。本币贬值，如果马歇尔–勒纳条件成立，这将遏制本国的进口，同时促进本国的出口，因此本币贬值使得本国的出口需求增加，如图 15-12 所示，IS_1 曲线将向右移动至 IS_2，此时国民收入从点 *A* 的 Y_1 增加到点 *B* 的 Y_2。

一国货币贬值，对 *BP* 曲线又将产生怎样的影响呢？在满足马歇尔–勒纳条件的条件下，本国贸易差额将得到改善。如图 15-13 所示，点 *A* 将从国际收支平衡点变为国际收支顺差点，*BP* 曲线必须向右移动，即在更高国民收入水平下实现国际收支均衡。简言之，本币贬值将使得本国 *BP* 曲线向右移动。

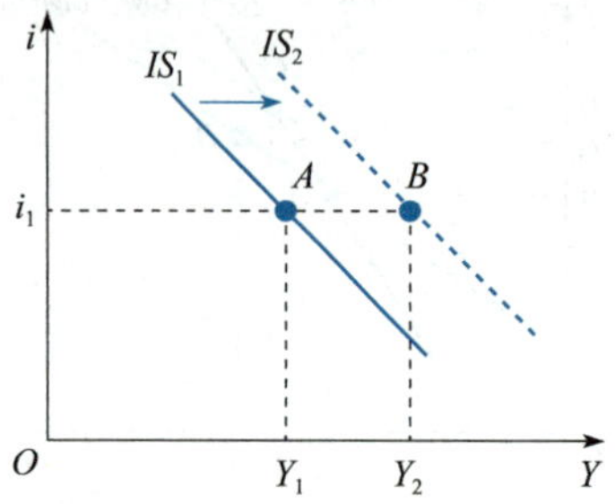

图 15-12 本币贬值对 *IS* 曲线的影响

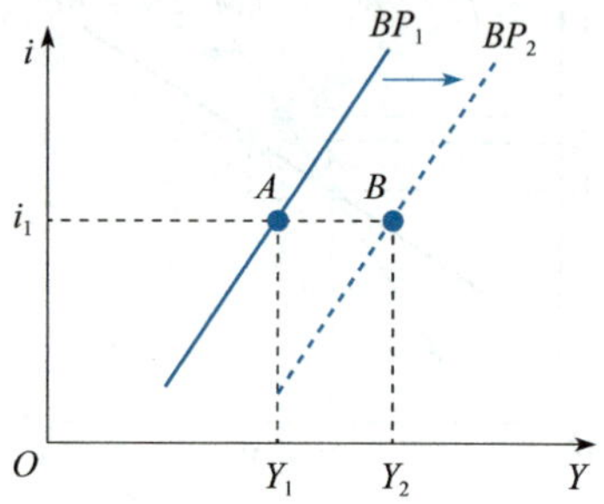

图 15-13 本币贬值对 *BP* 曲线的影响

15.3.2 资本不完全流动下的扩张性货币政策效果

（1）*BP* 曲线斜率相对较小的情况。 国际资本流动对利率比较敏感的条件下，如图 15-14 所示，本国扩张性货币政策使得 LM_1 曲线向右移动到 LM_2，LM_2 曲线与 IS_1 曲线相交于 *B* 点，均衡利率水平从 i_1 下降到 i_2，同时国民收入从 Y_1 增加到 Y_2。*B* 点位于 *BP* 曲线的右侧，表示国际收支出现逆差。在浮动汇率制度下，本币贬值，这将导致 IS_1 曲线和 BP_1 曲线同时分别向右移动到 IS_2 曲线和 BP_2 曲线。在 *C* 点，整个经济实现均衡。国民收入从 Y_2 增加到 Y_3，利率则从 i_2 上涨到 i_3。

（2）*BP* 曲线斜率相对较大的情况。 如图 15-15 所示，*LM* 曲线向右移动同样会带来国际收支逆差，这将使 *IS* 曲线和 *BP* 曲线进一步向右移动，最终在 *C* 点实现均衡。此时，国民收入从 Y_1 一直增加到 Y_3，利率从 i_1 下降到 i_2，最后又上涨到 i_3。

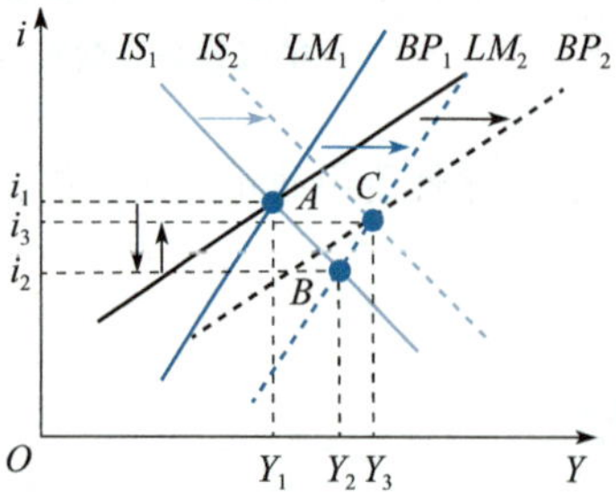

图 15-14 资本流动性较高情况下扩张性货币政策的效果

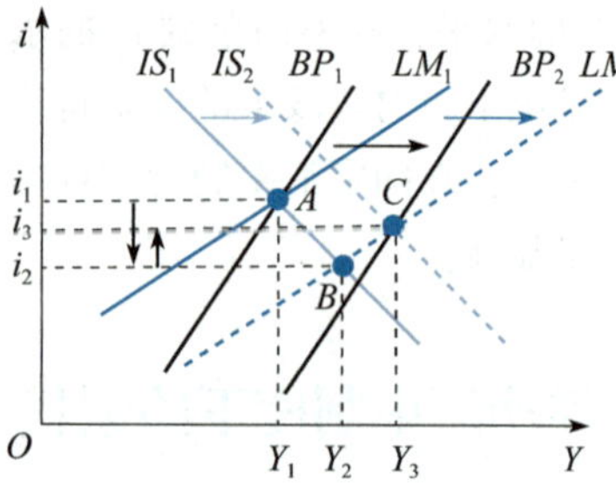

图 15-15 资本流动性较低情况下扩张性货币政策的效果

15.3.3　资本完全流动下的扩张性货币政策效果

在资本完全自由流动的情况下，扩张性货币政策的效果如何呢？如图 15-16 所示，本国扩张性货币政策使得 LM_1 曲线向右移动到 LM_2，LM_2 曲线与 IS_1 曲线相交于 B 点，均衡利率水平从 i_1 下降到 i_2，同时国民收入从 Y_1 增加到 Y_2。点 B 的国际收支逆差使得本币贬值，这将导致 IS_1 曲线向右移动到 IS_2 曲线，最终在 C 点实现均衡。此时国民收入从 Y_1 一直增加到 Y_3。

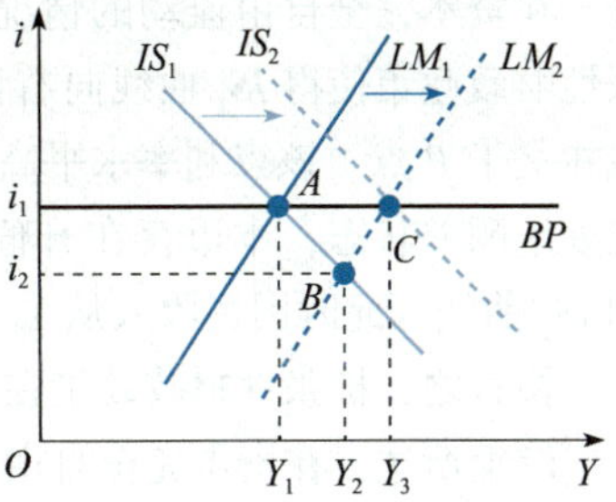

图 15-16　资本完全自由流动情况下扩张性货币政策的效果

请注意，此时 BP 曲线不发生移动，这是因为这里分析的对象是小国，其国际收支 BP 曲线由世界利率水平决定，最初该世界利率与本国利率 i_1 相等。本国扩张性货币政策使得本国利率下降不会导致世界利率水平下降，只有当世界利率水平发生变化才会导致本国 BP 曲线移动。

15.3.4　资本不完全流动下的扩张性财政政策效果

在资本不完全流动的情况下，政府扩张性财政政策的效果如何呢？在资本流动性较高的情况下，如图 15-17 所示，扩张性财政政策导致 IS_1 曲线向右移动到 IS_2 曲线，与 LM 曲线相交于 B 点，国民收入增加至 Y_2，利率则从 i_1 上涨到 i_2。B 点位于 BP_1 曲线的左侧，表示国际收支顺差。国际收支顺差使得本币升值，IS_2 曲线向左移动到 IS_3 曲线，BP_1 曲线向左移动到 BP_2 曲线。经济最终在 C 点达到均衡。国民收入从 Y_2 降至 Y_3，利率也从 i_2 降至 i_3 的水平。

在资本流动性较低的情况下，即 BP 曲线的斜率大于 LM 曲线的斜率，如图 15-18 所示，扩张性财政政策使得 IS_1 曲线向右移动到 IS_2 曲线，与 LM 曲线相交于 B 点，国民收入增加至 Y_2，利率则从 i_1 上涨到 i_2。B 点位于 BP_1 曲线的右侧，表示国际收支逆差。这要求 IS_2 曲线进一步向右移至 IS_3，BP_1 曲线向右移动到 BP_2 曲线。经济最终在 C 点达到均衡。国民收入从 Y_2 升至 Y_3，利率也从 i_2 升至 i_3 的水平。

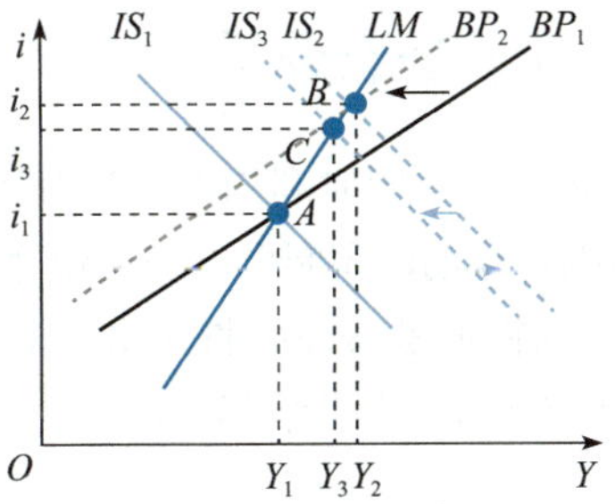

图 15-17　资本流动性较高情况下扩张性财政政策的效果

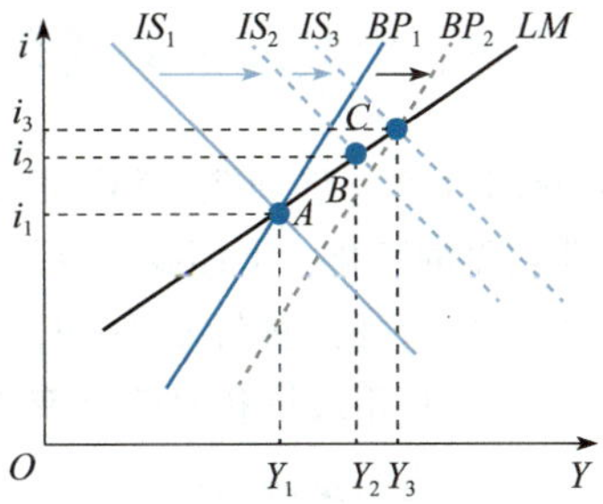

图 15-18　资本流动性较低情况下扩张性财政政策的效果

15.3.5 资本完全流动下的扩张性财政政策效果

在资本完全自由流动的情况下，如图 15-19 所示，扩张性财政政策使得 IS_1 曲线向右移动到 IS_2 曲线，与 LM 曲线相交于 B 点，该点利率水平高于世界利率水平，国际收支处于顺差状态，本币存在升值压力，IS_2 曲线向左移动到 IS_1 曲线。此时国民收入从 Y_1 增加至 Y_2 又降至 Y_1 的水平。换言之，扩张性财政政策在该种情况下是无效的。

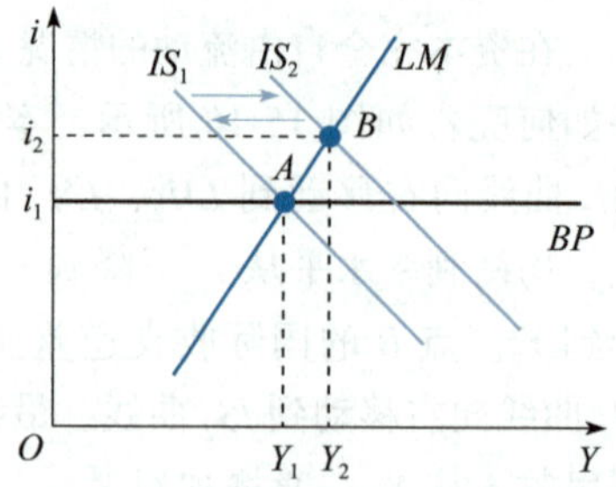

图 15-19 资本完全自由流动情况下扩张性财政政策的效果

综上所述，在资本完全自由流动的背景下，扩张性财政政策和扩张性货币政策在不同的汇率制度下，其政策效果是不同的(见表 15-1)。

表 15-1 货币政策与财政政策在不同汇率制度下的有效性

	固定汇率制度	浮动汇率制度
货币政策	无效	有效
财政政策	有效	无效

在资本完全自由流动的背景下，固定汇率制度下的货币政策是无效的就是“不可能三角”的具体说明。蒙代尔-弗莱明模型则更详细地揭示了不同汇率制度下货币政策和财政政策的政策效果。除此之外，该模型也可以作为讨论固定汇率制度和浮动汇率制度孰优孰劣的一个分析框架。如果将国民收入保持稳定作为判断的标准，若经济中的扰动来自 IS 曲线，在固定汇率制度下国民收入将出现扩张，而在浮动汇率制度下国民收入保持不变，显然在浮动汇率制度下经济更趋于稳定。若经济中的扰动来自 LM 曲线，在固定汇率制度下国民收入保持不变，而在浮动汇率制度下国民收入将出现扩张，因此固定汇率制度更优(见表 15-2)。

表 15-2 外部冲击与汇率制度的选择

外部扰动	固定汇率制度	浮动汇率制度
IS 曲线	×	√
LM 曲线	√	×

15.4 浮动汇率制度下蒙代尔-弗莱明模型的比较静态分析

前面我们给出了 IS 曲线、LM 曲线和 BP 曲线的函数表达式，同时利用图示法分析了蒙代尔-弗莱明模型的变化，下面我们利用数学模型更清晰地揭示浮动汇率制度下的比较静态变化。该模型假定本国与外国物价水平(P_d 和 P_f)均保持不变，也暂不考察外国收入水平 Y^* 这一指标，同时为显示货币政策和财政政策的作用，在政府支出(G)和货币供给(M)这两个变量上方加一横杠，模型进一步简化：

$$Y - I(i) - C(Y) - \overline{G} = X(S) - SM(Y, S)$$

$$\overline{M} - L(i, Y) = 0$$

$$X(S) - SM(Y, S) + NKA(i) = 0$$

对以上三个表达式求全微分，整理后可以得到以下矩阵：

$$\begin{bmatrix} 1-C_Y+SM_Y & -I_i & SM_S+M-X_S \\ L_Y & L_i & 0 \\ SM_Y & -NKA_i & SM_S+M-X_S \end{bmatrix}\begin{bmatrix} \mathrm{d}Y \\ \mathrm{d}i \\ \mathrm{d}S \end{bmatrix}=\begin{bmatrix} \mathrm{d}\overline{G} \\ \mathrm{d}\overline{M} \\ 0 \end{bmatrix}$$

化简之后可得：

$$\begin{bmatrix} \mathrm{d}Y \\ \mathrm{d}i \\ \mathrm{d}S \end{bmatrix}=\begin{bmatrix} \dfrac{L_i(SM_S+M-X_S)}{D} & \dfrac{(I_i-NKA_i)(SM_S+M-X_S)}{D} & \dfrac{-L_i(SM_S+M-X_S)}{D} \\ \dfrac{-L_Y(SM_S+M-X_S)}{D} & \dfrac{(1-C_Y)(SM_S+M-X_S)}{D} & \dfrac{L_Y(SM_S+M-X_S)}{D} \\ \dfrac{-L_YNKA_i-L_iSM_Y}{D} & \dfrac{NKA_i(1-C_Y+SM_Y)-I_iSM_Y}{D} & \dfrac{L_YI_i+L_i(1-C_Y+SM_Y)}{D} \end{bmatrix}\begin{bmatrix} \mathrm{d}\overline{G} \\ \mathrm{d}\overline{M} \\ 0 \end{bmatrix}$$

其中，系数矩阵的行列式是 $D=(SM_S+M-X_S)[L_YI_i-L_YNKA_i+(1-C_Y)L_i]$。

从经济含义上看，财政政策的变化主要体现在 $\mathrm{d}\overline{G}$，货币政策的变化主要体现在 $\mathrm{d}\overline{M}$。

15.4.1　货币供应量增加

如果货币供应量增加，其乘数将变为：

$$\frac{\mathrm{d}Y}{\mathrm{d}\overline{M}}=\frac{I_i-NKA_i}{(L_YI_i-L_YNKA_i+(1-C_Y)L_i)}>0$$

$$\frac{\mathrm{d}i}{\mathrm{d}\overline{M}}=\frac{(1-C_Y)}{(L_YI_i-L_YNKA_i+(1-C_Y)L_i)}<0$$

$$\frac{\mathrm{d}S}{\mathrm{d}\overline{M}}=\frac{NKA_i(1-C_Y+SM_Y)-I_iSM_Y}{(SM_S+M-X_S)(L_YI_i-L_YNKA_i+(1-C_Y)L_i)}>0$$

因此，扩张性货币政策将提高均衡收入水平，降低利率水平，同时使得本币贬值。

如果进一步区分资本的流动性，在资本完全流动的情况下，即 $NKA_i\to\infty$，上述结论变为：

$$\frac{\mathrm{d}Y}{\mathrm{d}\overline{M}}=\frac{1}{L_Y}>0$$

$$\frac{\mathrm{d}i}{\mathrm{d}\overline{M}}=0$$

$$\frac{\mathrm{d}S}{\mathrm{d}\overline{M}}=\frac{1-C_Y+SM_Y}{-L_Y(SM_S+M-X_S)}>0$$

在这种情况下，扩张性货币政策对于提高收入水平是有效的，但是无法改变国内利率水平，同时会使得本币贬值。

在资本完全不流动的情况下，即 $NKA_i=0$，上述结论变为：

$$\frac{\mathrm{d}Y}{\mathrm{d}\overline{M}}=\frac{I_i}{L_YI_i+(1-C_Y)L_i}>0$$

$$\frac{\mathrm{d}i}{\mathrm{d}\overline{M}}=\frac{(1-C_Y)}{L_YI_i+(1-C_Y)L_i}<0$$

$$\frac{\mathrm{d}S}{\mathrm{d}\overline{M}}=\frac{-I_iSM_Y}{(SM_S+M-X_S)(L_YI_i+(1-C_Y)L_i)}>0$$

在这种情况下，扩张性货币政策提高了国民收入，降低了国内利率，并使得本币贬值。

15.4.2 自主性支出增加

自主性支出的变化乘数为：

$$\frac{\mathrm{d}Y}{\mathrm{d}\overline{G}}=\frac{L_i}{(L_YI_i-L_YNKA_i+(1-C_Y)L_i)}>0$$

$$\frac{\mathrm{d}i}{\mathrm{d}\overline{G}}=\frac{-L_Y}{(L_YI_i-L_YNKA_i+(1-C_Y)L_i)}>0$$

$$\frac{\mathrm{d}S}{\mathrm{d}\overline{G}}=\frac{-L_YNKA_i-L_iSM_Y}{(SM_S+M-X_S)(L_YI_i-L_YNKA_i+(1-C_Y)L_i)}$$

上述推导表明，自主性支出增加不仅会导致国民收入增加，而且会导致利率上升，对于汇率的影响则是不确定的。

如果进一步区分资本的流动性，在资本完全流动的情况下，即 $NKA_i\to\infty$，上述结论变为：

$$\frac{\mathrm{d}Y}{\mathrm{d}\overline{G}}=0$$

$$\frac{\mathrm{d}i}{\mathrm{d}\overline{G}}=0$$

$$\frac{\mathrm{d}S}{\mathrm{d}\overline{G}}=\frac{1}{(SM_S+M-X_S)}<0$$

在资本完全自由流动的浮动汇率制度下，自主性支出的增加对国民收入、利率均不产生影响，但是会使得本币升值(前述图形分析没有揭示自主性支出对汇率的影响)。

在资本完全不流动的情况下，即 $NKA_i=0$，上述结论变为：

$$\frac{\mathrm{d}Y}{\mathrm{d}\overline{G}}=\frac{L_i}{L_YI_i+(1-C_Y)L_i}>0$$

$$\frac{\mathrm{d}i}{\mathrm{d}\overline{G}}=\frac{-L_Y}{L_YI_i+(1-C_Y)L_i}>0$$

$$\frac{\mathrm{d}S}{\mathrm{d}\overline{G}}=\frac{-L_iSM_Y}{(SM_S+M-X_S)(L_YI_i+(1-C_Y)L_i)}>0$$

在资本完全不流动的浮动汇率制度下，自主性支出的增加会使得国民收入、利率增加，同时会使得本币贬值(在直接标价法下表现为汇率上升)。

15.5 蒙代尔-弗莱明模型的不足

蒙代尔-弗莱明模型曾经是20世纪下半叶开放经济下最为重要的政策模型。对其的批评也未曾间断，并且引发了货币分析法在国际收支和汇率决定理论方面的运用。蒙代尔-弗莱明模型属于短期分析，其结论在更长的时间跨度内未必成立，大多数批评也主要集中在这一点。主要的批评包括以下几方面。

模型假定马歇尔-勒纳条件成立，本币贬值在短期内能够改善国际收支。然而根据 J 曲线效应，本币贬值实现这一点有两个要求，一是有时滞，二是价格要有充分的弹性。在模型中假定这两点都满足，在现实生活当中却并非如此。模型假定分析的对象是小型开放国家，是价格的接受者，且所有商品都是可贸易的。金融市场方面也存在若干假定，如资本完全自由流动，国内外资产完全可替代(忽视风险补偿因素)等。模型假定国内利率提高会导致国外资本持续流入。根据现代金融理论，国际投资者的资产组合在本国利率超过一定水平之后，将不可能再增持本国资产。因此，资本的净流入一定会停止。除非本国不断提高利率水平。那么，资本流入就是息差变化值$(i_{d_t}-i_{f_t})-(i_{d_{t-1}}-i_{f_{t-1}})$的函数，而不是息差本身$(i_{d_t}-i_{f_t})$的函数。该模型还假定价格保持不变，即在经济实现充分就业之前，总供给曲线保持水平。也就是在不考虑总供给的情况下来分析经济政策的影响。在现实中，上述假定未必都符合事实。

该模型还忽视了经济流量对经济存量的影响。政府扩张性财政政策(增发国债是个流量)的实施将影响政府债务余额(存量)，经常账户持续逆差或者顺差(流量)将影响本国居民对外净资产(存量)，下面以浮动汇率下扩张性货币政策为例来加以说明。当本国实施扩张性货币政策后，本国利率下降并低于国际利率水平，资本外流导致资本账户处于逆差状态，要实现国际收支平衡，这就意味着本国需要实现经常账户顺差。本国居民将累积对外资产，其财富将增加。财富效应将导致对货币需求的增加以及国内支出的增加，因此 *LM* 曲线向右移动，与 *IS* 曲线相交的点不是均衡点。给定货币供给，货币需求的增加意味着利率的上升，即 *LM* 曲线将向左移动，本国利率的回升引发资本内流，由此导致的本币升值使得 *IS* 曲线左移。如果本国在政策变化之前实现了贸易平衡，那么最终 *IS* 曲线和 *LM* 曲线回到初始状态，而不是像前文中的那样，国民收入有所增加。同样，经常账户的逆差通过资本内流进行融资的政策在短期内是可行的，而在较长时间内资本持续内流将使得该国对外负债不断增加，这将产生两大后果：一是在未来利息的支付有可能导致该国经常账户恶化；二是经常账户的逆差状态不可能长期持续，因为外国投资者很可能担心该国无法偿还债务而不再持有该国金融资产，如此该国将可能出现货币危机(通常一国货币在一年内汇率贬值幅度超过 25%)或者国际收支危机。

就财政政策而言，模型还没有考虑李嘉图效应。在长期内政府收支必须保持平衡，私人部门的支出取决于其可支配收入，这意味着经常账户在长期内实现平衡。上述预算约束表明具有前瞻性预期的私人部门会认识到如果当前政府支出不断增加，那么将来政府税收就会增加，因此现阶段私人部门会降低支出，增加储蓄，如此将导致财政政策有效性降低。就货币政策和汇率政策而言，该模型没有考虑预期问题。该模型并没有明确汇率预期，而是假定汇率预期变化为零，也就是一种静态预期。在浮动汇率制度下，本国货币扩张形成通货膨胀，由此导致本国货币贬值预期，本国政府只有提高利率才能够鼓励经济主体持有本币，而本国利率提高将抑制投资需求，这意味着扩张性货币政策的效果将大大受到影响。在固定汇率制度下，汇率的静态预期较之在浮动汇率制度下更不切实际。

上述批评主要针对其一系列假定与现实不符来展开，但是对于任何一个经济模型而言，都存在这样的情况。也恰恰是因为这样，才导致了新的更具有说服力的经济模型诞生。

15.6 本章小结

蒙代尔-弗莱明模型是开放经济下宏观经济分析的基本框架，是 *IS-LM* 模型在开放经济下的扩展，也被称为 *IS-LM-BP* 模型，也有学者将该模型称为开放经济下政策分析的工作母机，也是开放经济下各种政策效果的主要分析工具。

由于各国资本完全流动的程度不同，因此我们可以对比 *BP* 曲线斜率与 *LM* 曲线斜率。在国际资本流动对利率比较敏感的条件下，*BP* 曲线斜率相对更小。反之，*BP* 曲线斜率相对更大。若资本完全流动，*BP* 曲线就是一条水平线。若资本完全不流动，*BP* 曲线就是一条垂线。本章的分析表明，在不同的汇率制度下，根据资本自由流动的不同程度，财政政策在固定汇率制度下相对有效，货币政策在浮动汇率制度下相对有效。除了图形分析，本章还构建了数学模型，通过推导更清晰地揭示了上述政策效果。

由于该模型属于短期分析，并且有一系列假设前提，如本国价格水平固定，总供给曲线是水平的，产出完全由总需求水平确定，同时假定马歇尔-勒纳条件成立，最重要的是，该模型假定固定汇率的预期是静态的，不会发生汇率制度的变化等，因此这也遭到不少经济学家的批判。不过到现在，该模型仍然具有很强的现实意义。

第16章
CHAPTER16

开放经济下的政策目标与工具

在开放经济下，本国经济的运行除了会受到国内政策的冲击、供给层面的冲击和需求层面的冲击外，还会受到来自国外经济的冲击，这些冲击既包括实体经济层面的因素，又包括货币经济层面的因素。如何消除外部冲击是开放经济下各国政府必须面对的问题。本章将重点探讨开放经济下政府如何运用政策工具保持经济的平稳运行。

16.1 开放经济下的目标

在开放经济下，政府的经济政策目标可以分为两大类，一类是内部经济均衡，即以物价稳定、经济增长和充分就业为目标，另一类是外部经济均衡，主要指国际收支均衡。在采取钉住汇率制度的国家，政府的外部经济政策目标则是本币汇率稳定。

16.1.1 开放经济下目标间的冲突

在开放经济下，内部经济目标与外部经济目标有时候是相互冲突的，当政府采取经济措施努力实现某一目标时，有可能会造成对实现另一目标的干扰。因此这里就涉及内外经济目标的冲突问题，或者说内外经济均衡的冲突问题。例如，在固定汇率制度下，出口的增加带来了经济增长，同时也带来了国际收支的顺差，为保证本币汇率的稳定，中央银行买入外汇，使得基础货币随之增加，货币供应量的增加带来了通货膨胀压力的增加。在这一背景下，政府的首要经济目标是什么呢？如何既实现内部经济目标，又实现外部经济目标呢？在不少教材中，有的认为外部经济目标就是“国际收支平衡”，有的采用“国际收支均衡”的提法。到底哪一种更合适呢？

IMF 在 2007 年 6 月通过的《对成员方汇率政策双边监督的决定》提到了外部稳定(External

Stability)和国内稳定(Domestic Stability)的说法。所谓外部稳定，就是不会或不太可能导致破坏性汇率变动的国际收支差额状况。这要求：(1) 经常账户差额(即剔除周期性波动、随机性冲击、调整时滞等暂时性因素后的经常账户差额)大体保持平衡，并且在这种情况下，一国对外资产净头寸的发展变化与该国经济的结构和基本面相一致；(2) 资本与金融账户不造成资本流动急剧变化的风险，这种风险可能因融资约束而产生，也可能通过积累或维持脆弱的对外资产负债结构而产生。如果基本的(Underlying)经常账户差额不处于平衡状态(原因可能是汇率政策，也可能是不可持续的国内政策或市场不完善)，汇率就发生了"根本性失调"(Fundamental Exchange Rate Misalignment)。换言之，根本性汇率失调是指实际有效汇率偏离均衡水平，而均衡汇率水平是指符合经济基本面的经常账户所对应的汇率水平。促进国内稳定则是指：(1) 以促进合理价格稳定下的有序经济增长为目标努力实施国内经济和金融政策，并适当考虑具体国情；(2) 致力于促成有序的经济和金融状况以及不会对此形成破坏的货币制度，以此促进稳定。IMF 在 2007 年的上述规定过于复杂，在这里仍然将外部目标简化为经常账户和资本与金融账户(不含储备资产账户)的差额之和为零。

16.1.2 开放经济下的"丁伯根"原则

以上分析表明，开放经济下政策目标的增加使得宏观经济的调控更为复杂。如何解决这一问题呢？1969 年诺贝尔经济学奖首届得主之一——荷兰经济学家丁伯根(Jan Tinbergen)提出过"政策工具-目标"规则，后世称之为"丁伯根"原则。该原则以线性代数原理为基础，即未知数与方程个数之间的关系。在开放经济条件下，如果政府要实现 N 个独立的政策目标，政府拥有的政策工具的数目也至少要有 N 个。假定政府掌握两种政策工具，即财政支出 G 和利率 i；同时政府有两个政策目标，即国民收入 Y 和国际收支差额 B。

$$Y = a_1 G + a_2 i$$

$$B = b_1 G + b_2 i$$

根据线性代数的原理，只要 $a_1 b_2 \neq b_1 a_2$，该方程就有解：

$$G = \frac{b_2 Y - a_2 B}{a_1 b_2 - b_1 a_2}$$

$$i = \frac{a_1 B - b_1 Y}{a_1 b_2 - b_1 a_2}$$

这意味着选择适当的两种政策工具的值，就可以实现两个政策目标。以上线性无关的要求就是保证政策工具必须具有充分的有效性和足够的独立性。如果 $a_1 b_2 = b_1 a_2$，这意味着两种政策工具对两个政策目标的影响是相同的，实际上政府只有一个政策工具，却要实现两个政策目标，通常这是无法实现的。所以，政策工具对政策目标的影响必须是线性无关的，这就是"丁伯根"原则的含义。

16.2 开放经济下政策工具的种类

开放经济的运行不仅涉及实体经济方面，而且涉及金融经济方面。开放经济下的政策工具可以分为两大类：一类是市场化的政策工具；另一类是非市场化的政策工具。在实体经济运行出现大幅度波动的情况下，市场化的政策工具包括调节总需求的政策工具、调节总供给的政策工具、提供融资的工具。在金融经济方面，市场化的政策工具主要是针对资本的流出/入进行调节的各项政策，如货币政策、汇率政策、税收政策等。不论是实体经济还是金融经济的波动，非市场化的政策工具主要是管制类的政策工具，如资本管制、商品管制等。

16.2.1　市场化的政策工具

1. 实体经济出现波动的政策应对

一般来说，经济调整的政策工具分为调节总需求方面和总供给方面的政策工具。在短期内，政府对经济的调节主要依赖总需求政策。对于总需求的调节可以分为两类：一类是需求增减型政策(Expenditure-Changing Policy)；另一类是需求转换型政策(Expenditure-Switching Policy)。

所谓需求增减型政策，主要指财政政策和货币政策。财政政策是政府利用财政收入、支出和公债对经济进行调控的经济政策，包括财政收入政策、财政支出政策以及公债政策。货币政策是货币当局通过调整货币供应量和利率以影响宏观经济的政策，其政策工具包括公开市场业务、再贴现率和法定存款准备金率，即通常所说的三大“法宝”。财政政策和货币政策不仅会对国民收入和国内支出产生影响，而且通过边际进口倾向以及利率水平的作用影响国际收支平衡。所谓需求转换型政策，就是调控总需求结构的政策。对本国产品的需求，不仅有来自国内居民的需求，而且有来自外国居民的需求。若本国国际收支出现逆差状态，通过需求转换型政策的调整，增加来自外国居民的需求(即增加本国的出口)，减少本国居民对外国产品的需求(即减少本国的进口)，最终扭转本国逆差状态。需求转换型政策工具主要包括汇率政策、直接管制政策两大类。前者主要是市场型的调控工具，后者主要是政府管制型的调控工具(下文详述)。除此之外，还有一种形式的需求转换型政策就是本国出现通货膨胀或者通货紧缩。在固定汇率制度下，如果本币面临贬值压力，政府又不希望本币(名义汇率)贬值，可以通过本币通货紧缩，实现本币实际汇率的贬值，由此可以增加本国产品的价格竞争力。同样，在本币面临升值压力的情况下，政府又希望保持名义汇率固定，可以通过本币通货膨胀的方式来缓解本币升值的压力。然而，这种以牺牲国内物价稳定的方式进行的经济调整是漫长而痛苦的，往往很难实现。以外部经济出现逆差为例，需求增减型政策和需求转换型政策的最大差异在于前者通过降低国民收入、增加失业和通货紧缩等方式来扭转贸易逆差，后者通过扩大国民收入、降低失业和避免通货紧缩来改善贸易赤字。

此外，政府还可以强制性要求进口商预先在本国商业银行存入一笔款项，该笔款项被称为强制性存款(Compulsory Deposit)，其规模是其进口额的全部或者一部分，期限不定且不付利息。然后这些存款被转移至中央银行的特定账户。由于这笔存款没有利息，这相当于变相地提高了进口商品的价格，从而抑制了进口。如果进口商资金不足，就必须向商业银行寻求贷款，且货币当局可以相对容易地对商业银行的贷款流向予以控制，那么进口商获得贷款的容易程度也就决定了其进口的规模。相对而言，预先存款要求这种控制手段比提高关税更容易实施，因为无须通过较复杂的法律程序。在过去，发达国家常常采用这种方式，如今不少发展中国家也频繁使用。

相对而言，总供给政策是在长期内发挥作用的政策，它主要涉及产业政策和放松政府管制，该政策旨在在长期内改善一国的经济结构和产业结构，降低生产成本，提高生产效率，扩大产品供给能力。如果一国政府能够通过技术进步、减少管制等措施扩大总供给，在中长期可以改善本国的国际收支状况。

在本国出现国际收支逆差的情况下，如果本国政府既不想压缩总需求，也无法扩大总供给，那么就只有使用融资政策工具，就是在短期内利用资金融通的方式，弥补国际收支逆差以实现经济稳定的政策。融资政策工具包括两大类，一类是使用国际储备，另一类是国际借贷政策。若一国在短期内出现国际收支逆差，也就是其国内产出规模不及本国支出总额，同时政府又不希望遏制国内支出总额，此时可以动用其过去的积蓄(即国际储备)来进行支付，这个政策也可以称为外汇缓冲政策(Foreign Exchange Cushion)，还可以向其他国家或国际金融机构借入资金(即国际借贷政策)。因此对政府而言，实现外部经济均衡的目标就是政府选择采用融资政策还是采用经济调整(Financing or Adjusting)政策的问题。如果外部经济失衡是短期的、偶然性的冲击导致的，那么政府就可以采用融资政策来调整；如果外部经济失衡是国内经济失调等中长期因素导致的，那么就必须采取经济调整政策。

2. 金融经济出现波动的政策应对

以上分析均针对实体经济发生的情况。如果新兴市场国家发生大规模的热钱流入或者资本外逃(即金融账户的交易)，在短期内出现通货膨胀(通货紧缩)和资产泡沫(资产价格暴跌)，本国政府将采取何种政策措施呢?

第一，改变货币政策的方向。在大规模资本流入的情况下，政府可以采取提高利率、存款准备金率等方式实行紧缩性货币政策，其目的是收缩金融机构的流动性。例如从2006年7月到2008年6月，中国人民银行连续18次上调法定存款准备金率，从7.5%上升至17.5%的水平。2010年1月到2012年6月，中国人民银行连续11次上调法定存款准备金率，从16%上调至21.5%的水平。印度储备银行在2010年连续5次提高回购利率共125个基点，连续3次提高银行存款准备金率75个基点。虽然提高利率有利于抑制实体经济过热，但是在短期资本市场上，由于利率上升，有可能进一步刺激寻求短期收益的热钱流入。如果面临大规模资本外逃，政府则可以降低利率，实行扩张性货币政策，缓解资本流出对金融机构流动性的负面影响，同时刺激实体经济恢复增长。然而，利率下降同样有可能使得短期资本加速外逃。

第二，通过渐进升贬值的方式抑制投机资本流入和流出。2010年，巴西、韩国、印度等国均通过本币升值的做法舒缓本币升值预期。截至2010年12月末，巴西雷亚尔、韩元和印度卢比对美元分别较年初上涨3.3%、1.6%和3.2%。同理，如果政府面临资本外逃，可以采取本币渐进贬值的方式，缩小本币贬值的预期幅度。不论何种情况，上述方式能否取得成功取决于国际社会对本币升(贬)值预期的判断。如果新兴市场国家货币的实际升(贬)值幅度足够高或者与国际社会的预期相一致，资本流入(流出)的压力将会得到缓解；否则，资本流入(流出)的现象将无法有效解决。

第三，通过调整金融交易税、利息预扣税、缴纳强制性无息存款等市场化方式抑制资本的流入(流出)，其目的是增加资本投机的成本。在热钱流入的情况下，2010年巴西政府两次提高外资购买国内债券的金融交易税，同时上调外汇衍生品交易税率至6%。韩国在2010年对外资投资韩国国债和货币基金征收14%的预扣税。智利在20世纪80年代至90年代，先后两次(1978～1982年，1991年6月～1998年9月)采取缴存无息存款的方式来控制资本流入，即强制证券投资者将资金存在中央银行的无息账户中，期限为一年。1991年智利政府要求国外投资者提供占投资额20%的无息存款，1992年这一比例提高到30%。1998年亚洲金融危机爆发之后，该比例逐渐下降直至全部取消。存款利息的损失就是外国投资在智利投资短期证券的成本。如果投资的期限增加，投资的隐性成本增加。如期限180天的投资，隐性税收成本为

2%～5%；期限 3 年的投资，隐性税收成本为 0.5%～1%。智利的措施成功地限制了短期资本的流动。此外，政府还可以限制外国投资者购买本国政府债券的额度，对本国商业银行的外汇远期头寸额度进行比例控制等。在资本外逃的情况下，政府可以采取相反方向的政策，在资本流出的各个环节，通过提高交易税率、加大征收保证金额度等方式，增加资本外逃的成本。

第四，拓宽资本流出(流入)渠道缓解资本流入(流出)压力。例如政府宣布境内机构对外直接投资额度提高，或者对外直接投资无须央行批准。政府放宽本国居民出境游的国别范围，或者提高国内居民的购汇额度上限等。在资本外逃压力增加的情况下，政府压缩对外直接投资审批的额度，增加政府审批环节，调低国内居民的购汇额度等。

第五，以宏观审慎监管方式控制国内股票市场、房地产市场等。例如，在资本流入的压力下，新加坡政府提高住房抵押贷款的首付比，将首付比提高到 30%。中国香港政府临时取消了通过买楼方式进行投资移民，并对六个月以内转售的住房交易征收 15% 的额外印花税。

综上所述，政府采取的上述方式可以归纳为两个方面：一是提高资本流出入的成本，这表现为提高交易环节的税率，增加交易环节的审批手续；二是降低或者提高短期资本的收益率。在热钱流入的情况下，政府采取各种措施降低资本的收益率；反之，在资本外逃的情况下，政府采取措施提高资本的收益率。既然政府会出台政策遏制资本流出入，那么私人部门的经济主体也会采取相应的对策。这里介绍几种常见的规避手段。

第一，进出口单据的有意误报。这是彼此信任的进出口双方通过协商方式来转移资本。在本币高估、存在资本外逃压力的情况下，一般是高报进口额、低报出口额；在本币低估、存在热钱流入压力的情况下，一般是低报进口额、高报出口额。以前者为例，在低报出口额的过程中，本国出口商开出低于实际货值的票据，进口商将实际应付款与单据面额的差值转入出口商指定的银行账户。在高报进口额过程中，国外的出口商开出的票据面额高于本国实际进口额，其中的差额转入本国进口商在国外的银行账户中。

第二，转移定价(Transfer Pricing)。这通常是跨国公司和关联企业(Affiliates)转移资本的重要手段。方法的实质与上述进出口单据的有意误报类似。在热钱流入的情况下，跨国公司通过转移定价方式，将关联公司的资本转移入境；反之，跨国公司将关联公司的资本转移出境。相对来说，转移定价方式更不容易被政策当局发现。

第三，通过预收货款和延期付款实现热钱流入，通过延期收款和预付货款实现资本外逃。一般来说，如果出现进出口企业的货物流与资金流显著不匹配的情况，就会出现资本的异常流动。

第四，通过服务贸易账户、投资收益账户、地下钱庄等途径进行转移。伴随着政府监管力度的加强，通过传统的货物贸易账户进行资本转移的方式更容易被查处。

16.2.2 非市场化的政策工具

以上均是市场化的政策措施，在特定情况下，政府还会采用非市场化的政策工具，简言之，就是政府采取直接管制(Direct Controls)的措施，这在不少发展中国家和新兴市场国家使用较为频繁。即便是市场经济国家，在某些特殊时期(如战争期间)，也会采用非市场化的政策工具。直接管制措施也可以划归为支出转换政策工具的范畴内，包括贸易管制(对商品进出口的管制)和外汇管制(对资本流出入的管制)两方面。

所谓贸易管制，就是政府采取进出口许可证制度等非关税措施，以控制重要资源、技术专利等的输出入；或者通过采用出口补贴方式刺激出口；或者对进口实施限制，既可以对进口数量进行限制，也可以对进口总额予以限制。所有这些措施都是从实体经济层面出发的管制，其目的是保证经常账户的平衡。外汇管制就是从一国的金融经济层面出发，对货物与服务贸易导致的资金流动以及外国直接投资、证券投资等账户导致的资金流动进行数额管制以及采取双重汇率或者多重汇率制度，其目的是保证本国金融账户的平衡。具体来说，外汇管制包括汇率管制和数量管制。

1. 汇率管制

汇率管制就是实施复汇率制度。所谓复汇率，就是本国汇率采取双重汇率或者多重汇率（Dual or Multiple Exchange Rates）制度，即对国际收支的不同账户采取不同的汇率水平，这既可以是对经常账户和资本账户采取不同的汇率水平，也可以是对经常账户内部的子项采取不同的汇率水平，如同样是对进口品，对奢侈类消费品采用较高的汇率，而对生活必需品采取较低的汇率。因汇兑税（Exchange Taxes，经济主体因交易外汇需要缴纳的一种税，不是向商业银行支付的佣金）或外汇补贴（Exchange Subsidy）而产生的不同有效汇率、买入卖出汇率之间的价差过大、事先签署双边支付协定（Bilateral Payments Agreements）、经过套算之后的汇率与直接的双边汇率报价不一致，这些原因形成的不一致的汇率不属于多重汇率制度。这种方法在20世纪40年代和50年代比较普遍，某些国家一直持续到20世纪下半叶，如英国持续到70年代，意大利持续到80年代，比利时持续到90年代才放弃上述做法。相对于自由市场下的单一汇率而言，双重汇率或多重汇率制度不仅可以影响实施国家的资源分配，而且影响其国内的收入分配。在特定时期，复汇率制度还能够起到保护国内幼稚产业的作用。例如，对一国经济重要程度不同的两个产业，同时需要进口某一外国商品，政府根据产业需要保护的不同程度，对该进口品设置了两个不同的汇率水平。假设外国商品价格保持在P^*，对于产业A和产业B设置了不同的汇率水平（图16-1中表现为不同的斜率），由于产业A更为重要，其进口价格就低于产业B的进口价格，由此保护产业A的发展。同样，对于收入分配的影响也与之类似，如对奢侈类消费品和生活必需品设置不同的汇率水平。

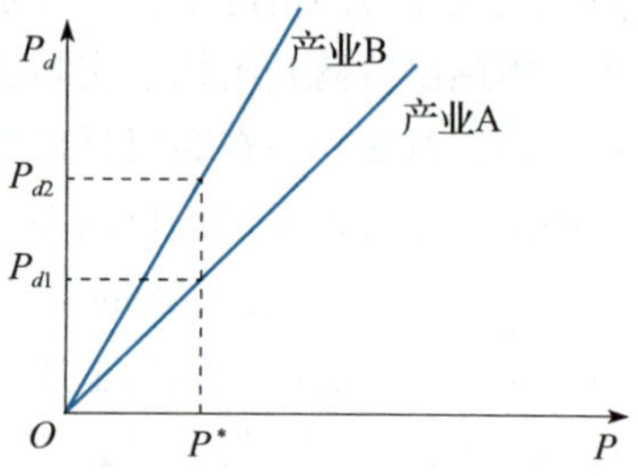

图16-1 出于保护产业目的而设置双重汇率

复汇率的负面影响也是非常显著的，一方面阻碍了国际贸易的发展，损害了其他国家的利益，另一方面采用复汇率制度安排的国家不仅扭曲了本国的价格机制，使得经济主体的消费及投资决策发生改变，而且刺激了寻租（Rent Seeking）活动的产生，使本国政府必须维持成本高昂的行政管理机构。由于政府采取复汇率制度，那么就必然形成两个外汇市场，一个市场的汇价——金融汇率（Financial Rate）较高（用于金融账户下的交易），另一个的汇价——商业汇率（Commercial Rate）较低（用于经常账户下的交易，如进出口），这种复汇率制度所形成的汇率溢价（Premium）将取决于后者如何变化。读者可以对比一下图16-2和图16-3。两幅图左侧均表示供求曲线的变化（纵坐标表示汇率，横坐标表示外汇数量），右侧是汇率随着时间的变化走势（纵坐标表示汇率，横坐标表示时间）。图16-2表示的是商业汇率一直保持不变的情况。由于金融汇率随着供求曲线的移动而发生变化，而商业汇率保持不变，因此汇率溢价不断变化。图16-3则表示商业汇率也发生变动的情况。商业汇率随时间呈现出阶梯状的变化，换言之，商业汇率随着金融汇率的变化而变化，只是存在滞后过程。因此，与图16-2的变化类型相比，

图 16-3 中汇率的溢价变化相对稳定。

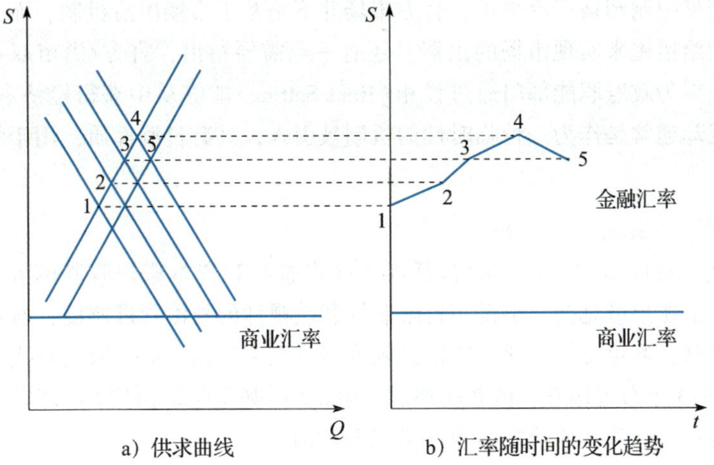

图 16-2 金融汇率与商业汇率的变化走势（Ⅰ）

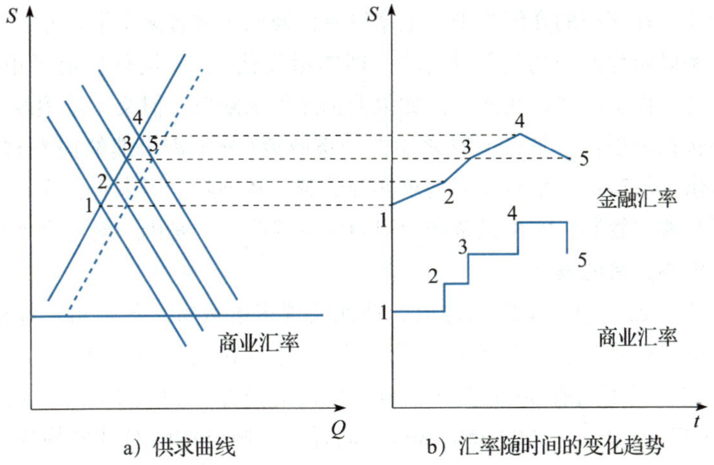

图 16-3 金融汇率与商业汇率的变化走势（Ⅱ）

复汇率是官方认可的汇率，然而在外汇管制较严格的国家，正常的外汇需求得不到满足，非法的外汇市场由此发展起来，以满足交易者的需求，这就是所谓的黑市（Black Market）。外汇黑市的存在有许多因素。第一，由于限额、许可证等制度造成的外汇供给不足，使得正常的外汇需求在官方市场上得不得满足，因而转向黑市。第二，黑市汇率的汇价往往高于官方市场的汇价，出口商以及其他外汇供应者就会低报其出口收入，转而将这些外汇在黑市上出售，以获得更高的收益。进口商往往会高报其进口规模，将从官方市场获得的外汇转而在黑市上出售。第三，外国利率的上升以及本币贬值的预期将会导致外汇需求增加，从而使得黑市汇率进一步提高。

还有些国家的政府对非法交易的市场保持默许态度，诸如这种政府允许存在且作为正规外汇市场的替代市场就是平行市场（Parallel Market）。黑市和平行市场的汇率往往会大大偏离官方汇率。值得注意的是，商业/金融双重汇率制度与官方/黑市双重汇率制度并不相同。在商业/金融双重汇率制度中，外汇市场上对经常账户外汇收支的管理通常基于实体经济需要的原则（实需原则），其数量管制和交易限制措施是有限的，也往往是通过外汇干预和汇率调整的某种组合来实现市场的出清。然而，在官方/黑市双重汇率制度中，在官方的外汇市场上，外汇支付数量与交易限制却被广泛采用，官方市场并不是基于市场出清机制，而是通过进口许可和资本管制等配给措施来实现市场的出清。还有一点需要指出，官方/黑市双重汇率制度的存续期相对较长，因为政府职能部门通过设租(Rent Setting)能够从中获得经济利益；而商业/金融双重汇率制度却通常是作为一种临时性的机制被引入，具有过渡性质，用于帮助实现汇率制度的转型。

2. 数量管制

数量管制(Quantitative Restriction)包括经常账户管制和资本账户管制两大类。IMF认为各成员应当实行经常账户可兑换，不得实行限制性和歧视性的外汇管理制度，避免限制经常账户的支付和资本转移，避免实行歧视性货币措施或多重汇率措施，避免限制兑换外国持有的本国货币，这就是1973年布雷顿森林体系崩溃后《国际货币基金组织协定》修订后第八条款的主要内容，也通常将接受该条款的国家称为“第八条款国”。

第一，经常账户管制。经常账户管制可以从一国和国际范围两个视角来分析。从一国的角度来看，外汇数量管制在极端状态下，一国的全部出口收入要卖给政府，一国进口所需要的外汇支出向政府购买。在前面的介绍当中，汇率管制涉及两个或者多个汇率水平，如果政府将整个外汇市场的汇率确定为低于均衡汇率水平(即本币高估)，并且只规定了单一的汇率水平，在这种情况下，外汇供求必然存在缺口。如果要消除供求缺口，但又不希望改变当前的管制汇率，其政策选择包括两项：一是将采取紧缩性经济政策(外汇需求曲线向左移动)，使得外汇需求下降，消除供求缺口；二是对外汇需求实施管制。从国际范围来看，为什么IMF希望各成员方政府放弃经常账户管制，实现经常账户可自由兑换呢？这是因为对经常账户的管制将严重影响国际贸易和世界经济的发展。

假定全球由甲、乙、丙、丁四国构成，彼此实现多边贸易，各国均允许在经常账户可自由兑换。如表16-1所示，甲国对乙国、丙国分别有100亿美元(600-500)和350亿美元(750-400)的顺差，对丁国有80亿美元(180-260)的逆差。如表16-2所示，甲国整体的对外贸易顺差额为370亿美元(100+350-80)。同样，乙国整体的对外贸易逆差额为410亿美元；丙国整体的对外贸易逆差额为260亿美元；丁国整体的对外贸易顺差额为300亿美元。在经常账户可自由兑换条件下，国际贸易的总额为4 970亿美元(仅以各国的进口额或出口额单边计算)。

表16-1 经常账户可自由兑换状态下的国际贸易 (单位：亿美元)

		进口				
		甲	乙	丙	丁	合计
出口	甲	—	600	750	180	1 530
	乙	500	—	260	270	1 030
	丙	400	560	—	350	1 310
	丁	260	280	560	—	1 100
	合计	1 160	1 440	1 570	800	4 970

表16-2 经常账户可自由兑换状态下各国的贸易差额 (单位：亿美元)

国家	甲	乙	丙	丁	合计
贸易差额	370	-410	-260	300	0

相反，如果各国不允许存在贸易差额，各国必须实现贸易平衡。在这种情况下，各国之间的贸易额以进出口额少的一方(即“短边原则”)实现贸易平衡。从整体上看，国际贸易的总额从 4 970 亿美元下降至 3 920 亿美元，只有原来水平的 79%(见表 16-3 和表 16-4)。

表 16-3　经常账户不可自由兑换状态下的国际贸易　(单位：亿美元)

		进口				
		甲	乙	丙	丁	合计
出口	甲	—	500	400	180	1 080
	乙	500	—	260	270	1 030
	丙	400	260	—	350	1 010
	丁	180	270	350	—	800
	合计	1 080	1 030	1 010	800	3 920

表 16-4　经常账户不可自由兑换状态下各国的贸易差额　(单位：亿美元)

国家	甲	乙	丙	丁	合计
贸易差额	0	0	0	0	0

1994 年中国政府进行了人民币汇率并轨改革。实行以市场供求为基础的单一的有管理的浮动汇率制度。自 1996 年 12 月 1 日起，中国接受 IMF 协定第八条第二款、第三款和第四款的义务，实现经常账户可自由兑换。

第二，资本账户管制。在 1997 年东南亚金融危机爆发之前，经济学家对资本账户自由化形成了广泛的共识，也就是说允许资本在各国之间自由流动是有益的，不仅对资本流入国，而且对世界经济而言，也都是有益的。这主要体现在以下两方面。第一，资本流动会形成良好的保险机制，并促进投资与消费的有效配置。资本自由流动会使得住户和企业能够在全球范围内对资本流入国的流动性波动予以保险，消费者可以平滑其消费，企业可以在全球范围内分散风险，同时可以熨平各国经济周期。第二，除了上述保险机制之外，资本流动使得储蓄从低收益的国家流向高收益的国家，这种资本转移提高了全球的经济增长率，为低收入国家提供了改善和提高生活水平的机会。IMF 前总裁米歇尔·康德苏(Michel Camdessus)是资本账户自由化的积极推动者，他认为：“资本的自由流动可以帮助资源实现最有生产性的使用，从而提高经济增长速度……对于发展中国家而言，资本账户开放可以带来较多的投资，实现更高的生活水平；对于投资者而言，可以获得更高的收益和较多的资产分散化机会；对于那些同时开放金融部门以引进外国竞争者的国家而言，资本账户开放可以带来更加高效、更复杂的国内金融市场；对于全球经济来说，资本账户开放为全球经济可持续增长提供了新的动力。”㊀然而，在过去 20 多年中，资本账户自由化实际上还带来了投机性的外汇交易和银行危机，并引发较大规模的金融危机。如 20 世纪 80 年代的拉美债务危机、90 年代的墨西哥汇率危机、1997 年爆发的亚洲金融危机、1998 年的俄罗斯国债危机、2001 年的阿根廷货币危机，乃至 2007 年美国爆发的次贷危机、2008 年的全球金融危机以及 2010 年的欧洲债务危机等。如此频繁的金融危机给全球数亿人造成了实质性的福利损失，使得经济学家开始思考资本账户自由化是否真的促进了经济增长。在遭遇到各种危机之后，不少国家已经强化对资本账户的管制，如对外国投资于本国股票市场、跨国信贷活动等进行管制。目前 IMF 对资本账户的管制主要涉及 7 大类 43

㊀ Michel Camdessus. Capital Account Liberalization and the Role of the Fund[R]. IMF Seminar on Capital Account Liberalization, Washington, D. C., March 9, 1998.

项。根据IMF《汇兑安排和汇兑限制年报》的定义，资本管制是指影响国际资本流动的各种措施，包括禁止资本流动，需要事先批准、授权和通知，实施多重汇率制度，歧视性税收、准备金要求或者部门征收的罚息等措施。

关于资本管制强度的衡量，大致分为两类。一类是名义上的资本管制指标，又称为基于法规的资本管制衡量一般是基于IMF的《汇率安排和汇兑限制年报》中的基础数据。另一类是基于实际的资本管制指标。它利用实际可得的数据来反映一国资本流动实际受到限制的情况。这又可以具体分为以价格为基础的(Price-based)管制方法和以交易额为基础的(Volume-based)管制方法。前者利用在岸利率与离岸利率的缺口来研究对利率平价的偏离程度。交易额方法的指标，如实际的资本流出入与GDP之比，证券投资与直接投资的年末余额与GDP之比，投资储蓄回归中的回归系数等。

通常，各国在国际收支逆差时限制资本流出，在国际收支顺差时限制国际资本流入。例如，1963年7月美国肯尼迪政府为了减少国际收支逆差，开始采取征收利息平衡税(Interest Equalization Tax，IET)的方法，即对本国居民海外证券投资实施征税。尽管最初这仅仅是一项临时性的税收措施，计划在1966年1月1日取消，但是一直执行到1974年。至于税率，则有较详细的规定。例如，对于外国股票，税率为价格的15%。对于外国债券类资产，则根据不同期限进行征税。距到期日3年以下的，免征利息平衡税。距到期日3～3.5年的债券，按照购买价的2.75%进行征税；期限越长，税率越高。距到期日28.5年的，税率高达15%。虽然这一做法提高了资本账户顺差额，却导致美国出口额的下降以及经常账户下海外投资利息和利润的汇回规模的下降。同样，原联邦德国和瑞士在面临大量的国际收支盈余的情况下，为了避免本国经济出现通货膨胀，对海外存款下调利率甚至取消了利息，试图阻止资本的流入。与资本账户管制相对应的就是资本账户自由化，即国际收支平衡表中资本与金融账户下的货币可自由兑换，也就是取消该账户下的各项外汇管制，实现资本在国际间的自由流动。资本账户可兑换是指一国政府取消对所有外汇收支的管制，居民不仅可以通过经常账户交易获得外汇或者卖出外汇，而且可以通过资本账户交易获得外汇或者卖出外汇。国外居民也可以自由持有本国货币或者卖出本国货币。

进入21世纪以来，IMF对资本跨境流动(Cross-border Capital Flows)有了新的认识。资本跨境流动既不是各国绝对的福祉，也不是不容置疑的诅咒。如果各国政府部门管理得当，跨境资本将有利于流入国、流出国乃至世界经济发展。就资本流入国而言，跨境资本不仅可以填补本国长期风险资本的缺口，而且可以弥补当地企业治理的不足。就资本流出国而言，资本流向他国可以为本国老年人的储蓄提供恰当的投资渠道。当然，跨境资本流动也可能给双方和全球经济带来问题。在本国经济高涨时期，外国资本恰恰此时流入，这将进一步推动本已过热的投资，催生本国的资产价格泡沫。跨境资本流动的形式也非常重要。对资本流入国而言，如果是外国短期债权，可以选择随时撤离，本国经济运行将面临资本流入突然中断(Sudden Stop)的风险，这有可能引发资本流入国出现金融危机。同样，当资本流出国的利率上升，这有可能导致资本的回流，这个时候资本流入国的建设项目还没有结束，进而引发资本流入国的金融危机。

综上所述，不论是汇率管制还是数量管制，其效果往往是值得怀疑的。例如在危机期间，政府就难以有效实施直接管制，因为私人部门能够找到许多方法来规避这些措施，轻易地将资金转移到国外。与此同时，危机期间对资本流出的直接管制还会进一步刺激资本的外逃。更重要的是，不论是资本流入管制还是资本流出管制，虽然在短期内可以起到很迅捷的政策效果，但是其负面影响也是不可低估的，都会导致市场功能的扭曲和资源的无效配置、寻租与走私活动猖獗，并容易滋生腐败，引发裙带资本主义（Crony Capitalism）。伴随着世界经济一体化、贸易自由化和金融自由化进程的加速，贸易管制和外汇管制的范围越来越小，各国也都在不断促进贸易自由化和资本自由流动。

3. 中国资本账户的开放

在过去的 40 年里，中国政府一直在以渐进的方式推动资本账户的开放。1997～1998 年的亚洲金融危机导致中国资本账户的开放进程暂时搁置。进入 21 世纪之后，伴随着中国国际收支双顺差格局的长期持续和外汇储备的不断增加，按照“循序渐进、统筹规划、先易后难、留有余地”的改革原则，逐步推进资本账户可兑换的进程。2003 年中国人民银行提出了“严进宽出”的方针，逐步放宽了对资本流出的限制。2008 年全球金融危机爆发之后，在 2009 年 4 月，中国人民银行推出了人民币跨境贸易结算试点，中国对短期跨境资本流动的管制大大放松。2011 年 3 月，“十二五”规划提出要逐步实现人民币资本账户基本可兑换。2012 年 2 月，中国人民银行课题组发布的《我国加快资本账户开放条件基本成熟》报告意味着中国资本账户自由化可能进入一个全面提速的新阶段。在 2013 年 11 月《中共中央关于全面深化改革若干重大问题的决定》中，特别提到：“推动资本市场双向开放，有序提高跨境资本和金融交易可兑换程度，建立健全宏观审慎管理框架下的外债和资本流动管理体系，加快实现人民币资本账户可兑换。”伴随着人民币国际化程度的不断提高，中国资本账户开放成为中国金融改革的终极目标之一。需要注意，任何一国资本账户开放，也不意味着该国的跨境资金转移是完全自由的，即使在发达经济体也是如此。例如，国际社会在加强反洗钱和反恐融资管理，G20 伦敦峰会又启动了对避税天堂的管理，所以资本账户开放并不意味着跨境资金流动是完全自由的。此外，IMF 也允许相关成员在遇到国际收支危机或者热钱大规模流入时采取资本管制措施。截至 2017 年年底，人民币资本账户下七大类共 40 个项目中，已经实现了可自由兑换、基本可兑换、部分可兑换的项目共计 37 项，占比为 92.5%（见表 16-5）。

表 16-5 人民币资本账户下可兑换逐步推进情况表

<table>
<tr><th colspan="5">项目</th><th>现状</th></tr>
<tr><td>1</td><td rowspan="16">一、资本和货币市场工具</td><td rowspan="8">1. 资本市场证券</td><td rowspan="4">A. 买卖股票或有参股性质的其他证券</td><td>非居民在境内购买</td><td>部分可兑换</td></tr>
<tr><td>2</td><td>非居民在境内出售和发行</td><td>不可兑换</td></tr>
<tr><td>3</td><td>居民在境外购买</td><td>部分可兑换</td></tr>
<tr><td>4</td><td>居民在境外出售和发行</td><td>部分可兑换</td></tr>
<tr><td>5</td><td rowspan="4">B. 债券和其他债务性证券</td><td>非居民在境内购买</td><td>部分可兑换</td></tr>
<tr><td>6</td><td>非居民在境内出售和发行</td><td>部分可兑换</td></tr>
<tr><td>7</td><td>居民在境外购买</td><td>部分可兑换</td></tr>
<tr><td>8</td><td>居民在境外出售和发行</td><td>部分可兑换</td></tr>
<tr><td>9</td><td colspan="2" rowspan="4">2. 货币市场工具</td><td>非居民在境内购买</td><td>部分可兑换</td></tr>
<tr><td>10</td><td>非居民在境内出售和发行</td><td>不可兑换</td></tr>
<tr><td>11</td><td>居民在境外购买</td><td>部分可兑换</td></tr>
<tr><td>12</td><td>居民在境外出售和发行</td><td>部分可兑换</td></tr>
<tr><td>13</td><td colspan="2" rowspan="4">3. 集体投资类证券</td><td>非居民在境内购买</td><td>部分可兑换</td></tr>
<tr><td>14</td><td>非居民在境内出售和发行</td><td>部分可兑换</td></tr>
<tr><td>15</td><td>居民在境外购买</td><td>部分可兑换</td></tr>
<tr><td>16</td><td>居民在境外出售和发行</td><td>部分可兑换</td></tr>
</table>

（续）

	项目			现状
17	二、对衍生工具和其他工具的管制		非居民在境内购买	部分可兑换
18			非居民在境内出售和发行	不可兑换
19			居民在境外购买	部分可兑换
20			居民在境外出售和发行	部分可兑换
21	三、对信贷业务的管制	1. 商业信贷	居民向非居民提供	可兑换
22			非居民向居民提供	可兑换
23		2. 金融信贷	居民向非居民提供	可兑换
24			非居民向居民提供	部分可兑换
25		3. 担保、保证和备用融资便利	居民向非居民提供	部分可兑换
26			非居民向居民提供	部分可兑换
27	四、对直接投资的管制	1. 对外直接投资		可兑换
28		2. 对内直接投资		可兑换
29	五、对直接投资清盘的管制			可兑换
30	六、对不动产交易的管制		居民在境外购买	部分可兑换
31			非居民在境内购买	部分可兑换
32			非居民在境内出售	可兑换
33	七、对个人资本流动的管制	1. 贷款	居民向非居民提供	部分可兑换
34			非居民向居民提供	部分可兑换
35		2. 礼品、捐赠、遗赠和遗产	居民向非居民提供	部分可兑换
36			非居民向居民提供	可兑换
37		3. 外国移民在境外的债务结算		可兑换
38		4. 资产的转移	移民向国外的转移	部分可兑换
39			移民向国内的转移	可兑换
40		5. 博彩和中奖收入的转移		部分可兑换

资料来源：霍丽颖．人民币走向国际化[M]．北京：中国金融出版社，2018：161.

截至2018年年末，中国政府直接投资外汇管理已实现基本可兑换，跨境证券投资渠道不断拓展，外债管理逐步转向宏观审慎管理。

资本账户开放需要与汇率自由浮动和本币国际化等概念区分开来。资本账户开放不等于汇率完全自由浮动，如中国香港实行钉住美元的联系汇率制度，也就是货币局制度，这不是一种自由浮动的汇率制度，但港币却是全球自由兑换程度最高的货币之一，中国香港实行了资本账户完全开放的制度，因此资本账户开放与汇率是否自由浮动没有必然联系。一国或地区实行资本账户开放也不意味着其货币就是国际化货币。全球国际货币不足10种，但是资本账户开放的国家却远不止这些货币国际化的国家（地区）。

既然政府拥有上述政策工具，如何运用才不至于导致政策效果相互抵消？如何搭配才能够实现政策效果的最大化？根据这一思想，后来的经济学家提出过不同的政策组合，先后出现过较著名的支出转换政策和支出增减政策的搭配以及财政政策和货币政策的搭配。

16.3 开放经济下的政策搭配问题和政策指派问题

在开放经济条件下，除了政策搭配问题之外，还有一个问题就是政策指派问题（Assignment

Problem)。20 世纪 60 年代经济学家蒙代尔根据“有效市场分类原则”进行政策指派来实现内外经济均衡目标。1999 年蒙代尔还因为最优货币区理论荣获了诺贝尔经济学奖。所谓政策指派问题，就是将政策目标安排给那些对政策变量影响最大的政策工具。本节分析两种类型的政策搭配和政策指派问题。

16.3.1 支出转换政策和支出增减政策的搭配和指派问题

什么是支出转换政策？什么是支出增减政策？政策制定者为什么会选择对这两大政策搭配使用？正如前面分析的丁伯根原则，两大政策目标必须要有两大政策工具来实现。单独使用这两大政策都将无法同时实现两大政策目标。假定经济处于贸易逆差状态，下面将分别讨论单独采取支出转换政策和支出增减政策带来的影响。支出转换政策就是引导本国居民从消费外国进口品转向本国生产的商品。这可以是关税政策或者贸易配额政策，也可以是政府补贴政策，但是最有效的是一次性货币贬值政策。本币贬值之后，进出口商品的价格立即发生了改变，以本币表示的外国进口品价格上涨，以外币表示的本国出口品价格下降，这将迅速改变进出口商品的供求状态，进而扭转本国贸易逆差。这一政策是否存在负面影响呢？不能说完全没有，例如，提高关税税率或者过多使用配额将引发贸易伙伴国的报复。支出增减政策就是通过改变国民收入来达到改变贸易收支的政策。仍然以贸易逆差为例，为了改变本国贸易逆差，政府采取减少政府支出、增加税收的紧缩性财政政策，这是由于国民收入的下降将减少进口，也就是通过抑制总需求来实现的。支出削减政策一方面减少了进口需求，另一方面也减少了对本国商品的总需求，因此这一政策的负面影响是国民收入的下降，并可能引发国内社会的动荡，例如失业工人增加。

为了更清晰地揭示这两大政策的影响，我们借助国际收支的国民收入分析法来进行说明。初始状态均为贸易逆差状态。如图 16-4 所示，支出转换政策是向右移动 *BB* 曲线，在扭转贸易逆差的同时，提高了国民收入(此时的国民收入可能超过了潜在国民收入水平)。因此，单独使用支出转换政策无法同时实现贸易收支平衡和实现充分就业的目标。如图 16-5 所示，支出削减政策是向左移动 *HH* 曲线，在扭转贸易逆差的同时，降低了国民收入。反之，要保持经济实现充分就业，就必须忍受贸易逆差。因此，要同时实现充分就业和实现贸易收支平衡，就必须采取支出转换政策和支出增减政策的组合。

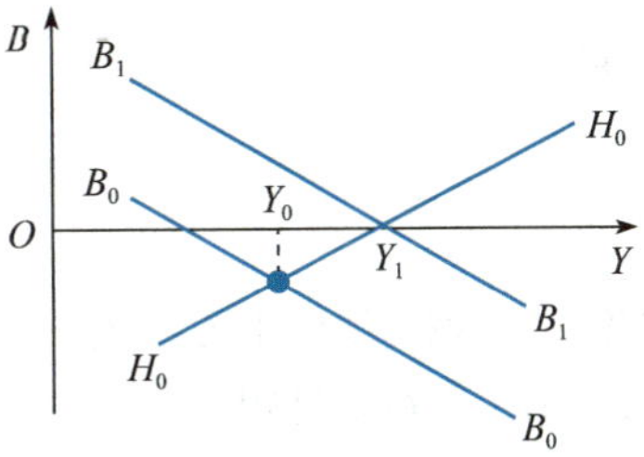

图 16-4 单独实施支出转换政策

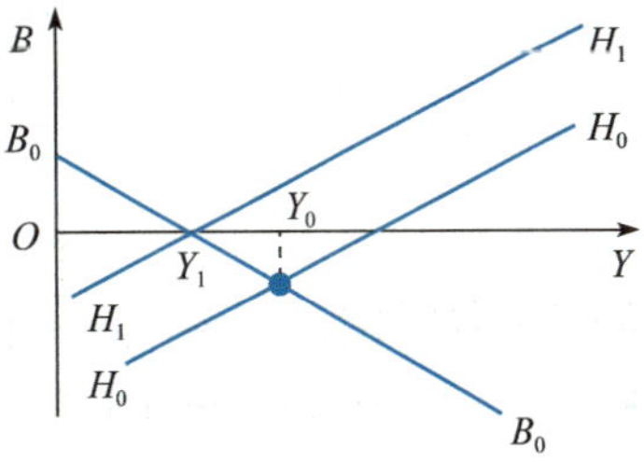

图 16-5 单独实施支出增减政策

在政府面临贸易逆差和失业的双重困扰之下，政府应该选择怎样的政策组合呢？为简单起见，假定国际资本流动为零(即一国国际收支平衡就等于其贸易收支平衡)；同时假定在达到充分就业之前，国内外价格保持不变。用横坐标表示国内支出(消费、投资和政府支出)，也就是国内吸收 A，本国的货币与财政政策对其施加影响；纵坐标表示实际汇率 $Q(P_N/P_T)$，当然也可以称为贸易条件，反映了本国产品的竞争力，实际汇率上升，表示国内资源更多地用于生产不可贸易品，也就是不可贸易品的供给增加，需求下降。同样，这也意味着可贸易品的供给下降，需求增加。因此，实际汇率的值变大，表示本币升值；反之，表示本币贬值。内部经济均衡就是本国非贸易品的供求均衡，外部经济均衡为本国贸易品的供求均衡。不论是可贸易品还是不可贸易品，其供给均取决于实际汇率，其需求则同时取决于实际汇率和国内支出。

可贸易品的供给函数可以表示为：

$$Y_T = Y_T(Q) \qquad \frac{\partial Y_T}{\partial Q} < 0$$

可贸易品的需求函数可以表示为：

$$D_T = D_T(Q,\ A) \qquad \frac{\partial D_T}{\partial Q} > 0,\ \frac{\partial D_T}{\partial A} > 0$$

其中，$\frac{\partial Y_T}{\partial Q}<0$ 表示实际汇率升值(可贸易品的价格越低)，可贸易品的供给越小；$\frac{\partial D_T}{\partial Q}>0$ 表示实际汇率升值，可贸易品的需求越大；$\frac{\partial D_T}{\partial A}>0$ 表示国内支出越大，可贸易品的需求越大。

不可贸易品的供给函数可以表示为：

$$Y_{NT} = Y_{NT}(Q) \qquad \frac{\partial Y_{NT}}{\partial Q} > 0$$

不可贸易品的需求函数可以表示为：

$$D_{NT} = D_{NT}(Q,\ A) \qquad \frac{\partial D_{NT}}{\partial Q} < 0,\ \frac{\partial D_{NT}}{\partial A} > 0$$

其中，$\frac{\partial Y_{NT}}{\partial Q}>0$ 表示实际汇率越高(不可贸易品的价格越高，可贸易品价格越低)，不可贸易品的供给越大；$\frac{\partial D_{NT}}{\partial Q}<0$ 表示实际汇率越高，不可贸易品的需求越小；$\frac{\partial D_{NT}}{\partial A}>0$ 表示国内支出越大，不可贸易品的需求越大。

当 $Y_T=D_T$，实现外部经济均衡(External Balance)，对其进行全微分后，可以得到外部经济均衡线 EB 的轨迹：

$$\frac{\partial Y_T}{\partial Q}\mathrm{d}Q = \frac{\partial D_T}{\partial Q}\mathrm{d}Q + \frac{\partial D_T}{\partial A}\mathrm{d}A$$

$$\frac{\mathrm{d}Q}{\mathrm{d}A} = \frac{\partial D_T}{\partial A}\Big/\left(\frac{\partial Y_T}{\partial Q} - \frac{\partial D_T}{\partial Q}\right) < 0$$

外部经济均衡线的斜率小于零，是一条向右下方倾斜的曲线。在该曲线的上方，表示可贸易品供小于求，存在贸易逆差，在其下方，表示可贸易品供大于求，存在贸易顺差。

当 $Y_{NT}=D_{NT}$，实现内部经济均衡(Internal Balance)，对其进行全微分后，可以得到内部经济均衡线 IB 的轨迹：

$$\frac{\partial Y_{NT}}{\partial Q}\mathrm{d}Q = \frac{\partial D_{NT}}{\partial Q}\mathrm{d}Q + \frac{\partial D_{NT}}{\partial A}\mathrm{d}A$$

$$\frac{\mathrm{d}Q}{\mathrm{d}A} = \frac{\partial D_{NT}}{\partial A}\Big/\left(\frac{\partial Y_{NT}}{\partial Q} - \frac{\partial D_{NT}}{\partial Q}\right) > 0$$

内部经济均衡线的斜率大于零，是一条向右上方倾斜的曲线，表示实际汇率与国内支出的组合。在该曲线的上方，表示不可贸易品供大于求，失业增加；在其下方表示不可贸易品供小于求，经济出现通货膨胀。

IB 曲线和 *EB* 曲线相交就构成了所谓的斯旺图形（Swan Diagram）。它是以澳大利亚经济学家特雷弗·温切斯特·斯旺（Trevor Winchester Swan）的名字命名的。如图 16-6 所示，*IB* 曲线和 *EB* 曲线相交于 *E* 点，该点所对应的国内支出 E_A 表示同时实现内外经济均衡的国内支出水平；该点所对应的 E_Q 表示同时实现内外部经济均衡的实际汇率。当经济运行处于Ⅰ区域的 *A* 点时，也就是经济运行处于通胀/顺差组合时，政府直接采取本币实际汇率升值政策扭转本国国际收支顺差，同时又可以解决国内通胀问题（*A* 点正处于均衡的国内支出水平）。英国著名经济学家詹姆斯·米德 1951 年在其著作《国际收支》中最早提到了固定汇率制度下的内外部经济均衡的冲突问题。1977 年，米德教授凭借其在国际贸易理论和国际经济政策领域的突出贡献获得诺贝尔经济学奖。《国际收支》是其最重要的著作《国际经济政策理论》的第一卷，第二卷是《贸易与福利》，还有一册《数学附录》。这套著作的出版，被誉为“国际经济学中的一个里程碑”，是米德教授流传后世的重要作品。他认为，在固定汇率制度下，政府运用总需求政策来调节内外部经济均衡。在特定情况下，往往无法同时实现内外部经济均衡。在固定汇率制度下，内外部经济均衡目标如表 16-6 所示。

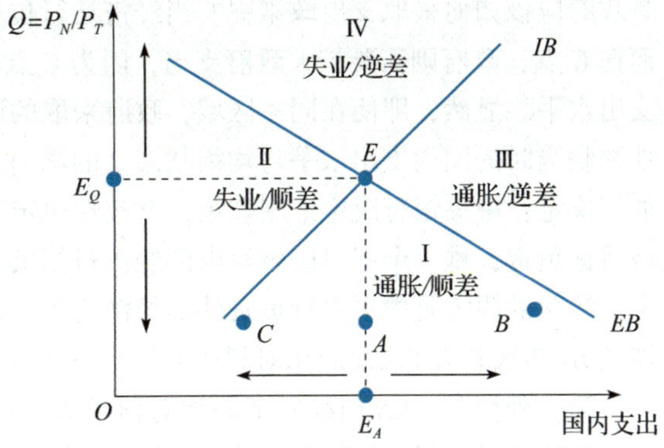

图 16-6　满足马歇尔–勒纳条件的斯旺图形与支出转换政策、支出增减政策的搭配

表 16-6　内部经济状况与外部经济状况的组合

经济组合	内部经济状况	外部经济状况	是否冲突
Ⅰ	通货膨胀	国际收支顺差	是
Ⅱ	经济衰退/失业增加	国际收支顺差	否
Ⅲ	通货膨胀	国际收支逆差	否
Ⅳ	经济衰退/失业增加	国际收支逆差	是

当一国经济运行在内部出现经济衰退、失业增加，在外部出现国际收支逆差时（经济组合Ⅳ），处于固定汇率制度下的政府采用增加总需求的经济政策，可以解决经济衰退问题，但是这会使得国际收支逆差加剧。这是因为增加总需求的经济政策会使得本国进口相应增加，使得国际收支逆差状况进一步恶化。相反，在外部经济出现国际收支顺差的情况下（经济组合Ⅱ），增加总需求的经济政策会带来进口的增加，从而缓解国际收支顺差的态势。因此，经济组合Ⅳ存在内外部经济目标的冲突，而对于经济组合Ⅱ而言，内外部经济目标是一致的。同理，对于内部经济出现通货膨胀，而外部经济出现国际收支逆差时（经济组合Ⅲ），本国政府采用降低总需求的方法来遏制通货膨胀，伴随着进口规模的下降，国际收支逆差的态势也将得到缓解。对于经济组合Ⅰ，本国政府采用降低总需求的方法来遏制通货膨胀，国际收支顺差的态势还将加剧。所以说，经济组合Ⅰ和Ⅳ存在内外部经济目标的冲突，而Ⅱ和Ⅲ则不存在这种冲突。简言之，“米德冲突”就是指在固定汇率制度下，失业增加与国际收支逆差的组合、通胀与国际收支顺差的组合存在内外部经济目标的冲突。

在该区域的 B 点和 C 点，经济同样处于通胀/顺差的组合状态，此时政府针对这两种情况应该如何处理呢？此时，政府可以确定的是采用本币实际升值政策可以扭转外部经济失衡，但是政府应该如何采取支出政策呢？当经济运行位于Ⅰ区域的 B 点时，政府需要降低国内支出；而在 C 点，政府则需要扩大政府支出，因为 C 点的国内支出水平低于同时实现内外均衡的国内支出水平。显然，即使在同一区域，政府采取的政策措施也是不同的。如果政府不是非常明确地知晓当时的国内支出水平与均衡状态下的国内支出水平，很容易出现调控失当。如果政府做如下决定：中央银行决定汇率政策，财政部决定国内支出政策，此时哪一个部门应该对外部经济目标负责，哪一个部门应该对内部经济目标负责呢？这就是政策指派问题。在上面的分析当中，暗含的假定是中央银行负责外部经济均衡，财政部负责内部经济均衡。然而，这里并没有涉及 *IB* 曲线和 *EB* 曲线的相对斜率问题，下面分两种情况来讨论。

第一种情况：*EB* 曲线斜率的绝对值更大。如图 16-7 所示，以通胀/顺差组合中的 A 点为例，财政部采取紧缩性财政政策，到达 *IB* 曲线上的 B 点，该点实现了内部经济均衡，但是出现了贸易顺差，中央银行采取本币升值措施，经济到达 *EB* 曲线上的 C 点，但是 C 点存在失业问题，财政部必须采取扩张性支出政策，如此循环，导致经济将逐渐远离内外经济均衡点 E 点。在这种情况下，经济系统是不稳定的。

第二种情况：*IB* 曲线斜率的绝对值更大。如图 16-8 所示，同样以通胀/顺差组合中的 A 点为例，财政部采取紧缩性财政政策，到达 *IB* 曲线上的 B 点，该点实现了内部经济平衡，但是出现了贸易顺差，中央银行采取本币升值措施，到达 *EB* 曲线上的 C 点，但是 C 点处于失业状态，财政部必须采用扩张性支出措施，如此顺时针循环，导致经济将收敛于内外经济均衡点 E 点。

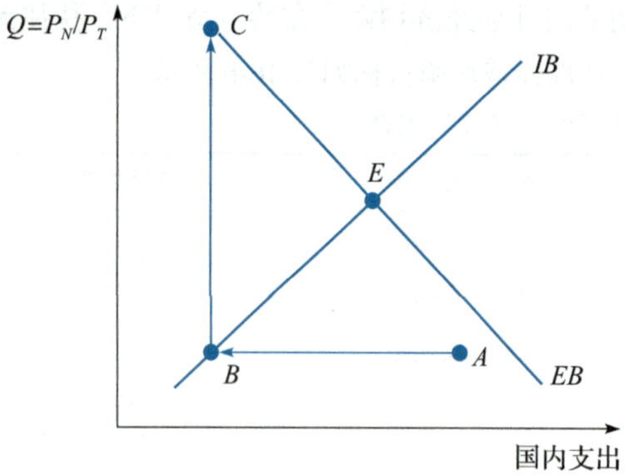

图 16-7 发散型政策调节

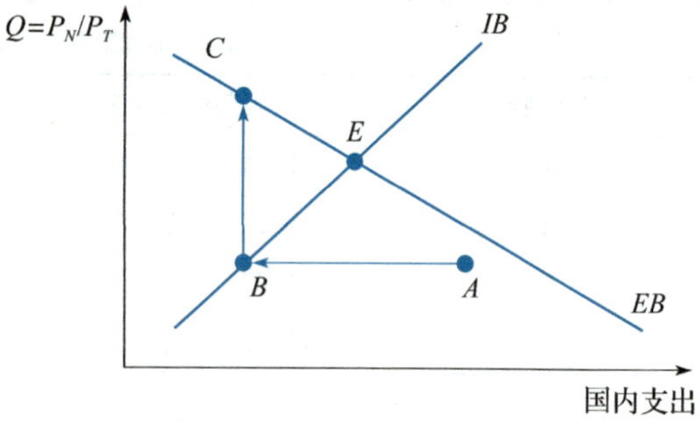

图 16-8 收敛型政策调节

显然，汇率政策和财政政策的组合能否同时实现内外部均衡取决于 *IB* 曲线和 *EB* 曲线的相对斜率。当然，我们还可以变换各部门负责的经济目标，假设中央银行对内部经济均衡负责，财政部对外部经济均衡负责，在经济失衡状态下政府又该采取怎样的政策呢？读者同样也可以根据 *IB* 曲线和 *EB* 曲线斜率的相对大小来分析。这里还有一个值得思考的问题就是我们假定马歇尔–勒纳条件成立，如果该假设不成立，那么 *EB* 曲线又该如何变化呢？上述政策搭配和政策指派与 20 世纪 50 年代和 60 年代的国际经济发展相适应，如汇率固定、国际资本流动受到管制等。然而，随着国际资本流动的日益频繁，仅仅以贸易收支代表整个国际收支已不足以反映现实经济了。

16.3.2 财政政策和货币政策的搭配和指派问题

支出转换政策和支出增减政策的搭配模型主要基于资本流动受到严重限制的固定汇率制度

背景，伴随着战后经济的复苏和资本流动的日益频繁，国际收支差额不仅仅受经常账户的影响，而且资本账户的变化对于整个国际收支的影响也日益加剧。此时国际收支平衡就必须将资本账户差额考虑在内。经济学家考虑采用财政政策和货币政策的搭配来实现固定汇率制度下的内外部经济均衡。横坐标表示财政政策，纵坐标表示货币政策。假定国内外物价水平和汇率均保持在 1 的水平，政府的目标是实现国民收入水平(Y)和国际收支平衡(B)，政策工具是政府支出(G)和利率水平(i)。那么内部经济均衡(IB)和外部经济均衡(EB)恒等式可以表示为：

$$Y - A(Y,\ i) - X + M(Y,\ i) - G = 0$$

$$B - X + M(Y,\ i) - NKA(i) = 0$$

其中，$A_Y>0$；$M_Y>0$；$A_i<0$；$M_i<0$；$NKA_i>0$；$A(Y,\ i)=C(Y)+I(i)$。

利用隐函数求导原理，可以得到：

$$\frac{\partial Y}{\partial G} = -\frac{-1}{1 - A_Y + M_Y}$$

$$\frac{\partial Y}{\partial i} = \frac{A_i - M_i}{1 - A_Y + M_Y}$$

$$\frac{\partial B}{\partial G} = -M_Y\frac{\partial Y}{\partial G}$$

$$\frac{\partial B}{\partial i} = -\left(M_Y\frac{\partial Y}{\partial i} + M_i - NKA_i\right)$$

同时还可以得到内部经济均衡线和外部经济均衡线的斜率：

$$\left(\frac{\partial i}{\partial G}\right)_{IB} = -\frac{1}{A_i - M_i}$$

$$\left(\frac{\partial i}{\partial G}\right)_{EB} = -\frac{M_Y\dfrac{\partial Y}{\partial G}}{M_Y\dfrac{\partial Y}{\partial i} + M_i - NKA_i} = \frac{1}{(M_i - A_i) - \dfrac{(M_i - NKA_i)(1 - A_Y + M_Y)}{M_Y}}$$

利率的变化对居民花费在国内产品上支出的影响，如果 $A_i-M_i<0$，那么 $\left(\frac{\partial i}{\partial G}\right)_{IB}>0$，内部经济均衡线的斜率为正。$IB$ 曲线表示达到充分就业状态下国民收入的财政政策与货币政策的点的组合；在 IB 曲线的左侧，经济处于衰退与失业当中；在 IB 曲线的右侧，国内经济处于通货膨胀的压力当中。那么，外部经济均衡线的斜率如何变化呢？如果 $(M_i-NKA_i)\frac{1-A_Y+M_Y}{M_Y}<0$，则外部经济均衡线 EB 的斜率为正，且比内部经济均衡线 IB 更为平坦，即 $\left(\frac{\partial i}{\partial G}\right)_{EB}>0$，$\left|\frac{\partial i}{\partial G}\right|_{EB}<\left|\frac{\partial i}{\partial G}\right|_{IB}$。

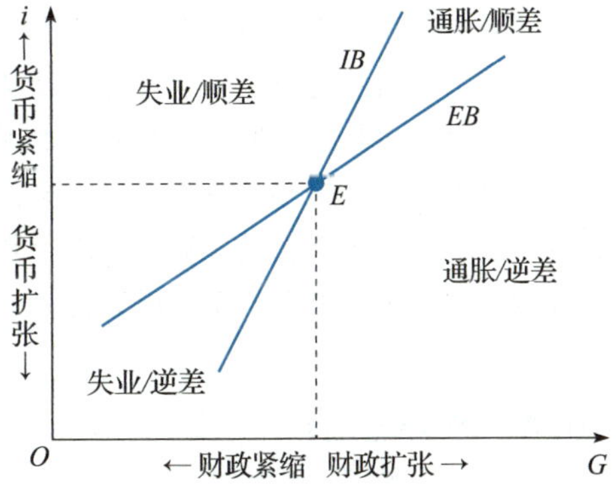

图 16-9　财政政策与货币政策的搭配

如图 16-9 所示，IB 曲线和 EB 曲线相交于 E 点，其对应的横坐标财政政策表示中性的财政政策，其右侧为扩张性财政政策，左侧为紧缩性财政政策；E 点对应的纵坐标表示中性的货币政策，向上表示紧缩性货币政策，向下表示扩张性货币政策。

EB 曲线表示实现国际收支均衡的财政政策与货币政策的点的组合。*EB* 曲线的斜率如何呢？财政政策对于国际收支平衡的影响是双重的。下面以扩张性财政政策为例予以说明。一方面扩张性财政政策导致国民收入增加，从而带来了经常账户的逆差；另一方面扩张性财政政策会导致利率上升，从而带来了资本账户的顺差，一定程度上抵消了前者的逆差。这里假定经常账户的逆差效应超过了资本账户的顺差效应，因此扩张性财政政策会带来国际收支的逆差。为保证国际收支平衡，政府就必须采取紧缩性货币政策，即提高利率实现资本账户的顺差。这样，*EB* 曲线就是一条向右上方倾斜的曲线。在 *EB* 曲线的右侧表示经济处于国际收支逆差，在 *EB* 曲线的左侧表示国际收支顺差。

根据前面隐函数求导分析可以得到：

$$\frac{\partial B/\partial i}{\partial Y/\partial i} = -\left(M_Y \frac{\partial Y}{\partial i} + M_i - NKA_i\right) \bigg/ \frac{\partial Y}{\partial i}$$

$$= -M_Y - (M_i - NKA_i)\frac{1 - A_Y + M_Y}{A_i - M_i}$$

$$\frac{\partial B/\partial G}{\partial Y/\partial G} = -M_Y$$

根据假设$(M_i-NKA_i)\dfrac{1-A_Y+M_Y}{M_Y}<0$，所以$\dfrac{|\partial B/\partial i|}{|\partial Y/\partial i|}>\dfrac{|\partial B/\partial G|}{|\partial Y/\partial G|}$，$\dfrac{|\partial Y/\partial G|}{|\partial B/\partial G|}>\dfrac{|\partial Y/\partial i|}{|\partial B/\partial i|}$。这表明货币政策对于外部经济目标相对更为有效，财政政策相对于内部经济目标更为有效。在这一基础上，蒙代尔提出有效市场分类法则，将政策工具分配到它最具影响力的政策目标上，因此在固定汇率制度下，货币政策分配给外部经济目标，财政政策分配给内部经济目标。

❖专栏 16-1

开放经济下各国经济的相互影响和传导

在开放经济下，各国经济政策势必对其他国家产生影响，如本书在前面的章节就曾经提到溢出效应和反馈效应。在这些效应当中，具体的传导效应主要有以下三种。

第一，收入-支出效应。一国进出口额占 GDP 的比例越高，通过这种渠道受到的影响就越大，主要体现为双方国际收支平衡表的贸易账户差额。例如收入分析法中的溢出效应和反馈效应等。

第二，利率效应。在金融全球化的背景下，一国对其他国家的货币冲击会对他国的利率形成影响。这种效应的大小取决于一国实体经济部门的货币化程度和资本流动性的高低。从国际收支平衡表来看，主要表现在国际收支平衡表的金融账户。

第三，相对价格效应。这主要通过贸易条件（或者说是实际汇率）的变化从一国传递到另一国。这种调整的速度取决于价格弹性的程度和一国工资-价格关系。在不同的汇率制度下，相对价格效应的表现形式不同。在固定汇率制度下，相对价格效应体现为各国国内物价的大幅波动，在这种背景下，通货膨胀和通货紧缩都很容易出现。在浮动汇率制度下，相对价格效应体现为汇率的大幅波动，而各国国内物价的波动却要小得多。

16.4 本章小结

在开放经济下，宏观经济的内部目标和外部目标之间可能存在冲突。从政策工具来看，大体分为融资政策工具、总需求和总供给政策工具以及直接管制四大类。在临时性的外部冲击下，政府往往采用融资性政策工具，无须采取政策改变国民收入和国内支出；如果外部冲击显著，在短期内政府需要采取调节总需求的政策工具，或者是需求增减型，或者是需求转换型，要么采用非市场型的直接管制政策。如果从长期来看，政府还可以采取总供给政策。

根据丁伯根原则，政策目标与政策工具必须相匹配。有几个政策目标，就必须要有几个政策工具。同时，政策工具对政策目标的影响必须是线性无关的。换言之，政策工具的影响必须具有独立性。蒙代尔沿着这一思路，提出了宏观调控的有效市场分类法则，将经济工具分配到它最具影响力的政策目标上。从政策搭配和政策指派来看，经济学家提出了支出转换政策和支出增减政策的搭配与财政政策和货币政策的搭配。前者没有考虑资本流动的情况，后者考虑了资本流动的情况。从各国彼此相互影响的效应来看，主要有收入-支出效应、利率效应和相对价格效应。收入-支出效应主要通过国际收支平衡表的贸易账户影响彼此经济，利率效应则通过国际收支平衡表的金融账户来影响。

第五部分
PART5

国际货币体系演变

第17章 CHAPTER17

国际货币体系

通常来说，国际货币体系是为适应国际贸易的发展与国际收支平衡的需要，各国政府对本国货币可兑换性、国际收支失衡的解决方式以及本国外汇储备资产的选择等一系列规定的总称。从世界范围来看，国际货币体系先后经历了商品货币体系——金本位体系、可兑现商品货币的信用货币体系以及完全不兑现的信用货币体系三个阶段。金本位是人类社会第一个国际货币体系。在国际货币体系进入金本位之前，许多国家经历过金银复本位制度的困扰。第一次世界大战之前的半个世纪是金本位的鼎盛时期，一战结束之后，黄金在世界各国的分布更加不平衡了，金块本位和金汇兑本位先后走上历史舞台。然而，一战结束仅仅过去20年，第二次世界大战又爆发了。各国先后退出了金本位制度。金本位制度之所以最终被人类社会所抛弃，说明该制度存在内生的缺陷。二战结束之后，国际社会建立了布雷顿森林体系。严格来说，该体系仍然属于受限制的可兑现商品货币的信用货币体系，在遭受多次冲击之后崩溃了。从此，世界经济进入了完全不兑现的信用货币时代。从国际货币体系来看，就是牙买加国际货币体系时代。20世纪70年代以来，也就是布雷顿森林体系崩溃之后，欧洲各国为了防止彼此货币之间的汇率大幅度波动，成立了欧洲汇率机制，在这个基础上最终诞生了欧元。目前，欧元的国际影响正在不断提高。2016年，人民币正式成为IMF的特别提款权篮子货币之一，国际货币体系朝着更加多元化的方向迈进。

17.1 金银复本位——金本位的孕育期

金本位不是类似于布雷顿森林体系那样被设计出来的货币体系，而是出于人类社会对黄金的广泛接受。从世界范围来看，国际金本位的繁荣时期是从19世纪70年代一直到第一次世界大战之前。金本位制度在完全统治货币流通领域之前，不少国家采用的是金银复本位(Bimetallism)制度。主张金银复本位的人认为，该制度的主要优点包括：一是金银复本位制度下，同时由黄金和白银作为货币，整个社会的货币供应量更多，能够满足当时经济发展对货币增长的需要；二是复本位货币的价值比金本位或银本位更加稳定。由于该制度是以两种金属价值为基础，这会使金银价值波动平均化。换言之，如果金价上涨，复本位下的价格变化要小于金价带来的上涨；同样，如果银价上涨，复本位下的价格上涨幅度仍然要更小。在19世纪上半叶的欧洲，这种复本位制度受到了许多负债农民的支持。然而，在该制度下，最令经济学家关注的现象是格雷欣法则(Gresham's Law)㊀的反复出现。这一法则使得复本位要么体现为金本位，要么体现为银本位。

所谓格雷欣法则，也称劣币驱逐良币(Bad Money Drives out Good Money)规律，是指在商品货币时代，如果政府对货币的定价与市场对货币的定价不一致，高估的货币称为劣币，低估的货币称为良币。低估的货币要么会被窖藏(Hoard)，要么被熔毁做成金器以及用于非货币用途，要么被输出国外，不论哪种方式，低估的货币将退出流通领域，而高估的货币将会充斥于流通领域。这一现象存在的关键就是政府规定了两种货币的兑换比率。该法则是以英国都铎王朝(Tudor Dynasty)金融家托马斯·格雷欣(Thomas Gresham)来命名的，但是他不是第一个发现这一现象的人。在格雷欣表述这一现象40年之前，Nicolaus Copernicus就表述过该现象，因此在波兰称为Copernicus-Gresham Law。如果继续追溯，在14世纪Nicole Oresme也描述过。公元前5世纪，希腊戏剧家阿里斯托芬就曾经在他的作品《青蛙》中记录过这一现象。根据经济学家George Selgin的研究，格雷欣爵士是在1558年写给伊丽莎白女皇的一封信中表述这一现象的。

英国最早正式实施金本位，与物理学家伊萨克·牛顿(Isaac Newton)有关系。1696年牛顿搬到伦敦居住，并开始在英国皇家铸币局(Royal Mint)任职。1699年开始担任皇家铸币局局长一直到他去世。1717年，牛顿将黄金与白银的比价关系定为1∶15.2。当时法国市场上的金银比价则为1∶14.625。在格雷欣法则的作用下，白银流向了法国，黄金流向了英国，黄金成为了当时英国唯一的流通货币。简言之，英法两国金银比价的差异最终导致了单一市场的形成(要么存在黄金市场，要么存在白银市场)。从现代经济学的意义上说，政府一旦锁定了某种商品的价格，该商品市场的均衡就要通过商品数量的变化来实现。我们还可以从另外一个角度来分析。以黄金为分析对象，以白银作为标价货币，英国的黄金价格要高于法国的黄金价格。根据供求规律，黄金流向英国，白银流向法国。这与格雷欣法则分析的结果一致。

1792年美国宣布实行复本位制，确定金银的兑换比率是1∶15。1803年法国也宣布采用复本位制，金银的兑换比率是1∶15.5。这意味着在法国黄金定价(以白银为标价货币)比美国高。从美国运送1盎司黄金到法国，可以换取15.5盎司的白银。把15.5盎司白银运送回美国，可以换回1盎司黄金，还可以赚取0.5盎司白银。这个差额支付运费和保险费后仍绰绰有余。结果，美国的黄金库存耗尽了，实际上成为银本位。法国实际上是金本位。美国银本位一直运行到1834年《铸币法》(Coinage Act of 1834)出台之前。如何看待金是良币还是劣币呢？这取决于分析的角度。站在美国的立场上，金银的官方价格为1∶15，将法国的价格1∶15.5视为市场价格或者实际价格，按照低估的货币是良币，高估的货币是劣币的原则，在美国金币是良币，白银是劣币。如果站在法国的立场上分析，将1∶15.5视为官方价格，1∶15视为市场价格，那么在法国金币是劣币，白银是良币。因此，不可以简单地认为金(银)就是良币或者劣币。此外，也有学者认为“劣币驱逐良币”的提法不准确。商品货币的用途有很多，定价过高的货币(劣币)被用作交换媒介，定价过低的货币(良币)会被用作价值储藏的手段。

㊀ 本节资料参考了维基百科词典中Gresham's Law的内容。

从现代社会来看，劣币驱逐良币现象仍然会发生，格雷欣法则依然起作用。1965 年，美国政府发行的五角硬币，含 40% 的白银。在以前年份，所含白银达到 90%。随着新硬币的发行，含银量达到 90% 的硬币迅速退出了流通领域。随着白银价格的继续上涨，含银量为 40% 的五角硬币的实际价值也超过了其面值，并且很快退出了流通领域。从 1971 年开始，美国政府不再发行该种硬币。2007 年铜和锌的价格大幅度上涨，这导致美国政府禁止融化和大规模出口 1 美分和 5 美分的硬币。上述现象均表明在现代社会，商品货币（主要是硬币）的实际价值高于名义价值，仍然会退出流通领域。

17.2　金本位的演变及其特征

从 1793 年法国大革命到 1815 年法兰西第一帝国灭亡，英法两国发生了长期战争。在英国，英格兰银行发行的银行券在 1797 年停止兑付金币。因为这件事，漫画家 James Gillray 当年画了一幅针对英国首相 William Pitt the Younger 的政治讽刺漫画。一位身着燕尾服的男子正在亲吻一位又老又丑的妇人（即英格兰银行）。事情源于拿破仑战争爆发后英格兰银行的黄金遭到大量兑付，因此英国政府决定暂停英格兰银行银行券的黄金兑付。漫画讽刺了英格兰银行与政府的同流合污。在此后的 20 多年当中，英格兰银行银行券一直都没有实现与黄金的可兑换。1815 年拿破仑在滑铁卢战败，法兰西第一帝国灭亡，英国国会才将注意力转向了国内，1816 年英国国会通过了《铸币法案》（*Coinage Act*，1816），旨在恢复金币支付，这使得英国完全确立金本位，而欧洲大陆的其他国家仍然处于银本位或者金银复本位。1819 年英国国会又通过一项法案（*Act for the Resumption of Cash Payments*），目标是到 1823 年恢复英格兰银行的银行券与金币的兑换，但是实际上在 1821 年英国就实现了这一点。1844 年英国国会由首相罗伯特 · 皮尔（Robert Peel）主持通过的《1844 年英格兰银行特许条例》（Bank Charter Act 1844），又称《皮尔条例》。该条例将英格兰银行分为发行部和银行部，并且规定只有英格兰银行才有资格发行新的银行券，而其他银行不得发行新的银行券，现有发行银行券的银行如果破产倒闭，则需收回其发行的银行券；英格兰银行若发行新的银行券，则需有全额黄金为保证或者以 1 400 万政府债券为保证。该条例的通过意味着英国货币学派（British Currency School）的胜利，该学派认为银行券的大量发行是通货膨胀的罪魁祸首。至此，金本位基本上在英国确立。1871 年，获得普法战争胜利的德国选择了金本位，德国使用法国的战争赔款购买黄金，改变了当时欧洲的金银比价。到 19 世纪 70 年代末，法国、德国、荷兰、俄罗斯以及斯堪的纳维亚半岛国家均采用金本位，金本位在世界范围内确立起来了。其原因主要有两点：一是在加利福尼亚（1847 年）、澳大利亚（1851 年）和南非威特沃特斯兰地区（1886 年）等地先后发现大规模的黄金储量，黄金的大量开采使得各国政府金银的官方比价与市场比价不一致，导致贵金属大规模的流入与流出，影响本国货币流通的稳定；二是 19 世纪中叶的欧洲爆发的战争和国内革命使得各国政府不得不发行不可兑现的纸币（Inconvertible Paper Money）以应付战争开支，但是其后果是通胀率飙升。各国政府恢复黄金与银行券的兑换是成功抑制通胀的关键。这一切最终使得黄金取代白银在法国和欧洲其他国家成为流通的主要媒介。

从汇率制度来看，金本位制度（Gold Standard System）是典型的固定汇率制度，具体包括金币本位制度（Gold Coin Standard System）、金块本位制度（Gold Bullion System）和金汇兑本位制度（Gold Exchange Standard System）。英国是最早采取金本位制度的国家，美国则在 1900 年才正式确认实行金本位制度。从全球范围来看，金本位的繁荣时期是从 19 世纪 70 年代开始，到 1914

年第一次世界大战爆发为止。实际上，一战爆发之前的1913年，英、美、法、德、俄五国的黄金存量占全球黄金存量的2/3，黄金在全球范围内分布严重不平衡，各国开始采取典型金本位的变形制度，即金块本位以及金汇兑本位制度。

17.2.1 金本位制度的典型特征

典型金币本位制度的主要运行特征包括以下几个方面：第一，政府将货币单位规定为一定量的黄金；第二，持有黄金的经济主体可以不受限制地申请将黄金铸成金币，政府只收取少量的铸币制造费用，同时也允许经济主体不受限制地将金币熔化成黄金(Free Minting)㊀；第三，金融机构可以自由发行信用货币，但是信用货币的发行者需要保证信用货币随时可以按面额自由兑换成金币；第四，政府不限制黄金的自由输出入。

在金本位制度下，最为关键的是政府将货币单位规定为一定量的黄金，例如美国政府曾经规定黄金的价格为每盎司20.67美元，1934年1月底，美国颁布《黄金储备法》(*Gold Reserve Act*)，将黄金价格提高到每盎司35美元(美元相对黄金贬值40%)。1971年12月18日，在美国首都华盛顿史密森学会(Smithsonian Institution)，西方主要发达国家就汇率调整等问题召开会议，达成的协议中有一项就是美元对黄金贬值，黄金的官价从每盎司35美元提高到38美元。黄金不仅可以用作货币，还可以用于非货币的用途，如首饰、工业用途等。所以黄金市场可以分为两个，一个是黄金的货币用途市场，另一个是黄金的非货币用途市场。政府给定了黄金的货币价格，也就是在黄金的货币用途市场上的本币价格，金币的自由铸造和自由熔化则保证了黄金在这两个市场上的价格趋于一致。如果货币用途市场上黄金的政府价格相对较高，黄金的持有者可以向政府要求将手中的金块铸成金币。如果黄金在非货币用途市场上的价格较高，金币的持有者可以自由将金币熔化成金块。通过套利，黄金在这两个市场的价格趋于一致。由于黄金的货币价格是政府给定并且维持的，因此黄金在非货币用途市场上的价格围绕黄金的货币价格上下波动。

在图17-1中，D_N代表非货币用途的黄金需求曲线，向右下方倾斜，供给曲线S向右上方倾斜。如果黄金开采技术提高，比如氰化法的发明，使得黄金生产规模大幅度提高，供给曲线向右移动。假定政府将黄金价格定位在每盎司35美元，那么对黄金的非货币需求量就是OA，因为此时的黄金供给为OB，所以作为货币用途的黄金数量为AB。那么，黄金形式的货币供应量就是图中阴影区域$ABCD$，这等于流通中的黄金盎司数量AB乘以每盎司的黄金价格35美元。在这种情况下，(黄金)货币供给量取决于黄金供求的相互作用，但是只要政府规定了黄金的价格，那么政府就失去了对(黄金)货币供应量的控制。

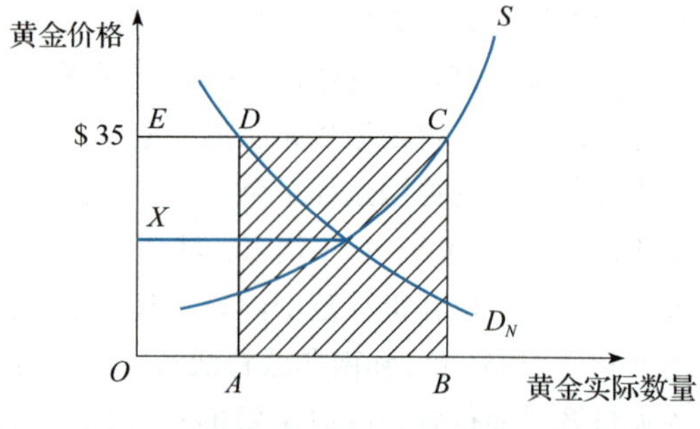

图17-1 金本位制度下的黄金供求与货币供给

所谓信用货币的自由发行和自由兑换，就是当信用货币的发行者获得新的黄金储备，就可

㊀ “自由铸造”是指无限量铸造，而不是无费用铸造(Free of Charge)。事实上，包括英国在内，许多实行金本位的国家都采取了向公众收取工本费的做法，也就是本国公众将生金交给铸币厂铸造成金币时，本国的铸币厂要收取一定的工本费。这个工本费与铸币税(铸币息差)不是一回事。

以发行新的信用货币，这是信用扩张的过程；当信用货币的持有者预期经济将出现通货膨胀，可以将信用货币按面额兑换成黄金，这是信用紧缩的过程。通过保证信用货币的自由发行和自由兑换，使得社会上的货币供应量大于黄金的储备量，既满足生产和流通规模不断扩大的货币需求，同时又可以保证物价的稳定。所谓黄金的自由输出入，就是各国之间的贸易差额最终用黄金来清算，保证了各国间货币汇率的稳定。具体来说，在金本位时代，两国汇率水平取决于两国货币的含金量，也就是所谓的铸币平价(Mint Parity)。例如，当时英国政府规定价值1英镑金币的含金量113.001 6格令(约7.322 38克)纯金；美国政府规定价值1美元金币的含金量为23.22格令(约1.504 63克)纯金。根据这两者的含金量，就可以确定英镑与美元的兑换比率，也就是铸币平价为1英镑等于4.866 565美元。这决定了两国货币的兑换比率(又称铸币平价)，但是市场上实际成交的汇率水平又是多少呢？市场上实际成交的汇率围绕铸币平价，并且在黄金输出入点(Gold Transport Points)之间的范围内上下波动。

什么是黄金输出入点呢？众所周知，在两国输送黄金进行贸易结算，通常需要支付运输费、包装费、保险费等相关费用。在第一次世界大战之前，在英美两国之间黄金的各项运输费用为所送黄金价值的6‰左右。换言之，运输1英镑黄金的费用为0.03美元。在美国外汇市场上，英镑的需求曲线和供给曲线相交于 *E* 点(见图17-2)。该点在美国的黄金输出点(£1 = \$4.896 5)和黄金输入点(£1 = \$4.836 5)之间。当汇率超过这一水平，不论是需求曲线还是供给曲线，均变得无限弹性，呈现出水平状态。例如，当汇率超过£1 = \$4.896 5的水平，英镑的需求曲线和供给曲线均出现弯折，并变成水平状。因为此时英镑的需求方将不会以高于这一汇价的水平买入英镑，其最高的价格也就是£1 = \$4.896 5的水平，具体如下：英镑的需求方在美国国内以4.866 5美元买入1英镑的黄金，然后将其运到英国，最后的成本为4.896 5美元，这是需求方愿意付出的最高价格。在超出这一水平的汇价上，需求方不会买，供给方售不出去。所以£1 = \$4.896 5构成了美国的黄金输出点。同样，在£1 = \$4.836 5的汇价水平上，英镑的需求曲线和供给曲线也将出现弯折，并变成水平状。理由是当汇价低于这一水平，供给方将不会以低于这一汇价售出英镑，需求方将无法以低于这一汇价的水平买入英镑。从供给方来看，其最低的售价是将英镑在英国国内兑换成黄金后运到美国，以1英镑来计，扣除运费和保险费之后的最低的价格是4.836 5美元，所以£1 = \$4.836 5构成了美国的黄金输入点。

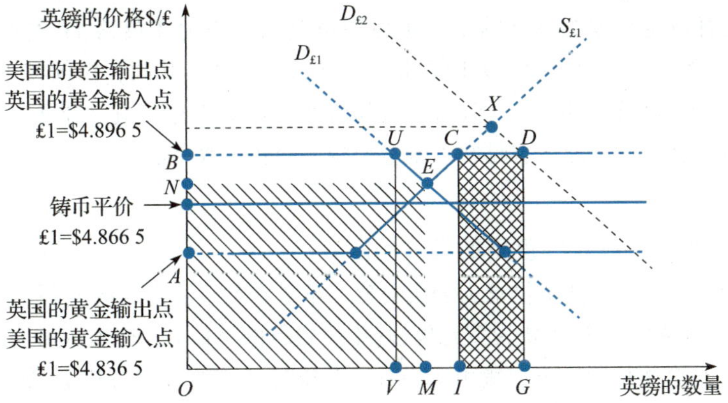

图 17-2 金本位制度下的汇率波动及黄金输出入

需要说明的是，美国的黄金输入点也是英国的黄金输出点，也是美元升值的最高点(英镑贬值的最低点)，在图17-2中以 *A* 点来表示；美国的黄金输出点也是英国的黄金输入点，同样是美元贬值的最低点(英镑升值的最高点)，在图 17-2 中以 B 点来表示。英镑的供给曲线 $S_{£1}$ 和需求曲线 $D_{£1}$ 相交于 E 点，对应的英镑均衡数量为 M，对应的均衡汇率为 N；如果以美元来计，英镑外汇市场均衡量为阴影面积 $OMEN$。当然，这不是说英镑的供给和需求曲线不会发生移动。假设美国居民对英国产品的需求增加，英镑的需求曲线向右移动到 $D_{£2}$ 的位置。英镑的供给曲线 $S_{£1}$ 和需求曲线 $D_{£2}$ 相交于 X 点，其汇价超过了£1 = $4.896 5 的水平，但这是不可能出现的。受美国黄金输出点的限制，汇率不可能高于£1 = $4.896 5 的水平，出现的英镑缺口只有通过美国的黄金输出来弥补。在英镑外汇市场上，英镑的供给量为 OI，英镑的需求量为 OG，其缺口为 IG，如果以美元来计，外汇缺口为 $CDGI$。美国输出的黄金总值为 $CDGI$ 的美元或者 IG 的英镑。因此，在美国的英镑外汇市场上，当英镑需求增加后，英镑的需求量为 $OV+VG$，其中 OV 为需求增加之前的规模，VG 为英镑需求的增加规模；英镑的供给量为 $OI+IG$，其中 IG 为美国输出黄金所对应的英镑数量。如果以美元来计，所对应的美元供给量为 $OVUB+UVGD$，美元需求量为 $OBCI+CDGI$，其中 $CDGI$ 为输出黄金所对应的美元值。

17.2.2 金本位制度下物价水平变化的影响因素

一般来说，在金本位制度下黄金不仅可以作为货币使用，而且可以作为一般商品使用。因此，黄金的需求可以分为货币黄金的需求与非货币黄金的需求。货币黄金一般为货币当局持有，非货币黄金一般为私人部门持有。黄金的供求变化不仅会影响金本位下的一般物价变动和黄金的跨境流动，而且会影响金本位制度的稳定。从黄金的供给方面来看，金矿的发现和提炼技术的进步将会增加黄金的供给；本国对外贸易的逆差将导致本国黄金流失，使得黄金的供给减少。从需求方面看，黄金在非货币领域使用规模的扩大，如装饰性黄金、工业用黄金等方面的需求增加将会影响黄金在货币领域和非货币领域之间的转移；同样，货币当局改变货币黄金的定价也将影响黄金在货币领域和非货币领域的分配。

假定在现实生活中，公众之间的交易并不使用黄金，而是使用可以兑现黄金的现钞(以美元为例)，并且美元现钞与货币黄金之间有明确的兑现比率，即 1 美元现钞按照法律规定可以兑换多少数量的黄金(或者是 1 盎司黄金可以兑换多少美元)。该兑换比率就是货币当局规定的黄金的美元价格(也称黄金的官定价格)。请注意，黄金的官定价格一般在相当长时间内保持不变(如英国政府规定纯度为 0.9 的 1 金衡盎司黄金的价格为 3 英镑 17 先令 10.5 便士，即 3.89 英镑，这一价格从 1717 年到 1931 年几乎一直保持不变，其间，仅仅在 1797～1821 年和 1914～1925 年两个时间段中断过)，但是一般物价水平则会发生变化。下面以 Barro(1979)的论文为基础，分析金本位制度下有哪些因素会影响一般物价水平的变化，黄金的供求均衡点将如何发生变化。

1. 封闭经济体下金本位制度下的经济均衡

以下以封闭经济体下的黄金供求为分析对象，不考虑黄金输出入的问题。首先，分析货币黄金 G_m(存量)。流通中的货币 M 为美元现钞(中央银行的负债)，P_g 表示每盎司黄金的官定价格(以美元计)。在金本位制度下，货币当局有义务维持黄金的官定价格 P_g 保持不变，一般物价水平 P 在商品供求规律的作用下则会发生变化，y 为实际总产出。在典型的金本位制度下，美元现钞的发行以黄金为发行准备，中央银行持有的货币黄金的价值为 P_gG_m，即每盎司黄金的官定价格 P_g 乘以中央银行持有的黄金储备存量 G_m。在部分发行准备制度下，中央银行持有黄金储备(即货币黄金)的美元价值与流通中的美元现钞额 M^s 的比率为 λ，因此美元现钞的供

给 M^s 可以表示为 $M^S=\dfrac{P_gG_m}{\lambda}$，其中 $0\leqslant\lambda\leqslant1$。美元现钞的货币需求 M^d 受哪些变量影响呢？根据货币需求理论，主要有以下影响因素：一般物价水平 P、实际收入水平 y 以及持有美元现钞的机会成本。假定居民只能在持有美钞与商品(或具有固定收益率的资产)之间做出选择，因此持有美元现钞的机会成本可以用预期通胀率来表示，即 $\pi\equiv E(\dot{P}/P)$。美元现钞的实际需求量与预期通胀率负相关，与总产出正相关，因此货币需求的表达式为 $\dfrac{M^d}{P}=k(\pi)y$。当美元现钞的 $M^s=M^d$ 时，一般物价水平可以表示为 $P=\dfrac{P_gG_m}{\lambda k(\pi)y}$。换句话说，该等式描述了一般物价水平 P 与黄金的官定价格 P_g 之间的关系。因为每盎司黄金的官定价格 P_g 保持不变，所以影响一般物价水平的变量主要是 $\dfrac{G_m}{\lambda k(\pi)y}$，其中 k 也可以理解为货币流通速度的倒数。通常情况下，λ、y 和 k 都为外生变量，最终影响一般物价水平的主要变量为货币黄金存量 G_m。

其次，我们分析非货币黄金 G_n(存量)。非货币黄金主要是指装饰性黄金、医用黄金、工业用黄金等，在使用过程中会发生耗损，假定单位时间跨度内耗损的速度为 δ(货币黄金存放在金库中不发生耗损)，则耗损规模为 δG_n。非货币黄金 G_n 受当期的相对价格(P/P_g)、预期通胀率(π)以及实际收入(y)的影响。具体来说，G_n 与当期相对价格 P/P_g 正相关，与预期相对价格 P^E/P_g 负相关。因为黄金的美元价格 P_g 不变，所以若当期的相对价格上升(P/P_g)，则私人部门会将更多的黄金用于非货币性用途，非货币黄金 G_n 与当期相对价格正相关。同时，若一般物价水平 P 预期上升(即预期发生通胀，P^E/P_g 上升)，私人部门在本期用于非货币性用途的黄金会下降，下一期一般物价水平升高时用于非货币用途的黄金会增加，因此非货币黄金与预期通胀率负相关。私人部门的实际收入 y 增加，非货币黄金的需求会同步上升。私人部门的非货币黄金需求 G_n 的“目标”存量值(Target Stock)为：

$$G_n=f\Big(\underset{+}{\frac{P}{P_g}},\ \underset{-}{\pi}\Big)y$$

其中，我们用 η_y 和 η_p 分别表示非货币黄金的收入需求弹性和价格需求弹性。为了简化分析，假定非货币黄金的收入需求弹性 $\eta_y=1$，其经济含义为收入水平上升 1%，非货币黄金会同时上升 1%。f 表示非货币黄金与一般物价水平之间的函数。若 $\eta_p<1$，则表明一般物价水平上升 1%，非货币黄金的上升幅度会小于 1%。通常情况下，黄金供求的恒等式为：

黄金供给量 = 货币黄金需求量 + 非货币黄金需求量(存量)

同理，流量意义上的黄金供求恒等式为：

Δ 黄金供给量(黄金新增供给量) = Δ 货币黄金需求量 + Δ 非货币黄金需求量

为了得到模型的稳态解，下面依次分析(流量意义上的)黄金供给、非货币黄金需求和货币黄金需求。g 表示黄金的供给新增速率，每增加 g 个单位黄金的成本为 $c(g)$，边际成本为正且递增($c'>0$，$c''>0$)。因此，新增黄金产量所对应的成本函数为 $Pc(g)$，收益函数为 P_gg，为了满足利润最大化，可以得到 $c'(g)=P_g/P$。黄金供给(流量)的表达式为 $g^s=g^s(P/P_g)$，g^s 与 P/P_g 负相关。

非货币黄金需求的总流量为 $g_n^d=\alpha\left[f\left(\dfrac{P}{P_g},\ \pi\right)y-G_n\right]+\delta f\left(\dfrac{P}{P_g},\ \pi\right)y$，其经济含义是当期非货币黄金 G_n 向未来目标量 $f\left(\dfrac{P}{P_g},\ \pi\right)y$ 调整所产生的流量(由于理论调整过程与实际会发生偏离，

因此增加调整因子 α 使模型更贴近于实际情况)，同时当非货币黄金达到其目标存量时，为保证非货币黄金维持其目标量水平保持不变，必须补充其耗损量 $\delta f\left(\frac{P}{P_g}, \pi\right)y$。因此，非货币黄金需求的实际变动(净流量)可以表示为 $\dot{G}_n=g_n^d-\delta G_n=(\alpha+\delta)\left[f\left(\frac{P}{P_g}, \pi\right)y-G_n\right]$。类似于总投资和净投资之间的差异为折旧，$\dot{G}_n$ 与 g_n^d 的差异是 δG_n，即非货币黄金的实际变动应当剔除当期非货币黄金的消耗。货币黄金需求的变动(流量)可以表示为 $\dot{G}_m=g^s-g_n^d=g^s\left(\frac{P}{P_g}\right)-\alpha\left[f\left(\frac{P}{P_g}, \pi\right)y-G_n\right]-\delta f\left(\frac{P}{P_g}, \pi\right)y$。当模型达到稳态时，(流量意义上的)货币黄金和非货币黄金与一般物价水平不会发生任何变动，即 $\dot{G}_m=\dot{G}_n=\dot{P}=0$ 时，有 $g^{s*}\left(\frac{P^*}{P_g}\right)=\delta f\left(\frac{P^*}{P_g}, \pi^*\right)y$，其经济含义是稳态下，黄金的供给量等于非货币黄金的耗损量。在稳态下还可以得到 $\pi^*=0$，由此可以得到均衡条件下的一般物价水平 P^*。在稳态下，货币黄金与非货币黄金需求的变化量都为零，此时对应 G_n 与 G_m 的稳态值分别为：$G_n^*=f\left(\frac{P^*}{P_g}, \pi^*\right)y$；$G_m^*=\lambda k(\pi^*)y\frac{P^*}{P_g}$。稳态下的金本位如图 17-3 所示，左侧表示一般物价水平 P 与货币黄金存量 G_m 之间的关系(由公式 $P=\frac{P_gG_m}{\lambda k(\pi)y}$ 给出)，右侧表示非货币黄金 G_n 和货币黄金 G_m 不发生变动时所对应的稳态(分别由 $\dot{G}_n=0$ 和 $\dot{G}_m=0$ 给出)。$\dot{G}_n=0$ 和 $\dot{G}_m=0$ 具体的表达式分别为：

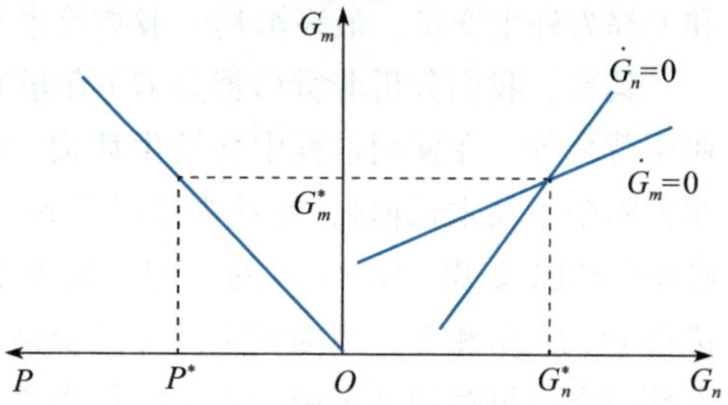

图 17-3 金本位下一般物价水平的稳态

$$G_m=\frac{P\lambda k(\pi)}{f\left(\frac{P}{P_g}, \pi\right)P_g}G_n$$

$$G_m=\frac{\alpha}{\alpha+\delta}\frac{P\lambda k(\pi)}{f\left(\frac{P}{P_g}, \pi\right)P_g}G_n+\frac{P\lambda k(\pi)}{(\alpha+\delta)f\left(\frac{P}{P_g}, \pi\right)P_g}g^s$$

2. 影响金本位制度下一般物价水平变动的因素

在金本位制度下，有哪些因素的变化会导致一般物价水平的变化呢？

(1) 开采黄金的技术进步(金矿的新发现)。假定黄金开采技术水平提高，黄金生产的边际成本 $c'(g)$ 下降。给定黄金供给的新增速率 g，黄金的供给 g^s 上升。根据 $\dot{G}_m=g^s-g_n^d$，有 $\dot{G}_m>0$，图 17-4 右侧中的货币黄金曲线偏离均衡状态，向上发生位移。随着时间的推移，一般物价水平 P 与非货币需求黄金 G_n 会随着 G_m 的增加逐渐上升，最终达到新的均衡点 P_2^* 和 G_{n2}^*。

(2) 实际收入水平的变化。假设实际收入水平 y 出现一次性增长，并假定黄金生产的技术水平与预期通胀率保持不变，图 17-5 左侧的曲线斜率会变得更陡峭。在初始状态下，货币黄金 G_m 还未发生改变，一般物价水平 P 逐渐下降，而一般物价水平 P 的下降会导致黄金的供给 g^s 增加，进而使得 $\dot{G}_m$ 上升，G_m^* 因此较初始状态有所升高。同时，稳态下的 G_n^* 等于 g^s/δ，由

于黄金的新增供给 g^s 增加，G_n^* 也会沿横轴向右移动，最终 G_n^* 与 G_m^* 将会到达新的均衡点（如图 17-5 右侧所示）。假定非货币黄金的收入价格弹性 η_y 和价格需求弹性 η_p 都等于 1，实际收入水平 y 的上升对非货币黄金的影响将会被一般物价水平的下降对非货币黄金的影响所抵消，结果非货币黄金流量 $\dot{G}_n$ 继续维持稳态（曲线 $\dot{G}_n=0$ 不发生移动）。若非货币黄金的价格需求弹性 η_p 小于 1，非货币黄金流量 $\dot{G}_n$ 将会大于零（曲线 $\dot{G}_n=0$ 向右移动）。因此，上述分析表明，实际收入水平的一次性上升会使得物价水平下降。这个结论通常揭示了金本位存在的致命缺陷——经济体系有可能陷入通货紧缩的困境。如何避免上述困境呢？这里讨论两种方式：一是降低现钞发行准备率 λ；二是提高黄金的官定价格 P_g。

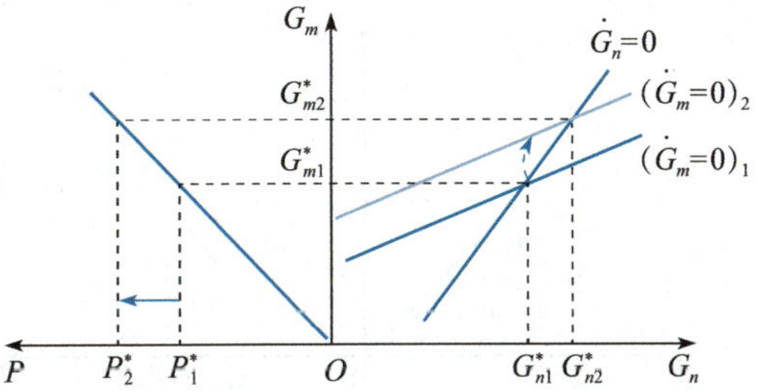

图 17-4　金矿的发现带来的效应

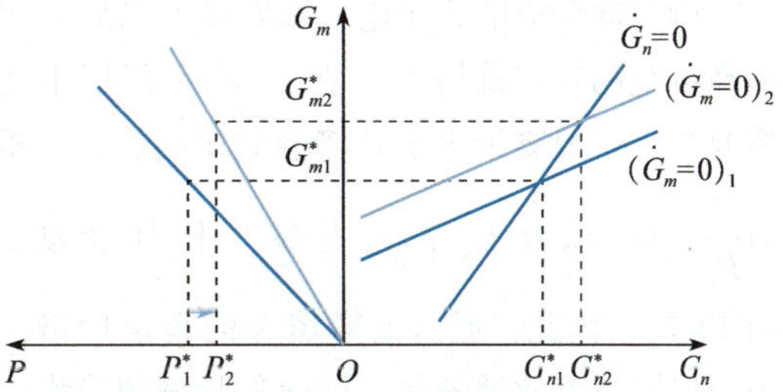

图 17-5　实际收入的一次性增加带来的效应

（3）降低现钞发行准备率 λ。货币当局能否降低现钞发行准备率 λ，通过发行更多的美元现钞满足经济运行对货币的需求呢？如果 λ 出现一次性下降，那么在黄金存量 G_m 与 G_n 保持不变的情况下，一般物价水平 P 将会上升，同时 $\dot{G}_n=0$ 与 $\dot{G}_m=0$ 曲线分别向右和向下移动。在稳态条件下，一般物价水平 P^* 和非货币黄金存量 G_n^* 都与现钞发行准备率 λ 无关，因此即便 λ 发生改变，一般物价水平 P^*、非货币黄金存量 G_n^* 和货币存量 M^* 均保持不变。如图 17-6 所示，其整个变动过程如下。初始状态下，G_m 保持不变，随着货币供应量 M 的上升，一般物价水平按比例上升到 P_2 的水平。此时，由于发生通货膨胀，私人部门对非货币黄金的需求 G_n 上升，同时由于开采黄金的成本上升，黄金供给量 g^s 下降，这两者同时导致货币黄金的需求 G_m 下降，一般物价水平 P 继而出现回落，直至一般物价水平 P 回到初始均衡水平 P^*，非货币黄金 G_n 也回到初始状态 G_n^*。换句话说，在负反馈机制的作用下，现钞发行准备率的降低最终只造成了货币黄金存量 G_m 的下降，对一般物价水平 P 以及非货币黄金 G_n 并没有任何影响。因此我们也可以认为，只要黄金的官定价格 P_g 保持不变，增发美元现钞的举措并不能有效遏制其通货紧缩的趋势，只能造成物价水平 P 的短期波动。历史表明，金本位制度最终为完全的信用本位制度所取代，其原因是什么呢？在稳态下，等式 $\dfrac{M^*}{P^*}=\dfrac{P_g G_m^*}{\lambda P^*}=ky$ 成立，其含义为流通中美元现钞的实际价值与现钞发行准备率无关，而黄金储备的美元价值与现钞发行准备率 λ 正相关。因此，一国维持金本位制度的成本与现钞发行准备率 λ 正相关。相应地，

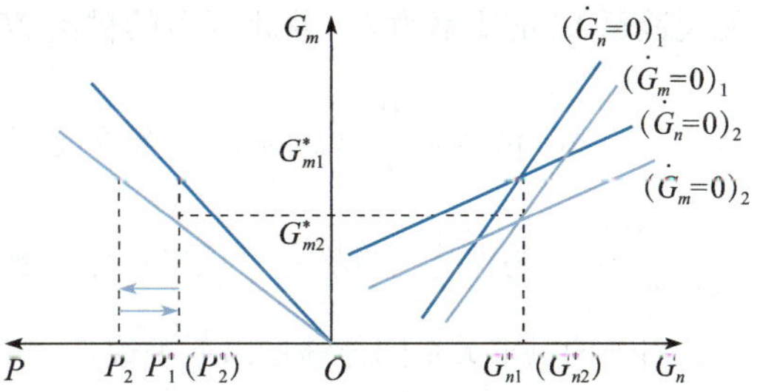

图 17-6　现钞发行准备率下降带来的效应

在本模型中该国货币当局发行现钞所带来的收益在本模型中可以表示为 $ky-\frac{P_g G_m^*}{P^*}$(也有学者称之为铸币税，现钞的实际价值减去黄金储备的实际价值)，该收益与 λ 负相关。因此，货币当局为了获得最大化收益，最终会使得稳定状态下的现钞发行准备率趋近于零($\lambda \to 0$)，货币黄金存量同样趋近于零($G_m \to 0$)，此时政府的收益达到最大值 ky。货币当局继续超额发行现钞已经不考虑是否要兑现黄金的官定价格 P_g，现钞的价值与货币黄金的价值实际上已完全脱钩。随着货币当局发行的现钞越来越多，私人部门则会不断用手中的现钞向货币当局以 P_g 的价格买入黄金，黄金的价格将一路攀升，最终该国货币当局会宣布放弃金本位。换言之，降低现钞发行准备率会使得金本位制度最终瓦解，从根本上避免了通货紧缩的境况。

(4) 黄金价格的变化。如果货币当局一次性提高黄金的官定价格 P_g，在 G_m 和 λ 保持不变的情况下，一般物价水平 P 将会成比例上升，相应地 $\frac{P}{P_g}$、G_m 以及 G_n 都没有发生任何变动(见图 17-7)。因此，通过改变黄金的官定价格，货币当局可以有效地遏制一国通货紧缩的趋势。

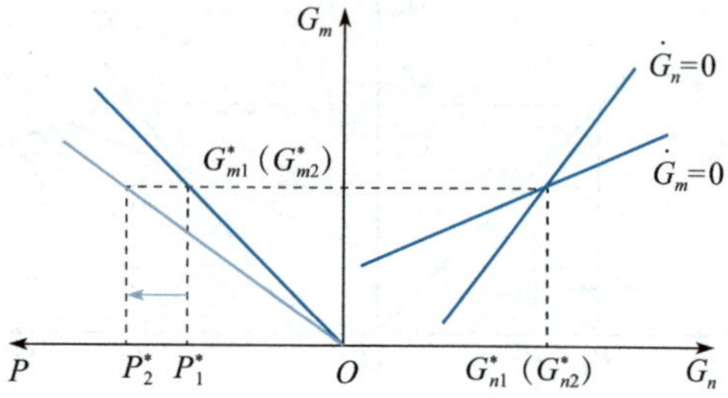

图 17-7 黄金价格的一次性上升带来的效应

3. 复本位制度内生的缺陷

假设某封闭经济体同时选择黄金和白银两种金属作为现钞发行准备，一盎司黄金和白银的价格分别为 P_g 和 P_s(以美元计价)，同时该国货币当局持有 G_m 盎司的黄金和 S_m 盎司的白银，这就是复本位制度。在部分发行准备率下，货币当局持有黄金和白银储备的价值与流通中的美元现钞额 M^s 的比率为 λ，因此现钞的供给 M^s 可以表示为 $M^s=\frac{P_g G_m+P_s S_m}{\lambda}$。在复本位制度下，货币需求 M^d 仍然是 $\frac{M^d}{P}=k(\pi)y$。当美元现钞的 $M^s=M^d$ 时，一般物价水平可以表示为 $P=\frac{P_g G_m+P_s S_m}{\lambda k(\pi)y}$。为保持物价稳定，该经济体需要保持黄金和白银的官定价格不变。在复本位制度下，白银的供求关系同样满足以下等式：

白银供给量 = 货币白银需求量 + 非货币白银需求量(存量)

同理，流量意义上的白银供求恒等式为：

Δ 白银供给量 = Δ 货币白银需求量 + Δ 非货币白银需求量

首先，白银的新增供给量可以表示为 $s^s=s^s\left(\frac{P}{P_S}\right)$。其次，非货币白银的目标存量可以为 $h\left(\frac{P}{P_s},\ \pi\right)y$，非货币白银总流量可以表示为 $s_n^d=\beta\left[h\left(\frac{P}{P_s},\ \pi\right)y-S_n\right]+\varepsilon h\left(\frac{P}{P_s},\ \pi\right)y$，其净流量可以表示为 $\dot{s}_n=(\beta+\varepsilon)\left[h\left(\frac{P}{P_s},\ \pi\right)y-S_n\right]$。最后，货币白银的流量表达式为

$$\dot{s}_m=s^s-s_n^d=s^s\left(\frac{P}{P_s}\right)-\beta\left[h\left(\frac{P}{P_s},\ \pi\right)y-S_n\right]-\varepsilon h\left(\frac{P}{P_s},\ \pi\right)y$$

在复本位制度下，货币黄金与非货币黄金的表达式与金本位下的表达式无任何差异。因此，复本位制度下的稳态要同时满足以下两个条件：

$$g^{s*}\left(\frac{P^*}{P_g}\right)=\delta f\left(\frac{P^*}{P_g},\ \pi^*\right)y$$

$$s^{s*}\left(\frac{P^*}{P_s}\right)=\varepsilon h\left(\frac{P^*}{P_s},\ \pi^*\right)y$$

这意味着若该封闭经济体要达到稳态，一般物价水平需要同时满足上述两个等式。换句话说，$\frac{P^*}{P_g}$需要满足第一个等式，$\frac{P^*}{P_s}$也要同时满足第二个等式。因此，黄金和白银的官定价格之比$\frac{P_g}{P_s}$需要恰好设定在满足稳态条件的相对水平上，才可以使得 P^* 同时成为上述两个方程的公共解。即便黄金与白银的官定价格之比$\frac{P_g}{P_s}$恰好处于稳态，现钞发行准备的黄金与白银构成占比仍然无法确定，因为此时 G_m 和 S_m 存在多重解。更进一步分析，若黄金与白银的官定价格之比$\frac{P_g}{P_s}$恰好处于稳态，任何外在扰动(包括官方主动调整 P_g 或者 P_s)都会使得一般物价水平 P 发生改变，整个经济也会偏离稳态，最终导致 G_m(或者 S_m)减少为零，黄金(或者白银)由官定价格转变为浮动价格。以白银开采技术的进步为例，白银的新增产量 s^s 增加，白银的实际价格将会低于其官定价格。黄金和白银的官定价格之比小于两者的市场价格之比，私人部门更愿意持有黄金而非白银，因此货币当局的货币黄金存量将逐渐减少直至枯竭(私人部门持续用白银向货币当局按官价兑换黄金的结果)。白银开采技术的进步意味着$\frac{P_g}{P_s}$应当上升，然而在复本位制度下，往往只有当货币黄金存量急剧下降或者降到其合意水平之下时，货币当局才会被迫调整黄金的官定价格。实际上，此时该封闭经济体的货币制度已经由复本位转变为银本位制度。若要保证复本位制度不发生崩溃，货币当局则应当根据实际情况随时调整黄金(或白银)的官定价格，然而这会导致另一个致命问题：复本位下黄金(或白银)的官定价格在不断变化当中。反过来，这也意味着如果经济运行需要维持在稳定状态，货币当局必须放弃复本位制度。

4. 复合本位制度内生的缺陷

复合本位(Symmetallism)又称为稳定的复本位，这一概念由经济学家马歇尔(Marshall)提出。在复合本位制度下，货币当局将储备单位(Reserve Unit)设定为由黄金和白银两种金属构成，即每个储备单位为1盎司，其中含有 γ_g 盎司的黄金和 γ_s 盎司的白银。假定货币当局持有 R 个储备单位，那么货币黄金和货币性白银分别为 $G_m=\gamma_g R$ 和 $S_m=\gamma_s R$。若储备单位的价格为 P_r，那么现钞发行准备的名义价值可以表示为 $P_rR=P_gG_m+P_sS_m$。因此，储备单位的价格为 $P_r=\gamma_gP_g+\gamma_sP_s$，其与一般物价水平之比为$\frac{P_r}{P}=\gamma_g\frac{P_g}{P}+\gamma_s\frac{P_s}{P}$。在复合本位制度下，货币当局通过设定储备单位的官定价格 P_r 来稳定一般物价水平，而非控制黄金或白银的官定价格。与复本位制度不同的是，复合本位制度只是固定了储备单位的官定价格，但是黄金和白银的价格可以自由浮动，由此可以很好地应对潜在的外生冲击。

在复合本位制度下，$M^s=\frac{P_rR}{\lambda}=\frac{P_gG_m+P_sS_m}{\lambda}$。给定储备单位的官定价格 P_r，稳态条件下发行储备的名义价值为 P_rR^*。给定 γ_g 和 γ_s，稳态条件下黄金和白银的相对价格分别为$\frac{P^*}{P_g^*}$和$\frac{P^*}{P_s^*}$，

并得到稳态条件下的一般物价水平 P^*。实际上，复合本位制度与金本位制度十分相似，不同之处仅仅在于在复合本位制度下，一般物价水平的变动还会受到货币白银供求关系的影响。从本质上看，复合本位制度下一般物价水平的波动率分别按 γ_g 和 γ_s 的权重由$\frac{P}{P_g}$和$\frac{P}{P_s}$的波动率构成。例如，若某封闭经济体采取金本位制度，相当于其储备单位中黄金占比 $\gamma_g=100\%$，白银占比 $\gamma_s=0\%$，假设货币当局一次性大幅提升黄金官价，导致一般物价水平也出现上涨(即通货膨胀)。为了避免出现这一结果，货币当局可以采取复合本位制度，即降低储备单位中的黄金占比，增加白银占比。那么，如何设定黄金和白银的占比呢？其标准是价格波动最小化。值得注意的是，储备单位中黄金和白银的权重不取决于其实际产量的高低，而是取决于其价格的相对稳定程度。若黄金价格相对更稳定，即便白银的产量更高，现钞发行准备的 γ_g 也应该更高。

17.2.3 典型金本位制度下的外部平衡与内部平衡

英国哲学家和经济学家大卫·休谟(David Hume)总结了金本位制度下国际收支发生自动调节的机制，即“价格-金币流动机制”(*Price Specie Flow Mechanism*)。具体表现如下：国际收支逆差→黄金外流→货币供给减少→价格下降→劳动生产率提高→出口增加，进口下降→国际收支顺差→黄金内流→货币供给增加→价格上涨→劳动生产率下降→出口下降，进口增加。

显然，金本位下各国汇率保持固定，汇率调整无法构成各国的政策工具，在这个前提之下，各国必然出现国际收支不平衡的问题。因此，可以认为金本位制度下汇率的稳定要优先于国内物价的稳定。休谟机制发生作用的基础，用现代经济学的语言来解释就是实际汇率机制，即在名义汇率保持不变的情况下，通过国内外物价的上涨和下跌，改变实际汇率，进而扭转国际收支的失衡状态。此外，休谟机制作用的发挥，还有赖于以下假设前提。第一，实行金本位制度的各国中央银行不采取冲销政策。不论是国际收支顺差还是逆差，各国中央银行必须实行非冲销政策。顺差国不减少国内信贷，逆差国不增加国内信贷，使得本国的货币供应量能够伴随着黄金的流出入而发生增减。第二，各国商品的供求有充分的弹性。换言之，只有满足马歇尔-勒纳条件才能实现休谟机制。第三，不考虑资本流动的情况。

然而，有研究表明，即使是在金本位制度的黄金时期，休谟机制也很少真正发挥作用。这主要体现在以下三个方面。

第一，金本位制度下的货币不仅有黄金，还有银行券。当本国出现国际收支逆差，黄金的外流是否会带来货币供应量(居民持有的金币+银行券+存款)的下降呢？未必。即便黄金外流使得银行降低储备比率(黄金与银行券的比率)，货币供应量也未必下降，实际汇率机制可能就无法发挥作用。这里暂时不考虑公众持有的金币。

假定英国在黄金输出之前的银行体系资产负债表如表 17-1 所示。

表 17-1 英国银行体系资产负债表(1) (单位：万英镑)

资产		负债	
黄金	40	流通中现钞	40
国内资产	60	存款	60
总资产	100	总负债	100

英国整个的货币供应量为 100 万英镑，对应的黄金为 40 万英镑，黄金占货币供应量的储

备比率为 40%。

假设此时黄金流出 20 万英镑。英国银行体系的资产负债表变化如表 17-2 所示。

表 17-2　英国银行体系资产负债表(2)　（单位：万英镑）

资产		负债	
黄金	20	流通中现钞	20
国内资产	60	存款	60
总资产	80	总负债	80

此时，黄金占货币供应量的比率为 25%，较黄金流出之前下降了 15 个百分点。为此，货币供应量必须下降 30 万英镑以保持 40% 的黄金储备率。整个银行体系必须进行信贷紧缩，收回国内资产(贷款)30 万英镑(见表 17-3)。这里我们假定 40% 的黄金储备率是满足国内银行券黄金兑付的最低要求。显然在这种情况下，不仅黄金流出，而且国内信贷收缩，使得国内物价迅速下跌。

表 17-3　英国银行体系资产负债表(3)　（单位：万英镑）

资产		负债	
黄金	20	流通中现钞	20
国内资产	30	存款	30
总资产	50	总负债	50

如果为了维持国内物价的稳定，保持货币供应量 100 万英镑不变。此时，中央银行采取冲销政策，国内资产就必须增加到 80 万英镑。可以发现，此时的黄金储备率降至了 20%。如果国内发生挤提现象，英国的金本位将无法维持。显然，保持物价的稳定是以黄金储备率的大幅度波动为代价的。

第二，收入机制的作用。例如当本国发生灾荒，国民收入大幅度下降，从而对进口商品的需求下降，此时实际汇率机制也不必发挥作用。

第三，利率机制的作用。在典型的金本位制度时期(1870～1914 年)，资本的流动一定程度上代替黄金输出入而发挥作用。英格兰银行就通过提高或降低其贴现率(Bank Rate)来实现资本流出入的控制，用以冲销经常账户的差额，因而黄金输出入的规模实际上很小。具体来看，当英国出现经常账户逆差，且黄金储备已经很少的情况下，可以通过提高利率水平来阻止黄金的外流，并且可以吸引国外的黄金流入。利率机制的作用恰恰是考虑了资本流动的因素，与前面的假设矛盾。

在金本位制度盛行的年代，物价水平的周期性变化并没有引起各国政府的关注，主要在于内部经济平衡目标在各国经济政策当中并不占主导地位，各国政府也远没有像在第二次世界大战之后那样肩负保持国内经济稳定的重任。因此可以认为，金本位制度是以内部目标为代价来实现外部目标的，这大大限制了各国采用货币政策对付失业的能力。

休谟机制还被视为货币学派国际收支调节机制的滥觞，被不少人奉为自由经济的圭臬。但是，从历史来看，典型金本位制度的运行并非没有缺陷。其不足主要体现为以下两点。一是金本位制度面临长期的通货紧缩。若没有发现足够的黄金，或者黄金的提炼技术没有突破性进展，或者实体经济的规模增长更快，黄金的生产赶不上商品的生产，并且这种状况持续较长的时间，通货紧缩就会维持较长的时间。二是如果发现大金矿或者金矿提炼技术迅速上升，一般价格水平会出现短期的波动。

17.3 两次世界大战之间的金本位制度

1914 年 7 月第一次世界大战爆发后，各国出现了物价飞涨，持续四年的战争给各参战国带来了巨大的财产损失，平民和军人死亡的总人数超过 3 000 万；一战还改变了世界政治经济格局，大量黄金流向美国，美国的黄金储备占全球黄金储备的 30%，并成为世界第一大净金融资产国，世界经济金融中心从欧洲的伦敦转向了美国的纽约。更令人纠结的是，伴随着《凡尔赛和约》的签订，德国的战争赔款和英、法等国对美国的债务偿还等问题纠缠在一起，各资本主义国家的经济形成了一荣俱荣一损俱损的局面。从货币制度来看，战前各国普遍实行金本位制度，战争爆发之后，各国纷纷暂停了本国银行券兑付金币，为实行通胀政策打开了方便之门。战后各国试图恢复金本位制度，但是由于黄金储备分布不均衡，战后实行的金本位制度已经发生了很大程度的改变。1929 年 10 月世界经济危机的爆发，整个资本主义世界顿时陷入了全面的萧条当中，客观上这也为法西斯主义的兴起创造了条件。由于金本位制度存在外部经济均衡优于内部经济均衡等一系列缺陷，各国政府先后放弃了金本位制度。本节重点阐述两次世界大战之间的金本位制度的变化。

17.3.1 金汇兑本位制度特点和实施的原因

事实上，金本位制度下的价格-铸币流动机制在一战爆发之前并没有严格地执行，国际收支逆差国家比顺差国家承担更多的维持国际收支平衡的责任，顺差国家却不总是会采取措施限制黄金流入，黄金的自由输出入准则并不能得到很好的执行。一战爆发后，各参战国政府为弥补战争开支，不得不向本国中央银行寻求融资，其结果是中央银行无法实现现钞兑付金币的承诺，这意味着在战时状态下各国政府实际上放弃了金本位制度。到 1918 年战争结束之时，各参战国物价水平普遍大幅上涨。美国在一战期间仍然实行金本位制度，由于对欧洲各国有巨额的贸易盈余，黄金大量的流入使得美国通货膨胀压力增加(美联储刚成立不久)。欧洲各国由于财政赤字不得不滥发钞票，这也导致了严重通胀。

一战结束之后，各国如何恢复经济？支离破碎的金本位制度如何恢复？德国的战争赔款如何筹集和支付？这一系列问题困扰着欧洲各国。面对已然运转失灵的金本位制度，如果各国恢复采用一战前的金平价，将出现以下几方面的问题：一是战后的世界各国根本没有足够的黄金来支持全球的现钞按战前的兑换价格流通；二是由于各国通胀率并不相同，战前的金平价并不能反映战后各国实际的购买力平价；三是如果按战前的金平价恢复金本位制度，各国都将出现通货紧缩。在国际联盟的主导下，1920 年在布鲁塞尔召开了国际经济会议商讨货币问题。1922 年，在意大利热那亚(Genoa)再次召开国际经济会议，商讨国际金融事宜。英国、法国、意大利、德国等 34 个国家同意加强相互协作，通过了以国际金本位和自由贸易为基础的世界经济重建方针。本着“节约黄金”的原则，会议建议各国政府采取金币本位制的变形制度——金汇兑本位制度和金块本位制度。所谓金汇兑本位(Gold Exchange Standard)制度，就是中心国实行金币本位制，外围国以中心国的货币作为外汇储备，必要时可以将中心国货币兑现为黄金。采取金汇兑本位制度主要是因为世界各国黄金持有不均衡。该制度对中心国和外围国都存在一定的风险。对于外围国而言，其面临中心国违约的一系列风险，主要表现为中心国既可能放弃金本位制度，又可能实行货币法定贬值(降低含金量)，还可能干脆放弃钞票兑换黄金的义务。对于中心国家而言，同样存在来自外围国的风险。如果外围国政府将中心国的银行存款兑现为黄金以增加其黄金持有量，则中心国的黄金储备和货币供应额都会相应减少。中心国黄金持有量减少，外围国就会考虑中心国是否能够维持钞票兑换黄金的承诺。相反，如果外围国出售黄金，增加以中心国货币标价的存款余额，就会引起中心国的货币供应量增加，进而影响中心国的物价稳定。外围国的这两类变动都可能对中心国的经济造成负面影响。

英国作为世界头号资本主义国家，虽然在一战中经济实力受到重创，却不甘心失去世界货币中心国的地位。1925 年 4 月，经过激烈的辩论，国会通过了《1925 年金本位法案》(*Gold Standard Act 1925*)，决定从 1926 年 1 月 1 日起将英镑汇率恢复到战前的水平(英镑被高估 10% 左右)，即实行战前 1 英镑兑换 4. 866 5 美元的平价(战后英镑兑美元的汇率为 1 英镑兑换 3. 40 美元)，从金币本位制度改为金块本位制度(公众每次兑现黄金的数量必须为 400 盎司，约合 1 700 英镑)。时任英格兰银行行长的蒙塔古・诺曼(Montagu Norman)和英国保守党内阁财政大臣(Chancellor of the Exchequer)的温斯顿・丘吉尔(Winston Churchill)认为：按战前的汇率恢复金本位制度有助于增强国际社会对英镑的信心，但是经济学家凯恩斯却极力反对这一做法，认为这是“野蛮人的遗迹”（Barbarous Relic)。实际上，凯恩斯早在其 1923 年的著作《货币改革略论》(*A Tract on Monetary Reform*)中就认为英镑升值将有损于英国经济的恢复，因为只有实行紧缩性货币政策才能够把英镑兑黄金的比价恢复到一战前的水平，其代价必然是英国经济受到严重的打击，失业率大幅上升，出口下降，反倒会影响国际社会对英镑币值的信心。相反，他认为如果英国想重新采取金本位制度，那么英国就应该制定与战后英国黄金储备相一致的金平价(即提高黄金的英镑价格)，实现保持物价稳定的目标，就不会出现通货紧缩、失业增加、经济低迷。英国恢复金本位制度之后，凯恩斯在 1925 年很快就发表了《丘吉尔先生政策的经济后果》(The Economic Consequences of Mr. Churchill)一文，在文章中他表示英国政府让英镑升值的措施得不偿失，指责丘吉尔是在故意扩大失业。事实上，英国政府恢复一战之前的金平价之后，的确出现了凯恩斯所预测的一系列糟糕的情况。

17. 3. 2 《凡尔赛和约》和欧洲大陆的经济困境

1919 年 1 月，英、美、法等国在法国召开巴黎和会。1919 年 6 月 28 日，经过激烈的争吵，英、法、美、德等国在凡尔赛宫㊀二楼的镜厅签署了《凡尔赛和约》(Versailles Treaty)，目的是惩罚和削弱德国，重新划分了德国疆界，限制德国的军备，瓜分德国的海外殖民地，其中德国战前在中国山东的特权由日本继承。同时，德国必须赔偿其给协约国造成的经济损失。在和会上，出于复仇心态，法国希望使德国背负沉重的战争赔款，彻底摧毁德国未来的战争潜力，甚至提出了肢解德国的方案。英国虽然希望制裁德国，但是在传统的欧洲大陆制衡思想的指导下，又不希望战后的法国势力过大。凯恩斯作为英国代表团中财政部的首席代表，出席了巴黎和会。他对巴黎和会上协约国对德国狮子大开口式的赔款要求非常失望。凯恩斯分析了以下问题：第一，德国能有多少资金可供赔偿？第二，英国每年应该向美国偿付多少战争借款？第

㊀ 1870～1871 年德法两国爆发了普法战争，法国战败，法国向德国赔款 50 亿法国法郎，割让铁矿资源丰富的阿尔萨斯和洛林两地。1871 年 1 月 18 日，德国皇帝威廉一世在王公贵族的簇拥下，在法国巴黎凡尔赛宫(Chateau de Versailles)镜厅举行加冕礼，宣布德意志帝国成立。1919 年 6 月，法国选择在凡尔赛宫签约，旨在羞辱德国人，报当年普法战争一箭之仇。

三，英国可以从协约国盟友那里兑现多少战争债务？从德国得到多少战争赔款？1919年12月他出版了专著《巴黎和约的经济后果》(*The Economic Consequences of the Peace*)，该书使得凯恩斯名声大噪。他指出，战后德国政府的经济实力无法偿付《凡尔赛和约》规定的赔款，苛刻的赔款要求只会削弱德国的经济实力，英法等国无法获得全部的战争赔款，协约国最终将搬起石头砸自己的脚。德国要么不遵守《凡尔赛和约》，要么再次发动战争。一战后的德国，丧失了所有的殖民地和绝大多数海外投资，商船所剩无几，1/3以上的煤炭和钢铁企业停产，国际收支逆差严重，根本无力偿还如此巨额的战争赔款。法国元帅福煦事后曾经说过："这不是和平，这是20年的休战。"没想到，这句话一语成谶。20年后，第二次世界大战再次在欧洲爆发。

巴黎和会之前，英、法等协约国认为，一战爆发后协约国曾向美国大量借款以购买武器和食品，德国的赔款是其偿还美国债务的资金来源。因此，《凡尔赛和约》本身并没有规定德国的赔款总额，这个问题交给了协约国的赔款委员会来处理，由该委员会来草拟赔款清单和支付方式。赔款委员会认为德国的赔款金额基本上是英法等协约国的外债规模(例如，英国欠美国47亿美元，法国欠美国40亿美元并欠英国30亿美元，俄国欠英法两国大笔债务，但是俄国十月革命之后宣布不再偿还)。一战之后，各参战国之间的经济关系错综复杂。因为要支付战争赔款，德国政府要么提高国内税率，要么举借外债，要么实现贸易顺差来支付战争赔款；英、法等国要么从德国获得战争赔款，要么实现贸易顺差来偿还美国的债务，除非美国放弃对这些债务的偿还要求。战后的欧洲各国，百业萧条，经济疲软，百姓生活困顿，更无法实现贸易顺差。如果要恢复全球资本的自由流动，美国就必须向德国提供贷款，德国用这笔钱支付战争赔款，战胜国用战争赔款偿还美国的债务。赔款委员会最初规定，德国需要赔款2 260亿金马克[㊀]，1921年协约国赔款委员会做出新的决定，将赔款削减为1 320亿金马克(约合330亿美元)，具体的赔偿方式为：先期支付500亿金马克，其余款项每年支付20亿金马克和每年出口商品价值的26%，在66年内付清。

《凡尔赛和约》的签订给德国经济蒙上了厚厚的阴影，为了渡过经济难关，德国魏玛政府(Weimar Republic，1919年2月德国政府在魏玛召开制宪会议，史称魏玛共和国)别无他法，不得不大量发行纸马克以弥补财政收支缺口，结果物价飞涨。1921年9月，德国按时间表以工业原料交付了首次赔款，结果导致国内经济形势恶化，马克严重贬值。到1922年年末，德国无法按期支付赔款，以国内财政危机和通货膨胀为由向协约国提出延期支付赔款的请求。因为近一半的赔款将支付给法国，所以法国对此尤为关注。法国的舆论则拒绝接受债务人以国内经济恶化为借口而逃避其应当承担的赔款义务，却让战胜国来承担巨额的战争费用和经济重建费用。法国政府高层政要和金融寡头不满足《凡尔赛和约》对德国的限制，企图占领德国最重要的鲁尔工业区，这样不仅会加强法国的安全，而且德国工业的巨大利润也会因此流入法国的国库。1923年1月11日，法国在企图获得英国政府支持无果的情况下，以德国延期支付赔偿目录里13万根电线杆为由，与比利时联合出兵10万占领了鲁尔区。法比两国军队占领鲁尔区之后，德国魏玛政府采取了类似于"非暴力不合作运动"的消极抵抗政策，停止对法国和比利时偿付赔款和实物，禁止德国人以任何方式与入侵者合作。法国人占领的矿井、工厂、铁路停工停产，魏玛政府动用了价值5 000万美元的黄金储备对受停产损失的企业提供补偿，对被解

㊀ 1875年，德国利用普法战争法国的赔款建立了金本位制度。1876年，德国中央银行(Reichsbank)成立，并从当年1月1日开始发行黄金铸币——金马克(Goldmark)。金马克与美元的汇率为1美元兑换4金马克。1914年一战爆发之后，德国在1914年8月放弃金本位制，金马克停止流通。同时，德国开始发行纸马克(德文为"Papiermark"，英文译作"Paper Mark")，纸马克没有任何资产作为发行准备。

雇的工人提供食品和生活补助。鲁尔区被占领使得德国的整个经济活动陷入了停顿。从法国方面来看，从鲁尔区运出的煤和铁并不足以支付占领费用。从德国方面来看，其直接后果是德国财政的完全破产。到 4 月以后，魏玛政府疯狂发行纸马克，全国 300 多家造纸厂和 20 多家印刷厂每天 24 小时不停地印制纸马克，德国出现了恶性通货膨胀。根据德国中学历史教科书的描述，1 公斤由黑麦和小麦混合烤制的黑面包，在战前 1913 年 12 月的价格是 26 芬尼(Pfennig，当时的德国辅币单位，1 马克 = 100 芬尼)，战争结束之后的 1918 年涨到了 53 芬尼。1919 年 12 月上涨到了 80 芬尼，1920 年 12 月 2.37 纸马克，1921 年 12 月 3.9 纸马克，1922 年 12 月 163.15 纸马克，1923 年 6 月 1 428 纸马克，8 月 6.9 万纸马克，9 月 151.2 万纸马克，10 月涨到了 17.43 亿纸马克，年底达到 3 990 亿纸马克。鸡蛋、土豆、牛奶等生活必需品的涨幅均是如此。德国的印钞厂已经来不及印制新钞，只采用在 1 000 纸马克的钞票上加盖印章的办法，让它升值 100 万倍，变身 10 亿纸马克的大钞。人们购物甚至用洗衣房装衣服的大筐子、用手推车来搬运钞票。纸马克实际上已变为废纸，德国公众的日常交易不得不退回到物物交换。

由于德国经济萧条，通胀严重，国内民怨沸腾，1923 年 11 月希特勒在慕尼黑发动啤酒馆政变(The Beer Hall Putsch)。尽管这次政变失败了，但是这为 1933 年纳粹政权的上台埋下伏笔。从国际上来看，德国出现恶性通胀的教训使得其邻国认为稳定通货是当务之急。波兰、匈牙利、捷克斯洛伐克、拉脱维亚、立陶宛、芬兰、瑞典、瑞士等国在一战之后纷纷采取金汇兑本位制度，以实现本国通货的稳定。

面对恶性通货膨胀，1923 年 10 月德国魏玛政府不得不实行币制改革，成立德意志地产抵押银行，于 11 月 15 日开始发行地产抵押马克(Rentenmark，货币符号为 RM，也有的学者译为“地租马克”)用以替代此前发行的纸马克，抵押的物品是土地和工业品，发行总额为 32 亿地产抵押马克，收兑比率为 1 地产抵押马克兑换 1 万亿旧的纸马克。地产抵押马克的发行与流通由号称“金融天才”的银行家亚尔马·沙赫特[⊖](Hialmar Schacht)负责管理，此人在 1923～1930 年任德国魏玛共和国政府的中央银行行长。地产抵押马克与美元的兑换比率为 1 美元兑换 4.2 地产抵押马克。这次货币改革实际上就是货币单位的缩水(Denomination Translations)。同时，新成立的德意志地产抵押银行承诺不通过发行现钞为政府预算赤字融资。德国公众很快接受了这种纸质的地产抵押马克(尽管不是法偿货币)，到 1924 年 4 月，通货膨胀已经得到了明显遏制。在 1924 年 8 月 30 日，德国魏玛政府颁布了新的法律，成立德意志帝国银行(Reichsbank)，开始发行一种新的以黄金为发行储备的货币——帝国马克(Reichsmark)，与地产抵押马克的价值相同。其辅币单位为帝国芬尼，1 帝国马克 = 100 帝国芬尼。同时要求帝国马克在 1924 年 10 月之前投入流通。帝国马克的发行准备为黄金、外汇等资产，其中黄金外汇必须占发行准备的 40%。因此可以认为从 1924 年开始，德国实行的是金汇兑本位制度，对外实行钉住美元的汇率政策。与此同时，德国魏玛共和国实施了预算改革，提高税收，减少支出。从 1924 年 11 月开始，德意志帝国银行停止对政府债券实施再贴现，这切断了德国中央银行为政府财政赤字提供融资的通道。这一系列政策的实施使得德国的经济处于缓慢的恢复当中。1933

⊖ 1933 年，希特勒上台后，任命沙赫特再度出任德意志第三帝国中央银行行长(1933～1939 年)，还身兼德国经济部部长(1934～1937 年)。沙赫特曾经是国际清算银行的倡导者和创立者之一。在希特勒政权初期，他向政府建议采取一系列扩张性财政政策，例如大规模实施公共工程以扩大就业，实施国防军与战时工业动员相结合的计划，策划并推行储备战略原料和实施外汇管制等一系列措施。他的经济治理政策使得德国在短短 6 年内迅速实现了军备扩张，为希特勒发动第二次世界大战做好了经济上的准备。由于沙赫特与戈林意见相左，1939 年被免去德意志第三帝国中央银行行长的职务。在 1945 年纽伦堡大审判过程中，沙赫特是被指控却没有被判罪的三位被告人之一。

年希特勒上台之后，帝国马克的发行日益服务于其对外战争。到战争后期，帝国马克再次出现恶性通货膨胀。到1948年，帝国马克被政府废除，当年6月在美、英、法占领区的西德开始发行西德马克(Deutsche Mark)。

与此同时，在1924年7月，比、法、英、意、美五国组成的赔款委员会在伦敦召开会议，经过一个月的协商，委员会采纳美国银行家查尔斯·道威斯(Charles G. Dawes)的方案，最终形成了“道威斯计划”(Dawes Plans)，旨在通过恢复德国经济来保障德国偿付债务。为此，由协约国监督改组德国中央银行，实行货币改革，其资金来自美英两国的道威斯贷款8亿金马克(约合1.9亿美元)，发行帝国马克。德国必须把一部分财政收入(如关税、烟酒糖专卖税和工商企业税)、全国铁路收入和货币发行权交由赔款委员会处理以保证偿付其借债和赔款；发行110亿金马克铁路公债、50亿金马克工业公债；在德国经济稳定之后再逐年增加赔款数额，德国最终以法、比两国从鲁尔撤军作为接受赔款计划的条件。

到1929年，德国国民收入已达到759亿金马克，为一战前的150%，而当时支付的赔款仅为25亿金马克，可见道威斯计划实施非常成功。1924～1929年，德国政府支付了赔款110亿金马克，但是同期获得美、英的贷款200多亿金马克。道威斯计划的执行，对20年代后半期德国经济的恢复和发展起了重要作用。它实际上结束了以法国及其控制的赔款委员会在德国赔款问题上的支配作用，确立了以美国为主的多国支配机制，同时也为美国私人资本流入德国和有效地从其他协约国收回战债创造了条件。道威斯计划实施后，德国资金短缺的问题得到了解决，加上从美国得到大量物资装备和技术帮助，其经济趋于稳定并恢复发展；大量的美元从美国流入德国，再以赔款的形式流入协约国，最后又以偿还战债形式流回美国，形成了一个循环。

1929年2月“财政专家委员会”在巴黎开会。美国的资深专家欧文·杨格被选为主席，因此该委员会又被称为“杨格委员会”。经过4个月的艰苦磋商，1929年6月，该委员会通过了“杨格计划”(Young Plans)，并提交给了各国政府。1929年10月，世界经济危机爆发之后，德国以负担太重为由，要求修改赔款计划。该计划提出德国共支付1 139亿金马克，分59年付清；取消对德国政府经济运行的国际监督，同时成立国际清算银行，取代原来的赔款委员会，处理德国债务赔偿的一切事宜。德国政府接受该计划，但是随着大萧条的到来，德国申请自1931年6月开始延期支付赔款，这一申请获得美国胡佛总统的同意。随着经济危机的加深和希特勒纳粹政权1933年的上台，赔款计划不了了之。

一战之后的法国试图扮演欧洲的金融独裁者。1924年年初，汇率已经从战前的1法国法郎兑换19.3美分降至3美分多一点。在1924年5月大选之后建立的“左翼联盟”内阁无力解决财政难题，于1925年4月垮台。法国法郎立即贬值。到1926年，1法国法郎仅仅兑换2美分。1926年7月，雷蒙·庞加莱(Raymond Poincaré)上台执政。法国政府此时以平衡预算为目标，采取了极端的紧缩性财政政策，一方面紧缩开支，另一方面增加收入。法国政府还采取了法郎贬值的政策，这刺激了法国的外部需求，法国出现了黄金流入、外汇储备增加和经济增长的局面。到1926年年底，汇率达到1法国法郎兑4美分并稳定下来。人们将这一时期的法郎称为“庞加莱法郎”。1927年5月，法兰西银行开始用英镑向英格兰银行兑现黄金，黄金大量流失严重动摇了英国金块本位制度的基础。1927年8月在华盛顿举行的中央银行会议上，经过激烈的争论，法国同意除非征得英格兰银行的同意，将不再从英格兰银行兑换黄金，并且将央行彼此征得同意的原则作为国际金融合作的基石之一。1928年法国恢复金本位制度之后，它又开始从伦敦大量兑现黄金，到1931年9月英国脱离金本位制度为止，法国从伦敦抽走的黄金约合 3 400 万盎司，此时的英国黄金储备不足 3 300 万盎司，而法国拥有的黄金储备为 1.25 亿盎司。此外，法国还有巨额的英镑和美元储备。正因为如此，法国一直拖到 1936 年才放弃金本位制度。

20 世纪 20 年代，世界上绝大多数国家实施了金汇兑本位制度，即这些国家不仅使用黄金作为国际储备，还将英镑、美元标价的短期政府债券作为国际储备。为何一战后各国的储备会从黄金扩大到英镑、美元资产？这主要是因为黄金的存量在各国之间分布严重不平衡，黄金的生产无法满足各国的需要，尽管当时南非的黄金生产规模空前之大。到 1925 年，世界各国对黄金的需求远远大于 1914 年的水平，这不仅是因为各国人口和经济规模的增长，而且一战期间的英镑停止兑付黄金损害了人们对货币的信心，为了恢复信心，各国对黄金的需求大大增加了。可以说，如果不是各国使用英镑和美元资产暂时代替黄金储备，当时世界各国会遭受更严峻的通货紧缩压力。

17.3.3 20 世纪 20 年代的美国股灾与金本位制度的彻底崩溃

一战极大地提升了美国的国际地位，全球经济、政治中心逐渐向美国转移。20 世纪 20 年代柯立芝总统上台执政，美国经济进入了快速发展的阶段，史称“柯立芝繁荣”。在这一时期，美国社会、文化、政治、思想观念等各个层面发生了显著的变化，社会氛围喧嚣、狂热、绚丽多彩。例如，各种现代化的家用电器，如电话、冰箱、洗衣机、吸尘器等进入普通百姓的家庭，汽车工业也形成了福特、通用、克莱斯勒三足鼎立的局面，并带动了钢铁、轮胎、化工、石油等产业的兴起。美国社会对女性的传统束缚也发生了变化，更多的女性外出工作、社交。收音机诞生并普及，电影文化逐渐兴起，反映对浮华现世的厌倦、对理想主义幻灭的大量文学作品问世，都是当时美国社会的现实写照。这一时期在美国历史上又被称为“咆哮的 20 年代”（Roaring Twenties）。

1. 纽约股市崩溃之前的疯狂

美国经济的繁荣带来了股市的持续上涨。许多没有经验的投资者涌入股市，盲目跟风炒作。20 年代美国股市的牛市持续时间长达 8 年之久。与股市的持续繁荣不同，美国的实体经济在 1924 年和 1927 年先后发生两次小规模的衰退，1927 年 8 月美联储降低再贴现率（再贴现率从 4% 降到 3.5%）以刺激经济。但是，美联储宽松的货币政策却给过热的股市增添了最后一把柴，股市因此再度升温。美联储降低再贴现率的重要背景是当时欧洲股票市场持续低迷，美联储降息不仅可以防止黄金和热钱流入美国，而且可以帮助欧洲国家走出货币贬值的阴影，还可以刺激美国的对外贸易。然而，美联储的降息政策却刺激了当时本已过热的股市。如何遏制股市的投机活动呢？最理想的方法是提高证券交易的保证金比例。这样既可限制资金流入股市，又不至于对实体经济产生影响。可惜当时美联储并不拥有这个政策工具。面对股市的持续火爆，1928 年纽约储备银行的行长小本杰明・斯特朗（Benjamin Strong Jr.）将再贴现率先后提高了三次，到了 5% 的水平，该水平一直维持到当年 10 月份他去世，旨在抑制过热的投机，但是效果有限。当时美国股市普遍的做法是商业银行去美联储申请利率为 5% 的再贴现贷款，然后以 12% 的利息转贷给股票经纪人，经纪人再按 20% 的利息转贷给投资者。投资者希望从股市中获得超过 20% 的收益。当时美国股票交易的保证金比例为 1∶10，投资者用 1 万美元买 10 万美元的股票，9 万美元是向股票经纪人借入的高息贷款。股市的持续繁荣和保证金制度放大了股市的风险。股市的持续火爆引发了美联储的高度关注。美联储主席罗伊・杨格（Roy A. Young）

和纽约储备银行行长乔治·哈里森(George L. Harrison，斯特朗的继任者)在1929年2月和3月，分别发表讲话，建议将再贴现率从5%提高到6%以抑制过度投机。但是，他们一直犹豫不决。一方面美国提高再贴现率会使得欧洲各国的黄金进一步流失，危及欧洲的金本位制度；另一方面，美国提高再贴现率会使得资金涌入美国，这势必造成美国股市的进一步高涨。若出现这种情况，非但不能抑制股市的波动，反倒会对工商业造成负面影响。随着纽约股市的持续上涨，欧洲各国先后不得不提高利率，以保证其黄金储备不出现流失。意大利在1929年1月，英国在2月，荷兰在3月，德国、奥地利在4月，匈牙利在5月，比利时在7月纷纷提高再贴现率，紧缩信用。8月，纽约储备银行终于将再贴现率从5%提高到6%。这对美国股市虽然没有造成直接影响，实体经济却掉头下行。

2. 经济萧条下的美国

1929年10月29日，纽约股市崩盘，美国和其他国家经济先后遭受重创，世界经济陷入持续的萧条。根据当时美国《联邦储备法》的规定，美联储持有的现钞必须有40%的黄金准备，这大大限制了美联储在危机期间的货币扩张能力。为了维持金本位，美联储不得不大幅度提高再贴现率以维持其汇率水平。然而，高利率政策强化了美国通货紧缩走势，抑制了美国国内的投资。由于担心美元贬值，国内外投资者纷纷将美元资产兑换成黄金，虽然美联储不断下调名义利率(在1929年11月1日将再贴现率降为5%，15日降为4.5%)，但是实际利率仍然不断攀升，实体经济持续恶化，并形成恶性循环。尽管如此，到1932年年末，美国仍然不愿意放弃金本位制度。1929年到1932年，美国经济加速下滑，工业产出下降了47%，国民收入下降了52%，道琼斯工业平价价格指数下降了89%，被誉为“华尔街教父”的本杰明·格雷厄姆(Benjamin Graham)一度濒临破产，耶鲁大学著名的经济学家欧文·费雪(Irving Fisher)在这次股灾中损失惨重，以至于住的房子都卖掉用来偿债，耶鲁大学不得不将他的房子买下再租给他住，以免他居无住所。

1928年6月，胡佛宣布参加竞选，1929年3月宣誓就职。可以说，胡佛总统是在美国经济歌舞升平中上任的。没想到，半年之后，经济危机笼罩了整个世界。在整个任期内，胡佛总统都致力于如何解决股市泡沫、崩盘和大萧条。例如，面对国内农产品价格下跌的严峻挑战，来自犹他州的共和党国会参议员里德·斯姆特和来自俄勒冈州的共和党国会众议员威尔斯·C.霍利建议提高2 000多种进口商品的关税水平，用以保护国内农产品不受外部冲击。以他们两位名字命名的《斯姆特-霍利关税法》(*Smoot-Hawley Tariff Bill*)虽然在国会众议院和参议院先后通过，但是许多经济学家纷纷反对通过该法案。1930年6月17日，胡佛总统签署了该法案，其结果是受保护产品的平均关税率为53%。这立刻引发了世界上30多个国家报复性地提高关税和其他反制措施。美国政府对国际贸易采取的政策进一步恶化了各国经济形势。各国政府本该采取积极的财政政策以刺激经济，但是受制于当时的传统观念，都没有采取有效的财政政策。

3. 罗斯福总统的“新政”(New Deal)

1932年11月，罗斯福在竞选中战胜胡佛，当选为美国总统。1933年3月，罗斯福宣誓就职，正式上任。在这4个月当中，美国经济形势急剧恶化，美国失业大军高达1 400万人，美国的商业银行大批倒闭或出现挤兑。数以百万计的公众纷纷从银行提现，将现金藏在床垫下或者抽屉里，行动不够及时的老年人则瞬间破产。面对如此糟糕的经济状况，1933年4月美国决定放弃传统的金本位制度，并禁止黄金出口。1934年1月底，美国颁布《黄金储备法》(*Gold*

Reserve Act)，将美元贬值 40%，并确立了 1 盎司黄金 35 美元的价格。该法案禁止美国公众拥有黄金，并强制美国公众将拥有的黄金全部上缴财政部，兑换成美元现钞，违者将受到严厉的处罚。美元相对于黄金的贬值政策一定程度上对于美国经济走出衰退起到了积极的作用。罗斯福总统一上任，旋即下令全国的银行停业一周，即从 3 月 6 日到 3 月 12 日。3 月 9 日，罗斯福总统向国会提交《紧急银行法》(*Emergency Banking Act*)，当天傍晚国会就通过了该法案，目的是为国会通过相关法律、稳定金融体系争取时间。三天之后，也就是 3 月 12 日的晚上，在白宫外宾接待室的壁炉前，罗斯福总统第一次通过无线电波以“炉边谈话”的方式告诉美国公众，“我可以向大家保证，把钱存入重新开业的银行比放在床垫下更保险”。罗斯福的讲话化解了民众心中的不满和疑惑。第二天，部分商业银行对外营业。人们带着装满黄金和现钞的箱子在银行门前排起了长龙，把钱又存回银行。不到一周，美国有 13 000 多家银行恢复营业。

从 1933 年至 1935 年，美国国会先后还通过了《格拉斯-斯蒂格尔法》《联邦证券法》《证券交易法》《存款保险法》，建立了商业银行与投资银行业务分离的金融分业制度和联邦存款保险制度等；根据“Q 条例”对利率实行严格管制，加强对证券市场的监管，加强美联储的独立性。在社会救济和公共工程建设方面，1933 年 5 月，国会通过了《联邦紧急救济法》，成立了联邦紧急救济署。其中对田纳西河流域的治理，通过以工代赈的方式，不仅解决了部分失业人员的就业问题，而且取得了公共工程建设的巨大成就。在工业、农业领域，通过《农业调整法》《全国工业复兴法》，政府可以介入工业、农业的生产、销售过程，政府可以干预劳资关系，建立了社会保障体系，等等。简言之，在 1933 年 3 月之后，美国政府采取的都是扩张性的财政政策、汇率政策。

4. 危机冲击下的全球货币体系与三国货币区的形成

1929 年 10 月世界经济危机正式爆发，这对国际贸易、各国经济、金本位制度和世界政治格局都产生了巨大的影响。1929 年秋天，美国完全停止了对欧洲的贷款，这很快使得全球的流动性出现枯竭，并导致一般物价水平出现全面下跌，这给全球经济带来的影响是灾难性的。欧洲各债务国受到了双重的影响。一方面它们无法从美国借入美元去偿还债务，另一方面它们曾经用以偿还债务的商品因为价格暴跌出现价值缩水，进而陷入信用危机。1930 年欧洲各国的大部分战争债务和赔款已经被兑换成黄金，这使得当时的形势进一步恶化。首先，黄金大量流入美国，使得欧洲的通货紧缩更加严重；其次，欧洲各国的黄金输出导致其黄金储备枯竭，不得不禁止黄金出口。此时，英镑面临巨大的贬值压力，法国和其他国家纷纷抛售英镑资产，买进黄金。英格兰银行的黄金储备迅速下降，到 1931 年 9 月 21 日，英国议会授权英格兰银行终止英镑现钞兑付黄金，这标志着英国正式放弃金本位制度。英国是资本主义国家中最早实施金本位制度的国家，同时也是最早放弃金本位制度的国家。澳大利亚、新西兰以及加拿大等国步其后尘，纷纷选择放弃金汇兑本位制度。率先放弃金本位制度的国家可以采取更宽松的货币政策刺激国内经济。与英镑保持固定汇率的瑞典、挪威、丹麦、葡萄牙、埃及、伊拉克、阿根廷、巴西等国相继放弃金本位制度，英国随后组织了英镑集团，并在 1939 年将该集团转变为具有法律约束力的英镑区，由英国、英联邦其他国家以及其他与英国经济密切的国家组成。在英镑区内，各成员方货币对英镑保持固定汇率，各成员方货币相互间可以自由兑换，区内的国际结算一律使用英镑，资本在区内自由流动；成员方货币兑换成区域外的货币必须经过英国外汇管理机构的批准；成员方将黄金集中保存在英国作为共同储备。为了保证英镑区的稳定，英国在关税方面还实施了《帝国特惠制协议》，这源于英联邦成员方 1932 年签订的《渥太华协议》。协议规定，英国与自治领、殖民地之间实行互惠关税，但是从其他国家进口的商品实行高额关税。英国政府的这一举动引发了国际间的外汇管制和竞争性贬值。

1931年5月8日，奥地利最大的商业银行——奥地利信贷银行(Austrian Creditanstalt)向奥地利国家银行报告本次经济危机如何给该行造成了严重的损失，其原因包括两点：一是奥地利信贷银行的资产大幅度缩水；二是资金的大规模抽逃。该行的损失占到其资本金的85%。这家银行的前身由罗斯柴尔德家族在1820年创办，1855年更名为奥地利信贷银行。该银行业务规模占整个奥地利银行业务的2/3，是当时全球第十六大商业银行，在西方金融界名声显赫。5月11日，奥地利信贷银行宣布破产。鉴于其负面影响太大，奥地利政府不得不向该银行注资1亿先令，但是这笔钱很快被耗尽。该银行的破产很快演变成财政危机，继而演变成政府信任危机。6月16日，奥地利政府领导人被迫宣布辞职。在国际社会，国际清算银行为该行筹措了1 400万美元的救助资金，但是这笔钱也很快就被花光了。该行破产造成的影响很快蔓延至欧洲其他国家。由于德国和奥地利的金融体系联系密切，危机迅速蔓延至德国，英国打算对德国实施救助，但是必须依靠美国的帮助。美国却认为只有当法国也愿意施以援手的情况下才同意实施救助，然而法国政府认为实施救助的前提是德国政府必须向法国妥协。当时，德国纳粹党在德国国内的影响力不断扩大，其蛊惑宣传很大程度上操纵了德国民意，德国政府无法满足法国的要求。伦敦当时是世界金融中心，英格兰银行在某种程度上扮演了“最后贷款人”的角色，6月16日提供了5 000万先令为期一周的贷款供奥地利信贷银行在6月到8月间循环使用。法国政府为了自救，从当年7月开始，法兰西银行将其持有的英镑存款兑换为黄金，英格兰银行的黄金储备率(黄金占英镑现钞的比率)迅速下降，英国黄金的外流加大了英镑的贬值压力。后世有经济学家将奥地利信贷银行危机视为一战后国际金融危机的导火索，并且认为这是人类历史上第一次全球性的金融危机。

在该冲击下，德意志帝国银行同样遭遇黄金兑现危机。1931年6月初，德意志帝国银行流失了1.64亿金马克的黄金。10日，德国政局发生动荡。德意志帝国银行将再贴现率从5%上调至7%，这一紧缩政策并没有遏制危机的蔓延，之后德意志帝国银行的黄金储备继续流失，其规模超过了5月底黄金总储量的一半，黄金储备率从60%降至48%，德国的金本位制度岌岌可危。7月1日，德国最大的商业银行之一——达姆斯塔特国民银行破产，其他商业银行则是凭借政府的资助才免遭劫难。该危机引发了民众对德国商业银行的挤兑和大规模资本外逃。德国政府不得不采取外汇管制措施(如与其他国家订立双边清算协定)以减少外汇的使用。同时，德国政府向协约国提出无力偿付《凡尔赛和约》的赔款，美国总统胡佛最后同意德国延期一年偿付赔款。1932年，协约国同意由德国一次性赔款30亿金马克就此了结其赔款义务。但即便如此，德国也没有偿付。希特勒在1933年1月上台之后，德国同样采取了类似美国的“新政”，执行了扩张性财政政策。

20世纪20年代的法国法郎是金本位体系崩溃之前最为强劲的货币。1931年9月，英镑贬值之后，法国法郎的贬值压力大增。但是，由于其黄金储备相对充足，法国政府当时仍然坚守金本位制度，并将美元外汇储备连续兑换成黄金，这导致美联储黄金储备在此后三个月内下降了3.5亿美元。比利时、瑞士、荷兰等国相继采取了类似的操作，美联储黄金储备流失巨大。以法国为首的这些国家为维持金本位组成“黄金集团”，也称为“法国法郎集团”。1934年，美国联合加拿大、菲律宾以及拉美国家组成美元集团(1939年改称“美元区”)。1936年9月，为了恢复国际货币秩序，美国、英国和法国签署《三国货币协定》(Tripartite Monetary Agreement of 1936)，同意彼此禁止实行竞争性贬值(Competitive Depreciation)政策。该协议规定，三国中央银行可以对外汇市场进行持续干预来保证汇率稳定或者接近协议规定的水平。该协定预示着布雷顿森林体系的核心内容——成员国对黄金平价做出任何变动要提前通知其他成员国并获准同意。该协定结束了 1931 年到 1936 年的货币战(Currency War)，却无助于国际贸易的恢复和世界经济的增长。由于各国禁止公众拥有黄金，取消黄金铸币流通，各国金本位制度处于事实上解体的状态。

17.4 布雷顿森林体系

1929 年的世界经济危机使得金本位制度出现了崩溃，各国经济纷纷遭受打击，本国经济满目疮痍、一片萧条，各国政府不得不转而对国际贸易和支付加以限制，这进一步恶化了世界经济。不论是美国，还是纳粹德国，不约而同地都采取了凯恩斯主义的积极性财政政策来刺激经济，虽然凯恩斯宏观经济学的定鼎之作《就业、利息和货币通论》(*The General Theory of Employment, Interest and Money*)直到 1936 年才出版。1933 年 1 月，希特勒上台后，军备的迅速扩张使得德国经济出现了复苏，失业率迅速下降。1933～1938 年，纳粹政府使得 600 万～700 万德国人重新获得了工作，几乎完全消除了失业问题。1933 年 3 月罗斯福总统上台后实施的新政，实际上就是扩张性财政政策、货币政策和美元相对黄金的贬值政策。扩张性政策的出台并没有阻止第二次世界大战的爆发。

二战初期，以德、意、日为代表的轴心国取得了一系列胜利。1941 年 12 月 7 日，日军偷袭美国在太平洋的主要海军基地珍珠港，美国太平洋舰队主力几乎全军覆没，美国政府随即向日本宣战，这标志着太平洋战争爆发。美国的参战意味着反法西斯联盟的形成。苏军在经历卫国战争初期的失败之后，取得了莫斯科保卫战、库尔斯克大会战等一系列胜利，战争的天平逐渐转向了盟军一方。

1944 年 6 月 6 日，盟军成功实施诺曼底登陆，这意味着纳粹德国的覆灭指日可待。1944 年 7 月 1 日，包括美国在内的 45 个国家共 700 多位代表在美国新罕布什尔州北部布雷顿森林小镇的华盛顿山酒店(Mount Washington Hotel)召开会议，商讨如何处理二战后的国际经济关系。虽然二战还在继续，但盟国的首脑们已经在考虑如何实现战后经济的复兴，并决意防止重蹈第一次世界大战的覆辙。他们希望建立一种新的国际货币体系以实现各国国内的充分就业和物价稳定，同时在不限制国际贸易的前提下各国可以实现外部平衡。为了在战后获得更大的政策主动性，英国、美国、加拿大和法国分别从自身利益出发，提出了本国的制度设想。当时的中国南京国民政府派代表团参加了此次会议。团长是南京国民政府的行政院副院长、财政部部长兼中央银行总裁孔祥熙，代表团成员共 32 人，规模仅次于东道主美国代表团。

17.4.1 布雷顿森林体系的主要特征和宗旨

第二次世界大战使西方各国的力量对比发生了巨大变化。英国经济在战争期间遭受了严重创伤，而美国的经济地位迅速上升。到战争结束时，美国工业制成品已占世界的一半，对外贸易占世界贸易总额的 1/3 以上，黄金储备占到世界黄金储备的六成。这为确立美元的霸主地位创造了条件。

1. 布雷顿森林会议上美英两国争霸

在布雷顿森林会议上，英、美两国代表团分别提出了“凯恩斯计划”(Keynes Plan)和

“怀特计划”（White Plans）。英国政府派出了著名经济学家凯恩斯爵士为顾问的代表团，此时的凯恩斯不论是个人魅力还是在学界的声望，都如日中天。鉴于英国经济实力下降，凯恩斯从英国外汇储备短缺的现实出发，提出了以清算制度（Clearing System）为基础的“凯恩斯计划”，即通过加大国际贸易促进世界经济复苏，贸易差额通过多边清算方式予以解决，减少各国资金占用。美国罗斯福政府的财政部部长小亨利·摩根索（Henry Morgenthau Jr.）率领的代表团规模最为庞大。哈佛大学经济学博士，财政部的高级官员、部长助理哈里·德克斯特·怀特[1]（Harry Dexter White）对国际金融事务非常精通，坚信政府间的合作有利于全球经济繁荣。在会议上，他作为摩根索的主要助手，提出了“怀特计划”。该计划的核心思想是借鉴美国财政部在1934年设立外汇稳定基金的思路，提出各成员方按一定的比例共同设立外汇基金，来帮助短期内出现国际收支困难的国家。同时，将美元的统治地位与固定汇率联系起来。对比凯恩斯计划和怀特计划，两者的差异是非常显著的。怀特计划是从美国作为债权人的角度出发，担心美国被其他国家当成提款机，因此该计划将美国维持美元与黄金兑换的义务限制在一定范围内，并且该计划对其他成员方的放款不仅有附带条件，且规模也较为保守和谨慎。简言之，怀特计划的金汇兑本位特征更为明显。相比较而言，凯恩斯计划更趋向于现代的不可兑现的信用货币制度。

❖专栏 17-1

“凯恩斯计划” 的主要内容

英国提出的“凯恩斯计划”，充分体现了英国的国家利益。该计划设计了一个国际清算联盟（International Clearing Union），由该联盟发行统一的世界货币——Bancor，然后各个国家的中央银行以持有的Bancor发行本国货币，并维持本国货币与Bancor之间的固定比例。各国之间以Bancor进行结算。该计划的实质是建立两级中央银行体制，国际清算同盟充当了世界各国的中央银行，各国中央银行与国际清算同盟之间的关系就如同各家商业银行和中央银行之间的关系。那么，各国如何获得Bancor呢？“凯恩斯计划”给出了两条途径。第一条途径是各国最初获得的Bancor是由国际清算联盟进行分配，分配额按照二战之前三年的进出口贸易平均值来计算，之后根据各国经济增长相应地增加。第二条途径是Bancor不足的国家可以向Bancor盈余的国家借款。

“凯恩斯计划”解决了黄金供给受到自然限制与经济发展不相适应的根本性问题。从货币制度的演进来看，该方案更为先进，但是该方案实质上是在为英国当时的现实利益考虑。首先，1931年英国就宣布放弃金本位制度，二战的爆发又加速了英国黄金储备的消耗，由于获得Bancor并不需要支付黄金，因此美国持有全球近六成的黄金储备就没有实际意义。其次，各

---

[1] 1946年5月，怀特被任命为美国驻IMF的首任执行董事，1947年由于心脏病恶化离任。在布雷顿森林会议上，怀特与苏联的官员有过接触，因此被美国某些国会议员指控为苏联间谍。从1945年11月开始，美国联邦调查局就开始秘密调查怀特是否泄露了国家机密。1948年8月13日，怀特出席了美国众议院非美活动调查委员会（House Un-American Activities Committee）的听证会。在听证会上，他极力否认这一指控，并坦言自己对美国的忠诚。听证会结束后三天，他因心脏病撒手人寰，所以其间谍身份的真实性更加扑朔迷离。怀特去世之后，联邦调查局的胡佛局长继续调查其涉嫌叛国一案。1953年11月，怀特已经去世5年，他的肖像登上了美国《时代》周刊的封面，他的名字成为世界各国报纸的头版头条。也有学者认为，怀特并非对美国不忠诚，相反，他一直在为美国争取利益，包括在布雷顿森林会议上与英国人针锋相对、据理力争。

国 Bancor 的最初获得是按照二战之前三年的进出口贸易平均值来计算的，英国占有 Bancor 的份额达到 16%，如果加上殖民地的份额，英联邦的占比高达 35%。换言之，英国拥有 Bancor 的份额较多，相当于解决了其资金不足的问题，为二战之后英国经济的复苏提供了基础。所以说，按照“凯恩斯计划”，英国不仅解决了黄金不足的问题，还可以延续英镑世界货币地位。“凯恩斯计划”的总规模为 250 亿美元，远高于“怀特计划”50 亿美元的规模。当时，英国对外贸易规模下降，外汇储备流失、债台高筑。因此，凯恩斯计划从债务人的角度出发，希望建立一个无附加条件即可借钱的方案。

2. 布雷顿森林体系的主要内容

各国代表团经过三周激烈的争论，最终通过了以“怀特计划”为基础的《国际货币基金协定》(Agreement of the International Monetary Fund) 和《国际复兴开发银行协定》(Articles of the Agreement of the International Bank for Reconstruction and Development)，总称《布雷顿森林协定》。1944 年 7 月 22 日，布雷顿森林会议闭幕，美国财政部部长小亨利·摩根索在致辞中说：“我们认识到，维护各国国家利益最明智和最有效的方式是国际合作——也就是说，通过各国一起努力来实现我们共同的目标。”该体系的主要特征可概括如下。

第一，采取美元-黄金本位制，也就是双挂钩制度。其他货币与美元挂钩，美元与黄金挂钩(每 1 盎司黄金等于 35 美元，各国货币按含金量确定与美元的平价)，从而确立了美元在国际货币体系中的中心地位。

第二，各国实行可调整的钉住汇率制度。布雷顿森林体系规定各国货币对美元的汇率一般只能在平价上下各 1% 的幅度内波动，各国政府有义务在外汇市场上进行干预以保持汇率稳定。只有在一国国际收支发生根本性不平衡时，才允许其货币贬值或升值。汇率平价的任何变动都要经过 IMF 批准。因此这种汇率制度又称为可调整的钉住汇率制 (Adjustable Pegging System)。不过，IMF 对根本性的不平衡没有做出明确说明。

第三，取消对经常账户的外汇管制，同时对资本的跨国流动进行限制。为了促进国际贸易的发展和世界经济的增长，同时也是为了避免 1929～1933 年大危机时期各国间的贸易限制政策重新上演，布雷顿森林体系要求各国放开对经常账户交易的管制。凯恩斯计划和怀特计划的分歧主要体现在是否放开对资本账户的管制。凯恩斯在会议上明确表示，资本流动应该受到管制，这应当成为战后国际货币体系的一个永久性特征。怀特计划则认为，各国政府不应该对资本自由流动进行管制。最后，凯恩斯的意见占了上风。为了避免国际资本流动对国际货币体系的冲击，布雷顿森林体系允许各国对国际资本流动予以管制。

第四，规定了“稀缺货币条款”，成员方有权对“稀缺货币采取临时性兑换限制”。所谓稀缺货币，就是如果对某种货币的需求已经威胁到 IMF 提供该账户货币的能力，IMF 可以声明这种货币为稀缺货币，并根据有关成员方对这种货币的需求、总的国际经济形势以及其他相关因素，按比例分配 IMF 持有的和可获得的该稀缺货币。任一成员方在与 IMF 协商之后，可以将上述声明当成 IMF 对自己的授权，临时限制这种稀缺货币的兑换自由。

第五，国际收支失衡的调节机制。与该体系下经常账户可自由兑换、资本账户管制的模式相对应，国际收支失衡的调节分为短期和长期两个方面。如果成员方发生国际收支的短期失衡，可由 IMF 提供短期资金，协助其解决国际收支困难；如果成员方的国际收支发生根本性的失衡，则允许其调整汇率平价。在实际运行中，两种方法都收效不大。首先，IMF 的资金规模有限，面对巨额的国际收支失衡，无法从根本上解决问题。其次，在布雷顿森林体系下，成员方调整中心汇率的情况并不多见。事实上，在布雷顿森林体系下，成员方国际收支大面积失衡的问题始终没有得到真正解决。

第六，成立国际复兴开发银行，也就是世界银行，为成员方政府提供长期资金，帮助它们实现战后的经济重建和可持续发展。

1945年12月27日，IMF正式成立，当时的成员方有29个(苏联未派代表参加当天的会议，此后也未加入IMF，直到其解体之后，各国于1992年才开始陆续单独申请加入)。中国作为IMF的创始国，当时的份额仅次于美国、英国，位居第三位。1946年3月8日，IMF理事会成立大会在格鲁吉亚的萨凡纳举行。1946年5月6日在华盛顿举行了IMF执行董事会的第一次会议。1947年3月1日，IMF正式运营，1947年5月，法国成为第一个从IMF提取资金的国家。在布雷顿森林体系下，世界主要货币的平价十分稳定。从1950年到1970年，英镑贬值了一次，法国法郎贬值了两次，德国马克贬值了两次，荷兰盾贬值了一次，日元、瑞士法郎、意大利里拉和比利时法郎等货币几乎没有变化；美元也维持了对黄金的稳定价格。因此，有学者又将布雷顿森林体系称为“可调整的钉住汇率制度”。从与黄金的兑换性来看，该制度属于金汇兑本位制度。该制度对中心国的威胁来自两个方面：当外围国把对中心国(美国)的债权兑换为黄金时，中心国的黄金储备下降，尽管中心国可以通过冲销操作维持货币供应量的稳定，但是国际社会将会质疑中心国能否维持其货币与黄金的自由兑换；当外围国的政府将黄金存入中心国时，这会引起中心国的货币供应量增加，除非中心国采取冲销措施，否则中心国将出现通货膨胀。

布雷顿森林会议的重要成果之一就是建立国际货币基金组织。经过75年的发展，IMF的成员方共有189个国家或地区，约有来自148个国家或地区的2 700名工作人员。IMF的最高决策机构是理事会(Board of Governors)，它由每个成员方的一名理事和一名副理事组成。理事由成员方任命，通常是财政部部长或中央银行行长。尽管理事会将其大部分权力授予基金组织执董会(Executive Board)，但它保留以下权力，即批准增加份额、分配特别提款权、接受新成员方、强制取缔成员方资格，以及修订基金组织《协定》和《附则》。IMF的执董会由24名成员构成，负责日常业务。2016年1月26日《执董会改革修订案》生效之后，从2016年定期选举开始，24位执董都将选举产生，并于2016年11月1日就任。之前，份额最大的五个成员(当前为美国、日本、德国、法国和英国)有权任命执董，其余19名执董由成员方选举产生。执董会通常根据协商一致原则做出决定，但有时也进行正式投票。每个成员方的投票权等于其基本票(所有成员方平均分配)加上其基于份额的投票权。因此，成员方的份额决定其投票权。IMF的高管层包括IMF总裁(Managing Director)和一位第一副总裁(First Deputy Managing Director)、三位副总裁(Deputy Managing Director)组成。IMF总裁既是执董会的主席，也是IMF全体工作人员的最高领导人。总裁由执董会任命，任期五年，可以连任。副总裁协助总裁工作。IMF还有两个咨询机构(即部长级委员会)，分别是国际货币与金融委员会(International Monetary and Financial Committee，IMFC)和发展委员会(Development Committee)。IMF与世界银行联合举行年会，年会一般在9月或者10月举行，通常是连续两年在华盛顿举行，第三年在其他某一成员方举行。

该机构的宗旨可以概括为以下四个方面。第一，监督成员方的经济政策(金融体系的稳健性、公共政策的透明度与效率、公共债务与对外债务等)、汇兑安排以维护国际货币体系的有效运行。第二，促进各成员方汇率稳定，保持成员方之间有秩序的汇兑安排，避免各成员方出现竞争性货币贬值。第三，协助在成员方之间建立经常性交易的多边支付体系，取消阻碍国际贸易发展的外汇限制。第四，通过向成员方提供短期融资，使其有机会在无须进行政策调整的情况下，解决国际收支失衡。

3. 国际货币基金组织的资金来源、资金运用

（1）IMF 的资金来源。 IMF 的主要资金来源包括两大项——普通资金和对外借款，其中普通资金占主要部分。普通资金包括成员方认缴的份额以及运用这部分资金产生的未分配净收入。份额是 IMF 最主要的资金来源，表现为黄金、成员方货币和 SDR 三种资产形式。对外借款分为借款总安排(GAB)和新借款安排(NAB)。IMF 迄今与官方机构(成员方政府和中央银行)达成了两项固定的借款安排，分别是借款总安排和新借款安排，其中新借款安排能提供高达 1 820 亿特别提款权(约合 2 540 亿美元)的补充资金。其目的是必要时补充 IMF 的可用资金，以预防或者应对国际货币体系危机。2012 年中期，成员方还承诺通过双边借款协议增加 IMF 的资金；目前生效的约为 2 800 亿特别提款权(约合 3 930 亿美元)。

IMF 规定每个成员方需要缴纳一定的份额(Quota)，份额的多少取决于成员方的 GDP 规模和人口规模等因素。从财务角度来看，成员方在 IMF 的份额类似于股东在公司的股本。成员方的份额也是 IMF 的主要资金来源。每个成员方被分配的份额主要取决于成员方在世界经济中的相对地位。当一国加入 IMF 时，会被分配一个初始份额，该份额与经济规模和特征大致可比的现有成员方的份额相当。IMF 会采用一个份额计算公式来评估该成员方的相对地位。现行的份额公式是以下变量的加权平均值，即 GDP(权重为 50%)、开放度(30%)、经济波动性(15%)以及国际储备(5%)。这里的 GDP 是通过基于外汇市场上的现实汇率计算的 GDP(权重为 60%)和基于购买力平价计算的 GDP(权重为 40%)的加权得到的。份额计算公式还包括一个“压缩因子”，用来缩小计算成员方份额的离散程度。

份额以 IMF 的记账单位特别提款权(SDR)计价。IMF 份额最大的成员方是美国，最小的成员方是图瓦卢。截至 2016 年 9 月，IMF 份额资金总额约为 4 770 亿特别提款权(约合 6 680 亿美元)。成员方份额大小的作用体现在以下三方面。

1) 认缴(Subscriptions)的最高限额。成员方在加入 IMF 时必须全额缴纳份额：25% 必须以特别提款权或广泛接受的货币(如美元、欧元、日元或英镑)缴付，75% 以成员方本币缴付。各成员方缴纳的份额构成了各成员方的普通提款权(General Drawing Right)，即当成员方发生国际收支困难时，有权以缴纳的本成员方货币进行抵押的形式向 IMF 申请可兑换的货币。因此，普通提款权的排名即各成员方在 IMF 持有份额的排名。

2) 投票权(Voting Power)。份额基本上决定成员方在 IMF 决策中的投票权。每个成员方的投票权由基本票加上每 10 万特别提款权的份额增加的一票构成。2008 年的 IMF 改革将基本票固定为占总投票的 5.502%。目前的基本票数几乎是 2008 年改革实施之前基本票数的 3 倍。目前，经过几次改革，美国仍然掌握了 IMF 近 16.5% 的投票权，七个工业化国家掌握的投票权近 45%。由于 IMF 的重大决策需要获得 85% 的投票权才能通过，从这个意义上说，在 IMF 的治理结构中，尤其是某些重大问题，美国拥有一票否决权。

3) 获得贷款(Access to Financing)。成员方可从 IMF 获得的融资数额(贷款限额)以其份额为基础。例如，在备用和中期安排(Stand-by and Extended Arrangements)下，成员方每年可以借入份额 145% 以内的资金，累计最多为份额的 435%。然而，在特殊情况下，其贷款限额可能更高。

IMF 理事会通常每隔五年会进行份额的总检查(General Quota Reviews)。份额的任何变化必须经 85% 的总投票权批准，并且任何成员方的份额未经本国同意不得改变。份额总检查解决两

个主要问题：总增资规模以及增资额在成员方之间的分配。首先，份额总检查使 IMF 能够从成员方的国际收支需要和它满足这些需要的能力两个方面来评估份额的充足性。其次，总检查可以增加成员方的份额，以反映其在世界经济中相对地位的变化。2010 年 12 月 15 日，IMF 理事会完成了第 14 次份额总检查，内容涉及增加 IMF 份额和治理改革的一揽子方案。2016 年 1 月 26 日这项改革方案生效，IMF 总份额增加 1 倍，各成员方份额比重发生了大幅调整，主要体现成员方在全球经济中的相对地位的变化。这次改革提高了许多新兴市场成员方，尤其是低收入国家的发言权和代表权。具体内容如下：

- 截至 2018 年年底，份额约为 4 770 亿特别提款权。超过 6% 的份额从代表性过高的成员方转移到代表性不足的成员方，即有活力的新兴市场和发展中国家。
- 份额比重显著调整。中国份额占比因此从 3. 996% 升至 6. 394%，排名从第六位跃居第三位，仅次于美国和日本。IMF 份额最大的十个成员方中将有四个新兴市场和发展中国家（巴西、中国、印度和俄罗斯）。前十位成员方中的其他国家包括美国、日本和欧洲最大的四个国家(法国、德国、意大利和英国)。
- 最贫穷国家的份额和投票权比重予以维持。这些国家是符合低收入减贫与增长信托资格的成员方，且它们的人均收入在 2008 年低于 1 135 美元(国际开发协会设定的上限)，或对于小国而言，低于该数额的两倍。

（2）IMF 的资金运用。 IMF 的资金运用主要是向成员方提供融资，具体有三种方式：向成员方提供常规贷款、优惠贷款和向成员方分配 SDR。其共同特征是向成员方转移储备货币。在常规贷款和优惠贷款操作中，资金主要通过 IMF 的“安排”（Arrangement）来提供，与通常的贷款类似。对于 IMF 发放的大多数贷款，要符合 IMF 认可该贷款申请方的经济稳定和结构改革目标为条件。IMF 的贷款和还款是以购买和回购的形式进行的。需要外汇储备的借款方以本币向出资方(储备资产头寸充足的国家)购买该国货币或者任何指定的可兑换货币，若出资方的本币不可兑换，则需要事先兑换为可兑换货币，这一过程称为“购买”（Purchase）。借款方到期归还贷款时，需要使用出资方货币或者任何指定的可兑换货币向 IMF 购回本方货币，这一过程称为回购(Repurchase)。

4. 特别提款权的设立、分配及其交易

特别提款权是 1969 年 IMF 创建的国际储备资产。对于成员方而言，持有的特别提款权属于其储备资产。但是，该资产不是持有者对 IMF 的债权，而是由特别提款权账户成员承担的资产或负债头寸。特别提款权的分配分为普通分配(General Allocation)和特别分配(Special Allocation)两种。前者就是根据各成员方在 IMF 的份额按比例向所有成员方的分配；后者是用于解决某个成员方或者部分成员方因为加入 IMF 而没有参加以前的 SDR 分配等问题。特别提款权不是货币，也不是对 IMF 的债权，而是对成员方的可自由使用货币的潜在求偿权。SDR 还可作为一种支付手段。各方向 IMF 缴纳份额、向 IMF 还款以及 IMF 向成员方支付利息均可以使用 SDR。除此之外，特别提款权还是 IMF 和其他一些国际组织的记账单位，如非洲开发银行、阿拉伯货币基金、亚洲清算同盟、西非国家经济共同体、伊斯兰开发银行等机构。目前，特别提款权的使用障碍主要体现为如下方面。①SDR 还不能为成员方直接用于对外支付，只能在转换成可自由兑换货币之后才能用于对外支付。因此，SDR 的支付功能只是一种间接支付。某成员方(官方)持有的 SDR 的数量变化只是意味着该成员方可以得到的信贷和储备资产数量的变化(类似期权)，而不是直接的可兑换货币的数量变化。②官方持有的 SDR 与私人部门以 SDR 计

价的金融工具之间的交易缺乏联系渠道，彼此相互分割。③由于持有 SDR 有利息收入，因此，官方持有 SDR 在性质上类似于持有具有利息收入的短期政府债券。

（1）SDR 的分配　自 SDR 设立以来，IMF 进行了三次普通分配。第一次普通分配总额为 93 亿 SDR，在 1970～1972 年期间按年拨付。第二次普通分配为 121 亿 SDR，IMF 认为当时国际贸易增速较快，需相应增加储备。这两次分配累计达到 214.3 亿 SDR。其中，工业化国家和发展中国家的占比分别为 69% 和 31%。发达国家和发展中国家就是否需要进行 SDR 分配一直存在分歧。以美国为首的发达国家基本上都反对进一步分配 SDR，认为目前不存在补充全球性的国际储备资产的长期需求，资本市场的发展使得各个国家都可以通过在国际市场上筹资以补充储备。发展中国家则希望进一步分配 SDR，因为发展中国家的货币都不是储备货币，发展中国家只有通过增加出口等手段才能获得国际储备货币以满足其国际收支平衡的需要，而且其主权评级一般较低，很难在国际资本市场上获得低成本融资。由于成员方长期存在分歧，IMF 一直没有再分配过 SDR。2008 年全球金融危机爆发后，各国需要大量资金应对危机。在这种背景下，不仅发展中国家，而且发达国家也认为有必要通过分配 SDR 为各国补充外汇储备，增加全球流动性，稳定市场信心。

在 2009 年 4 月 G20 伦敦峰会的呼吁下，各国就再次进行 SDR 分配迅速达成共识，IMF 于当年 8 月进行了第三次 SDR 普通分配，分配了 1 612 亿 SDR（约 2 500 亿美元），并于同年 9 月进行了一次额度为 215 亿 SDR 的特别分配。这次特别分配旨在改变各成员方持有的 SDR 份额与其在国际经济体系中的地位不相称的现状，因为 1981 年后加入 IMF 的国家或地区（占比超过 20%）在 2009 年以前从未获得过 SDR 分配，所以 2009 年的这次特别分配重点考虑了这些国家或地区的利益诉求。经过三次普通分配和一次特别分配，IMF 的分配累计总额达到约 2 042 亿 SDR（相当于大约 2 910 亿美元）。

（2）SDR 的交易　IMF 可以通过“指定交易”和“协议交易”两种方式进行 SDR 的交易，保证 SDR 实现提取储备货币的权利。一是指定交易（Transactions by Designation），即 IMF 指定外汇储备头寸充足的成员方用储备货币购买外汇储备头寸短缺的成员方持有的 SDR（1987 年 9 月之后，几乎没有指定交易了）；二是协议交易（Transactions by Agreement），即通过成员方双方在自愿的基础上以协议交易的方式实现 SDR 的转移，保证 SDR 具有一定的流动性。目前，协议交易是 IMF 各成员方 SDR 的主要交易模式，具体包括即期交易、掉期交易、远期交易、提供 SDR 贷款、为交易对手方清偿债务、为交易对手方的债务履约担保、捐赠等。

IMF 各成员方在经过上述交易之后，其由 IMF 分配的 SDR 和其持有的 SDR 就存在差异。例如，IMF 分配给了甲国 100 亿 SDR，但是由于其国际收支逆差，运用分配到的 SDR 向其他国家支付贸易逆差后，甲国实际持有 80 亿 SDR。这一结果必然导致 IMF 其他成员方的分配额小于其持有额 20 亿 SDR。那么，甲国就必须为这 20 亿 SDR 按季度支付“酬金”（Remuneration），实际上就是利率的另外一种称呼。特别提款权（SDR）利率是计算基金组织常规（非优惠）贷款向借款成员方收取的利息和向提供资金的成员方支付的利息的基础。对成员方 SDR 持有额支付的利息和对其 SDR 分配额收取的利息也是按此利率计算的。特别提款权利率每周确定，依据是 SDR 篮子货币的货币市场短期债务工具代表性利率的加权平均值。

❖专栏 17-2

IMF 份额认缴和 SDR 分配与成员方中央银行资产负债表、国际收支平衡表的关系

成员方认缴 IMF 的份额 成员方认缴的份额包括两部分：一部分是外汇(占比 25%)，一部分是本币(占比 75%)。用外汇缴纳的部分(25%)构成了该成员的储备资产。在该成员国际收支平衡表“储备资产”账户的内部进行反映，一方面是“外汇储备”下降，一方面是“在 IMF 的储备头寸”增加。用本币缴纳的部分(75%)通常由本成员的中央银行以本币支付，IMF 再将这笔资金又存入本成员的中央银行。在本成员国际收支平衡表中，这笔业务在“金融账户”下的“其他投资”子账户的中央银行的“资产”和“负债”同时增加。同时请注意，成员方以本币认缴的份额是该成员方的国外资产(Foreign Assets)，但不是储备资产(Reserve Assets)，因为这部分本币资产不能随时被本成员用于对外支付。

假定中国新增认缴的 IMF 份额 100 亿美元，25% 用美元缴纳，75% 用人民币缴纳。上述业务在中国的国际收支平衡表的记录如表 17-4 所示。

表 17-4 中国国际收支平衡表(1) （单位：亿美元）

	金融资产的净获得	金融负债的净产生
金融账户——储备资产——在 IMF 的储备头寸	25	
金融账户——储备资产——外汇储备	−25	
金融账户——其他投资——资产——央行资产	75	
金融账户——其他投资——负债——央行负债		75

注：75 亿美元实际以人民币支付，只不过用美元计价。

IMF 向成员方分配 SDR 获得 SDR 分配的成员方应将其记录在本成员国际收支平衡表“其他投资”下“特别提款权分配”的“负债方”，同时在储备资产账户下的“特别提款权”(“资产方”)账户下予以记录。特别提款权的分配并不影响该成员方的净资产。假定 IMF 新分配给中国政府 10 亿 SDR，中国的国际收支平衡表记录如表 17-5 所示。

表 17-5 中国国际收支平衡表(2) （单位：亿美元）

	金融资产的净获得	金融负债的净产生
金融账户——储备资产——特别提款权	10	
金融账户——其他投资——特别提款权分配		10

成员方中央银行与 IMF 的关系 IMF 作为任何成员方的非居民，成员方的中央银行资产负债表与 IMF 相关的账户通常包括如下方面。

在中央银行的资产方：

①持有的特别提款权(Holdings of SDRs)，一方通过 IMF 的分配或通过与 IMF 其他成员方政府的交易获得的 SDR。

②对 IMF 的债权(Claims on the IMF)，来自两个方面：一是该成员以储备资产和本币认缴的份额；二是该成员对 IMF 提供的贷款。

在中央银行的负债方和权益方：

①IMF 在该成员中央银行的存款(Deposits of the IMF)。这些存款来自：一方以本币认缴的份额(IMF 获得某成员以其本币认缴的份额之后一般存放在该成员的中央银行)；以本币购买

IMF 的资金(通常是 SDR 或可自由兑换的货币)，如该成员方使用 IMF 的贷款，如备用安排。

②该成员方从 IMF 获得的贷款(Loans Received from the IMF)，这是 IMF 向该成员方提供的某种贷款，如减贫与增长贷款。总体而言，IMF 有两类贷款，一类是按非优惠利率提供的贷款，一类是以优惠条件(低息或者无息)向低收入国家或地区提供的贷款。目前，优惠贷款都不收取利息。

③特别提款权分配(Allocations of SDRs)是由 IMF 提供给成员方的，不需要偿还。这个项目在中央银行的“股票和其他股权”项目下，而不是作为对外负债。如果 IMF 新分配给成员方一笔 SDR，在中央银行“权益”下记录，同时在中央银行资产方的“特别提款权”账户下记录。

④外汇重新定值(Exchange Revaluations)，记录在货币当局的“权益”账户下，为正数或负数，反映上述国际储备各项头寸(包括与 IMF 相关的各项头寸)由于汇率变化因素导致中央银行产生的收益或损失。

如果从居民和非居民的角度来分类，并且将非居民中的 IMF 单独设置，货币当局资产负债表可以表示成表 17-6 形式，储备资产涵盖的四个内容均反映在该表中，其中，储备资产中的“在 IMF 的储备头寸”包括成员方在 IMF“份额”25% 的外币部分和本成员方对 IMF 的(短期)贷款。表中的储备资产是指既有资产(Existing Assets)，而不是或有资产(Contingent Assets)。此外，普通提款权中只有 25% 的外币部分是国际储备资产，75% 的本币部分则不是。

表 17-6　按居民和非居民角度划分的货币当局资产负债表

资产	负债和权益
黄金	与 IMF 的关系
与 IMF 的关系	IMF 在本成员方的存款(如普通提款权的 75% 部分)
特别提款权	向 IMF 的长、短期借款
份额(25%外币+75%本币)	对居民的本币负债
本成员方对 IMF 的贷款	对居民的外币负债
对居民的本币要求权	对非居民的本币负债
对居民的外币要求权	对非居民的外币负债
对非居民的本币要求权	所有者权益
对非居民的外币要求权(外汇储备)	其中：外汇重新定值
	特别提款权分配

17.4.2　布雷顿森林体系下的“$n-1$”问题

在布雷顿森林体系下存在“$n-1$”问题。所谓的“$n-1$”问题，是指由 n 个国家组成的钉住汇率体制，实际上只有 $n-1$ 个国家的国际收支可以独立确定，第 n 个国家的国际收支由其他 $n-1$ 个国家决定。用公式来表示就是：

$$S_1\Delta B_1 + S_2\Delta B_2 + \cdots + S_{n-1}\Delta B_{n-1} + \Delta B_n = 0$$

其中，S_i 是第 i 个国家与第 n 个国家的汇率(其中，$i=1, 2, \cdots, n-1$。第 i 个国家的货币为基准货币，第 n 国的货币为标价货币，即对 i 国来说，S_i 相当于间接标价法)；ΔB_i 为第 i 个国家以本币计价的国际收支差额。上式的含义是货币联盟内 n 个国家的国际收支差额之和为零(以

第 n 国的货币来计价），即一国的顺差相当于另一国的逆差。

在钉住汇率制度下，一国与第 n 国的汇率水平(S_i)是事先确定的，如果其他 $n-1$ 个国家独立确定其国际收支差额(以第 n 国货币计价)，也就相当于在给定汇率的情况下，各国政府确定了以本币计价的国际收支差额(ΔB_i)，那么第 n 国的国际收支差额就作为剩余变量被确定了。换言之，第 n 国将不能确定其国际收支差额的目标值。同时，第 n 国也不能够干预汇率 S_i(该汇率事先已经确定)。反之，如果第 n 国对本国的国际收支差额设立目标值，则其他 $n-1$ 个国家要么被动调整汇率水平，要么无法控制国际收支差额。这个第 n 国就是固定汇率体系下的中心国。"$n-1$"问题或"第 n 种货币"问题，又称"冗余问题"。换言之，在一个由 n 个国家(1 个储备货币发行国，$n-1$ 个非储备货币发行国)组成的固定汇率体系中，共有 $n(n-1)/2$ 种汇率，然而通过套利活动会确保只有 $n-1$ 个汇率是独立的。换言之，该体系只有 $n-1$ 次自由度。一旦 $n-1$ 个国家决定了其国际收支差额，第 n 个国家的国际收支差额就作为一个冗余变量被确定了，第 n 个国家任何寻求独立的国际收支差额的政策措施都将引发冲突。当然，它可能试图去干预。例如，第 n 国认为本国的 ΔB_n 的逆差过高，可以让本币贬值，即提高 S_i 的值。此类政策很可能引发竞争性贬值、贸易战或者外汇管制，使得该体系变得不相容。

有观点认为，布雷顿森林体系的崩溃就是因为美国对其巨额国际收支逆差无法忍受，在 1971 年宣布贬值，而其他国家不愿意接受美国为其制定的新汇率，因此该体系瓦解了。也有观点("欧洲人的观点")认为，美国独立地制定了货币供应量的增长率目标，这就决定了美国的国际收支差额 ΔB_n。在该体系下，其他成员方被迫接受由此导致的外汇储备增加，进而不得不接受第 n 国的通胀率。相反，如果 S_i 变为浮动的，则整个体系又变得相容了。因此，布雷顿森林体系下面临的重要问题就是如何确定整个体系的货币供应量与利率(汇率已经事先确定)。假定 A 国货币市场中，货币需求函数为：

$$M_A^D = P_A L_A(Y_A,\ i_A)$$

货币供给函数为：

$$M_A^S = R_A + D_A$$

A 国的货币需求(M_A^D)受物价水平(P_A)、产出(Y_A)与利率(i_A)的影响。货币供给包括两部分，即国际储备部分(R_A)和国内信贷部分(D_A)。B 国的货币供求函数结构相同。如果两国间资本完全自由流动，那么非抵补利率平价条件成立，即 $i_B = i_A + \widehat{S}^E_{(B/A)}$，其中，$\widehat{S}^E_{(B/A)}$ 是 B 国货币对 A 国货币的预期贬值率，这里假定 A 币为基准货币，同时也是储备货币，B 币为标价货币，同时也是非储备货币。非抵补利率平价条件表明如果经济主体预期 B 币贬值 $\widehat{S}^E$，B 国利率将高于 A 国利率相应的幅度，以弥补 B 国资产持有者的预期损失(这里暂不考虑风险补偿问题)。现在假设 A、B 两国决定实行固定汇率制度，同时假定经济主体预期双边汇率在未来不会发生调整，那么 $\widehat{S}^E_{(B/A)} = 0$。两国利率将趋于一致。

可用图 17-8 来表示该体系的均衡。两国货币需求曲线均向右下方倾斜，货币供给曲线分别由垂线 M_A^1 与 M_B^1 表示。两国可以在利率 i_1 的水平上实现货币供求均衡(如点 E 和点 F)。同样，也可以在利率 i_2 的水平上实现均衡(点 M 与点 N)。这表明该体系存在实现均衡的无数组合，每一个组合都有一个相应的利率水平与货币存量水平。也就是说在固定汇率制度下，该体系存在无数的利率水平与货币存量水平组合，因此该体系在本质上存在不确定性。到底由谁来确定该体系的利率水平和货币存量水平，并消除这种不确定性呢？有两种可能的解决方式，一种是非对称性解决方式，另一种是对称性解决方式。

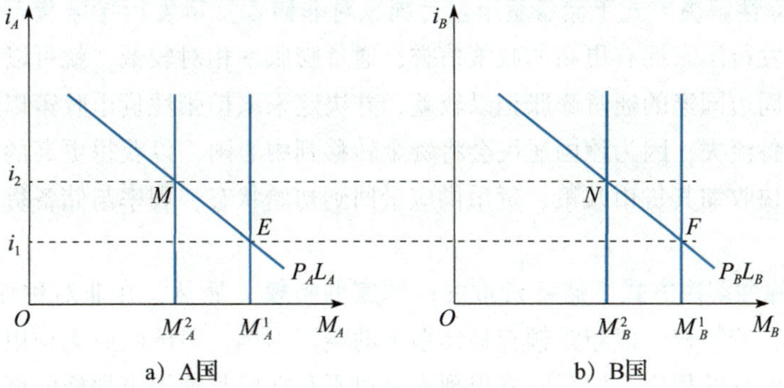

图 17-8　两国货币模型中的“n–1”问题

1. “n–1”问题的解决：非对称性解决方式

“n-1”问题的非对称性解决方式就是让其中一国扮演领导者的角色，也有经济学家将此称为独裁式解决方式。

（1）非对称性解决方式的特征　假定 A 国扮演这一角色，并独立地决定其货币存量，比如说 M_A^1。这就固定了 A 国利率水平为 i_1。B 国现在没有其他任何选择，其利率水平必须与 A 国保持一致。给定 B 国的货币需求，那么就确定了 B 国实现均衡唯一的货币供应量水平(M_B^1)。B 国必须接受这一货币供给量和利率水平，它无法执行独立的货币政策，否则彼此的固定汇率制度就无法保证。在这种非对称性的制度安排中，A 国不仅可以决定本国的货币供应量和利率水平，而且扮演了确定整个体系货币供应量和利率的角色。因此，该体系的自由度表现为 A 国独立地确定其货币政策，这就是布雷顿森林体系下美国所扮演的角色，其政策目标是保持本国物价的稳定。对于非储备货币国家而言，其货币政策目标是维持本国货币与储备货币之间的汇率固定。

（2）非对称性解决方式下储备货币发行国家和非储备货币发行国家的冲突　当储备货币发行国家和非储备货币发行国家的经济实力大体相当，而且彼此的经济周期不同时，两者的冲突是不可避免的。例如，当储备货币发行国家出现经济衰退，非储备货币发行国家处于经济过热阶段，储备货币发行国家采取扩张性货币政策将导致资本流向非储备货币发行国家，其外汇储备增加，使得货币供应量从 M_B^1 移动到 M_B^2 的位置(见图 17-9)。如果非储备货币国家为避免通货膨胀的产生，将货币供应量仍然保持在 M_B^1 的位置，就必须采取本币升值的方式，即 A 国利率在 i_2 的水平上，B 国利率在 i_1 的水平上，两者之差就是 B 国货币升值的幅度。

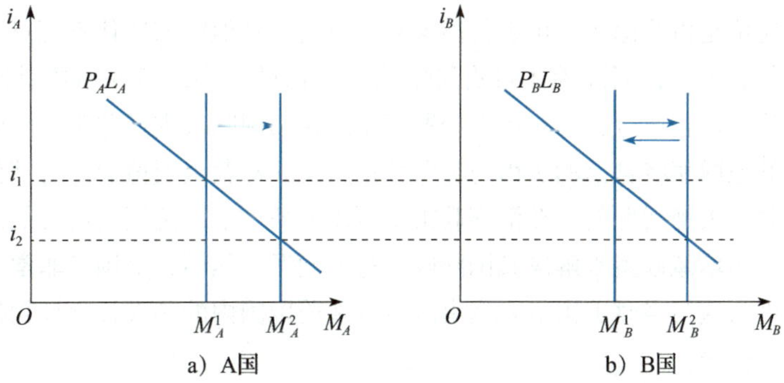

图 17-9　储备货币国家发生经济衰退的情况

（3）非对称性解决方式下储备货币发行国家对非储备货币发行国家货币政策的约束 当然，当储备货币发行国家拥有更高的政策信誉，通货膨胀率相对较低，就可以对周边国家施加纪律约束。如果周边国家的通货膨胀记录较差，并决定采取扩张性货币政策以刺激经济，这立刻会使其国际储备流失，因为该国居民会将资金转移到中心国，以获得更高的无风险收益，周边国家会被迫很快收缩其货币政策，货币供应量回到初始状态，利率与储备货币发行国利率保持一致。

（4）非对称性解决方式下储备货币发行国家的特权 显然，在非对称性解决方式当中，储备货币国家存在着特权。以布雷顿森林体系下的美国为例，美国政府无须用货币政策来保持美元兑其他货币汇率的稳定，国际收支出现赤字也不存在像其他国家那样的调整压力。其国际收支的逆差使得非储备货币国家的实际资源向美国转移，美国对此仅仅需要打一张欠条，表明自己对某个国家的负债增加而已。这就是开放经济下的“铸币税”(Seigniorage)，即储备货币发行国家通过发行货币而获得的收益，其他国家只有通过持有美元资产来增加自己的国际储备。1959年戴高乐出任法兰西第五共和国总统，开始推行独立自主的外交政策，主张“欧洲是欧洲人的欧洲”，推动西欧各国联合起来摆脱美国的控制。在国际金融领域，法国对美国国际收支政策日益表示不满。为此，美国也曾经采取过措施抑制国际收支逆差。例如，1961年，美国迫使德国签署《美德补偿协定》，联邦德国在1961～1963财政年度向美国购买价值13.5亿美元的军事装备，作为对美国驻德军费支出的补偿(相当于美国出口增加)。1963年7月，肯尼迪政府推出利息平衡税，限制外国在美国金融市场发行债券融资(相当于美国减少对外证券投资)。1965年，法国总统戴高乐[㊀]对此就曾经抱怨道：“美国享受着美元所创造的过度特权(Exorbitant Privileges)和不流眼泪的赤字。它用一钱不值的废纸去掠夺其他民族的资源和工厂。”所谓美国政府享有的特权就是美国国际收支出现逆差之后不必采取紧缩性经济政策。面对美国的特权，法国采取了一系列行动。1965年1月，法国将其1.5亿美元的美元储备兑换成黄金，并宣布计划兑换另外的1.5亿美元。戴高乐总统甚至派出海军到美国将黄金运回法国。法国的外汇储备从1964年年底的28.4亿美元下降到1966年的11.2亿美元，同期黄金储备从10.65亿盎司上升到14.96亿盎司。西班牙为了获取法国在其加入欧共体问题上的支持，将6 000万美元储备兑换成黄金。阿尔及利亚在法国的劝说下从美国购买了1.5亿美元的黄金。这在当时是对美国黄金储备的实质性消耗。

（5）非对称性解决方式下储备货币发行国家国际收支逆差的解决方式 对于储备货币发行国家(美国)而言，如果其国际收支出现逆差，能否采取汇率政策来解决呢？这里涉及的美元汇率包括两方面：一是美元与其他货币的比价；二是美元与黄金的兑换比价。对于前者，美元与其他货币的比价是由非储备货币发行国家来维持的，其他国家往往不愿意主动对美元升值来降低本国产品的竞争力，因此美国没有可能采用贬值的汇率政策来解决其国际收支失衡问题。对于后者，美国能否通过美元对黄金的贬值来改善其国际收支逆差呢？实际上，这也是无法实现的。因为其他国家将自己的货币与美元挂钩，美元对黄金贬值而不对其他货币贬值也是无法解决其国际收支失衡问题的。在汇率政策不可用的条件下，美国政府可能的措施就只有通过采取紧缩性的支出增减政策来解决其国际收支逆差问题。然而，美国又非常不愿意采取紧缩性的经济政策，因为这与当时美国陷入越南战争以及美国国内的伟大社会计划带来的大规模财

㊀ 也有人认为，“过度特权”的说法由时任法国财政部长瓦莱里·吉斯卡尔·德斯坦(Valéry Giscard d'Estaing)提出。

政支出政策相矛盾。除此之外，美国忽略国际收支逆差问题并非没有负面影响，伴随着美国国际收支逆差的扩大，美元与黄金的兑换比价能否维持不仅关系到美国经济本身，而且将影响布雷顿森林体系的稳定。

2. “$n-1$”问题的解决：对称性解决方式

对称性解决方式就是由两国共同决定整个体系的货币存量和利率水平，这需要双方的合作，因而也有经济学家将此称为合作式解决方式。

（1）对称性解决方式的特征 如图 17-10 所示，两国共同决策使两国货币存量分别为 M_A^1 与 M_B^1。假定经济主体怀疑 A 国货币与 B 国货币双边汇率的固定性，并且预期 B 国货币在将来会贬值。根据非抵补利率平价条件，B 国利率相对于 A 国利率必然出现上升。在外汇市场上则会出现 B 国货币未来发生贬值的预期，引发投机者卖出 B 国货币，买进 A 国货币。为阻止 B 国货币对 A 国货币的市场汇率降到固定汇率的下限以下，B 国中央银行必须买进 B 国货币，卖出 A 国货币。这一干预对货币供应量的影响是对称性的。B 国货币供应量下降，A 国货币供应量上升。A 国货币供应量上升是因为 B 国卖出 A 国货币，增加了流通中 A 国货币的数量。结果，B 国货币供应量向左移动（从 M_B^1 移至 M_B^2），A 国货币供应量向右移动（从 M_A^1 移至 M_A^2）。结果，B 国利率升至 i_3，而 A 国利率降至 i_2。这样，投机性干扰由两国同时进行调整加以解决，其中 A 国货币供应量上升，利率下降，B 国的情况正好相反。

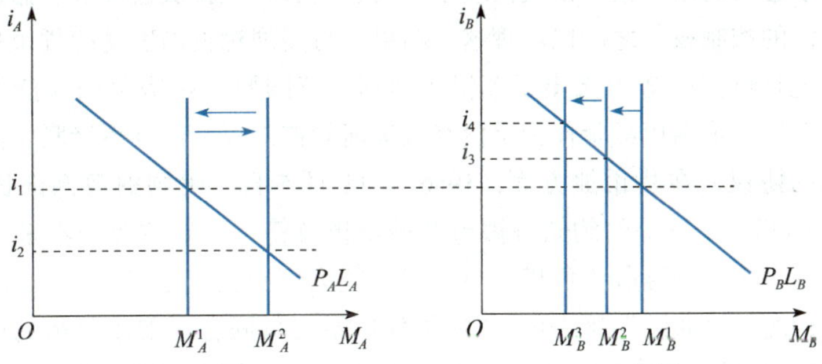

a）A国　　b）B国

图 17-10 对投机冲击的对称性调整和非对称性调整

（2）对称性解决方式的具体体现——金本位制度下的自动调节机制 这也可以用来解释金本位制度下的调节机制，假定 A 国与 B 国都将本币钉住黄金，如此 A 国货币与 B 国货币相互固定，但是储备货币是黄金，而不是某个国家的主权货币。此时 A 国出现黄金内流，货币供应量增加，利率下降；B 国出现了黄金外流，货币供应量下降，利率上升。此时就不存在“第 n 种货币”问题，因此也就避免了布雷顿森林体系下的经济政策的不对称性。

（3）对称性解决方式的现实状态 事实上，上面描述的对称性解决方案在实际运行中通常并非那样顺利。大多数固定汇率体系仍然以非对称性方式运作，布雷顿森林体系就是如此。特别是出现投机危机，要求两国中央银行在外汇市场上干预时，强势货币国家（布雷顿森林体系中的美国）一般不愿意增加货币供应量以及降低利率。它们会采用冲销政策（Sterilization Policies）来抵消外汇市场干预所引发的扩张效应。当弱势货币国家的中央银行卖出美元（买进本币）时，强势货币国家（美国）的中央银行往往通过公开市场操作买回这些美元（假定 A 国就是美国，此时美联储卖掉国债，收回美元，结果货币供给曲线从 M_A^2 再移回至 M_A^1）。这些冲销政策的最终效应表现为美国货币供应量基本上不（或稍微）受弱势货币国家外汇市场操作的影响。

这种非对称性意味着弱势货币国家被迫承担所有的货币调整。B 国被迫将货币供应量降至 M_B^3，利率提高至 i_4。A 国货币供应量在这一非对称性调整体系中仍保持在 M_A^1 的水平。

17.4.3 布雷顿森林体系的崩溃及其理论解释

在布雷顿森林体系刚刚建立之初，由于美国的黄金储备相对充足，该体系运行相对稳定。然而，这期间欧美国家内部也有过斗争和冲突。

1. 英镑实力的进一步下降和美国国际货币权力的使用

第二次世界大战结束之后，第三世界国家普遍兴起了反对西方殖民主义的浪潮。其代表性事件就是 1956 年 7 月 26 日，埃及以“反对殖民主义”为旗帜，宣布将苏伊士运河进行国有化，该事件在当时埃及占领了道德的制高点，具有某种“政治正确性”。然而，英国对埃及的这一行为强烈不满，并联合法国在 1956 年 10 月 31 日发动了对埃及的战争。英国之所以决定出兵埃及，一方面英国是当时苏伊士运河管理公司最大的股东，拥有 44% 的股份，埃及的国有化政策将使其损失惨重；另一方面，1955 年通过苏伊士运河的所有船只中，有 1/3 归英国所有。由于苏伊士运河是中东石油运往西欧的航线中关键节点，对苏伊士运河的控制也是大英帝国在全球影响力的重要标志。战争爆发之后，由于双方实力悬殊，胜利的天平已经倾向于英国一方。但是，出乎意料的是，战争仅仅持续了一周，英法联军就被迫停战、撤退，英国最终失去了对苏伊士运河的控制权。之所以出现这一结果，与美国对英国发动的货币战密切相关，其结果是美国成功地将英国的势力挤出了苏伊士运河。英国原本指望美国保持中立的希望落空了。美国不仅完全反对英国以战争作为手段夺取运河的控制权，而且诉诸联合国，通过了要求英法停火和撤军的协议。在货币战方面，1956 年 11 月 5 日，美国财政部部长乔治・汉弗莱(George Humphrey)指示美联储纽约储备银行开始抛售英镑，这导致英国本来就不充足的外汇储备急剧下降，并出现了国际收支危机。当英国掌玺大臣拉博・巴特勒(Bab Butler)打电话向乔治・汉弗莱求助时，汉弗莱明确表示：“如果你们不履行联合国要求停火的决议，总统不会帮助你们。”巴特勒回答说：“这简直就是勒索。”美国表示如果英国不撤军，将不会向英国提供资金援助，并且还将否决英国动用在 IMF 的黄金份额的请求。相反，如果英国答应美国的请求，不但不会否决英国动用 IMF 黄金份额的请求，还会额外援助英国 5 亿美元出口信贷业务。最后，不顾法国的强烈抗议，英国按照美国的要求在 10 月 6 日下午 5 点停火。在这场货币战中，美国利用其国际货币地位和强大的经济实力，迫使英国的势力退出了苏伊士运河。

到了 20 世纪 60 年代，以法国戴高乐政府为代表的欧洲国家逐渐不满美国在国际货币领域的霸权地位，开始将其外汇储备兑换为黄金，法国不仅自己这么操作，而且鼓动其他国家也这么操作。在这个过程中，当时的联邦德国政府虽然对法国政府改革国际货币体系的建议持同情态度，但是事实上并没有在行动上予以支持。当时东西方冷战，联邦德国是冷战的前线和桥头堡，美国在联邦德国有驻军，联邦德国政府有义务向美国支付一定的驻军费。对于法国政府在货币问题上的挑战，美国政府则采取分而治之的策略，以美国从联邦德国撤军作为要挟，要求联邦德国不得与法国合作。美国国家安全事务助理巴特向约翰逊总统提出了一系列建议，如要求联邦德国承诺将其外汇储备投资于美国的中期国债，使得资金回流美国；同时要求德国联邦中央银行公开承诺不将其持有的美元兑换为黄金。这作为美国此后的行动方针。联邦德国政府基于国家安全的考虑，答应了美国的上述要求。1967 年 3 月 30 日，德国联邦中央银行行长布莱辛写信给美联储主席马丁，承诺联邦德国不会将持有的外汇兑换为黄金，这一事件被称为

“布莱辛信件”（Blessing Letter）。联邦德国的上述做法延缓了布雷顿森林体系崩溃的时间。

2. 特别提款权的创设

战后初期，各国普遍出现了“美元荒”。1947 年，美国通过“马歇尔计划”援助欧洲各国，对战后各国的经济复苏起到了积极的作用。但是，随着 1958 年美国对欧洲私人投资的大规模增加，美国国际收支开始出现逆差。20 世纪 60 年代，美国政府发动越战后，军事支出大幅增加，货币供应量出现了快速增加，美国的通货膨胀问题日益突出。美国的国际收支逆差不断扩大。由于美国的国际收支逆差都是以美元支付的，因此外国政府持有的美元规模越来越大，各国政府从过去的“美元荒”逐渐演变成了“美元泛滥”（Dollar Glut）。如果再加上国外私人部门持有的美元，这个规模就更大了。与此同时，美国政府持有的黄金却不断下降，1949 年美国政府持有的黄金储备为 250 亿美元，此后不断下降。到 1960 年，美国的短期外债达到 210 亿美元，而黄金储备下降到 175 亿美元，美国黄金储备占对外流动负债加对外国官方非流动负债之比在二战后首次低于 1。在这种背景下，美国政府维持美元兑换黄金的承诺就越来越不可信。1960 年 11 月，美元面临战后第一次危机。伦敦黄金市场上的价格超过了每盎司黄金 40 美元。面对外国政府和私人部门持有越来越多的美元存款，如何避免它们向美国兑现黄金，维持美国的金本位成为当时美国政府考虑的重点问题。为此，在 1962～1971 年间，美国财政部以不定期方式发行了罗莎债券（Roosa bonds）。这是肯尼迪政府财政部负责货币事务的副部长罗伯特·罗莎（Robert Roosa）提出的建议，由美国财政部发行的一种中期债券。在布雷顿货币体系下美元作为关键货币，能否与黄金保持兑换是该体系稳定与否的决定性因素。发行罗莎债券的目的是吸引国外政府投资罗莎债券，而不必将持有的美元向美国政府兑现黄金。在罗莎债券发行的早期，该债券以美元购买，并且有特定的期限和利率规定，且无法在二级市场流通。发行罗莎债券的目的是锁定外国政府手中的美元，避免其向美国政府兑现黄金。在后期，罗莎债券以外币发行，币种主要为瑞士法郎、西德马克、意大利里拉、比利时法郎和奥地利先令等货币。美国通过发行罗莎债券获得的外币资产可以用以偿付美联储与其他中央银行在货币互换中需要支付的外币负债。类似的债券，如卡特债券（Carter Bonds）在 1978 年年底到 1980 年 1 月间美国财政部也曾发行过，期限是 2～4 年，以西德马克和瑞士法郎为面值货币，由美国财政部在这两国的资本市场上发行，目的同样是筹集外币资金补充美国在外汇市场上的干预资金。

1969 年，IMF 最终同意创设特别提款权。自特别提款权设立以来，IMF 进行了三次普通分配和一次特别分配，特别提款权分配累计总额达到约 2 042 亿特别提款权（按 2018 年 12 月 28 日 SDR1 = USD1. 390 79 的汇率折算约相当于 2 837 亿美元，占当年全球 11 万亿美元的储备资产的比重不足 3%，仍然低于 1972 年该占比的历史最高点 6%）。

3. 布雷顿森林体系的崩溃

20 世纪 60 年代末和 70 年代初，美国的国内外经济与金融形势开始发生改变。由于越南战争的爆发和不断升级，以及与此同时林登·约翰逊政府的“伟大社会”（Great Society）计划扩大，一方面美国国内通胀率逐年上升，同时美国国际收支严重恶化，美元流向了世界金融市场，美元汇率高估的问题日益严重。其他国家被迫买入美元以维持与美元的钉住汇率，美国的通货膨胀通过钉住汇率体系传导到其经济伙伴国家。另一方面，这些国家开始用美元去兑换美国政府持有的黄金以期减少损失。面对不断流失的黄金储备，1968 年上任的美国总统尼克松不再通过协商的方式与欧洲盟友共同解决问题，而是采取“威吓”的方式要求其他国家持有美元。尼克松总统任命了得克萨斯州前州长约翰·康纳利（John Connally）作为财政部长。康纳利曾自嘲地说自己是“美国在国际金融运动场上的打手”。他曾对为美元贬值深感焦虑的欧洲各国财政部长们说过一句著名的话，“美元是我们的货币，却是你们的问题”（The dollar is our currency, but your problem）。1971 年 6 月，在国际清算银行的会议上，欧洲各国央行行长对康纳利讲话的论调和内容纷纷表示不满。当这一消息传到市场之后，美国财政部的黄金储备流失明显加剧。8 月 13 日，英国要求美国兑现其持有的部分美元外汇储备。这成为压死骆驼的最后一根稻草。美国别无他法，为保存自身的黄金储备，只得暂停美元与黄金的兑换义务。1971 年 8 月 15 日(星期天)晚上，理查德·尼克松总统在当时美国最热门电视节目的播放时段，发表电视演说，宣布从即时起，实施工资与价格管制，对进口商品课征 10% 的附加税和关闭黄金窗口，以确保“美国商品不会因为不公平的汇率水平处于竞争劣势”，以期汇率朝着有利于美国的方向变化。尼克松总统表示：“我有决心使美元一定不会再成为国际投机者手中的人质。”根据《1970 年经济稳定法案》(*Economic Stabilization Act of 1970*)，尼克松总统发布了第 11615 号行政令，又称一揽子新经济政策。由于美国政府关闭了黄金窗口，美元因此无法兑换黄金，史称“尼克松冲击”（Nixon Shock）。面对这一冲击，国际社会的反应非常迅速。8 月底，日本宣布日元兑美元汇率自由浮动。日元随即对美元升值 7%，加上 10% 的附加税，相当于日本出口到美国的商品价格提高了 17%。瑞士则实行负利率政策，对瑞士法郎的存款收费，以阻止热钱流入。

1971 年 12 月，在毗邻华盛顿国家广场史密森学会的红色城堡举行的会议上，十国集团(G-10)签署了《史密森协议》(Smithsonian Agreement)，旨在继续维护固定汇率制度，并将美元的定值从 1 盎司黄金兑换 35 美元调整为 38 美元(美元对黄金贬值约 9%)。同时，其他主要货币对美元升值 3%～8%。美国政府同意取消具有歧视性的 10% 进口附加税。除此之外，美国财政部已经不再随时准备将外国央行和政府持有的美元兑换为黄金。没有任何事情可以阻止美国制定其所需要的政策，因此，其货币与美元挂钩的国家很自然地对经济前景充满了忧虑。《史密森协议》对美国的影响是正面的，股市出现了上涨。然而，美国民众乐观的预期很快破灭了。美联储由于担心美元贬值引发失业率上升而降低利率以刺激经济，使得资本继续流出美国，因此重建国际货币秩序的努力最终以失败告终。1973 年 2 月，美国政府宣布美元兑黄金贬值 10%。随后，西方各国纷纷采用浮动汇率，不再承担维护本国货币与美元固定汇率的义务。同年 3 月 16 日，欧洲经济共同体九国在巴黎举行会议并达成协议，联邦德国、法国等国家对美元实行联合浮动，彼此之间实行固定汇率，英国、意大利和爱尔兰对美元实行单独浮动。美元停止兑换黄金和固定汇率制度的垮台，标志着二战后以美元为中心的布雷顿森林体系的崩溃。

4. 布雷顿森林体系崩溃的理论解释

布雷顿森林体系为什么会崩溃呢？经济学家从各个角度进行了分析，本书介绍两种解释，其中流传最为广泛的是“特里芬难题”（Triffin Dilemma）。美国耶鲁大学教授罗伯特·特里芬(Robert Triffin)认为：以某个主权国家的货币(如美元)作为主要的国际储备货币，这具有内在的不稳定性。要满足世界经济和国际贸易增长之需，国际储备必须有相应的增长，而这要依靠储备货币供应国——美国的国际收支逆差来实现；美国国际收支的逆差使得各国持有的美元数量增加。美国的国际收支逆差越大，各国持有的美元数量就越大，则美国政府对美元兑换黄金的承诺就越值得怀疑，国际社会也就越缺乏信心。这就是布雷顿森林体系无法克服的“流动性规模与信心”两难问题——“特里芬难题”。

比利时经济学家保罗·格劳威(Paul De Grauwe)从格雷欣法则的角度对布雷顿森林体系的

崩溃进行了解释。如前所述，格雷欣法则就是指在金属本位条件下，两种货币的官方兑换价格与市场兑换价格存在差异时，低估的货币会从流通中消失，高估的货币则会充斥市场。在布雷顿森林体系下，两种货币——美元和黄金——的兑换官价是每盎司黄金兑换 35 美元，由于美国的通货膨胀，美元实际上对黄金贬值了，或者说黄金的价格应该上涨。尽管在经历了一系列的对黄金价格干预之后，国际金融市场上的黄金价格最终超过了官价。按照格雷欣法则，低估的黄金退出了市场，高估的美元继续充斥市场，由此形成了美元驱逐黄金的局面，布雷顿森林体系的崩溃最终使得美元充斥市场。

5. 理想状态下的国际货币体系

伴随着布雷顿森林体系的崩溃，经济学家开始思考什么才是理想的国际货币体系。一般来说，国际货币体系的理想目标是：实现商品、劳务、资本等生产要素在各国之间的自由流动，不存在相应的贸易管制和资本管制；各国的有效分工使得生产实现最大化；国际贸易使得国内各部门和各国之间实现最优分配。以此为依据，判断国际货币体系是否合适有以下三个标准。

第一，各成员方国际收支失衡后的调整能力。理想的国际货币体系要使得失衡的成员方付出的调整成本最小、调整的时间最短。如果某成员方出现短期国际收支失衡，其可以采取融资(Financing)手段来处理。如果某成员方出现根本性的失衡(Fundamental Disequilibrium)，要么实行直接管制，要么进行政策调整。前者可能招致贸易伙伴国的报复，后者的调整过程可能较长，给民众带来的痛苦较大(如失业率上升)。

第二，各成员方获得流动性的规模。理想的国际货币体系可以为成员方提供规模适当的国际储备，并且不会因此造成全球性的通货膨胀。

第三，各成员方对国际货币体系是否充满信心。理想的国际货币体系，各成员方不会对关键货币失去信心，不会出现对其恐慌性的抛售，不会出现严重到足以颠覆整个体系的金融危机。

上述第二点是国际货币体系的关键，也可以认为各成员方如何获得国际储备。以布雷顿森林体系建立后的这段历史来看，截至今天，美元仍然是世界上最主要的国际储备货币(占比仍然超过 60%)，美元既是美国政府的主权货币，美国也是全球范围内流动性最重要的提供者，其变化分为三个阶段：第一阶段为 1945～1971 年，美元同黄金挂钩，美国通过资本账户逆差提供国际流动性；第二阶段为 1971～1982 年，美元同黄金脱钩，美国仍然是通过资本账户逆差提供国际流动性；第三阶段为 1982 年之后，美元同黄金脱钩，美国通过经常账户逆差提供国际流动性。从整个体系来看，主权货币兼任国际流动性的制度安排必然会遭遇流动性规模与信心之间的冲突。

17.4.4 国际金融组织和 IMF 面临的挑战

二战结束以来，先后建立了国际货币基金组织、世界银行等国际金融机构，对世界经济的发展和国际金融秩序的稳定做出了重要的贡献。目前来看，根据其承担的主要任务，国际金融组织主要分为以下四类。

第一类是货币合作与政策协调类机构，主要承担国际间货币合作、各国政策协调监督和国际收支调节等功能，防止政策扭曲对全球经济金融发展造成负面影响。这类机构的主要代表是国际货币基金组织，以及区域性货币合作组织如欧洲金融稳定基金、清迈倡议与东盟中日韩宏观经济研究办公室、阿拉伯货币基金组织等。

第二类是经济发展融资类机构，主要承担生产性资源的开发利用、各类基础设施的建设，向成员方提供技术和金融方面的支持，防止自然灾害、流行性疾病对当地经济发展造成不利影响，促进全球和区域性经济平衡和可持续发展等功能。主要代表机构为世界银行集团、欧洲复兴开发银行、亚洲发展银行、亚洲基础设施投资银行、非洲发展银行、美洲开发银行等区域性发展机构。

第三类是金融业务规则制定类机构。承担国际金融标准和业务准则的制定、调整等功能，主要代表为国际清算银行及其下设的各专业委员会、金融稳定理事会、国际证监会组织、国际存款保险机构协会、金融行动特别工作组等。其职能主要是评估全球金融系统的脆弱性，督促各国对不稳定因素进行纠正；促进各国监管机构信息共享和信息交换；推动各国金融监管政策及时调整以反映市场的最新变化；制定监管标准；开展金融危机预警监测等。

第四类是为便利国际金融交易(如跨国转账、信用卡交易等)成立的由各金融机构组成的类似行业自律组织的国际金融组织，如环球银行金融电信协会(SWIFT)、万事达国际组织等。

前两类机构在国际经济发展、全球金融稳定以及防范和处理国际金融危机过程中发挥了重要作用。后两类机构在金融业务发展和金融的国际化监管方面凸显了其功能。20 世纪 80 年代以来，国际社会先后爆发了多次金融危机。在世界各国政府和各类国际金融组织的共同努力下，这些金融危机先后被妥善处理。

IMF 成立于 1945 年，至今过去了 75 年。作为二战结束后国际经济领域全球各国合作的重要成果，在金融国际化、经济一体化的当今世界，以 IMF 为代表的国际金融组织运行遇到了新的挑战。进入 20 世纪 90 年代以来，IMF 在俄罗斯金融危机、亚洲金融危机等系统性重要国家或地区危机处理过程中的不当政策、悬而未决的份额结构改革、SDR 分配以及 IMF 运行缺乏透明度等问题招致许多批评。综合来看，挑战主要集中在以下几方面。

第一，IMF 投票权份额应该与各成员方的经济规模大体一致。截至 2019 年 4 月 30 日，189 个成员方中有 181 个已经完成份额缴款，占份额增加总额的 99% 以上，自此 IMF 的总份额达到 4 750 亿 SDR(约合 6 580 亿美元)。这是 IMF 救助各成员方的主要资金来源。目前，欧盟(包括英国)各国的投票份额为 29. 6%，美国为 16. 5%，日本为 6. 2%，加拿大为 2. 2%，中国的投票权份额只有 6. 1%，印度为 2. 6%。上述比例没有反映出各成员方的经济实力，尤其是以中国为代表的新兴市场国家。目前，国际货币体系仍然由发达经济体掌控和主导，发达国家的货币还扮演着国际储备货币的角色。但是，这种情况正在发生变化。2006 年 9 月，IMF 的成员方支持为中国、韩国、墨西哥和土耳其等四个代表性最明显不足的国家进行特别增资。2008 年 4 月，IMF 理事会通过份额和发言权改革决议，同意采纳新的份额公式，对 54 个国家进行第二轮的特别增资等。2010 年 11 月，IMF 执行董事会决定将成员方的份额增加一倍，至 4 768 亿 SDR，该决定从 2016 年 1 月开始生效；同时进行份额调整，即从代表性过高的成员方向代表性过低的成员方转移大于 6% 的份额等。经过上述几轮改革，IMF 投票权份额仍然没有真正反映各成员方的经济实力。此外，2015 年 12 月，中国主导建立了亚洲基础设施投资银行(AIIB)和金砖国家新开发银行(NDB)。这些机构的功能与 IMF 有相似之处。

第二，面对资本流动的规模日益扩大，金融危机爆发的频率越来越高，IMF 对危机爆发国的救助能力有限。各国政府的金融脆弱性(Financial Fragility)不断上升。2008 年全球金融危机爆发之后，为了解决美元流动性的不足，美联储先后与欧洲中央银行、英格兰银行、日本银行等六家中央银行签署货币互换协议，向其他国家中央银行提供美元流动性。这说明美联储在全球流动性供给中的重要地位，美元目前在世界货币中的独特角色。虽然经济学家对国际金融危机的标准各有不同，但基本上包括以下基本要素：一是出现了跨市场的恐慌性下跌；二是大量金融机构特别是系统重要性金融机构出现了倒闭；三是全球实体经济运行出现了负增长，受到了严重破坏。虽然世界经济在受到冲击后每次都化险为夷，但是也给各国政府提出了更为迫切的要求。截至 2017 年年末，全球债务总额高达 184 万亿美元，相当于全球 GDP 的 225%。全球的公共和私人债务均处于历史高点。在这种背景下，债务的利息支出将会对教育、医疗和基础设施支出产生挤出效应，而这些是提高经济增长可持续性的重要支撑。全球债务水平的居高不下加大了全球经济遭受冲击的风险。全球目前有 11.4 万亿美元的外汇储备，但是 IMF 的资金来源主要是各成员方缴纳的份额和 IMF 的对外借款，其放款实力只有 1 万亿美元。对于全球金融危机来说，这点救助资金仍然是杯水车薪。虽然扩大 IMF 的贷款规模有可能引发道德风险，但是国际社会不能因此就因噎废食、止步不前。

第三，IMF 的治理体系必须与时俱进。如果 IMF 要赢得全球的信赖，其治理体系也必须反映各国的利益诉求。从全球范围来看，IMF 的诸多决策忽视了发展中国家的利益诉求。从传统上来看，IMF 总裁的职位由欧洲人担任，第一副总裁由美国人担任，这种治理格局必须予以调整。IMF 应该在全球范围内选拔优秀人才，而不是少数几个成员方私底下的讨价还价，选拔程序应该公开透明。不仅高级职员的选拔应该如此，而且普通职员的选拔也应该考虑各成员方的均衡性。尽管金砖国家占全球经济和人口的 1/4，但是仅有约 10% 的投票权。撒哈拉以南非洲国家有 53 个，约占 IMF 成员方席位的 25%，但是仅占 24 名执行董事席位中的 2 席。

专栏 17-3

清迈倡议

2000 年 5 月，经历过亚洲金融危机的东盟成员方和中日韩(10+3)财长在泰国清迈共同签署了建立区域性货币互换网络的协议，即《清迈倡议》(Chiang Mai Initiative)。清迈倡议的宗旨是强化本区域防范风险和应对挑战的能力，解决区域内国际收支逆差额和短期流动性困难、增加资金以补充现有国际融资安排。

2003 年 10 月，中国国家总理温家宝提出推动清迈倡议多边化，建议将清迈倡议下较为松散、不易形成合力的双边货币互换机制整合为多边资金救助机制，这得到了与会领导人的积极响应。2007 年，各国财长决定以自我管理的区域外汇储备库作为清迈倡议多边化的具体形式，即各方以签订单一协议形式建立储备库，在非危机时期分别管理各自的出资，在危机发生时以借贷方式向出现流动性困难的成员方提供短期资金救助。2008 年 5 月，各国财长决定区域外汇储备库的总规模不低于 800 亿美元；中日韩和东盟出资比例为 80∶20，贷款条件则继续沿用清迈倡议双边货币互换协议条件，其中贷款利率为伦敦同业拆借利率加 3%(如贷款展期，利率相应上调)。2009 年 2 月，各国财长决定加快清迈倡议多边化进程，将储备库规模扩大至 1 200 亿美元。2009 年 5 月，各国财长就储备库出资份额分配、出资结构、贷款额度、决策机制等主要内容达成一致。2009 年 12 月，“10+3”财长和中央银行行长以及中国香港金融局总裁共同宣布正式签署清迈倡议多边化协议。这意味着 1 200 亿美元的亚洲区域外汇储备库正式成立并开始运作。2010 年 3 月，该协议正式生效，其中中国(含中国香港)的份额达到 32%，与日本并列成为最大出资国，韩国的份额为 16% 位居第三。

17.5 欧洲货币联盟

布雷顿森林体系崩溃之际，欧洲国家担心汇率的大幅度波动对其内部的双边贸易产生冲击，在布雷顿森林体系崩溃之前建立了蛇行浮动体系。1972 年 3 月，欧共体部长理事会决定，各国货币与美元挂钩，其波动幅度为±2.25%，而欧共体各国货币间的波幅为±1.125%，即“蛇行浮动机制”。1973 年 2 月和 3 月，美元再次贬值，布雷顿森林体系崩溃，欧洲各国货币决定对美元实行联合浮动。1973 年 4 月欧洲货币合作基金建立，旨在对出现逆差的成员国提供融资。然而，1979 年年初蛇行浮动体系遭受重创，意大利、英国、爱尔兰和法国纷纷退出“蛇行浮动机制”。

17.5.1 欧洲汇率机制的建立及其在 20 世纪 90 年代遭受的冲击

1979 年 3 月，在欧共体巴黎首脑会议宣布成立欧洲货币体系(European Monetary System)。作为欧洲货币体系的一部分，欧洲汇率机制(European Exchange Rate Mechanism，ERM)的目的是降低汇率波动幅度，保持欧洲货币稳定。像布雷顿森林体系一样，欧洲汇率机制是一种可调整的钉住汇率制。欧洲汇率机制的主要内容如下。第一，创立“欧洲货币单位”(European Currency Unit，ECU)(中文译作“埃居”)，它是欧洲货币体系成员国的篮子货币。埃居仅用于欧共体内部会计、信贷记账与结算。第二，欧洲货币体系规定的波幅为官方平价(中心汇率)的±2.25%之间，即两个成员国货币之间的双边汇率波动幅度(最大)可达 4.5%。对有些国家的货币，如意大利、葡萄牙、西班牙、英国等国的货币波幅在中心汇率±6%的范围之内，其汇率波动最大可达 12%。这些相对较大的波幅可以避免较严重的货币投机，这对稳定整个体系起到了十分重要的作用。当市场汇率波动达到上下限时，有关国家的中央银行有义务进行干预以保证汇率在区间内波动，这称为“边际干预”，即汇率达到上下限时的干预。但是，边际干预的承诺不是绝对的。有关国家在与该体系其他成员国商讨之后可以决定改变其中心汇率，即汇率的重新安排(Realignment)。第三，欧洲货币体系还实行资本管制。特别是法国、意大利在 20 世纪 80 年代的大部分时间里一直实施资本管制。这些资本管制降低了用于攻击某种货币所能筹集到的资金规模。在 80 年代末资本管制有所改变。此时法国，以及后来的意大利逐渐取消了资本管制。出现这一变化主要源于欧共体决定向完全一体化的内部市场过渡，资本的自由流动被视为必要的条件之一。加之汇率朝着更加固定的方向发展，这些举措逐渐改变了欧洲货币体系的性质。

伴随着欧洲经济的不断融合，欧洲各国提出了进一步货币融合的计划。1991 年 12 月 9 日，欧盟各成员国首脑在丹麦小城马斯特里赫特签订了具有历史意义的《欧洲联盟条约》(Treaty on European Union，TEU)，又称《马斯特里赫特条约》(Maastricht Treaty)。该条约规定，向货币联盟最后阶段的过渡，存在一系列趋同标准(Convergence Criteria)的条件限制。申请国只有满足一系列条件才能加入货币联盟。然而，在这一过程中，却出现了对欧洲货币体系的冲击。20 世纪 90 年代初欧洲货币体系面临的第一个冲击主要与里拉、比塞塔有关。尽管意大利和西班牙全力以赴来降低通货膨胀，但两国都没能消除与德国的通胀缺口。同时，1987 年之后两国再没有调整中心汇率，这大大降低了两国的竞争力，并最终使得其汇率不具有可维持性。

欧洲货币体系面临的第二个冲击就是英镑与法国法郎危机。与里拉、比塞塔危机不同，英镑与法国法郎危机最显著的特征就是没有证据表明英、法两国与德国存在价格走势差异和产业竞争力问题。事实上，对比这三国的基本经济变量(如经常账户差额)，英、法两国与德国一样表现不俗。20 世纪 90 年代初，特别是 1992 年之后，欧洲出现了严重的经济衰退。这次经济衰退很快就引发了欧洲货币体系适当利率政策问题的冲突。其中一方是德国，另一方是英国与法国。1990 年两德统一，德国政府支出大幅上升，由此增加了德国的通胀压力，这就使问题进一步复杂化。结果，德意志中央银行将执行紧缩性货币政策以抑制通胀摆在了首位，而英、法两国由于经济衰退，则希望实行宽松的货币政策。英、法两国日益感到这一政策走势会影响其经济复苏，要求德国政府放松货币政策，并降低利率。投机者则意识到英、法政府希望放弃本币与马克的固定汇率，以执行更为宽松的货币政策。外汇投机最早发生在 1992 年 9 月，英镑退出了欧洲货币体系的汇率机制。从那时起，英国政府执行了扩张性货币政策，英镑出现了急剧贬值。一年以后，又爆发了新的投机危机。被攻击的货币主要涉及法国法郎(也包括比塞塔、比利时法郎、丹麦克朗)。这次危机的根本原因与英镑危机一样。1993 年法国经济严重衰退，失业率显著上升，以至于人们坚信法国政府只有降低利率才能刺激经济。所有这一切引发了一场大规模的投机，因此欧共体的财政部长们决定自 8 月 2 日起改变游戏规则，将汇率波动幅度扩大为±15%。这意味着欧洲货币体系的成员国货币能在 30% 的区间内波动。

由于欧洲汇率机制的崩溃，欧洲货币体系的性质发生了变化。第一个变化是将正常波幅扩大为 30%。汇率的波幅扩大降低了欧洲货币体系一边倒赌博特征所产生的大规模投机收益。换言之，如果投机者预期 1993 年之后会发生汇率的重新调整，也完全不可能出现超过 30% 的汇率变化。结果，汇率重新调整带来的投机收益被限制在很小的范围内，使投机者无心发动投机攻击。第二个主要变化是贬值的成本不断提高，这是以渐变方式发生的。根据《马斯特里赫特条约》，加入欧洲货币联盟的条件之一就是候选国必须从 1997 年 1 月 1 日开始将汇率稳定在波幅之内。若汇率波动超过波幅限制，将不允许加入欧洲货币联盟。承诺 1999 年加入欧洲货币联盟已成为欧盟大多数国家主要的政治目标，没有实现这一目标被视为重大的政治挫折。因此对那些希望按期成为欧洲货币联盟成员国的国家来说，贬值成本明显提高了。

17.5.2 欧洲货币联盟的建立与欧元的发展

尽管 1997 年亚洲出现了金融危机，欧洲仍然在 1999 年 1 月 1 日平稳地推出了单一货币——欧元。2002 年 1 月 1 日实物形式的欧元(银行券和硬币)开始发行，各成员国货币开始退出流通，完全的货币联盟诞生了。具体来看，实现欧洲货币联盟的三个阶段包括：第一阶段是从《马斯特里赫特条约》签订之前的 1990 年 7 月 1 日开始，直到 1993 年 12 月 31 日，欧洲货币体系成员国废除现存所有的资本管制，进一步强化欧洲货币体系各中央银行的货币合作，各国可对汇率进行重新调整；第二阶段始于 1994 年 1 月 1 日，创立一个新机构——欧洲货币局(European Monetary Institute，EMI)，欧洲货币局只是在第二阶段运作，从某种意义上讲是欧洲中央银行(European Central Bank，ECB)的前身，其功能有限，主要是强化成员国中央银行间的货币合作；第三阶段于 1999 年 1 月开始，各成员国货币间汇率不可逆转地固定，欧洲中央银行开始运作，并发行欧元。然而，向货币联盟最后阶段的过渡，存在若干趋同标准的条件限制。一国只有满足以下条件才能加入货币联盟：第一，通胀率不高于欧洲货币体系三个最低通胀国家平均水平的 1.5 个百分点；第二，长期利率水平不高于三个最低通胀国家平均水平的 2 个百分点；第三，该国已加入欧洲货币体系的汇率机制，在加入货币联盟前两年内没有发生货币贬值；第四，该国政府预算赤字规模不高于其 GDP 的 3%（若高于 3%，该比例应持续地实质性下降以接近于这一标准，或者偏离 3% 的参考值标准应是例外的且临时的，并仍接近于参考值标准）；第五，政府债务余额不应超过其 GDP 的 60%（若债务率高于 60%，应大幅度降低这一比率，并应以令人信服的速度接近于 60% 的参考值）。

根据决定，1998 年 5 月欧盟 11 个国家（奥地利、比利时、芬兰、法国、德国、爱尔兰、意大利、卢森堡、荷兰、葡萄牙和西班牙）满足趋同标准的要求。希腊由于不满足上述标准，暂缓加入，但是在 2002 年之前可加入货币联盟。丹麦、瑞典、英国决定暂不加入欧元区，尽管它们都满足趋同标准。英国还获准保留退出欧元区的权利，丹麦加入货币联盟要通过全民公决（National Referendum），瑞典决定不加入货币联盟。在 1995 年 12 月马德里欧盟各国首脑峰会期间，达成关于第三阶段性质的补充协议。首先，根据决定新货币称为欧元。其次，第三阶段本身分为如下三个子阶段。

（1）从 1999 年 1 月 1 日到 2001 年 12 月 31 日，尽管不可逆转地固定了各成员国的汇率，各国货币仍与欧元一起流通。私人有权选择使用本国货币或欧元开立账户（这期间没有钞票、硬币形式的欧元）。欧洲中央银行与所有商业银行的交易以及商业银行之间的同业交易均采用欧元。各成员国政府新发行的债券也以欧元而非各国主权货币计价。

（2）2002 年 1 月 1 日到 7 月 1 日，欧元取代各成员国主权货币，后者失去发行法偿货币资格。

（3）从 2002 年 7 月 1 日起，真正的货币联盟形成，欧元将成为由欧洲中央银行管理的单一货币。

历史上很少有不付诸武力而成功建立起货币联盟的先例，欧洲货币联盟则实现了这一目标。从欧元诞生到现在，欧元区不断扩大。1999 年 1 月 1 日，奥地利、比利时、芬兰、法国、德国、爱尔兰、意大利、卢森堡、荷兰、葡萄牙和西班牙 11 个国家加入欧元区。2001 年 1 月 1 日希腊加入欧元区，2007 年 1 月 1 日斯洛文尼亚共和国加盟欧元区，2008 年 1 月 1 日塞浦路斯共和国和马耳他共和国加入欧元区，2009 年 1 月 1 日斯洛伐克共和国加入欧元区，2011 年 1 月 1 日爱沙尼亚加入欧元区，2014 年 1 月 1 日拉脱维亚、2015 年 1 月 1 日立陶宛先后加入欧元区。到目前，欧元区共有 19 个成员国。截至 2018 年年底，欧盟成员国有 28 个，还有保加利亚、克罗地亚、捷克共和国、丹麦、匈牙利、波兰、罗马尼亚、瑞典和英国等欧盟成员国没有采用欧元。然而，在世界其他地方，如法属圭亚那、留尼汪、圣皮埃尔和密克隆群岛、马提尼克等地区也使用欧元。摩纳哥以前使用法国法郎、圣马力诺和梵蒂冈以前使用意大利里拉，现在也使用欧元并获得授权铸造少量的欧元硬币。一些非欧盟国家和地区，比如安道尔以前使用法国法郎和西班牙比塞塔，黑山、科索沃以前使用德国马克，也单方面使用欧元作为支付工具，但它们还没有加入欧洲中央银行体系。欧元目前已经成为了除美元之外的世界上第二大国际货币，在国际金融领域发挥着重要的作用。

专栏 17-4

1947 年各解放区货币的统一

通过固定各货币间的兑换比价，再实施货币统一的做法，在人民币问世之前，我党领导下的财经工作会议决议中就有记载。1947 年 10 月 24 日，中共中央华北财经办事处成立，统一领导华北各解放区的财经工作。对于各解放区货币的兑换比价，按照 1947 年 5 月货币财经会议的决定予以执行。

(1) 晋察冀边币与冀南银行币兑换比价为 10∶1(1948 年 4 月 15 日开始执行)。

(2) 晋察冀边币与冀南银行币和北海银行币兑换比价为 10∶1∶1(1948 年 10 月 5 日开始执行)。

(3) 西北农民银行币与冀南银行币兑换比价 20∶1，西北农民银行币与与晋察冀边区银行币兑换比价 2∶1(1948 年 11 月 20 日开始执行)。

(4) 冀南银行币与华中银行币兑换比价 1∶1。

(5) 冀南银行币与陕甘宁贸易公司流通券兑换比价 1∶20。

(6) 冀南银行币与陕甘宁边区银行币兑换比价 1∶400。

按照以上兑换比价，各解放区货币，可以相互流通。

资料来源：《中共中央批准华北财经会议报请的各解放区货币兑换比价》(1947 年 10 月 24 日)，摘自薛暮桥，杨波. 总结财经工作迎接全国解放——记全国解放前夕两次重要的财经会议[M]. 北京：中国财政经济出版社，1996-4：406.

17.6 本章小结

从世界范围来看，国际货币体系先后经历了商品货币体系——金本位体系、可兑现商品货币的信用货币体系以及完全不兑现的信用货币体系三个阶段。在金银复本位制度下，格雷欣法则是指币值高估的货币驱逐了币值低估的货币。在完全不兑现的信用货币体系下，格雷欣法则的表现形式则是币值低估的货币驱逐了币值高估的货币。

金银复本位制度是一种不稳定的货币制度，因为两国对金银官价的设定不一致，实际上会出现在一段时间内实施金本位制度的情况，银币退出流通(或者是实施银本位制度，金币退出流通)。进入 20 世纪后，大部分国家实施了金本位制度或者金块本位制度、金汇兑本位制度。在金本位制度下，汇率在黄金输出入点之间波动。黄金输入点是本币升值的上限，黄金输出点是本币贬值的下限。大卫 · 休谟机制是金本位制度下国际收支发生自动调节的机制(即实际汇率机制)。然而，在实际运作当中，收入机制、利率机制以及货币供给机制都会对大卫 · 休谟机制形成影响。在金本位制度下，货币当局确定了单位货币的含金量(黄金的本币价格)，整个体系的货币供应量则是无法控制的。影响金本位制度下一般物价水平的因素有黄金开采技术水平的提高、实际收入、现钞发行准备率、黄金官价等。

两次世界大战之前，《凡尔赛条和约》的签订极大地改变了国际政治与经济体系。金汇兑本位制度的实施、德国出现恶性通货膨胀、英镑恢复到一战前的汇率水平、1929 年 10 月美国经济危机的爆发等事件使得国际货币体系陷于混乱，这是第二次世界大战爆发的经济原因。

布雷顿森林体系是二战之后以美国为主导建立起来的国际货币体系，该体系最显著的特征是美元钉住黄金，其他货币钉住美元。在运行初期，该体系较好地帮助了欧洲其他国家从战争创伤中恢复过来。伴随着美国黄金的流失，布雷顿森林体系的基础开始发生动摇。该体系下，存在无法解决的内生性问题，即 $n-1$ 问题。由 n 个国家组成的钉住汇率体制，实际上只有 $n-1$ 个国家的国际收支差额可以独立确定。第 n 个国家(同时也是整个体系的中心国)的国际收支差额由其他 $n-1$ 个国家决定。在钉住汇率体系下，最大的问题是如何确定整个体系的货币供应量和利率水平。一般而言，有两种模式：一种是非对称性(独裁式)解决方法；另一种是对称性

(合作式)解决方法。布雷顿森林体系在1973年最终走向了崩溃。一种解释是影响较大的"特里芬难题"，即美元作为美国的主权货币和其作为整个国际货币体系的中心货币，对流动性的要求和对美元的信心是相互矛盾的；另一种解释是，其崩溃是格雷欣法则的体现(布雷顿森林体系下的美元驱逐了黄金)。

布雷顿森林体系之后，国际货币体系的变化主要有两点：第一，各国之间的汇率制度从固定汇率制度转向了浮动汇率制度；第二，出现了区域性的货币联盟，并且发行了单一货币——欧元。欧洲货币联盟是人类历史上第一次不通过战争实现货币统一的伟大创举。在建立过程中，成员国货币之间的汇率波动幅度越小，就越容易遭受国际游资的攻击。在欧元诞生之前的欧洲货币体系就曾经遭受冲击。为了延续欧洲货币体系，通过扩大成员国货币之间的汇率波动幅度来保持整个体系的稳定。各成员国还通过签署《马斯特里赫特条约》等，对成员国的货币政策、财政政策进行约束。1999年，欧元如期问世。截至2019年年末，欧元区共有19个成员国，其影响在不断扩大。

进入21世纪以来，国际货币体系仍然面临一系列挑战。尤其是2008年9月全球金融危机爆发之后，对国际货币体系进行改革的愿望尤为迫切。2009年3月，时任中国人民银行行长的周小川发表《关于改革国际货币体系的思考》一文，很快引起国际社会的强烈关注。之后，国际社会对这一话题的研讨明显增加。无论采取何种改革措施，建立一个基于真正的全球储备资产的货币体系仍然是国际社会的主流目标。其中，国际储备货币的选择是核心问题。周小川认为："理论上讲，国际储备货币的币值首先应该有一个稳定的基准和明确的发行规则以保证供给的有序；其次，其供给量还可以及时、灵活地根据需求的变化进行增减调节；最后，这种调节必须超脱于任何一国的经济状况和利益。"

参考文献

[1] ALEXANDER S. Effect of a devaluation on a trade balance[P]. IMF staff paper, 1952: 263-278.

[2] BARRO, ROBERT, GORDON. Rules, discretion and reputation in a model of monetary policy[J]. Journal of monetary economics, 1983(12): 101-122.

[3] BARRO, ROBERT J. Money and the price level under the gold standard[J]. Economic journal, 1979(89): 12-33.

[4] MCCALLUM B. International monetary economics[M]. Oxford University Press, 1996.

[5] VEGH C. Open economy macroeconomics in developing countries[M]. The MIT Press, 2013.

[6] KINDLEBERGER C. International economics[M]. 4thed. Richard D. Irwin, Inc., 1968.

[7] DORNBUSCH R. Expectations and exchange rate dynamics[J]. Journal of political economy, 1976(84): 1161-1176.

[8] MISHKIN F. The economics of money, banking, and financial markets [M]. Pearson Education, Inc., 2010.

[9] VISSER H. A guide to international monetary economics: exchange rate theories, systems and policies [M]. 3rd ed. Edward Elgar, 2004.

[10] MOOSA I. International finance: an analytical approach[M]. McGraw Hill, 2010.

[11] MOOSA I. Exchange rate regimes: fixed, flexible or something in between? [M]. Palgrave Macmillan, 2005.

[12] IMF. Annual report on exchange arrangements and exchange restrictions 2014.

[13] PILBEAM K. International finance[M]. 4th ed. Palgrave Macmillan, 2013.

[14] KRUGMAN P. Target zones and exchange rate dynamics[J]. Quarterly journal of economics, 1991(106): 669-682.

[15] COPELAND L. Exchange rates and international finance[M]. Pearson Education Limited, 2005.

[16] WHITE L. The theory of monetary institutions[M]. Blackwell Publishers, 1999.

[17] LINDERT, KINDLEBERGER. International economics[M]. 7th ed. Richard D. Irwin, 1982.

[18] SARNO L, Taylor M. The economics of exchange rates[M]. Cambridge University Press, 2002.

[19] LEVI M. International finance: the markets and financial management of multinational business[M]. McGraw Hill, 1996.

[20] CHACHOLIADES M. International monetary theory and policy[M], McGrawHill, 1978.

[21] GRAUWE P, GRIMALDI M. Exchange rate regimes and financial vulnerability[J]. Papers of the European Investment Bank, 2002.

[22] GRAUWE P. Economics of monetary union[M]. 12th ed. Oxford University Press, 2018.

[23] HALLWOOD P, MACDONALD R. International money and finance[M]. 3rd ed. Wiley-Blackwell, 2000.

[24] KRUGMAN P, OBSTFIELD M, MELITZ M. International economics: theory and policy[M]. 10th ed. Pearson Education, Inc.

[25] WANG P. The economics of foreign exchange and global finance[M]. 2nd ed. Springer, 2009.

[26] FLOOD R, MUSSA M. Issues concerning nominal anchors for monetary policy[P]. NBER Working Paper, 1994.
[27] STERN R. The balance of payments, theory and economics policy[M]. The Macmillan Press Ltd., 1973.
[28] MACDONALD R. Exchange rate economics: theories and evidence[M]. Routledge, 2007.
[29] MAGEE S. Currency contracts, pass-through and devaluation[P]. Brookings Paper on Economic Activity, 1973: 303-325.
[30] LAURSEN S, METZLER L. Flexible exchange rates and the theory of employment[J]. Review of economics and statistics, 1950(11): 281-299.
[31] 梅金．国际金融与宏观经济［M］．曹和平，等译．北京：北京大学出版社，2005.
[32] 埃森格林．资本全球化：部国际货币体系史（原书第2版）［M］．麻勇爱，译．北京：机械工业出版社，2014.
[33] 克鲁格曼，奥伯斯菲尔德，梅里兹．国际经济学：理论与政策（原书第10版）［M］．丁凯，等译．北京：中国人民大学出版社，2016.
[34] 格劳威．货币联盟经济学（原书第12版）［M］．汪洋，等译．北京：机械工业出版社，2019.
[35] 斯泰尔．布雷顿森林货币战：美元如何统治世界［M］．北京：机械工业出版社，2014.
[36] 萨尔瓦多．国际经济学（原书第9版）［M］．刘炳圻，译．北京：清华大学出版社，2008.
[37] 卡尔．两次世界大战之间的国际关系：1919—1939［M］．北京：商务印书馆，2009.
[38] 高敏雪，李静萍，许健．国民经济核算原理与中国实践［M］.3版．北京：中国人民大学出版社，2013.
[39] 葛华勇．国际金融组织治理现状与改革［M］．北京：中国金融出版社，2013.
[40] 葛华勇．国际货币基金组织导读［M］．北京：中国金融出版社，2002.
[41] 郭松．资本项目开放踏上新征程［J］．中国外汇，2018（9）．
[42] 国际货币基金组织．国际收支和国际投资头寸手册.6版．
[43] 国家外汇管理局国际收支分析小组．中国国际收支报告［R］．历年．
[44] 国家外汇管理局国际收支司．诠释国际收支统计新标准［M］．北京：中国经济出版社，2015.
[45] 国务院新闻办公室．关于中美经贸摩擦的事实与中方立场，2018.
[46] 国务院新闻办公室．中国与世界贸易组织，2018.
[47] 何璋．国际金融［M］.3版．北京：中国金融出版社，2006.
[48] 范登伯格．国际金融与开放宏观经济学：理论、历史与政策［M］．北京：中国人民大学出版社，2016.
[49] 甘道尔夫．国际金融与开放经济的宏观经济学［M］．北京：上海财经出版社，2006.
[50] 萨克斯，拉雷恩．全球视角的宏观经济学［M］．费方域，等译．上海：上海人民出版社，2004.
[51] 赖纳特．国际经济学原理［M］．郎金焕，译．北京：中国人民大学出版社，2015.
[52] 凯弗斯，法兰克尔，琼斯．世界贸易和国际收支（原书第9版）［M］．张永，等译．北京：中国人民大学出版社，2005.
[53] 莱维奇．国际金融市场：价格与政策［M］．北京：中国人民大学出版社，2002.
[54] 联合国，欧盟委员会，经济合作与发展组织，国际货币基金组织，世界银行．国民经济核算体系2008.
[55] 芬斯特拉，泰勒．国际宏观经济学［M］．北京：中国人民大学出版社，2013.
[56] 奥布莱恩，威廉姆斯．国际政治经济学（原书第4版）［M］．张发林，译．北京：中国人民大学出版社，2016.
[57] 加特纳．汇率经济学：理论模型与实证分析［M］．北京：中国市场出版社，2009.
[58] 缪延亮．从此岸到彼岸：人民币汇率如何实现清洁浮动［M］．北京：中国金融出版社，2019.

[59] 潘功胜．外汇管理改革发展的实践与思考：纪念外汇管理改革暨国家外汇管理局成立40周年［J］．金融时报，2019-1-23.
[60] 施建淮．汇率经济学研究［M］．北京：中国社会科学院出版社，2010.
[61] 普格尔．国际金融（原书第12版）［M］．北京：中国人民大学出版社，2005.
[62] 艾彻，穆蒂，托洛维斯基．国际经济学（原书第7版）［M］．上海：格致出版社，上海三联书店，上海人民出版社，2013.
[63] 杨长江，姜波克．国际金融学［M］．5版．北京：高等教育出版社，2019.
[64] 丹尼尔斯，范户斯．国际货币与金融经济学（原书第2版）［M］．北京：机械工业出版社，2004.
[65] 张陶伟．国际金融原理［M］．北京：清华大学出版社，1995.

推荐阅读

中文书名	作者	中文书号	定价
货币金融学	钱水土（浙江工商大学）	978-7-111-65012-6	55.00
证券投资分析：理论、务实、方法与案例	王德宏（北京外国语大学）	978-7-111-72500-8	55.00
风险管理（第2版)	王周伟（上海师范大学）	978-7-111-55769-2	55.00
风险管理学习指导及习题解析	王周伟（上海师范大学）	978-7-111-55631-2	35.00
国际金融：理论与政策	汪洋（江西财经大学）	978-7-111-68785-6	69.00
金融市场学（第2版）	韩国文（武汉大学）	978-7-111-64656-3	55.00
商业银行经营管理	张桥云（西南财经大学）	978-7-111-69067-2	59.00
投资银行学：理论与案例（第3版）	马晓军（南开大学）	978-7-111-66146-7	55.00
中央银行学	汪洋（江西财经大学）	978-7-111-63489-8	45.00
行为金融学（第2版）	饶育蕾（中南大学）	978-7-111-60851-6	49.00
财富管理：理论与实践	易行健（广东外语外贸大学）	978-7-111-67696-6	59.00
《财富管理：理论与实践》学习指南与习题集	易行健（广东外语外贸大学）	978-7-111-70136-1	39.00
个人理财：流程与案例	张颖（对外经济贸易大学）	978-7-111-69498-4	49.00
金融工程	付剑茹（江西师范大学）	978-7-111-71936-6	59.00
衍生金融工具基础	任翠玉（东北财经大学）	978-7-111-60763-2	40.00
金融风险管理	郭战琴（郑州大学） 李永奎（电子科技大学）	978-7-111-69138-9	49.00
金融科技概论	曹衷阳（河北经贸大学）	978-7-111-70927-5	59.00
金融服务营销（第2版）	周晓明（西南财经大学）	978-7-111-64657-0	49.00